Ute Schall

AM ANFANG WAR DIE WÖLFIN

Frauen im alten Rom

Ute Schall

AM ANFANG WAR DIE WÖLFIN

Frauen im alten Rom

Droste

Schutzumschlag:
Porträt einer Dame aus flavischer Zeit mit der für die damalige Mode typischen Haartracht. Möglicherweise handelt es sich um Iulia, die unglückliche Tochter des Kaisers Titus. Rom, Kapitolinisches Museum.
(Historia-Photo)

Schutzumschlag-Rückseite:
Die »Kapitolinische Wölfin«. Ende 6. Jh. v. Chr., Rom, Konservatorenpalast
(zeitgen. Quelle)

Die Deutsche Bibliothek – CIP-Einheitsaufnahme
Schall, Ute:
Am Anfang war die Wölfin: Frauen im alten Rom/ Ute Schall. – Düsseldorf:
Droste, 1994
ISBN 3-7700-1017-5

Schutzumschlagentwurf: Helmut Schwanen
Gesamtherstellung: Clausen & Bosse, Leck
ISBN 3-770-01017-5

INHALT

ES WAR EIN GROSSER MANN DES ALTERTUMS,
DER DAS WEIB EIN UNGEHEUER DER NATUR
NANNTE UND DOCH HEIRATETE.

GOTTLIEB VON HIPPEL

EINLEITUNG

Der Beginn der Geschichte, von der ich zu berichten habe, reicht mehr als drei Jahrtausende zurück. Sie erstreckt sich vom sagenumwobenen Untergang Trojas, der im allgemeinen ins zwölfte Jahrhundert vor Christi Geburt datiert wird, bis in jene historisch faßbare Zeit, in der sich das Christentum als feste Größe im Römischen Reich zu etablieren begann. Es ist nicht die Geschichte, die ihre Helden auf blutigen Schlachtfeldern mit Ruhm bekränzte, sondern die, die sich in aller Stille vollzog, von der Öffentlichkeit nahezu unbemerkt, und die dennoch das soziale und kulturelle Leben Roms entscheidend mitprägte. Es ist die Geschichte der römischen Frau, ihr Leidensweg durch die Zeit, ihr mühsamer Kampf um Anerkennung und einen winzigen Anteil an der Macht, ihre wachsende Emanzipation.

Als mir ein Verleger vorschlug, mich dem gesellschaftlichen und kulturgeschichtlichen Werdegang der Frau in der römischen Antike zu widmen, erbat ich mir Bedenkzeit. Konnte, ja durfte ich mich an dieses Thema wagen, das schon den zeitlichen Rahmen all dessen sprengt, was Gegenstand meiner bisherigen Betrachtungen gewesen war? Hatte ich doch bislang ausschließlich Männern der alten Welt, den bedeutendsten zumal, meine Aufmerksamkeit geschenkt.

Von »Männern, die Geschichte machten«, ist auch allenthalben die Rede. Doch hat man je von Frauen gehört, die sich ähnlicher Verdienste rühmen könnten, wo sie doch seit Anbeginn immerhin gut die Hälfte des Menschengeschlechts stellen?

Im Jahr 19 vor der Zeitenwende, 734 Jahre nach Gründung der Stadt, wurde in Neapel/Kampanien an der Straße, die ins südliche Puteoli (Pozzuoli) führt, ein Mann beigesetzt, dessen Grabstein die bescheidene Inschrift trug:

»Mantua me genuit; Calabri rapuere.
Tenet nunc Parthenope; cecini pascua, rures, duces.«

(Mantua hat mich hervorgebracht, die Kalabrer rafften mich hinweg, jetzt gehöre ich Neapel. Ich habe Wiesen, Felder und Helden besungen.)

Kein Hinweis darauf, daß hier der größte römische Dichter aller Zeiten begraben lag, Publius Vergilius Maro, der als Vergil in Erinnerung blieb. Er hatte der Welt die »Aeneis« geschenkt, eine Art römischer Heiliger Schrift, mit der er sich kühn neben Homers heroische Epen stellte.

Alte Volks- und Heldensagen, von Generation zu Generation weitergegeben, in Jahrhunderten ausgeschmückt und fortgesponnen, wurden hier in den klangschönsten Hexametern vereint, die die lateinische Sprache zu vergeben hat: Es ist die Mär vom trojanischen Helden Aeneas, der, seinen greisen Vater Anchises auf dem Rücken und Söhnchen Ascanius an der Hand, das brennende Troja verläßt, um auf göttliche Weisung an Latiums Gestaden ein neues Ilion zu gründen...

Folgen wir dem Dichter, spielten, von der Göttin Venus abgesehen, die als Mutter jenes ruhmreichen Helden galt, Frauen vor und bei der legendären Stadtgründung eine eher untergeordnete, bisweilen sogar hemmende Rolle. Und so sollte es bleiben bis ans Ende von Roms glanzvollen Tagen: Niemals hat eine Frau an der Spitze der Staatsführung gestanden oder auf die Politik unmittelbaren Einfluß ausgeübt. Und dennoch hatte schon der ältere Cato Grund, sich zu beklagen: Der Römer, meinte er, beherrsche zwar die Welt, den Römer aber das Weib...[1)]

Wenn das schon zu seiner Zeit, zweihundert Jahre vor Christi Geburt, widerspruchslos hingenommen wurde, wieviel mehr mußte es Jahrhunderte später gelten, als sich Roms Frauen, oder doch die seiner führenden Schicht, tatsächlich eine Stellung errungen hatten, von der eine Griechin nicht einmal zu träumen gewagt hätte! Der kontinuierliche Aufstieg der Römerin in Kultur und Gesellschaft kostete sie jedoch eine fast übermenschliche Kraft, und nicht selten schlug die eine oder andere bei der Wahl ihrer Mittel oder im Taumel errungener Siege über die Stränge. Doch vielleicht hätten die Frauen größere Geduld gezeigt, wäre ihnen das starke Geschlecht nur ein wenig entgegengekommen. Im übrigen sollte man auch der Überlieferung mißtrauen, da es ausschließlich Männer waren, die Geschichte schrieben, Vergangenes festhielten und damit Vergängliches in ihrem Sinne für eine interessierte Nachwelt zu bewahren suchten.

Trotz aller gegenteiligen »Zeugnisse« römischer Geschichtsschreiber: Die Chancen ihrer Zeitgenossinnen muten heute eher bescheiden an. Dennoch strotzte die Römerin im Vergleich zu ihrer griechischen Schwester geradezu vor Freiheit. Die Römer mochten die Griechen in vielen Bereichen bis in Einzelheiten kopieren, mochten Griechenland bewundernd als Schatztruhe aller menschlichen Erfahrungen betrachten: Was die Stellung seiner Frauen betraf, beschritt Rom eigene, ganz neue, ja geradezu revolutionäre Wege. Doch steht gleicherweise fest, daß kein Römer je eine Frau zu größerer Eigenständigkeit ermutigte.

Tatsächlich waren die Frauenhasser zu allen Zeiten zahlreich, und es gab kaum einen Mann im alten Rom, dem vorausblickend vor der völligen Gleichberechtigung der Geschlechter nicht graute. Nach unserer Kenntnis wurde diese aber niemals erreicht, blieben die Frauen stets politisch entrechtet und jeder legalen Möglichkeit beraubt, sich in den Annalen einen rühmlichen Platz zu erobern. Dies soll freilich nicht heißen, daß nicht manche Frau Mittel und Wege fand, sich das ihr vom Gesetz vorenthaltene Mitspracherecht auf andere Weise zu beschaffen, um dann de facto eine nicht zu unterschätzende Macht auszuüben.

Trotz aller Rückschläge und Enttäuschungen und auch trotz mancher Fehler wird man aber, ohne sich dem Verdacht der Übertreibung auszusetzen, behaupten dürfen, daß es die alten Römerinnen waren, die der abendländischen Frauenbewegung den Boden bereiteten und, nach Überwindung von fast zwei Jahrtausenden christlicher Moralvorstellungen, wenigstens im westlichen Teil der zivilisierten Welt wieder den Weg weisen können.

1.
AM ANFANG WAR DIE WÖLFIN

DIE AMAZONEN – DIDO – AUF SIZILIEN – DIE URSPRÜNGE ROMS

Wer vermag heute zu sagen, wann sich jener Übergang vom Matriarchat zum Patriarchat vollzog, wann der Mann die Macht an sich riß und sich jene überhebliche Stellung anmaßte, die ihn angeblich berechtigte, nicht nur der Welt zu gebieten, sondern auch auf das weibliche Geschlecht herabzusehen, es zu bevormunden, zu beherrschen, ja zu unterdrücken? Soviel jedenfalls ist gewiß: Am Anfang war die Frau, bestimmte die Mutter, herrschte die Königin.

Noch die Sagen der von den Römern so sehr bewunderten Griechen (»Andere mögen Gebilde aus Erz in weicherem Gusse formen und lebendige Züge dem Marmor verleihen...«[1]) wußten von einem rätselhaften, kriegstüchtigen Frauenvolk zu berichten, das, von einer Königin angeführt, in den weiten Steppen Asiens hauste. »Amazoni«, die Brustlosen, wurden sie von den Alten genannt, weil sie sich des leichteren Spannens der Bögen wegen die rechte Brust amputierten. Daneben pflegten sie noch andere seltsame Bräuche: Reiten, Jagen und das Kämpfen zu Pferd mit Äxten, Schwertern und gebogenen Schilden. Vor allem aber verstümmelten oder töteten sie ihre Söhne. Denn mit Männern hatten sie nicht viel im Sinn. Ganze zwei Monate im Jahr, zur Zeit des Frühlingserwachens, lebten sie mit denen eines Nachbarvolkes zusammen, einzig zu dem Zweck, den Fortbestand ihres eigenen zu sichern. Eine Vermischung von historischen und mythischen Zügen sehen Wissenschaftler in den Erzählungen über diese halbwilden Asiatinnen. In archaischer Zeit mögen Griechen tatsächlich in Kämpfe mit den letzten matriarchalischen Stämmen Asiens verwickelt gewesen sein...

Derart schreckenerregende Mannweiber gab es in den Anfängen der sogenannten zivilisierten Welt, Griechenland und Rom, nicht. Dem römischen Frauenideal entsprach die aufopferungsvolle, liebende Gattin, die sich auf die ihr von der Natur angeblich einzig zugewiesene Rolle beschränkte, Gespielin des Mannes und Mutter seiner Kinder zu sein. Verzicht war ihr Schicksal. Vor allem durfte sie seiner Karriere nicht hindernd im Wege stehen.

Noch das klassische Rom gedachte, als dieses Idealbild schon weitgehend aufgeweicht war, ehrend Kreusa, der Gattin des legendären Helden Aeneas und Mutter seines Sohnes Ascanius. Irrend und ihren Namen rufend, begegnete er ihrem Schatten im brennenden Troja. Sie aber forderte ihn auf, sie nicht länger zu betrauern. Göttliches Los hätte ihnen bestimmt, voneinander zu lassen.

Weit weniger einsichtig in den göttlichen Ratschluß erwies sich Dido, Karthagos ebenso schöne wie stolze Königin. Widrige Winde hatten Aeneas und seine Gefährten nach der Flucht aus dem zerstörten Troja an die afrikanische Nordküste verschlagen, wo sie lange die Gastfreundschaft der Punierin genossen. Es kam, wie es kommen mußte. Dido und Aeneas verliebten sich ineinander, und mindestens nach Auffassung der Königin hatte der Fremdling auch die Ehe mit ihr geschlossen. Glücklich lebten und regierten sie nun eine Weile gemeinsam. Und wahrscheinlich hätte sie nur der Tod trennen können, wäre nicht Jupiter selbst, der sich zwar ständig verliebte, sich aber aus der Ehe nicht allzu viel machte, mahnend dazwischengefahren. Durch den Götterboten Merkur erinnerte er den pflichtvergessenen Trojaner an seinen Auftrag. Und dieser hatte nichts Eiligeres zu tun, als die Geliebte im Stich zu lassen, um sich erneut in zweifelhafte Abenteuer zu stürzen. Die verlassene Königin aber gab sich selber den Tod. Sie hatte, noch immer bar jeglicher Einsicht, nicht versäumt, den treulosen Geliebten und sein Geschlecht zu verfluchen.

Die Sage vom Leben und Sterben der karthagischen Königin kennt verschiedene Versionen. Die römischen Dichter aber haben rückblickend Didos unglückliche Liebe zu Aeneas, ihren Racheschwur und ihren Freitod für Roms Zwecke verreinnahmt. Denn leicht ließen sich damit die tiefe Feindschaft zwischen Rom und Karthago mythisch begründen und die Vernichtung der Riva-

Statue einer Amazone. Eine Vermischung von historischen und mythischen Zügen sehen Wissenschaftler in den Sagen über die halbwilden Asiatinnen.
(Foto: Museo Capitolino, Rom)

lin nachträglich rechtfertigen. So berechtigte schließlich auch Aeneas' Vorbild all jene Männer, die Liebe und Ehe nur als Sprungbrett zum persönlichen Aufstieg betrachteten, die Frau schamlos als Mittel zum Zweck zu mißbrauchen und neuen Ufern entgegenzustreben, wenn das für den eigenen Erfolg förderlich schien. Göttlicher Auftrag, die angebliche Verantwortung für die Allgemeinheit, Pflicht: Rechtfertigungsgründe waren schnell zur Hand, war man einer Beziehung überdrüssig geworden, hatte man in anderen Verbindungen günstigere Möglichkeiten entdeckt. Die heutige Zeit mißt der romantischen Liebe und ihrer Erfüllung in der Ehe viel größere Bedeutung zu, als die alten Römer dies taten. Ihre Ehen waren in den seltensten Fällen auf Gefühle gegründete Lebensgemeinschaften, eher Zweckbündnisse, die nach Belieben auf- und abgelöst werden konnten, keine »Verbindung von Seelen und Leibern« (Durant), sondern Familienzusammenschlüsse zur Sicherung und Stärkung von Einfluß und Macht. »Italiam non sponte sequor ... – nicht aus freien Stücken gehe ich dorthin« hielt Aeneas der Geliebten vor. Religion und Vaterland, höhere Weisung und persönliche Erfüllung standen dem Römer über den Gefühlen und Rechten des Mitmenschen.

Nicht nur in den Augen seiner Zeitgenossen hatte der Trojaner richtig gehandelt. Das gesamte Altertum gab ihm recht. Unser Mitgefühl allerdings gehört mehr der verlassenen Frau, die an der afrikanischen Küste verzweifelt zurückblieb. Und wir empfinden es als schwachen Trost, daß ihr der Dichter »mit der Schilderung, wie sie sich auf einen Scheiterhaufen wirft und lebendig verbrennt, eine der schönsten Stellen seiner Dichtung«[2)] widmete.

Sieben Sommer waren vergangen, seitdem Aeneas mit seinem Gefolge aus dem brennenden Troja geflohen war. Erneut waren die müden Helden nach Sizilien gestoßen, wo schon einige Zeit zuvor Vater Anchises gestorben und auf dem Eryx begraben worden war. Am Jahrestag seines Todes ordnete der Sohn pflichtgemäß die üblichen Leichenspiele an. Die Frauen, die bei den Griechen und anfangs auch bei den Römern zu öffentlichen Veranstaltungen nicht zugelassen waren, blieben indes bei den verwaisten Schiffen zurück, um dort den Tod des Ahnen auf ihre Art zu beklagen.

Längst waren die erschöpften Troerinnen der endlosen Wanderung überdrüssig geworden und sehnten sich nach einer festen Behausung. Hatte es noch Sinn, auf das verheißene Latium zu hoffen? Konnte man hier nicht zufrieden sein? König Akestes, ein Verwandter, hatte sie freundschaftlich aufgenommen. Das Land glich mehr als jedes andere der troischen Heimat. Wozu also wieder die Gefahren und Tücken eines feindlichen Meeres auf sich nehmen? Weshalb weiterhin auf die ungewisse Zukunft hoffen?

Die von Juno gesandte Iris, Göttin der Morgenröte, hatte leichtes Spiel. In Gestalt einer Sterblichen mischte sie sich unter die unzufriedenen Frauen, um die Zweifel zu schüren. Der Geist der Prophetin Kassandra sei ihr im Traume erschienen und habe ihr lodernde Fackeln gezeigt. Hier sollten sie die neue Heimat suchen, hier ein zweites Troja gründen. Und ehe man sich versah, standen alle Schiffe in Flammen. Aber glücklicherweise hielt sich der Schaden in Grenzen. Denn nicht nur die feiernden Helden, von den schwarz aufsteigenden Rauchschwaden aufgeschreckt, stürzten herbei, um das Feuer zu löschen. Auf Aeneas Fürbitte griff Jupiter selbst ein und sandte rechtzeitig ein Unwetter mit heftigem Regen. So konnten fast alle Schiffe vor der völligen Vernichtung bewahrt und später repariert werden.

Angeblich waren die Frauen über ihre Wahnsinnstat sehr bestürzt. Die mündliche Überlieferung sprach sogar davon, sie hätten verzweifelt in den Armen ihrer männlichen Verwandten Schutz vor dem Zorn ihrer Männer gesucht.

Doch hatten sie immerhin einen Teilerfolg erzielt. Nicht nur dem greisen Nautes, einem der Gefährten, auch dem Dardanerführer Aeneas selbst kamen Zweifel. Ein Traumgesicht schließlich – das Bild des Vaters Anchises war mahnend vom Himmel herniedergeschwebt – ließ ihn einen mutigen Entschluß fassen: Frauen, Kinder, Alte, alle, die der jahrelangen Irrfahrten müde waren, durften bleiben und auf Sizilien siedeln. Er selbst wollte sich mit nur wenigen Getreuen, die gleich ihm nach größerem Ruhm strebten, auf die weitere Suche nach dem verheißenen Latium machen, um sein neues Troja zu gründen.

Es kann allerdings nicht ausgeschlossen werden, daß die unermüdlichen Recken ihren ruhmgierigen Aufbruch bald bereuten. Mindestens in der Anfangszeit litt Rom an einem chronischen Frauenmangel. Und sicherlich wäre das troische Geschlecht, das allen Tücken der Griechen, Junos Nachstellungen und den unergründlichen Launen Neptuns so glücklich entronnen war, bald vom Aussterben bedroht gewesen, wären nicht seine Männer auf ganz unrühmliche, unrömische, ja geradezu barbarische Methoden verfallen, um wenigstens eine Handvoll Frauen in ihre Stadt und in ihre Betten zu bringen. Doch davon wird an anderer Stelle noch ausführlich zu berichten sein.

Etwas freilich machte dieser Vorfall deutlich: Auch Frauen konnten einiges erreichen, wenn sie ge- und entschlossen auftraten. Nur ein Mangel an Solidarität lieferte sie macht- und gnadenlos der männlichen Überlegenheit aus und machte sie zu willfährigen Spielzeugen ihrer vermeintlich stärkeren Artgenossen. Allerdings scheinen die Römerinnen späterer Zeiten aus dem mutigen Auftreten ihrer Ahnfrauen nicht allzu viel gelernt zu haben. Ob sie mit wachsendem Wohlstand den Mut verloren oder die Männer einfach nur vorsichtiger wurden, wer vermag es nach so langer Zeit noch zu sagen? Soweit wir wissen, blieben dieser sizilischen Aktion vergleichbare Wiederholungen selten. Nur im Kopf des berühmten griechischen Dichters Aristophanes spukte Jahrhunderte später die Idee ähnlicher weiblicher Solidarität, übrigens auch darauf ausgerichtet, in den Lauf der Geschichte korrigierend einzugreifen. Seine 411 v. Chr. ins Leben gerufene Lysistrate kannte weit wirksamere Mittel, die Männerwelt wenigstens für Augenblicke zur Räson zu bringen. Wortgewaltig rief sie alle Frauen Griechenlands auf, sich den Männern so lange zu verweigern, bis diese den Peloponnesischen Krieg beendet hätten...

Der Plan, die Schiffe zu vernichten und damit eine Weiterfahrt zu vereiteln, war übrigens eine der letzten Initiativen, mit denen sich das weibliche Geschlecht der Gründung Roms entgegenstellte. Mit der betrogenen Punierin hatten die verzweifelten Frauen gemein, daß ihre Bemühungen von Anfang an zum Scheitern verurteilt waren. Denn gegen das Schicksal kämpfen bekanntlich selbst Götter vergebens.

So jedenfalls sahen es in Jahrhunderten die Geschichts- und Geschichtenschreiber, die Dichter, Staatsmänner und Herrscher, die nicht müde wurden, die Vergangenheit in ihrem eigenen Sinne zu interpretieren. Die Frauen, die von da an in ihren Überlieferungen in Erscheinung traten, taten dies überwiegend zu dem Zweck, der Männerwelt den Weg zur Herrschaft zu erleichtern.

Es ist ein erstaunlicher Wesenszug der beständigen Wertvorstellungen in der römischen Gesellschaft, daß das Reich der dämonischen Mächte fast nur den Frauen vorbehalten war. Wahrsagerinnen, Hellseherinnen, Prophetinnen: Selten beherrschte ein Mann die übersinnliche Natur, mit deren Hilfe sich Götter- und Orakelsprüche verkünden, Unheil vorhersagen oder eine glücklichere Zukunft verheißen ließen. Trotz oder gerade wegen des Patriarchats, jener nahezu unumschränkten Gewalt des Mannes, haftete der Frau etwas geheimnisvoll Anziehendes, etwas Rätselhaftes, fast magisch Unergründliches an. Dies kann kaum nur an der zweifellos stärkeren weiblichen Naturverbundenheit gelegen haben, läßt vielmehr eine freilich niemals eingestandene Furcht ahnen, die dunkel an archaische Zeiten erinnert. (Wäre das starke Geschlecht je von seiner legitimen, von einer Weltordnung zugewiesenen Rolle überzeugt gewesen, weshalb hätte dann der Mann über Jahrhunderte soviel Zeit und Kraft aufwenden müssen, um eben diese Rolle so hartnäckig zu verteidigen?) Schon den übermütigen Trojanern hatte die Königstochter Kassandra, Seherin und Priesterin ihrer Stadt, den Untergang geweissagt. Und sowohl in Griechenlands Mythologie als auch in seiner heroischen Vorzeit hatte es zahlreiche Sphinxen und Künderinnen gegeben, die den Menschen zweideutige und mitunter unlösbare Orakel aufgaben.

Auch für den in abergläubischen Vorstellungen verstrickten Römer der Kaiserzeit, der kaum aufgeklärter als sein legendärer Ahne war, wäre es undenkbar gewesen, die Geschichte der sagenhaften Stadtgründung ohne Beteiligung einer solchen dämonischen Gestalt zu vollenden, wie es die Sibylle von Cumae war. Vergil, der seinen Helden in Cumae an Land gehen läßt, trägt damit dem Zeitgeschmack Rechnung.

Im sonnigen Kampanien also begegnete Aeneas der geheimnisvollen Prophetin. Der Ort selbst war freilich in augusteischer Zeit, als dies Epos geschrieben wurde, als Orakelstätte im ganzen Imperium bekannt. Man glaubte aber schon seit Jahrhunderten, daß es mehrere Sibyllen gäbe, die an verschiedenen Stätten verehrt wurden. Der Gelehrte Varro hatte in einem eigens erstellten Verzeichnis ihrer zehn genannt. Doch gab es weit mehr Heiligtümer.

Die berühmte Sibylle von Cumae aber war es, die dem Ahnherrn Roms offenbaren sollte, »was tief im Erdenschoße verschlossen«.[3] Sicher geleitete sie ihn durch die Unterwelt. Und dort hatte unser Held die herrliche Vision von der künftigen weltbeherrschenden Stellung Roms und von seinem göttlichen Nachfahren Augustus, dem es seit Ewigkeiten bestimmt war, der Welt die Pax Romana zu schenken. Und dank der priesterlichen Jungfrau fand Aeneas auch wieder zurück an die Sonne, ein Privileg, das er mit kaum einem anderen Sterblichen teilte.

Die Rolle der Sibylle von Cumae in der römischen Geschichte war damit aber noch nicht zu Ende. Eine weitere Sage erzählt, sie habe später König Tarquinius Priscus die drei prophetischen Bücher verkauft, die das Priesterkollegium der »Quindecimviri Sacris Faciundis« aufbewahrte. Als diese Bücher 83 v. Chr. bei einem Stadtbrand völlig vernichtet wurden, legte man eine neue Sammlung an. Bei ungewöhnlichen Vorkommnissen pflegte sich der Senat an die Priester zu wenden. Sie sollten die Sibyllinischen Bücher befragen und nach deren »Urteil« geeignete Maßnahmen vorschlagen, ein Brauch, der erst im ausgehenden vierten Jahrhundert von Kaiser Stilicho abgeschafft wurde, als der Untergang Roms ohnehin nicht mehr aufzuhalten war. Auch ihn soll übrigens die Sibylle von Cumae vorhergesagt haben.

Mittels einer Frau schließlich errang Aeneas die Herrschaft über das göttlich verheißene und so lange ersehnte Latium. Er heiratete Lavinia, die Tochter des Königs Lavinius. Zuvor hatte er aber schwierige Kämpfe zu bestehen, ganz, wie es die betrogene Dido in ihrem Fluch gewünscht hatte. Denn auch Turnus, der Fürst der den Laviniern benachbarten Rutuler, erhob Anspruch, vielleicht nicht so sehr auf das Mädchen als auf die Herrschaft, wobei das eine ohne das andere nicht zu haben war. Das Schicksal aber hatte jetzt ein Einsehen. Um Geduld und Opferbereitschaft der ohnehin geprüften Männer nicht noch weiter auf die Probe zu stellen und der Vorsehung endlich zu genügen, ließ die Überlieferung Roms Ahnen nun als Sieger hervorgehen. Seiner neuen Gattin zu Ehren nannte Aeneas die Stadt, die er im Italerland gründete, Lavinium.

Noch einmal hatte eine Frau versucht, sich dem Lauf des Schicksals entgegenzustellen. Königin Amata, die Gattin von König Lavinius, bevorzugte den jungen Turnus als Schwiegersohn und stiftete ihn an, seine Waffen gegen den fremden Eindringling zu erheben. Als jedoch die Trojaner den Sieg davongetragen hatten, gab sie sich in ohnmächtiger Wut selbst den Tod. Es ist dies ein Zug, den vor allem neuzeitliche Historiker als typisch für die Römerinnen schlechthin betrachten. »Zwar gelten sie offiziell als schlichte Gefährtinnen, doch wollen sie eine entscheidende Rolle bei der Ausübung oder Übertragung der Macht spielen, von der Sitte und Gesetz sie ausschließen. Vergeblich würde man in der Sage der römischen Frühzeit eine «vernünftige» Frau suchen, eine Seele, die nicht von reinster Leidenschaft, sondern noch viel stärker als von dem Wunsch zu lieben von politischen Leidenschaften und Herrschsucht bewegt würde. Scheinbar sich abfindend mit dem ihnen zugedachten Mann reißen sie als Mütter die ganze Autorität an sich, deren sie sich bemächtigen können, bezeigen einen unbeugsamen Willen, intrigieren, kämpfen hemmungslos und unnachsichtig wie entfesselte Furien, wenn sie eine Bedrohung, einen einfachen Widerstand gegen ihren Ehrgeiz und ihren Traum ahnen ...«[4)]

Die sagenhafte Überlieferung von der Gründung Roms ist ziemlich verworren und wird bei den alten Schriftstellern in verschiedenen Variationen wiedergegeben. Doch war es dem von den Ufern des Skamander mitgebrachten Sohn Iulus-Ascanius beschieden, vom Palatin ausgehend die sieben Hügel zu besiedeln. Denn die Ehe von Vater Aeneas mit der unzivilisierten Italierin soll nicht sehr glücklich gewesen sein, weshalb die ihr entsprossenen Abkömmlinge zur Gründung der erhabenen Roma nicht taugten.

Bis zur historischen oder doch archäologisch belegbaren Zeit, dem berühmten Jahr 753 v. Chr., in dem einer Berechnung Varros zufolge Rom entstand, klaffte, auch für die antiken Dichter und Gelehrten erkennbar, ein Lücke von mehreren Jahrhunderten, wenn man davon ausgeht, daß jene »Irrfahrten« überhaupt im zwölften vorchristlichen Jahrhundert stattgefunden haben. Sie geschickt zu überbrücken fiel dem Einfallsreichtum der augusteischen Historiker aber nicht schwer. Und wieder mußten Frauen herhalten.

Sohn Ascanius war vor der stummen Feindschaft der Stiefmutter taktvoll in die Albaner Berge ausgewichen, um dort eine eigene Dynastie zu gründen. Ihre letzten wichtigen Vertreter hießen Numitor und Amulius. Mit ihnen beginnt die Sage von Romulus und Remus und damit die Geburtsstunde Roms.

Der Konservatorenpalast auf dem sanften Hügel des Kapitols beherbergt in einer Antikensammlung von unvergleichlicher Schönheit auch eine der berühmtesten Bronzeplastiken der alten Welt: die aus dem fünften vorchristlichen Jahrhundert stammende sogenannte kapitolinische Wölfin. Die wenigsten wissen – denn es fällt dem Auge des Laien nicht weiter auf – daß es sich bei den am Euter des Tieres saugenden Kindern um ein Anhängsel der Renaissance handelt, das die vermeintlich unvollständige Arbeit der Etrusker ergänzen sollte. Allerdings ist nie geklärt worden, ob Teile der Figurengruppe tatsächlich einmal verloren gingen oder ob es sich bei der Wölfin vom Kapitol um ein Weihegeschenk für eine Gottheit handelt. In Italien war nämlich der Wolf, lateinisch »lupa«, verschiedenen Göttern heilig. Zweifellos aber hat es schon im Altertum ähnliche Darstellungen dieses »Wunders« gegeben, denn seit dem dritten Jahrhundert vor Christus ist das Motiv auch von Münzen bekannt. Man wollte auf diese Weise an den Ursprung des römischen Volkes erinnern, an die Zwillinge Romulus und Remus, die der Sage nach von einer Wölfin gesäugt und so auf wunderbare Weise vor dem Verderben gerettet worden waren. Erwünscht nämlich waren diese Kinder nicht. Daß sie dennoch bewahrt wurden und sogar dazu ausersehen waren, Rom zu gründen, konnte nur auf göttliche Vorsehung zurückgehen.

Noch vor kurzer Zeit war es auch in abendländischen Gesellschaften, die den Anspruch erhoben, zivilisiert zu sein, Brauch, eine Frau, für die man keinerlei andere Verwendung fand oder die auf irgendeine Weise gefehlt hatte, für den Rest ihres Lebens hinter Klostermauern verschwinden zu lassen. Eine ähnliche, freilich nicht ganz vergleichbare Institution gab es schon in römischer Zeit. Wer aufmerksam über das Forum Romanum wandert, wird bald auf das »Haus der Vestalinnen« stoßen. Zwölf solcher Priesterinnen hatten für die Dauer von jeweils 30 Jahren, einem Menschenleben nach antiken Maßstäben, den Dienst der Göttin Vesta zu versehen. Auf ihren Status und ihre Aufgaben soll in einem gesonderten Kapitel eingegangen werden. Soviel aber sei schon jetzt gesagt: Die Vestalinnen hatten keusch zu leben, ein geeignetes Gebot, um unerwünschten Nachwuchs zu verhindern. Verstöße wurden mit dem Tode bestraft.

Als König Numitor Alba Longa beherrschte, geschah es, daß sein eifersüchtiger und der Herrschaft ebenfalls begieriger Bruder Amulius diesen vom Thron stieß. Numitor aber hatte eine Tochter, die die wohlklingenden Namen Rhea Silvia trug. Rhea erinnerte an die Mutter des Göttervaters Jupiter, und Silvia mochte auf die Verwandtschaft mit Aeneas und Lavinias Nachkommen hinweisen. Einer ihrer Söhne soll Silvius geheißen haben.

Um den usurpierten Thron nicht an die Kinder seiner Nichte zu verlieren, zwang Amulius das Mädchen, Priesterin der Vesta zu werden, woran die Verpflichtung zu dreißigjährigem Dienst in Jungfräulichkeit geknüpft war. Der König hatte aber die göttliche Vorsehung nicht bedacht. Kriegsgott Mars selbst näherte sich der Priesterin, als diese Wasser holte, und sie schenkte bald Zwillingen das Leben, Romulus und Remus.

Was mit der Geschändeten geschah, ist widersprüchlich überliefert. Die antiken Berichterstatter konnten sich nicht einigen, ob sie von Amulius dafür mit dem Tode bestraft oder in den Kerker geworfen (und später von ihren Söhnen befreit) wurde, oder ob sie der erzürnte König in den Tiber oder Anio werfen ließ, wo sie sich mit dem Flußgott »vermählte«. Eines aber dürfte sicher sein: Allzu viel Federlesens wird man mit einer Frau, einer unliebsamen zumal, nicht gemacht haben. Auch den alten Schreibern schien sie keiner besonderen Mühe wert. Denn sie hatte ja ihre Pflicht, den Gründer Roms zur Welt zu bringen, zur Zufriedenheit der Nachwelt genügt, so daß ihr Schicksal eigentlich keinen weiter interessierte. Man konnte sich also auf die von ihr hinterlassenen Knaben konzentrieren. Deren Geschichte, die von den römischen Schriftstellern und Historikern sehr ausführlich, wenn auch bisweilen ebenfalls widersprüchlich, geschildert wird, ist ein Beispiel dafür, welch erstaunliche Blüten die Phantasie zu treiben vermag.

Es gab im römischen Recht ein sehr probates Mittel, sich ungewollter Kinder auf bequeme Weise zu entledigen. Hatte man Skrupel, sie sofort zu töten, bot das Gesetz die Möglichkeit, sie straffrei auszusetzen, um ihr Überleben gleichsam dem Schicksal zu überlassen, ein Brauch, der schon in archaischer Zeit geübt wurde. Nun hätte nicht einmal ein König gewagt, an Neugeborene, die einen Gott zum Vater hatten, Hand anzulegen. Romulus und Remus wurden deshalb in einer Wanne am Tiber ausgesetzt.

Und sie hatten Glück. Da der Fluß gerade Hochwasser führte, wurden sie an der Südwestecke des Palatins angespült. Der königliche Hirte Faustulus, der ihrem Schreien gefolgt war, fand sie, als sie gerade an den Zitzen einer Wölfin ihren Hunger stillten. Der verblüffte Mann brachte die Säuglinge seiner Frau Acca Larentia, die sich ihrer annahm und sie aufzog.

Der Ort, an dem sich dieses Wunder ereignet haben soll, wurde als eine Art römisches Nationalheiligtum noch in spätantiker Zeit verehrt. Ein Feigenbaum, der »ficus Ruminalis«, erinnerte lange an das Geschehen. Und die daneben liegende Höhle, das Lupercal, ließ Kaiser Augustus, der gern auch als religiöser Neuerer auftrat, wiederherstellen, um die Erinnerung an die wundersame Rettung seines Ahnen zu beleben. Noch heute findet sich in der Nähe dieser Stelle die »Casa Romuli«, das bescheidene Haus, in dem die beiden Knaben bei Faustulus und Acca Larentia aufwuchsen, bis sich ihre Identität klärte.

Livius, der wohl berühmteste Geschichtsschreiber der augusteischen Zeit, erklärt in der Einleitung zu seinem Hauptwerk »Libri ab urbe condita«: »Was aus den Zeiten, da die Stadt gegründet wurde, überliefert ist, will ich weder bestätigen noch widerlegen, ist es doch mehr erdichtete Sage als unverfälschtes Denkmal der Geschichte.« Zu den Berichten über die Wölfin, die die Knaben gesäugt habe, erklärt er, daß es Leute gebe, die der Ansicht seien, nicht das Tier, sondern Faustulus' Frau habe die Kinder genährt. Sie aber habe als Dirne gegolten, die in der Sprache der Römer ebenfalls »lupa« hieß. Infolge Verwirrung und Verwechslung sei dann in späterer Zeit aus der Dirne die Wölfin geworden ...[5)]

Freilich konnte sich der skeptische Historiker schlecht auf die eigene Überzeugung berufen, wollte er die kaiserliche Majestät und Roms erhabene Größe nicht verletzen. Augustus betrachtete sich als legitimen Sohn und Nachfolger Cäsars, der selbst seine göttliche Abstammung einst in öffentlicher Rede geschickt auf Iulus-Ascanius und damit auf Romulus zurückgeführt hatte. Konnte es angehen, daß sein berühmter Vorfahr seine Rettung dem Erbarmen einer Prostituierten verdankte? Und erst recht durfte nicht einmal der Verdacht aufkommen, Roms Größe sei durch die Gunst einer solchen Frau begründet worden. Denn es hielt sich hartnäckig die staatlicherseits sicherlich nicht geförderte Legende, Acca Larentia habe zu den außerordentlich erfolgreichen Damen ihres Gewerbes gehört und ihren erwirtschafteten Reichtum der noch jungen Stadt geschenkt, die, pecunia non olet, die Stiftung dankbar angenommen habe.

Man mag die Geschichte drehen und wenden, wie man will: Ein ehrenhafter Anfang war dies für Rom, das den Anspruch erhob, die Welt zu beherrschen und barbarischen Völkern seine Zivilisation aufzuzwingen, keineswegs. Wer könnte es deshalb Livius verargen, wenn er sich, als er jene Überlieferung zum besten gab, scheute, dafür selbst die Verantwortung zu übernehmen, sich vielmehr des damals durchaus üblichen Tricks bediente, sie anderen in den Mund zu legen? Daß die Staatsführung seit jeher die Legende mit der Wölfin vorzog, bedarf fast keiner besonderen Erwähnung. So sollen Livius zufolge schon die Aedilen Gnaeus und Quintus Ogulnius im Jahr 295 v. Chr. »beim Feigenbaum die Bilder der Knaben, die an der Wölfin saugten«[6)] aufgestellt haben.

Bei aller Vielfalt und dem Phantasiereichtum, den die überlieferten Geschichten erkennen lassen, dürfen wir auch nicht übersehen, daß bei den Römern sowohl die Stadt schlechthin, »urbs«, als auch Rom, die Stadt aller Städte, weiblichen Geschlechts waren. Sollte die altehrwürdige Roma ihren Namen tatsächlich von einer Frau bezogen haben, so schieden sich auch an seiner Herkunft seit Jahrhunderten die Geister.

Schon um 300 v. Chr. hatte der griechische Geschichtsschreiber Kallias von Syrakus eine gewisse Rhome genannt. Sie sei, so behauptete er, mit den Troern nach Italien gekommen, habe dort König Latinos geheiratet und diesem drei Söhne geschenkt. Zwei von ihnen, Rhomylos und Rhomos, hätten Rom gegründet und die Stadt nach ihrer Mutter benannt. Von jener Rhome sprach auch Timaios von Tauromenion, ein sizilischer Grieche gleich seinem Zeitgenossen Kallias. Bei ihm tritt sie als eine der Troerinnen auf, die, des Umherirrens überdrüssig, die Schiffe in Brand steckten.

Andere freilich wollten genau wissen, daß »Roma« aus dem Etruskischen abgeleitet sei. Tatsächlich findet sich bei den Etruskern der Geschlechtsname »ruma«, so daß ihre Argumentation nicht ganz von der Hand zu weisen ist, zumal auch andere italische

Städte ihren Ortsnamen von etruskischen Geschlechtern bezogen. Im übrigen wurde Rom, und daran zweifelten auch seine strengen Historiker nicht, nach etruskischem Vorbild angelegt. Und etruskische Könige waren es schließlich, die den Stadtstaat in seinen Anfängen beherrschten.

Aber die Herkunft des römischen Namens interessiert im Zusammenhang mit unserem Thema eigentlich wenig. Erstaunlich ist nur, daß die Römer in der Hauptstadt ihres Weltreichs eine Frau sahen, eine Göttin später, die heilige Roma, die im ganzen Imperium in Heiligtümern verehrt werden mußte.

Was die Frauen innerhalb dieser Stadt trieben und unterließen, was man ihnen zugestand, vorenthielt und untersagte, all das soll Gegenstand unserer weiteren Betrachtungen sein.

2.
DER RAUB DER SABINERINNEN ODER CHERCHEZ LA FEMME

HORATIA – LUCRETIA – VERGINIA – DIE FRAUEN DES CORIOLAN

Vor einigen Jahren ging ein verzweifelter Aufruf durch die abendländische Regenbogenpresse. Zahlreichen Jungbauern in abgelegenen Pyrenäendörfern drohte das Ende ihrer bäuerlichen Existenz. Da sich keine Frauen mehr fanden, die bereit waren, das harte und entbehrungsreiche Landleben auf sich zu nehmen, stand die Schließung vieler Gehöfte bevor. Und wie man weiter hörte, hatte der Medienrummel sogar einen gewissen Erfolg.

Frauenmangel ist indes nicht nur ein Problem der neuen Zeit. Gewiß, die Fortschritte in der medizinischen Wissenschaft haben einerseits dazu beigetragen, daß Frauen im Durchschnitt heute ein längeres Leben erwarten können als ihre männlichen Artgenossen, so daß die Statistiken mittlerweile von einem Frauenüberschuß sprechen. Aber ein tiefgreifender Bewußtseinswandel und das infolge Ausbildung und Bildung gestiegene Selbstbewußtsein haben andererseits die Frau von heute wenn nicht wählerischer, so doch unabhängiger gemacht, so daß sie kaum noch geneigt ist, um jeden Preis unter die Haube zu kommen.

Die Römer der Frühzeit waren, jedenfalls was ihre Heiratspläne betraf, kaum besser dran, wenn ihnen freilich auch aus ganz anderen Gründen die Frauen fehlten. Aus Alba Longa waren ihnen keine gefolgt. Sofern einige benachbarte Stämme über Jungfrauen im heiratsfähigen Alter verfügten, war man nicht geneigt, sie dahergelaufenen Barbaren, Abenteurern zumal, zu überlassen. Medien im neuzeitlichen Sinn gab es nicht, und selbst die Münzen, denen in späteren Jahrhunderten die Aufgabe von Masseninformationsmitteln zukam, waren in Latium noch nicht erfunden. Auch noch so verzweifelte Klagen der palatinischen Männergesellschaft werden so kaum über den Hügel hinausgedrungen sein. In ihrer Verzweiflung griffen die jungen Siedler deshalb zu einer List.

Nach der noch immer sagenhaften Überlieferung – die Historie setzte erst viel später ein – war es Romulus, der sich, als Roms erste Mauern kaum standen, anschickte, den Bürgern seines neuen Gemeinwesens Gesetze zu geben. Die Grundzüge seiner Regeln blieben Jahrhunderte erhalten und begründeten die vielgerühmte Tradition, auf die sich noch mancher späte Kaiser berief. Noch heute stellen Historiker verwundert fest, daß in Rom die Wertvorstellungen tausend Jahre gleich blieben. Die römische Gesellschaftsordnung wies eine merkwürdige Kontinuität auf. Erkenntnisse aufgrund einmal gewonnener und gebilligter Erfahrungen änderten sich im wesentlichen nie. Und sicherlich ist es auch daher zu erklären, daß der römischen Frau selbst in Zeiten materiellen Wohlstands niemals die gesetzliche Gleichheit widerfuhr, die in vergleichbaren Gesellschaften des ausgehenden zwanzigsten Jahrhunderts fast selbstverständlich erscheint.

Wenn wir den Berichten und Deutungen der antiken Historiker glauben dürfen, regelte der Urvater Roms zuerst die Beziehungen der Geschlechter zueinander. In der Blütezeit des Imperiums glaubte man fest daran, daß damals schon die feierliche Form der Eheschließung begründet wurde, die man »nach dem für Jupiter dargebrachten Opferkuchen aus Spelt (farreum libum) 'confarreatio' nannte«.[1)]

Schon Romulus hätte seine Getreuen gerne nach diesem Ritus an die Frau gebracht, aber es waren keine da, mit denen er sie hätte verheiraten können. Roms Methoden, anderen Menschen Glück, Frieden und Freiheit, was immer man im Zentrum der Macht darunter verstand, aufzuzwingen, sind nie sehr nobel gewesen, wie man weiß. Möglicherweise hatten seine diesbezüglichen jahrhundertelangen Bemühungen ihr großes Vorbild in den Ereignissen, die die Legende in jene vorgeschichtliche Zeit legte, die aber bereits im zweiten vorchristlichen Jahrhundert als historische Wahrheit galten. Hatten schließlich nicht damals schon Zweck und Erfolg alle Mittel geheiligt?

Eine Frau sahen die Römer in der Hauptstadt ihres Weltreichs, die Göttin Roma, die im ganzen Imperium in Heiligtümern verehrt wurde. Sitzfigur der zur Roma gewandelten Minerva vor dem Senatorenpalast in Rom. (Foto: GuidoSchall)

Wie Brot und Spiele in späteren Tagen auf den heißblütigen Südeuropäer eine geradezu magische Anziehungskraft ausübten, so war das schon zu Beginn der italischen Zivilisation nicht anders gewesen.

Roms Urvater veranstaltete also zu Ehren der Götter ein großes Fest, zu dem er alle bekannten Stämme einlud. Angeblich strömten Roms Nachbarn in Scharen herbei. Besonders die Sabiner waren mit Kind und Kegel zahlreich vertreten. Als man nun aufmerksam die Wettkämpfe verfolgte, gab Romulus seinen Männern das vereinbarte Zeichen. Daraufhin schnappte sich ein jeder die Frau, die ihm am besten gefiel, und verschwand mit ihr im Gewühl der Menge. Die männlichen Gäste wurden unsanft vertrieben. Ein gewisser Talassius, ein Bauer gleich seinen Siedlungsgenossen, wenn auch einer mit Geschmack, ergriff die schönste von allen und eilte mit ihr davon, um seine kostbare Beute in Sicherheit zu bringen. Angeblich soll der Ruf »Talassio!« (für Talassius), der noch in später Zeit die römischen Hochzeitszüge begleitete, auf diesen Raub zurückgegangen sein.

Ein solcher Bruch des auch den Römern heiligen Gastrechts konnte freilich nicht ungesühnt bleiben. Mochten sich die Gäste, waffenlos, wie es sich für solche geziemt, zunächst auch verwirrt zurückziehen, sie sammelten alsbald ihre Sinne und ihre Krieger. Unter dem Kommando von König Titus Tatius, der dem Stamm der sabinischen Kuriter angehörte, marschierten sie gegen Rom. Und um ein Haar wäre die Katastrophe besiegelt gewesen.

Es gab nämlich schon im frühen Altertum Mädchen, die einiger glitzernder Armreifen wegen dem Teufel ihre Seele verkauft hätten. Zu ihnen soll Tarpeia gehört haben, die Tochter des römischen Kommandanten auf dem Kapitol. Man erzählt, sie sei von den Sabinern bestochen worden und habe ihnen eine Pforte der von ihrem Vater verteidigten Burg geöffnet. Nichts weiter habe sie dafür von den Feinden begehrt, als das, was diese am linken Arm trugen. Einer anderen Überlieferung zufolge hat sie allerdings aus Liebe zu dem fremden König gehandelt. Geld oder Herz! Der Verrat zahlte sich nicht aus. Denn die undankbaren Sabiner begruben sie unter ihren Schilden (und gaben ihr damit, was sie am linken Arm trugen). Dies geschah an dem verfluchten Felsen, der seitdem der Tarpeische genannt wird.

Auf Grund des Verrats konnten sich die empörten Sabiner der palatinischen Siedlung bedenklich nähern. Schon lief das soeben erst gegründete Rom Gefahr, von den anstürmenden Horden überrannt und vernichtet zu werden. Daß es nicht soweit kam, verdankte die junge Gemeinde dem Mut ihrer Frauen.

So barbarisch auch die Methoden schienen, zu denen sich die Siedler in ihrer Verzweiflung hatten hinreißen lassen, so zivilisiert zeigten sie sich danach. Keine Frau hatte zu befürchten, daß ihr nach dem Raub weiter Gewalt angetan würde. Mit äußerster Behutsamkeit und vielen schönen Worten näherte man sich den Geraubten, um sie zur Liebe und zur Ehe zu bewegen. Als sich schließlich die verwandten Befreier ankündigten, hatte keine mehr Interesse daran, ohne Not einen Zustand aufzugeben, den sie inzwischen schätzen gelernt hatte. Viele Frauen waren, heißt es, bereits schwanger geworden und hatten die Überlegenheit der römischen Ehegesetze erkannt. So warfen sie sich, nachdem schon mehrere Kämpfe stattgefunden hatten und sie weder Ehemänner noch Väter oder Brüder verlieren wollten, den Streithähnen entgegen. Sie erreichten einen Waffenstillstand, der sich bald zu einem handfesten Bündnis auswuchs. Romulus und Tatius vereinigten ihre beiden Stämme und teilten sich bis in den Tod die Herrschaft. Von da an wurden die Freien Roms übrigens auch »Quiriten« oder »Kuriten« genannt.

Noch eine Vereinbarung wurde von den Römern mit den Verwandten ihrer Frauen getroffen: Niemals sollte eine Römerin für ihren Mann Korn mahlen, Essen zubereiten oder sonstige niedere Arbeiten verrichten müssen. Denn ihre Lebensbedingungen sollten angenehm sein. Dieses Versprechen geriet aber bald wieder in Vergessenheit. Anfangs jedoch galten von Frauen zubereitete Speisen tatsächlich als unrein.

Es ist zweifelhaft, was sich hinter dieser Legende wirklich verbirgt. Kaum hätten es Roms Schriftsteller auf sich genommen, damit nur jene innere Zerrissenheit zu beschreiben, die fast jede neuvermählte Frau erleidet, wenn sie die Geborgenheit des Elternhauses verläßt. Wohl eher sollte auf den dualistischen Ursprung des römischen Volkes hingewiesen werden. Immerhin wurde damit den Frauen eine verhältnismäßig bedeutende Stellung für die Anfänge der Stadt eingeräumt. Der Mythos vom Raub der Sabinerinnen erscheint sogar als zweite Stadtgründung. Wie hätte ein Gemeinwesen, das mit kämpferischem Mut, mit Gewalt und einer fast übermenschlichen Energie ins Leben gerufen worden war, auf Dauer bestehen können, hätte ihm das wichtigste gefehlt, die Liebe? »Romulus konnte auf dem Palatin die Umrisse einer Stadt zeichnen, sie befestigen und Reichtümer darin anhäufen, aber die eigentliche Stadt beginnt erst mit der Einwilligung der Sabinerinnen in ihre Entführung. Ohne sie hätte das Werk Romulus nicht überdauert; sie allein hatten die Macht, Rom ewigen Bestand zu geben...«[2)]

Historische Zeiten liegen noch immer in weiter Ferne. Wenn man überhaupt ein Datum nennen wollte, an dem das einsetzte, was man als Geschichte bezeichnen kann, böte sich am ehesten das Jahr 390 v. Chr. an, in dem Rom von den Kelten eingenommen wurde. Aber auch die Jahrhunderte zwischen der legendären Stadtgründung und dieser Zeit, als es Rom archäologischen Zeugnissen zufolge schon gab, waren angefüllt mit einer Vielzahl schillernder Ereignisse, bei denen Frauen immer wieder in die Schlagzeilen gerieten. Wie sie geschildert wurden, hing freilich stets vom Blickwinkel der sie beschreibenden Männer ab, denn ihnen allein wurde die Kompetenz zu wahrhafter Geschichtsschreibung zuerkannt. Wenn eine Frau überhaupt für wert befunden wurde, in Erinnerung gehalten zu werden, geschah dies nur zu dem Zweck, Tugenden und Laster beispielgebend und mit erzieherischer Absicht darzustellen.

Die Überlieferung zeigt, welche nahezu unumschränkte Macht der pater familias, das männliche Familienoberhaupt, über Töchter ungestraft ausüben konnte, wenn sie, schuldig oder schuldlos, seinen Moralvorstellungen nicht entsprachen, und wie großzügig der Römer stets mit dem Leben umging, besonders, wenn es nicht sein eigenes war. Mit Recht mochte sich ein paar Jahrhunderte später der gebildete Grieche Dionysios von Halikarnassos fragen, was denn die frühen Römer eigentlich von wilden Tieren unterschieden habe.

Zu den ältesten, vornehmsten und einflußreichsten Geschlechtern des antiken Rom gehörten die Horatier, die dem Reich fünf Jahrhunderte lang Feldherrn und Konsuln stellten und der Gesellschaft Gesetze gaben. Es war in archaischer Zeit, als drei männliche Vertreter dieser Gens, Drillinge, wie Livius berichtet, von der Staatsführung zum Kampf gegen eine andere Drillingsgruppe ausgesandt wurden, die den nicht weniger angesehenen Curatiern der Gemeinde von Alba Longa angehörte. Streit war dieser Stammesfehde vorausgegangen. Es ging um die Oberhoheit in jenem Gebiet. Die verfeindeten Parteien waren eng verwandt, ihre Mütter sogar Schwestern. Und eine Schwester der römischen Horatier wiederum war einem ihrer Vettern versprochen. Unglücklicherweise liebte sie ihren Bräutigam, entgegen den Gepflogenheiten anderer Bräute und dem Geschmack der Zeit. Schon hatte sie ihm für den Hochzeitstag ein Gewand gewebt, das er bei den Auseinandersetzungen trug...

Das Schicksal indes hatte ihnen kein gemeinsames Glück bestimmt. Von den sechs jungen Kriegern kehrte ein einziger, ein Horatier, nach Rom zurück. Als er nun triumphierend und den blutigen Umhang des getöteten Bräutigams als Trophäe schwingend in der Stadt einzog, jubelten ihm alle zu. Nur Horatia, ein Opfer ihrer Leidenschaft, war außer sich vor Schmerz. Zum Zeichen ihrer Trauer raufte sie sich die Haare und beklagte lauthals ihr Geschick. Für den strahlenden Sieger konnte sie nichts empfinden. Da zückte ihr Bruder sein Schwert, das gleiche, mit dem er ihren Verlobten getötet hatte, und stieß es ihr in die Brust. »So soll jede Römerin sterben, die um einen Feind trauert«[3], soll er dabei ausgerufen haben. Moralisch mag diese Tat manchem zu denken gegeben haben. Gegen die geltenden Gesetze verstieß sie aber offensichtlich nicht. Denn die Gerichte sahen sich außerstande, den Mörder zu bestrafen. Und selbst der Vater bemerkte, er hätte, wäre ihm sein Sohn nicht zuvorgekommen, kraft der ihm übertragenen patria potestas die Tochter eigenhändig getötet.

Bevor die durch Erfahrung klug gewordenen Römer die Republik ausriefen und einen feierlichen Eid schworen, die Leitung des Staates künftig nie mehr einem einzelnen zu überlassen, sondern nur noch in die Hände der Fähigsten und Besten zu legen, wurde Rom von Königen regiert. Es waren Etrusker, Angehörige eines rätselhaften, in Latium und der heutigen Toskana ansässigen Volkes, die die Geschicke des keimenden Staates lenkten. Ihre Geschichte wurde von Vertretern des römisch-republikanischen Adels geschrieben, und es kann nicht ausgeschlossen werden, daß diese in ihrer Abneigung gegen die Fremdlinge und die Königsherrschaft im allgemeinen die Ereignisse der römischen Frühzeit, das etruskisch-tarquinische Königtum, bewußt verdüsterten, um dadurch die von ihnen bevorzugte Regierungsform um so strahlender erscheinen zu lassen. Was allerdings ihre Darstellung von Frauen betrifft, wird nicht selten »die Überlieferung zu Literatur, und die Prosa der Politik verschmilzt mit der Poesie der Liebe.«[4)]

Schon vor hundert und mehr Jahren haben beflissene Altertumsforscher den Einfluß der Etrusker auf die gesamte vorgeschichtliche Entwicklung des Römertums erkannt. Wesentliches Merkmal etruskischer Kultur war das jedenfalls anfangs geltende Mutterrecht, das der strengen Vaterherrschaft vorausgeganen war. Die kontinuierliche Entwicklung des Vaterrechts, das sich in Rom schließlich als weitaus vorherrschende Form fand, sehen diese Gelehrten als eine Art Weltenwende an, als »einen gar nicht zu unterschätzenden Fortschritt der Kultur im heutigen Sinne...«[5)]

Die Historiker unserer Zeit stimmen diesen altertümlichen Ansichten allenfalls insofern zu, als sich der etruskische Einfluß auf das römische Ehe- und Familienrecht tatsächlich nicht leugnen läßt. Sie sind sich ebenfalls einig, »daß lange Jahrhunderte, ehe sich die auf der patria potestas beruhende eigentlich römische Familien- und Staatsentwicklung durchgesetzt hat«,[6)] ein Zustand mutterrechtlicher Art herrschte. Dieser schimmerte später noch in dem Begriff durch, den die Römer für die Eheschließung gebrauchten: »matrimonium«, worin sich, wie man unschwer erkennen kann, das Wort »mater« (Mutter) verbirgt. Heiraten hieß für den Römer in erster Linie, eine Frau zur Mutterschaft erheben. Hierbei kam ihr diese Ehre schon zu, ehe sie Kinder geboren hatte.

Klägliche Reste jenes ursprünglichen Mutterrechts kann man vielleicht noch in den Geschichten zweier Königsmacherinnen sehen, einer guten und einer schlechten, die freilich wieder in legendäre Zeiten weisen, an das Ende des sagenumwobenen etruskischen Königtums und den Beginn der römischen Republik.

Achtunddreißig lange Jahre hatte König L. Tarquinius Priscus in Rom segensreich gewirkt, ehe er von Patriziern ermordet wurde, die das Königtum wieder auf seine ursprüngliche religiöse Rolle zurückführen wollten. Das Ansiedeln etruskischer Handwerker und Kulte und den Bau der gigantischen Entwässerungsanlage auf dem Forum, der noch heute funktionierenden »Cloaca Maxima«, verdankte die Stadt diesem Mann, der auch die sibyllinischen Bücher nach Rom geholt, den Senat vergrößert und den capitolinischen Tempel erbaut hatte.

Tarquinius' Witwe Tanaquil scheint eine ebenso kluge wie tief religiöse Frau gewesen zu sein. Übereinstimmend lobt die Überlieferung ihren edlen, selbstlosen Charakter. Schon ihrem Mann soll sie mehr als ein Menschenalter zuvor zum Thron verholfen haben, und jetzt, nach ihres Mannes Ermordung, mischte sie sich wiederum ein. Tatsächlich gelang es ihr wieder, das Königtum ihrem Sohn Servius Tullius zu retten. Und auch von seiner umsichtigen Herrschaft sind die alten Quellen des Lobes voll.

Aber Erfolg und Glück rufen nicht selten den Neid der Götter hervor. Ein anderer (und der letzte) Tarquinier, Enkel jenes ermordeten Priscus und später als »der Stolze« (Superbus) geschmäht, war selbst begierig auf die Herrschaft. Er klagte den König an, er habe seine Gewalt nicht rechtmäßig inne. Livius weiß von einer Volksabstimmung, die Servius Tullius wie keinen zuvor begeistert auf dem Thron bestätigte.[7] So ließ Tarquinius den Verwandten kurzerhand ermorden und machte sich selbst zum Herrn.

Bei diesen Vorgängen spielte Tullia, Servius' Tochter, eine ganz und gar unrühmliche Rolle. Sie hatte den Mord an ihrem Vater ausgeheckt und auch ihre Schwester, die Frau des letzten Tarquiniers, beseitigen lassen, um selbst ihren Schwager heiraten und zur Königin aufsteigen zu können. Aufruhr herrschte in Rom, als sie sich zum Esquilin hinauffahren ließ und der Kutscher seinen Wagen plötzlich anhielt. Vor ihm lag ermordet König Servius auf dem Pflaster. Die Tochter aber focht das nicht weiter an. Sie ergriff selbst die Zügel und raste über den blutigen Leichnam hinweg...

So unrühmlich begann die Herrschaft von König Sextus Tarquinius. Und ihr Ende war nicht weniger verwerflich.

In jener fernen Zeit wurde während der Belagerung des rutulischen Ardea an der Tafel des Königs eines Abends heftig diskutiert. Es ging, wie so oft, um die Tugend der Frauen. Jeder rühmte sich, das sittsamste Eheweib zu besitzen, aber nur einer konnte sicher sein, auch jede Wette darauf zu gewinnen. Er hieß Lucretius Collatinus und war ein Neffe des Königs. Um die Probe aufs Exempel zu machen, schlug er vor, sogleich nach Rom zu reiten und die Frauen zu überraschen. Der Sohn der Königs, der nach seinem Vater ebenfalls Sextus hieß, war mit von der Partie.

Man traf Sextus' Frau bei einem Festgelage mit Freunden an. Als man danach zu Lucretia kam, war es schon tiefe Nacht. Dennoch war sie noch nicht zu Bett gegangen, sondern saß mit ihren Dienerinnen beim Spinnen und Weben.

Kaum hatte der lüsterne Königssohn die Tugendsame erblickt, als er auch schon Feuer fing. Er wünschte sich fortan nichts sehnlicher, als Lucretias Treue auf die Probe zu stellen und wenigstens einmal ihre Liebe zu genießen. Einige Tage später kehrte er deshalb alleine zurück und bat um ein Nachtquartier. Obwohl Collatinus nicht zu Hause war, hatte die arglose Frau keine Bedenken. Schließlich war Sextus ein Vetter. Sie konnte ja nicht ahnen, daß dieser den Zeitpunkt seines Besuches mit Bedacht gewählt hatte. Als alles im Hause schlief, schlich er sich heimlich in Lucretias Schlafgemach und überwältigte sie mit List und Gewalt. Er werde sie, drohte er, sofern sie sich seinen Wünschen widersetze, töten und einen erwürgten Sklaven nackt zu ihr ins Bett legen. Alle Welt aber werde er wissen lassen, er habe sie mit diesem in flagranti ertappt und beide auf der Stelle bestraft. Was blieb der armen Frau anderes übrig, als ihm zu Willen zu sein?

Am Morgen nach seinem zweifelhaften Sieg kehrte Sextus ins königliche Lager zurück. Die unglückliche Lucretia aber berichtete sogleich ihrem Vater und ihrem Gatten, was vorgefallen war. Dann gab sie sich mit einem Dolch selbst den Tod. »Sie glaubte, die Schmach ihrer Entehrung nicht überleben zu dürfen.«[8] Auch den beiden Männern wäre nur die Möglichkeit geblieben, die unschuldig schuldig Gewordene zu töten, um ihre verlorene Ehre zu retten.

Es beruhigt uns ein wenig, daß auch für den dreisten Verführer die Geschichte nicht ohne Folgen blieb. Collatinus hatte angesehene Freunde, und die Tarquinier scheinen ohnehin nicht besonders beliebt gewesen zu sein. Lucius Iunius Brutus, dessen entfernter Nachkomme, einer der Cäsarmörder, sich dereinst stolz auf die Abstammung vom Befreier der Königsherrschaft berufen sollte, forderte alle anständigen Männer Roms auf, die Tarquinier zu vertreiben. Brutus hatte, obwohl selbst Neffe des letzten etruskischen Königs, viel unter dessen Schreckensregiment zu leiden gehabt. Vater und Bruder waren von dem Tyrannen hingerichtet worden, und ihn selbst hatte nur ein vorgetäuschter Schwachsinn vor gleichem Schicksal bewahrt. Seine »Geistesschwäche« hatte ihm zwar den Beinamen Brutus, Tölpel, eingebracht, sein Leben aber für die Rache aufgespart. Er versicherte sich der Loyalität des Heeres, vertrieb den verhaßten König aus der Stadt und rief eine Versammlung aller wehrfähigen Männer ein. Diese erklärte den König für abgesetzt und wählte dafür zwei Konsuln, die für ein Jahr im Amt bleiben sollten und mit umfangreichen Rechten ausgestattet wurden. Glauben wir dieser Sage, so wurde um der Schändung der Lucretia willen das Königtum abgeschafft und die res publica, Roms geliebte und noch im Untergang sehnsüchtig beschworene Staatsform, ins Leben gerufen.

Verworren blieben die politischen und gesellschaftlichen Verhältnisse auch nach dem Sturz der etruskischen Fremdherrscher. Ein gewisser Gnaeus Marcius wurde Held einer alten römischen Sage, die die Zustände im Rom des frühen fünften Jahrhunderts vor Christus widerspiegelt. Er soll die feindlichen Volsker besiegt und 493 v. Chr. ihre Stadt Corioli erstürmt haben, weshalb man ihm den Beinamen Coriolanus verlieh. Innenpolitisch jedoch versagte er, da er sich der plebejischen Forderung nach Getreideverteilung widersetzte. Man schickte ihn ungeachtet seiner zweifellos großen militärischen Verdienste ins Exil. Über diese Undankbarkeit erbost, stellte er sein überragendes Feldherrngenie den einstigen Feinden zur Verfügung. An der Spitze ihres Heeres marschierte er gegen Rom.

Angesichts der drohenden Niederlage schlossen die Patrizier und Plebejer Frieden und schickten gemeinsam Abordnungen zu ihm. Er aber ließ sie nicht einmal vor. Da trat Coriolans greise Mutter als Retterin Roms auf den Plan. Das Andenken bewahrte sie als Frau, »vor deren Hoheit selbst der Kriegsmut ihres Sohnes verschwindet«.[9] Unterstützt wurde sie von Columnia, der Gattin des Feldherrn, die mit ihren Kindern in der Stadt zurückgeblieben war. Und wo alle staatlichen Appelle an Ehrgefühl und Vaterlandsliebe nichts bewirkt hatten, hatte die pietas, jene fast heilige Scheu des Römers vor dem Alter und seinen Vorfahren, leichtes Spiel.

Livius berichtet, wie wortgewaltig die Frau ihrem Sohn entgegentrat:

»... Da versammelte sich eine große Schar edler Frauen bei Coriolans Mutter Veturia... Sie erreichten, daß Veturia, so hoch betagt sie war, und Volumnia mit den beiden kleinen Söhnen des Marcius auf dem Arm ins feindliche Lager gingen, um die Stadt, die Männer mit Waffengewalt nicht verteidigen konnten, durch Bitten und Tränen zu retten. Als sie am Lager angekommen waren... , da sprang Coriolan wie von Sinnen von seinem Stuhl auf und eilte mit ausgebreiteten Armen seiner Mutter entgegen. Diese aber überließ sich ganz ihrem Zorn. 'Bevor ich mich von dir umarmen lasse, will ich wissen, ob ich zu einem Feind oder zu meinem Sohn gekommen bin, ob ich hier Gefangene oder deine Mutter bin... Dieses Land konntest du verheeren, das dich gezeugt hat?... Regte sich nicht, als du Roms ansichtig wurdest, der Gedanke in dir: Hinter jenen Mauern habe ich Haus und Hausgötter, Mutter, Gattin und Kinder? Wenn ich dich nicht geboren hätte, würde Rom jetzt nicht belagert...‹ Nun umarmte er Gattin und Kinder... Und nach der Umarmung entließ er sie und zog sich mit seinem Lager von der Stadt zurück...«[10)]

Niemand konnte übrigens zuverlässig berichten, was mit dem bekehrten Verräter geschah. Einige glaubten, die Volsker hätten ihn, der sie so leichtfertig um einen sicheren Sieg gebracht hatte, getötet. Andere sahen ihn noch viele Jahre im Exil. Der Sieg der beherzten Frauen jedoch blieb in Rom noch lange lebendig. Der Senat ließ zum Andenken an den glücklichen Ausgang des gewagten Unternehmens einen Tempel errichten, den er der »Fortuna muliebris«, dem Glück der Frauen, weihte. Nach einer wahrscheinlich irrigen Überlieferung soll es der gewesen sein, den man noch in spätrepublikanischer Zeit an der Via Latina bewundern konnte. Zweimal im Jahr pilgerten alle Frauen Roms, die nur einmal verheiratet gewesen waren (univirae), dorthin, um die berühmte Statue der Fortuna zu ehren. Und noch heute gilt manchem Historiker jenes Ereignis, das Anlaß zur Stiftung der Kultstätte gewesen sein soll, als »die sensationellste und hervorragendste Tat im Dienste Roms, die je von Frauen vollbracht wurde.«[11]

Eine andere Geschichte haben die römischen Geschichtsschreiber in das Jahr 449 v. Chr. angesiedelt, das auch für Rom von schicksalhafter Tragweite war. Ihre Protagonistin heißt Verginia, und sie war nicht besser dran als jene unglückliche Horatierin, die so jung und so unschuldig ihr Leben verlor.

451 v. Chr. wurde auf Drängen der Plebejer, all jener, deren Wurzeln sich nicht bis zur Stadtgründung zurückverfolgen ließen, ein Zehnmännerkollegium eingerichtet, dem die Aufgabe zukam, das römische Recht zu kodifizieren. Der Konsul Appius Claudius, einer der Decemvirn, unterstützte die Forderung der Plebejer nach Kodifizierung und Veröffentlichung der Gesetze. Die zunächst zehn, später zwölf Tafeln wurden auf dem Forum ausgestellt. Eine der Vorschriften verbot die Heirat zwischen Plebejern und Angehörigen des Patriziats.

Besagte Verginia hatte nun das Pech, daß jener Konsul trotz seines offensichtlich fortgeschrittenen Alters – er hatte zwanzig Jahre zuvor schon einmal das Konsulat bekleidet – in heftiger Leidenschaft zu ihr entbrannte. Der führende Kopf des Decemvirats galt gemeinhin als düster und tyrannisch. Erfolg und Macht hatten ihn verwöhnt, und es mag für ihn tatsächlich schwer nachvollziehbar gewesen sein, daß er nicht immer bekommen konnte, wonach es seinem Herzen gelüstete. Verginia jedenfalls bekam er nicht.

Die Jungfrau aus plebejischem Geschlecht war einem gewissen L. Icilius verlobt, aber selbst das hinderte den alten Narren nicht, ihr auf Schritt und Tritt nachzustellen. Da alle legitimen Möglichkeiten, ihrer habhaft zu werden, versagten, verfiel er schließlich auf einen Trick. Er befahl seinem Hörigen M. Claudius, Anspruch auf das Mädchen zu erheben mit der Begründung, daß dieses keine echte Verginierin sei, sondern die Tochter eines seiner, des M. Claudius, Sklaven. Durch glückliche Fügung sei schon das Kind einst der Familie des Verginius untergeschoben und dort als eigene Tochter aufgezogen worden. Und der bestochene Client entführte die Jungfrau, wie ihm geheißen.

Die Sache wurde vor dem Richterstuhl des Appius Claudius verhandelt, und er, dem Ziel seiner Sehnsucht so nahe, beeilte sich, Verginia als Sklavin seinem Vertrauten zuzusprechen. Die alten

Historiker bemerken entschuldigend, daß dabei eher Tollheit als Liebe die Sinne des lüsternen Alten verwirrt hätte...

Die Geschichte endete für alle Beteiligten gleichermaßen tragisch. Verginia behielt ihre Ehre, verlor aber ihr Leben. Und der liebestolle Konsul büßte beides ein. In seinem Elend beschloß Vater Verginius »eine Tat, die für einen Vater jammervoll und herb, eines freien und hochherzigen Mannes aber würdig war«[12), bemerkt Dionysios von Halikarnassos. Er ergriff ein Messer, das auf einer Metzgertheke des Forums bereitlag, und stieß es der Tochter mit den Worten ins Herz: »Frei und keusch, mein Kind, schicke ich dich zu den Voreltern unter die Erde, denn im Leben war dir beides nicht vergönnt durch den Tyrannen.«

Verginias Leichnam wurde auf dem Forum aufgebahrt, und ganz Rom fiel in Trauer. Doch auch der Unhold entging seiner gerechten Strafe nicht. In seltener Eintracht wanderte die römische Plebs – zum zweitenmal in der Geschichte – auf den heiligen Berg aus. Das Kollegium der Decemvir wurde zum Rücktritt gezwungen, die republikanische Verfassung wiederhergestellt. Appius Claudius landete im Kerker. In der Aussichtslosigkeit seiner Lage nahm er sich bald selbst das Leben. Sein Schutzbefohlener wurde verbannt, und Rom konnte wieder frei atmen.

Denn nachdem alle bestraft worden waren und der Staat wieder auf einer festen Grundlage stand, fand auch Verginias Geist, im Tode glücklicher als im Leben, endlich Ruhe. Er hatte, wenn wir Livius glauben dürfen, manches Haus heimgesucht und keinen Schuldigen verschont. So hatte erneut eine Römerin durch Hingabe ihres Lebens dazu beigetragen, die res publica zu retten, jene Staatsform, die Rom bis zu Cäsars Tod regieren und ihm seine weltbeherrschende Stellung verschaffen sollte.

3. DIE BEHERRSCHTE FRAU

GEGEN MORAL UND SITTE – HEIRATSVERBOTE – HEIRATSALTER – WAHL DES PARTNERS – VERLOBUNG

»Wenn wir ohne Gattin leben könnten, würden wir alle diese Last gerne entbehren. Da aber die Natur es gewollt hat, daß wir mit ihnen nicht bequem, ohne sie jedoch überhaupt nicht leben können, so muß man mehr für das dauernde Wohl als für den kurzen Genuß sorgen...«[1] Dürfen wir Livius glauben, hat der Zensor Metellus schon im Jahr 131 vor Beginn der neuen Zeitrechnung diese für die Einstellung des Römers zur Ehe doch sehr bezeichnenden Worte gesprochen. Und seine mangelnde Begeisterung erstaunt um so mehr, als er selbst sehr glücklich verheiratet gewesen sein soll. Seine Frau hatte ihm vier Söhne und zwei Töchter geschenkt. Und nicht weniger als elf Enkel erfreuten sein Alter.

Die Scheu des Römers vor festen Bindungen und die Furcht vor dem Weib ganz allgemein wurzelten tief und waren so alt wie die römische Geschichte selbst. Zu allen Zeiten hatten die Zensoren Mühe, gegen die Ehelosigkeit einzuschreiten. Denn die meisten Männer betrachteten die Heirat allenfalls als notwendiges Übel, da ein Staat nicht heil sein könne ohne zahlreiche Ehen, wie der Schriftsteller Gellius im zweiten nachchristlichen Jahrhundert bemerkte.[2]

Das römische Ehe-und Sittenrecht wurde stets als Fortführung der archaischen Gesetze des Romulus betrachtet, der mores maiorum, als heiliges Erbe der Vorfahren, eine vor allem vom griechischen Einfluß unberührte historische Tradition. Aber auch diese Gesetze entwickelten sich mit der Zeit fort und mußten bisweilen den veränderten gesellschaftlichen Bedingungen angepaßt werden.

Keimzelle des Staates und einer der wichtigsten Pfeiler, auf die sich sein Gefüge stützte, war die Familie, deren Oberhaupt und nahezu uneingeschränkter Herr wiederum der pater familias, der Hausvater, war. Seine fast unerschütterliche Machtposition hatte keine vergleichbare Entsprechung in anderen antiken Kulturen, vor allem nicht im griechischen Recht, das für das römische auf anderen Gebieten doch stets eine reiche Quelle war. Rechtlich war es dem Familienoberhaupt sogar erlaubt, über Leben und Tod seiner Angehörigen zu entscheiden.

Das grundlegende Prinzip des römischen Patriarchats war die Theorie von Schwäche und Leichtsinn des weiblichen Geschlechts (infirmitas sexus et levitas animi), weshalb alle Frauen unter der Vormundschaft von Männern zu stehen hatten. Mindestens in den ersten Jahrhunderten der römischen Republik gab es für eine Frau kaum eine Möglichkeit, dieser männlichen Verfügungsgewalt zu entrinnen. Ein volljähriger Sohn wurde mit dem Tod des Vaters kraft Gesetzes frei, auch wenn ihn dieser (was rechtlich zulässig war) dreimal in die Sklaverei verkauft hatte. So hatte es schon das Zwölftafelgesetz bestimmt. Bei einer Tochter fand hingegen nur ein Autoritätenwechsel statt: Die Vormundschaft ging auf den nächsten männlichen Verwandten, den Agnaten, über, sofern der Vater nicht testamentarisch einen anderen Vormund benannt hatte. Die einzige vom Gesetz vorgesehene Möglichkeit, sich zu befreien, bestand darin, als Priesterin in den Dienst der Göttin Vesta zu treten. Dies brachte aber wiederum andere und kaum weniger einschneidende Freiheitsbeschränkungen mit sich, wie wir noch hören werden. Mochten diese Bestimmungen auch im Laufe der Jahrhunderte vorsichtig abgeändert und den jeweiligen Erfordernissen angepaßt werden, in ihren Grundzügen blieben sie doch bis zur Zeit Diokletians, das heißt bis zum ausgehenden dritten nachchristlichen Jahrhundert, in Kraft.

Selbst die Flucht in die Ehe bedeutete für eine Frau oft kein Ende ihrer persönlichen Abhängigkeit. Zur Hausgewalt des Vaters, die auch mit der Eheschließung seiner Tochter nicht grundsätzlich erlosch, trat, vor allem, wenn es sich um eine sogenannte »manus-Ehe« handelte, die Autorität des Mannes hinzu. So wachten künftig nicht nur der Vater und die männlichen Verwandten über eine Frau, sondern auch der Ehemann. Insofern wurden allerdings die Gesetze von den antiken Autoren unterschiedlich interpretiert. Dionysios von Halikarnassos behauptete, verheiratete Frauen seien nach dem Gesetz des Romulus verpflichtet gewesen, sich ganz den Ehemännern unterwerfen. Und diese hätten mit ihren Frauen nach Belieben wie mit ihrem Eigentum verfahren und sie sogar zum Tode verurteilen dürfen. Für die uneingeschränkte richterliche Gewalt des Mannes über die Frau trat auch der strenge Zensor Cato ein. Er plädierte für die vom Ehemann zu verhängende Todesstrafe, wenn sie sich des Ehebruchs oder der Trunksucht schuldig gemacht hatte. (Neben dem Ehebruch galt der Genuß alkoholischer Getränke, der wiederum als Vorstufe der Untreue angesehen wurde, als todeswürdiges Verbrechen.) Es gab hierfür ein nach Catos Ansicht nachahmenswertes Beispiel aus archaischer Zeit: Ein Zeitgenosse des Romulus hatte seine Frau erschlagen, da sie Wein getrunken hatte. Der Mann habe recht gehandelt, meinte er, denn die Frau habe mit ihrem Verhalten ein schlechtes Beispiel gegeben. Tatsächlich scheint der Alkoholgenuß einer Frau noch in aufgeklärten Epochen zu den schlimmsten Verfehlungen gehört zu haben, deren sie sich schuldig machen konnte. Noch in spätrepublikanischer Zeit war es üblich, daß die männlichen Blutsverwandten die Frauen ihrer Familie auf den Mund küßten, um festzustellen, ob ihr Atem nach Alkohol roch. Der ältere Plinius wußte von einer verheirateten Frau zu berichten, die gezwungen worden war, sich zu Tode zu hungern. Sie hatte die Schlüssel zum Weinkeller des Hauses ihres Gatten entwendet. Dieser Vorfall dürfte damals allerdings schon weit zurückgelegen haben. Doch wurde auch noch im beginnenden zweiten vorchristlichen Jahrhundert das Weintrinken einer Frau schwer, wenn auch wahrscheinlich nicht mehr mit dem Tode bestraft.

Wenn es fast jede Römerin trotz aller Unannehmlichkeiten zur Ehe drängte, lag das sicherlich nicht nur daran, wenigstens ihrem bisherigen häuslichen Umfeld zu entfliehen. Mangels besonderer Bildung und Ausbildung hatte die Durchschnittsfrau keinerlei Aussicht, ein ehe- und kinderloses Leben einigermaßen sinnvoll zu gestalten. Ein Mitspracherecht in öffentlichen Angelegenheiten war ihr vom Gesetz niemals eingeräumt worden. So konnte sie eigentlich nur auf dem Umweg über ihre Söhne Einfluß in der Öffentlichkeit ausüben. Die eine oder andere erlangte auch tatsächlich über ihre Kinder eine mitunter freilich traurige Berühmtheit. Zu ihnen gehörte Cornelia, die allerdings hochgebildete Mutter der Gracchen, die zusehen mußte, wie ihre Söhne im wüsten Straßenkampf verbluteten.

Vor allem in der Frühzeit der römischen Republik konnten Ehen nicht wahllos eingegangen werden. Das Klassendenken war streng. Standesinteressen herrschten vor. Heiraten zwischen Angehörigen des Patriziats und solchen plebejischer Familien waren untersagt. Aber man machte es sich sicherlich zu einfach, sähe man in den überkommenen Vorschriften nur einen Dünkel, den überheblichen Stolz derer, die ihre Wurzeln bis zur Stadtgründung zurückverfolgen konnten, gegenüber jenen, die das Schicksal in dieser Hinsicht weniger begünstigt hatte (wenn man diese Definition von Patriziern und Plebejern überhaupt gelten lassen will). Der Grund für das römische Heiratsverbot verschiedener Klassen lag im Charakter der Ehe selbst, in der religiösen Ungleichwertigkeit von Partnern verschiedener Herkunft, die weder vor der Gottheit ein harmonisches Paar bilden noch in den Augen der Gesellschaft einen gültigen Rechtsstand begründen konnten. Viel stärker als dies auf den ersten Blick den Anschein hat, bewahrte nämlich die römische Frau nach der Eheschließung ihren individuellen Status. Sie wurde nicht Anhängsel des Mannes, erwarb nicht automatisch dessen juristische Stellung, sondern blieb auch als Ehefrau eine Rechtspersönlichkeit eigener Art, deren Rechte sich freilich im Vergleich zu denen, die Frauen im ausgehenden 20. Jahrhundert garantiert sind, bescheiden ausnehmen. Immerhin führte die Römerin auch nach der Heirat ihren bisherigen Familiennamen uneingeschränkt fort, ein Zugeständnis, das beispielsweise der deutsche Gesetzgeber seinen Frauen erst in jüngster Zeit und da nur halbherzig zu machen bereit war.

Die Geschichtsschreibung späterer Jahrhunderte versuchte, die Decemvirn und ihr Zwölftafelgesetz als Urheber dieses Heiratsverbots darzustellen, doch scheint es sich hier eher um altes Gewohnheitsrecht gehandelt zu haben, das diese Männer nur kodifizierten. So mag die bereits erzählte Geschichte von der unglücklichen Verginia in Wahrheit mehr gewesen sein als nur die traurige Illustration von der Vertreibung des unliebsamen Tyrannen. Sie leitete wahrscheinlich die langwierigen Kämpfe ein, aus denen der

Plebejerstand unter dem Volkstribunat des Gaius Canuleius gestärkt hervorging und die letztlich auch das Heiratsverbot zwischen den Angehörigen verschiedener Klassen aufhoben.

Es war die Regel, daß Verlöbnisse und Ehebündnisse »von den Männern der betroffenenen Familien nach politischen und finanziellen Gesichtspunkten«[3)] ausgehandelt wurden. In den seltensten Fällen lagen solchen Verbindungen emotionale Motive zugrunde. Auch Tacitus meinte, daß der echte Römer keineswegs aus Liebe heirate. Politische Bündnisse, für die Ehen vorrangig herhalten mußten, erschienen zu wichtig, als daß man sie den Stimmungen einzelner hätte überlassen dürfen. Zweifellos spielten auch Vermögensinteressen eine, wenn auch keineswegs ausschlaggebende Rolle. Oft bestand der Reichtum in Landbesitz, der nach patriarchalischer Tradition nicht veräußert werden durfte. So steigerte die Höhe der einer Tochter gewährten Mitgift nicht immer ihre Chancen auf dem Heiratsmarkt. Cn. Scipio bat, als er gerade in Spanien gegen die Heere Karthagos kämpfte, um Heimaturlaub. Seine Tochter, sagte er, sei ins heiratsfähige Alter gekommen, und er müsse sich um ihre Mitgift kümmern, ohne die sich für sie schwerlich ein Mann fände. Seine Sorge war sicherlich unbegründet. Denn der Klang seines Namens war für einen Freier so verlockend, daß die Mitgift eigentlich nur als angenehme Begleiterscheinung betrachtet werden konnte. Dennoch fühlte sich der Senat verpflichtet, für den am spanischen Kriegsschauplatz unentbehrlichen Heerführer zu handeln. Nach Absprache mit der Mutter des Mädchens setzten Roms Stadtväter der Scipionentochter ein Heiratsgut von 40000 Pfund Bronze aus, die überdies aus der Staatskasse gezahlt wurden.

Gelang es einem Vater, einen Schwiegersohn aus einflußreichen Kreisen zu ergattern, konnte sich das für die ganze Sippe als wahrer Glücksfall erweisen. Denn mit einer edlen Familie verbunden zu werden, bedeutete, öffentlich und privat Beistand zu erhalten und letztlich das eigene Ansehen zu mehren. In einer streng hierarchisch gegliederten Gesellschaft tat man gut daran, alles aufzubieten, um in jenem Kreis der inneren Nobilität zu bleiben, die die Macht in Händen hielt. Dorthin zu gelangen, ohne daß man der alten Aristokratie entstammte, war schwierig genug. Selten gelang es einem »homo novus« in jene elitäre, sich mißtrauisch abschirmende Schicht, die ihre Jahrhunderte alten Privilegien eifersüchtig bewachte, vorzustoßen. Eine günstige Heirat konnte hier durchaus von Vorteil sein. Umgekehrt wird auch ein Familienvater die Verbindung mit einem ehrgeizigen, begabten jungen Mann geschätzt haben, sofern seine Zukunft vielversprechend war. »Solcherart war zu jener Zeit die Ehe: Eines der Instrumente, deren man sich bediente, um die Macht zu erobern oder zu bewahren«,[4] bemerkt hierzu ein neuzeitlicher Historiker.

War jemand von seinem Vater fest versprochen worden, gab es kaum eine Möglichkeit, die getroffene elterliche Wahl zu mißachten. Ein Sohn konnte sich den Wünschen seines Vaters nur widersetzen, wenn dieser, was selten genug vorgekommen sein dürfte, eine Person ausgesucht hatte, deren Lebenswandel und Charakter bekannt anstößig waren. Ebenso konnte eine Tochter nur dann den Gehorsam verweigern, wenn ihr Vater einen verrufenen oder unwürdigen Schwiegersohn ausgesucht hatte. Ihr Vetorecht mußte sie ausdrücklich bekunden. Bloßes Schweigen galt als Zustimmung. Doch mochte ein Mädchen vielleicht eher seinen Charme ausspielen oder über die Mutter gegen die väterliche Entscheidung protestieren. Erfolg wird ihr Einspruch allenfalls dann gehabt haben, wenn der Vater den altrömischen Sitten, die selbst in der geschichtlichen Blütezeit Roms als freilich kaum noch erreichbarer Maßstab moralischen Handelns betrachtet wurden, nicht mehr allzu sehr anhing, oder die Liebe zur Tochter das strenge Pflichtbewußtsein des pater familias übertraf. Wie auch immer, das letzte Wort gebührte ihm. Natürlich gab es auch öffentliche Mahner, die sich dagegen verwahrten, eine Frau als Mittel zur Festigung politischer Bündnisse zu mißbrauchen. Zu ihnen gehörte der jüngere Cato, der sich freilich selbst nicht scheute, seine Gattin seinem Freund Hortensius »auszuleihen«.

Im praktischen Alltag dürften allerdings Einwendungen gegen die väterliche Entscheidung keine allzu große Rolle gespielt haben. Denn bei den alten Römern heiratete zumindest die Tochter früh. Ein Mädchen hatte mit zwölf, ein Junge mit vierzehn Jahren die nötige Geschlechtsreife, was natürlich nicht heißt, daß sie in diesem Alter gleich verheiratet wurden. Anhand zahlreicher Überlieferungen haben Wissenschaftler festgestellt, daß das durchschnittliche Heiratsalter der Mädchen bei vierzehn Jahren lag. Eine zwanzigjährige unverheiratete Frau galt nicht nur als alte Jungfer. Sie hatte auch nach der strengen augusteischen Familiengesetzgebung, auf die an anderer Stelle noch eingegangen werden soll, mit empfindlichen Vermögensstrafen zu rechnen. Es ist, selbst wenn man Jugendlichen der Antike einen schnelleren Reifungsprozeß als jungen Menschen von heute zubilligen will, kaum vorstellbar, daß derart junge Leute schon Sinn und Zweck dessen, was ihnen da bevorstand, erkannten. Zudem waren sie die Bevormundung gewohnt. Ihr Protest wird sich schon deshalb in Grenzen gehalten haben. Bei all dem sollten wir nicht vergessen, daß die freie Wahl des Lebenspartners auch in der modernen abendländischen Welt zu den neueren Errungenschaften gehört, während sie doch in orientalischen Kulturen noch eher die Ausnahme ist.

Bemerkenswert bleibt, daß diese von den Vätern gestifteten Ehen mindestens während der Republik durchaus Bestand hatten und oft erstaunlich fruchtbar waren. Mochten sich die Partner anfangs auch nicht lieben, mit der Zeit gewöhnten sie sich aneinander. Und oft entwickelte sich zwischen den Ehegatten im Laufe der Jahre sogar eine echte Zuneigung. Beispiele für vorbildliche Gattentreue sind zahlreich überliefert. Plutarch beschreibt in seinem detaillierten Bericht über dynastische Eheschließungen, daß sich zwischen den Gatten bisweilen große Gefühle entwickeln konnten. Er wollte damit zweifellos ein Loblied auf die den Römern heilige Ehetradition singen.

Noch immer streiten die Gelehrten, was denn die Römer bewogen habe, ihre Töchter so früh an den Mann zu bringen. Die einen glauben an eine überkommene Sitte aus archaischer Zeit, wo es jeder einflußreichen Familie darauf ankam, möglichst früh ein Band zu einer mindestens ebenso einflußreichen zu knüpfen. Andere hingegen heben auf die geringe Lebenserwartung im Altertum ab. Aussicht, wirklich alt zu werden, hatte eigentlich nur der, der zeitlebens von gefährlichen Krankheiten verschont blieb und zudem die Möglichkeit hatte, seine physischen und psychischen Kräfte zu schonen. Die Vertreter der »mores maiorum«, der überlieferten Vätersitte, konnten sich für den Beweis der Richtigkeit ihrer Theorie immerhin auf den Beistand des Philosophen und Geschichtsschreibers Plutarch berufen. Er nämlich lobte in seiner Lebensbeschreibung des legendären Königs Numa Pompilius seinen

Protagonisten, der den Römern gestattet hatte, Mädchen von zwölf oder noch weniger Jahren zu heiraten. Nur dann, meinte er, bringe die Braut »die größtmögliche Reinheit ihres Körpers und ihres Charakters mit...«, so daß man auf diese Weise »eine optimale Übereinstimmung der Charaktere«[5)] erreiche. Zweifellos war eine junge Frau, die man mit beginnender Pubertät schon der Obhut eines Ehemannes unterstellte, jeglicher Möglichkeit beraubt, ihre eigene Persönlichkeit zu entfalten. Kein Wunder also, daß der lange Weg der Römerin in eine bescheidene Emanzipation äußerst dornenreich war.

Im Gegensatz zu den Töchtern wurden die Söhne eher spät verheiratet. Interessant ist, was Macrobius, ein Gelehrter des frühen fünften nachchristlichen Jahrhunderts, zu der unterschiedlichen Behandlung der Geschlechter schreibt: »Nach zweimal sieben Jahren kommen die Menschen in die Zeit der Pubertät. Dann beginnt bei den Knaben die Zeugungsfähigkeit und bei den Mädchen die Menstruation. Deshalb werden die Knaben, die nun Männer sind, aus der auf den Kindern liegenden Vormundschaft entlassen, von der die Mädchen jedoch wegen der Vorzeitigkeit ihrer Begierden zwei Jahre früher durch die Gesetze freigestellt werden...«[6)] Doch gründete kaum ein Jüngling in derart jungen Jahren schon einen eigenen Hausstand. Cäsar mag hier eine Ausnahme dargestellt haben. Er wollte, sechzehnjährig, Cossutia heiraten, angeblich, um seinem Vater zu gefallen. Nachdem dieser gestorben war, trennte er sich jedoch rasch von ihr und verband sich mit Cornelia, der Tochter des Marius-Anhängers Cinna.

Der oft große Altersunterschied zwischen den Ehegatten, die Diskrepanz an Lebenserfahrung und Reife, haben es dem Römer zweifellos erleichtert, die Hüterin seines Hauses nach seinen Vorstellungen zu prägen. Und mit der größeren Zahl der Jahre schließlich rechtfertigte er auch jene vermeintliche männliche Überlegenheit, gegen die die abendländischen Frauen bis heute ankämpfen und die zu überwinden für den Großteil des weiblichen Geschlechts wohl immer eine Wunschvorstellung bleiben wird.

Wie schnell eine Römerin tatsächlich verheiratet werden konnte, und wie ohnmächtig sie dabei blieb, zeigt eine Geschichte, die Plutarch in seiner Biographie des alten Cato überliefert. Dieser war in erster Ehe mit einer Frau verheiratet, »die mehr von edler

Geburt als reich war, weil er glaubte, daß zwar alle Frauen, die vornehmen wie die reichen, einen gewissen Stolz und Dünkel besitzen, die von edler Geburt aber vor schändlichen Dingen mehr Scham haben und sich daher von ihrem Gatten weit leichter zum Guten leiten lassen...«[7] Als die Edle starb, war der Witwer schon recht betagt. Trotzdem soll er von kräftiger Konstitution und den Wonnen geschlechtlicher Liebe keineswegs abgeneigt gewesen sein. Er legte sich deshalb für seine körperlichen Bedürfnisse ein junges Mädchen zu, das ihn abends häufig besuchte, unbemerkt, wie er glaubte. Dies erregte jedoch, da sich die Auserwählte ein wenig aufspielte, bald den Unmut von Sohn und Schwiegertochter, mit denen er sein Haus teilte. Sein Sohn sagte zwar nichts, konnte aber sein Mißfallen nicht verbergen. Der Alte hatte das nicht anders erwartet. Jedenfalls beschloß er, sein Liebesleben in Ordnung zu bringen, das Mädchen zu seiner legitimen Ehefrau zu machen und damit gleichzeitig seinen überheblichen Sohn zu strafen. Einer lieben Gewohnheit folgend ging er deshalb mit einigen Freunden aufs Forum – und kam als Verlobter zurück.

Er wußte nämlich, daß sich halb Rom auf dem Markte traf. Und tatsächlich begegnete er dort seinem einstigen Schreiber Salonius, dem Vater seiner schönen nächtlichen Besucherin. In aller Öffentlichkeit fragte nun Cato, ob das Mädchen schon vergeben sei. Der Schreiber verneinte. Er würde niemals wagen, seine Tochter ohne vorherige Rücksprache mit seinem Freund und einstigen Herrn zu versprechen. Da meinte Cato schlau, er wisse schon einen würdigen Freier, der nur einen einzigen Mangel habe: Er sei etwas alt. Salonius aber beteuerte beflissen, er vertraue seine Tochter ganz dem Schutz des angesehenen früheren Konsuls an. Da verlangte Cato das Mädchen ohne Unschweife für sich.

Angeblich gab sich Salonius zunächst erstaunt: Zum einen über die unverhoffte Schwägerschaft mit einer Familie, die, durch Konsulat und Triumph geehrt, zu den vornehmsten der Stadt gehörte. Zum anderen aber bezweifelte er, ob denn Cato in Anbetracht seines fortgeschrittenen Alters den Pflichten eines Ehemannes noch gerecht werden könnte. Dieser zerstreute jedoch rasch alle Bedenken, und noch am selben Tag feierten Vater und Schwiegersohn die Verlobung. Salonius brauchte seine Entscheidung übrigens nicht zu bereuen. Tochter Salonia gebar bald einen Sohn, der vom stolzen Vater den Beinamen des Großvaters erhielt. Er war der letzte Nachkomme des berühmten Zensors.

Daß Frauen gelegentlich auch aufmuckten, beweist eine andere Geschichte, die ebenfalls Plutarch von der Verlobung des Tiberius Gracchus erzählt. Dieser entstammte nicht nur einer der vornehmsten Familien der Stadt, den ruhmreichen Sempronii, sondern galt darüber hinaus wegen seiner politischen Ambitionen als eine ihrer besten Partien. Jede andere Mutter hätte ob der Aussicht auf einen solchen Schwiegersohn ihre Seligkeit gegeben. Nicht so Antistia, das leicht zänkische Weib des Appius Claudius, das seine Eitelkeit verletzt sah.

Denn die Verlobung von Tochter Claudia war auf einem Herrenessen zustandegekommen, während eines rituellen Mahls der Auguren. Vater Claudius, dessen Sippe selbst zu den angesehensten Adelshäusern gehörte, hatte die allgemeine Hochstimmung genutzt, um dem vielversprechenden Sempronier die Hand seiner Tochter anzutragen. Eine Verbindung ihrer beiden Geschlechter schien auch jenem erstrebenswert, und so griff er sofort zu. Noch an Ort und Stelle wurden die ersten Bedingungen ausgehandelt, und der glückliche Vater beeilte sich, die Neuigkeit nach Hausse zu tragen. Statt des erhofften Lobes erntete er aber nur Vorwürfe und Tadel. Nicht, daß der Mutter die Wahl ihres Mannes tatsächlich mißfallen hätte! Keine Römerin von Stand hätte die Ehre einer Verbindung mit den adelsstolzen Semproniern gering zu schätzen gewagt. Aber sie fühlte sich übergangen, da man sie nicht zu Rate gezogen hatte. Und so hatte die gekränkte Frau auch keine stichhaltigen Argumente gegen die Entscheidung ihres Gatten. »Wozu diese Eile?« warf sie ihm gereizt vor. »Was ist schon dabei, daß du sie dem Tiberius Gracchus versprochen hast!«[8)]

Ganz und gar traditionswidrig handelte Ciceros Tochter Tullia, die ein Gutteil des väterlichen Eigensinns geerbt hatte. Die »süße kleine Tulliola«, das Herzblättchen, wie er sie früher genannt hatte (Tulliola, deliciolae nostrae), hatte sich demütig in zwei von ihrem Vater gestiftete Ehen gefügt. Ihrem ersten Partner hatte sie dieser schon als Zwölfjährige verlobt. Vier Jahre später fand die Hochzeit statt. Der Mann starb früh, und sie blieb als junge, lebenslustige Witwe zurück. Von ihrem zweiten Mann Furius Crassipes, von dem Cicero seinem Bruder Quintus begeistert nach Sardinien berichtet hatte, trennte sie sich 51 v. Chr. Einer dritten, von Cicero eingefädelten Verbindung kam sie durch eigene Wahl, unterstützt von ihrer Mutter Terentia, zuvor: Sie heiratete den dekadenten, aber durchaus charmanten Dolabella. Cicero war über diese Eigenmächtigkeit der Frauen so empört, daß er sich mit dem Gedanken trug, Tullias Mitgift nicht auszuzahlen, um auf diesem Umweg die Ehe scheitern zu lassen. Man hatte nicht nur seine Autorität als Familienoberhaupt untergraben, sondern ihn zudem unsterblich blamiert. Denn kein geringerer als Tiberius Claudius Nero, ein Mann aus vornehmsten aristokratischen Kreisen (und Vater des späteren Kaisers Tiberius), hatte sich um die junge Frau bemüht, nachdem ihre zweite Ehe gescheitert war. Er hatte sich sogar selbst nach Kilikien begeben, wo Cicero gerade Statthalter war, um dort um Tullias Hand anzuhalten, die ihm jener, geschmeichelt, auch sofort zusagte. Er konnte ja nicht ahnen, daß Frau und Tochter über seinen Kopf hinweg bereits anders entschieden hatten.

»Sein Gesicht ist edel, seine Hautfarbe rosig; er ist von vornehm schöner Gestalt und senatorischer Haltung... Soll ich noch hinzufügen, daß sein Vater kein armer Mann ist?«[9] So pries der jüngere Plinius, von einem Freund um Rat gefragt, einen Jüngling an, den er für den idealen Ehegatten hielt. Man sieht, daß sich auch in der fortgeschrittenen Kaiserzeit, als die Tage der Republik mit ihren strengen Vätersitten nur noch in der Erinnerung lebendig waren, die alten Gepflogenheiten fortsetzten, wenn es auch bisweilen schon vorgekommen war, daß besonders bedeutende Persönlichkeiten ihre diesbezüglichen Entscheidungen trafen, ohne Eltern, Verwandte, Freunde oder sonstige Ratgeber zu befragen.

Vor allem reifere Frauen suchten sich mitunter ihren Lebenspartner selbst. Jedoch hätte keine Frau je das Wohl ihrer Familie außer acht gelassen. Als Beispiel für diese Art weiblicher Emanzipation gilt die ehrgeizige Aristokratin Valeria. Ihr gelang es, während eines öffentlichen Spiels die Aufmerksamkeit Sullas (des Glücklichen, wie man ihn nannte) auf sich zu lenken. Wie geschickt sie dabei vorging, hat uns wiederum Plutarch in seiner Lebensbeschreibung des großen Diktators überliefert.

»Als diese hinter Sullas Rücken vorbeiging, streckte sie die Hand aus, zupfte einen Flocken Wolle aus der Toga und ging weiter auf ihren Platz. Als Sulla verwundert nach ihr blickte, sagte sie: 'Nichts Böses, Imperator; ich möchte nur ein bißchen von deinem Glück erhaschen.' Das hörte Sulla nicht ungern... Darauf gab es ein Geäugel hin und her, ein ewiges Umdrehen nacheinander und Anlächeln, und schließlich eine Verlobung und Ehe.«[10] Von da an sollen sich übrigens die Geschicke der Valerier sehr günstig entwickelt haben.

Es gab Hinderungsgründe, die einer rechtsgültigen Eheschließung im Wege stehen konnten. Hierzu gehörte zunächst die nahe Verwandtschaft der Beteiligten. Lange Zeit galten Heiraten zwischen Blutsverwandten als Verbrechen (incestum), das anfangs mit dem Tode, später mit der Verbannung bestraft wurde. Aber auch insofern lockerten sich im Laufe der Jahrhunderte die Sitten. Waren einst Eheschließungen zwischen Vetter und Cousine streng verboten, so traf man sie im zweiten Jahrhundert selbst in höchsten Gesellschaftskreisen häufig an. So war Marc Aurel mit einer Cousine, der jüngeren Faustina, verheiratet. Schon hundert Jahre zuvor hatte Kaiser Claudius ein freilich empörendes Beispiel gegeben, als er seine Nichte Agrippina, die Tochter des Germanicus, zu seiner vierten Frau machte.

Des weiteren blieben Ehen zwischen Angehörigen verschiedener Stände bis in spätere Zeiten des römischen Imperiums mindestens suspekt. Das anfängliche Heiratsverbot zwischen Patriziern und Plebejern wurde zwar aufgehoben, doch durfte beispielsweise keine Römerin einen Sklaven heiraten, kein Senator eine Freigelassene zur Frau nehmen und kein Freigelassener sich an eine Angehörige des senatorischen Standes heranmachen. Ehen zwischen römischen Frauen und einfachen Soldaten waren ebenso untersagt wie solche zwischen Vormündern oder ihren direkten Nachkommen und den Mündeln. Das heißt natürlich nicht, daß es nicht auch solche Ehen gab. Allerdings kam ihnen nicht die Rechtsstellung des »matrimonium iustum« zu, das heißt, sie genossen nicht den Schutz, den die Gesetze den rechtsgültig Verheirateten zukommen ließen. Die aus solchen Verbindungen hervorgegangenen Kinder galten als unehelich.

Auch die verschiedene »Nationalität« der Verlobten konnte einer rechtsgültigen Eheschließung im Wege stehen. Problemlos gestaltete sich eine Verbindung eigentlich nur, wenn beide Partner

Römer waren. Ihre Kinder waren natürlich ehelich und erbten das volle Bürgerrecht. Zu Beginn der römischen Geschichte wird es da kaum Schwierigkeiten gegeben haben. Mit der allmählichen Eroberung der halben Welt gelangten aber immer mehr Nichtrömer in den Reichsverband. Und die römische Führungsspitze, ob während der Republik oder in der Kaiserzeit, ging mit der Verleihung des Bürgerrechts, an dessen Besitz zahlreiche Privilegien geknüpft waren (die zudem jeder Vollbürger eifersüchtig bewachte), lange recht sparsam um, wie man weiß. Die Rechtsverhältnisse der Ehen zwischen Römern und Fremden (peregrini), die zwar grundsätzlich nicht verboten, aber mit empfindlichen Nachteilen für die Beteiligten und besonders deren Kinder verbunden waren, gestalteten sich deshalb äußerst schwierig und mußten von Zeit zu Zeit revidiert werden.

Immer wieder hat sich Kaiser Hadrian als Vorreiter wenigstens bescheidener Neuerungen gezeigt. So gestattete er beispielsweise seinen Veteranen, Töchter von Barbaren zu heiraten, und erkannte deren Nachkommen als ehelich an.

Jeder rechtsgültigen römischen Eheschließung ging, wie das ja auch bis in neueste Zeit bei uns üblich war, die Verlobung voraus. Sie zog, besonders in späterer Zeit, als sich die Sitten weitgehend gelockert hatten, keinerlei Verpflichtungen nach sich. Aus ihr konnte vor allem kein einklagbarer Anspruch auf Erfüllung des Eheversprechens abgeleitet werden. Früher freilich war es jeder Partei unbenommen geblieben, die andere deswegen vor Gericht zu zitieren. Je weiter sich aber die römische Geschichte fortentwickelte, desto häufiger und ungenierter wurden Verlobungen schon zwischen Kleinkindern als politische Schutz- und finanzielle Zweckbündnisse mißbraucht. Es war nicht ungewöhnlich, daß Rivalen zur zweifelhaften Sicherung eines vereinbarten innenpolitischen Friedens schon Zehnjährige einander versprachen. In augusteischer Zeit bestimmte ein Gesetz, daß Mädchen mindestens zehn Jahre alt sein mußten, um verlobt werden zu können. Man setzte in diesem Alter eine gewisse Einsichtsfähigkeit voraus. Doch hatte sich Augustus selbst, als er noch Octavian genannt wurde, keineswegs gescheut, seine von Anfang an auf schwachen Beinen schwankenden Verträge mit seinem Bündnispartner (und späteren Rivalen) Marc Anton durch Verlobungen von Kleinkindern zu festigen. Da sie immer häufiger geschlossen wurden, konnte sie der jüngere Plinius mit einer gewissen Berechtigung zu den tausend Nichtigkeiten zählen, mit denen sich seine Zeitgenossen die Langeweile vertrieben.

Betrachtet man die römischen Verlobungsbräuche, erstaunt, wie zählebig sich mitunter Traditionen erweisen. Zweifellos hatte die Verlobungszeremonie ihren Ursprung in einer patriarchalischen Überlieferung. Über Generationen scheint sich daran nichts Wesentliches geändert zu haben. Denn Sitten entwickelten sich und verfielen auch im alten Rom niemals abrupt, sondern in langwierigen, oft Jahrhunderte überspannenden Prozessen. Man kann deshalb sagen, daß die vorwiegend aus der Kaiserzeit stammenden Zeugnisse über gewisse »Verlobungsspielregeln« durchaus auch die Praxis früherer Zeiten widerspiegeln.

Die Verlobung bestand in einem schriftlichen Vertrag, in welchem sich die beiden Partner vor Zeugen die Ehe versprachen. Die Zustimmung der beiderseitigen Eltern war erforderlich. Verwandte und Freunde waren geladen, die zum Teil als Zeugen dienten, zum Teil auch nur die Zahl der Gäste beim anschließenden Festmahl bereicherten. Man tauschte Verlobungsgeschenke aus, die allerdings wegen des oft flüchtigen Charakters der Beziehung nicht besonders wertvoll waren. Der Bräutigam steckte der Braut einen vergoldeten Eisenring an den vierten Finger der linken Hand. Der Ring galt als symbolisches Pfand und sollte vielleicht an die bei der früheren »coemptio«, dem Brautkauf, gegebenen Sicherheiten erinnern. Das Anstecken des Ringes »an den Nachbarfinger des kleinen Fingers der linken Hand«[11] hatte eine besondere Bewandtnis: Aulus Gellius kannte die – wissenschaftlich natürlich nicht haltbare – Erklärung: »Wenn man den menschlichen Körper öffnet, wie es in Ägypten Brauch ist,... entdeckt man einen ganz feinen Nerv, der beim Ringfinger beginnt und bis ins Herz führt.«[12] Offensichtlich wollte der Schriftsteller damit die Bedeutung der Verlobung unterstreichen und die gegenseitige Zuneigung betonen, die, freilich nur als Idealvorstellung in der Phantasie einer romantisierenden Umwelt, das Heiratsversprechen begleitete. Immerhin ist der aus dem vulgärlateinischen Wort »anularius« abgeleitete »Ringfinger« auch in unseren Wortschatz eingegangen, ohne daß wir uns je bewußt würden, warum die Römer ausgerechnet ihn wählten.

Wenn die »sponsus« und »sponsa« genannten Verlobten ihre Absicht noch mit einem Kuß besiegelt hatten, stand der eigentlichen Feier nichts mehr im Wege. Bei den sogenannten »sponsalia« muß es sich um recht vergnügliche Feste gehandelt haben. Man weiß, daß beispielsweise Augustus entsprechenden Einladungen gerne folgte, wenn es seine labile Gesundheit erlaubte. Und auch Caligula war bei Verlobungen ein häufig gesehener Gast.

So verhältnismäßig einfach diese Verträge geschlossen werden konnten, so einfach war es auch, daraus wieder zu entkommen. Die übliche Formel: »conditione tua non utor« berechtigte jede Partei zum Rücktritt. Dieser konnte auch dann noch erfolgen, wenn der Bräutigam im Hinblick auf die anstehende Hochzeit der Braut schon pflichtgemäß das wertvolle Hochzeitsgeschenk gemacht hatte, das er zusammen mit der Mitgift am Hochzeitstag zurückerhielt. Im Gegensatz zu den bescheidenen Gelegenheitsgaben bei der Verlobung selbst konnte, ja mußte dieses in späterer Zeit wieder zurückverlangt werden.

War von jenen tausend Nichtigkeiten, mit denen sich Plinius' Zeitgenossen die Langeweile vertrieben, die eine oder andere allen Widerwärtigkeiten und Verlockungen zum Trotz bestehen geblieben, wurde eines Tages auch der Hochzeitstermin festgesetzt. Auch hierbei kam es darauf an, bestimmte Traditionen zu beachten, vor allem, dem zu allen Zeiten der Antike und besonders bei den Römern weit verbreiteten Aberglauben Rechnung zu tragen, wollte man eine Beziehung nicht von vornherein zum Scheitern verurteilen.

4.
»WO DU, GAIUS, BIST, BIN ICH, GAIA.« DIE HOCHZEIT

Erstaunlicherweise genoß die Ehe auch zu Zeiten, da ihr Ruf durch die Lockerung der Sitten, durch Ehebruch und Scheidungen schon irreparabel ruiniert war, bei Heiratswilligen hohes Ansehen. Kein Römer von Format hätte gewagt, einen für die Existenz Roms so wichtigen Akt unbedacht an einem Tag oder zu einer Zeit zu begehen, die sich nach tradierten, meist religiösen Vorstellungen für Wichtiges fast von selbst verboten: Der ganze Monat Mai, in dem die Latiner dem Totengott opferten und in Rom das Trauerfest der Lemuren stattfand (das geheimnisvoll und bis heute ungeklärt den ganzen Monat überschattete), jeweils die erste Hälfte von Juni und März, die Kalenden, Iden und Nonen eines jeden Monats, sowie all die religiösen Fest- und Feiertage waren für Hochzeiten nicht geeignet. Eine Mißachtung dieser überlieferten Vorschriften hätte nicht nur den Zorn der Götter auf das Haupt des jungen Paares beschworen, sondern auch Unheil für den Staat bedeutet. »Wer im Mai heiratet, wird es bereuen«, war ein gängiges Sprichwort. In der ersten Junihälfte wurde der Vesta-Tempel gereinigt. Er galt als eines der wichtigsten Heiligtünmer der Stadt. Erst wenn am 15. Juni die Reinigung beendet und alle Abfälle in den Tiber geworfen waren, war die Luft zum Heiraten wieder rein. Der beginnende März verbot sich aus einem ganz anderen Grund: Da nämlich zogen die Salier, die Marspriester, singend und tanzend durch die Stadt. Zu dieser Zeit wurde gewöhnlich die neue Feldzugsaison eröffnet. Waffen, Blut und Krieg widersprachen aber schon an sich dem Geist der Ehe.

Ungünstig waren aber auch Tage, an denen die Geister der Toten umgingen, die man besser nicht herausforderte. Besonders bei verwitweten Partnern war hier Vorsicht geboten. Auch die Zeiten der öffentlichen Totenfeiern wurden gemieden. Dann nämlich stand der »mundus« offen, der Eingang, der vom Forum direkt in die Unterwelt führte.

Man legte seinen Hochzeitstermin am besten in die zweite Junihälfte, in die Zeit der Fülle und Reife in der Natur, die auch für die bevorstehende Ehe besonderes Glück verhieß. Alle Hochzeitsrituale stammten nämlich aus der römischen Frühzeit, als die Quiriten noch ein vom Ackerbau lebendes Bauernvolk gewesen waren, das seinen Lebensrhythmus ganz auf das Bestellen seiner Felder abgestellt hatte.

Seit den historischen Anfängen Roms gab es drei verschiedene Formen der Eheschließung (zu denen sich in spätrepublikanischer Zeit eine vierte gesellte). Es waren rechtlich gleichwertige Riten, alle zunächst darauf ausgerichtet, die junge Frau, die in der Gewalt ihres Vaters stand, auch dem Schutz ihres Mannes zu unterstellen. Für die Mannigfaltigkeit der römischen Eheformen gab es eine Menge Erklärungsversuche, »doch wird sie heute meist als das Resultat der historischen Entwicklung betrachtet, indem sich Formen, die bis in die Urzeit zurückgehen, um ihrer religiösen Weihe willen bis in historische Zeiten erhalten hatten und dann neue, weniger feierliche, aber auch weniger umständliche und antiquierte hinzukamen...«[1] Die älteste und ehrwürdigste hieß »confarreatio«. Sie bezog ihren Namen von dem während der Feier dargebrachten Opfer archaischen Charakters, dem Kuchen aus Spelt, einer groben Getreideart, die in Latium lange Zeit als einzige angebaut wurde. Die »confarreatio« scheint anfangs der patrizischen Oberschicht vorbehalten gewesen zu sein und hielt sich an altüberlieferte, umständliche Regeln. Die eigentliche Trauung wurde in Anwesenheit des Pontifex Maximus, des obersten Priesters Roms, sowie des Jupiter-Priesters (flamen Dialis) vor zehn Zeugen vollzogen. Sie war zweifellos ein religiöser Akt. Wichtiger Bestandteil der Zeremonie waren weitere Opfer an die Fruchtbarkeitsgöttinnen Tellus und Ceres, Früchte, ein Schaf und mit Salz vermischtes Schrot (mola salsa). Braut und Bräutigam saßen während der Trauung nebeneinander auf Stühlen, über die ein Vlies, vielleicht das Fell des Opfertieres, gespannt war. Gelegentlich umwandelte das Paar den Altar, der ihm zur Rechten bleiben mußte. Hierbei sprach man Gebete. Ein Knabe, der einen Korb trug, schritt voran. Was sich in diesem Korb verbarg, ist nicht bekannt.

Umzeichnung der sogenannten »Aldobrandschen Hochzeit«. Friesartiges Gemälde eines Hauses auf dem Esquilin, zwischen 20 und 10 v. Chr. In der Mittelgruppe die

Das altehrwürdige Zeremoniell bewahrte das Andenken an das noch von der Natur geprägte ländliche Leben. Es versteht sich fast von selbst, daß gerade diese Art der Eheschließung in dem Maße, wie sich Rom vom bescheiden bäuerlichen Stadtstaat zur luxuriösen Beherrscherin der Welt entwickelte, zunehmend von anderen, einfacheren Riten ersetzt wurde und schließlich ganz verschwand. Jedoch war sie noch zur Kaiserzeit die einzig legitime für die vier ranghöchsten Priester Roms, deren Frauen ebenfalls am religiösen Amt teilhatten. Übrigens mußten auch ihre Eltern durch »confarreatio« geheiratet haben.

Anfangs war die »confarreatio«-Ehe unlösbar. Die Römer ersannen jedoch eine ihr entgegengesetzte Zeremonie, die »diffarreatio« hieß und mit deren Hilfe auch solche Ehen geschieden werden konnten. Die Scheidung der priesterlichen Paare blieb aber schwierig und war beim flamen Dialis völlig untersagt. Seine Ehe

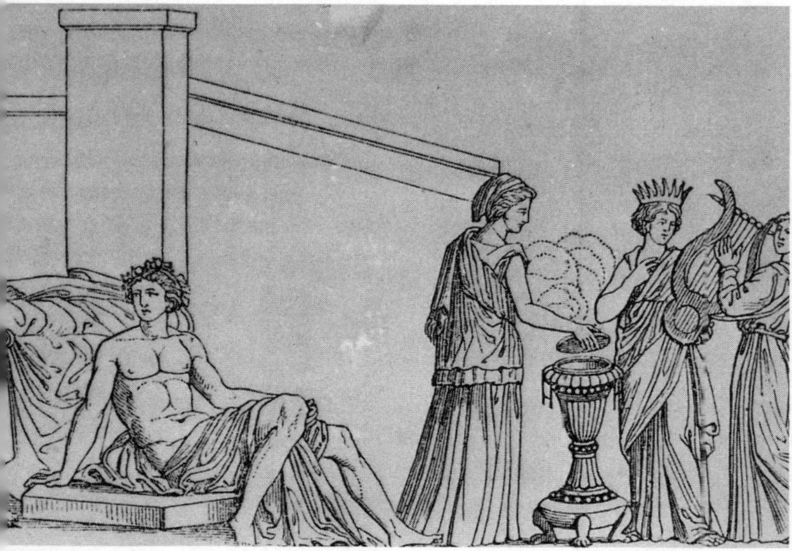

verschleierte Braut, die von Venus in die Geheimnisse der Ehe eingeführt wird. Rom, Vatikanische Museum. (Historia Photo)

wurde nur durch den Tod eines Partners aufgelöst. Starb die Frau zuerst, mußte er sein Amt sofort niederlegen, fast als wäre die Integrität seiner Stellung durch den Hauch des Todes befleckt worden. Vom strengen Grundsatz der Unauflöslichkeit dieser priesterlichen Ehe soll nur Kaiser Domitian einmal eine Ausnahme gemacht haben, doch mußte die Auflösung der gleichsam heiligen Verbindung durch aus längst vergangener Zeit ans Licht geholte Riten gesühnt werden, die »schrecklich und finster« waren, wie Plutarch bemerkt. Denn die freiwillige Trennung des erhabenen Paares, »das Mittler zwischen der Stadt und ihrem Gott«[2)] war, stellte in den Augen der Römer einen religiösen Skandal dar, der leicht den Zorn der Gottheit heraufbeschwören konnte. Grundsätzlich nämlich sollte die Ehe von flamen und flaminica beispielhaft glücklich sein. Dies zeigt sich auch darin, daß die beiden nicht mehr als zwei Nächte hintereinander getrennt sein durften.

Weit weniger umständlich und zunächst vielleicht nur für die einfachen Bürger, die Plebejer, erfunden, war die »coemptio«, eine Art Brautkauf, bei dem die Anwesenheit von fünf Zeugen notwendig war. Sie mußten römische Vollbürger sein. Natürlich handelte es sich nur um ein Scheingeschäft. Der Bräutigam gab dem Vater oder dem Vormund des Mädchens ein As als symbolischen Kaufpreis und durfte dafür seine Braut in Empfang nehmen. Auch in historischer Zeit war bei dieser Heiratsform stets die Mitwirkung des »libripens« üblich, des Mannes mit der Waage, auf die der Bräutigam das Geldstück warf. Der »coemptio« lag vermutlich der Gedanke zugrunde, daß die Familie der Braut durch deren Wechsel in diejenige des Bräutigams eine wertvolle Arbeitskraft verlor, die ursprünglich vielleicht wirklich durch Vieh oder durch andere Naturalien hatte ersetzt werden müssen.

Auch die »coemptio«-Ehe ist nicht lange üblich gewesen. Schon Cicero waren ihre genauen Rituale nicht mehr geläufig.

Der Kaufehe ähnlich war die »per usum«, die Gewohnheitsehe, bei der der Mann seine Frau wie eine beliebige Sache im rechtlichen Sinne »ersaß«. Hierzu mußte das Paar ein Jahr lang ohne Unterbrechung zusammenleben. Nach Ablauf dieser Frist wurde die Gemeinschaft nicht nur als zivilrechtlich gültige Ehe anerkannt. Der Mann erwarb auch die »manus« über seine Frau mit allen rechtlichen Folgen, als hätte eine »confarreatio« oder eine »coemptio« stattgefunden. Doch war von Anfang an die Absicht beider Partner erforderlich, die Ehe miteinander eingehen zu wollen. Ansonsten hätte es sich um ein Konkubinat gehandelt, das eine weitere Form des Zusammenlebens von Mann und Frau darstellte, gesetzlich allerdings nicht geschützt war.

Besonders bei den römischen Frauen war die »usus«-Ehe beliebt, bot sie ihnen doch die Möglichkeit, sich durch einen einfachen Trick von der strengen Unterwürfigkeit unter den Mann mit rechtlichen Mitteln zu emanzipieren. Unterbrach sie nämlich die eheliche Gemeinschaft alljährlich für drei Nächte (trinoctium), befreite sie das automatisch von der Vorherrschaft ihres Gatten.

Waren diese drei klassischen Heiratsmöglichkeiten, von denen sich übrigens keine bis ins zweite nachchristliche Jahrhhundert erhielt, zu Zeiten der frühen Republik häufig und schon im Zwölftafelgesetz erwähnt, setzte sich im letzten vorchristlichen Jahrhundert eine vierte Eheform durch. Gleich der »usus«-Ehe gründete auch sie auf dem Konsens beider Partner, jedoch trat die Frau hier nicht unter die Herrschaft ihres Gefährten, sondern verblieb im Einflußbereich der patria potestas ihres Vaters. Diese lockerte sich naturgemäß mit der Entfernung der Tochter vom väterlichen Haushalt, da nicht mehr jeder ihrer Schritte überwacht werden konnte. Allmählich trat so eine Befreiung von der väterlichen Gewalt ein, die schließlich auch von den Gesetzen sanktioniert werden mußte. Bald durfte eine Frau sogar über die von ihr eingebrachte Mitgift selbst verfügen und erlangte damit im Hause ihres Gatten nicht nur eine größere Freiheit, sondern auch eine höhere Stellung. Sie entwickelte sich zu einer Person eigenen Rechts (sui iuris), der nur eines für immer versagt bleiben sollte: die Mitsprache in öffentlichen, d. h. in politischen Angelegenheiten.

Vor allem die Verbreitung der Philosophie, namentlich des Stoizismus, hat »dazu beigetragen, im römischen Recht diese modern anmutende Auffassung zu prägen, die der ursprünglichen Entwicklung vollkommen zuwiderlief und schließlich ihren ganzen Aufbau zerstörte. Für die Alten... war es ausgemacht, daß die Frau wegen ihres natürlichen Unwertes zu einem Leben in ewiger Unmündigkeit verdammt sei. Bei der Ehe «cum manu» wurde sie nur aus der «manus» ihrer Blutseltern oder männlichen Verwandten entlassen, um gleich wieder in die «manus» ihres Gatten zu geraten. Bei der Ehe «sine manu» blieb sie unter der Autorität des gesetzlich benannten Vormundes (tutor legitimus), der ihr pflichtgemäß beim Tode ihres letzten blutsverwandten Vorfahren unter ihren männlichen Verwandten ausgesucht werden mußte. In der Zeit jedoch, als die Heirat «sine manu» die andere verdrängte, verlor die damit untrennbar verbunden gewesene gesetzliche Vormundschaft jede Bedeutung...«[3)]

Wie immer sich die römischen Gesetzesväter der Frühzeit die Ehe ohne »manus« auch vorgestellt hatten, eines hatten sie sicher nicht gewollt: ihre Frauen emanzipieren, auch ihnen einen Anteil am Lebensglück sichern und sie schließlich ganz befreien. Denn nichts fürchtete der konservative Römer mehr als die Gleichberechtigung der Geschlechter. »Wenn ihr ihnen gestattet«, warnte der strenge Cato seine männlichen Zeitgenossen, »daß sie erst an diesem und jenem zwicken, es den Männern entwinden und endlich diesen gleichgestellt sind: glaubt ihr, daß ihr euch dann noch ihrer werdet erwehren können? Den Augenblick, da sie anfangen, euch gleich zu sein, werden sie euch beherrschen ...«[4)]

Nicht nur die Heiratsformen, unter denen man im alten Rom eine Ehe eingehen konnte, waren rechtlich gleichwertig, auch die eigentlichen Zeremonien unterschieden sich, welcher Art der Eheschließung man auch den Vorzug gab, nur unwesentlich voneinander. Wie in anderen Lebensbereichen spielte auch hier der Aberglaube, spielten Wunder und Vorzeichen eine bedeutende Rolle. Vor allem junge Bräute waren bemüht, der Zukunft mit allen Mitteln ihre Geheimnisse zu entlocken und befragten Wahrsager und Orakel nach ihrem Schicksal.

So wollte beispielsweise gegen Ende des zweiten vorchristlichen Jahrhunderts Caecilia, die Frau des Metellus, gerne ihre Nichte verheiraten. Gemeinsam hatten sie sich in einen Tempel begeben, um den Willen der Götter zu erkunden. Aber diese hüllten sich beharrlich in Schweigen. Da bat das vom Stehen ermüdete Mädchen seine Tante, ein wenig zur Seite zu rücken. Sie wollte sich neben sie setzen. »Gerne will ich dir weichen, mein Kind« erwiderte Caecilia, nicht ahnend, daß sie damit die Zukunft vorhergesagt hatte. Denn bald darauf starb sie, und der Witwer heiratete seine junge Verwandte.

Das Hochzeitsritual selbst wurde von überlieferten, altertümlichen Vorschriften bestimmt, deren tieferen Sinn man mit der Zeit nicht einmal mehr verstand. Aber gerade deshalb war man darauf bedacht, sie peinlich einzuhalten, denn selbst das geringste Abweichen von den alten Sitten hätte Unglück auf das junge Paar herabrufen können. Alle Rituale waren darauf ausgerichtet, den Segen der Mächte der Fruchtbarkeit zu erflehen und böse Geister zu beschwören.

Schon am Vorabend des Hochzeitstages legte die Braut, die erst mit der Heirat ihren Kinderstatus verlor, ihr Mädchengewand ab, um es zusammen mit ihrem Kinderspielzeug den Laren oder einer sonstigen Gottheit zu weihen. (Ihr Bräutigam war schon mit der Mündigerklärung, die im allgemeinen zwischen dem 15. und 17. Lebensjahr erfolgte, zum Mann geworden). Dann wurde sie in ein weißes Gewand, die saumlose tunica recta, gekleidet. Diese bestand aus einem einzigen Stück Stoff. Weshalb sie »recta« hieß, konnten schon die Alten nicht mehr richtig erklären. Sie bezogen den Namen darauf, daß sie auf einem altertümlichen Webstuhl, den man stehend und nach oben bediente, hergestellt worden war. Aber es gab noch eine weitere, kaum weniger einleuchtende Erklärung: Das seltsame Kleidungsstück fiel gerade herab und hatte keinen Faltenbruch über der Gürtung. Dieses Brautkleid, das die Braut auch am Hochzeitstag, danach aber nie wieder trug, war ein langes Gewand und ähnelte der von den verheirateten Frauen getragenen Stola. Ein doppelt geknoteter Wollgürtel, das »cingulum« mit dem Herkulesknoten, der vor Unglück schützen sollte, hielt die Tunika fest. Erst in der Hochzeitsnacht sollte er vom jungen Ehemann gelöst werden.

Am Hochzeitsmorgen zog die Braut noch die »palla« an, einen safranfarbigen mantelähnlichen Umhang. An den Füßen trug sie Sandalen gleicher Farbe. Besondere Sorgfalt wurde auf die Frisur verwendet. Das junge Mädchen hatte sein Haar ungescheitelt und am Hinterkopf zusammengebunden getragen. Der Braut fertigte eine Frau eine kunstvolle Frisur an, die jedoch nur am Hochzeitstag getragen werden durfte. Die Friseuse teilte das Haar mit einer gekrümmten eisernen Waffe, vielleicht einer scharfen Speer- oder Lanzenspitze, in sechs Strähne (sex crines), die einzeln mit kleinen Bändern umwunden und am Oberkopf turmartig aufgebaut wurden. Diese Haartracht trugen übrigens auch die Vestalinnen während ihrer Dienstzeit. Ursprung und Bedeutung des seltsamen Kammes sowie auch des Arrangements auf dem Kopf sind dunkel. Auch die Alten wußten hierfür keine Erklärung. Plutarch vermutet, dieses Ritual sei irgendwie mit Juno in Verbindung zu bringen, die ja nicht nur als Schutzpatronin der Ehe, sondern manchmal auch als Göttin des Krieges verehrt wurde. Übrigens soll eine Waffe, mit der gerade ein Gladiator getötet worden war, besonders wirksam gewesen sein. Moderne Wissenschaftler glauben, man habe auf diese altertümliche Weise die bösen Geister vertreiben wollen, die sich ja nach der auch heute noch anzutreffenden Überzeugung mancher Naturvölker gern im Haar festsetzen. Den Kopf putzte schließlich ein rotgeflammter Schleier, das »flammeum«, das Haupt und einen Teil des Gesichts verhüllte. »So bedeutungsvoll war das Kleidungsstück, daß von der Verhüllung damit die Heirat der Braut mit dem Wort nubere abgeleitet wurde.«[5]

Die Farbe dieses Kopftuchs erinnerte an die Morgenröte und galt daher als besonders glücksbringend. In der spätrepublikanischen Zeit trug die Braut unter dem Schleier noch einen Kranz von Blumen, die sie selbst gepflückt hatte. Er bestand anfangs aus Majoran und Eisenkraut, später aus Orangenblüten und Myrten. Auch Schmuck, besonders ein Halsband, scheint zur Brauttracht gehört zu haben. (Von einer besonderen Hochzeitstracht des Bräutigams ist nichts überliefert. Er trug wohl die übliche Toga, dazu vielleicht einen Kranz, da nach griechischem Brauch auch die Hochzeitsgäste bekränzt waren. Kränze, grüne Zweige, Binden und bunte Teppiche schmückten auch die Türen der beiden Häuser, des Elternhauses der Braut und des Hauses des jungen Ehemannes, in dem er mit seiner Frau wohnen wollte). Derart prächtig aufgeputzt, empfing die Braut den Bräutigam, die Verwandten und Freunde. Das Hochzeitsfest konnte beginnen.

Die Hochzeitsgesellschaft begab sich in ein Heiligtum oder in das häusliche Atrium, um den Göttern zu opfern. Den Zug führte die pronuba an, die eine (einmal) verheiratete Frau sein mußte. Sie galt der Braut als Vorbild. Als Opfertier wählte man manchmal ein Mutterschaf, seltener einen Ochsen, meistens ein Schwein. Vor der eigentlichen Feier wurden die Auspicien eingeholt, die erkunden sollten, ob die Götter der Eheschließung geneigt waren. Ohne sie wäre »die Heirat als von den Göttern verworfen betrachtet und damit ungültig gewesen.«[6] Hatte der auspex in feierlichen Worten seine Zustimmung zur Eheschließung erklärt, bekundeten auch die Brautleute in seiner Anwesenheit ihr beiderseitiges Einverständnis, fortan als Mann und Frau ihr Leben teilen zu wollen. »Ubi tu Gaius, ego Gaia« wurde gesprochen. »Wo du, Gaius, bist, bin ich, Gaia.« Einige Historiker legen diese Formel ganz anders aus: Wo du der Familienvater bist, will ich die Mutter sein. Dadurch habe sich die junge Frau willentlich ihrem Gatten unterworfen.

Ein zur Gültigkeit der Ehe keineswegs notwendiges Erfordernis, aber durchaus üblich war der Abschluß eines Ehevertrages (tabulae nuptiales), der die wichtigsten Abmachungen über die Mitgift enthielt. Auch hier mußte der auspex mitwirken, indem er altertümliche Formeln sprach. Er erfüllte damit eine Aufgabe, die einst wohl einem Priester oblegen hatte. Ebenfalls anwesend waren aber auch – vermutlich zehn – Zeugen, die wohl dem engeren Familienkreis angehörten und stumm ihr Siegel auf den Vertrag drückten. Ein glücklicher Zufall hat zwei solche aus Ägypten stammende Verträge aus dem ersten nachchristlichen Jahrhundert bewahrt. Es handelt sich um Papyrusblätter, die peinlich Stück für Stück des von der Braut eingebrachten Schmuckes und ihrer Kleidung festhalten. Sie geben nicht nur ein beredtes Zeugnis für die Gepflogenheiten der damaligen Zeit, sondern bezeugen darüber hinaus die Sorgfalt, die der Römer rechtlichen Dingen widmete.

Nun war wieder die pronuba an der Reihe, die die rechten Hände der Brautleute ineinanderlegte (dextra iunctio). Sie besiegelte damit die Verbindung der Ehegatten, die diese zu einem eigenen Wesen erhob. Diese symbolische Handlung war zweifellos der Höhepunkt der ganzen Zeremonie. Sie wurde auf zahlreichen römischen Altertümern verewigt, vor allem auf Sarkophagen. Schließlich wurde noch der Segen der Götter für das junge Paar erfleht.

Feliciter! jubelten die Gäste. Möget ihr glücklich sein! Gemeinsam begab man sich dann zum Hochzeitsmahl, das den geselligen Teil des Festes einleitete. Seine Kosten trug der Bräutigam, der nun zum erstenmal mit seiner jungen Frau bei Tische liegen durfte (im Gegensatz zu den Griechinnen nahmen die Römerinnen an den gemeinsamen Mahlzeiten teil, wobei sie in früherer Zeit allerdings nur hatten sitzen dürfen). Im Zuge seiner Gesetzgebung wider Ausschweifung und Luxus setzte Kaiser Augustus den Höchstbetrag dieser Kosten auf 1000 Sesterzen fest. Nach dem Mahl erwartete man ungeduldig den Abend, an dem der junge Ehemann seine Frau heimführen sollte (deductio).

Die »deductio« glich eher einer Entführung der Braut, die sich, scheinbar widerstrebend, in den Schoß ihrer Mutter oder einer nahen Verwandten geflüchtet hatte, der sie der Bräutigam »gewaltsam« entriß. Die uralte Sitte sollte wahrscheinlich an den in archaischer Zeit üblich gewesenen Brautraub erinnern. Sobald es dem jungen Mann gelungen war, seine Angetraute zum Mitkommen zu überreden, bewegte sich der ganze Hochzeitszug durch die abendlichen Straßen. Dabei muß es sich um eine recht fröhliche Angelegenheit gehandelt haben, an der ein Gutteil der Stadtbevölkerung teilnahm. Voraus tanzten Flötenspieler. Deftige Zoten wurden gerissen. Teilnehmer des Zuges sowie Zuschauer riefen immer wieder »Talassio!, ohne sich freilich der ursprünglichen Bedeutung dieses Begriffes bewußt zu sein. Die Gäste trugen Fakkeln, aus deren verstreutem Licht Wahrsagungen abgeleitet wurden. Eine besondere Rolle spielten drei Knaben, die nach einem ebenfalls alten Aberglauben alle noch Vater und Mutter haben mußten. Zwei von ihnen begleiteten die Braut, die von ihrem Mann getrennt ging. Der dritte trug ihr eine Fackel voran, die am Herdfeuer ihres Elternhauses entzündet worden war. Hatte das Paar nicht aus freien Stücken geheiratet, hoffte man gar auf den baldigen Tod des aufgezwungenen Partners, mußte die Braut versuchen, die Fackel zu löschen und unter dem Ehebett zu verwahren. Der Bräutigam tat hingegen gut daran, sie, falls er sie ergattert hatte, auf einem Grab ausbrennen zu lassen. Dieses Rezept hat der Gelehrte Festus überliefert. Auch Spindel und Rocken wurden der Braut nachgetragen. Spinnen und Weben galten als häusliche Tugend jeder Matrone und als einzige Arbeit, die man seit den Tagen des Waffenstillstands nach dem Raub der Sabinerinnen von einer freigeborenen Römerin verlangen durfte. Augustus ging sogar soweit, seine Bekleidung von den Frauen seines Haushalts am eigenen Webstuhl fertigen zu lassen. Dies hatte kaum nur mit seiner Sparsamkeit für eigene Bedürfnisse zu tun, sollte vielmehr vorbildhaft wirken und war eine Konzession an den Brauch der Ahnen.

Die Zugteilnehmer, die die Neuvermählten nach Hause geleiteten, sangen derbe, nach heutigem Geschmack sogar anstößige Verse und Lieder, wie sie das Volk auch den Triumphzügen zurief. Sie hießen Feszennien und waren ursprünglich Phalluslieder. Vielleicht hatte man in früherer Zeit damit auch sogenannte Phallustänze verbunden, wie sie noch heute bei verschiedenen Naturvölkern vorkommen. Die Römer liebten diese Art von öffentlicher Obszönität. Sie wollten damit den bösen Blick abwenden und die Fruchtbarkeit des jungen Paares anregen. Zu diesem Zweck warf der junge Ehemann auch Nüsse unter die Menge, um die sich vor allem die Kinder rissen.

Ein interessantes Hochzeitslied, das besonders durch seinen Refrain bekannt ist, hat uns Catull hinterlassen. Es wurde wechselseitig von einem Knaben- und einem Mädchenchor gesungen.

»Jetzt ist's Zeit zu verlassen das Polster, die leckere Tafel,
jetzt wird kommen die Braut, jetzt stimmt man den
Feiergesang an.
Hymen, o Hymenäus, o Hymen, komm, Hymenäus.»

War der Zug endlich am Hause des Bräutigams angelangt, das mit Kränzen festlich geschmückt und hell erleuchtet war, waren wiederum mehrere symbolische Handlungen vorzunehmen. Die junge Frau salbte selbst die Türpfosten ihres neuen Heims mit Fett und Öl und schmückte sie mit Wollbinden. (Auch scheint in späterer Zeit die bei der Trauung übliche Formel: Ubi tu Gaius, ego Gaia» auf diesen Zeitpunkt verlegt worden zu sein.) Dann wurde sie von den kräftigsten Brautführern über die Schwelle des Hauses getragen. Sie sollte nicht stolpern. Denn das wäre ein ungünstiges Omen und der schlechteste Anfang für ihr Leben als Ehefrau gewesen. Im Innern des Hauses endlich nahm der Gatte sie in die Gemeinschaft der Familie auf und stellte sie den Hausgöttern vor. Man bot ihr Feuer und Wasser, die nicht nur Lebenselemente sind, sondern auch für die heiligen Riten unentbehrlich waren. Das Wasser, mit dem die junge Frau besprengt wurde, wurde wohl dem Hausbrunnen entnommen. Dieser Brauch hat sich erstaunlich lange erhalten.

Im Atrium des Hauses, wo es altrömischer Sitte gemäß einst seinen Platz gehabt hatte, hatte die pronuba ein Hochzeitsbett gerichtet, das in späterer Zeit wohl nur noch für die Geister des Brautpaares, den »genius« des jungen Mannes und die »juno« der Braut, aufgestellt wurde. Auch beim Vollzug der Ehe waren althergebrachte, heilige Bräuche zu beachten. Die junge Frau betete zu Juno, der Schutzpatronin der Ehe. Dann löste ihr Mann den Knoten, und sie setzte sich auf den Phallus einer Götterstatue, um besondere Fruchtbarkeit zu erflehen. Es ist denkbar, daß beim anschließenden Sexualakt Zeugen zugegen waren, ja manche Historiker sind sogar der Auffassung, nicht der junge Ehemann, sondern dessen Freunde hätten den ersten Geschlechtsverkehr mit der Neuvermählten vollzogen. Denn das Weib, das in eine Ehe trat, mußte »durch eine Periode freien Hetärismus' die verletzte Naturmutter versöhnen und die Keuschheit des matrimonium durch vorgängige Unkeuschheit erlangen ...«[7] In der klassischen Epoche Roms wurde die Braut jedoch im Schlafgemach von (nur einmal) verheirateten Frauen entkleidet, die sich danach zurückzogen. Dann erst durfte der Bräutigam das Zimmer betreten.

Tags darauf brachte die junge Frau, nunmehr in der Tracht der gesetzten Matrone, den Penaten und Laren ihres neuen Heims Opfer dar und empfing die Verwandten.

Es ist nicht anzunehmen, daß alle diese altertümlichen und umständlichen Regeln bei jeder Hochzeit in Einzelheiten beachtet wurden. So wird beispielsweise für das Ende der Republik der jüngere Cato von den Historikern lobend erwähnt. Er habe mit Marcia eine äußerst bescheidene Hochzeit gefeiert, bei der selbst auf Zeugen und Hochzeitsgäste verzichtet worden sei. Man habe sich nur die nötigen Schwüre geleistet. Die Vermählung habe in aller Stille stattgefunden, nachdem Brutus die Auspicien vorgenommen hatte. Geflissentlich aber verschweigen die meisten Quellen, daß Cato und Marcia bei dieser als so einfach gepriesenen Feier zum zweitenmal zueinander gefunden hatten und es bei verwitweten und geschiedenen Partnern ohnehin nicht üblich war, allzu viel Aufhebens zu machen. Cato der Jüngere hatte ein Gutteil des strengen Konservatismus seines berühmten Ahnen geerbt, und gleich jenem galt auch er als vorbildlicher, wenn auch in einer freieren Zeit wenig beliebter Verfechter altrömischer Lebensart, der die Frau nur als biologisches Werkzeug betrachtete. Er hatte sich von Marcia scheiden lassen, um sie seinem Freund Hortensius »ausleihen« zu können. Nach dem Tod des berühmten Redners heiratete er sie erneut. Da sie von zahlreichen Schwangerschaften und Geburten geschwächt war, verzichtete er aber auf jegliche sexuelle Beziehung zu ihr. Seine streng stoischen, jegliche Fleischeslust verachtenden Grundsätze und die lange Trennung, in der er sich am Bürgerkrieg zwischen Cäsar und Pompeius beteiligt hatte, werden ihm diesen Verzicht zweifellos erleichtert haben.

Fast scheint es, als hätten die römischen Hochzeitszeremonien den Fall des Imperiums überlebt. Bis auf die Opferschau hat der christliche Brauch das römische Zeremoniell beibehalten. Selbst den Brautkranz findet man hier wieder. Die in ihrem Wesen stark konservative Kirche pflegte stets nur das zu ändern, was mit ihren Glaubensgrundsätzen unvereinbar war.

Doch während die Auflösung einer gleichsam von Gott geheiligten Verbindung mit der Ethik christlicher, zumindest katholischer

Vorstellungen seit jeher unvereinbar war, konnten die römischen Ehen ohne Schwierigkeiten wieder aufgelöst werden. Und tatsächlich wurden sie, je stärker sich in republikanischer Zeit die Ehen ohne manus durchsetzten, immer instabiler. Daher erklärt sich auch die Häufung von Scheidungen, denen wir von da an begegnen.

5.
»SCHNÜR' DEIN BÜNDEL UND SCHER' DICH!«

DIE EHESCHEIDUNG UND IHRE URSACHEN

»Keine Frau braucht mehr beim Ehebruch zu erröten, da die berühmtesten Damen der Gesellschaft sich angewöhnt haben, ihre Jahre nicht nach den Namen der Konsuln, sondern nach dem Namen ihrer Ehegatten zu zählen. Sie lassen sich scheiden, um zu heiraten. Sie heiraten, um sich scheiden zu lassen«[1)] klagte Seneca in einer seiner Schriften.

Juvenal prangerte ein Eheweib an, das sich im Verlauf von fünf Jahren nicht weniger als acht Ehemänner zugelegt hatte, und Martial wollte gar von einer Frau namens Telesilla wissen, die nur wenige Tage nach dem erneuten Inkrafttreten der Julischen Ehegesetze zur Zeit Kaiser Domitians ihren zehnten Gatten nahm.

Solche Überlieferungen mögen, besonders wenn sie von Juvenal oder Martial stammen, überspitzt erscheinen. Tatsache jedoch ist, daß Ehescheidungen mit der Entwicklung der römischen Geschichte ständig zunahmen, wobei sich Ehen in politisch stabilen Zeiten ebenfalls stabiler erwiesen. Dabei konnten sich anfangs nur Männer scheiden lassen. Einer Römerin war es erst mit fortschreitender Zeit gestattet, sich eines unliebsamen Gatten auf legale Weise zu entledigen, wenn nicht ihr Vater in ihrem Namen die Scheidung einreichte.

Traditionsbewußten Römern zufolge soll die erste Ehescheidung in der Geschichte Roms überhaupt erst für das Jahr 231 v. Chr. verbürgt sein, eingeleitet von einem gewissen Spurius Calvisius mit dem Beinamen Ruga, der seine Frau verstieß, weil sie unfruchtbar war. Paradoxerweise aber habe er nur aus einem hohen Verantwortungsbewußtsein gegenüber seinem Vaterland diese abscheuliche Mode begründet. Denn angeblich liebte er seine Frau sehr. Aber er hatte den Zensoren, den Vertretern der römischen Staatsmacht, geschworen, er heirate, um Nachwuchs zu bekommen und damit den Fortbestand des Staates zu sichern. Und dem pflichtbewußten Römer ging das Allgemeinwohl stets über individuelles Glück.

Man könnte deshalb meinen, jener Calvisius habe dafür von seinen Zeitgenossen höchstes Lob geerntet. Aber gerade das Gegenteil war der Fall. Man tadelte seinen Treuebruch gegenüber der Frau, die für ihre Unfruchtbarkeit nichts konnte, und forderte, pacta sunt servanda, die Einhaltung des Ehevertrags.

Natürlich war es nur die idealisierte Vorstellung in einer Zeit sittlichen Niedergangs lebender Römer, Scheidungen habe es in den ersten 500 Jahren der römischen Geschichte überhaupt nicht gegeben. So meinte beispielsweise Dionysios von Halikarnassos: »Binnen 520 Jahren wurde nach jedermanns Zeugnis keine Ehe getrennt.«[2)] Er legte die erste Ehescheidung in die 137. Olympiade unter das Konsulat des M. Pomponius und des C. Papirius. Auch Gellius ist dieser Auffassung: »Es ist dem Gedächtnis überliefert, daß es fünfhundert Jahre nach Gründung der Stadt weder in der Stadt Rom noch in Latium irgendwelche Klagen noch Kautionen wegen ehelichen Eigentums gegeben habe, weil man sie nicht vermißte, da es eben auch keine Ehescheidungen damals gab. Servius Sulpicius schreibt in seinem Buch über die Mitgift, daß erst Kautionen wegen ehelichen Eigentums für nötig erachtet worden seien, als Sp. Calvisius, der den Beinamen Ruga hatte, seine Ehe trennte, weil seine Frau keine Kinder bekommen konnte wegen eines körperlichen Gebrechens.«[3)]

Zweifellos war es in der Frühzeit unvergleichlich schwieriger gewesen, Ehebündnisse aufzulösen, beim flamen Dialis blieb es nahezu ausgeschlossen.

Zunächst unauflösbar und nur durch den Tod beendet scheint die »confarreatio«-Ehe gewesen zu sein. Hatte sich nun die Frau (nur auf sie kam es an) eines Verbrechens schuldig gemacht, durch das die Fortsetzung der Ehe unmöglich geworden war, so mußte sie hingerichtet werden. Das Todesurteil hatte ein Familienrat zu fällen. Da hierzu kaum Beispiele überliefert sind, darf angenommen werden, daß man zu dieser grausamen Maßnahme nur in Ausnahmefällen griff. Erst in späterer Zeit wurde durch die Einführung der »diffarreatio« auch diese Ehe lösbar, wobei offensichtlich die Lösung des Bundes ein ebenso feierlicher Akt wie seine Schließung war. Leider wissen wir davon mangels Überlieferung fast nichts. Doch dürfte auch hier die Anwesenheit der Priester erforderlich gewesen sein. Der bereits zitierte Dionysios von Halikarnassos meinte zwar, Romulus hätte weder einem Mann erlaubt, Anklage gegen seine Gattin zu erheben, noch einer Frau, sich über ihren Mann zu beschweren. Er hätte ein Gesetz erlassen, durch welches er die Frauen zur strengen Keuschheit und Sittsamkeit geführt habe. »Das Gesetz lautete so: Ein Eheweib, das nach heiligen Gesetzen mit einem Mann verbunden ist, soll alle Habe und alle Opferungen mit ihm gemeinsam haben.«[4)] Doch handelt es sich bei dieser Meinung wohl eher um die romantisierende Vorstellung eines wohlmeinenden Historikers als um strenge Wissenschaft. Denn schon das Zwölftafelgesetz hielt die noch später übliche Formel fest: Res tuas tibi habeto – Nimm deine Sachen und geh'!, worauf die also Verstoßene die Schlüssel des Hauses herauszugeben hatte.

Niemals war die Ehe jener unauflösliche Bund, den das klassische Rom in nostalgischer Verzückung in ihr nur zu gerne sah. Um aber die Sicherheit der Familie und damit das feste Gefüge des Staates nicht zu gefährden, dürften Scheidungen in den ersten Jahrhunderten der römischen Geschichte tatsächlich selten gewesen und nur dann erfolgreich begehrt worden sein, wenn sich die Frau irgendwelcher Vergehen schuldig gemacht hatte. So mögen Dionysios und Gellius mit ihrem Bericht über jenen Ruga insofern recht haben, als seine Ehescheidung vielleicht wirklich die erste war, die ohne Schuld und Verurteilung der Frau erfolgte.

Die Sterilität als absoluten Scheidungsgrund hat es immer gegeben. Regte man sich anfangs auch darüber auf, hatte die Verstoßung einer unfruchtbaren Frau – nur ihr lastete man diesen biologischen Mangel an – mit der Zeit nichts Anstößiges mehr. Es kam sogar vor, daß ein Mann, der die Treue zu seiner Frau über seine Pflicht als Römer stellte, dieses Verhalten durchaus als Bruch mit der geheiligten Tradition empfand. In einer Grabrede lobte einst ein Witwer seine Turia, die ihm nicht nur 43 Jahre lang die eheliche Treue gehalten und seinen Einsatz im Bürgerkrieg tatkräftig unterstützt hatte. Sie hatte ihm darüber hinaus die Scheidung angeboten, weil die Ehe kinderlos geblieben war, und sich nur ausbedungen, gleich einer Schwester im Hause des Gatten weiterleben und sich um seine Kinder kümmern zu dürfen. Beides habe dieser jedoch entrüstet von sich gewiesen und lieber traditionswidrig das Aussterben seiner Familie in Kauf genommen.

Auch Augustus hat seine Ehe mit Livia über 50 Jahre bis zu seinem Tod aufrecht erhalten, obwohl sie, die aus vorhergehender Verbindung zwei Kinder hatte, ihm keines gebar. Kaiser Trajan sah keine Veranlassung, sich von der kinderlosen Plotina zu trennen. Und schließlich weigerte sich Hadrian zeitlebens, seine Gattin Sabina zu verstoßen, obwohl sie wiederholt äußerte, »diesem Ungeheuer« keine Kinder zu gebären. Im übrigen lief kaum ein Römer Gefahr, seinen Namen auszulöschen, auch wenn seine Ehe gegen jede Hoffnung kinderlos blieb. Das römische Recht kannte eine sehr praktische Einrichtung (die bis in Einzelheiten auf uns überkam), den Fortbestand ruhmreicher Geschlechter in den Annalen der Geschichte zu sichern. Es war die Adoption, von der selbst römische Kaiser immer wieder Gebrauch machten, nicht nur, um ihre Familien zu erhalten, vor allem, um sich tüchtige Nachfolger auf dem begehrten Caesarenthron zu sichern. Besonders im zweiten nachchristlichen Jahrhundert hat diese Methode, Söhne zu bekommen, mit den sogenannten Adoptivkaisern dem Römischen Reich eine Epoche anhaltenden Friedens und höchster Blüte beschert. Hadrian meinte sogar, der adoptierte Sohn sei dem gezeugten vorzuziehen. Denn es sei nicht allzu schwierig, günstige Anlagen und bestimmte Charaktereigenschaften zu erkennen, unmöglich hingegen, sie zu vererben. Tatsächlich verwischten sich im Bewußtsein der Römer die Unterschiede zwischen gesetzlicher und biologischer Vaterschaft sehr rasch. Ein adoptiertes Kind stand einem leiblichen in keiner Hinsicht nach.

Meistens wurden Ehen aus politischen Erwägungen geschieden, wenn auch Vergehen oder Verstöße oft als Vorwand dienten. Man trennte sich von einem Partner nicht nur, wenn man seiner überdrüssig geworden war. Gab es irgendwo eine politisch oder finanziell aussichtsreichere Verbindung, scheute man sich nicht, dem bisherigen Lebensgefährten sogleich Lebewohl zu sagen. Dabei hatte schon ein archaisches Gesetz, das der Überlieferung zufolge bis auf Romulus zurückging, die Gründe festgehalten, die zu einer Trennung berechtigten. Plutarch hat die Vorschriften folgendermaßen interpretiert: »Romulus erließ auch einige Gesetze, von denen eines wahrhaftig sehr streng ist: Es verbietet der Frau, ihren Mann zu verlassen, gestattet aber dem Mann, seine Frau wegen Kindesvergiftung oder Unterschlagung von Schlüsseln und wegen Ehebruchs zu verstoßen; das Gesetz besagt, daß wenn jemand seine Frau aus einem anderen Grund wegschickt, die Hälfte seines Vermögens der Frau gehört und die andere Hälfte der Demeter geopfert wird...«[4)] Der Sinn dieser Vorschriften hat schon die Rechtsgelehrten des Altertums beschäftigt. Man konnte vor allem nicht begreifen, weshalb beispielsweise die Unterschlagung der Schlüssel derartige Auswirkungen haben sollte, glaubte aber schließlich, daß es sich auch hier nur um die Schlüssel zum Weinkeller handeln konnte.

Man hat oft über das strenge Verbot gerätselt, das die Römerin zwang, sich des Alkohols zu enthalten. Für einige Gelehrte spiegelt sich auch darin die Auffassung der Römer wider, durch den Alkoholgenuß verunreinige die Frau das Blut ihrer Familie. Sie unterwerfe »sich einem fremden, also feindlichen Lebensprinzip. Indem sie dieses äußere Element in sich, in das Blut der Familie, aufnimmt, zerstört sie dessen Integrität.«[5)] Man glaubte aber auch, Wein habe eine schwangerschaftsverhütende, ja abtreibende Wirkung. Kein Wunder, daß sein Genuß in einer Gesellschaft, die die Ehe weniger als partnerschaftliche Lebensgemeinschaft denn als Fortpflanzungsinstitut sah, nicht erwünscht sein konnte. Wie bereits erwähnt, hatten die männlichen Verwandten einer Frau das Recht, sie auf den Mund zu küssen (ius osculi), um festzustellen, ob ihr Atem nach Alkohol roch. Waren sie es doch auch, die jenen Familienrat bildeten, der über Schuld oder Unschuld und damit über Leben und Tod einer Verdächtigen entschied!

Natürlich lockerten sich auch bezüglich des Weingenusses die Sitten, und den römischen Frauen war es spätestens in den letzten Tagen der Republik gestattet, dem Wein vorsichtig zuzusprechen. Trank eine Frau jedoch mehr, als sie vertragen konnte, hatte sie auch weiterhin die ganze Strenge des Gesetzes zu gewärtigen. So konnte sie bei einem Verstoß gegen den guten Ton sogar mit dem Verlust ihrer Mitgift bestraft werden.

Noch Kaiser Augustus schrieb übrigens ein Gutteil von Ausschweifung und Laster der enthemmenden Wirkung des Alkohols zu. Als er seine Tochter Julia wegen ihres unsittlichen Lebenswandels auf die Insel Pandateria verbannte, verbot er ihr deshalb auch, je wieder einen Tropfen Wein zu trinken.

Allerdings scheinen manche Römerinnen in ihrer alkoholischen Genußsucht tatsächlich die Grenzen des guten Geschmacks überschritten zu haben. Es gab Frauen, die unmäßig tranken. Und allein die Tatsache, daß man die Strafen so hoch ansetzen mußte, zeigt, wie notwendig Verhaltensmaßregeln waren. Vielleicht aber hätten sich Roms Frauen mehr beherrscht, hätte man ihnen auch hier gewisse Freiheiten eingeräumt.

»Was achtet schon die trunkene Venus?« (Quid enim Venus ebria curat?)[6] fragte Juvenal, der in seinen Satiren die Frauen und die Ehen seiner Zeit, der Wende des ersten zum zweiten nachchristlichen Jahrhundert, wüst beschimpfte. Für ihn waren betrunkene Frauen noch geiler als Männer. Wie ausfällig sich manche in ihrer Trunksucht benahmen, wirkte selbst auf abgebrühte Naturen ekelerregend: Die eine verschlingt riesige Austern und trinkt dazu ungemischten Falerner, bis sie die Decke des Saales schwanken sieht und die Leuchter doppelt wahrnimmt. Eine andere hat Gäste zum Mahle geladen, die sie ungehörig lang warten läßt. Als sie endlich mit hochrotem Kopf zur Begrüßung erscheint, läßt sie sich zunächst zwei Schoppen Wein kredenzen. Sie habe solch einen Durst, daß sie ohne Mühe die ganze Korbflasche leeren könnte. Aber schon das Genossene bekommt ihrem Magen schlecht. »Wie eine Schlange, die in ein Faß gefallen ist, säuft sie und erbricht sie, so daß ihrem Mann speiübel wird, und er kaum seine Galle zurückhalten kann.«[7] Es kam gewiß nicht oft vor, daß eine Frau derart über die Stränge schlug. Dennoch wird man nicht annehmen dürfen, Juvenal habe diese Geschichte erfunden, um seine Zeitgenossinnen zu diffamieren.

Ein weit größeres Problem aber, an dem die fortgeschrittene römische Gesellschaft krankte, war zweifellos der lockere Lebenswandel im sexuellen Bereich. Mochte nach Senecas wohl zutreffender Auffassung noch zur Zeit des Ersten Punischen Krieges Schamlosigkeit kein Laster, sondern eine Ungeheuerlichkeit gewesen sein, so nahm man sie, mindestens im letzten Jahrhundert der römischen Republik und während der Kaiserzeit, als kaum ausrottbares Übel fast gelassen hin. Wachsender Wohlstand und politische Korruption hatten die Moral verdorben und damit die ehelichen Bande gelockert. Der Ehebruch war zeitweise so verbreitet, daß man ihm kaum noch Beachtung schenkte. Aber es wäre gewiß ein Fehler, die Schuld dafür lediglich in einem geänderten Rollenverständnis der Frau zu suchen. Mit Roms wachsendem Einfluß auf das Weltgeschehen wurde das eheliche Glück – vor allem in der Oberschicht – immer stärker der politischen und finanziellen Macht untergeordnet, bis die Ehe schließlich zur Vermittlungseinrichtung für wichtige Beziehungen degradiert wurde, was sogar Cato mißbilligend feststellte.

Aber nicht nur für eine Frau, die etwas auf sich hielt, gehörte es zum guten Ton, mindestens einmal geschieden zu sein. Auch Männer wechselten ihre Partnerinnen, wann immer es die politische oder die eigene finanzielle Lage erforderten. So konnte sich Sulla am Ende seines Lebens rühmen, sechsmal verheiratet gewesen zu sein, Pompeius fünfmal. Auch Cäsar blickte auf eine ganze Reihe mehr oder minder gescheiterter Beziehungen zurück. Und der Dichter Ovid hatte erst in seiner dritten und letzten Ehe eine gewisse Zufriedenheit gefunden.

Wer konnte es einer Frau schließlich verdenken, wenn sie ihr Ehegelübde gering achtete und in außerehelichen Beziehungen die Liebe, Zärtlichkeit und Erfüllung suchte, die ihr ein politisches Zweckbündnis vorenthielt? Oft sprachen sich die Partner sogar vor der Heirat ab, einander die größtmögliche Freiheit zu gewähren. Dies war besonders dann der Fall, wenn für die Wahl des Lebensgefährten finanzielle Motive ausschlaggebend gewesen waren. Juvenal meinte sogar, der Mann, der eine besonders reiche Frau geheiratet habe, dürfe ihren Reichtum nur dann guten Gewissens genießen, wenn er ihr gegenüber äußerste Toleranz übe... Zudem mag es für die ungeliebte Frau nicht immer leicht gewesen sein, ihre Triebe zu beherrschen. Es kam häufig vor, daß sie sich für ihr vom Ehemann vorenthaltene Genüsse an der Dienerschaft schadlos hielt. Die in vornehmen Häusern dienenden Sklaven waren oft ausgesucht schöne Menschen, die auf Sklavenmärkten nach ihren besonderen Eigenschaften und körperlichen Vorzügen ausgesucht worden waren. Manchmal befanden sich unter ihnen auch ausgesprochen gebildete Männer, so daß sich viele ihrer Anziehungskraft auf Frauen durchaus bewußt waren.

Doch mag es schon zu Zeiten, da die Institution der Ehe noch nicht wie in der geschichtlichen Hochblüte Roms mißbraucht wurde, für eine Frau schwierig genug gewesen sein, bei einem Gatten auszuharren, der ihr gegenüber strengste Kühle walten ließ. Für die emotionalen Belange seiner Frau hat der Römer stets wenig Verständnis gezeigt. Seine traditionelle Rolle war die des »Führers, der seine Gefährtin die pudicítia (Schamhaftigkeit) lehrt, diese Zurückhaltung des Körpers und des Geistes, die bei Frauen als Zeichen der Tugend gewertet wurde.«[8] Auch für eine ehrbare römische Matrone geziemte es sich nicht, Gefühle zu haben, und noch weniger, sie zu zeigen. Im antiken Rom galt nur die Ehe als vorbildlich, die frei von Leidenschaften war. Denn jenen geheimnisvollen Kräften schrieb man die Macht zu, Herz und Verstand der Partner zu verwirren und damit dem Bündnis die feste Grundlage zu entziehen: den ehelichen Frieden, der seinerseits wiederum durch gegenseitige Wertschätzung gefestigt wurde. Schon Plutarch wunderte sich über die Gewohnheit des Römers, sich seiner Frau in der Hochzeitsnacht nur im Dunkeln zu nähern, fand aber einfühlsam bald selbst die Antwort auf diesen zunächst befremdlich wirkenden Brauch: Er wollte ihr Schamgefühl nicht verletzen und ihre Ehre nicht beflecken. Sie war schließlich keine Kurtisane. Und dennoch wird auch im alten Rom manche Ehe von Liebe und Leidenschaft beherrscht und vielleicht gerade deshalb dauerhaft gewesen sein.

Das mangelnde Verständnis für elementare biologische Bedürfnisse auch einer Frau verwundert kaum in einer von Männern beherrschten Gesellschaft, die diesen von Anfang an im sexuellen Bereich alle Freiheiten zugestand, gleichzeitig aber den Gefühlen einer Frau, zumindest wenn sie Ehefrau war, alle Beschränkungen auferlegte. Als einst der ältere Cato mit den Stimmen der Bauern, die gleich ihm Käuflichkeit und Luxus haßten, zum Censor gewählt worden war, erschauderte ganz Rom. Nicht nur, daß der strenge Sittenwächter Senatoren ob ihrer vermeintlichen Verschwendungssucht bestrafte und sogar aus dem Senat ausschloß, er ging auch scharf gegen Ehemänner vor, die sich zu Zärtlichkeiten gegenüber ihren Frauen hinreißen ließen. So verbannte er einen gewissen Manilius, der sich keiner anderen Verfehlung schuldig gemacht hatte, als das ihm angetraute Weib öffentlich zu küssen. Offensichtlich glaubte Cato, man müsse einer Frau gegenüber stets überlegen und beherrscht erscheinen. Sich selbst rühmte er, die Seinige nur zu umarmen, wenn es gewittere – obschon er sich auf jedes Unwetter gefreut haben soll. Aber Cato war nicht der einzige, der diese strenge Auffassung von der Ehe vertrat. Mehr als zwei Jahrhunderte später meinte Seneca: »Zu einer fremden Frau ist jede Liebe schimpflich, zur eigenen die übermäßige. Ein weiser Mann muß seine Gattin mit dem Kopf lieben, nicht mit dem Herzen; er wird über den Anfällen der Leidenschaft stehen und sich nicht begierig in ihre Arme stürzen. Nichts ist häßlicher, als seine Frau zu lieben wie ein Schätzchen.«[9)]

Auch in Zeiten, in denen er im Grunde nichts Ungewöhnliches mehr war, hatte eine Frau für den Ehebruch die schärfsten Strafen zu befürchten. Um ihnen zu entgehen und auch einen bescheidenen Anteil am vermeintlichen Lebensglück zu erhaschen, griffen die Römerinnen zu einem seltsamen Trick: Sie ließen sich bei den Aedilen, denen die Aufsicht über Märkte und Gewerbe oblag, als Prostituierte registrieren. Es war ein geschickter juristischer Schachzug, der sie vor den strafrechtlichen Folgen des Ehebruchs schützte, gleichzeitig freilich auch andere Nachteile brachte. Als Prostituierte waren sie von Legaten und Erbschaften ausgeschlossen. Schon Tiberius, der Stiefsohn und Nachfolger des Augustus, durchschaute ihre Absichten und verbot den Frauen aus dem Senatoren- und Ritterstand, bei dieser Methode Zuflucht zu suchen. Er stand hier offensichtlich ganz unter dem läuternden Einfluß seiner Mutter Livia, die es für ihr Vorrecht und ihre Pflicht hielt, über den Leumund ihrer Zeitgenossinnen zu wachen.

Andererseits waren Eheverstöße des Mannes niemals juristisch bedroht, ja konnte sich ein Mann sexuell gegen seine Ehe überhaupt nicht vergehen. Ihm stand das Recht zu, sich mit Sklavinnen, Dirnen oder anderen leichten Mädchen nach Belieben zu vergnügen. Auch Cato war der Überzeugung, ein Mann, der seine Frau beim Ehebruch erwischte, dürfte sie ungestraft töten. »Sie jedoch darf, wenn du Ehebruch treibst oder man mit dir Ehebruch treibt, nicht einmal wagen, dich auch nur mit dem Finger zu berühren.«[10)] Die Moral der Geschlechter wurde mit verschiedenen

Maßstäben gemessen. Nur wenn sich ein Mann in die Ehe einer Römerin drängte, das heißt, mit einer verheirateten Frau Unzucht trieb, konnte auch er bestraft werden. Meistens verfiel er der sogenannten Hauszucht, und derartige Vergehen wurden nicht an die große Glocke gehängt. So berichtet beispielsweise der römische Schriftsteller Valerius Maximus von mehreren ertappten Ehebrechern, die der beleidigte Gatte verprügelt, entmannt und danach seinem Gesinde überlassen habe, das sich mit ihnen alle sexuell entehrenden Dinge erlauben durfte. Dieser Brauch mag in der Kaiserzeit kaum noch eine praktische Rolle gespielt haben, verachtete man doch mit Ovid einen Ehemann, der sich die Untreue seiner Gattin noch zu Herzen nahm, als Tölpel, der sich in den gesellschaftlichen Gepflogenheiten der Hauptstadt nicht auskannte. Eine Frau, der nur ein Ehebruch nachzuweisen war, galt als ausgesprochen tugendhaft. Ovid bemerkte zynisch, nur diejenige Frau sei wirklich keusch, die keiner je versucht habe. Dies wiederum war alles andere als ein Kompliment für einen Mann, der so den Preis für die Tugend seiner Frau mit deren mangelnder Anziehungskraft bezahlte.

Natürlich gab es auch Stimmen, die die männlichen Privilegien anprangerten. So verurteilten die Stoiker den Ehebruch grundsätzlich, ganz gleich, wer ihn begangen hatte. Christen und Juden stellten auch an den Mann weit höhere Moralanforderungen, als die römische Gesellschaft dies tat. Plutarch verglich einen Ehemann, der seiner Frau jegliche sexuelle Freude vorenthielt, die er sich selbst gönnte, mit einem, der vor dem Feind kapituliert, seine Frau jedoch weiterkämpfen läßt. Der im ersten Jahrhundert der neuen Zeitrechnung schaffende aufgeklärte Philosoph Musonius Rufus, der die Ehe hoch in Ehren hielt und für die Gleichheit der Geschlechter eintrat, da er sie als naturgegeben betrachtete, verurteilte scharf die doppelte Moral seiner Zeit, die einem Mann gestattete, sich mit Sklavinnen zu vergnügen, eine Frau jedoch, die für sich das gleiche Recht mit den ihr unterstellten Sklaven beanspruchte, mit Strafe bedrohte. Der Rechtsgelehrte Ulpian meinte gar im beginnenden dritten Jahrhundert: »Es ist sehr ungerecht, daß der Ehemann von seiner Frau eine moralische Untadeligkeit verlangen kann, der er selbst nicht entspricht.«[11] Zweifellos waren diese Gedanken schon vom aufkommenden Christentum inspiriert. Unter Kaiser Constanin mußten sich schließlich Männer und Frauen gleichermaßen wegen Ehebruchs vor Gericht verantworten.

Die meisten Frauen nahmen es aber als naturgegeben hin (es war ihnen ja auch jahrhundertelang nichts anderes gepredigt worden), daß ein Mann von seiner biologischen Veranlagung her größerer sexueller Freiheit bedürfe, als sie in einer Ehe gewährt werden kann. So wurden von den römischen Dichtern und Schriftstellern auch stets die Frauen hochgelobt, die dem Treiben ihrer Männer nicht nur tolerant zusahen, sondern noch Vorschub leisteten. Augustus, sagte man, habe sich von der launischen Scribonia getrennt, weil sie sich zu sehr über seine Liebeshändel aufgehalten habe. Seine dritte und letzte Gattin Livia hingegen hätte sich stets vorbildlich gezeigt. Nach dem Rezept ihrer langen und »glücklichen« Ehe befragt, bemerkte sie: »Ich selbst habe immer in Zucht und Ehren gelebt und alles getan, was meinem Mann genehm war. Ich zankte nicht über seine Liebesabenteuer, sondern ging wie nichtsahnend darüber hinweg.«[12)] Im Alter soll sie ihm sogar selbst junge Mädchen zugeführt haben, an denen er stets größtes Vergnügen fand. Von Valerius Maximus erfahren wir, daß der große Scipio Africanus alles andere denn ein Frauenverächter war. Dabei war er nicht einmal wählerisch. »Tertia Aemilia, seine Frau, war so human, daß sie, wenn sie merkte, er habe an einer seiner Mägde Gefallen gefunden, so tat, als sähe sie es nicht, um nicht den Bezwinger der Welt, den Africanus, wegen Zügellosigkeit beschuldigen zu müssen.«[13)] So waren Tertia und Livia sicherlich Frauen so recht nach römischem Geschmack, aber es gab natürlich auch andere, die sich für zugefügte Kränkungen auf ihre Weise revanchierten, und das nicht nur an ihren Männern. Juvenal und Plautus wissen von der »struppigen Kebsmagd«, die die Hausfrau als Strafe dafür, daß sie sich, wenn auch vielleicht nicht ganz freiwillig, in ihre Ehe gemischt hatte, »an den Block gespannt hart arbeiten« läßt. Denn Klagen einer betrogenen Ehefrau hatten wenig Sinn. Sie konnte für ihre Beschwerden nicht einmal in der eigenen Verwandtschaft auf Rückhalt hoffen.

»...wenn du deine Spürerei nicht lassen willst«, schüttelt in einer Komödie des Plautus ein bedrängter Vater die Tochter ab, als sie sich über die Unbeständigkeit ihres Gatten beklagt, »rat ich ihm und helf ich ihm selbst, daß er sein Mädchen noch fester hält... Wenn dein Mann dich mit Putz und Kleidung wohl versieht, für Mägde dir und Vorrat sorgt, da wär' es klüger, Kind, du fügtest dich«.[14] Und doch blieben Klagen selbst in höchsten Kreisen nicht aus. Aelius Verus Caesar, der von Kaiser Hadrian an Sohnes Statt angenommen und als Nachfolger im Prinzipat vorgesehen war, galt als exzentrischer Mann, der selbst das einem Römer zugebilligte Maß an sexueller Freiheit weit überschritt. Er hatte sich »ein Bett mit vier schwellenden Polstern bauen lassen. Es war rundum von einem dünnen Vorhang umgeben. Als Matratze diente ihm eine Fülle von Rosenblättern. Die Decke bestand aus Lilienblüten. In dieser ›Wolke von persischen Wohlgerüchen‹ vergnügte sich Roms designierter Thronerbe mit seinen zahlreichen Mätressen. Ovids Bücher von der Liebe und Martials deftige Epigramme bildeten seine Bettlektüre. Beklagte sich seine Frau einmal über die Seitensprünge, entgegnete er: ›Laß mich schon bei fremden Weibern meine Lust büßen; der Begriff Gattin ist nämlich ein Ehrenname und hat mit Sinnenlust nichts zu tun!‹«[15]

Es mußte indes nicht immer der Wunsch nach einer politisch oder finanziell wichtigeren Rolle sein, die einen Römer nach neuen Bündnissen Ausschau halten ließ. Oft genügte es schon, daß die bisherige Partnerin den ästhetischen Vorstellungen ihres Mannes nicht mehr ganz entsprach. Als besäßen allein die Männer das Recht auf ewige Jugend, wandte sich mancher von seiner Frau ab, um sich eine jüngere und vermeintlich bessere Gefährtin zu suchen. Auch das bot Satirikern natürlich viel Stoff für ihren beißenden Spott.

»Aber Sertorius liebt doch die Bibula? Prüft man's näher, so gilt dem Gesicht und nicht der Gemahlin die Liebe. Laß drei Runzeln entstehen und die Haut verwelkt sich erschlaffen,... so sagt ein Kammerlakei: ›Pack' jetzt dein Bündel und ziehe von dannen, aber geschwind! Denn schon wartet die andre.‹«[16] So ließ sich beispielsweise auch der 57jährige Cicero nach 30 Ehejahren von Terentia, der Mutter seiner Kinder, scheiden, um eine Frau zu heiraten, die den Jahren nach fast seine Enkelin hätte sein können. Sie hieß Publilia und brachte neben ihrer Jugend eine ansehnliche Mitgift in die Ehe, was wohl für den notorisch verschuldeten Vater des Vaterlandes ausschlaggebend gewesen war. Als man ihm entrüstet vorhielt, er heirate als fast 60jähriger ein Mädchen, erwiderte er: »Morgen ist sie eine Frau.« Glücklich indes wurden die beiden nicht. Kurz nach der Hochzeit starb Ciceros geliebte Tochter Tullia an den Folgen einer Entbindung, und der Vater zog sich gebrochen auf seine Landgüter zurück, während die junge Frau allein im Stadtpalast blieb. Als sie bescheiden anfragte, ob sie, gemeinsam mit ihrer Mutter, dem Gatten folgen dürfe, antwortete er »mit einem harten Nein und versteckte sich überdies auf einem Gut des Atticus. Die Ehe war damit aufgelöst; Cicero hatte Mühe, die Mitgift zurückzuzahlen...«[17] Terentia hingegen trug ihr Schicksal mit Fassung. Obwohl sie nicht mehr die jüngste war, heiratete sie noch zweimal: zunächst Cäsars Freund Sallust, dann Messala Corvinus. Sie wurde über hundert Jahre alt.

Bei den Moralvorstellungen, die sich die römische Männerwelt zurechtgelegt hatte, erstaunt es kaum, daß es die Frauen im Laufe der Zeit mit der Liebe und der ehelichen Treue auch nicht mehr so genau nahmen. In der Kaiserzeit ist dann tatsächlich mehr von ihren Scheidungen und Wiederverehelichungen die Rede als von denen der Männer. Hatte eine Frau in ihrem ganzen Leben nur einem Mann angehört, erschien das schließlich als solche Ausnahme, daß man es sogar auf der Grabinschrift lobend erwähnte. Doch scheint die geringere Scheidungsneigung der Männer vor allem mit der sexuellen Großzügigkeit zusammengehangen zu haben, die man ihnen auch damals noch zubilligte. Von Mäcenas, dem Freund und Ratgeber des Augustus, etwa heißt es bei Seneca, er habe sich in seinem Leben tausendmal vermählt, jedoch nur eine Gattin besessen, jene ausgerechnet vom Kaiser selbst geliebte Terentia, deren Untreue ihm den Schlaf raubte: »Nicht der süße Klang ferntönender Symphonien, nicht das ruhige Rauschen des Wassers, nicht tausend Genüsse konnten das gequälte Herz beruhigen.«[18]

Zweifellos hatte sich die Rolle der Frau von Grund auf verändert. Verglichen mit dem bescheidenen häuslichen Wirkungskreis der Griechin, zumal der Athenerin, die selbst da in vieler Hinsicht noch eingeengt war, genoß mindestens die Römerin von Stand für das Altertum geradezu revolutionär anmutende Rechte. Innerhalb des Hauses war sie seit archaischer Zeit trotz der patria potestas die Herrin und dem Hausvater gleichgestellt. Diese Sonderstellung schrieb die Tradition zwar den Verdiensten der Frauen um den Staat zu, jedoch waren sie wohl Relikte des etruskischen und vor allem sabinischen Einflusses auf das frühe Rom. Aus dieser festen häuslichen Position entwickelte sich das Selbstbewußtsein der Frauen, das diese immer stärker auch in der Öffentlichkeit an den Tag legten.

Schon während der späten Republik war es nicht mehr ungewöhnlich, daß sich eine Frau ohne Begleitung auf die Straße wagte. Sie besuchte religiöse Feste, nahm an Theateraufführungen und öffentlichen Spielen teil, erschien sogar als Zeugin oder Klägerin vor Gericht. Es ist verständlich, daß diese Art von Freiheit das einst in den häuslichen Mauern behütete Wesen Gefahren und Versuchungen aussetzte, denen nicht jede Frau widerstehen konnte. Trotzdem ist es nicht immer leicht, aus den überlieferten Klagen über Herrschsucht, Zügellosigkeit, Prunksucht und Stolz ein objektives Bild der Römerin zu gewinnen. Denn grundsätzlich wurde nur überliefert, was es von der sogenannten guten Gesellschaft, vornehmlich der Geburts- und Geldaristokratie, zu berichten gab. Zweifellos lebten die mittleren und unteren Schichten, über die sich die alten Quellen meist in Schweigen hüllen, gesitteter, schon weil ihnen für übertriebene Ausschweifungen die Mittel fehlten. Auch waren die Verhältnisse in der Provinz andere als in der Hauptstadt. Aber auch in den weniger vornehmen Häusern wird es Menschen gegeben haben, die versuchten, die Reichen und Einflußreichen, über deren Lebensweise sie bestens informiert waren, bis in Einzelheiten nachzuahmen. Nicht nur Dichter und Schriftsteller schrieben über das lockere Treiben ihre Satiren oder machten darüber derbe Späße. Die Sklaven der gehobenen Haushalte, die tagtäglich Gelegenheit hatten, ihre Herren aus nächster Nähe zu beobachten, galten als zuverlässige Informationsquellen und dürften mit ihren skandalträchtigen Geschichten Erfolge erzielt haben, die denen der Klatschkolumnisten der Neuzeit nicht nachstanden.

In den letzten Tagen der sterbenden Republik machte sich der Gelehrte Varro für die Ehe stark: »Fehler der Frau« mahnte er, »muß man entweder beheben oder ertragen. Wer sie behebt, macht sich die Frau gefügiger. Wer sie erträgt, macht sich selbst zu einem besseren Menschen.«[19]

Die gefügige Frau, die den Gatten durch sanftes, liebevolles Wesen umwirbt, das war die gängige Vorstellung des römischen Mannes von seiner Gefährtin, das Heimchen am Herde, das ihm jeden Wunsch von den Augen abliest, um sein Leben möglichst angenehm zu gestalten. Dieses traute Bild paßte allerdings schlecht zu einer Frau, die nach Herkunft, Interessen und Vermögen ihrem Mann nicht nachstand. Männer zogen sich gekränkt und enttäuscht zurück, wenn sie ihr Ideal zerrinnen und ihre potestas untergraben sahen. In seiner Lebensgeschichte des Aemilius Paullus erzählt Plutarch im Zusammenhang mit dessen Scheidung von Papiria, die ihm zwei prächtige Söhne geschenkt hatte, folgende Geschichte: »Einst wurde ein Römer von seinen Freunden zur Rede gestellt. Er hatte seine reiche, schöne und tugendhafte Gattin verstoßen. Da hielt er ihnen seinen Schuh hin und bemerkte: Auch der ist neu und schön. Und dennoch drückt er...«[20] Das eheliche Leben, fuhr er fort, werde täglich durch viele kleine, jedoch für einen Außenstehenden kaum auffällige Zusammenstöße vergiftet.

Lag beiden Ehegatten am Aufrechterhalten einer Beziehung, bot sich ihnen eine letzte Möglichkeit, die Aussöhnung zu versuchen. Auf dem Palatin, einem der sieben Hügel des klassischen Rom, stand der Tempel der Iuno Viriplaca, der »Besänftigerin der Ehemänner«. Hatten die Eheleute Streit, empfahl es sich, der Herrin des römischen Götterhimmels einen Besuch abzustatten, um so, gewissermaßen vor höchster Instanz, eine Schlichtung zu erreichen. Es soll vorgekommen sein, daß beide Partner nach heftigem Wortwechsel vor der Hüterin der Ehe wieder einträchtig nach Hause gingen. Eine Erfolgsstatistik ist indessen nicht überliefert. Es ist deshalb auch nicht bekannt, welchen Nutzen die zweifellos praktische Einrichtung tatsächlich hatte. Denkt man an die zahllosen Ehescheidungen, ist man fast versucht zu sagen: keinen. Doch kann nicht ausgeschlossen werden, daß die wenigsten zerstrittenen Paare die Hilfe der Göttin in Anspruch nahmen oder die Aussöhnung doch sehr oberflächlich war.

6.
MITGIFT, REICHE FRAUEN

Im Zusammenhang mit Eheschließung und Ehescheidung erscheint es angebracht, auch einige Worte über die von der Frau in die Ehe eingebrachte Mitgift zu verlieren.

Als Appius Claudius, der Konsul des Jahres 79 v. Chr., starb, ließ er seine Familie völlig verarmt zurück. Dennoch fand sich für seine Tochter bald ein Freier. Es war kein geringerer als L. Lucullus, der später durch seine üppigen Gastmähler berühmt wurde. Er konnte es sich sogar leisten, das ihm von der Familie der Braut angebotene Heiratsgut, das diese sicherlich nur unter größten Entbehrungen aufgebracht hatte, auszuschlagen. Es fanden sich mitunter sogar Männer, die ob der Aussicht auf gesellschaftlichen Aufstieg bereit waren, der verarmten Familie der Braut die Mitgift heimlich zuzustecken, um deren Ehre nicht zu verletzen. Zudem muß die römische Oberklasse an ständigem Frauenmangel gelitten haben, so daß ihre Frauen keine Schwierigkeiten gehabt haben dürften, an den Mann zu kommen oder auch hintereinander mehrere Ehemänner zu finden. Trotz der zahlreichen Kriege, die Rom während seiner langen Geschichte führte und des damit einhergehenden Männerverlustes, waren diese stets in der Überzahl. So waren sie, vor allem während der späten Republik, oft gezwungen, sich ihre Lebenspartnerinnen in den unteren Schichten oder unter den Freigelassenen zu suchen, was mancher Mann der »standesgemäßen« Verbindung sogar vorzog.

Der chronische Frauenmangel rührte kaum nur von der geringeren Lebenserwartung des weiblichen Geschlechts her, das durch Schwangerschaft, Geburt und Kindbett besonders stark gefährdet war. Zwar sank die Anzahl der Frauen drastisch, sobald sie ins gebärfähige Alter gekommen waren. Doch hat die Forschung herausgefunden, daß die Lebenserwartung der römischen Männer kaum unter der ihrer Artgenossinnen lag. Kein Römer war verpflichtet, die ihm geborenen Kinder aufzuziehen. Kraft der patria potestas hatte jeder Vater das Recht, das vor ihm auf den Boden gelegte Neugeborene durch Aufheben anzuerkennen oder zur Aussetzung oder Tötung zu bestimmen. Bei dem höheren Wert, den die römische Gesellschaft dem Mann zuerkannte, wird dieser barbarisch anmutende Brauch vor allem bei weiblichen Nachkommen geübt worden sein. Tatsächlich soll schon ein Romulus zugeschriebenes Gesetz von einem römischen Vater verlangt haben, alle Söhne, jedoch nur die erste Tochter aufzuziehen. Das heißt natürlich nicht, daß sich jeder Vater auch strikt daran hielt. Gerade in den oberen Schichten, die es sich finanziell leisten konnten und bei denen die Frau nicht als überflüssige Kostgängerin betrachtet wurde, waren auch die Überlebenschancen der Mädchen ganz gut. Aber es mochte auch hier vorkommen, daß man an die Zukunft dachte: Die Mitgift, auf die eine reiche Römerin Anspruch hatte, konnte dereinst den Besitz der Familie insgesamt und damit den individuellen Anteil erbberechtigter Verwandter ganz beträchtlich schmälern. Daß sich nicht jeder römische Vater dieser archaischen Vorschrift verpflichtet fühlte, beweist aber eine andere Tatsache. Im allgemeinen erhielt die Tochter den väterlichen Namen in seiner weiblich abgewandelten Form. Waren in einer Familie nun zwei Töchter vorhanden, unterschied man »maior« (die Ältere) und »minor« (die Jüngere). Wuchsen gar mehrere Mädchen heran, zählte man sie nach der Reihenfolge ihrer Geburten: Tertia, Quarta u.s.w.

Konnte ein Lucullus auch auf die angebotene Mitgift der Familie seiner Auserwählten großzügig verzichten, ohne daß dies seinen ohnehin sprichwörtlichen Reichtum auch nur im geringsten beeinträchtigt hätte, war es doch die Regel, daß Vater oder Vormund eines Mädchens mit dem Bräutigam hart um das Heiratsgut feilschten. Allenfalls in frühen republikanischen Tagen ging es dabei um kleinere, oft auch nur symbolische Beträge. Jedenfalls deutet nichts darauf hin, daß je Bedingungen gestellt worden wären, die die Verhandlungen scheitern ließen. Schon in der frühen Kaiserzeit hatten die Ansprüche jedoch eine Höhe erreicht, die den Reichtum der römischen Oberklasse ahnen lassen. Eine Million Sesterzen war die durchaus übliche Summe, die in drei Jahresraten fällig wurde, wie Polybios in seiner Geschichte des großen Scipio Africanus bemerkt. Jener hatte schon im zweiten vorchristlichen Jahrhundert seinen beiden Töchtern eineinviertel Millionen Sesterzen versprochen, eine ungeheure Summe, selbst für einen mit irdischen Gütern mehr als gesegneten Römer. Nach seinem Tode händigte die Mutter der Mädchen jeweils die Hälfte dieses Betrages ihren beiden Schwiegersöhnen Tiberius Sempronius Gracchus und Scipio Nasica aus. Die andere Hälfte sollte nach ihrem Tod ein Verwandter, der jüngere Scipio, in den gesetzlich vorgesehenen Jahresraten begleichen. Aber dieser wies seinen Bankier an, die zweite Hälfte der Mitgift ebenfalls in einer Summe auszuzahlen, sehr zum Erstaunen der jungen Ehemänner, die zunächst an einen Irrtum glaubten, da kein vernünftiger Römer je auch nur eine Sesterze vor dem Fälligkeitstermin gezahlt hätte. Doch konnte sich auch der jüngere Scipio ob seines märchenhaften Reichtums diese Großzügigkeit leisten. Wie selten ein solches Verhalten war, zeigt, daß der Geschichtsschreiber die Besonderheit für die Nachwelt festhielt.

Andere führte die Zahlungspflicht an den Rand des Ruins. Cicero, der sich nach unserer Kenntnis ständig in Geldnöten befand, hatte Mühe, das Heiratsgut seiner Tullia für deren dritte Ehe mit Dolabella aufzubringen, den sie ohne den väterlichen Segen geheiratet hatte. Vor Fälligkeit eines jeden Teilbetrags wandte er sich verzweifelt an seinen Freund und Bankier Atticus und hoffte schließlich, wenigstens die Zahlung der letzten Rate durch Scheidung umgehen zu können. Nach seiner Meinung war die Ehe seiner Tochter ohnehin gescheitert, und er hätte gern auf zwei Drittel des Geldes verzichtet, hätte ihn das seiner weiteren Verpflichtung enthoben.

Das einem Mädchen ausgesetzte Heiratsgut sollte übrigens nicht den Besitz des Ehemannes mehren, sondern ihn für die erhöhten Aufwendungen entschädigen, die die Aufnahme der jungen Frau in seine Familie mit sich brachte. Die Kosten waren hoch. Man muß sich vorstellen, daß vor allem eine Frau von Stand stets von zahlreichen Sklavinnen umgeben war, die für ihr Wohlergehen sorgten und ihr jede schwere Arbeit abnahmen. Dennoch scheinen auch die römischen Ehemänner die Unterhaltskosten aus eigenen Mitteln bestritten zu haben. Denn das Gesetz billigte ihnen nur eine beschränkte Verfügungsgewalt über das zu, was ihre Frauen in die Ehe mitgebracht hatten. Meistens wurde das Heiratsgut noch in Landbesitz angelegt, der in Rom nur in äußersten

Notfällen wieder veräußert wurde und eine eiserne Reserve war. Er galt zudem als sicherste Kapitalanlage und obendrein als einzige »Handelsware«, mit der sich die gehobene Schicht, das heißt der Senatorenstand, nach altüberlieferten Standesgesetzen beschäftigen durfte.

Dem Mann oblag das Verwaltungs- und sogar ein umfangreiches Nutzungsrecht am Vermögen seiner Frau, mehr allerdings auch nicht. Ließ er sich scheiden oder starb die Frau kinderlos, mußte er »ihr Beibringen ihren Verwandten zurückgeben und durfte nur gewisse Entschädigungen zurückbehalten«,[1)] wie ein beflissener Romforscher noch zu Beginn unseres Jahrhunderts vereinfachend bemerkte. Jedoch waren die rechtlichen Verhältnisse ungleich schwieriger und schon in Ciceros Tagen derart verwirrend, daß selbst ausgesuchte Juristen Mühe hatten, in den unterschiedlichen Situationen die Rechtslage zu erforschen und gerechte Entscheidungen zu treffen. Ob das Buch, das der Jurist Sulpicius Rufus dieser Problematik widmete, dazu beitragen konnte, anstehende Probleme leichter zu lösen, ist nicht bekannt.

Die Rückzahlung des Heiratsguts hatte durchaus praktische Gründe: Sie sollte der Frau den Sprung in eine neue Ehe erleichtern, sie vor Gewalttätigkeiten des Mannes schützen und allzu scheidungsfreudige Ehemänner bremsen. Denn manchem fiel es nicht leicht, das eingebrachte Vermögen der Frau, zumal wenn dieses fest angelegt war, zurückzuzahlen, obwohl auch dies in drei Jahresraten erfolgen konnte. Kaum hatte Cicero nach vielem Jammern die Probleme der Mitgift seiner Tochter einigermaßen gelöst, als er erneut in eine schwierige Lage geriet. Ende 47 oder Anfang 46 ließ er sich von seiner »streitbaren« Terentia, die angeblich auch sein Vermögen verschleudert hatte, scheiden, nicht ahnend, wie er das Geld aufbringen sollte, sie auszuzahlen. Seine neue Ehe erwies sich auch in finanzieller Hinsicht enttäuschend, obwohl seine junge Frau sehr reich war. Als er 43 v. Chr. den Häschern Marc Antons zum Opfer fiel, hatte er sich dieser Pflicht vermutlich noch nicht entledigt.

Es gab aber auch regelrechte Mitgiftjäger, die nur zu dem Zweck heirateten, ihre Frau wegen behaupteter oder offensichtlicher Verstöße bei nächster Gelegenheit schnell wieder zu verlassen. So hatten auch alte und wenig attraktive Frauen durchaus

Chancen auf dem Heiratsmarkt, wenn sie nur über eine ansehnliche Mitgift verfügten. Mancher Römer hatte sich auf diese Weise schon ein stattliches Vermögen verdient, doch zum Glück durchschaute auch der eine oder andere Richter das üble Spiel.

Vor dem Richterstuhl des C. Marius stritten sich einmal ein gewisser C. Titinius und seine geschiedene Frau Fannia um das Heiratsgut. Titinius verweigerte die Rückgabe, da seine Frau ein unzüchtiges Leben geführt habe. Der schlaue Marius aber meinte, jener sei sich über Fannias Charaktereigenschaften schon vor der Eheschließung bewußt gewesen und habe sie nur geheiratet, um möglichst rasch in den Besitz eines Teils ihrer Mitgift zu gelangen. Er täte deshalb gut daran, die Sache nicht weiter zu verfolgen. Dies lehnte Titinius jedoch entschieden ab. Da verurteilte ihn Marius zur Zahlung einer Summe, die der Höhe der gesamten Mitgift entsprach. Fannia sollte übrigens bald Gelegenheit erhalten, sich für das richterliche Wohlwollen erkenntlich zu zeigen. Als sich Marius auf der Flucht vor seinem Gegner Sulla befand, verbarg sie ihn in ihrem Haus vor den Schergen des Diktators.

Nicht von Charaktereigenschaften und Liebe oder einer gewissen Achtung, nur vom Vermögen einer Frau ließen viele Männer sich bannen, wenn auch gewöhnlich nicht lange. Habgierig unterwarfen sie sich immer stärker einer reichen Frau, jedoch nur, bis sie Aussicht auf eine andere, mit noch größerem Reichtum ausgestattete Gefährtin hatten. So hören wir mindestens aus den beiden ersten christlichen Jahrhunderten fast nur von Ehen, »die entweder zeitweilig durch Geld zusammengehalten oder ebensohäufig trotz des Geldes oder um des Geldes willen gelöst wurden.«[2)]

Kein Wunder, daß auch diese Tatsache stets Zielscheibe des Spotts der Gesellschaftskritiker war. Schon Horaz hatte die Herrschaft reicher Frauen angeprangert: »dotata regit virum coniux«[3)] – eine reiche Frau beherrscht den Mann. Für Juvenal gab es nichts Unerträglicheres als ein begütertes Weib, und er bedauerte den Ehemann, der »nichts ohne ihre Zustimmung hergeben, nichts verkaufen, nichts kaufen kann«,[4)] wenn sie sich widersetzt. Auch Martial graute es vor der Verbindung mit einer reichen Braut. Er befürchtete, schon unter ihrem Hochzeitsschleier ersticken zu müssen. Ähnlich erging es einem Mann in einer Komödie des Plautus. Er erkannte seinen Fehler allerdings erst, als es schon zu spät war: »Argentum accepi, dote imperium vendidi«[5] – Ich habe Geld bekommen und dafür meine Herrschaft verkauft.

Der nun schon über Jahrhunderte nach Rom geflossene Reichtum hatte auch das Wesen der Frauen, deren weichere Seele für vergängliche Güter empfänglicher ist als die des Mannes, langsam verändert und ihr bislang ungeahnte Möglichkeiten eröffnet, ihre angeborene Putzsucht, ihre Sinnenlust und ihren Drang nach Bildung, der dem der Männer gleichkam, zu befriedigen. Er hatte auch Frauen märchenhafte Vermögen verschafft und sie Mittel und Wege finden lassen, diese dem Zugriff von Vätern, Vormündern und Ehemännern zu entziehen. Mit dem Verfall der altrepublikanischen Zucht hatte die freie Ehe (sine manu) die wirtschaftlich abhängige allmählich ganz verdrängt. Damit war der römischen Matrone spätestens nach dem Tode ihres Vaters eine eigene Rechtsstellung gesichert, die sie zur unumschränkten Herrin ihres Geldes machte. Wegen des oft riesigen Vermögens in Frauenhand erließen schon 169 v. Chr. die Stadtväter Roms ein Gesetz (Lex Voconia), das das Erbe einer Frau der Oberklasse auf eine bestimmte Höhe begrenzte. Und wieder war es der alte Cato, dem die Einschränkung der wirtschaftlichen Freiheit seiner Zeitgenossinnen besonders am Herzen lag:

»Zuerst hat euch eure Frau eine reiche Mitgift gebracht. Jetzt erhält sie noch ein reiches Vermögen und braucht es der Gewalt ihres Mannes nicht mehr zu überlassen. Nur leihweise gibt sie es ihm und läßt, wenn sie sich einmal ärgert, die Schuld durch ihren Leibsklaven von ihrem Mann unbarmherzig eintreiben.«[6]

Schon ein halbes Jahrhundert zuvor hatte ein ebenso strenges und ebenso wirkungsloses Gesetz versucht, dem weiblichen Anspruchsdenken entgegenzuwirken. Man schrieb das Jahr 537 ab urbe condita. Krieg bestimmte wieder einmal den Lebensrhythmus in Rom. In den Schlachten am Trasimenischen See und bei Cannae hatte die aufstrebende Militärmacht die schwersten Niederlagen ihrer Geschichte erlitten. Noch immer hallte der Ruf »Hannibal ante portas« durch die vielhundertjährigen Mauern. Angst lähmte die siebenhügelige Stadt. 216 v. Chr. mußte sogar das alljährlich gefeierte Fest der Ceres, der altitalischen Fruchtbarkeitsgöttin, abgesetzt werden. Denn in der Schlacht bei Cannae hatten die Punier so viele Römer erschlagen, daß es in ganz

Rom keine Frau gab, die nicht einen Verlust zu beklagen gehabt hätte. Trauernden aber war die Teilnahme an den religiösen Feiern untersagt.

Viele Senatoren und Angehörige der römischen Nobilität waren gefallen oder in Kriegsgefangenschaft geraten. Damit hatte sich auch die Zahl der Steuerpflichtigen vermindert, und die Einnahmen des Staates reichten nicht mehr aus, die durch die Kriegslasten ohnehin erhöhten Ausgaben zu decken. Andererseits aber hatten viele Frauen die Vermögen ihrer im Krieg gebliebenen Verwandten und Männer geerbt. Ihr Wohlstand stieg an, was die eine oder andere sicherlich über den Verlust eines vielleicht nicht einmal sonderlich geschätzten Angehörigen hinwegtröstete. Jedenfalls fanden sich genügend unkluge Vertreterinnen des weiblichen Geschlechts, die diesen unverhofften Reichtum provozierend offen zur Schau stellten. Nicht einmal durch die Furcht vor Hannibal oder die allgemeine Not wurden sie in ihrem Geltungsdrang gehemmt. Das erregte jedoch das Mißfallen der besorgten römischen Stadtväter, die 215 v. Chr. unbarmherzig eingriffen. Die Lex Oppia wurde erlassen, die die Besitzrechte und die Putzsucht der Frau ganz erheblich einschränkte. Sie durfte nun nur noch eine halbe Unze Gold ihr eigen nennen, keine Kleider mit Purpurstreifen mehr tragen und im Umkreis von einer Meile von Rom und in den Landstädten keinen Wagen mehr benutzen.

Die römischen Historiker bewerten die patriotische Gesinnung der Frauen während des Krieges recht unterschiedlich. Nach Appian haben sie reichlich gespendet, jedoch nur ihren Schmuck, ihr anderes Vermögen hingegen nicht angetastet. Livius zufolge seien nur die Männer spendenfreudig gewesen. Die Frauen hätten durch Besteuerung zur Mitfinanzierung der Kriegskosten herangezogen werden müssen. Noch Jahrzehnte später sahen sie sich deshalb dem Vorwurf ausgesetzt, sie hätten damals nur ihr Geld beieinanderzuhalten getrachtet, den Männern hingegen die alleinige Verantwortung für das Vaterland zugeschoben. Was war das aber für ein Vaterland, das seine Frauen nur stets an ihre Pflichten gemahnte, den Männern aber jegliche Freiheit zugestand?

Für das Jahr 195 n. Chr. nennen die Annalen den starrsinnigen Cato als Konsul. Ausgerechnet während seiner Amtszeit gingen nun die durch den langen Krieg und die Abwesenheit der Männer in ihrem Selbstbewußtsein gestärkten Römerinnen auf die Straße. Es war eine Ungeheuerlichkeit, ohne vergleichbare Vorbilder in der römischen Geschichte. »Nicht ohne rot zu werden« empörte sich der Konsul vor dem eilig zusammengerufenen Senat, »kam ich soeben durch einen Zug von Weibern auf das Forum.« Hätte er sich nicht so geschämt, hätte er zu ihnen gesagt: »Was ist das für eine Sitte, auf die Straßen zu laufen, diese zu besetzen und fremde Männer anzusprechen? Konntet ihr nicht eure Männer zu Hause bitten? ... Ich bezweifle nicht mehr, daß es stimmt, daß früher auf einer bestimmten Insel das männliche Geschlecht durch eine Verschwörung der Frauen radikal ausgerottet wurde ...«[7)] Seine tief verwurzelte Angst vor dieser »Ausrottung« war es, die ihm riet, sich davor zu hüten, seine Frau auch nur im geringsten zu bescheidener Selbständigkeit zu ermutigen. Man mußte Distanz wahren zu diesem gefährlichen Geschlecht, das einem Ansehen und Ruhe, auctoritas und gravitas, und das alles gleichzeitig rauben konnte, war man erst einmal zu Zugeständnissen bereit. Nicht mehr waren die Frauen als ein notwendiges Übel, das das Überleben des Staates sicherte, und eine ständige Gefahr, weil sie diesen Staat ins Verderben ziehen konnten.

Den aufgebrachten Frauen schien das leidige Oppische Gesetz, das in kritischen Zeiten vielleicht seine Berechtigung gehabt haben mochte, überholt. Seit einigen Jahren war der Frieden wiederhergestellt, waren Ruhe und Ordnung nach Rom zurückgekehrt. Stadt und Reich hatten sich erstaunlich schnell von den Wirren erholt. Längst genierte sich kein Mann mehr, seinen wiedererlangten Reichtum allen zu zeigen. Nur den Frauen sollte weiterhin versagt bleiben, ihren Luxus vor aller Augen zu entfalten. Wenn es wahrscheinlich auch niemals in seiner ganzen Strenge angewendet wurde, bedeutete das Gesetz doch ein ständiges Ärgernis. 195 v. Chr. schlugen deshalb die Volkstribunen M. Fundanius und L. Valerius vor, es aufzuheben, und die Frauen wandten sich an die Öffentlichkeit, um dieser Forderung Nachdruck zu verleihen.

Noch gab es für sie kein wirksameres Mittel, ihr persönliches Ansehen zu steigern oder bei anderen Männern und Frauen Neid zu erwecken, als die Demonstration materieller Güter, mit denen sie eine unergründliche Vorsehung gesegnet hatte. Mit einem für einen Römer der Antike erstaunlichen Weitblick erkannte Livius, die Frauen hätten nur deshalb um den kostspieligsten Putz konkurriert, weil ihnen andere Möglichkeiten, sich gesellschaftliche Anerkennung zu verschaffen, versagt blieben.

In leidenschaftlicher Rede soll sich Cato für den Erhalt des Oppischen Gesetzes verwendet haben. Sie ist bei Livius überliefert. Mag sie auch, wie einige Wissenschaftler vermuten, von diesem oder demjenigen, auf den er sich bei seinen Forschungen stützte, erfunden sein, so paßt sie doch in ihrer Tendenz so vorzüglich zu anderen verbürgten und überlieferten Aussprüchen des alten Redners, daß sie durchaus authentisch sein könnte. Den Konsul hat es dabei offenbar besonders verdrossen, daß sich die Frauen, die übrigens gleich ihm nur der obersten Schicht entstammten, erdreistet hatten, ihre Forderungen lautstark auf das Forum zu tragen. Die »Ansammlung der Frauen« bemerkt Livius, »wurde von Tag zu Tag stärker. Denn sie kamen auch aus den Landstädten und Marktflecken herbei. Schon wagten sie, Konsuln, Prätoren und andere Amtspersonen mit ihren Bitten anzugehen. Jedoch zeigte sich einer der Konsuln, M. Porcius Cato, unerbittlich.«

So sind denn auch Catos Worte oder die, die ihm der Historiker in den Mund legt, eine heftige Anklage gegen die Preisgabe ererbter Vätersitte, die einst der Frau ihren Platz am heimischen Herd zugewiesen hatte. Als man ihr gestattet habe, das Haus zu verlassen, hätte sie auch schon begonnen, sich in die Staatsverwaltung, in Versammlungen und Abstimmungen einzumischen. »Laßt nur diesen leidenschaftlichen Wesen«, warnte er, »diesen unbezähmbaren Geschöpfen die Zügel schießen und hofft dann, daß sie sich selbst ein Ziel setzen werden!... Wenn wir ihnen erst einmal gestattet haben, an diesem und jenem zu zupfen, es den Männern zu entwinden und diesen endlich gleichgestellt zu sein, glaubt ihr wirklich, ihr werdet euch ihrer dann noch erwehren können? In dem Augenblick, da sie anfangen, euch gleich zu sein, werden sie euch beherrschen.«[7)]

Die Gegenrede des Volkstribunen war nicht weniger temperamentvoll. Doch lassen sich in ihr nur vordergründig frauenfreundliche Tendenzen erkennen. In Wirklichkeit spiegelt auch sie die aristotelische Auffassung von der Ungleichwertigkeit der Geschlechter wider. Immer wieder ist vom »schwachen Geschlecht«

die Rede, das sich schon über Nichtigkeiten ereifere. Valerius hielt den versammelten Vätern vor, wie glücklich alle anderen Stände die endlich zurückgekehrte Ordnung empfänden. »Nur auf unsere Gattinnen sollen sich der Genuß des Friedens und der allgemeinen Ruhe nicht erstrecken? Wir Männer tragen den Purpur, indem wir als Beamte, als Priester die verbrämte Toga tragen, unsere Kinder tragen sie, den Beamten in den Kolonien und Freistädten, ja einer ganz untergeordneten Beamtenklasse in Rom ist ihre Benutzung erlaubt. Den Bezirksvorstehern geben wir das Recht, die verbrämte Toga nicht nur zu tragen, sondern sich darin verbrennen zu lassen. Lediglich den Frauen wollen wir den Purpur verbieten. Und während es dir als Mann gestattet ist, Purpur für die Reitdecke zu verwenden, willst du es der Mutter deiner Kinder verwehren, ein purpurfarbenes Mäntelchen zu tragen? Dein Pferd soll prächtiger gesattelt als dein Weib gekleidet sein? Ämter, Priesterstellen, Triumphe, kriegerische Auszeichnungen, Ehrengeschenke und Kriegsbeute können sie nicht bekommen. Gutes Aussehen, Putz und Kleidung, das sind die Kleinodien der Weiber, daran haben sie ihre Freude, darauf sind sie stolz.» Er vergaß nicht hinzuzufügen, daß das Sehnsüchte waren, die den Männern kaum gefährlich werden konnten. In Wirklichkeit, fuhr er fort, sei keiner Frau daran gelegen, ihrer Sklavenketten ledig zu werden. Ja, sie verabscheue sogar die größere Ungebundenheit, die der Verlust des Mannes oder des Vaters mit sich bringt. «Die Entscheidung über ihren Putz solle lieber bei euch Männern liegen, wollen sie, als im Gesetze. Und ihr müßt sie in Abhängigkeit und Vormundschaft, aber nicht in Sklaverei halten...» Denn Frauen wollten lieber «Vater» und «Mann» als «Herr» sagen. Die Männer sollten deshalb ihre Macht eher mäßigend ausüben.

Diese oberflächlich betrachtet liberale Auffassung trug schließlich den Sieg über Catos Bedenken davon. Die Art und Weise jedoch, auf die Livius von den Vorfällen berichtet, spiegelt sehr anschaulich die Stimmung wider, mit der auch noch zu seiner Zeit, fast 200 Jahre nach jener denkwürdigen Senatssitzung, die verwirrten und in ihrem überkommenen Weltbild erschütterten Männer den vorsichtigen Emanzipationsbestrebungen der Frauen begegneten. Valerius Maximus, römischer Schriftsteller des ersten nachchristlichen Jahrhunderts, bezeichnete gar den Tag, an dem die

Lex Oppia dem Aufstand der Frauen zum Opfer gefallen war, als einen der schwärzesten in der Geschichte Roms. In einer ebenfalls erhaltenen und wahrscheinlich tatsächlich historischen Rede machte er aus seiner Verachtung für die Männer jenes Jahrhunderts keinen Hehl, da sie nicht bedacht hätten, zu welcher Etravaganz die unbezwingliche Leidenschaft der Frauen für neue Moden noch führen würde, »nachdem sie einmal ein Gesetz zu Fall gebracht hatten...« Hätten sie, fährt er fort, »die Bedürfnisse der Weiber, die jeden Tag etwas anderes und Wertvolleres haben müßten, bedacht, so hätten sie sich von Anfang an widersetzt. Aber was rede ich noch vom weiblichen Geschlecht? Arm im Geiste, fernab von der Beschäftigung mit ernsteren Dingen, hat es keine Wahl, als sein ganzes Trachten auf die sorfältige Wahl des Putzes zu richten...«[8)]

Die kommenden Jahre sollten jedoch lehren, daß die Angst der Männer unbegründet war. Der von den Frauen errungene Erfolg brachte keine weiteren Blüten hervor. Im Gegenteil: 184 v. Chr. setzte Cato, damals als Censor, eine Besteuerung bestimmter Luxusgüter durch, die sich besonders gegen reiche Frauen richtete. Ihrer Prunksucht durften sie hingegen für fast vier Jahrhunderte nahezu ungehindert nachgehen. Zu Beginn des dritten Jahrhunderts erst schrieb der exzentrische Kaiser Elagabal den Römerinnen eine ihrem Rang entsprechende Kleidung vor, wobei sich auch die verheiratete Frau nach der Stellung des Vaters zu richten hatte.

War es einer Frau gelungen, sich wirtschaftlich zu emanzipieren, verwaltete sie entweder ihre Habe allein, oder sie bediente sich hierzu der Hilfe eines Curators. Die ständige Nähe begründete oft ein engeres Verhältnis zwischen Auftraggeberin und Beauftragtem, und gelegentlich wurde er sogar ihr Liebhaber. Die Vermögenspfleger standen deshalb in schlechtem Ruf und wurden nicht selten zum Schrecken eines jeden Ehemannes, der mit einer begüterten Frau verheiratet war. So zogen viele Römer vermögenslose Partnerinnen vor, oder sie sahen sich unter den Freigelassenen oder in den unteren Schichten, deren Frauen weniger entfesselt als die Angehörigen der Nobilität waren, nach einer Lebensgefährtin um. Ein Witz machte im Rom des ausgehenden ersten Jahrhunderts die Runde: »Was ist das eigentlich für ein elegant frisierter Jüngling, der deine Frau begleitet, ihr immer etwas ins Ohr flüstert und seinen rechten Arm auf ihren Stuhl lehnt? – O, es ist nur ihr Geschäftsführer! – Ihr Geschäftsführer, dieser Gigolo? Lieber Freund, ist es nicht vielmehr dein eigener Geschäftsführer?«[9] Noch Jahrhunderte später hatte der Kirchengelehrte Hieronymus Grund, vor den Vermögenspflegern zu warnen. Übrigens hatte auch Ciceros Terentia einen solchen Helfer. Er hieß Philotimus, und der berühmte Redner war von seiner Ehrlichkeit keineswegs überzeugt. Er beschuldigte ihn sogar, während Ciceros Verbannung viel veruntreut und ihn damit an den Rand des Ruins gebracht zu haben. Auch dies hatte nach Ciceros Ansicht zum Scheitern seiner Ehe beigetragen.

Die meisten reichen Frauen waren sich ihrer Macht durchaus bewußt und tyrannisierten mit Genuß ihre Männer. Der Grieche Solon hatte einst gesagt, man solle keinen Mann glücklich preisen, ehe er nicht tot ist. Martial brachte es auf den Punkt: Man solle keinen Mann glücklich nennen, ehe nicht seine Frau tot ist, besonders, wenn es sich um eine reiche Frau handele.

Nahezu übereinstimmend setzten die antiken Geschichtsschreiber den Beginn des Verfalls der sittlich-sozialen Werte und der Emanzipation der Frau auf die Zeit um das Ende des Zweiten Punischen Krieges fest, als der alte republikanische Bauernstaat zu wanken begann. Doch hatten sich natürlich schon zuvor vornehme Damen in der Öffentlichkeit aufgespielt und mit kaum zu überbietender Arroganz auf die Vorrechte ihres Standes gepocht. Als besonders unerfreuliche Erscheinung wird die berühmte Claudia geschildert, die adelsstolze Tochter des großen Appius Claudius. Ihr Bruder hatte 249 v. Chr. im Ersten Punischen Krieg eine Seeschlacht und die gesamte ihm anvertraute Flotte verloren, was den angeborenen Hochmut der Sippe jedoch nicht im geringsten beeinträchtigte. Claudia geriet einige Jahre nach dieser Niederlage nach dem Besuch eines Schauspiels ins Gedränge der das Theater verlassenden Menge. Lautstark bekundete sie ihren Unmut darüber, daß ihr Bruder, jener ruhmlose Held, den sie trotzdem einen ausgezeichneten Admiral nannte, nicht dafür gesorgt habe, noch mehr »dieses Gesindels« in den düsteren Hades zu befördern. Man beschwerte sich bei den Aedilen über diese geschmacklose Äußerung, und Claudia wurde zu einer hohen Geldstrafe verurteilt.

Was sich die Claudier im öffentlichen Leben der Stadt herauszunehmen wagten, zeigt ein anderer Fall, der sich etwa 100 Jahre später ereignete. Der Konsul des Jahre 143 v. Chr., Appius Claudius, der Schwiegervater des Tribuns Tiberius Gracchus, führte im Aosta-Tal einen aussichtslosen Krieg gegen die Salasser. Er hatte bereits 7000 Mann seiner eigenen Streitkräfte verloren, als es ihm angeblich gelang, 5000 Feinde zu erschlagen. Jedenfalls berichtete er das nach Rom, wo man die Wahrheit seiner Meldung nicht überprüfen konnte. Man verweigerte ihm den Triumph, auf den er Anspruch erhob. Da beschloß er, ganz stolzer Feldherr, auf eigene Kosten (und damit rechtswidrig) das Siegesfest zu veranstalten. Ein Volkstribun hatte jedoch Wind von Claudius' Plänen bekommen und wollte durch sein Veto den Gesetzesbruch vereiteln. Appius' zweite Tochter Claudia wiederum, heilige Priesterin der Vesta, hatte von der Absicht des Volkstribuns gehört. Schon saß sie neben ihrem Vater im Triumphwagen. Als man ihn am Siegeszug hindern wollte, warf sie sich ihm an die Brust und umklammerte ihn während der ganzen Zeit so fest, daß unter dem Schutz ihrer Unantastbarkeit als Gottesdienerin nicht einmal der geschlossene Senat ihrem Vater etwas hätte anhaben können.

Zu welchen Exzessen die Laune einer vornehmen Römerin, die ihre Standesehre verletzt wähnte, ausarten konnte, soll eine letzte Geschichte zeigen, an deren Wahrheitsgehalt man kaum zweifeln kann. Gaius Gracchus, der berühmte (wenn auch erfolglose) Reformer des ausgehenden zweiten vorchristlichen Jahrhunderts, hat sie berichtet, den Namen der Bösen allerdings zu deren Glück verschwiegen. Jene geheimnisvolle Ungenannte begleitete einst ihren Gatten, den amtierenden Konsul, auf einer Dienstreise, während der man auch das campanische Städtchen Teanum besuchte. Gerade dort gelüstete es die Konsulin nach einem Bad. Da die Stadt nur über eine entsprechende Männeranstalt verfügte, ließ der verantwortliche Beamte diese sogleich für den hohen Gast räumen. Nur mit der Reinigung klappte es nicht nach Wunsch, zumal die Dame recht ungeduldig war. Über diesen Mißstand beklagte sie sich heftig bei ihrem Gatten. Und jener hatte nichts Eiligeres zu tun, als den Beamten an den Marterpfahl zu führen, entkleiden und öffentlich auspeitschen zu lassen ...

Mit dem Ende des Dritten Punischen Krieges und der Zerstörung Karthagos (146 v. Chr.) hatte Rom schließlich die letzte Nebenbuhlerin um die Weltherrschaft aus dem Weg geräumt. Befreit von der Furcht vor ständiger Bedrohung sank man aber »nicht allmählich von der Tugend ins Laster, nein, man stürzte jählings und unaufhaltsam. Verlassen wurde die alte Sittenzucht; neue Moden wurden eingeführt,.. und auf die öffentliche Pracht folgte der private Luxus.«[10)] So jedenfalls sah es der Historiker Velleius Paterculus, der unter Kaiser Tiberius, seinem Freund und Gönner, nach den Ursachen forschte, die zu Roms Sittenverfall geführt hatten. Tatsächlich nahm im zweiten vorchristlichen Jahrhundert der Wohlstand der oberen Klassen ständig zu. Und besonders die römischen Frauen stellten ihren Reichtum gern zur Schau. So berichtet Polybios, mit welchem Prunk sich die reiche Aemilia, die Gattin des großen Scipio Africanus und Mutter Cornelias, zu umgeben pflegte, vor allem, wenn sie zu zeremoniellen Frauenfesten unterwegs war. Dorthin begleitete sie stets ein riesiges Gefolge von Sklaven und Sklavinnen, und ihre Opfergeräte, Körbe und Trinkbecher waren sämtlich aus Silber und aus Gold. Das krasse Gegenteil der egoistischen Mutter war Cornelia, ihrerseits Mutter der Gracchen, die sich auffallend bescheiden gab. Als man sie einmal fragte, warum sie beispielsweise keinen Schmuck trage, gab sie die fast schon sprichwörtliche Antwort, ihr Schmuck seien ihre Kinder. Sie hatte ihrem Mann, dem älteren Gracchus, zwölf geboren, von denen jedoch nur drei ihre Kindheit überlebten.

Daß auch für Frauen übergroßer Besitz gefährlich werden konnte, zeigt das Schicksal Lollia Paulinas, die im ersten nachchristlichen Jahrhundert lebte. Von ihr, die vor allem wegen ihres Reichtums gehaßt und verfolgt wurde, wird zu gegebener Zeit zu berichten sein.

»So leben sie denn in wohlbeschirmter Keuschheit... Sehr selten für ein so zahlreiches Volk sind Ehebrüche, deren Bestrafung unverzüglich erfolgt und dem Gatten überlassen ist. Mit abgeschnittenem Haupthaar, entkleidet, jagt sie vor den Augen der Verwandten der Ehemann aus dem Hause und treibt sie unter Schlägen durch das ganze Dorf. Preisgegebener Keuschheit gewährt man wahrlich keine Verzeihung; nicht durch Schönheit, nicht durch Jugend, nicht durch Reichtum fände eine solche einen Mann. Denn hier lacht niemand über Laster, und verführen und sich verführen lassen heißt dort nicht Zeitgeist...«

Tacitus, Germania 19

7.
O TEMPORA, O MORES!

FRAUENKRITIKER UND WACHSENDE EMANZIPATION – »FRAUENRECHTLERINNEN« – CLODIAS LIEBHABER – SEMPRONIA – GELEHRTE FRAUEN

»Das Verderben der Sitten, ein Feind viel schlimmer als der Krieg, beherrscht und rächt den von uns bezwungenen Erdkreis. Jegliche Art von Verbrechen und Laster stellte sich ein, seit Rom nicht mehr arm ist.«[1)] Bitter beklagte Decimus Iunius Iuvenalis (Juvenal), der im ausgehenden ersten Jahrhundert christlicher Zeitrechnung nach Rom kam, um die Rechte zu studieren, Ausschweifung und Lebenslust, denen er hier, im Mittelpunkt der alten Welt, allenthalben begegnete. Über die allgemeine Schamlosigkeit entrüstet, ja empört, hängte er die Jurisprudenz bald an den Nagel, um sich für den Rest seines Lebens ganz der Entlarvung der Verworfenheit seiner Zeitgenossen zu widmen. »Jegliches Laster erreichte den Gipfel« schrieb er, und er sah voraus, daß die Nachwelt »den heutigen Sitten nichts Neues« werde hinzufügen können.

Die Klagen über den moralischen Niedergang besonders der Frau tauchten erstmals in der Geschichte auf, als auch die sogenannte Emanzipation der Römerin begann. Nach einer Bemerkung des älteren Plinius soll schon der Konsul L. Piso Frugi in der Mitte des zweiten vorchristlichen Jahrhunderts getadelt haben, daß in Rom die Keuschheit verschwunden sei. Seit dieser Zeit verstummten die Beschwerden über die verkommene Moral nicht mehr. Sallust, Horaz, Ovid: Fast keiner der bedeutenderen römischen Schriftsteller der sterbenden Republik oder der beginnenden Kaiserzeit hat sich in seinem Werk nicht auch mit dem Phänomen des Sittenverfalls auseinandergesetzt, und mancher sah oder sagte sogar für Rom eine unheilvolle Zukunft voraus. Aber die Vorwürfe waren auch rückwärtsgerichtet in eine graue Vorzeit, die offensichtlich auch nicht viel sittsamer war.

»Du selbst bist Stifter der Untat, Romulus,
welchen die Milch der grimmigen Wölfin genährt.
Straflos hast du gelehrt, die keusche Sabinerin rauben.
Drum wagt Amor zu Rom jetzt, was ihm immer beliebt.»[2)]

So tadelte Properz. Auch Seneca reihte sich in die Mahner ein. Aber er war weise genug zu erkennen, daß es »die Klage unserer Altvorderen war, daß es unsere Klage ist, daß es die Klage der Nachwelt sein wird, daß die Sitten verkehrt seien, Verdorbenheit herrsche... und alles Heilige in Verfall gerate. Allein, dies ist und wird immer dasselbe sein, nur von Zeit zu Zeit sich mehr da und dorthin neigend, wie Meereswogen, die die eintretende Flut weitertreibt«... »Du mußt wissen, mein lieber Lucilius, wenn du Üppigkeit, Vernachlässigung der guten Sitten und anderes, was immer jeder seinem Zeitalter vorgeworfen hat, für einen Fehler unseres Jahrhunderts hältst: Das sind Fehler der Menschen, nicht der Zeiten. Kein Zeitalter ist frei von Schuld gewesen.«[3)]

Dennoch wird man nicht annehmen dürfen, Juvenal und Martial, die zu den größten Zeitkritikern gehörten, hätten ihre Geschichten zur Unterhaltung gelangweilter Zeitgenossen erfunden. Schon Augustus hatte sich veranlaßt gesehen, gegen verbotene Liebesbeziehungen einzuschreiten. Das »Julische Gesetz über die

Sittlichkeit und die Bekämpfung des Ehebruchs« ging mit strengsten Strafen gegen sexuelle Zügellosigkeit vor. Daß man sich an höchster Stelle genötigt sah, gesetzlich gegen den Ehebruch vorzugehen, ihn sozusagen justizreif zu machen, zeigt, wie häufig, verbreitet und selbstverständlich er inzwischen war.

Keine hundert Jahre später war das Gesetz nahezu in Vergessenheit geraten, ein Beweis dafür, wie lässig es gehandhabt wurde. Kaiser Domitian, selbst alles andere als ein Vorbild züchtiger Tugend, sah sich gezwungen, es feierlich zu erneuern, was wiederum Martials und Juvenals Kritik herausforderte. Denn man sagte diesem Kaiser ein überaus lockeres Liebesleben nach. Als Tacitus um die erste Jahrhundertwende der neuen Zeitrechnung auf die beginnende Kaiserzeit zurückblickte, nannte er deshalb die altrömischen Werte Tugenden, denen niemand mehr gewachsen sei...

Nahezu übereinstimmend sehen auch neuzeitliche Historiker zwischen dem allgemeinen Sittenverfall und den Befreiungsversuchen der Frau enge Zusammenhänge, und man ist geneigt, ihnen zuzustimmen. Doch es wäre verhängnisvoll, den Frauen die alleinige Schuld an den gesellschaftlichen Ausfallerscheinungen zuzuschieben. Als es ihnen gelungen war, in einige von Männern beherrschte Bereiche vorzudringen, versuchten sie, jene bis in Einzelheiten nachzuahmen. Nur vordergründig erzielten sie dabei einen gewissen Erfolg. Denn die weibliche Emanzipation, die sich in der hohen Kaiserzeit am weitesten fortentwickelt hatte, brachte den Frauen keineswegs nur Vorteile und jene Ungebundenheit, nach der sie sich so lange gesehnt, deretwegen sie einst die häusliche Sicherheit verlassen hatten. Da ihnen die Natur auch weiterhin eine der männlichen vergleichbare Kraft versagte, übernahmen sie zwar schnell Fehler und Schwächen der Männer, ohne jedoch je deren Stärke zu erreichen. Mit einer gewissen Berechtigung konnte deshalb ein Historiker zu Beginn unseres Jahrhunderts von der römischen Frau behaupten, die Selbständigkeit habe sie mehr erniedrigt als die Abhängigkeit...

»Zur Zeit der alten Könige«, blickte Ovid wehmütig zurück, »da saß die Frau in ihrem Stuhl und nähte und spann mit geschickter Hand. Sie fütterte und pflegte die Lämmer; sie legte selbst Holz nach. Aber die heutigen Frauen sind aus zarterem Stoff: Ein goldverziertes Gewand muß den Körper bedecken. Das Haar soll duf-

In der antiken Statue der »Germania devicta« (Florenz) glaubt die Wissenschaft, Thusnelda, die Gattin des Arminius, zu erkennen. (Historia-Photo)

ten, die Frisur immer wieder wechseln. An den Fingern müssen Edelsteine funkeln und am Hals Perlen aus dem Orient schimmern, von denen zwei für das Ohr eine zu schwere Last wären...«[4]

Wenigen Frauen genügte freilich diese Art der äußeren Befreiung. Tiefer veranlagte begrüßten die errungene Freiheit vor allem, weil sie ihnen bessere Möglichkeiten bot, angeborene Talente zu entfalten. Musik, Tanz, Gesang: Zahlreiche Vertreterinnen des weiblichen Geschlechts hatten im musischen Bereich ungeahnte Betätigungsfelder entdeckt, die ihnen erlaubten, ihr Leben über die Verantwortung für Haus und Nachwuchs hinaus sinnvoll zu gestalten. Sie weigerten sich, die allgemeine Auffassung widerspruchslos hinzunehmen, eine Frau unterscheide sich nicht nur in körperlicher Hinsicht vom Mann, sondern auch in ihrem geistigen Vermögen. Sie versuchten sich deshalb an Literatur und Dichtkunst, strebten nach Ruhm und konnten es darin schließlich mit manchem Mann aufnehmen. Andere begeisterten sich für die Niederungen der Politik, vergruben sich in Prozeßakten, studierten eifrig die Rechte und die historische Überlieferung oder ergötzten sich am hauptstädtischen Klatsch über die Intrigen des Hoflebens. »Vereinbart wurde damals«, wehrte sich einmal ein selbstbewußtes Weib gegen den Versuch ihres Mannes, sie zu unterdrücken, »daß du tun dürftest, was dir beliebt, aber auch, daß ich meinen Wünschen ungehindert folgen kann. Vergeblich wirst du Himmel und Erde in Bewegung setzen. Auch ich bin nämlich ein Mensch.«[5]

Als der berühmte Redner Hortensius im Jahr 50 v. Chr. starb, hinterließ er den Römern eine bemerkenswerte Tochter, die sich leidenschaftlich für den Beruf ihres Vaters interessierte. Obwohl ihr als Frau vom Gesetz eine Tätigkeit in Rechtssachen nicht zugestanden worden war, gelang es ihr in einem entscheidenden Augenblick der römischen Geschichte, erfolgreich vor Gericht zu plädieren.

42 v. Chr. hatten die Triumvirn zur Stärkung ihrer leeren Kassen unzählige Reiche Roms mit einer erdrückenden Vermögensabgabe belegt, was offensichtlich am meisten die Frauen dieser Verurteilten traf. Hilfesuchend hatten sie sich deshalb an Fulvia, Antonius' rothaarige Gattin, der man großen Einfluß auf den Triumvirn nachsagte, gewandt. Aber die »Feuerwanze«, wie sie

der römische Mob nannte, hatte es abgelehnt, sich für die Bittstellerinnen bei ihrem Mann zu verwenden. Da führte jene Hortensia die Sache der Frauen vor Gericht so geschickt, daß ihre überragende Rede sogar von einigen Historikern einer Bewahrung für wert befunden wurde.

Waren sich die Frauen auch durchaus bewußt geworden, was sie erreichen konnten, erkannten sie ebenso schnell, daß die Verachtung, ja der Haß ihrer Zeitgenossen mit ihrer Befreiung wuchs. Aber durfte man aufgeben, was man sich so mühsam errungen hatte, nur eines zweifelhaften Friedens der Geschlechter wegen? So besannen sich auch und gerade befreite Frauen auf ihre angeborenen Reize, spielten mit der sexuellen Abhängigkeit des Mannes und trugen so auf ihre Weise zum Verfall der alten Vätersitten bei, der unaufhaltsam auch den Verfall des Staates einleitete. Schamlos nannten die alten Schriftsteller das Weib, ein unersättliches Tier, ein Geiergeschlecht, die schwerste Last der Menschheit. Das ganze Register des schon bei den Griechen üblichen Ausdrucks der Verachtung wurde gezogen. Man wies ihnen die letzten Plätze im Theater zu, nicht ahnend, daß die unmittelbare Nähe zum gemeinen Volk die ausschweifende Phantasie der Frau noch mehr beflügeln würde. »Üppiger Gang, herausfordernde Bewegungen, steifer Nacken waren so allgemein verbreitet wie überladener Schmuck,...an Nacktheit glänzender Flitter...«[6)] Mit Sklaven, Zwergen, Schoßhündchen und exotischen Vögeln vertändelten sie ihre Zeit und vernachlässigten ihre Kinder. Martial berichtet von der fetten Galba, die ihre drei Söhne verhungern ließ und ihr Vermögen an einen kräftigen Sklaven verschwendete. Glauben wir Tertullian, waren germanische Sänftenträger und wohlgestaltete Friseure besonders begehrt. Verhältnisse römischer Damen zu Wagenlenkern und Gladiatoren wurden Stadtgespräch in Rom. Eher, meint Juvenal, würde sich ein geiles Weib ein Auge ausreißen lassen als ihren Liebhaber aufgeben. Die Frau ahmte aber nur nach, was ihr der Mann in Jahrhunderten vorgelebt hatte. Und sie tat es mit schier unersättlicher Gier in der irrigen Meinung, Versäumtes oder Vorenthaltenes ließe sich auf diese Weise nachholen. Eifersuchtsszenen blieben nicht aus. Aber auch ihnen wußten die entfesselten Frauen zu begegnen: »Auch ich bin ein Mensch. Nichts Menschliches liegt mir fern.« Juvenal beschwor einen zum

Essen geladenen Freund, wenigstens in seinem Haus die Sorgen zu vergessen, die ihn schon den ganzen Tag plagten. Dessen Frau nämlich pflegte schon frühmorgens auszugehen. Sie kam stets erst bei Nacht zurück mit wirrem Haar, die Augen gerötet, der Atem heiß.

Aber es waren nicht nur Juvenals beißende Satiren oder Martials deftige Epigramme, die die sexuelle Freizügigkeit anprangerten. Der eher züchtige jüngere Plinius widmet einen ganzen Brief dem Verlauf eines Prozesses, dem kein geringerer als Kaiser Trajan als Richter vorsaß. Man hatte einen Centurio beschuldigt, die Gattin eines Vorgesetzten verführt zu haben, eines Mitglieds der senatorischen Adelsschicht, der im gleichen Regiment als Tribun diente. Der Centurio wurde sofort vom Dienst suspendiert. Doch scheint den Berichterstatter die Disziplinlosigkeit weit mehr als der Ehebruch an sich verwirrt zu haben.

Gerade die Frauen der herrschenden Oberschicht nutzten die errungene Freiheit, um der Langeweile des Anstands zu entgehen. Eine der prominentesten Ehefrauen, die sich nicht mit einem einzigen Mann begnügen wollten, war Clodia, Gattin des Quintus Caecilius Metellus. Sie galt als eine der engagiertesten Frauenrechtlerinnen ihrer Zeit, der späten Republik, und war schon deshalb den konservativen Kräften suspekt. Man empörte sich, daß sie als verheiratete Frau ohne Anstandsdame an die Öffentlichkeit ging, Freunde traf, Bekannte anredete und mitunter sogar küßte. Sie wagte es sogar, Freunde einzuladen, während ihr Mann abwesend war. Cicero, dem weiblichen Geschlecht alles andere als zugetan, wenn er auch von sich behauptete, kein Frauenfeind und schon gar nicht der Feind einer Frau zu sein, die allen Männern Freundin sei, klagte sie heftig an: wegen ihrer Ausschweifung, ihrer Liebhaber, ihrer Aufenthalte im verrufenen Badeort Baiae. Es gab in ihrem Leben fast nichts, was ihm nicht mißfiel. Am meisten störten ihn wahrscheinlich ihre Klugheit und überragende Bildung, in denen er wohl instinktiv eine Konkurrenz witterte. Sie sündigte nämlich mit unwiderstehlicher Anmut, unterschätzte aber den Egoismus der Männer. Jeder ihrer Liebhaber wollte sie ganz für sich alleine haben und wurde ihr Feind, sobald sie seiner überdrüssig geworden war und sich einer neuen Beziehung zugewendet hatte. Clodia entstammte einem der angesehensten Adelshäuser der Stadt, den

Appii Claudii, die vom Beginn der Republik an in der römischen Geschichte eine hervorragende Rolle gespielt hatten. Als ihr Gatte, der schon leicht dekadente Metellus (Celer), 59 v. Chr. eines plötzlichen Todes starb, bezichtigten Lästermäuler die keineswegs untröstliche Witwe des Giftmords.

Schon 61 v. Chr. hatte sich die immerhin 30jährige leidenschaftlich in den sechs Jahre jüngeren Dichter Catull verliebt, der ihre Gefühle nicht weniger heftig erwiderte. Ein stürmisches Verhältnis verband die beiden, in dem sich oft Zuneigung und Haß gefährlich die Waage hielten. Vivamus, mea Lesbia, atque amemus! Wir wollen leben, Lesbia, und uns lieben! Kaum ein Wissenschaftler bezweifelt noch, daß mit jener Lesbia, deren Andenken der Dichter später in zotigen Epigrammen besudelte, seine Geliebte Clodia gemeint ist, die die Eitelkeit des Poeten schwer verletzte. Im Todesjahr ihres Gatten nämlich gab sie ihm den Laufpaß, um sich dem noch jüngeren M. Caelius Rufus zuzuwenden, der seinerseits mit Catull befreundet war. Jener nahm den Treuebruch zum Anlaß, dem Freund die bittersten Vorwürfe zu machen. Es war nicht nur ungewöhnlich, daß sich eine Frau um soviel jüngere Liebhaber zulegte, wo doch nach römischem Verständnis in einer erotischen Beziehung der Mann stets beträchtlich älter zu sein hatte. Ungeheuerlich mutete vor allem an, daß die Frau als der vermeintlich schwächere und unterlegene Teil einer Beziehung deren Dauer bestimmte. Zweifellos brach Lesbia, der auch neuzeitliche Historiker Witz, Intelligenz, Charme und Schönheit (»mit ihren glühenden Augen«, Balsdon) bescheinigen, damit ein jahrhundertealtes Tabu. Jedoch sollte auch Caelius' Glück nicht von Dauer sein. Mit der Zeit wurde ihm das Leben an ihrer Seite, eine ununterbrochene Kette oberflächlicher Vergnügungen, zu beschwerlich, und er sehnte sich nach der Ruhe seiner Jugend zurück. Er verließ die unstete Geliebte und kam damit womöglich ihren eigenen Absichten zuvor. Die alternde Frau, der ein intensives Leben viel von ihrem einstigen Reiz genommen hatte, zeigte ihn gekränkt wegen Gewalttätigkeit an: Er habe versucht, sie zu vergiften. Caelius beauftragte Cicero mit seiner Verteidigung, der ihr seinerseits Inzest und Mord vorwarf. Eine gerissene Prostituierte sei sie, aus verrufenem Hause, eine Verbrecherin, ein Laster. In seinen Briefen an Atticus schmückte er sie jedoch »bewundernd mit dem griechischen Beinamen der Kuhäuigen.«[7] Ihn trug auch Hera, die Schwestergemahlin des Zeus, womit Cicero elegant auf die inzestuösen Beziehungen Clodias zu ihrem Bruder anspielte. Caelius selbst nannte sie geringschätzig »quadrantaria«, Viertelasfrau. So hießen die gemeinsten und billigsten Dirnen Roms. Einer Klytämnestra sei er aufgesessen, einer, die ihren Mann umgebracht habe.

Ciceros Rede war eine der brillantesten, die er je gehalten hatte. Leidenschaftlich trat er, der sich auf dem Höhepunkt seiner rhetorischen Fähigkeiten befand, darin für das Recht der Jugend auf eine gewisse Leichtfertigkeit ein. Heiter und amüsant machte er die Anklage Punkt für Punkt zunichte, so daß der Richter auch ohne die sonst üblichen Bestechungsgelder nicht umhinkonnte, den Angeklagten freizusprechen. (Einige Jahre später wurde er allerdings wegen Teilnahme an einer Verschwörung hingerichtet). »Und Clodia hatte Buße zu leisten dafür, daß sie eine Schwester des Publius Clodius (Pulcher) war, des radikalsten Sozialistenführers Roms und erbitterten Feindes Ciceros.«[8]

Einer weiteren schillernden Frauenpersönlichkeit der gleichen Zeit begegnen wir bei Sallust, der selbst ein wandelndes Symbol der mondänen römischen Gesellschaft und ihres Sittenverfalls war, bevor er sich bekehrte und sich zu einem schöngeistigen luxuriösen Leben in eine Villa zurückzog, deren Gärten später im ganzen Imperium berühmt wurden. Der antike Gelehrte Varro behauptete etwas boshaft, Sallust sei einst von Annius Milo beim Ehebruch ertappt, kräftig verprügelt und erst nach Zahlung eines beachtlichen Lösegeldes wieder freigelassen worden, was möglicherweise erzieherisch gewirkt und seine Bekehrung beschleunigt habe. Jedenfalls trat der ehemals übel beleumdete Historiker schließlich selbst als Sittenrichter auf, und er tat es mit der ganzen Überzeugungskraft, die eigene Erfahrung einbringen kann, und mit »geradezu pathologischer Besessenheit.«(Balsdon) Nach seinem Bericht soll Sempronia, die Frau des Konsuls des Jahres 77 v. Chr., Catilina als treibende Kraft bei seiner Verschwörung gedient haben. Doch so sehr er sich gegen Sempronias Verhalten und den geplanten Aufruhr auch empört, seine Bewunderung für ihre Bildung und ihren überragenden Intellekt kann er nicht verhehlen. Er schreibt, daß sich Catilina sehr vielen Menschen verbunden habe, auch Frauen, »die zunächst ihre ungeheuren Aufwendungen durch Preisgabe ihres Körpers bestritten, dann aber, als ihr Alter diese Art von Erwerb, nicht aber ihre Verschwendungssucht beendete, einen gewaltigen Schuldenberg aufgetürmt hatten... Unter ihnen befand sich Sempronia, die viele männlich kühne Taten vollbracht hatte. Diese Frau war durch Abstammung, Schönheit, aber auch durch Mann und Kinder vom Glück begünstigt, war bewandert in griechischer und römischer Literatur, konnte besser Zither spielen und tanzen, als es sich für eine ehrbare Frau ziemt, und manches mehr, was der Zerstreuung dient.

Alles andere aber war ihr wertvoller als Ehre und Schicklichkeit; ob sie weniger ihr Geld oder ihren guten Ruf schonte, hätte man nicht so leicht entscheiden können. Ihr Geschlechtstrieb war so ausgeprägt, daß sie sich häufiger nach Männern umsah als von diesen gesucht zu werden. Sie hatte zudem oft ihr Wort gebrochen, war Mitwisserin von Mordtaten geworden, durch Verschwendung und Mangel vom Pfad der Tugend abgeirrt. Dabei aber war sie nicht einmal unbegabt: Sie konnte Verse machen, scherzen, sich unterhalten, und zwar sowohl gefällig nach der Art vornehmer Damen als auch im billigen Jargon des Bordells; kurz, sie hatte ebensoviel Witz wie Anmut...«[10)]

Welche Rolle sie beim Umsturzversuch selbst spielte, ist nicht überliefert. Sallust äußert sich hierzu nicht, und auch in anderen Berichten über die catilinarische Verschwörung ist sie nicht erwähnt. Daß es im Rom der späten Republik eine ganze Anzahl Prostituierter aus der Oberschicht gab, die ihre besten Jahre hinter sich hatten, ist aber allgemein bekannt. Ob jene Sempronia dazugehörte, ja wer sie überhaupt war, darüber sind sich die Gelehrten bis heute nicht einig. Bei den einen erscheint sie als Schlußlicht eines einst edlen Geschlechts, Tochter oder (wahrscheinlicher noch) Enkelin jenes 123 v. Chr. so tragisch gescheiterten Tribuns C. Gracchus. Andere halten sie für die Mutter des Decimus Brutus, eines der Cäsarmörder. Wer sich auch immer hinter dem rätselhaften Namen verbirgt, der Verdacht liegt nahe, daß Sallust seine Porträtierung zu Sempronias Ungunsten übertrieb und sich sein Haß gegen den Verschwörer zwangsläufig auch auf die Frau übertrug, die jenem eng verbunden war. Immerhin war ihr Gatte Konsular, ein Mann der obersten Schicht, der sich trotz aller Vorwürfe nicht veranlaßt sah, seine angeblich so ausschweifende Gattin zu verstoßen.

Schätzten die Römer bei ihren Ehefrauen auch zu allen Zeiten am meisten die pudicitia, so gab es doch auch Männer, die unumwunden zugaben, daß eine höhere Bildung aus der soliden Matrone nicht notwendigerweise eine leichtsinnige Hetäre machte. Einen der schönsten Beweise, wie nutzbringend eine Frau ihre geistigen Fähigkeiten auch zur Freude ihres Mannes einsetzen konnte, hat uns Plinius überliefert. In einem Brief an die Tante seiner Frau lobt er die geistige Regsamkeit seiner Calpurnia und ihren scharfen Verstand. Gleichzeitig bewundert er ihre einfache Lebensweise. »Sie liebt mich«, freut er sich, »was ein Beweis ihrer sittlichen Unverdorbenheit ist. Dazu kommt ihre Neigung zu den Wissenschaften, die sie aus Liebe zu mir gefaßt hat. Sie besitzt meine Werke, liest häufig darin und lernt sie sogar auswendig. Wie besorgt sie ist, wenn ich vor Gericht auftreten muß, wie erfreut, wenn es überstanden ist! Sie beauftragt Leute, die ihr melden müssen, welchen Erfolg ich hatte und wie der Prozeß ausgegangen ist. Wenn ich Vorträge halte, sitzt sie ganz in meiner Nähe, verborgen hinter einem Vorhang, um begierig zu lauschen, welches Lob mir zuteil wird. Sie singt meine Verse, begleitet sich dabei selbst auf der Kithara und ist doch niemals von einem Lehrer unterrichtet worden – außer von der Liebe, die ja bekanntlich die beste Lehrmeisterin ist.«[11] Doch trotz allen Lobes erscheint dieser Brief eher als Huldigung an Plinius' eigene Eitelkeit, die ihm aus Calpurnias Verhalten so unverfälscht entgegenstrahlt. Wäre er aber von ihr ebenso begeistert gewesen, hätten ihre wissenschaftlichen Bemühungen eigenen Interessen gegolten?

Doch war seine Frau nicht die einzige, deren Gelehrsamkeit ihn begeisterte. Ähnliches Lob spendete er der Gefährtin des Pompeius Saturnius. Die formvollendeten Redewendungen ihrer Briefe erinnerten ihn an »Plautus oder Terenz in Prosa«,[11] eine Anerkennung, die sonst kaum einer Römerin zuteil wurde.

Auffällig groß war in Rom die Zahl der Frauen, die sich von Literatur und Kunst, von Philosophie und Religion angezogen fühlten. Die Geschichten der römischen Aristokratin Sulpicia, sechs ergreifende Elegien, wurden für wert befunden, zusammen mit dem Werk Tibulls überliefert zu werden. Sie sind leidenschaftlich erotisch und berichten von Sulpicias Liebe zu einem jungen Standesgenossen, den sie Corinthus nennt. Diese »docta puella« war die Nichte des berühmten M. Valerius Messala Corvinus, der zur Zeit des Augustus in Rom einen literarischen Zirkel unterhielt.

Martials Freundin Theophila hatte sich der Philosophie verschrieben und war eine profunde Kennerin der stoischen und epikureischen Lehre. Es gab Frauen, die in wohltätigen und sozialen Werken Befriedigung fanden. Andere versuchten, sich im kulturellen Bereich einen Namen zu machen und schenkten ihrer Stadt Tempel, Säulengänge und Theater. Für Rom ist ein »conventus matronarum«, eine Frauenversammlung, verbürgt, und sicherlich fanden sich zahlreiche Frauenbünde auch in anderen Städten des Weltreichs.

Im Gegensatz zu dem aufgeklärten Plinius und dem toleranten Martial waren Juvenal gelehrte Weiber ein Dorn im Auge. Er verabscheute ihr Geschwätz, das er dem Geklapper von Kesseln und Schellen vergleicht. Sie »rechten über die todesbereite Dido, . . .legen hier Vergil und da Homer auf die Waagschale«,[12] fahren den gewandtesten Rhetoren unverschämt über den Mund, sie, »die Palaemon nachplappern, ohne freilich je die Sprachgesetze zu verletzen. . .«[13]

Ovid rät allen Frauen, leise zu sprechen und sich weitgehend zurückzuhalten. Ließe sich die Beteiligung an einer Konversation nicht vermeiden, sollte auch die Frau gut informiert sein in allen Fragen, die kultivierte Männer bewegen. Sie sollte natürlich die Klassiker kennen, aber auch in der Gegenwartsliteratur bewandert sein. – Es war eine geschickte Werbung für seine eigenen Werke, vor allem seine »ars amatoria«, die damals in aller Munde war. Scherzhaft riet er allen gesitteten Matronen Roms, die Finger von dieser Lektüre zu lassen.

Juvenal fand die Sportweiber noch unerträglicher als die Intellektuellen. Bar jeglicher Bewunderung, die fast alle neuzeitlichen Männer sportlich ambitionierten Frauen und ihren Rekordleistungen zollen, machte er sich über all jene lustig, die an Jagdvergnügungen Gefallen fanden. Er beschrieb eine gewisse Mevia, die, den Speer in der Hand, mit entblößter Brust die Eber Etruriens durchbohrt. Er bedachte alle Wagenlenkerinnen mit seinem vernichtenden Spott. Er schüttelte sich vor all jenen, die sich für die Teilnahme an den Spielen in der Arena begeisterten. »Welche Scham kann sich eine Frau noch bewahren, die sich behelmt von ihrem Geschlecht lossagt?« Sie reiben sich mit Ringsalbe ein, legen das Rüstzeug an, Arm- und Beinschienen, Leibgurt und Federbusch, um in wilden Übungen ihre Kraft zu vergeuden. Und schließlich die bange und fast rhetorische Frage: »Wer weiß, ob in ihrem Herzen nicht noch größerer Ehrgeiz glüht?«[14)]

Martial stellt Gladiatorinnen dar, die sich sogar Löwen entgegenstellen. Und Statius weiß gar von Frauen, die bei diesen ungleichen Kämpfen ihr Leben verloren.

Frauen übten schließlich Berufe aus, die nach tradierten Vorstellungen bislang reine Männersache gewesen waren. Sie arbeiteten in Verkaufsläden, Fabriken und Werkstätten, sie ließen sich als Ärztinnen und Rechtsberaterinnen nieder. Sie traten als Schauspielerinnen auf der Bühne auf. Die konservativ Gesinnten lachten hämisch, weil sie Catos düstere Prophezeiung, die Frauen würden die Männer beherrschen, sobald sie nur die Gleichberechtigung erlangt hätten, in Erfüllung gehen sahen. Tatsächlich war die Emanzipation der römischen Frau »damals so vollständig wie heute, wenn man von der Formsache des Wahlrechts und dem Buchstaben toter Gesetze absieht. Die Gesetzgebung behandelte die Frauen als Unterworfene, der Brauch ließ sich frei sein.«[15)]

8. EHEFLUCHT, KINDERLOSIGKEIT, GEBURTENRÜCKGANG

Als Cicero im Jahre 51 v. Chr. in die Provinz Kilikien aufbrach, wo er ein Jahr lang als Statthalter fungieren sollte, waren neben seinem Sohn Marcus auch sein Bruder Quintus sowie sein gleichnamiger Neffe im Gefolge. In dieser mit politischen Sorgen belasteten Zeit kamen für den »Vater des Vaterlandes« familiäre hinzu. Die Ehe seines Bruders Quintus mit Pomponia, der Schwester des Bankiers Atticus, war dem Scheitern nahe, und Cicero hatte allen Grund, auf die Beteiligten besänftigend einzuwirken. Hatte doch Quintus die streitsüchtige, eigenwillige und übertrieben empfindliche Frau, die obendrein älter und erheblich reicher war als er, nur geheiratet, um seinem Bruder einen Dienst zu erweisen, nämlich ihn mit Atticus, einem der reichsten Männer der ausgehenden Republik, zu verbinden.

Die Ehe des ungleichen Paares, in die Pomponia zudem eine anhängliche Schwiegermutter mitgebracht hatte, hatte von Anfang an unter keinem günstigen Stern gestanden. Dennoch war ihr im Jahre 67 oder 66 v. Chr. ein Sohn entsprossen, den beide Eltern abgöttisch liebten und bald gegeneinander auszuspielen versuchten.

Kurz vor seiner Abreise in den Orient wurde Cicero nun Zeuge eines häßlichen Auftritts der Eheleute und mußte wieder einmal schlichtend eingreifen. Eigentlich war es nur eine Nichtigkeit, die die Gemüter erhitzte, aber sie war für die unterschiedlichen Mentalitäten bezeichnend. Die Familie des Quintus befand sich auf dem Weg zu dessen Landsitz in Arcanum, als der Hausherr, der schwierige Mann einer sicherlich nicht weniger schwierigen Frau, einen Freigelassenen vorausschickte, um das Essen zu bestellen. Da anderntags ein Feiertag war, regte er an, Pomponia möge doch die Frauen des Ortes zu Tische bitten, er werde dasselbe mit den

Männern tun. Er hatte seinen Freigelassenen beauftragt, ohne sich zuvor mit seiner Frau zu beraten. So reagierte sie auf seinen Vorschlag gekränkt: »Ich bin ja hier nur Gast.« Bei dem Festessen erschien sie nicht und schickte sogar das Essen, das ihr Quintus in ihre Gemächer bringen ließ, unberührt zurück. Auch schlief sie in jener Nacht von ihrem Mann getrennt und verhielt sich am anderen Morgen, als er von ihr Abschied nehmen wollte, um Cicero nach Kilikien zu begleiten, äußerst abweisend. »Da hast du es«, beklagte sich jener bei seinem Bruder. »So geht es mir alle Tage.«[1] Er trug sich schon damals mit dem Gedanken, Pomponia den Scheidebrief zu schicken.

Cicero unterrichtete seinen Freund Atticus von Kilikien aus über alle Einzelheiten des schwelenden Ehekonflikts, wobei er Pomponia die überwiegende Schuld am Scheitern dieser Beziehung zuwies. Auch Sohn Quintus, der die Post des Vaters öffnen durfte, erfuhr von dem Streit seiner Eltern, an denen er mit ganzem Herzen hing. »Der Knabe war, wie ich bemerkte, tief bewegt«, wunderte sich Cicero in seinem Brief an den Freund. Einige Wochen später konnte er diesem jedoch mitteilen, daß der Junge eine Aussöhnung seiner Eltern zustande gebracht hatte. »Kurz, ich habe ein ungemein liebendes Herz und ein sanftes Gemüt an ihm erkannt, und dies bestärkt mich in der Hoffnung, daß nichts Unschönes geschieht.«[2]

Der mühsam geschlossene Burgfrieden war allerdings nicht von Dauer. Sechs Jahre später brach die Ehe endgültig entzwei. Eine Zeitlang spielte Quintus mit dem Gedanken, erneut zu heiraten, verwarf aber schließlich alle diesbezüglichen Pläne. »Sich wieder zu vermählen«, bemerkte Cicero in einem späteren Schreiben an Atticus, »davor graut es ihm so sehr, daß er das Leben eines Junggesellen für das Schönste hält, was es gibt.«[3] Nur eine Generation später hätte er allerdings diese Freiheit nicht ungestraft genießen können. Denn die augusteischen Ehegesetze verpflichteten jeden zur Heirat und drohten Widerspenstigen mit empfindlichen Geldstrafen.

Quintus war beileibe nicht der einzige, der nach bösen Erfahrungen zu diesem Entschluß gelangt war. Bei den selbst aufgeklärten Menschen des ausgehenden 20. Jahrhunderts übertrieben erscheinenden Freiheiten, die sich die Frauen herausnehmen, (die ihre männlichen Artgenossen andererseits aber seit jeher für sich beansprucht hatten), ist es kaum verwunderlich, daß die Neigung vieler Männer, feste Bindungen einzugehen, ständig abnahm. »Quid est mulier?« fragte der rätselhafte Philosoph Secundus und gab hierauf gleich die Antwort: »Hominis confusio, insatiabilis bestia, domus tempestatis,... aspis insanabilis,... das Verderben des Mannes, ein unersättliches Tier, ein Hort der Vernichtung,... eine unheilvolle Natter«.[4] Das Register seiner wüsten Beschimpfungen ist unvergleichlich länger, doch ähneln sie sich mehr oder weniger alle. Juvenal behauptete, eine vollkommene Frau sei so selten wie ein schwarzer Schwan. Und doch wäre es ungerecht, die wachsende Ehescheu des Römers ausschließlich dem ausschweifenden Verhalten gewisser Frauen anzulasten. Sicherlich war die Mehrzahl der Römerinnen – und gerade in der Oberschicht – durchaus das, was man auch heute noch unter einer anständigen Frau versteht. Wie hätte ein Gemeinwesen sonst Jahrhunderte überdauern und einer halben Welt seine zweifellos überlegene Zivilisation aufzwingen können?

Was von der sogenannten Emanzipation der römischen Frau überliefert ist, entstammt ausschließlich den Federn frauenfeindlicher Autoren. Im alten Rom war wie in Griechenland Gesellschaftskritik ein Reservat des Mannes. Und in den Augen der Kritiker galt das Verhalten jeder Frau, die sich nicht auf ihre traditionelle Rolle beschränkte und ihre besten Jahre in häuslicher Abgeschiedenheit mit der Erziehung ihrer Kinder verbrachte, schon als skandalös. Dennoch wird man auch ihnen nicht entgegenhalten können, sie hätten ihre Geschichten zur Bereicherung ihrer Berichte frei erfunden. Die von ihnen geschilderten Zustände waren durchweg echt. Viele Frauen warfen sich unbedenklich weg und trugen »so ein gutes Teil dazu bei, jene Atmosphäre aus Intrige und streitsüchtiger Unruhe zu schaffen, in der das Staatswesen seinen Untergang fand.«[5]

Mit der fortschreitenden Befreiung des Individuums von den Fesseln überlieferter Sitten vermehren sich auch die Gründe dafür, auf die Ehe zu verzichten. Das war keine Besonderheit der altrömischen Gesellschaft. Vergleichbares läßt sich in allen Kulturen beobachten und war dort wie anderswo ein ernstes Anzeichen für den gesellschaftlichen und politischen Verfall. Schon das alte

Sparta hatte mit ähnlichen Problemen zu kämpfen gehabt. Dort war dem unverheirateten Mann wenn nicht die Verachtung, so doch ein gewisses Ressentiment seiner Zeitgenossen gewiß.

Mit der Abnahme der Eheschließungen sank kontinuierlich die Geburtenziffer und damit die Bevölkerungszahl. Dies galt freilich nur für die römischen Vollbürger, die allein von den Volkszählungen erfaßt wurden. Bei den meisten Freigelassenen und in den endlosen Reihen der Sklaven, die in stadtrömischen Diensten standen, und zunächst auch in den Provinzen waren die Nachkommen noch zahlreich. Besonders auffallend waren Ehe- und Kinderlosigkeit in den gesellschaftlich führenden Schichten. Nicht zuletzt darin sah die römische Führungsspitze eine Gefahr für die traditionelle Struktur des Römertums, seine aristokratische Grundlage, die auf der Stabilität und Kontinuität der Stände beruhte. In der späten Republik und im frühen Kaiserreich hatten diese Erscheinungen ein solch erschreckendes Ausmaß angenommen, daß sich Augustus veranlaßt sah, durch ein umfangreiches Gesetzeswerk die Ehelosen zu bestrafen, Verheirateten und Eltern hingegen beachtliche Vergünstigungen und sogar Belohnungen zu gewähren.

Schon 28 v. Chr. hatte er eine allgemeine Ehepflicht einführen wollen, dann aber doch davon abgesehen, auf seine Zeitgenossen unmittelbaren Zwang auszuüben, vielleicht, weil dem die juristische Tradition Roms entgegenstand, und ganz sicher, weil sich eine starke Opposition gegen sein Ansinnen formiert hatte. Ihr hatten sich vor allem die Intellektuellen angeschlossen, die ihre vielfachen Freiheiten bedroht sahen. Nach Seneca hatte schon Cicero, von Hirtius gefragt, ob er nicht nach der Trennung von Terentia seine Schwester heiraten wolle, geantwortet, er werde überhaupt nicht mehr heiraten, da er sich nicht gleichzeitig um die Philosophie und eine Frau kümmern könne.[6)] In seinen Paradoxen fragte der Vater des Vaterlandes selbst: »Ist der etwa frei, dem ein Weib befiehlt, dem sie Vorschriften macht, ge- und verbietet, was ihr gut erscheint?«

»Der unerwartete Aufschwung in augusteischer Zeit brachte Dekadenzerscheinungen mit sich, eine übersteigerte Besitz- und Lebensgier, die in Zeiten hoher Zivilisation immer wieder zu beobachten sind und stets als erste und ernste Anzeichen des Verfalls gewertet werden müssen. Augustus erkannte bald, daß seine beschwörenden Sprüche von der Rückkehr zu den Vätersitten auf wenig fruchtbaren Boden fielen. Weder das von ihm vorgelebte Beispiel noch die umfangreichen Bemühungen der Dichter vermochten den Materialisten zum Idealisten zu bekehren ...«[7]

Hauptanliegen seiner Sittengesetzgebung, die Mommsen merkwürdigerweise »eine der ergreifendsten und dauerndsten strafrechtlichen Neuschöpfungen« nennt, »welche die Geschichte kennt«[8], war die Festigung von Ehe und Familie, die damit erstmals in der römischen Geschichte der patria potestas entzogen und dem Schutz des Staates unterstellt wurden.

Übrigens zeigte der Senat an den von Augustus angestrebten gesellschaftlichen Veränderungen zunächst wenig Interesse, so daß der Princeps, als er seine Vorschläge vor der Versammlung der ehrwürdigen Väter einbrachte, einen historischen Präzedenzfall bemühen mußte, um widerspenstige Senatoren von der Notwendigkeit seiner Reformen zu überzeugen. Er las ihnen die ganze Rede des Censors Metellus Macedonicus vor. Der große Gegenspieler der Gracchen hatte mehr als hundert Jahre zuvor ebenfalls versucht, die Geburtenziffer wieder zu heben, und dabei von der Ehe und den Frauen als notwendigen Übeln gesprochen, ohne die ein Staat nun einmal nicht existieren könne. Es muß angesichts dieser von Augustus vorgelesenen Geschichte zu tumultartigen Szenen im Senat gekommen sein. Von der Ungebundenheit der Frauen war da die Rede, die als Grund angeführt wurde, daß man sich immer weniger zum Heiraten entschließen konnte. Und man höhnte ihn, daß er nach Sittenreinheit anderer strebe, selbst aber ständig in außereheliche Beziehungen verstrickt sei. Schließlich passierte das Gesetz aber doch den Senat.

Mit ihm sollten die Ehe als legitime Lebensgemeinschaft gefördert und die Geburtenfreudigkeit wiederhergestellt werden. Vor allem aber appellierte es an das Verantwortungsbewußtsein der beiden führenden Stände, Senatoren und Ritterschaft, die in den Augen des Fürsten noch immer die Grundpfeiler des Imperiums bildeten.

Der staatliche Eingriff in die Privatsphäre wurde aber als Last empfunden, denn Eheschließungen wurden nun gleichsam zur

Pflicht. »Ehelosigkeit zog Nachteile und sogar Strafen nach sich. Männer unter 60 und Frauen unter 50 Jahren waren nun zur ehelichen Partnerschaft gehalten. Widersetzten sie sich diesem staatlichen Verlangen, durften sie nichts erben, es sei denn, daß binnen 100 Tagen ab Eintritt des Erbfalls eine Verehelichung erfolgte. Sie wurden von öffentlichen Spielen und Festen ausgeschlossen. Witwen und geschiedene Frauen sollten binnen sechs Monaten wieder heiraten... Senatoren wurde die Verbindung mit Prostituierten, Freigelassenen oder Schauspielerinnen untersagt. Und Freigelassenen war es verboten, um die Hand von Senatorentöchtern anzuhalten. Ein Prozent ihres Vermögens betrug die jährliche Steuer einer Frau, die mehr als 20000 Sesterzen besaß. Ein Betrag, der sich schrittweise verminderte, sobald Kinder kamen, und mit der Geburt des dritten Kindes ganz wegfiel. Das «ius trium liberorum», das einer dreifachen Mutter verliehen wurde, berechtigte sie nicht nur, ein besonderes Gewand zu tragen. Sie wurde außerdem aus der Gewalt des Ehemannes entlassen.

Der staatliche Zwang machte selbst vor den höchsten Staatsämtern nicht halt. Von den beiden Konsuln hatte der mit der größeren Kinderzahl den Vortritt. Schon bei der Bewerbung um ein Amt wurden diejenigen bevorzugt, die die meisten Kinder vorweisen konnten. Und einem mehrfachen Vater winkte Belohnung in Form einer raschen Beförderung.«[9)]

Erfolgreich waren, ähnlich Augustus' gleichzeitig entstandener Sittengesetzgebung, auch diese »Notverordnungen« nicht. Hundert Jahre später bemerkte Tacitus, daß jene zweifelhaften Gesetze weder Ehen noch die Kinderzahl gefördert hätten, Kinderlosigkeit vielmehr vorherrschend geblieben sei. Wenn die Volkszähler am Ende von Augustus' Regierungszeit dennoch einen leichten Anstieg der römischen Vollbürger verzeichnen konnten, lag dies keineswegs an gewandelten Moralvorstellungen. Auch Augustus war mit den Jahren dazu übergegangen, das Bürgerrecht großzügiger zu verleihen, so daß sich zu Beginn der christlichen Zeitrechnung mehr Menschen der damit verbundenen Privilegien erfreuen durften, als es bei seinem Regierungsantritt der Fall gewesen war.

Schon im Jahre 12 v. Chr. mußte Augustus den Absatz über den Ausschluß der Junggesellen von öffentlichen Veranstaltungen wieder streichen. Die Bestimmung hatte sich als undurchführbar, da unkontrollierbar, erwiesen. Und Jahre später erleichterte die »Lex Papia Poppaea« die Bedingungen, unter denen Ehelose ein Erbe antreten durften, und verdoppelte den Zeitraum für die Wiederverheiratung geschiedener oder verwitweter Frauen.

Kaum waren die Gesetze verabschiedet, stellte man fest, daß die gerade amtierenden Konsuln kinderlose Junggesellen waren. Auch Augustus' Verbindung mit Livia war ohne Nachwuchs geblieben. Maecenas, sein intimster Freund und Berater, besaß ebenfalls keine Nachkommenschaft. Wie sollte das Volk im übrigen an die Notwendigkeit einer sittlichen Wandlung glauben, einer Rückbesinnung auf verlorene Werte, wenn jener Maecenas, Mitverfasser der Julischen Gesetze, selbst in verschwenderischem Luxus lebte, und der Princeps gerade dabei war, die Gattin eben dieses Freundes zu verführen?

Da der Kaiser selbst erkannte, wie wenig seine Bemühungen bewirkten, versuchte er, wenigstens die Herzen seiner Untertanen für seine Neuerungen zu gewinnen. Er »ließ die Kinder des Germanicus herbeiholen, zeigte sie, indem er die einen selbst auf den Arm nahm, die andern auf dem Schoß ihres Vaters sitzen ließ, und bedeutete mit der Hand und dem Blick, daß man gut täte, dem Beispiel dieses jungen Mannes zu folgen.«[10] Er bevorzugte Kinderreichtum vor aller Augen. Kinderreiche Familien erhielten tausend Sesterzen. Ein Bauer, der mit 8 Kindern, 36 Enkeln und 19 Urenkeln nach Rom gekommen war, erntete höchstes Lob. Und einem Sklavenmädchen, das mit Fünflingen niedergekommen war, wurde vom Staat ein Denkmal gesetzt, als handelte es sich hierbei nicht um eine eigenwillige Laune der Natur, sondern um ein überragendes Verdienst.

Der Princeps ließ, als besonders die Ritter die Aufhebung des Gesetzes gegen die Ehe- und Kinderlosigkeit verlangten, Verheiratete, Unverheiratete und Väter auf dem Forum zusammenrufen, wobei sich jede Gruppe gesondert aufstellen mußte. Es fand sich, daß die Zahl der Väter und Verheirateten viel geringer als die der Junggesellen war. Da wurde der Kaiser sehr betrübt und sprach zu ihnen: »Gering war einst die Zahl der Bürger unserer Stadt. Weil sie aber heirateten und Kinder bekamen, übertrafen wir bald alle anderen Völker an Zahl und Kraft. Deshalb sollen wir der Vergänglichkeit unserer Natur entgegenwirken und die Fackel des Lebens weitergeben, um damit unsere sterbliche Natur, das einzige, worin wir den glücklichen Göttern nachstehen, unsterblich zu machen. Vor allem zu diesem Zweck hat uns die Vorsehung in männliche und weibliche Wesen geschieden, in jedes die Liebe und den Trieb zur geschlechtlichen Einigung gepflanzt und dieser Fruchtbarkeit verliehen... Was geht über eine züchtige Gattin, die euer Haus bestellt, euer Gut verwaltet, die Kinder erzieht, euch in gesunden Tagen erfreut, in kranken pflegt, die die Glücklichen noch glücklicher macht und die Unglücklichen tröstet...? Wie soll ich euch nennen? Männer? Ihr habt euch noch nicht als solche erwiesen. Bürger? Wenn ihr so weitermacht, gibt es bald keinen Staat mehr. Römer? Euch, die ihr Wert darauf legt, diesen Namen zu vernichten?

Der Staat besteht aus Menschen, nicht aus Häusern, Säulengängen, menschenleeren Plätzen. Stammvater Romulus würde sich im Grabe umdrehen, könnte er seine Zeit mit der heutigen vergleichen, in der aus gesetzlichen Ehen nicht einmal mehr Kinder hervorgehen... Ihr verschmäht ja sogar die Ehe mit euresgleichen. So strenge Einsiedler seid ihr doch nicht, daß ihr ohne Frauen lebt? Auch ißt und schläft ja keiner von euch allein. Ihr wollt euch nur nicht binden, sondern in Luxus und Ausschweifung schwelgen...»[11)]

Augustus war durchaus entschlossen, die Einhaltung seiner Ehe- und Sittengesetze scharf zu kontrollieren. Eine bisher in Rom nicht gekannte Spionage drang bis in die intimsten Lebensbereiche des Individuums ein, verärgerte die Menschen und machte sie doch nicht williger. Seneca weiß von Scheinverbindungen, die einzig zu dem Zweck geschlossen wurden, die Gesetze zu verspotten. Und Tacitus beklagt das weit verbreitete Spitzelwesen, das jedes Haus mit seinen Nachforschungen verfolgte. »Wie vorher durch die Schandtaten, so litt man jetzt durch die Gesetze.«[12)]

Bald stellte der Princeps fest, mit welchem Einfallsreichtum die Römer seine strengen Verordnungen zu unterlaufen suchten. Es gab hartgesottene Junggesellen, die weit davon entfernt blieben, genossene Freiheiten aufzugeben. Sie verlobten sich öfter, lösten aber die Verlobungen immer wieder auf, um so die angekündigte, aber niemals wirklich beabsichtigte Heirat aufzuschieben und damit den Strafen zu entgehen, die die Staatsführung allen Widerspenstigen androhte. Oder sie versprachen sich noch nicht heiratsfähigen Mädchen, bis ihnen der Princeps auf die Schliche kam und die Dauer der Verlobungszeit kurzerhand einschränkte.

Aber auch diese Vorsicht nützte wenig. Bis in die oberste Staatsspitze setzte sich mit der Zeit der Trend zu Ehe- und Kinderlosigkeit fort. Im ausgehenden ersten nachchristlichen Jahrhundert sah sich Kaiser Domitian gezwungen, die Ehegesetze des Augustus noch zu verschärfen, und im zweiten und dritten Jahrhundert wurden sie neu in Kraft gesetzt, ein Hinweis darauf, daß man sie je kaum respektierte. Die alten Römer fanden weiterhin zahlreiche Mittel, feste Verbindungen zu vermeiden und unerwünschten Nachwuchs zu verhindern. Und sie konnten sich mitunter sogar auf höchste Vorbilder berufen. Im Jahr 96 n. Chr. bestieg mit Nerva, einem Mann aus Senatorenkreisen, ein alter, kinderloser Junggeselle den begehrten Thron, und es kann nicht einmal ausgeschlossen werden, daß ihn der Senat gerade wegen dieser Eigenschaften zum Kaiser wählte. Denn die Vererbung des Principats, das ursprünglich freilich nie als übertragbar gedacht gewesen war, sondern demjenigen zufallen sollte, der alle anderen an Ansehen übertraf, hatte sich in der Vergangenheit für Rom äußerst unheilvoll gestaltet. Tatsächlich mußte Nerva dann einen Sohn und Nachfolger adoptieren, um die Monarchie zu sichern. Er entschied sich für Trajan, den untadeligen, ruhmbedeckten Statthalter Germaniens. Diesen Entschluß nannte Eutropius rückblickend »einen Akt gottähnlicher Voraussicht«. Denn damit war ein neues Kapitel der abendländischen Geschichte aufgeschlagen. Nerva hatte nicht mehr lange zu leben. Aber auf seine Herrschaft folgten weitere 80 Jahre des Friedens und der Fruchtbarkeit, so daß noch heute Geschichtsforscher jene Epoche der Menschheitsgeschichte als die letzten Jahre römischen Glanzes rühmen, ja als die glücklichste Zeit überhaupt, seit Menschen Geschichte gemacht haben.

Die geringe Bereitschaft, Kinder aufzuziehen, beschränkte sich nur anfangs auf die sieben Hügel Roms. Später gab es, besonders unter Marc Aurel, nach Kriegen, Hunger und Seuchen auch auf dem Land so wenig Menschen, daß dieser Kaiser traditionswidrig seine Truppen mit Sklaven und Barbaren auffüllen mußte. Dabei waren die apokalyptischen Reiter nicht einmal die Hauptursache des Bevölkerungsschwundes. War die Kinderscheu zunächst nur ein Phänomen der höheren Stände gewesen, hatte sie bald auch auf das Proletariat übergegriffen, das seinen Namen seinem einstigen Kinderreichtum verdankte. Schon um 100 n. Chr. hatte eine kaiserliche Stiftung (alimenta) ebenso verzweifelt wie vergeblich versucht, wenigstens auf dem Lande die Geburtenrate wieder zu steigern. Weit verbreitete Ehelosigkeit, das späte Eingehen legitimer Verbindungen und vor allem die jahrhundertelangen sexuellen Ausschweifungen haben sicherlich zum Verlust der menschlichen Fruchtbarkeit beigetragen. Dieser nahm schließlich beängstigende Ausmaße an. Um die Mitte des dritten Jahrhunderts jammerte Dionysios, der Bischof von Alexandria, während seiner Amtszeit sei dort die Bevölkerungszahl auf die Hälfte zurückgegangen. Und diese Stadt hatte sich einst ihres Volksreichtums gerühmt!

Schon Marcus Terentius Varro, einer der vielseitigsten Gelehrten der augusteischen Epoche, erkannte, worauf die niedrige Geburtenziffer zurückzuführen war, die der Bevölkerung Roms ein neues Gepräge gab: Früher sei eine Frau stolz auf ihren Kindersegen gewesen, tadelte er, jetzt dagegen prahle sie, sie wolle lieber dreimal in die Schlacht ziehen als einmal ein Kind gebären. Es gab aber auch Männer, die die tradierten Werte allmählich bezweifelten: »Soll ich für Schlachtentriumphe Kinder schaffen? Aus meinem Blut kommt niemals ein Soldat« bekannte Properz.[13)] Und Seneca meinte gar, es sei »eine große Dummheit, ... Kinder zu bekommen, damit entweder unser Name nicht untergeht oder daß wir Stützen im Alter oder sichere Erben haben.«[14)]

Wie es den Römern, die noch heute für ihr intensives Liebesleben bekannt sind, gelang, unerwünschten Nachwuchs zu vermeiden und ihre Familie so klein zu halten, daß sich das Vermögen nicht aufsplitterte, soll Gegenstand der weiteren Untersuchungen sein.

9.
KINDER, KINDER

UNFRUCHTBARKEIT – ERBSCHLEICHEREI – GEBURTENKONTROLLE – UNEHELICH GEBORENE

Das tradierte Rollenbild der wohlhabenden Römerin war in Ehe und Mutterschaft begründet, und in archaischer Zeit gab es kaum eine Frau aus vornehmem Geschlecht, die diesem nicht mit Freuden entsprochen hätte. Ehelosigkeit wurde als großer Mangel empfunden. Alte Jungfern fand man verhältnismäßig selten. Anders als in der frühen Kaiserzeit, die Frauen bis zum Alter von 50 Jahren zur Ehe verpflichtete, begnügten sich die meisten Frauen jedoch mit einer einzigen Heirat und blieben für den Rest ihres Lebens allein, wenn sich ihr Mann von ihnen getrennt hatte oder verstorben war. Die »univirae« genossen nicht nur ein hohes Ansehen, sondern auch eine Reihe von Privilegien. Es gab religiöse Feste, die ausschließlich den einmal verheirateten Frauen vorbehalten waren. In der Vorstellung des frühen Römertums war die Hingabe einer Frau an mehrere Männer, auch wenn sie dem Gesetz nach Ehemänner waren, mit einem mindestens moralischen Makel behaftet, dem Ruch einer gewissen Leichtfertigkeit, dem sich eine ehrbare römische Matrone nicht ohne Not aussetzte. Selbst Tacitus verherrlichte noch dieses altrömische Ideal. »Noch besser freilich« schreibt er in seiner »Germania«, »steht es bei denjenigen Volksstämmen, in welchen nur Jungfrauen sich verheiraten und es mit der Hoffnung und dem Gelübde der Gattin bei einem Male sein Bewenden hat. So empfangen sie nur einen Mann, wie einen Leib nur und ein Leben...«[1] Solche Art von Ehrbarkeit wurde mit den augusteischen Ehegesetzen nur noch jenen vergönnt, die die gesetzlich festgelegte Altersgrenze überschritten hatten und von ihrem Mann bis dahin nicht verlassen worden waren. Da die durchschnittliche Lebenserwartung der römischen Frau wesentlich darunter lag, dürfte es in der Kaiserzeit tatsächlich nur noch wenige »univirae«, die geschieden oder verwitwet waren, gegeben haben.

Als wesentlicher Mangel, ja als körperliches Gebrechen, wurde die Unfruchtbarkeit angesehen, die man grundsätzlich der Frau anlastete. Um Abhilfe zu schaffen, stellten sich die betroffenen Frauen am Fest der Lupercalien (15. Febr.) rund um den Palatin an den Straßenrand und ließen sich von den »luperci«, den jungen, nur mit einem Lendenschurz bekleideten Priestern, mit Riemen aus der Haut des Ziegenbocks schlagen. Der archaische Brauch, der in seiner Einfalt an die zweifelhaften Methoden der Medizinmänner mancher Naturvölker erinnert, half natürlich in den seltensten Fällen.

Mit der Zeit wurde es für einen Römer und seine Verantwortung gegenüber dem Staat fast zur Pflicht, eine Ehe, aus der keine Kinder hervorgegangen waren, zu lösen und eine neue, fruchtbare Verbindung einzugehen. Wer sich weigerte, diesem öffentlichen Verlangen nachzukommen, konnte bei seinen Zeitgenossen auf wenig Verständnis hoffen.

Jedoch lehnte schon Turias Gatte, wer immer es auch gewesen ist, das großzügige Angebot, sich von seiner Frau zu trennen, entrüstet ab. Er liebte seine Turia, die ihn, den eingefleischten Republikaner, über die Proskriptionen des Jahres 43 v. Chr. gerettet und ihm ein Leben lang die Treue bewahrt hatte. »Ich muß bekennen«, empörte er sich, »... daß dein Vorschlag mich so entsetzte, daß ich kaum an mich halten konnte. Allein der Gedanke, du könntest nicht mehr meine Frau sein, wo du doch einst soviel Mut bewiesen hast, als ich verbannt und dem Tode so nahe war! Wie kann nur die Frage, ob man nun Kinder hat oder nicht, eine solche Rolle spielen?«[2)]

Auch die Ehe des Scipio Aemilianus mit Sempronia, der Schwester des Tiberius Gracchus, scheiterte vor allem daran, daß sie ihrem Gatten keine Kinder gebar. Weshalb sich Scipio nicht von ihr scheiden ließ, zumal sie von ihrer einstigen Schönheit viel eingebüßt hatte und ihm nicht mehr gefiel, ist unbekannt. Einige Historiker vermuten, er sei wohl außerstande gewesen, ihre nicht unbeträchtliche Mitgift zurückzuzahlen.

Cäsar, dessen sexuelle Aktivität noch heute in aller Munde ist, hatte aus seinen drei Ehen eine einzige Tochter. Und auch Augustus, der sich ebenfalls dreimal verheiratet hatte, konnte ein einziges Kind aufweisen, Julia, die sich so sehr zur Sorge seines Alters entwickeln sollte, daß er schließlich fluchte: »Wär' ich doch ehelos geblieben und kinderlos einsam gestorben!«[3]

Zahlreiche Inschriften verraten, daß viele Reiche Roms ihr Vermögen ihren Freigelassenen vermachten. Das läßt darauf schließen, daß sie keine Kinder hatten.

Im übrigen aber war es tatsächlich von eher untergeordneter Bedeutung, ob eine Ehe nun mit Nachkommen gesegnet war oder nicht. Die Römer hatten mit einem ausgeklügelten Adoptionsrecht die Möglichkeit geschaffen, große Geschlechter nicht aussterben zu lassen, wenn sich ihnen die Natur verweigerte. So hätte es ohne sie beispielsweise im zweiten nachchristlichen Jahrhundert nicht das segensreiche Wirken der sogenannten Adoptivkaiser gegeben, und die Menschheit wäre um »diejenige Periode der Weltgeschichte..., in der die menschliche Gesellschaft sich in dem blühendsten und glücklichsten Zustand befand...« ärmer geblieben.[4]

Man erinnere sich in diesem Zusammenhang auch jener unglücklichen Papiria, deren Gatte Aemilius Paullus sich so überraschend von ihr scheiden ließ, um eine andere Frau zu heiraten. Papiria hatte von ihrem Mann zwei prächtige Söhne, deren einer vom Enkel des Fabius Maximus, der andere von Scipios Sohn angenommen wurde.

Papiria, von der es heißt, sie habe zu leiden verstanden ohne zu klagen, lebte nach ihrer Scheidung in größter Armut, sollte aber indirekt auch Nutznießerin jener Kindesannahme werden. Als die Witwe des älteren Scipio, die Großmutter des angenommenen Sohnes des Aemilius Paullus (gleichzeitig als Schwester seines leiblichen Vaters auch seine Tante), starb, hinterließ sie dem Enkel ein riesiges Vermögen. Hieraus schenkte er seiner Mutter allen Schmuck und kostbaren Hausrat, so daß Papiria wieder standesgemäß leben konnte.

Besonders tragisch sollte sich die ganze Geschichte für Aemilius Paullus, den leiblichen Vater dieser »prächtigen Söhne«, entwikkeln. Er hatte, wie es scheint, leichten Herzens in die Adoption seiner Kinder eingewilligt, wußte er sie bei den Annehmenden, zu denen obendrein noch verwandtschaftliche Beziehungen bestanden, doch in den besten Händen. Aus seiner zweiten Ehe hatte er drei Kinder. Die beiden Söhne starben schon in jungen Jahren. Eine Tochter, die mit Catos Sohn verheiratet war, blieb die einzige Freude seines Alters.

In der ausgehenden Republik und in der beginnenden Kaiserzeit gab es mitunter erstaunlich fruchtbare Familien. Cornelia hatte, wie bereits früher erwähnt, ihrem Gatten Tiberius Gracchus zwölf Kinder geboren. Der Censor des Jahres 131 v. Chr., Metellus Macedonicus, hatte immerhin sechs. Auch Octavians großer Gegenspieler Marcus Antonius war in seinen drei Ehen mit zahlreichen Kindern gesegnet. Die ältere Agrippina, Tochter der skandalumwitterten Julia, beglückte ihren Germanicus immerhin mit neun Sprößlingen, wobei ihnen in regelmäßigem Wechsel Junge und Mädchen geboren wurden. Dieses Phänomen erstaunte den älteren Plinius so sehr, daß er es einer Erwähnung wert befand. Auch die Schwiegermutter Kaiser Caligulas war eine erstaunlich fruchtbare Frau, die jedem ihrer sechs Ehemänner Kinder gebar.

Wußte noch Martial von einer Mutter, die aus einer einzigen Ehe je fünf Söhne und Töchter hatte, die sie zudem alle überlebten, so scheint solche Fruchtbarkeit doch schon die Ausnahme gewesen zu sein. In den alten Quellen wird in diesem Zusammenhang nur noch die jüngere Faustina erwähnt, Marc Aurels schöne und, wie man sagte, nicht besonders treue Gattin, die mindestens zwölf Kinder zur Welt brachte.

Desto mehr fielen dem Älteren Plinius Ehen auf, aus denen entweder gar keine Kinder oder nur ein Kind hervorgegangen waren, so daß er sogar die physische Eigenschaft, nur einmal zu gebären, für eine erbliche Veranlagung hielt. Immerhin konnte er einen seiner Bekannten rühmen, »er habe zu einer Zeit, wo kinderlose Ehen viele Vorteile boten,... sich des Glücks einer fruchtbaren Gattin erfreut und sich hierin als wahrer Vaterlandsfreund bewährt.«[5)]

Für die Reichen Roms erübrigten sich Kinder selbst als Stützen für alte und kranke Tage. Denn auch dann waren sie allenthalben gern gesehen und wohl aufgenommen. Man brachte ihnen jede

Aufmerksamkeit entgegen, pflegte sie reich zu beschenken und mit Leckerbissen zu überhäufen in der Hoffnung, in ihrem Testament bedacht zu werden. Auf langen Listen stellten geschäftstüchtige Makler die Namen aller wohlhabenden Greise und Greisinnen Roms zusammen und verteilten sie an »hilfsbereite« Interessenten, freilich nicht, ohne selbst an dieser Art von Gewerbe kräftig mitzuverdienen. Die Erbschleicherei stand in höchster Blüte. Sie nahm im ersten Jahrhundert solche Ausmaße an, daß Petronius, der Satiriker, den sein kaiserlicher Freund Nero zum Selbstmord zwang, als er unbequem geworden war, seine Zeitgenossen in zwei Kategorien einteilte, diejenigen, die erbschlichen, und die, die sich umgarnen ließen.

Von einem solchen Erbschleicher weiß auch Plinius zu berichten. Sein Name war M. Aquilius Regulus. Doch sollen die über ihn erzählten Geschichten nicht nur die verworfene Moral dieser Menschen anprangern, sondern zugleich auch auf die Dummheit mancher römischen Greise ein bezeichnendes Licht werfen. Irgendwie war es dem jungen Mann gelungen, sich Zutritt zum Schlafgemach der reichen Verania zu verschaffen, der betagten Witwe des Piso, des Hauptes der »Pisonischen Verschwörung« gegen Nero. Verania war schwerkrank, und so erbot sich der »besorgte« Wahrsager, ihr das Horoskop zu erstellen. Er setzte sich dicht an ihr Krankenbett und fragte sie nach Tag und Stunde ihrer Geburt. Dabei schaute er ihr tief in die Augen und bewegte die Lippen, als dächte er scharf nach, um schließlich mit Hilfe seiner Finger auszurechnen: »Ein Stufenjahr, eine gefährliche Konstellation. Aber du wirst davonkommen.«[6] Um aber ganz sicher zu gehen, wolle er noch einen Haruspex befragen. Nach einer Weile kam er zu der Kranken zurück: Das Urteil des Eingeweidebeschauers stimme mit dem seinen überein. Hocherfreut vermachte ihm Verania ein Gutteil ihres Vermögens auf Kosten ihres eigenen Sohnes. Bald darauf starb sie, und es heißt, sie habe sterbend den gemeinen Lügner verflucht.

Viele Alte und Kranke übertrafen jedoch ihre Versorger an Schlauheit, stellten sich hilfloser als sie in Wirklichkeit waren, änderten immer wieder ihren letzten Willen, um die diensteifrigen Gesellen bei Laune zu halten – und im Tode dennoch über sie zu triumphieren. Es kam vor, daß das Testament nur den frommen

Wunsch enthielt, den Verblichenen zu beweinen, oder gar, daß ein Strick vermacht worden war, mit dem sich der Heuchler aufhängen sollte.

Auch der gefällige Regulus hatte nicht immer Glück. Als er zu einer alten Frau namens Aurelia gerufen wurde, die gerade ihr Testament aufsetzte, bat er sie, ihn für seine Bemühungen wenigstens mit den Kleidern zu bedenken, die sie am Leibe trug. Gern kam Aurelia seinem Wunsch nach, hatte er ihr doch einen baldigen Tod vorausgesagt. Aber zu Regulus' Kummer starb sie nicht, erfreute sich hingegen bald wieder bester Gesundheit und hatte noch lange Zeit, ihre voreilige Verfügung zu überdenken.

Es gab im alten Rom natürlich nicht ausschließlich Leute, denen eigener Nachwuchs nur lästig war. Viele, wahrscheinlich sogar die meisten Römer sehnten sich nach Kindern und nicht nur, um ihren Familiennamen fortzuführen. Wer in den Biographien der römischen Kaiser blättert, wird bei einigen auch einer fast übertrieben anmutenden Freude an den Kleinen begegnen. Da ist nicht nur Augustus, für den es nichts Schöneres gab, als mit seinen sehnsüchtig erwarteten Enkeln zu spielen oder sich ihnen auf andere Weise zu widmen. Es ist ein idyllisches Bild, das sich dem erstaunten Betrachter bietet: Der Herr der Welt lässig ausgestreckt auf seinem Ruhebett. Zu seinen Füßen lagern die Enkel Gaius und Lucius und lauschen andächtig, wenn er aus der Schatzkiste seiner Erfahrungen plaudert. Selbst Domitian, der noch heute als einer der schrecklichsten Despoten gilt, umgab sich gerne mit Kindern, die er von allen Seiten zusammenkaufte. Martial hatte sich eines kleinen Mädchens angenommen, dessen Eltern verstorben waren. Der harte Mann, der selbst jede Bindung gescheut und Kinderlosigkeit zeitlebens vorgezogen hatte – wenngleich er auch von Domitian wegen seiner Verdienste mit dem sogenannten Dreikinderrecht, einer Reihe gewisser Privilegien, ausgezeichnet worden war – liebte seine kleine Erotion zärtlich. Weißer als Schnee, Lilien und Elfenbein nannte er sie, zarter als ein Lamm. Ihr Haar sei goldgelb gewesen. Aber sie starb, gerade sechs Jahre alt. Und der untröstliche Dichter empfahl sie ihren Eltern: »...Sie kommt zu euch in den Tartarus. Sorgt dafür, daß sie vor dem Höllenhund nicht erschrecke. Möge sie nun mit euch alten Leuten spielen und von mir berichten! Die Erde aber soll ihr leicht sein, war sie doch selbst jener nie schwer gewesen.«[7)]

Nicht immer veranlaßte die Menschen der Antike ausschließlich Bequemlichkeit, ihre Familien klein zu halten. Eine vernünftige Familienplanung sollte vor allem in den reichen Schichten der Zersplitterung des Vermögens vorbeugen. Es scheint aber auch, als hätten mit der zunehmenden Emanzipation des Individuums »Frauen wie auch Männer gegen die biologische Determinierung ihrer Rollen rebelliert«[8)], besonders als Reaktion auf die augusteischen Ehegesetze, die von Domitian verschärft und im zweiten und dritten Jahrhundert erneuert wurden.

Zur Geburtenkontrolle trugen zunächst Verhütungspraktiken bei, die den aufgeklärten Menschen befremden und bei einem antiken Volk erstaunen, das den Anspruch erhob, zivilisiert zu sein. Es gab zahlreiche medizinische und naturwissenschaftliche Abhandlungen über die Kontrazeption, die meisten aus der frühen Kaiserzeit, die die Erfahrungen der Alten gesammelt und mit eigenen angereichert hatte. Doch waren fast alle Verhütungsmittel wirkungslos. Dabei mochte es noch angehen, wenn man quasi auf mechanischem Wege versuchte, den Muttermund zu verschließen und sich hierzu verschiedener Salben oder auch weicher Wollknäuel bediente. Aber der wohlgemeinte Rat an die Frau, bei der Ejakulation die Luft anzuhalten und nach beendigtem Geschlechtsverkehr in Hockstellung den Samen abzuschütteln, zu niesen oder etwas Kaltes zu trinken, wird wohl kaum die beabsichtigte Wirkung gezeigt haben. Auch die Empfehlung, die Lukrez den Damen des horizontalen Gewerbes, keinesfalls freilich der biederen Ehefrau, gab, die Hüften kräftig zu schwenken, kann die gewünschte Empfängnisverhütung allenfalls in den Bereich des Zufalls verwiesen haben. Fast ein wenig naiv mutet die natürliche Geburtenkontrolle an, die Enthaltsamkeit für bestimmte Tage empfahl. Sie dürfte jedoch genau das Gegenteil bewirkt haben, weil man nämlich mangels gesicherter Erkenntnisse der medizinischen Wissenschaft das Ende der Menstruation als den für eine Empfängnis günstigsten Zeitpunkt betrachtete. Angeblich hatte man beobachtet, daß die Frau dann sexuell am aktivsten war. Verspürte sie hingegen keinerlei Verlangen, galt dies als untrügliches Zeichen dafür, daß eine Empfängnis unmöglich war.

Völlig verwirren endlich geradezu archaisch anmutende Verhütungspraktiken, an deren Wirksamkeit jedoch auch die aufgeklärte Kaiserzeit noch beharrlich festhielt. Neben Zaubertränken, mit denen man übrigens nicht nur die eigene Fruchtbarkeit steuern, die man heimlich auch Feinden verabreichen konnte, um sie unfruchtbar zu machen, glaubte man etwa, die Sterilität des Eisens auf den menschlichen Organismus übertragen zu können. Ein beflissener Naturkundler kreierte gar ein sonderbares Verhütungsmittel aus einem Stück des Unterleibs einer Löwin, das die Frau in einer elfenbeinernen Kapsel bei sich tragen mußte. Oder er befestigte am linken Fuß der Ratsuchenden ein Röhrchen, das die Leber einer Katze enthielt. Auf den Gipfel trieb es endlich Plinius, der in seiner »Historia naturalis« ein sicheres Rezept preisgibt: Man öffne den Kopf einer behaarten Spinne, entnehme ihm die beiden darin befindlichen kleinen Würmer und binde diese in ein Stück rauhes Leder.[9]

Ähnlich wie in den meisten Gesellschaften der Neuzeit war auch im antiken Rom Schwangerschaftsverhütung weitgehend Sache der Frauen. Die Männer durften sich dem ungestörten Genuß hingeben, und es gibt nur vereinzelte Hinweise, daß auch sie gelegentlich zur Familienplanung beitrugen. Ob der coitus interruptus schon praktiziert wurde, ist zweifelhaft. Doch könnte gerade die Tatsache, daß er von den Medizinern nirgendwo erwähnt wird, auch darauf hinweisen, daß er die häufigste Methode der Verhütung war und deshalb keiner besonderen Erwähnung bedurfte.

Es gab verschiedene Salben, denen, auf die männlichen Genitalien aufgetragen, eine spermizide Wirkung nachgesagt wurde. Auch scheint die Blase einer Ziege die Vorläuferin des heute weit verbreiteten Kondoms gewesen zu sein. Sicherlich wurde sie mehrmals verwendet, da es sich ansonsten um einen kaum zu finanzierenden Luxus gehandelt hätte.

In einem Atemzug mit der Verhütung nennen die alten Quellen gewöhnlich die Abtreibung, die nicht selten auch für die Mutter tödlich endete. Sie scheint sogar ein häufig angewandtes Mittel der Familienplanung gewesen zu sein, beklagte doch Juvenal die große Geschicklichkeit seiner Zeitgenossen, die »Menschheit im Mutterleib« auszurotten.[10] Zwei interessante literarisch historische Zeugnisse sind hierzu überliefert. Das eine befindet sich in der Dichtung Ovids, dessen »Corinna« sich einem solchen Eingriff unterzieht. Einerseits betet der Dichter inbrünstig zur Göttin Isis, daß seine Geliebte die schwere Zeit überstehen möge. Andererseits aber kann er auch einen geheimen Groll nicht verbergen: Es gäbe wohl kaum noch Menschen auf Erden, meint er, wenn alle Frauen ihre Schwangerschaften unterbrächen. Von Kaiser Domitian behauptete man, er habe Julia, die Tochter seines Bruders Titus, verführt und sie dann zur Abtreibung gezwungen. Die junge Frau hat den Eingriff nicht überlebt.

Daß die Römer zwischen Verhütung und Abtreibung so wenig differenzierten, schreiben manche Historiker ihrer mangelnden Kenntnis vom Verlauf einer Schwangerschaft zu. Andere führen es darauf zurück, daß in beiden Fällen die gleichen Medikamente verabreicht wurden. Doch geht schon aus Ovids Corinna-Dichtung hervor, daß man auch chirurgische Instrumente zu Hilfe nahm. »Ihr aber treibt euch selbst das Eisen hinein und gebt dem noch ungeborenen Kind schreckliches Gift« ereifert er sich in seinen »Amores«.[11)] Die Alten scheinen übrigens tatsächlich wenig über die Schwangerschaft gewußt zu haben, und ihre Vorstellungen darüber muten recht archaisch an. Nach dem älteren Plinius konnte schon der Geruch einer ausgelöschten Lampe eine Fehlgeburt auslösen. Man glaubte auch, Kinder würden sieben oder zehn Monate nach der Empfängnis geboren. Achtmonatskinder hielt man für nicht lebensfähig.

Abtreibungen waren im übrigen nichts Ungewöhnliches. Die Zahl der ungewollten Schwangerschaften, vor allem außerhalb der Ehe, war groß. Und manche Frau, die von ihrem Liebhaber empfangen hatte, versuchte, auf diese Weise das mißliebige Geschenk wieder loszuweden, um ihre Ehe nicht zusätzlich zu gefährden. So empfahl schließlich Juvenal jedem Mann, dessen Ehe kinderlos geblieben war, sich mit dem Gedanken zu trösten, daß ihn das Schicksal vielleicht davor bewahrt habe, sein Hab und Gut einem Gladiatorensohn zu hinterlassen...

Dennoch gab es auch Männer, die auf diese Art der Kindstötung mit Entsetzen, aber auch mit einer gewissen Ohnmacht reagierten. Mehrere antike Quellen berichten davon im Zusammenhang mit Abtreibungen, die Damen der Oberschicht vornehmen ließen. Unter Septimius Severus wurde die Abtreibung zum erstenmal mit

Strafe bedroht, allerdings nur, wenn eine geschiedene Frau, die von ihrem früheren Ehemann schwanger war, sich dem Abbruch ohne die Zustimmung dieses Mannes unterzog.

Nach der Geburt eines Kindes war ein Vater keineswegs verpflichtet, dieses auch aufzuziehen. Schon der Hebamme kam ein umfassendes Entscheidungsrecht zu, ob ein Neugeborenes aufgezogen oder gleich beiseite geschafft werden sollte. In seiner »Gynaecia« stellte der griechische Arzt Soranos aus Ephesos im zweiten Jahrhundert einen Katalog von Kriterien auf, der bestimmten Kindern das Recht zu leben absprach. (Soranos war kein Anhänger des Hippokratischen Eides. Deshalb hatte er auch gegen Abtreibung oder Aussetzung nichts einzuwenden. In seinen Schriften zur Gynäkologie gab er jedoch der Verhütung unmißverständlich den Vorzug.) So hatte beispielsweise ein schwächliches Kind, gleich welchen Geschlechts, kaum eine Chance, in die Familie aufgenommen zu werden. Ironischerweise waren es gerade schwache und von klein auf kränkliche Kinder, die als Erwachsene dem Staat zum größten Wohl gereichten und – bei einer druchschnittlichen Lebenserwartung, die bei Männern zwischen 42 und 46, bei Frauen bis zu 34 Jahren lag – ein für antike Maßstäbe geradezu methusalemisches Alter erreichten. Roms erster Kaiser Augustus gehörte dazu, der, bei seinem Tode fast 76 Jahre alt, sich und seine Zeit überlebt hatte, oder auch Marc Aurel, das stets gebrechliche Sorgenkind, das dann immerhin erstaunliche 59 Jahre alt wurde. Glauben wir Cicero, gab es sogar ein altes Gesetz, das die Aussetzung mißgebildeter Kinder befahl. Kräftige Kinder wegzuräumen, mißbilligte hingegen die Sitte, die die Beiziehung des Familienrates empfahl. Dennoch war auch diese Aussetzung legal, und wer sich selbst wohlgestalteter Nachkommen entledigen wollte, konnte durch kein Gesetz Roms daran gehindert werden. Die endgültige Entscheidung über die Aufnahme in die Familie, über Leben oder Tod eines Kindes lag freilich beim Vater.

Die Aussetzung scheint die am häufigsten praktizierte Methode der Familienplanung gewesen zu sein, nicht nur, weil sie für die Mutter die ungefährlichste und zugleich sicherste war. Wer ein Kind der allmächtigen Vorsehung überließ, mußte sich selbst keine Gewissensbisse machen. Dem unergründlichen Schicksal blieb es überlassen, ob es sich dieses Geschöpfes erbarmte oder es dem Verderben preisgab. Wenn wir den Überlieferungen glauben dürfen, waren die wenigsten ausgesetzten Kinder dem Tod verfallen. Vorübergehende nahmen sich der hilflosen Wesen an, um sie wie eigene Kinder aufzuziehen, freilich nicht immer ohne Eigennutz. Herangewachsen, erzielten sie auf den Sklavenmärkten durchaus ihren Preis, so daß sich jede Investition lohnte. Mit dem Nachlassen der beuteträchtigen Kriege versiegte auch der Menschennachschub nach Rom, dessen Wirtschaft ganz auf der Sklaverei fußte. Da war jeder Findling willkommen, den Sklavenbestand zu ergänzen, der sich mit der Zeit fast nur noch aus Kinderkauf und -raub nährte. Ausgesetzte Säuglinge waren zeitweise so begehrt, daß Gesetze gegen die Pflegeeltern viel strenger vorgingen als gegen die leiblichen, die sich ihres Nachwuchses entledigt hatten, und mit strengen Strafen gegen Kindesräuber eingeschritten werden mußte. Viele Pflegeeltern bildeten die Kinder auch zur Bestreitung des eigenen Lebensbedarfs aus, zu Lustknaben, Mimen oder Fechtern. Mädchen wurden gern an eines der zahlreichen Freudenhäuser verkauft.

Man könnte allenfalls dafür Verständnis aufbringen, daß sich Eltern ihrer Kinder entledigten, weil sie für deren Erziehung nicht die Mittel aufbringen konnten. Die soziale Notlage wird auch heute selbst von eingefleischten »Menschenrechtlern« als einer der legitimen Gründe für eine Abtreibung angesehen. Tatsächlich scheint sie auch der Hauptgrund für das Wegräumen vor allem unerwünschter Nachkommen gewesen zu sein, selbst wenn diese ehelich waren: Der römische Durchschnittsbürger war arm, und er lebte in äußerst beengten Verhältnissen. Einen Großteil der territorialen Fläche der Stadt Rom teilten wenige reiche Familien unter sich auf. Ihre Villen waren von prächtigen Gärten und weitläufigen Parkanlagen umgeben. Die meisten Römer waren hingegen auf sehr bescheidene Unterkünfte angewiesen. Sie mieteten sich in den sogenannten »insulae« ein, hölzernen, mehrstöckigen Wohntürmen, in denen oft so viele Menschen zusammengepfercht waren, daß sie unter der Last einstürzten. Nero erließ deshalb ein Gesetz, das diese Mietskasernen auf ein Höchstmaß beschränkte, eine Vorschrift, die sich als undurchführbar erwies. Besonders der kostenlosen Getreidespenden und der aufwendigen Spiele wegen, zu denen der Eintritt frei war, strömten immer größere Menschenmassen nach Rom, dessen bebaubare Fläche auf das vom Pomerium, der geheiligten Stadtgrenze, umschlossene Gebiet begrenzt war. Dieses war verhältnismäßig klein, wenn auch manche Kaiser das Pomerium erweiterten, um mehr Bauland zu erhalten.

Um auch die ärmeren Volksschichten zum Aufziehen ihres Nachwuchses zu ermuntern, riefen vor allem die humanitären Ideen verpflichteten Kaiser des zweiten nachchristlichen Jahrhunderts Alimentationsstiftungen ins Leben, eine Art staatliches Kindergeld. Schon Augustus hatte zu Ehren seines früh verstorbenen Neffen Marcellus an arme Kinder Geschenke verteilt. Mancher seiner Nachfolger versuchte, ihn zu überbieten, und gewährte Eltern, die die Mittel für das Aufziehen ihrer Kinder nicht aufzubringen vermochten, großzügige Unterstützung. Aus konstantinischer Zeit ist ein Edikt bekannt, das die Beamten in Italien und der Provinz Africa anwies, allen bedürftigen Eltern, die eine entsprechende Erklärung unterschrieben, diese Beihilfe auszuzahlen. Erhaltenen Urkunden läßt sich entnehmen, daß man für die Erziehung von Knaben unvergleichlich mehr Geld auszugeben bereit war als für Mädchen. Daraus wiederum kann man schließen, daß weibliche Neugeborene weit häufiger ausgesetzt wurden. Man ließ sich von den damals gültigen Wertvorstellungen leiten: In den Knaben förderte man künftige Soldaten. Mädchen hingegen waren nur das unliebsame, wenngleich unverzichtbare Mittel zur Fortpflanzung. Allein Trajan soll in Rom 5000 Jungen bedacht haben, zweifellos, um sie später für den Kriegsdienst zu gewinnen.

Es gab indessen auch Stiftungen, die ausschließlich für Mädchen bestimmt waren. Antoninus Pius, römischer Kaiser von 138 bis 161 n. Chr., ehrte das Andenken seiner früh verstorbenen Gattin Faustina, indem er einen Fonds zur Unterstützung und Ausbildung bedürftiger Mädchen gründete. Sein Nachfolger und Schwiegersohn Marc Aurel tat es ihm gleich. Als seine Frau, die nach ihrer Mutter ebenfalls Faustina hieß, gestorben war, rief die »Neue weibliche Faustinajugend« (novae puellae Faustinianae) im Namen der Kaiserin wiederum zur Hilfe für mittellose Mädchen auf.

Plutarch bemerkt: »Die Armen ziehen keine Kinder auf, denn sie fürchten, daß jene als Erwachsene schlechter dran sein werden als es sich geziemt, erzogen nach Art der Sklaven oder überhaupt nicht, und jeglichen Wohlstand entbehrend.«[12] Bei den Reichen und Einflußreichen der römischen Gesellschaft, die oft über legendäre Vermögen verfügten, war Kindersegen am wenigsten erwünscht, bestand die Tendenz, die Familie möglichst klein zu halten, um den Kindern den gleichen Lebensstandard zu sichern, den man selbst genoß. Augustus vertrat die Auffassung, eine gesunde Familie müsse aus den Eltern und mindestens drei Kindern bestehen. Doch konnten auch, wie wir gesehen haben, seine darauf ausgelegten Ehegesetze keinen Bewußtseinswandel bewirken. Und auch Tacitus' Appelle zeigten keine Wirkung. Lobend stellte er die Germanin der Römerin vor Augen: »Die Zahl der Kinder zu beschränken oder irgendeinen von den Nachgeborenen zu töten, wird für ein Verbrechen gehalten, und mehr vermögen hier gute Sitten als anderswo gute Gesetze.«[13)] Das Christentum freilich sollte auch hier Änderungen bringen.

Selbst die Überlebenschancen gewünschter, ersehnter und geliebter Kinder waren nicht übergroß. Schon Schwangerschaft und Geburt bargen für Mutter und Kind unvorstellbare Risiken. Die Sterberate der ins gebärfähige Alter gekommenen Frauen stieg sprunghaft an, aber auch die Kindersterblichkeit war erschreckend groß. Es gab keine Krankenhäuser, keine ausgebildeten Geburtshelfer, und über die Pflege eines Säuglings oder Kleinkindes machte man sich kaum Gedanken. Zwar wurde zu jeder Geburt eine Hebamme hinzugezogen, und bei Schwierigkeiten nahm man auch ärztliche Hilfe in Anspruch, wenn es sich die Eltern leisten konnten. Aber auch das war keine Lebensversicherung. Wenig genützt haben auch Soranos' Empfehlungen für die günstigste Stellung bei der Niederkunft, seine Hinweise zur Erleichterung der Geburtswehen und schließlich seine überraschend moderne Überzeugung, daß das Schicksal der Mutter stets Vorrang vor demjenigen des Kindes habe. Eine Frau konnte schon von Glück sagen, wenn sie die Schwangerschaft einigermaßen überstanden und keine Fehlgeburt erlitten hatte. Cäsars Tochter Julia, Augustus' Gattin Livia, Neros Poppaea, die dritte Frau des jüngeren Plinius: Sie alle hatten eine Fehlgeburt, die Poppaea nicht überlebte. Julia starb im Kindbett. Nur Livia und die Gattin des Plinius kamen mit dem Schrecken davon: »Du wirst betrübt sein«, wandte sich der »besorgte« Schriftsteller in einem Brief an den Großvater seiner Frau, »wenn du hörst, daß deine Enkelin eine Fehlgeburt hatte. In ihrem jugendlichen Leichtsinn wußte sie nämlich nicht, daß sie schwanger war. So unterließ sie vieles, was man in diesem Zustand beachten sollte, und tat, was man am besten unterläßt. Ihren Fehler hat sie mit einer schrecklichen Erfahrung gebüßt: Sie ist in Lebensgefahr geraten.«[14)]

Weniger gefaßt stand der antike Mensch hingegen dem Tod seiner Kinder gegenüber, wenn er sich auch nach außen oft nichts anmerken ließ. Es gab Zeiten, in denen kaum jeder zweite Mensch seine Kindheit und Jugend überlebte. Die zahlreichen Kindersarkophage, allerlei Inschriften, ja selbst die unzähligen Kindergräber in den Katakomben der frühen Christen zeugen noch heute davon. Dabei scheint keine Gesellschaftsschicht vom frühen Tod verschont geblieben zu sein. Statistiken über die Zahl der Todesfälle sind freilich nicht überliefert. Aber die Berichte über die Schicksalsschläge, die gerade vornehme Familien trafen, sprechen eine eigene Sprache. So überlebten von den zwölf Kindern, die der ältere Gracchus mit Cornelia hatte, nur drei. Augustus' Schwester Octavia verlor ihren Sohn, als er 23 Jahre alt war (was sie fast umgebracht hätte). Der Sohn, der aus der unheilvollen dritten Ehe Julias mit Tiberius hervorgegangen war, starb schon im Säuglingsalter. Und schließlich überlebten Marc Aurel und Faustina nur sieben ihrer mindestens zwölf Kinder. Doch trug wenigstens der Kaiser seine Trauer mit der Fassung, die einem Philosophen ansteht und die die Welt von ihrem Herrscher erwartete. Als 169 n. Chr. sein kleiner Sohn Annius Verus im Alter von nur sieben Jahren starb – er hatte sich von einer Operation, in welcher ihm ein Geschwür unterhalb des Ohres entfernt worden war, nicht mehr erholt – waren nur die Ärzte untröstlich. Der leidgeprüfte Vater beruhigte sie und betrauerte sein Kind nur fünf Tage lang. Es fanden nämlich gerade Spiele zu Ehren des Jupiter Optimus Maximus statt, und es wäre ein schlechtes Omen für den Staat gewesen, sie durch offizielle Trauer zu unterbrechen. Aber aus einer Stelle der »Selbstbetrachtungen«, jener stummen und doch so beredten Zwiesprache mit seiner Seele, weht uns ein Hauch des Schmerzes entgegen, den er trotz seiner zur Schau gestellten Gelassenheit beim Tod der Seinen empfand: »... Blätter sind auch deine Kinder... Die Zeit des Frühlings bringt sie hervor. Ein Windstoß wirft sie zu Boden, und hierauf treibt der Stamm wieder anderes an rer Stelle hervor. Kurze Lebensdauer ist allen Dingen gemeinsam...«[15] Leider verschweigen die alten Quellen, wie die Mutter auf all die Schicksalsschläge reagierte.

Es bleibt ein Blick auf die unehelichen Kinder, die zu den wenig begünstigten Mitgliedern der römischen Gesellschaft gehörten, wenn illegitime Geburt bei der Promiskuität der Römer auch nicht selten war und nicht einmal ein Ehemann sicher sein konnte, daß alle in seiner Ehe geborenen Kinder auch von ihm stammten. So wunderte sich beispielsweise mancher Römer, daß alle Kinder von Augustus' leichtsinniger Tochter Julia ihrem Vater ähnelten, wo sie doch für ihren lockeren Lebenswandel bekannt war.

Äußere Merkmale waren in der Tat die einzigen Mittel, ein Kind zuzuordnen, da Blutgruppentests und erbbiologische Untersuchungen, die heute eine Vaterschaft eindeutig bestimmen können, noch unbekannt waren. Die Zuverlässigkeit einer Methode, die das Volk der Psylli anwandte, war selbst den wissenschaftlich wenig kritischen Römern verdächtig. Dort nämlich wurden Neugeborene, deren Abstammung zweifelhaft war, den Schlangen vorgesetzt. Bissen sie zu, waren die Kinder unehelich. Denn legitime Sprößlinge verströmten nach dem Glauben dieses Volkes einen Duft, der die Tiere in die Flucht trieb.

In einem Epigramm machte sich Martial über einen Vater lustig, dessen sieben Kinder je einem seiner Bediensteten wie aus dem Gesicht geschnitten waren. Und ein Römer aus der Provinz war wegen seiner Ähnlichkeit mit Augustus in aller Munde. Folgen wir (dem leider nicht immer zuverlässigen) Macrobius, konnte der Kaiser seine Neugier eines Tages nicht mehr zügeln und fragte seinen »Doppelgänger«, ob sich denn dessen Mutter je in Rom aufgehalten habe. »Nein«, meinte der Gefragte, »nur mein Vater.« Leider verschweigt der antike Histörchenerzähler, ob Roms erster Kaiser danach noch geneigt war, der Sache auf den Grund zu gehen.

Bis in die siebziger Jahre des zwanzigsten Jahrhunderts war in Deutschland illegitime Geburt mit einem Stigma behaftet, ja selbst in unseren Tagen, die sich so lautstark ihrer Aufgeklärtheit rühmen, können sie nicht alles beanspruchen, was ehelichen Nachkommen zusteht. Auch im alten Rom konnten Menschen unehelicher Herkunft von Gleichberechtigung nur träumen. Dennoch waren sie gesellschaftlich nicht geächtet und hatten alle Möglichkeiten, zu Ansehen zu gelangen. Politische Gegner mochten sich alle erdenklichen Beschimpfungen an den Kopf werfen, vom niederen Stand der Vorfahren bis zu Zügellosigkeit und Laster, wofür der haßerfüllte Briefwechsel zwischen Octavian und Marc Anton ein reichhaltiges Repertoire bietet. Niemals aber hätte ein Römer seinem Widerpart dessen uneheliche Abstammung vorgehalten, denn es gab zu viele Angehörige selbst der obersten Schicht, deren Herkunft mehr als zweifelhaft war.

Cäsars Sohn Caisarion (wenn es denn seiner war), die Kinder, die Kleopatra mit Antonius hatte, bevor er sie nach äyptischem Ritus zur Frau nahm, sie alle waren nicht im Ehebett gezeugt worden und dennoch der Stolz der Eltern, denen es nicht in den Sinn gekommen wäre, diesen Nachwuchs zu verleugnen. Mitunter gehörte es sogar zum guten Ton, seine Legitimität oder deren Mangel mit einem gewissen Geheimnis zu umgeben. Folgen wir den alten Quellen, soll Augustus das Gerücht, nicht sein Vater Octavius, der Gott Apoll selbst habe in Gestalt einer Schlange seiner Mutter beigewohnt, gern gehört haben.[16] Von Hadrians erstem Adoptivsohn, L. Ceionius Commodus, munkelte man, nicht seine äußere Erscheinung sei für die Adoption ausschlaggebend gewesen, was man bei der stadtbekannten Schwäche des Kaisers für schöne Jünglinge durchaus hätte vermuten können. Vielmehr sei der Erwählte in Wirklichkeit ein außerehelicher Sohn des Fürsten gewesen. Commodus, der mißratene Sproß des weisen Marc Aurel, »fand Gefallen an dem bösen Gerücht, er sei gar nicht seines frommen Vaters Sohn, sondern das Produkt einer unziemlichen Verbindung, die seine Mutter zu einem Dreizackkämpfer unterhalten habe, und sorgte stolz für dessen Verbreitung.«[17] Und wer kennt schließlich nicht Cäsars legendären Ausspruch, der seit mehr als zwei Jahrtausenden durch die Geschichts- und Geschichtenbücher geistert: »Auch du, mein Sohn?«[18] Er meinte Marcus Iunius Brutus, der in der römischen Nobilität als der tugendsamste aller Menschen galt und seine Abstammung auf jenen Brutus zurückführte, der Rom fast fünf Jahrhunderte zuvor von der verhaßten Königsherrschaft befreit hatte. Die Römer hielten ihn für einen natürlichen Sohn Cäsars, da dieser, wie Appian berichtet, um die Zeit der Geburt des Knaben zu dessen Mutter Servilia, einer Halbschwester Catos, ein inniges Liebesverhältnis unterhalten hatte. Plutarch bemerkt, selbst Cäsar sei der Meinung gewesen, Brutus sei sein Sohn. Möglicherweise teilte Brutus diese Ansicht, und er haßte den Diktator dafür, daß er seine Mutter verführt »und ihn im Klatsche Roms zum Bastard degradiert hatte.«[19)]

Andere hingegen hatten nichts gegen berühmte Väter, ob ehelich oder nicht, einzuwenden. Es traten sogar Schwindler auf, die eine illegitime Abstammung von einer bedeutenden Persönlichkeit vorgaben, um auf diese Weise politische und gesellschaftliche Vorteile zu erlangen. Doch endeten ihre hochtrabenden Träume meistens tragisch. L. Equitius, der behauptete, der Sohn des Tiberius Gracchus zu sein, wurde zum Tribunen gewählt und 100 v. Chr. ermordet. C. Amatius gab sich als Sohn des Marius aus. Er wurde 44 v. Chr. hingerichtet. Auch in der Kaiserzeit setzte sich diese Tradition fort. Nymphidius Sabinus war der letzte Prätorianerpräfekt Kaiser Neros und wurde von dessen Nachfolger Galba unschädlich gemacht. Er hatte sich der Abstammung von Kaiser Caligula gerühmt, wobei Tacitus allerdings offenläßt, ob er nicht wirklich ein Sprößling jenes geisteskranken Mannes war.

Er rühmte sich, »... von Gaius Caesar erzeugt worden zu sein, weil er zufällig von hoher Gestalt und finsterer Miene war, oder es mag wirklich Gaius Caesar, der selbst nach Buhldirnen lüstern war, auch mit der Mutter desselben sein Spiel getrieben haben...«[20)] Seine Mutter war nämlich eine Freigelassene, die sich gerne den Sklaven der Fürsten hingab. Und selbst die Mütter zweier römischer Kaiser des beginnenden dritten Jahrhunderts, Elagabal und Alexander Severus, behaupteten ungeachtet der Schande ihres Fehltritts und wider besseres Wissen, ihre Kinder seien uneheliche Söhne des Kaisers Caracalla.

Schwieriger und deshalb weitaus seltener war es, sich eine vornehme Dame zur Mutter zu küren, weil man diese damit dem Vorwurf der Unkeuschheit aussetzte. So mußte ein Mann, der behauptet hatte, er stamme von Augustus' untadeliger Schwester Octavia ab, diese Kühnheit auf der Galeere büßen. Dabei hatte er die hohe Frau nicht einmal ehewidriger Beziehungen bezichtigt, sondern vorgegeben, man habe ihn, ein schwächliches Kind, gleich nach der Geburt weggegeben, um an seiner Statt Marcellus aufzuziehen...

Doch kehren wir an dieser Stelle zum tradierten Rollenbild der römischen Mutter zurück, in deren Händen nach altväterlicher Sitte die Versorgung und Erziehung des Kleinkindes lagen! Auch von diesem Ideal hatten sich die römischen Matronen entfernt und ihren Nachwuchs der Pflege von Ammen und der Obhut von Sklaven überlassen. Griechische Milchmütter wurden bevorzugt, seitdem alles Griechische in Mode gekommen war. Hatten sie wie alle Griechen auf den Sklavenmärkten auch durchaus ihren Preis, in der Vorstellung des antiken Menschen nahm der Säugling mit der Milch auch die Eigenschaften ihrer Spenderin in sich auf. Für alle gesellschaftlich Hochstehenden aber galt es als unerläßlich, Latein und Griechisch fließend nebeneinander zu sprechen, waren fundierte Kenntnisse der griechischen Kultur Grundbedingung für jeden, der Anspruch auf Bildung erhob. Wie sehr konnte dabei der frühkindliche hautenge Kontakt von Nutzen sein!

Tacitus verurteilte scharf die veränderten Gepflogenheiten des römischen Adels, mahnte vergeblich zur Besinnung, stellte der Römerin die Germanin als leuchtendes Beispiel vor Augen, erwähnte lobend Cornelia, die Mutter der Gracchen, auch Cäsars Mutter, die allseits geachtete Aurelia, und Atia, die Mutter des Octavian Augustus. »Sie alle« klagte er, »leiteten die Erziehung und führten dem Staate in ihren Kindern die ersten Bürger zu... Jetzt dagegen wird gleich nach der Geburt das Kind einer griechischen Magd überwiesen, der man einen oder den anderen aus der Sklavenmenge, der zu keinem anderen Geschäft sich eignet, beigesellt. Mit den Geschwätzen und Liebschaften dieser Menschen werden sogleich die zarten und unerfahrenen Seelen erfüllt; und kein Mensch im ganzen Hause hält es einer Erwähnung wert, was er in Gegenwart des jungen Gebieters rede oder tue. Ja, sogar die Eltern selbst gewöhnen die Kleinen weder an Rechtschaffenheit noch Bescheidenheit, sondern Mutwillen und naseweises Wesen, wodurch allmählich Unverschämtheit und Geringschätzung seiner selbst und anderer sich einschleichen...«[21)]

10. TREUE ODER DAS LOB AUF TURIA

WEIBERTREU – TURIA – POMPEIA PAULINA – ARRIA – EHRUNGEN

Wenn man die zahllosen antiken Berichte über die Zügellosigkeit der Römerin, ihre verworfene Moral, ihre unersättliche Lebensgier und ihren hemmungslosen Ehrgeiz aufmerksam verfolgt, wird man sich zurecht fragen, wie denn ein Volk, dessen Frauen offensichtlich so stark vom Idealbild der tugendhaften Matrone, der verläßlichen Gefährtin, abwichen, nicht nur selbst Jahrhunderte überdauern, sondern einer halben Welt seine Zivilisation mitteilen und diese nicht nur für Generationen beherrschen, sondern für nahezu zwei Jahrtausende prägen konnte. Dieser Tatsache und der Häufung der negativen Überlieferung stehen wohltuend, wenn auch in geringerer Zahl, Berichte über erhabene weibliche Charaktere gegenüber, deren Schilderung die meist scharfzüngigen römischen Literaten wohl als weniger lukrativ erkannten. Beides läßt jedoch vermuten, daß es sich sowohl bei den schlechten als auch bei den überaus gelobten römischen Frauen um Ausnahmeerscheinungen handelte, die Masse der Römerinnen sich hingegen »bewertungsneutral« verhielt, durchschnittlich eben, weshalb sich ihre besondere Erwähnung erübrigte.

Die turbulente Geschichte vor allem der Bürgerkriege und der sich anschließenden Blütezeit Roms bot einer geachteten Römerin genügend Gelegenheit, ihre Tugend zu beweisen und sich von jenen Frauen, die ihre Rechte auf offener Straße marktschreierisch einforderten, angenehm und desto auffälliger zu unterscheiden, um jene wahre Befreiung zu erlangen, die die eigentliche Gleichberechtigung ausmacht. Die Proskriptionen Sullas und der Triumvirn forderten den Mut jeder Römerin heraus, deren Mann reich war und im öffentlichen Leben eine Rolle spielte. So wagten viele angesehene Frauen Kopf und Kragen, um diejenigen ihrer geächteten Männer zu retten. Die Zuverlässigkeit der eigenen Frau wird von den antiken Autoren in diesem Zusammenhang besonders hervorgehoben. Sklaven und Freigelassene sollen sich hingegen eher unentschlossen, Söhne gar äußerst feige benommen haben.[1] Doch hat es sicher auch hier mehr oder weniger rühmliche Ausnahmen gegeben.

Noch einmal sei jene geheimnisvoll anziehende Turia erwähnt, die nach unserer Kenntis zu den mutigsten Frauen gehörte und die treueste Gattin war, die ein Mann sich nur wünschen konnte. Turia hatte trotz ihrer Jugend schon eine leidvolle Lebensgeschichte hinter sich, als ihr Verlobter aus der Schlacht von Pharsalos heimkehrte, um sich mit ihr zu vermählen: den Kampf gegen die Mörder (vermutlich die Sklaven) ihrer Eltern, die sie ihrer gerechten Strafe zuführte; die Sorge um ihr Erbe, um das man sie zu prellen versuchte... Die leidgeprüfte junge Frau hätte danach eine glücklichere Zukunft verdient, aber die Vorsehung hatte es anders bestimmt. Der Name ihres Mannes stand auf den Proskriptionslisten des Jahres 43 v. Chr., und nur dank ihres unerschrockenen Einsatzes gelang es ihm, aus Rom unversehrt zu entkommen. Doch stand ihr noch, nachdem Octavian ihm, dem eingefleischten Republikaner, in einer seltenen Anwandlung von Großmut schließlich verziehen hatte, die womöglich schlimmste Demütigung ihres Lebens bevor: Sie mußte vor dem unerbittlichen Lepidus, der Rom damals beherrschte, auf die Knie fallen, um ihrem Mann das Leben zu retten. Danach allerdings wäre ihr Glück nahezu vollkommen gewesen, hätte sich auch ihr Kinderwunsch erfüllt. Der uns namentlich leider nicht bekannte Gatte blieb der unerschütterlichen Treue seiner Gefährtin zeitlebens eingedenk, so daß nur der Tod sie nach über 40jähriger Ehe trennen konnte. Die heroische Frau erhielt zudem das schönste Geschenk, das man sich wünschen kann, unsterblichen Ruhm. In einem langen Nachruf hielt der Witwer ihre Taten fest und stellte sie damit der Nachwelt als eine der ungewöhnlichsten Frauen vor, die die alte Welt hervorgebracht hat.

Die Beispiele für überragende weibliche Eigenschaften sind in der Tat so zahlreich, daß sich ein bekannter Tacitusübersetzer, der als einer jener wenigen frühen Philologen gilt, die dem antiken

Noch immer beherrscht das Grabmal der Caecilia Metella die Via Appia, ein eindrucksvolles Beispiel für die Ehrung einer Frau. (Historia-Photo)

Historiker nicht alles aufs Wort glauben, zu der Feststellung hinreißen ließ: »Eine Gesellschaft, in welcher solche Züge doch noch nach Verdienst geschätzt wurden, kann nicht ganz schlecht gewesen sein...«[2]

In seiner Geschichte der Bürgerkriege berichtet Appian von einem Angehörigen der Lentuler, eines Geschlechts, das zwischen dem vierten vorchristlichen und dem ersten nachchristlichen Jahrhundert im politischen Alltagsgeschehen Roms keine geringe Rolle spielte, ohne jedoch je die Bedeutung der Fabier oder Scipionen zu erlangen.[3] In den Wirren besagter Bürgerkriege mußte dieser Lentulus Rom fluchtartig verlassen. Er tat es heimlich, da er seine Frau, die es sich in den Kopf gesetzt hatte, ihn zu begleiten, nicht der gleichen Gefahr aussetzen wollte, in der er selbst sich befand. Erst als er in Sizilien sicher gelandet und von

Pompeius dort zum Prätor ernannt worden war, ließ er sie wissen, er sei gerettet. Sie aber hatte nichts Eiligeres zu tun, als ihrer Mutter, unter deren Obhut sie zurückgelassen worden war, zu entfliehen und, als Bettlerin verkleidet, mit zwei Sklavinnen die beschwerliche Reise nach Sizilien anzutreten. Sie fand ihren Mann aber nicht in dem einem Prätor angemessenen Prunk, sondern auf dem Boden lagernd, das Haar wirr, ein ärmlich dahinvegetierender Mensch, der sich in Sehnsucht nach seiner Gattin verzehrte...

Gelegentlich mußten Frauen zu recht raffinierten Mitteln greifen, um ihre Männer von ihrer treuen Gesinnung zu überzeugen. Ein gewisser Apuleius wurde von seiner Frau mit »Verrat« erpreßt, so daß er es nicht wagte, ohne sie zu entfliehen. Den Antius wickelte die Seine, vielleicht sogar gegen seinen Willen, in einen Bettelsack, den sie Lastträger auf ein Schiff zu bringen befahl. Er konnte auf diese Weise nach Sizilien entkommen. »Den Priscus begleitete seine Gattin Artória Flacilla, den Gallus Ignatia Maximilla mit anfangs großem und unangetastetem, nachher ihr genommenem Vermögen« ins Exil, »was beides ihren Ruhm vermehrte«.[4)]

Zur Zeit Neros lebte in Rom eine Frau, die ihrer bleichen Gesichtsfarbe wegen einer wandelnden Leiche glich. Sie hieß Pompeia Paulina und war die Gattin des großen Philosophen und Neroerziehers Seneca. Nach seiner Rückkehr aus dem Exil hatte er sie, ein junges Mädchen, geheiratet. Doch obwohl der über 50jährige nach römischer Auffassung längst ein Greis und, wie überkommene Bildnisse verraten, alles andere als von strahlender Schönheit war, scheinen die beiden eine gute Ehe geführt zu haben. So sehr war Pompeia Paulina um seine schon immer anfällige Gesundheit besorgt, daß er Grund hatte zu bitten, sie möge ihn doch nicht gar so hingebungsvoll lieben. Als der Gelehrte, in die Verschwörung des Piso verwickelt, beim Kaiser in Ungnade gefallen war und 65 n. Chr. zum Selbstmord gezwungen wurde, setzte es sich Paulina in den Kopf, ihren Mann auf der beschwerlichen Reise ins Ungewisse zu begleiten. Zunächst war Seneca keineswegs entzückt von ihrer Idee. Er beschwor sie, »sich zu mäßigen, daß sie nicht endlosem Schmerz sich ergäbe, sondern in der Betrachtung eines der Tugend geweiht gewesenen Lebens ihre Sehnsucht nach dem Gatten... zu ertragen suche.«[5)] Aber die Frau zeigte einen festen und unbeugsamen Willen, bis sich Seneca endlich geschlagen gab: »Ich hatte dir gezeigt, was dein Leben erträglich machen könnte, aber du ziehst die Ehre zu sterben vor. Ich verwehre dir nicht das Recht, zum Vorbild zu werden. Selbst wenn unser gemeisamer Tod Zeugnis davon gibt, daß wir gleich stark und mutig sind, so wird doch dein Tod mehr Aufsehen erregen...«[6] Gemeinsam öffneten sie sich die Pulsadern. Doch während aus seinem ausgezehrten Leib das Leben langsam entwich, befahl der Kaiser, dasjenige Paulinas, gegen die er keinen Groll hegte und die er nicht zur Märtyrerin erhöhen wollte, zu retten. Das Tor zum Hades hatte sich vor ihr noch nicht geöffnet, da wurde sie von seinen Soldaten eingeholt. Freigelassene und Sklaven verbanden ihre Wunden, um den Blutstrom zu stillen. Nur böse Zungen behaupteten, sie sei nicht ungern zu den Lockungen des Lebens zurückgekehrt. Doch lebte sie stets in rühmlicher Erinnerung an den Gemahl, durch ihre Blässe, die jedem verriet, wieviel von ihren Lebensgeistern entwichen war, eine stumme Anklage gegen die Willkür des Tyrannen.

Man täte jenen Frauen, die sich entschlossen, das Schicksal ihrer Männer bis in den Tod zu teilen, sicherlich unrecht, »wollte man ihr Verhalten mit einer Regung der Leidenschaft erklären«, als Streben nach Ruhm oder Unvergänglichkeit abtun und ihnen damit ausschließlich egoistische Motive zubilligen. Freiwillig hatten diese Frauen, oft an der stoischen Lehre gereift, mit dem Eingehen ihrer Ehe einst eine Verpflichtung auf sich genommen, von der sie auch der Untergang ihres Gefährten nicht entband. »Indem diese Frauen den Rest ihres Lebens opferten, folgten sie nicht der öffentlichen Meinung, den Zwängen einer überwiegend negativen Ethik, sondern sie hatten das Gefühl, frei zu wählen.«[7] In der Tat gilt die furchtlose Entschlossenheit davor, selbst Hand an sich zu legen, noch heute als eine der hervorstechenden Eigenschaften der Römer, und Frauen standen in ihrer Todesbereitschaft ihren männlichen Artgenossen kaum nach. Gelegenheit, diese extreme Art von Solidarität zu praktizieren, gab es vor allem während der beginnenden Kaiserzeit, als noch viele Angehörige der römischen Nobilität der verlorenen Republik nachtrauerten. Daß gerade sie ihre Frauen sorgfältig auszuwählen pflegten, zeigen die zahlreichen Beispiele von »Weibertreu«, die aus dieser Zeit überliefert

Die höchste Ehre, die es für eine Frau des Kaiserhofes gab, war ihre Erhöhung zur »diva«, zur Göttin des römischen Staatshimmels. Apotheose der Kaiserin Sabina, † 136 n. Chr. Rom, Konservatorenpalast.
(Foto: Museo Capitolino, Rom)

sind, als die meisten Kaiser, aufgeschreckt durch den Mord an Cäsar, der dem Prinzipat überhaupt erst den Boden geebnet hatte, in jedem kritischen Aristokraten ihrer Umgebung einen verkappten Republikaner und potentiellen Attentäter witterten.

Es hatte sich zu einer Art kaiserlichem Sport entwickelt, Verdächtige auf, wie man glaubte, elegante Weise hinzurichten, sie vor der öffentlichen Schande, die eine Verurteilung trotz der allseits bekannten Tyrannenwillkür noch immer bedeutete, zu bewahren und ihnen damit noch eine »Gunst« zu erweisen, indem nicht ihr gesamtes Vermögen der Beschlagnahme verfiel: Man überbrachte ihnen heimlich den Todesbefehl. Besonders Nero machte von dieser Methode, sich unbequemer Rivalen zu entledigen, eifrig Gebrauch. So lieferte er unbewußt kritischen römischen Schriftstellern wie Tacitus, der aus seiner Gesinnung gegen die Monarchie nie einen Hehl machte, den Stoff, aus dem diese ihre Geschichten woben.

Auch der angesehene Senator L. Vetus, seine Schwiegermutter Sextia und Pollitta, seine verwitwete Tochter, trieb Nero in den Tod. Durch ihren von Pollitta angeregten Selbstmord kamen sie dem Kaiser zuvor. Was hatte die junge Frau noch zu erwarten, was zu befürchten? Ihr Gatte Rubellius Plautus war vor einiger Zeit ermordet worden, und sie, die seinen Nacken umschlungen gehalten hatte, bewahrte noch immer die blutbespritzten Kleider auf, in denen er getötet worden war. Sie war das Paradebeispiel der gehorsamen römischen Ehefrau. Die kaiserlichen Familiengesetze mißachtend, hatte sie beschlossen, ihr Leben fortan in Trauer zu verbringen, keinem anderen Mann anzugehören und nur soviel Nahrung zu sich zu nehmen, daß sie überleben konnte. Sie kannte die Mörder ihres Gatten und wandte sich, Gerechtigkeit suchend, an den Kaiser. Doch Nero wollte sie nicht einmal anhören. Die von Kummer und Nahrungsentzug ausgezehrte Erscheinung und das weibliche Klagegeschrei beleidigten seinen ästhetischen Sinn. Er haßte zudem ihre Familie, deren Ausrottung er längst beschlossen hatte. Gerüchte über ihrer aller beabsichtigte Hinrichtung waren ihr schon zu Ohren gekommen. So kam ihr der freiwillige Tod als willkommene Erlösung, ein letzter Triumph noch über den launischen Tyrannen, und sie verkündete ihrem Vater, »er solle der Hoffnung entsagen und das Unvermeidliche tun.« Beherzt zerschnitten sich Vater, Großmutter und Tochter mit demselben Stahl die Adern und sahen sich sterbend an, während sie zu Roms unsterblichen Göttern um ein schnelles Ende beteten. »Leicht entschloß man sich zu solcher Todesart aus Furcht vor dem Henker«, bemerkt Tacitus, »weil den Verurteilten nach Einziehung der Güter die Bestattung versagt wurde, während die, welche über sich selbst beschlossen, beerdigt wurden und ihre Testamente Gültigkeit behielten...«[9]

Die berühmteste aller heroischen Römerinnen war zweifellos Arria, die Gattin des Caecina Paetus. Der jüngere Plinius hat ihrem Andenken einen ganzen Brief gewidmet[10], und auch ihre Familie gedachte ihrer nur in Ehrfurcht. Wenn wirklich jemals eine Lebensgemeinschaft den Titel »Ehe« zurecht trug, dann war es jene Verbindung von Paetus und Arria, die in seltener Eintracht den Stürmen der Zeit trotzten, um schließlich den Gleichklang ihrer Seelen mit einem gemeinsamen Tod zu krönen.

Es traf sich, daß Vater und Sohn von der gleichen lebensgefährlichen Krankheit befallen wurden, die den Jungen dahinraffte, während der Alte auf wunderbare Weise genas. Doch hatte sein Zustand lange zu den ernstesten Befürchtungen Anlaß gegeben, und die Kenntnis vom Tod des Sohnes hätte er, wie Arria vermutete, nicht überlebt. Denn sie beide liebten den Jüngling abgöttisch, wobei sie ihn ebenso wegen seiner guten Charaktereigenschaften schätzten, als weil er ihr Sohn war. Arria verstand es, den Tod des geliebten Kindes vor dem schwerkranken Mann solange zu verheimlichen, bis dieser stark genug war, die Wahrheit zu ertragen. Nicht nur, daß sie ganz alleine das Leichenbegängnis ausrichtete. Sooft sie das Zimmer des Kranken betrat, gab sie an, der Sohn lebe und befinde sich auf dem Wege der Besserung. Konnte sie jedoch ihren Schmerz nicht länger unterdrücken, ging sie hinaus und ließ ihren Tränen freien Lauf. Mit trockenen Augen und heiterer Miene kehrte sie zurück, als habe sie ihre Trauer an der Tür abgestreift.

Es scheint, als habe Paetus seine Krankheit und den Tod jenes nebst seiner Frau von ihm am meisten geliebten Menschen nur überstanden, um sein Schicksal doch noch auf tragische Weise zu vollenden. Er stand politisch auf der falschen Seite und beteiligte sich in Illyrien an einem Aufstand, den dort stationierte Legionen gegen Kaiser Claudius angezettelt hatten. Die Rebellion scheiterte. Caecina Paetus wurde verhaftet und sollte per Schiff nach Rom zurückgebracht werden. Arria, die ihren Mann auf die Reise in die Provinz begleitet hatte, beschwor die Wachen, sie wenigstens als seine Sklavin mitzunehmen, damit sie ihm, dem Konsul, alle gewohnten Dienste verrichte. Aber man stieß sie unsanft zurück. Da mietete sie sich ein Fischerboot und begleitete in diesem lebensgefährlichen Gefährt ihren Mann über das Meer.

Erwartungsgemäß wurde Caecina zum Tode verurteilt. Man kannte Arrias Sturheit und entfernte besorgt alle Werkzeuge, die ihr einen Selbstmord erleichtert hätten. Da rannte sie heftig mit dem Kopf gegen die Wand. Aber sie überlebte und genas, nicht ohne sich bitteren Vorwürfen ihrer Verwandten ausgesetzt zu sehen. »Wolltest du etwa«, fragte Schwiegersohn Thrasea, »daß sich deine Tochter ebenfalls umbringt, wenn mir etwas zustößt?« Arria antwortete: »Gewiß, wenn sie mit dir in so vollkommener Eintracht gelebt hätte wie Paetus mit mir.« Und als ihr Mann vor die Alternative Selbstmord oder Hinrichtung gestellt worden war, zückte sie als erste den Dolch, stieß ihn sich in die Brust und reichte ihn ihrem Mann mit den unsterblichen, fast göttlichen Worten: »Paete, non dolet – Paetus, es schmerzt nicht.«

»Doch als sie dies tat und sagte,« schließt Plinius, »standen ihr Ruhm und Unsterblichkeit vor Augen. Wieviel größer aber ist es, ohne eine solche Aussicht Tränen zu verbergen, Kummer zu unterdrücken und nach dem Tod eines geliebten Sohnes so zu tun, als wäre er noch am Leben!«[10)]

Weder Paetus noch Arria hatte das Schicksal verwöhnt, ja, es scheint, als sei diese Familie über Generationen mit einem Fluch beladen gewesen, von dem nur der Tod sie entband. Keinen geringeren Heldenmut bewies beider Tochter, die in den alten Quellen der leichteren Unterscheidung wegen die jüngere Arria genannt wird. Ins gleiche Fahrwasser wie sein unglücklicher Schwiegervater geriet Thrasea, Konsul des Jahres 56 n. Chr. Die Zeiten hatten sich geändert. Längst hatte Nero seinen Stiefvater Claudius auf dem Thron beerbt; geblieben aber war Tyrannenwillkür, und geblieben war auch die Unzufriedenheit vieler vornehmer Römer mit dem Prinzipat, das sie zur Untätigkeit verdammte. Nach Aufdeckung der Verschwörung des Piso 66 n. Chr. stellte man Thrasea, der einer ihrer führenden Köpfe gewesen war, vor die Wahl, einer Hinrichtung durch Selbsttötung zuvorzukommen. Arria wollte nach dem Beispiel ihrer Mutter dem Gatten in den Tod folgen, wurde aber von diesem gebeten, »nicht ihrer und seiner Tochter (Fannia) die einzige Stütze zu entziehen.«[11] Sie mußte die bittere Erfahrung machen, daß es oft weniger Mut erfordert, sich zu töten, als gehorsam weiterzuleben. Arria wurde mit ihrer Familie verbannt, unter Galba nach Rom zurückgerufen, erneut verbannt und wieder begnadigt. Als Titus an die Regierung kam, war auch Fannia, Arrias Tochter, schon verwitwet. Ihr Gatte Helvidius war hingerichtet worden. Und ihr Sohn, der jüngere Helvidius, teilte 93 n. Chr. unter Domitian das Schicksal seiner Vorfahren. Wieder wurden die beiden leidgeprüften Frauen der Stadt verwiesen, und erst Nerva rief sie schließlich nach Rom zurück. Durch Herrscherlaune all ihres Glücks beraubt, sah Fannia den einzig ihr verbliebenen Lebenssinn darin, sich für eine schwindsüchtige Vestalin zu opfern. Sie pflegte die Kranke hingebungsvoll, steckte sich an und starb. Und mit den Namen ihrer Mutter und Großmutter überdauerte auch ihr Andenken die Zeiten.

Durch die stoische Philosophie, die das Leben der gebildeten Römer bis in intimste Bereiche beherrschte, wandelte sich auch für viele Frauen, die sich zu dieser Lehre bekannten, die tradierte Vorstellung von der Ehe, die ihre bisherigen Werte verlor, um weit höhere zu erlangen und endlich zu einem Ideal aufzusteigen, das die Bedeutung der christlichen Ehe Jahrhunderte vorwegnahm. Für diese Frauen standen, wie auch für die vielen ähnlich denkenden Männer, nicht mehr Fortpflanzung und damit körperliche Beziehungen im Vordergrund, sondern gegenseitige Achtung, Rücksichtnahme, Partnerschaft, Aufopferung und manchmal sogar eine gewisse Komplizenschaft, eine bedingungslose Solidarität, die die Frauen von den Fesseln eines blinden und unvernünftigen Gehorsams und antiquierten gesellschaftlichen Zwängen befreite. Der bei der Trauungszeremonie früher oft leichtfertig nachgeplapperte Satz »Ubi tu Gaius ego Gaia« bekam ein völlig anderes Gewicht. Für Generationen verantwortungsbewußter Römerinnen wurde er zum Schlagwort, ja zum Glaubensbekenntnis, für das sie tapfer mit ihrem Leben eintraten. Inmitten von Ausschweifung, Luxus und Laster fanden sie jene Vervollkommnung der Liebe, die sich nach den Lehren ihrer Philosophie nur in den Seelen der Weisen vollzieht. Es versteht sich fast von selbst, daß eine Lebensgemeinschaft mit solchen Grundlagen nur durch den Tod eines der Partner aufgelöst werden konnte, aber auch der Überlebende durch den Verlust seinen Lebenssinn verlor.

Die Beispiele heroischer Frauen, die bereit waren, eines ihrer höchsten Güter, ihr Leben, für diese vollkommene Ehe einzusetzen, ließen sich noch beliebig fortsetzen. Doch auch Frauen, die vom Schicksal weniger begünstigt waren, weder das Glück noch die Gelegenheit hatten, sich für ihre Männer im wahrsten Sinne des Wortes zu opfern (und damit selbst unsterblichen Ruhm zu erlangen), verdienen, lobend erwähnt zu werden. Da war nicht nur Senecas Mutter, die sich die Achtung ihres Sohnes erwarb, weil sie sich von der allgemeinen Sittenlosigkeit nicht anstecken ließ. Sein Lob zählt um so mehr, als es der untadeligen Frau schon zu Lebzeiten zuteil wurde. Gaius Gracchus setzte den Namen seiner Mutter Cornelia rhetorisch ein.

Noch in republikanischer Zeit hatte es sich eingebürgert, für ältere Frauen öffentliche Begräbnisreden zu halten, vorausgesetzt, das Leben der Verstorbenen hatte überlieferten sittlichen Normen entsprochen. Schon 102 v. Chr. hatte Q. Lutatius Catulus, Konsul des Jahres 78, eine laudatio auf seine Mutter gehalten. Wie sehr aber gerade Politiker bei dieser Art, an die Öffentlichkeit zu treten, von eigenem politischen Ehrgeiz getrieben wurden, zeigt das Beispiel Cäsars, der 79 v. Chr. die Grabrede für seine Tante Julia hielt, die Schwester seines Vaters und Witwe des Marius: »Die Vorfahren meiner Tante Julia« behauptete er selbstbewußt, »sind mütterlicherseits von königlicher, väterlicherseits von göttlicher Herkunft. Denn von Ancus Marcius stammen die Marcius Rex ab, welchen Namen ihre Mutter trug, von Venus aber die Julier, welches unser Familienname ist...«[12] Tatsächlich markierten die ungewöhnlichen Sprüche einen Wendepunkt in seiner staatsmännischen Karriere. Seiner jungen Frau, die ein Jahr später starb, hielt er eine ähnliche Lobrede. Sie war die erste junge römische Matrone, der eine solche Ehre zuteil wurde, was Cäsar die Gunst der Massen einbrachte. Und wäre er, als zwei Jahrzehnte später seine Mutter Aurelia starb, nicht in Gallien und Britannien so sehr mit der Mehrung seines Ruhmes beschäftigt gewesen, hätte er auch ihr eine womöglich noch schönere und wahrscheinlich ehrlichere

Grabrede gehalten. Denn seiner Mutter bedankte er viel. Sie war es, die den vaterlosen Jüngling erzogen und den Grundstein für seine spätere politische Laufbahn gelegt hatte. Ihr Ruf war so unantastbar, daß er selbst bei so kritischen Historikern wie Tacitus noch angenehm widerhallt.

Auch die unteren Stände gefielen sich darin, das Andenken ihrer Frauen in oft rührenden Inschriften auf unvergänglichem Stein festzuhalten. »Amymone, Frau des Marcius, ist hier begraben. Sie war edel und schön, spann fleißig, war tugendhaft, keusch und fromm.« Ein anderer Grabspruch lädt den Vorübergehenden zum Verweilen ein: »Kurz, Wanderer, ist mein Spruch. Bleib' stehen und lies! Der schlichte Grabstein bedeckt eine edle Frau. Ihre Eltern nannten sie Claudia. Sie liebte ihren Mann, dem sie zwei Söhne gebar... Ich bin zu Ende, geh!« Ein Witwer der Kaiserzeit trauerte dem »Schutzgeist« seines Hauses nach, nannte die Verstorbene »meine Hoffnung, mein einziges Leben. Keiner ihrer innersten Gedanken war mir je verborgen...« Vielleicht aus augusteischer Zeit stammt der Nachruf auf eine gewisse Murdia, der von einem ihrer Söhne verfaßt wurde. Nachdem der Sohn alle Tugenden seiner Mutter aufgezählt hat, bemerkt er abschließend, man könne nichts mehr zum Lob einer Frau hinzufügen, da die Wechselfälle im Leben der Frauen weniger bedeutend als die im Leben der Männer seien.

Fast immer waren es Gemeinplätze, mit denen man weibliches Andenken ehrte, und oft überließ man es wahrscheinlich sogar dem beauftragten Steinmetz, die Verstorbene mit all den landläufigen Tugenden zu schmücken, die einer ehrbaren Gattin anstanden: Fides (Treue), pudicitia (Schamhaftigkeit), domiseda (Häuslichkeit), obsequium (Gehorsam), frugi (Sparsamkeit). Aber auch handwerkliche Fertigkeiten schätzte man gebührend: Spinnen und Weben, die im nahezu autarken römischen Haushalt als unverzichtbare Künste galten.

Die »Krone aller Nachrufe« sieht ein neuzeitlicher Historiker in der berühmten »Königin der Elegien«, einem »von edelster Menschlichkeit erfüllten«[13] Gedicht von Properz. Ein früher Tod hatte Cornelia, die Tochter von Cornelius Scipio und Scribonia, der späteren Gattin Octavians, ihrem Gatten L. Aemilius Paullus Lepidus entrissen. Seine unaufhörlichen Klagen lassen ihren

Schatten in der Unterwelt keine Ruhe finden. Da bittet sie ihn, das Trauern zu beenden. Ein tadelloses Leben habe ihr ein erträgliches Los im Hades beschert:

»Laß', o Paullus, doch ab, mir die Gruft zu bestürmen mit Tränen,
denn kein Flehen erschließt wieder das dunkele Tor...
Das ist der Triumph, die schönste Belohnung des Weibes,
wenn freiwillig der Ruf bei der Bestattung sie lobt...»

Sie bittet den trauernden Gemahl, sich um ihrer beider Kinder zu kümmern und diese, wenn er sie küßt, auch von der Mutter zu küssen. Dann beschwört sie die Kleinen, einer Stiefmutter, sollte sich der Vater wieder verheiraten, nicht feindlich gegenüberzustehen, und schließt:

»Uns're Red' ist beendet: erhebt euch, Richter, und weinet,
während des Lebens Lohn dankbar die Erde mir zollt.
Tugend hat selbst mir den Himmel verdient, so sei ich denn würdig,
daß im Ehrengespann prange daher mein Gebein.«
(Übers. v. Hertzberg)

Nicht nur die Phantasie des Dichters, vor allem unzählige, im ganzen Reich gefundene Nachrufe lassen erkennen, daß die Mehrheit der Römer mindestens durchschnittliche Ehen führte, die sich von den Beschreibungen und der Kritik scharfzüngiger Literaten angenehm abhoben. Schon deshalb können, trotz ihrer Häufigkeit, die Überlieferungen des exzentrischen Verhaltens mancher Römerinnen kein genaues Bild, keinen Spiegel der Gesellschaft vermitteln.

Hätte diese, wären ihre Frauen sämtlich verderbt gewesen, im übrigen soviel Grund gehabt, viele von ihnen auch schon zu Lebzeiten zu ehren? Natürlich waren es überwiegend Damen der Gesellschaft, denen »höchst ehrenvolle Auszeichnungen zuteil« wurden. Doch dürfen wir durchaus annehmen, daß auch gewöhnlichen Bürgersfrauen Lob gespendet wurde, wann immer sie sich um Mann und Familie, um Haus und Hof verdient gemacht hatten, wenn auch hierfür keine Beweise überliefert sind. Und sicher dienten die Ehrungen hochgestellter Frauen nicht ausschließlich dazu, das Ansehen ihrer Männer oder männlichen Verwandten zu mehren. Das mag allenfalls für die Münzprägung einiger Kaiser gelten.

»Auf der Rückseite der Kaisermünzen ist häufig der Kopf oder die Gestalt eines weiblichen Mitglieds der kaiserlichen Familie als Personifikation einer Eigenschaft des Kaisers oder eines Aspekts seiner Herrschaft abgebildet. So wurden die Frauen als Concordia, Iustitia, Pax, Securitas oder Fortuna dargestellt – Qualitäten, die dem Kaiser zugeschrieben wurden, dessen Verwandte sie waren. Da diese Abstrakta im Lateinischen durch Nomina femininen Geschlechts bezeichnet werden und außerdem als weibliche Gottheiten verehrt wurden, konnten sie ohne weiteres von den Frauen der Kaiserfamilie verkörpert werden ...«[14)]

Im übrigen aber durften sich Frauen auch durchaus schmeichelhafter Auszeichnungen erfreuen, die nur ihnen zugute kamen. Das beweist die Ehrung Livias, der Frau des Augustus, die als Witwe mit Ehren geradezu überschüttet wurde, so daß ihr mißtrauischer Sohn Tiberius, der dem ersten Princeps auf dem Thron gefolgt war, zur Mäßigung mahnte. Wiederholt äußerte er, man müsse mit Ehrenbezeugungen gegenüber Frauen Maß halten. Er konnte dennoch nicht verhindern, daß Livia den Titel Augusta erhielt. Ihr Gatte hatte sie testamentarisch adoptiert und sie damit in die Julische Familie aufgenommen. Sie wurde Priesterin des Kultes, der dem »Divus Augustus« eingerichtet worden war. Und man bewilligte ihr, wie den Vestalinnen nach der Vergöttlichung Cäsars, sogar einen eigenen Liktor.

Die jüngere Agrippina war die erste, die schon zu Lebzeiten ihres Gatten, des Kaisers Claudius, mit dem Titel Augusta geschmückt wurde, und nach ihrem Vorbild wurden dann fast alle kaiserlichen Gattinnen schon bald, nachdem ihre Männer den Thron bestiegen hatten, damit ausgezeichnet. Daneben gab es zahlreiche andere ehrenhafte Bezeichnungen, wie zum Beispiel »Mutter des Augustus« oder »Lagermutter«. So wurde die jüngere Faustina, die Gattin Marc Aurels, genannt, weil sie einige Zeit das harte Lagerleben ihres Mannes teilte, was für eine so hochstehende Dame sicherlich ein besonders Opfer bedeutete.

Die höchste Ehre jedoch, die es für eine Frau des Kaiserhofes gab, war ihre Erhöhung zur »Diva«, zur Göttin des römischen Staatshimmels. Dabei war es durchaus üblich, auch weiblichen Angehörigen der kaiserlichen Familie schon zu Lebzeiten göttliche Ehren zu erweisen, ihnen beispielsweise Tempel zu errichten, wie es für Julia, die Tochter, und Livia, die Frau des Augustus geschah. Dieser Brauch wurde besonders in den östlichen Provinzen geübt, weniger in Rom, wo man befürchtete, damit den Geschmack des eher nüchternen Volkes zu verletzen. Es gab auch Frauen, die nach ihrem Tode vergöttlicht wurden. Livia war eine der ersten, von deren Apotheose wir wissen. Man versuchte so, das Volk davon zu überzeugen, daß die Nachkommen von Göttinnen, oft also die regierenden Kaiser, ebenfalls göttlich sein mußten (was bei Tiberius freilich wenig genützt hat).

Wer in Rom aufmerksam durch die kapitolinischen, die Antikensammlung der Vatikanischen Museen oder eine andere Sammlung frühgeschichtlicher Funde wandert, wird zahlreichen Büsten und Statuen berühmter Römerinnen begegnen, darunter Meisterwerken römischer Porträtkunst. Nicht alle stammen aus dem Kaiserreich. Schon in republikanischer Zeit ehrte man verdiente Frauen, indem man sie in Stein meißelte. Man verewigte ihr Andenken in Schriftstücken, literarischen Werken oder Bauten, von denen ebenfalls noch eine Reihe erhalten oder doch wenigstens bekannt ist. Das »Macellum Liviae«, eine von Tiberius zu Ehren seiner Mutter 7 v. Chr. errichtete große Markthalle, der ebenfalls ihr geweihte Porticus, ein mächtiges, leider nur noch durch den Stadtplan des Kaisers Septimius Severus bezeugtes Bauwerk, und der noch gut erhaltene Porticus Octaviae, den Kaiser Augustus in den Jahren 33 bis 23 v. Chr. zu Ehren seiner Schwester auf dem Marsfeld erbauen ließ, erinnern an die beiden bedeutendsten Frauen des augusteischen Kaiserhofes, die durch ihr untadeliges Verhalten viel zum Ansehen ihrer Familie beitrugen.

Konnte ein pflichtbewußter römischer Ehemann die Achtung gegenüber seiner Frau endlich deutlicher ausdrücken, als ihr im Hause eine nahezu uneingeschränkte Stellung, eine Autorität einzuräumen, von der die meisten Frauen des ausgehenden zwanzigsten Jahrhunderts nicht einmal zu träumen wagen? Nicht nur in der Idealwelt der Sage wurde die Frau so verehrt, daß man ihr sklavische Arbeiten ersparte und sie als fast absolute Herrin anerkannte, als »domina«, die über Kinder und Gesinde, über Hab und Gut gebot. Wann immer ein Römer von einer Reise oder auch nur von einem seiner Landgüter nach Hause zurückkehrte, ließ er seine nahe Ankunft durch einen Boten ankündigen. Er wollte damit keineswegs, wie man vermuten könnte, sich und seine Gemahlin vor unliebsamen Überraschungen bewahren. Das römische Haus hatte tausend Ohren, und jede Frau, die sich darin gegen ihre Ehe und ihren Gatten verging, setzte nicht nur ihre Ehre, sondern auch ihr Leben aufs Spiel. »Es liegt viel näher zu glauben, daß der Mann seine Frau genügend respektierte, um ihr Zeit zu geben, damit sie sich ihm von der besten Seite zeigen könne, und um ihr zu ersparen, bei Tätigkeiten oder in einer Verfassung überrascht zu werden, die für seine Heimkehr kein gutes Omen gewesen wären...«[15)]

Angesichts der vielen guten, ja hervorragenden Ehen, die es, wie sich gezeigt hat, auch im alten und so sittenverdorbenen Rom gab, verwundert der Wunsch mancher Witwe kaum, ihrem Gatten auch nach dessen Tod bis zum eigenen Ende die Treue zu halten. Das Ideal der »univira«, der nur einmal verheirateten Frau, war typisch römisch und wurde, von den Vorfahren überkommen, auch in der Blütezeit Roms hoch gepriesen. Auch Witwen setzten ihren verstorbenen Männern Gedenktafeln, deren Inschriften von großer Zufriedenheit zeugen. Julia Paccata etwa, die Frau des in Britannien verstorbenen Julius Classicianus, nannte sich eine »infelix uxor«, eine unglückliche Frau. Wie groß die Trauer einer Witwe sein konnte, hat Seneca in seiner leider nur fragmentarisch erhaltenen Abhandlung »Über die Ehe«[16)] überliefert. Dort berichtet er von einigen treuen Frauen, die den Tod ihres Lebensgefährten kaum verschmerzen konnten. So soll beispielsweise Marcia, Catos jüngere Tochter, auf die Frage, wann ihre Trauer um ihren verstorbenen Mann enden werde, geantwortet haben: »Wenn auch mein Leben endet.«

Valeria, die Schwester der berühmten Brüder Messala, war mit Servius verheiratet. Nach seinem Tod wurde sie einmal gefragt, weshalb sie sich nicht wieder verheirate. Da meinte sie: »Für mich lebt er und wird er immer leben.« Die Verwandte einer gewissen Annia wunderte sich, daß diese sich nicht nach einem neuen Mann umsah, wo sie doch noch so jung und so hübsch war. Annia hatte schon selbst darüber nachgedacht und war zu einem weisen Entschluß gekommen: »Gesetzt den Fall, ich fände einen guten Ehemann, müßte ich doch beständig fürchten, ihn wieder zu verlieren. Geriete ich dagegen an einen schlechten, warum sollte ich mich mit ihm herumärgern, wo ich doch den besten aller Männer hatte?« Die jüngere Porcia tadelte eine Bekannte, die sich zum zweitenmal vermählt hatte: »Eine wirklich gute und keusche Frau begnügt sich mit einem!« Und als schließlich die ältere Marcella von ihrer Mutter gefragt wurde, ob sie in ihrer Ehe denn glücklich sei, war sie um eine vielsagende Antwort nicht verlegen: »So sehr, daß ich es nicht wiederholen möchte.«

Es waren der Mut, die Opferbereitschaft und die Treue dieser Frauen, die den Bestand Roms über Jahrhunderte sichern halfen, wenn sie auch ein Überleben aller Stürme, die das Reich im Laufe der Zeit erschütterten, nicht gewährleisten konnten.

»Ja, die Germanen glauben, den Frauen hafte etwas Heiliges und Prophetisches an. Deshalb verschmähen sie weder ihren Rat noch lassen sie ihre Wahrsprüche unbeachtet.«

Tacitus, Germania 8

Kap. 11

11.
FRAU UND RELIGION ODER CLODIUS UNTER DEN DAMEN

Nicht nur den Germanen, die Tacitus den Römern in so vielen Bereichen als Vorbild hinstellte, auch den Römern selbst galt die Frau als Hort alles Mystischen und Übersinnlichen. Schon jene sagenhafte Königin Tanaquil hatte mit dem der Tradition ihres Geschlechts eigenen Sinn für gewisse Vorahnungen und Prophetien stets aktiv in die Politik eingegriffen. Mochten ihre Vorhersagen und Warnungen auch kaum über die Mauern ihres Palastes hinausgedrungen sein, die Männer ihres Hauses zögerten nie, ihre Ratschläge anzunehmen.

Die Tradition der Einflußnahme auf das Staatsgeschehen setzte sich bis in die Endzeit des Römischen Reiches fort. Häufig nahmen Frauen dabei Zuflucht zur Religion, und oft benutzten sie die ihnen eigenen und vorbehaltenen Feste, um ihre Meinung kundzutun: Während der Opferzeremonie hatte sich ihnen in einem Traum oder einem Orakel die Gottheit offenbart und ihnen aufgetragen, Ratschläge und Lösungswege ihren Männern weiterzugeben.

In den römischen Annalen ist für das Jahr 63 v. Chr. M. Tullius Cicero als Konsul vermerkt. Es war eine ereignisreiche und für den Bestand der Res Publica höchst gefährliche Epoche, waren doch Catilina und seine Gesinnungsgenossen des Hochverrats überführt und verhaftet worden. Im Senat standen nun Beratungen über das Schicksal der Beschuldigten an. Während Cäsar mit den Verrätern milde zu verfahren und zumindest ihr Leben zu schonen vorschlug, waren Senat und Konsul unsicher. Den Ausschlag für die Hinrichtung der Verschwörer gab schließlich Terentia, Ciceros damals noch geliebte Gattin. »Ich wünsche mir nur, mein geliebtes Leben, dich möglichst bald zu sehen und in Deinen Armen zu sterben. Die Götter, zu denen Du so fromm gebetest hast, und die Menschen, denen ich stets gedient habe, haben unsere Mühen mit Undank gelohnt.«[1] schrieb er ihr fünf Jahre später aus Brundisium auf dem Weg ins Exil.

Als Frau des amtierenden Konsuls und damit als erster Dame des Reiches oblag es ihr, die Festlichkeiten zu Ehren der Bona Dea auszurichten, ein Ritual, bei dem Männern die Teilnahme bei Strafe verboten war. Angeblich hatte die »Gute Göttin« anläßlich dieses im Dezember 63 abgehaltenen Festes selbst entschieden. Denn während der Zeremonien, bei denen üblicherweise ein Mutterschwein geopfert wurde, war auf dem Altar plötzlich eine Flamme emporgeschossen. Sie legten die bei der Feier anwesenden Vestalinnen eindeutig als den Willen der Götter aus, die Gefangenen erbarmungslos zu vernichten.

Noch heute zweifeln die Historiker, ob die bekanntermaßen nachtragende Frau tatsächlich gutgläubig handelte oder aber an Catilina späte Rache üben wollte, hatte er doch einst ihre Schwester Fabia, eine Vestalin, vor der ganzen Stadt bloßgestellt. Angeblich hatte er sie verführt. Wenn Fabia auch freigesprochen worden war und die leidige Angelegenheit schon zehn Jahre zurücklag, hinderte das die verärgerte Schwester nicht daran, dem vermeintlichen Verführer, der den guten Ruf ihrer Familie befleckt hatte, zu grollen. Es wäre im übrigen nicht das erste Mal gewesen, daß Terentia ihrem wankelmütigen Gatten half, sich zu einer Entscheidung durchzuringen. Schon Jahre zuvor hatte sie mit dem gleichen Trick den unentschlossenen Mann überredet, für das Konsulat zu kandidieren...

Nicht alle Großen der römischen Geschichte waren indes ihren Frauen so hörig wie der entscheidungsschwache Cicero. Cäsars Frau Calpurnia hatte in der Nacht vor den Iden des März geträumt, der Giebel ihres Hauses sei eingestürzt und der Gatte in ihrem Schoß ermordet worden. Am Morgen warf sie sich ihm ver-

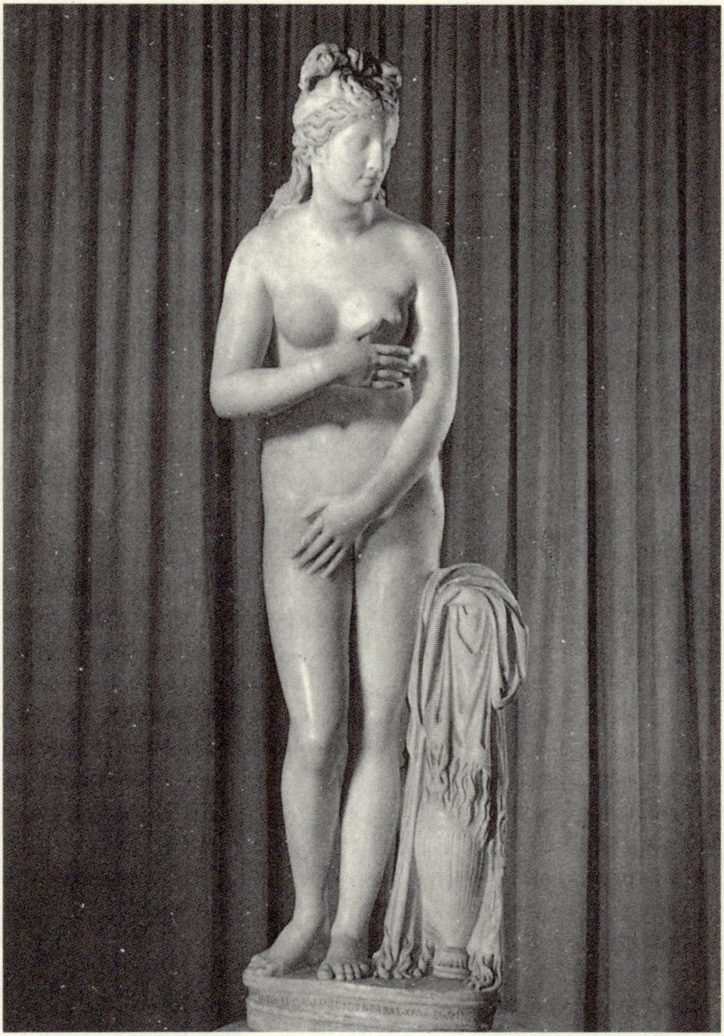

Der Senat zögerte lange, ehe er der sinnlichen Orientalin Einlaß in den römischen Götterhimmel gewährte. Die »Kapitolinische Venus«, römische Nachbildung der knidischen Aphrodite von Praxiteles. Rom, Kapitolinisches Museum.
(Foto: Museo Capitolino, Rom)

zweifelt an die Brust und beschwor ihn, die Senatssitzung zu meiden und das Haus nicht zu verlassen. Aber Cäsar, der seine Entscheidungen stets selbstbewußt getroffen und von dem weitverbreiteten Aberglauben ohnehin nie etwas gehalten hatte, tat die Warnung nach anfänglichem Zögern als Weibergeschwätz ab. Noch im Senat lächelte er spöttisch zu Spurinna hinüber, dem Seher, der ihn vor noch nicht allzu langer Zeit ebenfalls vor diesem Tag gewarnt hatte...

Cäsar hätte sicher gut daran getan, ab und zu auf die Intuition seiner Frau zu hören. Und Cicero wäre wahrscheinlich besser beraten gewesen, hätte er sich nicht in allem den Wünschen und Einflüsterungen der launischen Terentia gefügt. So war ihr unnachgiebiges Verhalten sicherlich auch der Grund für die Opposition, die sich gegen seine konsequente Politik formierte und ihn schließlich 58 v. Chr. in lange Verbannung trieb.

In diesem Zusammenhang ist eine Geschichte besonders interessant, zeigt sie doch, wie unglücklich sich, auch für die Stadt Rom, der Einfluß auswirkte, den diese Frau auf ihren Mann ausübte.

Einer der führenden Köpfe jener Opposition, die Ciceros Exilierung betrieb, war P. Clodius Pulcher, der Volkstribun. Der »Schöne« war »Sproß der Gens Claudia, ein junger Adliger, dessen Mut keine Grenzen und dessen Moral keine Hemmungen kannte.«[2] Noch während der Verschwörung des Catilina hatte Cicero das Verhalten des jungen Aristokraten in den höchsten Tönen gelobt. Nur ein Jahr später war die Freundschaft zerbrochen und in offene Feindschaft umgeschlagen. Keine geringe Schuld daran trug Terentia, die auf Clodius' junge, leichtsinnige und lebenslustige Schwester eifersüchtig war.

Es geschah, daß sich der heißblütige Volkstribun heftig in Cäsars damalige Gattin Pompeia verliebte, die seinem Werben wohl auch nicht widerstand. Der Verliebte ließ keine Gelegenheit aus, mit seiner Angebeteten zusammenzutreffen. So war der Dezember des Jahres 62 v. Chr. herangekommen und damit die Zeit, in der in Rom die Frauen der obersten Schicht das Fest der Bona Dea feierten. Die zweimal im Jahr abgehaltenen Feierlichkeiten dauerten eine ganze Nacht und gehörten zu den merkwürdigsten Einrichtungen des an derartigen Veranstaltungen reichen römischen

Festkalenders. Denn keinem männlichen Wesen war es gestattet, sich auch nur in der Nähe der heiligen Handlungen aufzuhalten. Selbst der Hausherr war gehalten, diese Nacht außerhalb bei Freunden zu verbringen. Entfernt wurden auch alle Darstellungen, die irgendwie an das männliche Geschlecht erinnerten, oder sie wurden doch züchtig verhüllt. Jeder Mann, der gegen dieses ungeschriebene Gesetz verstieß, hatte schlimme Strafen zu gewärtigen.

Nirgendwo ist zuverlässig überliefert, was sich bei diesen Feiern abspielte. Die Tatsache, daß Männern, wenn auch nur durch die Sitte, der Zutritt verwehrt war, sie andererseits aber den alleinigen Anspruch erhoben, einer wißbegierigen Nachwelt aufgeschrieben zu hinterlassen, was sich in Rom Tag für Tag ereignete, hat den wildesten Phantasien Tür und Tor geöffnet. Angewiesen auf das, was ihnen ihre Frauen zu erzählen beliebten, verstiegen sich viele altrömische Autoren in sonderbare Geschichten, die kein zuverlässiges Bild des Kultes vermitteln. Für den gemäßigten Plutarch war das Fest der Bona Dea nicht mehr als ein Tribut an die Tradition. Der Satiriker Juvenal hingegen sah in ihm eine Orgie, eine billige Gelegenheit für viele Frauen, ihre (nicht nur) homoerotische Veranlagung ungehemmt auszuleben. Gesichert ist indes nur, daß bei der Zeremonie eine Sau geopfert und viel Wein getrunken wurde. Der Wein wurde jedoch Milch, der Weinkrug Honigtopf genannt. Kraft ihres Amtes nahmen auch die Vestalinnen an den Feiern teil. »Man kennt auch die geheimen Orgien zu Ehren der Bona Dea, wenn der Pfeifton die Lenden erregt...« ereifert sich der Dichter, und er tadelt Sinnlichkeit und Geilheit der trunkenen Weiber, lobt die gute alte Zeit, als sich selbst ein Mäuserich, seiner Hoden eingedenk, verdrückt habe, um die Göttin nicht zu beleidigen. »Aber heutzutage: an welchem Altar findet sich nicht ein Clodius?«[3)]

Clodius! Sein jugendlicher Leichtsinn provozierte 62 v. Chr. einen Skandal, der für ihn selbst und seine Geliebte nicht ohne Folgen blieb.

Cäsar, Oberpriester und in diesem Jahr auch Prätor, war mit Pompeia verheiratet, der die Ausrichtung des Festes der Bona Dea diesmal oblag. In blinder Leidenschaft schlich sich der schöne Volkstribun an jenem Abend nun, als Laienspielerin verkleidet, in

Cäsars Haus, jung genug, um für ein Mädchen gehalten zu werden. Wahrscheinlich wollte er weniger die Mysterien stören als seiner Geliebten möglichst nahe sein. Er verriet sich jedoch bald unvorsichtigerweise durch seine Stimme. Sogleich benachrichtigte man Cäsars wachsame Mutter Aurelia, die sich ohnehin keine Gelegenheit entgehen ließ, die unfruchtbare Schwiegertochter zu bespitzeln. Der Frevler wurde entlarvt und als jener Publius Clodius Pulcher identifiziert, der einer der angesehensten, wenn freilich mittlerweile auch etwas anrüchigen Familien der Stadt entstammte. Ob Clodius oder nicht, der harmlose Streich eines unbesonnenen Jünglings artete zum handfesten Skandal aus, der schließlich die gesamte römische Oberschicht in Aufregung versetzte: Die Teilnahme eines Mannes an den geheiligten Feiern zu Ehren der Guten Göttin, eine Ungeheuerlichkeit, ein Sakrileg, das in der Geschichte ohne vergleichbare Vorbilder war! Besonders Aurelia verbreitete eifrig das Gerücht, Clodius habe das Haus ihres Sohnes nur betreten, um mit ihrer Schwiegertochter im Schutze des Festgetümmels ungestört Unzucht zu treiben.

Nur Cäsar tat, als ginge ihn das alles nichts an. Offensichtlich froh, daß ihm der Zufall eine solche Gelegenheit zugespielt hatte, die ungeliebte Gattin loszuwerden, schickte er ihr den Scheidebrief, ohne seinen Schritt zu begründen. Man hielt ihm vor, daß Pompeia an dem Vorfall doch keine Schuld treffe. Er erwiderte, die Frau des Oberpriesters müsse über jeden Verdacht erhaben sein, woraus der Volksmund später »Cäsars Frau müsse über jeden Verdacht erhaben sein« machte.

Clodius, der sich bald vor Gericht zu verantworten hatte, leugnete natürlich alles. Er hatte für die Tatzeit sogar ein handfestes Alibi. Zeugen konnten bestätigen, daß er sich in jener Nacht gar nicht in Rom, sondern in Interamna aufgehalten hatte, einem kleinen Ort, mehr als 140 Kilometer von der Hauptstadt entfernt. Cicero hielt jedoch dagegen, der Angeklagte habe ihn am Morgen vor dem Fest noch wegen wichtiger Geschäfte aufgesucht, und es sei unmöglich, in so kurzer Zeit eine solche Entfernung zurückzulegen. Trotz Ciceros brillanter Rede wurde der junge Volkstribun freigesprochen: Der Druck der Öffentlichkeit, die sich über den Vorfall eher amüsiert zeigte, sei zu stark gewesen, sagen die einen. Andere behaupten, nicht nur die Großzügigkeit eines Freundes habe die Richter von Clodius' Unschuld überzeugt. Vor allem hätten gewisse Gefälligkeiten seiner geliebten Schwester diese bewogen, Ciceros Aussage keinen Glauben zu schenken.

Noch gegen Ende der Republik erinnerte am vierten Meilenstein an der Via Latina ein Tempel an den Sieg der Frauen, die einst Coriolan überzeugt hatten, die Belagerung seiner Vaterstadt abzubrechen. Er war der »Fortuna Muliebris« geweiht, dem Glück der (Ehe)frauen, und zwar all jenen, die sich in ihrem Leben mit einem einzigen Mann begnügt hatten. Das Heiligtum beherbergte die berühmte Statue der Göttin, die nach ihrer Weihe die Stifterinnen besonders gelobt und zu ihnen gesagt haben soll: »Rite me, matronae, dedistis riteque dedicastis – ihr Frauen habt mich der Sitte gemäß gestiftet und mich auf rechte Weise geweiht.«

So jedenfalls hat es der Volksmund bewahrt. Zweimal im Jahr, im Juli und im Dezember, pilgerten römische Matronen die vier Meilen vor die Tore der Stadt, um der Göttin für die gütige Rettung zu danken.

Aber die Fortuna Muliebris war nicht die einzige Glücksgöttin, die von den Römerinnen verehrt wurde. Der Fortuna Virginalis opferte die Jungfrau am Abend vor der Hochzeit ihre Mädchenkleider. Ihr Tempel befand sich auf dem antiken Viehmarkt, dem Forum Boarium, in der Nähe einer Kultstätte, die der Mater Matuta, der Göttin des Morgens, eingerichtet war. Beide Kulte scheinen eng miteinander verknüpft gewesen zu sein. Sie hatten nicht nur am 11. Juni ihr gemeinsames Gründungsjubiläum. In beiden spielten auch die univirae eine herausragende Rolle. So durften die Matralia, das Fest der Morgengöttin, nur einmal verheiratete Frauen besuchen. Die Kultstätte der Fortuna auf dem alten Viehmarkt barg eine verhüllte Statue, von der niemand zu sagen wußte, wen sie darstellen sollte. Die einen sahen in ihr ein Abbild der Göttin, andere vermuteten, sie sei ein Konterfei der Keuschheit, wieder andere behaupteten, Servius Tullius, der Stifter des Kults, sei hier verewigt. Nur univirae durften diese Statue berühren.

Die meisten Verehrerinnen aber hatte zweifellos Fortuna Virilis, die Mannhafte, die über die weibliche Sexualität wachte. Möglicherweise war sie identisch mit der Göttin der Bäder (Balnearis). Denn am ersten April eines jeden Jahres strömten unzählige Frauen in die öffentlichen Männerbäder, um dort die Göttin zu feiern. »Folgt man der überlieferten Auslegung, so waren die Bäder tatsächlich der geeignete Ort für einen Kult der sexuellen Erfüllung, denn hier entblößten die Männer eben jenen Körperteil, der den Mittelpunkt des ganzen Kultes bildete ...«[4] Die Fortuna Balnearis war sicherlich eine Gottheit so recht nach dem derben Geschmack der Durchschnittsrömerin, zumal eine, die keineswegs die Keuschheit und Schamhaftigkeit der Frau beschützt haben kann, klagte doch schon Quintilian: »Es ist bezeichnend für die Ehebrecherin, mit den Männern zusammen zu baden.«[5] Leider ist auch über diese Zeremonie wenig bekannt. Wir wissen weder, ob Männern die Teilnahme gestattet war (worauf man nach der Bemerkung Quintilians eigentlich schließen könnte), noch, ob alle Frauen oder nur die Vertreterinnen des horizontalen Gewerbes zur Verehrung der Göttin aufgerufen waren. Sicherlich aber verbot sich für die ehrbare römische Gattin und Mutter die Teilnahme von selbst, besonders, nachdem der Kult der Venus Verticordia eingeführt worden war, die die Herzen zur Tugend bekehren sollte und von Familienmüttern ebenfalls am ersten April gefeiert wurde.

Die Historiker sind sich nicht einig, wann dieses religiöse Fest eingeführt wurde, das alle Ehebrecherinnen mahnte, sich zu besinnen. Die einen gehen davon aus, daß schon während des Krieges gegen Hannibal die gelockerten Sitten nach einer Umkehr geradezu geschrien hätten. Als sich die Lage wieder einigermaßen beruhigt hatte, so wird berichtet, sei vom Senat dieser Göttin eine Statue versprochen worden, die die Herzen der Frauen vor allen gefährlichen Leidenschaften bewahren und ihnen wieder den Sinn für das Schickliche schärfen sollte. Man habe eine gewisse Sulpicia, deren Züge dann wahrscheinlich auch dem Standbild der Göttin verliehen wurden, ausgewählt, die Weihe vorzunehmen. Sie war die Gattin des Senators Q. Fulvius Flaccus und galt als untadeligste Matrone Roms. Doch könnte dieses für Roms Wohlergehen so wichtige Ereignis auch in das Jahr 114 v. Chr. gefallen sein, wie andere Historiker nicht weniger glaubhaft kundtun. Damals sollen drei Vestalinnen wegen verbotener Liebesbeziehungen zu Rittern verurteilt worden sein. Hatte man vielleicht zur Sühnung jenes Verbrechens das »Heiligtum gestiftet, weil man hoffte, daß sich so das Herz der Frauen und Mädchen leichter von der Wollust abwenden und zur Keuschheit hinwenden werde?«[6]

Viele religiösen Bräuche und Praktiken im alten Rom hatten mit der menschlichen Fruchtbarkeit zu tun, und irrigerweise haben zahlreiche Wissenschafter zu allen Zeiten durch die religiöse Verherrlichung der Sexualität auf eine besondere Unsittlichkeit der Menschen geschlossen. Doch sollte man bedenken, daß die Antike, solange sie von platonischen oder ähnlichen Lehren, die allem Sinnlichen mißtrauten, unbeeinflußt blieb, dem Sexualleben ziemlich naiv gegenüberstand, ja in Zeugung und Empfängnis göttliche, da lebenserhaltende Kräfte ahnte. Noch ein aufgeklärter Forscher wie J. Burckhardt, der das Altertum vom sinnenfeindlichen Standpunkt des Christentums aus betrachtete, ereiferte sich über die »ruchlosen Kulte«, ohne damit freilich ihrem Wesen gerecht zu werden. Um wieviel mehr verachteten, ja verabscheuten frühe Kirchengelehrte wie Augustinus die religiösen Fruchtbarkeitsrituale aus urrömischer Zeit! Immerhin aber mußte auch er anerkennen, daß es nicht nur obszöne Handlungen waren, durch die besonders junge Eheleute den Segen des Himmels erflehten. In seinem großen Werk »De civitate Dei« spricht er in Anspielung auf einen von ehrbaren Frauen geübten Brauch von einer »mos honestissimus et religiosissimus matronarum«, einer besonders ehrenhaften und tiefreligiösen Sitte der Mütter. »Daß im übrigen alle solche ursprünglich religiös empfundenen Sexualgebräuche mit der Zeit zu rein sexuellen Kulthandlungen werden konnten, liegt in der Natur der Sache ...«[7)]

Es gab seit archaischer Zeit eine als Mutunus-Tutunus bekannte Sexualgottheit, der die Frauen Roms in einem besonderen Heiligtum verschleiert zu opfern pflegten. Man kannte weder ihre Herkunft, noch kann man sich bis heute auf ihren Namen einen Reim machen, versuchte bisweilen, den Stamm des Wortes »mutunus« auf »mentula«, das männliche Glied, zurückzuführen, was vielleicht nicht ganz von der Hand zu weisen ist. Denn es wurde auch ein Gott namens Tutinus verehrt, auf dessen Schamteil sich die Braut vor der Hochzeitsnacht setzte, gleichsam, um ihm ihre Jungfräulichkeit zu opfern und ihn um Fruchtbarkeit zu bitten. Sicherlich handelte es sich dabei nur um einen symbolischen Akt. Es fanden sich daneben nämlich mehrere Götter, die dem jungen Paar beim Vollzug der ersten ehelichen Beiwohnung hilfreich zur Seite standen, eine Tatsache, die das Mißfallen der frühen Kirchenväter erregte: »Wenn ein Mann bei dieser Tat schon die Hilfe von Göttern braucht, würde da nicht eine Gottheit genügen? Venus vielleicht, deren Name sogar daher kommen soll, daß eine Frau nicht ohne Gewalt ihre Jungfräulichkeit verlieren kann... Müssen nicht die Menschen, wenn sie sich vereinigen, beim Gedanken, daß so viele Götter und Göttinnen zugegen sind, vor Scham erröten?« rügt Augustinus in seinem Werk über den Gottesstaat.[8)]

Besondere Verehrung genoß in Rom Venus, die Göttin der Liebe und der Schönheit. Sie galt nicht nur als göttliche Stammutter des julisch-claudischen Kaiserhauses (Venus Genetrix), das im Jahr 68 n. Chr. mit dem Tod Kaiser Neros ausgestorben war. Alle folgenden Herrscher huldigten ihr nicht weniger als Beschützerin ihrer Familien, der Stadt und des Reiches. Schon in Vergils Nationalepos, der Aeneis, hatte sie große Berühmtheit erlangt und scheint überhaupt eine der ältesten römischen Gottheiten gewesen zu sein. Nach Auffassung älterer Forscher hatte sie einen bemerkenswerten Wandel erfahren: Die bescheidene Beschützerin der Gärten und Blumen eines nicht weniger bescheidenen Bauernvolkes sei, so mutmaßen sie, bald mit der von Griechenland importierten Aphrodite gleichgesetzt, ja zur römischen Liebesgöttin schlechthin erklärt worden. Von Tacitus erfahren wir, daß Kaiser Tiberius »als Blutsverwandter« das Heiligtum der Aphrodite auf dem Berg Eryx in Sizilien, von wo der römische Venuskult ausgegangen war, instandsetzen ließ.[9)] Doch hat sich in letzter Zeit eine viel abstraktere Ableitung des Wesens dieser Göttin durchgesetzt, die die religiöse und magische Kraft in Persönlichkeit und Körper einer Frau symbolisiert: Sie »sei zuerst kein Fruchtbarkeitsdämon, sondern die Personifizierung einer unendlich subtileren geistigen Realität gewesen: Die magische Macht, welche die Wirksamkeit des Gebetes bedingt und allein imstande ist, den Segen und die Gnade der Götter auf die Menschen zu ziehen...«[10)]

Die römische Nationalmutter war buchstäblich von zwiespältigem Charakter: Einerseits Hüterin der ehelichen Sittsamkeit und Treue und deshalb von allen tugendhaften Römerinnen verehrt. Gleichzeitig aber auch die Göttin, bei der die Dirnen (meretrices) Roms Zuflucht suchten, wobei sich die Dinge mitunter seltsam verquerten:

Im Jahr 295 v. Chr. wurde in Rom der zweitälteste Venustempel (Venus obsequens) geweiht. Zu seinem Bau trugen, wenn auch vermutlich widerwillig, einige verheiratete Damen der Gesellschaft bei. Sie nämlich hatten sich, damals noch gegen jeden Anstand, als Prostituierte verdingt, waren ertappt und nach der Vorfahren Brauch bestraft, das heißt, sowohl ihres Lebens als auch ihres Vermögens entledigt worden. Aus ihren Einkünften entstand das Heiligtum, sicherlich nicht zum Beweis dafür, wie einträglich das älteste Gewerbe der Welt zu allen Zeiten war, sondern, um nacheiferungswillige Frauen abzuschrecken. Denn »obsequens« heißt nichts anderes als gehorchend.

Zweifellos hatte man den Bau dieses Heiligtums beschlossen, um die Göttin der Leidenschaft milde zu stimmen und sie zu überreden, ihre Gunst künftig nur noch der legitimen, der ehelichen Liebe der aristokratischen Damen zu gewähren. Aber die Geschichte lehrte, daß sie sich nicht dazu herabließ, sich vor allem nicht mit dem bescheidenen Rang begnügte, der ihr, der Mutter aller Römer, damit zugewiesen war. Als sich Rom während des Zweiten Punischen Krieges am Rande des Untergangs befand, brachte sie sich deshalb in Erinnerung. Sie wohnte auf dem Berge Eryx im fernen Sizilien und war den Römern, die von dort im Ersten Punischen Krieg erfolgreich gegen die Karthager operiert hatten, hilfreich beigestanden. Wunder wurden dieser Gottheit zugeschrieben. Allmorgendlich, so verbreiteten ihre Priester, sei ihr Altar taubenetzt und mit Gras bewachsen gewesen. Reste der Opfergaben verschwanden ohne menschliches Zutun. Und schließlich wanderte die Göttin einmal im Jahr nach Afrika aus, wo sie sich neun Tage lang aufhielt. Begleitet wurde sie von den heiligen Vögeln, den Tauben, die stets in großer Zahl ihr Haus umflatterten. Ging es an, eine solche Gottheit, die dazu noch orientalischer Herkunft war, im vernunftgeprägten Rom einzuführen? War es vor allem mit den strengen sittlichen Grundsätzen zu vereinbaren, die Hilfe einer Göttin anzurufen, zu deren Kult die Tempelprostitution gehörte, die die Herzen der Menschen verwirrte und so offenkundig das Laster beschützte?

Der Senat zögerte lange, ehe er sich entschloß, ihr als Mutter des Aeneas Einlaß in den römischen Götterhimmel zu gewähren. Angesichts der drohenden Gefahr nur hatte man alle Bedenken beiseite geschoben und wohl auch gehofft, Mars, der Geliebte der Venus, werde durch die Ehre, die man seiner Freundin erwies, das Kriegsglück wenden und den Legionen, die er im Stich gelassen hatte, wieder zu ihrem früheren Glück verhelfen. Venus Erycina wurde also nach Rom geholt und erhielt ihr Heiligtum sogar auf dem Kapitol, wo der Göttervater selbst residierte.

Dennoch wollte man allen Eventualitäten vorbeugen und errichtete neben dem Tempel der sinnesfreudigen Orientalin auch dem »Mens« ein Heiligtum, dem Gott des Verstandes, des scharfen Intellekts, dessen Hilfe Rom in dieser schweren Zeit nicht weniger bedurfte. Er sollte das Entfesselte des fremden Kultes ausgleichen und zugleich allen Römern verdeutlichen, wie sehr sich die Staatsführung um eine ausgewogene Religionspolitik bemühte.

Von außerordentlicher weiblicher Tugend zeugte der Tempel der Venus Calva, der kahlköpfigen Göttin. Angeblich hatte man ihn zur Erinnerung an das Jahr 390 v. Chr. errichtet, da die Kelten unter ihrem Anführer Brennus das Kapitol belagerten und Roms Frauen für die Anfertigung von Bogensehnen ihr Haar opferten, eine Überlieferung, die in der Wissenschaft ziemlich umstritten ist. Ironischerweise war es dann nicht dieses Opfer, das Rom rettete. Brennus hatte mit seinen barbarischen Horden bereits die ganze Stadt an sich gerissen. Nur das Kapitol war noch in römischer Hand, wurde aber schon von den Feinden belagert. Irgend jemand brachte Verhandlungen zustande, und es heißt, der siegreiche Kelte habe für seinen Abzug als Lösegeld 1000 Pfund Gold gefordert. Ohne sich lange zu besinnen, hätten Roms Frauen all ihren Goldschmuck aufgeboten, um ihre Vaterstadt auszulösen...

Was die Venus Calva betrifft, ist eine andere, geradezu gegensätzliche Version kaum weniger phantastisch: In archaischer Zeit seien unter der Regierung des Königs Ancus Marcius Roms Frauen von einer rätselhaften Krankheit befallen worden, die sie all ihres Haarschmucks beraubte. Darüber waren sie natürlich sehr betrübt, glaubten sie doch, mit ihrem Haar auch ein Gutteil ihrer Attraktivität eingebüßt zu haben. Auch die Königin, wird berichtet, sei untröstlich gewesen. Da ließ ihr Gatte, vielleicht in der Absicht, ihr zu zeigen, daß sie für ihn nichts von ihrer Anziehungskraft verloren hatte, eine Statue aufstellen, die die erste

Frau des Reiches ohne Haare zeigte. Und sogleich sei das spezifisch weibliche Attribut schöner als zuvor nachgewachsen.

Freilich lehnen die sachlich strengen Historiker der Neuzeit jeden Gedanken an jene Wundererzählungen entrüstet ab, halten die Venus Calva allenfalls für eine Statue der Göttin, die mit der Zeit ihres ursprünglichen Schmuckes beraubt und im Volksmund daraufhin als »die Kahle« bezeichnet worden war. Und ganz kühne halten es sogar für möglich, daß die Römer mit dem Abschneiden des Frauenhaares die Kraft der verführerischen Venus bannen wollten.

Zu den wichtigen altrömischen Fruchtbarkeitsgottheiten gehörte schließlich Liber, der auch als Gott des Wachstums verehrt und später mit Dionysos gleichgesetzt wurde. Im Mittelpunkt seines Kultes stand ein überdimensionaler, wahrscheinlich aus Holz geschnitzter Phallus, der zur Krönung des Liberfestes auf einem Wagen durch die Straßen gezogen wurde. Wieder ist es Augustinus, der sich über diese »Schamlosigkeit« empört: »Dieses unehrbare Glied mußte eine ehrbare Matrone bekränzen«.[11] Und er meint, der Gott hätte durch eine Zeremonie, bei der eine unbescholtene Frau öffentlich etwas zu tun genötigt war, das man im Theater nicht einmal von einer eingetragenen Prostituierten verlange, günstig gestimmt werden sollen. Doch weist gerade die Tatsache, daß eine anständige Frau mit dieser Kulthandlung betraut war, darauf hin, daß es sich um alles andere als eine Zügellosigkeit handelte. Es muß ein uralter, in der Naturreligion des einstigen Bauernvolkes tief verwurzelter Brauch gewesen sein, der Unheil und bösen Zauber von Feldern und Saat abwenden sollte. Im übrigen wurde auch von den Vestalinnen während der Opferfeier ein Phallus als Symbol der göttlichen, ewig zeugenden Naturkraft verehrt, wovon Plinius in seiner naturalis Historia spricht.[12]

Welche Blüten mit der Zeit aber ein Kult tatsächlich treiben konnte, der ein ursprünglich nicht anstößiges Fruchtbarkeitssymbol in den Mittelpunkt seines Rituals stellte, sollte auch Rom noch erfahren.

Kap. 12.

12.
DIE MACHT DES GLAUBENS

SKANDAL UM DIE BACCHANALIEN – MAGNA MATER – DIE PRIESTERINNEN DER VESTA

In engem Zusammenhang mit dem Gott Liber wird in den alten Quellen Bacchus erwähnt, der mit dem griechischen Dionysos gleichgesetzt wurde. Auch bei ihm dürfte es sich in der frühen römischen Geschichte um eine Fruchtbarkeitsgottheit gehandelt haben, den Beschützer der Weinberge und der Weinlese, der in gleicher Weise als altitalischer Gott schon von den Etruskern verehrt worden war. Aber auch aus den einfachen Riten dieses einst naturverbundenen göttlichen Wesens hatte sich mit der Zeit der fanatisch-mystische Bacchusdienst entwickelt, »welcher sich vorzugsweise mit dem thrakischen und thebanischen Dionysos beschäftigte, dem Sohn der Semele oder Persephone, dem periodisch unterliegenden und wiederauflebenden Symbole des Naturlebens, dessen Fest und Geheimdienst meist bei Nacht und von Frauen in der höchsten sinnlichen Aufregung des religiösen Gefühls begangen wurde ...«[1)]

Ort des Treffens der Bacchusanhänger war in Rom ein heiliger Hain, der am Fuß des Aventins in Tibernähe lag.

Wann die sogenannten Bacchanalien dort eingeführt wurden, ist ungewiß. Doch scheinen sie schon zur Zeit des Zweiten Punischen Krieges gefeiert und von der Obrigkeit auch geduldet worden zu sein. Denn Livius berichtet: »Daß schon seit langem nicht nur in Italien, sondern jetzt auch in der Stadt ... Bacchanalien gefeiert werden, ist euch sicherlich nicht nur vom Hörensagen bekannt, sondern auch durch den nächtlichen Lärm und das Geheul, das überall in der Stadt ertönt.«[2)] Es ist allerdings fraglich, ob das Fest zu seiner Zeit noch größere Bedeutung hatte. Denn schon fast 200 Jahre zuvor, genau im Jahr 186 v. Chr., hatte sich die Staatsführung veranlaßt gesehen, die Bacchanalien einzuschränken und Tausende von Gläubigen zum Tode zu verurteilen. Anlaß dazu hatte ein Vorfall gegeben, den Livius so romanhaft schildert, daß er einige Historiker an der Authentizität der Ereignisse zweifeln läßt, zumal gewisse Parallelen zur Verschwörung des Catilina auffallen, die zu Livius' Zeit erst einige Jahrzehnte zurücklag. Doch verleihen nicht nur die von Livius verwendeten Namen der Beteiligten, sondern auch zwei Senatsbeschlüsse, deren Echtheit verbürgt ist, dem Bericht zumindest einen historischen Hintergrund.

Folgendes hatte sich zugetragen: Publius Aebutius, Angehöriger der römischen Reiterei, starb schon in jungen Jahren und ließ seinen gleichnamigen Sohn unter der Obhut mehrerer Vormünder und der Aufsicht seiner Frau Duronia, der Mutter des Knaben, unmündig zurück. Die noch lebenslustige Witwe vermählte sich bald aufs neue. Der Auserwählte hieß Titus Sempronius Rutilus. Und ihm war die Mutter des Jungen völlig verfallen.

Es geschah nun, daß Sempronius, der nach dem Tod der Vormünder die Erziehung des Stiefsohnes übernommen und dessen nicht unbeträchtliches Vermögen verwaltet hatte, Rechenschaft ablegen sollte, was er, da er ein schlechter Verwalter war, nicht ordnungsgemäß konnte. So blieb ihm nichts anderes übrig, als den Jüngling entweder aus dem Weg zu räumen oder ihn so von sich abhängig zu machen, daß man ihn nicht mehr zur Verantwortung ziehen konnte. Der sicherste Weg, den Stiefsohn vor aller Welt zu diskreditieren, schien ihm dessen Einführung in die Mysterien des Bacchus zu sein. Er weihte die Mutter in seine schmutzigen Pläne ein und konnte sie zum Mitmachen überreden.

Sie war es nun, die sich den Sohn vornahm: Als er einmal sehr krank gewesen sei, jammerte sie, habe sie gelobt, ihn im Falle seiner Genesung in die bacchischen Riten einweihen zu lassen. Da sie damals bald erhört worden sei, sei es nun an der Zeit, ihr Versprechen einzulösen. Nichts weiter werde vorläufig von ihm verlangt, als daß er zehn Tage lang sexuelle Enthaltsamkeit übe.

In Aebutius' Nachbarschaft wohnte die junge Curtisane Hispala Fecenia. Als blutjunges Mädchen hatte man sie als Sklavin für Liebesdienste verkauft. Sie hatte sich jedoch durch Tüchtigkeit ein so stattliches Vermögen erworben, daß sie sich eines Tages die Freiheit erkaufen und ihr Gewerbe an den Nagel hängen konnte, um

Er galt als das vornehmste Heiligtum der Stadt: Rekonstruierter Teil des Vesta-Tempels. Unter seiner offenen Kuppel brannte das heilige Feuer, das die Vestalinnen hüten mußten. Rom, Forum Romanum. (Foto: Guido Schall)

ihre Gunst nur noch dem schönen Aebutius zu schenken. Offensichtlich liebte sie ihn wirklich. Der Jüngling jedenfalls verbrachte Nacht um Nacht bei ihr, denn auch er war ihr zutiefst verbunden. Und diese Liebe war es, die ihm Leben und Ehre retten sollte.

Eher scherzhaft erzählte er nun der Geliebten, er werde einige Nächte nicht mit ihr verbringen, worüber sie sich nicht beunruhigen möge. Aber er wolle sich von den Bacchantinnen weihen lassen, um ein Gelübde, das seine Mutter einst seinetwegen gegeben habe, zu erfüllen. Zuvor, so verlange es der Brauch, müsse er eine Zeitlang enthaltsam leben.

Kaum aber hatte die schöne Fecenia das gehört, als sie entsetzt ausrief: »Bewahre Gott!« Lieber wolle sie mit ihm gemeinsam sterben als zusehen, wie er in sein Unglück renne. Und sie rief alle Flüche und Verwünschungen, die durch diese Weihe herbeigeführt würden, auf jene herab, die ihm dazu rieten.

Als junge Sklavin, begann sie zu erzählen, habe es auch zu ihren Pflichten gehört, ihre Herrin in das Heiligtum des Gottes zu begleiten.

Sobald jemand geweiht sei, würde er den Priestern als Opfer übergeben. Diese führten ihn dann an einen verborgenen Ort, wo Zimbeln, Flötenspiel und Paukenschlag so laut tönten, daß man sein Hilferufen nicht höre, wenn er gewaltsam geschändet werde. Und das Mädchen beschwor ihn, ihr sein Wort zu geben, daß er niemals dorthin gehen werde.

Als seine Mutter wieder davon anfing, erklärte er ihr, er werde nichts von dem tun, was man von ihm verlange. Und da er hartnäckig blieb, jagte sie ihn, ausgestattet mit einigen Sklaven, aus dem Haus.

In seiner Not flüchtete er sich zu seiner Tante Aebutia, der er alles erzählte. Sie riet ihm, sich an den Konsul Postumius zu wenden, der ein ehrenhafter und gerechter Mann war.

Dieser hörte sich die fast unglaubliche Geschichte geduldig an, ohne sogleich ein Urteil abzugeben, und bat den jungen Mann, sich in drei Tagen wieder zu melden. Er ließ Aebutia rufen und führte wie zufällig das Gespräch auf ihren Neffen. Schon bei der Erwähnung seines Namens begann die Tante heftig zu weinen und klagte, mit Hilfe der eigenen Mutter sei jener brave junge Mensch all seines Besitzes beraubt und aus seinem Elternhaus vertrieben

Sie gehörten zu den emanzipiertesten und dennoch bemitleidenswertesten Frauen Roms. Statue einer im Dienst gealterten Priesterin der Vesta. Rom, Museo Nazionale Romano. (Historia-Photo)

worden. Und nur, weil er sich weigere, einer Religionsgemeinschaft beizutreten, deren Obszönität in aller Munde sei.

Der Konsul, von der Redlichkeit des Jünglings nunmehr überzeugt, ließ durch seine Schwiegermutter Sulpicia nun auch Hispalia Fecenia rufen. Das einfache Mädchen war schon über die Einladung einer so vornehmen Dame sehr erschreckt. Als sie jedoch das Haus der ehrwürdigen Sulpicia betrat und dort den Konsul mit seinen Liktoren und dem ganzen Gefolge erblickte, war sie einer Ohnmacht nahe. Postumius bat sie jedoch, sich zu beruhigen: Wenn sie die Wahrheit sage, habe sie nichts zu befürchten. Sie solle nur berichten, was sie bei den Bacchanalien beobachtet habe.

Wieder begann das Mädchen zu zittern. Sie sei doch noch eine junge Sklavin gewesen, als sie mit ihrer Herrin dort eingeführt worden sei. Alles, was sie Aebutius gesagt habe, sollte ihn lediglich abschrecken. In Wirklichkeit wisse sie von den Mysterien nichts.

Da hob Postumius' Schwiegermutter die zitternde Hispalia von Boden auf, und diese faßte Mut, sprach von ihrer Furcht vor dem Zorn der Götter, deren geheime Riten sie nun enthüllen müsse, und von der großen Angst vor den Angehörigen jenes Kultes, die sie, eine Verräterin, dafür eigenhändig in Stücke reißen würden. Sie bat, man möge sie wenigstens, sobald sie sich ihrer Pflicht entledigt habe, außerhalb Italiens in Sicherheit bringen. Aber auch hier wußte sie Postumius zu beruhigen: Er, der Konsul, werde schon dafür sorgen, daß sie auch in Rom weiterhin unbehelligt leben könne.

Nun gab Hispalia bereitwillig Auskunft: Ursprünglich sei das Heiligtum nur für Frauen bestimmt und Männern nicht zugänglich gewesen, bis eines Tages eine Kampanierin, angeblich auf Wunsch der Götter, gewisse Änderungen vorgenommen habe. Sie habe als erste ihre Söhne an den Mysterien teilnehmen lassen und die Zeremonien in die Nacht verlegt. Seitdem gäbe es keine Art des Lasters, das dort nicht praktiziert würde. Denn nichts für Sünde zu halten, sei das oberste Glaubensbekenntnis der Bacchanten. Männer trieben es mit Männern, Frauen mit Frauen, Männer mit Weibern und umgekehrt. Mit allzu Zaghaften, die sich nicht oder nicht gleich an den Schandtaten beteiligen wollten, mache man kurzen Prozeß. Menschen verschwänden, an eine Seilwinde gebunden und in finstere Höhlen hinabgelassen. Die Götter hätten sie geholt, hieße es. Die Männer sprächen Weissagungen in Trance, die Frauen liefen in Bacchantinnentracht mit fliegendem Haar an den Tiber, in den Händen hielten sie brennende Fackeln, die sie ins Wasser tauchten und brennend wieder herauszögen. Sie seien mit Schwefel und Kalk überzogen. Es handele sich um eine Gesellschaft von beachtlicher Größe, fast schon ein Volk im Volke, darunter auch Leute von vornehmstem Stand. Seit zwei Jahren nähme man keinen mehr auf, der älter als zwanzig Jahre sei. Denn junge Menschen ließen sich leichter verderben.

Als Postumius im Senat berichtete, was ihm zu Ohren gekommen war, war der Schrecken groß. Die politischen Gegner und die Kritiker der Regierung, allen voran der strenge Cato, nahmen die Enthüllungen über den Bacchusdienst als Beweis dafür, wie verderblich sich alle griechischen Einflüsse, vor denen sie im übrigen schon immer gewarnt hätten, auf das Römertum auswirkten. Leider ist von Catos Rede, eine seiner leidenschaftlichsten, nicht ein Wort erhalten geblieben...

Der Senat griff unbarmherzig durch. Alle Priester des Gottesdienstes und all jene, die sich zu Unzucht und Schandtat verbunden hatten, wurden aufgespürt. Für wie gefährlich man diese religiöse Vereinigung hielt, mag die Tatsache verdeutlichen, daß überall in Rom Wachen verteilt wurden, die dafür zu sorgen hatten, daß sich derartige Zusammenkünfte nicht wiederholten. »Ein beachtlicher Teil der Anhänger besteht aus Frauen«, ließ sich der Konsul vor dem Senat vernehmen, »und von ihnen rührt das eigentliche Übel her... Noch ist die Rotte nicht übermäßig stark, aber sie wird täglich stärker, da die Zahl der Gläubigen ständig steigt... Wenn ich euch sage, wie alt die Männer sind, die dort eingeführt werden, so werden sie euch nicht nur leid tun. Ihr werdet euch ihrer auch schämen. Quiriten, wollt ihr etwa Jünglinge, die einen solchen Eid geleistet haben, zu Soldaten machen? Solche... sollten mit dem Schwert die Unschuld eurer Frauen und Kinder verteidigen?... Schon ist der ganze Staat in Gefahr...« Der Senat wolle nun mit Zustimmung der Götter, die ungnädig darüber seien, daß ihre Heiligkeit durch derartige Verbrechen befleckt worden sei, alle Verantwortlichen bestrafen und vernichten. Tatsächlich müssen etwa 7000 Römer in den Skandal verwickelt gewesen sein. Viele versuchten zu fliehen, einige töteten sich selbst. Der größte Teil wurde aufgegriffen und hingerichtet, wobei man die schuldigen Frauen nach althergebrachter Sitte zur Vollstreckung des Todesurteils ihren Angehörigen übergab.

Durch (inschriftlich überlieferten) Senatsbeschluß wurden schließlich die Bacchanalien in Rom und ganz Italien für immer verboten. Ausgenommen waren einige unbedeutende Lokalkulte, die aber nur mit Genehmigung des Prätors, die noch der Senat bestätigen mußte, abgehalten werden durften.

Selten hat sich die Geschichte gerechter gezeigt. Die Schuldigen wurden bestraft, die Retter des Vaterlandes belohnt. Aebutius erhielt vom Senat 100000 Sesterzen, zudem wurde er vom Waffendienst befreit. Seiner Geliebten, wenn sie es nach all den Aufregungen überhaupt noch war, erkannte man die gleiche Summe zu. Man hob alle Beschränkungen auf, unter denen sie als unfrei Geborene zu leiden gehabt hatte. Dem Gesetz nach hätte sie nun sogar ihren Aebutius heiraten und mit ihm bis an ihr Ende glücklich sein können. Aber davon berichtet Livius nichts. Auch darin sehen übrigens alle, die an die Wahrheit dieser Überlieferung glauben, ihre Meinung bestätigt: Hätte Livius, wäre er beim Abfassen dieses Berichtes seiner ausschweifenden Phantasie erlegen, gerade auf eine solche Pointe verzichtet?

Der Erfolg der Härte, mit der der Senat gegen diese religiöse Ausartung vorging, kann als durchschlagend bezeichnet werden. Nie wieder wird in der römischen Geschichte von ähnlichen religiösen Ausschreitungen berichtet. Den Bacchusdienst hat es allerdings viel später noch in gemäßigter Form gegeben. Aber es waren nicht mehr die kleinen Leute, die ihm verfielen. Der dionysische Mystizismus wurde die Religion einer kleinen elitären Schicht, deren bedeutendster Vertreter kein geringerer als Marcus Antonius war. Statuen des Weingottes verschönerten die Gärten der Reichen, seine Darstellungen schmückten die Wände vornehmer Villen. Die berühmtesten Fresken der Mysterienvilla in Pompeji »stellen ohne Zweifel den Verlauf einer Initiation in die Kulthandlungen dar, die das Geheimnis der Liebe und des Lebens enthüllen.«[3)]

Auch der Kult der Magna Mater war Mittelpunkt einer recht merkwürdigen Geschichte, die ebenfalls von Livius erzählt und vielleicht auch ausgeschmückt wurde. Er kehrte oft ein übertrieben anspruchsvolles Frauenideal hervor, indem er entweder untadelige Römerinnen über die Maßen lobte, weniger moralische hingegen aufs schärfste verdammte. Damit befand er sich ganz in Einklang mit den Stimmungen der Zeit, der Staatsführung zumal. Denn »Augustus selbst setzte die Religion ganz offen als Instrument zur Durchsetzuung seiner sozialen Ideale ein. Er ließ viele Tempel wiederherstellen und favorisierte, soweit es die Frauen anging, die Kulte, die die Mutterschaft, die Keuschheit und den familiären Zusammenhalt förderten.«[4] Daß sich die Bemühungen der Staatsführung auch hier wenig erfolgreich erwiesen, steht freilich auf einem anderen Blatt.

Die Magna Mater, die große Mutter, wurde von Kleinasien nach Rom geholt, nachdem man während Hannibals Aufenthalt in Italien Zuflucht bei den Sibyllinischen Büchern gesucht hatte und diese geweissagt hatten, der Aggressor werde sich zurückziehen, sobald man die Göttin aus Phrygien herbeigeschafft haben werde. »Sollte einmal ein auswärtiger Feind den Krieg nach Italien tragen«, stand da geschrieben, »kann man ihn vertreiben und besiegen, wenn man die Idäische Mutter von Pessinus nach Rom bringen läßt.«[5] Das zusätzlich befragte Orakel von Delphi bestätigte den klugen Rat. Mit Hilfe von König Attalos von Pergamon wurde das Kultbild der Göttin, ein einfacher schwarzer Meteorstein, nach Pergamon gebracht, dort in einem besonderen Tempel, dem Megalesion, aufgestellt und schließlich nach Rom verschifft. Am 4. April 204 v. Chr. traf die Statue in der Hauptstadt ein.

Man hatte P. Cornelius Scipio Nasica, den Besten der römischen Bürgerschaft, beauftragt, mit einer Abordnung vornehmer Damen der Göttin nach Ostia entgegenzugehen.

Bei der Einholung des Kultbildes soll ein Wunder geschehen sein, an dessen Verbreitung besonders die angesehene Familie der Claudier interessiert war. Die nach Ostia entsandte Abordnung begleitete auch Quinta Claudia, deren Ruf alles andere als über jeden Zweifel erhaben war. Einiges wußte der Klatsch über ihre lockere Moral zu berichten. Doch Claudia lieferte selbst den Beweis ihrer Unschuld.

Es wird erzählt, daß das Schiff des Corneliers mit der heiligen Statue im seichten Wasser auf eine Sandbank lief, was gewiß des öfteren vorkam. Ungewöhnlich jedoch war, daß es sich nicht einmal mit Gewalt von der Stelle bewegen ließ. Da rief jene Claudierin angeblich alle Götter Roms an, das Gefährt möge sich auf ihren Befehl wieder bewegen, aber nur dann, wenn ihre Ehre unbefleckt sei. Ein gnädiger Himmel erhörte tatsächlich ihr kühnes Flehen. Mehr noch. 191 v. Chr. wurde auf dem Palatin der großen Mutter Kybele ein eigenes Heiligtum errichtet. Dort wurde in der Eingangshalle auch eine Statue Claudias aufgestellt, die längst den Ruf genoß, Wunder wirken zu können. Zweimal soll jener Tempel abgebrannt sein, ohne daß ihr Standbild auch nur den geringsten Schaden erlitten hätte...

Für häusliches, familiäres und nicht zuletzt staatliches Gedeihen sorgte eine weitere Gottheit, Vesta, die Hüterin nicht nur des heimischen Herdes. »Aus allen Ländern klettern heute Männer im Hause der Vestalischen Jungfrauen herum, wo elf Jahrhunderte lang die Anwesenheit eines Mannsbildes mit dem Tode bestraft wurde. Hier ist die einzige Stelle in den Ruinen, wo wir einmal nicht an Horaz und Juvenal zu denken brauchen, um die Schatten der Vergangenheit heraufzubeschwören, und bei aller Christlichkeit muß uns hier der Sinn für die edlere, feinsinnigere Sitte des Heidentums aufgehen...«[6] Dort, im Herzen des antiken Forums, wo über Jahrhunderte Weltgeschichte geschrieben wurde, liegt nicht nur das Haus der Vestalinnen, heute freilich in Trümmern. In unmittelbarer Nachbarschaft jenes heidnischen Klosters kann man noch immer die Reste des – teilweise restaurierten – Vesta-Tempels bewundern, ein zierlicher Rundbau, der an die archaischen Hütten der Etrusker und frühen Römer erinnert und als eines der ältesten und vornehmsten Heiligtümer Roms galt. In ihm wurde die heilige Flamme, leuchtendes Symbol für das Wohlergehen des Staates, gehütet.

Seit jeher übten die Vestalinnen auf Historiker und Autoren eine geradezu magische Anziehungskraft aus. De lege gehörten sie zu den emanzipiertesten Frauen Roms, wenn ihre tatsächliche Freiheit wahrscheinlich auch viel weniger wert war als die, die sich jede andere Römerin von Stand im Laufe ihres Lebens erwerben konnte. Dem Gesetz nach war eine Vestalin nur durch die Verpflichtung zu Gottesdienst und 30jähriger Keuschheit beschränkt. Sie genoß ein Ansehen, das bisweilen das des Konsuls übertraf.

Elf Jahrhunderte lang wurde hier die Anwesenheit eines Mannes mit

dem Tode bestraft. Haus der Vestalinnen, Rom, Forum Romanum.
(Foto: Lis Schenk)

Begegnete der staatliche Würdenträger einer Priesterin der Vesta, mußte er ehrfuchtsvoll zur Seite treten. Schon das Zwölftafelgesetz hatte die Vestalin aus der patria potestas entlassen, freilich nur, um sie einem umfassenden Aufsichtsrecht des Pontifex Maximus zu unterstellen. Sie konnte frei testieren und war nicht der »Lex Voconia« unterworfen, die das Erbrecht der Frauen einschränkte. Überhaupt scheint sie von staatlichen Gesetzen weitgehend befreit und nur religiösen verpflichtet gewesen zu sein. »Das Wort lex (Gesetz) ist aus dem Verbum legare (binden) abgeleitet. Die Römer, die sich dem Dienste an der Religion gewidmet hatten, waren zwar einschränkenden Bindungen unterworfen, doch keineswegs denselben wie gewöhnliche Menschen.«[7)]

Die Vestalinnen genossen umfangreiche Privilegien, so das Recht, in der Stadt im Wagen zu fahren. Ein Liktor, der sonst nur den höchsten Staatsdienern vorbehalten war, bahnte ihnen den Weg. Bei den öffentlichen Spielen teilten sie mit der kaiserlichen Familie und den Senatoren den ersten Rang, wo doch schon seit der Regierungszeit des Augustus alle anderen Frauen auf die obersten, die schlechtesten Plätze verwiesen waren. Begegnete eine Vestalin einem Verurteilten auf dem Weg zur Hinrichtung, durfte sie ihn begnadigen, vorausgesetzt, daß das Treffen zufällig geschah. Der Oberpriesterin, der Virgo Vestalis Maxima, stand das Recht zu, jederzeit beim Kaiser vorzusprechen. Nicht zuletzt verfügten die Vestalinnen über beträchtliche finanzielle Mittel. Gleich zu Beginn ihres Dienstes erhielten sie eine Geldzuweisung von bis zu zwei Millionen Sesterzen. Die Summe war doppelt so hoch wie das einer Tochter aus vornehmem Hause gewährte Heiratsgut, und die Vestalinnen durften zudem frei darüber verfügen. So groß war das in sie gesetzte Vertrauen, daß man bei ihnen nicht nur wichtige Dokumente verwahrte. Die größten Staatsmänner, selbst die Kaiser, konnten sich keinen sichereren Ort als das Haus der Vestalinnen vorstellen, um ihre letztwilligen Verfügungen zu hinterlegen. An ihre Oberpriesterin wandte sich die verzweifelte Messalina in der Hoffnung, die Fürsprache der heiligen Frau könne ihren Gatten im letzten Augenblick noch umstimmen und sie vor der Todesstrafe bewahren. Vestalinnen waren es, die oft als Botinnen oder Bittstellerinnen in Angelegenheiten von höchster Bedeutung eingeschaltet wurden. Die höchste Auszeichnung jedoch winkte ihnen mit der Beisetzung innerhalb des Pomeriums, der geheiligten Stadtgrenze, die nach uralten griechischen und etruskuschen Gesetzen für alle normalen Sterblichen streng verboten war.

Doch trotz all dieser durch Recht und Sitte verbürgten Vorteile waren die Vestalischen Jungfrauen alles andere als unabhängig und frei. Da nach landläufiger und tradierter Meinung von ihrer Wach- und Sittsamkeit das Staatswohl abhing, wurden sie nicht nur von der Öffentlichkeit ständig argwöhnisch bewacht, sondern auch vom Oberpriester, der als einziger Mann ungehindert Zutritt zu ihren Gemächern hatte. Zwar hatte er nicht die Vormundschaft über die priesterlichen Frauen, jedoch das Recht, über sie zu Gericht zu sitzen und sie zu bestrafen, wenn sie sich gegen die strengen Regeln ihres Ordens vergangen hatten.

Verfehlungen mag es genug gegeben haben. Denn kaum konnte ein Mädchen, dem im Alter von sechs bis zehn Jahren das Schicksal einer Vesta-Priesterin aufgebürdet wurde, ahnen, welcher Verantwortung, welchen Versuchungen und Prüfungen sie sich unterzog. Allein die Verpflichtung zu 30jähriger Keuschheit war eine ungeheure Einschränkung der individuellen Entfaltungsmöglichkeit, zu der zweifellos auch eine gesunde Sexualität gehört. Erst im Alter von 36 bis 40 Jahren war es ihr erlaubt, das Atrium Vestae zu verlassen und sogar zu heiraten. Doch trotz des verbürgten Männerüberschusses in der römischen Gesellschaft dürfte es sehr schwer gewesen sein, in diesem Alter noch einen Mann zu finden. Vielleicht zogen es deshalb die meisten Priesterinnen vor, auch nach Ablauf dieser Frist in Amt und Würden zu bleiben und der Göttin auch weiterhin zu dienen. (Ein Dienstjubiläum besonderer Art feierte sicherlich Junia Torquata, die nach 64jähriger Amtszeit starb.) Doch selbst wer sich entschlosssen hatte, in die Welt zurückzukehren, konnte sich nur selten zu einer Ehe, vor der im übrigen ein alter Aberglaube warnte, entschließen.

Vielfältig waren die Pflichten, die auf die Vesta-Priesterin warteten, und archaisch der Brauch, der sie, ein kleines Kind, ihren Eltern wegnahm, um sie in der Dienst der Göttin zu stellen. Unter etwa zwanzig Bewerberinnen aus den angesehensten römischen Familien wählte der Oberpriester diejenige aus, die ihm am geeignetsten erschien. Ihre Eltern mußten beide noch am Leben und von tadellosem Ruf, sie selbst sollte gesund und frei von Mißbildungen sein. Während der Republik bestand kein Mangel an Kandidatinnen, doch schon in der beginnenden Kaiserzeit fanden sich immer weniger Eltern bereit, das Leben ihres Kindes zu opfern, indem sie ihm die Freuden einer gelockerten Sitte vorenthielten. Als sich einmal unter der Regierung von Augustus für eine verstorbene Priesterin kein Ersatz fand, beklagte der Kaiser sein Schicksal, das ihm eine Enkelin im vorgeschriebenen Alter versagt hatte. 5 n. Chr. mußte er dann sogar die tradierten Ansprüche an eine Kandidatin erheblich herabsetzen: Erstmals durften sich auch Töchter von Freigelassenen bewerben.

Das Mädchen, auf das die Wahl gefallen war, nahm von ihren Eltern Abschied und wurde vom Pontifex Maximus in den Innenhof des Atrium Vestae geführt. Dort verlieh er ihr in feierlichen Worten den Titel »Amata«. Ihr Haar wurde abgeschnitten und dem heiligen Baum dargebracht. Man kleidete sie in die weißen Gewänder der Priesterin und wand ihr die »vitta« um das Haupt, ein wollenes Diadem, das als Zeichen ihrer Reinheit galt. Dann legte sie, ohne sich der Tragweite ihres Entschlusses bewußt zu sein, das Gelübde 30jähriger Keuschheit ab, um die ersten zehn Jahre ihres Dienstes als Novizin mit den Aufgaben einer Vesta-Priesterin vertraut gemacht zu werden. In den folgenden zehn Jahren wandte sie dann das Gelernte an, und die letzten verbrachte sie damit, ihrerseits wieder Novizinnen heranzubilden.

Die oberste Pflicht der Vestalin bestand in der Bewachung des heiligen Feuers, das im kleinen Tempel der Göttin brannte und niemals verlöschen durfte, verkündeten doch der Rauch über der Öffnung des kegelförmigen Tempeldaches bei Tag und der Feuerschein bei Nacht jedem Römer, daß im Reich alles zum besten stand. Nur einmal im Jahr, zu Frühlingsbeginn, ließ man die Flamme absichtlich ausgehen, um sie in feierlicher Zeremonie erneut zu entzünden, ein Brauch, der in den Ritus der griechisch-orthodoxen Kirche einging.

Natürlich kam es vor, daß das Feuer durch nasses Holz, heftigen Regen, der durch die ungeschützte Dachöffnung drang, oder auch durch die Unachtsamkeit einer Priesterin erlosch. Dies wurde stets als Unglück und das schlimmste aller »prodigia« (Vorzeichen) gesehen: War der diensthabenden Vestalin ein schuldhaftes Verhalten nachzuweisen, wurde sie hart bestraft: Der Pontifex Maximus peitschte die Entkleidete im Dunkeln aus. Danach entzündeten beide eine neue Flamme.

Nicht weniger aber als ihr Geschick galt die Reinheit der obersten Priesterinnen als Garantin für Bestand und Wohlergehen des Staates. Im griechischen wie im römischen Denken war die Vorstellung fest verwurzelt, daß die Tugend der Frauen und staatliche Wohlfahrt unlösbar miteinander verknüpft seien. Schon Aristoteles hatte die Leichtlebigkeit der Spartanerinnen für den Verfall ihres Staates verantwortlich gemacht. Livius gab den Frauen Etruriens die Schuld am Niedergang ihrer Kultur. Waren die Zeiten ruhig, zögerte man nie, Gedeihen und Wachstum auch den gottgeweihten Jungfrauen zugute zu halten und ihnen eine gewisse Lässigkeit selbst in sittlicher Hinsicht nachzusehen. Dies änderte sich gewöhnlich rasch, wenn Gefahr drohte. Niederlagen der Legionen, versagende Politiker, Feuersbrünste, Seuchen und Hungersnöte: Selten suchte man den Fehler bei den wirklich Verantwortlichen. Allzu schnell war man geneigt, der Sittenlosigkeit der Römerinnen die Schuld an allem Unglück anzulasten, auch und vor allem den Vestalinnen, die sich dann großem Argwohn ausgesetzt sahen. Es kam vor, daß Vesta-Priesterinnen denunziert und verurteilt wurden, »nach der Vorfahren Brauch« bestraft, d.h. lebendig begraben zu werden. (Das Blut einer gleichsam gottgeweihten Person durfte nach archaischen Regeln nicht vergossen werden, wie auch die Hinrichtung einer Jungfrau nach altüberlieferter Sitte streng verboten war: Sie wurde zuvor vom Henker geschändet.) Plutarch liefert uns hierzu einen anschaulichen Bericht:

»Hat aber eine die Keuschheit verletzt, so wird sie beim Collinischen Tore lebendig begraben. Nicht weit von diesem Tore, noch innerhalb der Stadt, befindet sich ein lang hingezogener Hügel, der in der Sprache der Latiner agger heißt. Hier wird ein nicht gar großes unterirdisches Gemach bereitet, in welches man von oben hinabsteigen muß. Es stehen darin ein bereitetes Bett, eine brennende Lampe und einige wenige Lebensbedürfnisse, wie Brot, Wasser, eine Flasche Milch und Öl, gleich als wenn man sich ein Gewissen daraus machte, eine zum heiligen Dienste geweihte Person durch Hunger zu töten. Die verurteilte Vestalin selbst setzt man in eine zugedeckte und mit Riemen fest zugeschnürte Sänfte, damit niemand ihr Schreien hören soll, und trägt sie über den Markt. Alle, die ihr begegnen, gehen schweigend aus dem Wege und begleiten sie, ohne ein Wort zu sprechen, in tiefster Erschütterung. Es gibt in der Tat keinen schauderhafteren Anblick, und ein solcher Tag ist für die Stadt der allertraurigste. Wenn die Sänfte an den bestimmten Ort gekommen ist, machen die Gerichtsdiener die Bande los; unterdessen verrichtet der Oberpriester vor Vollziehung der Strafe mit gen Himmel erhobenen Händen ein geheimes Gebet, führt dann die Unglückliche ganz verhüllt aus der Sänfte und stellt sie auf die ins Gewölbe hinunterführende Leiter. Hierauf wendet er sowie die übrigen Priester das Gesicht weg, und sobald sie hinabgestiegen ist, wird die Leiter herausgezogen und das Gewölbe mit Erde überschüttet, bis der Boden wieder gleich und eben ist...«[8)]

Dank der unablässigen Mühe eifriger Forscher ist seit mehr als hundert Jahren auch der Ort der grausamen Bestattung bekannt. Der »agger« befindet sich unweit der Stazione Termini.

Soviel bekannt, wurde die unmenschliche Strafe in der ganzen römischen Geschichte glücklicherweise nur etwa ein dutzendmal vollzogen. Anklagen, gegen das Keuschheitsgebot verstoßen zu haben, gab es hingegen unvergleichlich häufiger. Doch hat man in den Prozessen offensichtlich sorgfältig ermittelt und im Zweifel tatsächlich zugunsten der Beschuldigten entschieden. In den alten Quellen wird von Freisprüchen berichtet, für die der Unschuldsbeweis mitunter auf recht seltsame, ja nahezu unglaubliche Weise erbracht worden war. So hatte man beispielsweise in grauer Vorzeit einmal eine Vestalin verdächtigt, durch Unsittlichkeit das heilige Feuer vernachlässigt zu haben. Da rief sie die Göttin an und warf ein Stück Leinen auf den schon erkalteten Herd. Und sogleich soll das Feuer wieder aufgeflammt sein. Eine andere Verdächtigte schöpfte Wasser mit einem Sieb aus dem Tiber und verlor davon angeblich keinen Tropfen. Doch abgesehen von diesen Wundererzählungen gibt es durchaus verbürgte Nachrichten über Verfahren, die zum Freispruch führten. Von Terentias Schwester Fabia war schon die Rede. Ihr hatte man vorgeworfen, sie habe sich von Catilina verführen lassen, eine Anschuldigung, die sich nicht halten ließ. Crassus' Cousine Licinia mußte sich ebenfalls vor Gericht verantworten. Sie hatte gewagt, sich mit dem Verwandten unter vier Augen zu treffen. Es stellte sich jedoch heraus, daß der prominente Römer bei dieser Unterredung lediglich versucht hatte, der, wie er glaubte, weltfremden Frau ein Stück Land abzuluchsen.

Da die beiden Prozesse in die letzten Tage der Republik fallen, nimmt man an, daß die Gesetze damals schon ziemlich lasch gehandhabt wurden, doch erlebten sie keine 150 Jahre später eine unrühmliche Renaissance. Es war ausgerechnet Kaiser Domitian, der gottähnlich und in der Hoffnung, dadurch seine eigene Verkommenheit zu verdunkeln, beschlossen hatte, die angeblich so verdorbene Moral seiner Zeitgenossen wieder zu heben und die alten Vätersitten erneut anzumahnen. Er tadelte seine beiden Vorgänger, Vater Vespasian und Bruder Titus, von der Verderbtheit vor allem der Vestalinnen gewußt und diese stillschweigend geduldet zu haben. Eile schien ihm vonnöten. 83 n. Chr. rief er die zuständigen Priester zusammen (einer von ihnen erlag ob der Aufregung einem Herzschlag), die drei Vestalinnen verurteilten, sich das Leben zu nehmen. Ihre Liebhaber schickte man in die Verbannung. Doch wie so oft in der turbulenten Geschichte Roms sollten die (Über)lebenden bald die Toten beneiden. Nach nur sieben Jahren wurde Cornelia, die Oberpriesterin, in Abwesenheit zum Tode nach alter Sitte verurteilt, einer ihrer Liebhaber auf dem Versammlungsplatz (comitium) öffentlich zu Tode gepeitscht. Nur Plinius entrüstete sich, daß die Schuld der Priesterinnen in keinem Fall erwiesen war.[9)]

Bei ihm ist auch festgehalten, wie die wahrscheinlich unschuldige Frau dem Tode entgegenging. So flehte sie »mit erhobenen Händen bald zu Vesta, bald zu den übrigen Göttern und rief neben manch anderem immer wieder: 'Mich hält der Kaiser für befleckt, durch deren Opferhandlungen er doch Siege errang und Triumphe feierte!'« Als sie dann in jene berüchtigte unterirdische Kammer hinuntergeleitet wurde, blieb ihr Gewand hängen. Sie drehte sich um, es zusammenzuraffen, und der Henker wollte ihr helfend die Hand reichen. Da aber wandte sie sich »schaudernd ab und wies, ein letzter Beweis für ihre Ehrbarkeit, die ekle Berührung wie eine Beleidigung für ihren ganz und gar keuschen und reinen Körper zurück; unter Beobachtung aller Anstandsregeln war sie im Fallen noch auf Schicklichkeit bedacht.«[10)]

Noch einmal, unter der Schreckensherrschaft des Caracalla, hören wir von Vestalinnenprozessen, die der Kaiser augenscheinlich anstrengte, um seine niederen Gelüste zu befriedigen: Er selbst verführte eine der Priesterinnen und ließ sie dann mit zwei ihrer Kolleginnen lebendig begraben. Irgendwann soll eine Vestalin zum Christentum konvertiert sein. Und schließlich geriet unter Elagabal der Name einer Vestapriesterin in die Schlagzeilen der Politik: Er vermählte sich mit Aquilia Severa, versicherte dem bestürzten Senat, aus der Ehe zwischen ihm und einer Vestalin könnten keine gewöhnlichen Kinder hervorgehen, und bat die unsterblichen Götter, den unkeuschen Bund mit Nachwuchs zu segnen, was diese zu Roms Glück nicht erhörten.

Zuletzt wird 394 n. Chr. noch eine Priesterin der Vesta erwähnt, wahrscheinlich die letzte ihrer Art, denn die alten Tempel wurden säkularisiert, und die Horden des Vandalen Stilicho verunsicherten Rom. Unter ihnen weilte auch Serena, des Feldherrn hochmütige Gemahlin. Im Tempel der großen Mutter auf dem Palatin hatte es ihr das kostbare Geschmeide angetan, das die Statue der Göttin seit urdenklichen Zeiten um den Hals trug, wenn auch ihr Altar längst erloschen war. Die törichte Barbarin konnte der Versuchung nicht widerstehen, stieg die wenigen Stufen empor, löste das wertvolle Halsband und legte es sich selbst an. Über den Frevel entsetzt, schrie die alte Vestalin, die Serena zum Heiligtum begleitet hatte, laut auf und wurde eilends hinweggebracht. Einige Jahre später ereilte Serena die Rache der Götter, konnte das Heidentum noch einmal triumphieren: Die schöne Fremde wurde verdächtigt, mit den Goten konspiriert zu haben, und vom Senat zum Tode durch Erdrosseln verurteilt. So legte sich das Seil des Henkers um den Nacken, den zuvor das Geschmeide der Göttin geziert hatte...

Es gab neben Opfer- und Kultdienst, neben Ehelosigkeit und Keuschheit weitere Ge- und Verbote, die das Leben einer Vestalin erheblich einschränkten. Ihr war beispielsweise untersagt, den schon im Altertum gebräuchlichen Wasserleitungen das kostbare Element zu entnehmen. Jeder Tropfen Wasser mußte in einer nahegelegenen Quelle geholt werden, wofür erst in späterer Zeit Sklavinnen zur Verfügung standen. Nach archaischem Brauch, als der Mühlstein noch nicht erfunden war, buken sie alljährlich aus dem ersten geernteten Korn das Opferbrot, das bei ihrem Fest am 9. Juni unter das Volk verteilt und verzehrt wurde. Die Vestapriesterinnen trugen die Verantwortung für »gewisse geheimnisvolle Gegenstände, von deren Erhaltung nach der Meinung der Römer ebenfalls das Bestehen ihres Staates abhing. Brach Feuer auf dem Forum aus, was des öfteren vorkam, überließen die Vestalinnen die heilige Flamme sich selbst; ihre einzige Sorge war dann die Rettung dieser Erinnerungsstücke.«[11)]

Worum es sich bei diesen im einzelnen handelte, ist ein Geheimnis, das Rom wohl nie mehr preisgeben wird. Doch dürfte die Statue der Pallas Athene, die Aeneas der Sage nach aus dem brennenden Troja gerettet hatte, ebenso dazugehört haben wie die »Penaten« des römischen Volkes, mysteriöse Fetische, die zu betrachten ein Verbrechen war.

Sie »verehrten auch das Bild eines männlichen Geschlechtsteils, das in dem von ihnen betreuten Heiligtum stand; man darf vermuten, daß dieses Bild im Mittelpunkt der Stadt dem des Genius entsprach, der an jedem häuslichen Herd verehrt wurde und die Zeugungskraft des Hausherrn symbolisierte...«[12)]

Die heiligen Frauen waren schließlich bei verschiedenen religiösen Festen maßgeblich beteiligt. Ihnen oblagen lebenswichtige, die Fruchtbarkeit der Erde beschwörende Kulthandlungen. Sie warfen Mitte Mai Strohpuppen vom Pons Sublicius, der ältesten Brücke Roms, in den Fluß. Vom 7. Juni an stand eine Woche lang ihre Vorratskammer offen, auch sie ein Symbol für staatliches Wohlergehen.

Das Atrium Vestae stand hart am Fuß des Palatins, ein prunkvolles Haus mit zweistöckigem Säulenumgang, in seiner Würde ein Vorbild für alle christlichen Frauenklöster der folgenden Jahrhunderte. Kärgliche Reste erinnern noch heute an seine einstige Größe. Und einige Statuen, die an Ort und Stelle die Stürme der Zeiten überdauert haben, lassen für Augenblicke jene Frauen wieder auferstehen, die zu den freiesten und mächtigsten, zugleich aber auch tragischsten Vertreterinnen ihrer Art in der ganzen römischen Geschichte zählen.

13. MUTTERGOTTHEITEN UND CHRISTENTUM

Mit dem Jahr 496 v. Chr. taucht eine ebenfalls sehr bedeutende Göttin aus dem Dunkel der Vorgeschichte: die erdverbundene Ceres (griechisch Demeter), von deren Wohlwollen nicht nur Wachstum und Gedeihen der lebenswichtigen Feldfrüchte, sondern auch menschliche Fruchtbarkeit abhingen. Ihr Name, der »dieselbe sprachliche Wurzel wie die lateinischen Verben creare (hervorbringen) und crescere (wachsen) aufweist«[1)] und ihre Persönlichkeit wurden eng mit der italischen Tellus verknüpft, die bei dem Volk, das sich überwiegend dem Ackerbau widmete, als Garantin für reiche Ernten und damit für Wohlstand galt. Noch heute ziert die Erdgöttin als »Italia« eine Seite des Friedensaltars, zu dem Kaiser Augustus 13 v. Chr. den Grundstein legte. »Auch im Reichtum der Tellus-Italia spiegeln sich die Segnungen des goldenen Zeitalters des Augustus.«[2)] Beide Göttinnen wurden von Bräuten und Ehefrauen tief verehrt und um Fruchtbarkeit gebeten.

Ceres war indes nicht nur die Göttin des Lebens und der Lebenden, sondern auch die der Toten, die sie, die Mutter Erde, wieder in ihren Schoß, aus dem sie einst hervorgegangen waren, aufnahm: Der Mensch, von der Frau geboren, kehrte nach römischer Vorstellung zu ihr zurück. Frauen oblag es, den Leichnam für die Bestattung oder Einäscherung herzurichten. Sie sangen die Totenklage, während sie, schmucklos und mit gelöstem Haar, vorbei an der gaffenden Menge den Trauerzug begleiteten. Bei jedem Todesfall innerhalb der Familie opferte man der Göttin eine Sau.

Sie verdankte ihr an den unteren Hängen des Aventin gelegenes Heiligtum einer Hungersnot, die Rom in eben jenem Jahr 496 heimgesucht hatte. 493 wurde der Tempel geweiht. Als Fruchtbarkeitsgöttin gehörte sie zu den ältesten und vor allem vom einfachen Volk am meisten verehrten Gottheiten, die mit wachsendem

Wohlstand allerdings an Einfluß verlor. Angesichts der Hungersnot befragte man die Sibyllinischen Bücher, die zu dem Versuch rieten, die Gunst der Göttin durch den Bau eines Tempels wiederzugewinnen. Tatsächlich zeigte sich die Erdmutter versöhnt. Ihr Kult, dem von Anfang an der »flamen Cerialis« voranstand, erhielt von da an sogar eine völlig andere Qualität. Man erkannte, wie bedeutend die reibungslose Versorgung aller Bevölkerungsschichten mit dem lebenswichtigen Getreide selbst in fetten Jahren war und unterstellte die Aufsicht über den Kult den (staatlichen) Aedilen, die zugleich die Vorräte überwachten und für die gerechte Verteilung des Korns an die römischen Vollbürger verantwortlich waren.

Ceres residierte aber nicht nur in von Menschen geschaffenen prächtigen Bauten. Unvergleichlich geheimnisvoller war ihre Erdhöhle, der mundus Cereris, der als Eingang zur Unterwelt galt. »Die Grube wurde dreimal jährlich geöffnet, um es den Manen zu ermöglichen, ihre lebenden Anverwandten aufzusuchen. Sie war in zwei Abteilungen unterteilt und mag wohl auch als Getreidekammer gedient haben . . .«[3)]

Neben den archaischen Ritualen entstand die nahezu eigenständige Mysterienreligion der griechisch beeinflußten Ceres, die derjenigen von Eleusis ähnelte. Doch haben die römischen Ceresfeiern niemals die Bedeutung der eleusinischen Mysterien erlangt. Das muß auch am eher praktisch-nüchternen Sinn der Römer gelegen haben, die sich um die Unsterblichkeit nie allzu viele Gedanken machten und den Tod als unausweichliche Laune der Natur gelassen hinnahmen. »Sterblicher, sage, was ist dir?« wollte schon im letzten vorchristlichen Jahrhundert der Philosophendichter Titus Lucretius Carus wissen. »Was beklagst und beweinst du das Sterben? War dir dein Leben erfreulich, das hinter dir liegt und vollendet? Sind alle Genüsse nicht etwa kläglich zerronnen wie durch ein leckes Gefäß und ohne Genuß dir entschwunden? Warum scheidest du nicht als gesättigter Gast von des Lebens Tafel, du Tor, und genießt die sichere Ruhe mit Gleichmut?«[4)]

Wenn mangels Überlieferung auch nur wenig vom römischen Cereskult bekannt ist, so gilt doch als gesichert, daß er sich weitgehend dem von Eleusis näherte. Mittelpunkt seiner Zeremonie waren der Raub der Proserpina (griechisch Persephone), der Tochter

Vom Wohlwollen der erdverbundenen Ceres hing nicht nur das Gedeihen der Feldfrüchte ab. (Historia-Photo)

der Fruchtbarkeitsgöttin, und ihre Verehelichung mit dem Gott der Unterwelt, die Trauer der Mutter, die auf der Suche nach der verlorenen Tochter beinahe verzweifelt, und schließlich ihre glückliche Wiedervereinigung: Vom Frühjahr bis zum Herbst darf Proserpina auf die Erde zurückkehren, worüber sich nicht nur die Mutter freut. Die Erde kann wieder blühen und neue Früchte hervorbringen. Es ist der ewige Rhythmus der Jahreszeiten, der Wechsel von Tod und Auferstehung, der sich hier widerspiegelt.

Schriftliche Zeugnisse über die religiösen Feiern gibt es nicht. Das liegt nicht nur daran, daß es sich um einen ausschließlich Frauen vorbehaltenen Kult handelt. Die Mysten waren, wie die von Eleusis, zu strengster Verschwiegenheit verpflichtet. Gesichert ist nur, daß bestimmte Reinigungs- und Enthaltsamkeitsriten vollzogen wurden und Matronen und Jungfrauen die Entführung der Proserpina, die Suche und Trauer der Ceres mimisch nachempfanden. Dabei wurden der Göttin aus Getreideschößlingen Kränze und Girlanden geflochten.

Zunächst seitens der römischen Staatsmacht unterdrückt, hatte sich in Rom ein weiterer Kult eingeschlichen, der sich nicht nur von allen traditionellen römischen Vorstellungen unterschied, sondern geradezu revolutionäre Zeichen setzte, indem er alle gültigen Wertmaßstäbe sprengte und schließlich an Einfluß auf das religiöse Denken der Römer alle vorhergehenden Religionen übertraf. Isis, Protagonistin einer orientalischen und altägyptischen Mysterienreligion, war Himmelskönigin und liebende Mutter und bot ihren Anhängern weltweit die Möglichkeit, Ausdruck und Befriedigung für ihre religiösen und emotionalen Bedürfnisse zu finden.

Schon mehr als 2000 Jahre vor der Zeitenwende war sie im alten Ägypten verehrt worden, eine nationale Gottheit, als liebende Schwestergemahlin Symbol für Wiederauferstehung und neues Leben. »Wie kaum in einer anderen Religion spielte hier das Verhältnis von Leben und Tod, nahegelegt durch den täglich erfahrenen Kontrast Fruchtland-Wüste, eine hervorragende Rolle. Der Mythos berichtet, der von seinem Bruder Seth getötete Osiris sei von seiner liebenden Schwestergemahlin Isis rituell beklagt und zu neuem, allerdings nicht mehr irdischem Leben erweckt worden . . .[5]

Isis war schon früh, vermutlich im ausgehenden zweiten Jahrhundert vor Christus, in Süditalien gelandet, nachdem sie zuvor schon einen unvergleichlichen Siegeszug durch andere zivilisierte Länder des Mittelmeerraumes angetreten hatte. Überall war die Göttin freudig aufgenommen worden, unterschieden sich doch ihre offenen und vielseitigen Rituale kraß von den starren und eingefahrenen einheimischen Religionspraktiken. Ihr wurden mannigfache Fähigkeiten und Eigenschaften zugeschrieben, darunter auch solche, die bisher nur männlichen Gottheiten eigen gewesen waren. Sie besaß nicht nur die den Frauen innewohnende magische Kraft, Kranke zu heilen und Tote, wenn auch in veränderter Form, wieder auferstehen zu lassen. Sie gebot daneben über das Wetter, beherrschte gleich dem olympischen Göttervater Jupiter Blitz und Donner und befahl schließlich den Winden. Nach dem Glauben ihrer Verehrer war sie einst auch am Schöpfungsakt beteiligt gewesen, hatte Himmel und Erde voneinander geschieden und, ein ägyptischer Prometheus, den Menschen die Zivilisation gebracht. Angeblich stammten von ihr Alphabet, Sprache und Astronomie. Als Beschützerin aller Seefahrer und Handelsleute galt sie als Friedensgöttin par excellence, die Gegensätze ausglich und die Völker das friedliche Miteinander lehrte. Ein römischer Senator charakterisierte sie auf einer in Capua gefundenen Schrifttafel als »Ein und Alles«. Und auch Plutarch zeigte sich nach der Lektüre von Platons »Timaios« von Isis begeistert: »Helligkeit und Finsternis« sah er in ihr vereint. »Tod und Leben, Feuer und Wasser, Alpha und Omega.«

Kein Wunder, daß eine derartige Universalität den Argwohn der römischen Führung ganz besonders erregte. Eine Gottheit, die den Gläubigen nicht wie all jene, die vom hohen Olymp aus über das Menschengeschlecht herrschten, Furcht und Schrecken einflößte, nach Respekt heischte und damit die Staatsführung unterstützte, sondern die liebevoll und gnädig und in inniger Beziehung mit ihren Anhängern verkehrte, konnte für den Bestand des Reiches nichts Gutes verheißen.

Dennoch konnte auch Rom nicht umhin, der ägyptischen Isis, wenn auch spät, einen ihrer Bedeutung entsprechenden Rang in der römischen Staatsreligion einzuräumen. Besonders Frauen fühlten sich von dem geheimnisvollen Kult dieser übergeordneten weiblichen Gottheit emotional stark angezogen. Und es waren keineswegs nur die ehrbaren Matronen der Nobilität, die ihr zu huldigen bereit waren. Alle sozialen Schichten führten ihr Anhängerinnen zu, Sklaven wie Freigelassene, verheiratete und Jungfrauen, Mütter und solche, denen Kindersegen versagt geblieben war. Selbst Prostituierte hatten keine Schwierigkeit, sich mit ihr zu identifizieren, hatte die Göttin doch selbst einst der freien Liebe gefrönt: »Fliehe nicht das Haus der Isis!« fordert Ovid in seiner »ars amatoria«, »denn sie macht viele zu dem, was sie selbst dem Jupiter war.«[6] Zweifellos spielte der Dichter hier auf die Tatsache an, daß viele Römer die Göttin mit Jo, der Geliebten des Göttervaters, gleichsetzten.

Nicht zuletzt aber durfte Isis' Popularität besonders bei Frauen darauf zurückzuführen sein, daß sie deren Status erhöhte. Ein alter, auf der Insel Andros gefundener Hymnus preist sie dafür, daß sie die Frau dem Mann gleichgestellt habe: »Dem Menschen habe ich zuerst das Wagnis, über das Meer zu segeln, empfohlen und der Rechtspflege Kraft verliehen und als Beginn der Zeugung dem Manne das Weib zugegeben.« So hat der Althistoriker Bachofen die Göttin zitiert.[7] Auch diese propagierte Gleichheit der Geschlechter konnte natürlich nicht im Sinne Roms sein.

Schon zur Zeit Sullas hatte Isis, die über das kampanische Puteoli gekommen war, in Rom angeklopft, doch war man ihr abweisend begegnet. 50 v. Chr. wurden sogar auf Befehl des Senats ihre auf dem Kapitol errichteten Kultstätten zerstört. Da sich jeder der Anordnung, einen solchen Frevel auszuführen, widersetzte, griff der Konsul schließlich selbst zur Axt. Die 43 v. Chr. beschlossene Erbauung eines Isistempels wurde wahrscheinlich niemals ausgeführt. Denn nur flüchtig war das Ansehen, das Marc Anton, der den alten Nilgottheiten viel aufgeschlossener gegenüberstand als seine römischen Zeitgenossen, und sein Einfluß im Triumvirat der Göttin verschaffen konnten. Der sich im vierten Jahrzehnt vorchristlicher Zeitrechnung stetig verschärfende Konflikt zwischen Antonius und Octavian setzte im Gegenteil vor allem die ägyptischen Religionen immer stärkeren Repressionen aus. Kleopatra galt in der Hauptstadt des Römischen Reiches als die Inkarnation der Göttin, eine böse Zauberin, die einen an sich untadeligen Römer in ihre Netze verstrickt und zum Liebessklaven degradiert hatte. Als Octavian wenig später die Alleinherrschaft errungen hatte, verbot er auch deshalb den Bau von Isistempeln innerhalb der Stadtgrenze Roms. Er wollte damit der Göttin die Anhänger entziehen. Denn: »Wie Kleopatra erwies sich auch Isis als ungemein verführerisch. Die ägyptischen Götter drohten, das neue sittliche Fundament der Gesellschaft zu unterminieren, welches Augustus durch gesetzgeberische Maßnahmen errichten wollte. In dieser Hinsicht indessen, so läßt sich vermuten, hätte Augustus viel mehr Erfolg gehabt, wenn er, statt fortschrittliche Frauen zur Ehrfurcht vor archaisch-abstrakten Idealen weiblicher Tugend anzuhalten, den Kult der Isis zugelassen und die Göttin als Musterbild der treuen Gattin und liebenden Mutter genutzt hätte.«[8)]

Noch Tiberius hatte mit der Exotin seine liebe Not. Grund dafür war wieder einmal ein Skandal, der Rom im Jahre 19 n. Chr. erschütterte und den Anschein erweckt, als habe es sich beim Isis-Kult nur um einen Sexualkult gehandelt, der den Anhängern der Göttin und hier vor allem den Frauen Gelegenheit bot, unter dem Deckmantel der Religion ihre primitiven Triebe auszuleben.

Von dem Skandal berichtet Flavius Josephus, der als jüdischer Geschichtsschreiber noch heute großes Ansehen genießt, im Zusammenhang mit der Ausweisung vieler Juden aus Rom.[9)]

Es geschah, daß der Ritter Decimus Mundus in heftiger Liebe zu einer gewissen Paulina entbrannte. Sie war jung und schön, natürlich auch reich und von Adel. Daß sie verheiratet war, wäre nicht weiter tragisch gewesen. Doch verfügte Paulina über eine damals recht selten gewordene Eigenschaft: Sie war sehr tugendsam. In seiner Not verfiel nun der von der Liebe geplagte Ritter, dem die Angebetete ihre Gunst verweigerte, auf eine List. Er bat die Isispriester, die sich diesen Dienst freilich fürstlich entlohnen ließen, der jungen Frau auszurichten, der Gott Anubis wünsche, sich ihr nächtens im Tempel der Isis zu nähern. Paulina, die durchaus hübsch und treu gewesen sein mag, sicherlich aber über nicht allzu viel Verstand verfügte, schöpfte keinen Verdacht. Begeistert erzählte sie ihrem Gemahl von der hohen Gunst, die ihr, einer gewöhnlichen Sterblichen, widerfahren war. Und der einfältige Mensch, offensichtlich kaum scharfsinniger als das ihm angetraute Weib, freute sich mit ihr und stimmte bedenkenlos dem nächtlichen Stelldichein zu.

Hervorragend hatten die Diener der Göttin das Rendezvous inszeniert, in dessen Verlauf Decius Mundus als Personifikation des Gottes auftrat. Und eigentlich hätten alle Beteiligten mit dem Ergebnis des Treffens zufrieden sein können. Doch vertrug es der Stolz des Ritters nicht, der Geliebten vorzuenthalten, wer sie in Wahrheit so glücklich gemacht habe, und er deckte den Schwindel auf. Die empörte Frau aber berichtete sogleich ihrem Gatten davon. Von ihm erfuhr es Tiberius, der eine strenge Untersuchung in die Wege leitete. Alle Isis-Priester wurden gekreuzigt, die Riten streng verboten und etwa 4000 Anhänger des Kults auf die Insel Sardinia deportiert, um dort, wie es hieß, das Räuberunwesen zu bekämpfen. Das Bild der Göttin wurde in den Tiber geworfen. Nur der eigentlich Schuldige kam mit einer verhältnismäßig glimpflichen Strafe davon: Er wurde aus Rom verbannt. Leider ist nicht überliefert, was den Kaiser zu solch ungewöhnlicher Milde gegen einen Ehebrecher bewog. Kaum vermag man dem jüdischen Geschichtsschreiber zu folgen, wenn er vermutet, der Kaiser habe sich so gnädig gezeigt, weil in seinen Augen der ehrenwerte Rittersmann selbst Opfer seiner unseligen Leidenschaft geworden war. Viel eher scheint sich da seine Dankbarkeit ausgedrückt zu haben, daß ihm ein willkommener Vorwand geliefert wurde, unter den vielfältigen, für die Staatsführung kaum noch überschaubaren, geschweige denn zu kontrollierenden religiösen Strömungen gründlich aufzuräumen.

Doch trotz der hartnäckigen Verfolgung gelang es Tiberius nicht, Isis, ihre Kulte und ihre Anhänger auszurotten. Erstaunlich schnell hatte sich die Isis-Gemeinde erholt, ja es scheint, als hätte die Verehrung der Göttin ihre rasante Entwicklung gerade jenen verdankt, die sie mit allen Mitteln bekämpften. Caligula, der Tiberius auf dem Thron der Caesaren beerbt hatte, zeigte sich aufgeschlossener und beschloß, die große Popularität, die die alte Nilgöttin in Rom genoß, für eigene Zwecke zu nutzen. Erstmals wurde ihr Kult offiziell anerkannt, ließ der Kaiser selbst, beispielgebend für seine Nachfolger, der Göttin auf dem Marsfeld ein Heiligtum errichten. Damit hatte sie in der Hauptstadt endgültig Fuß gefaßt.

Immer wieder setzten sich gerade Mysterienreligionen, die die Phantasie Außenstehender in hohem Maße anregten, besonders, wenn sie hauptsächlich Frauen ansprachen, leicht dem Verdacht aus, die öffentliche Moral zu untergraben. Daran waren ihre Priester und Priesterinnen nicht ganz frei von Schuld, da sie oft genug Kupplerdienste leisteten.

Wer sich bei den Isis-Feiern am 5. März weihen lassen wollte, war einer strengen, wenn auch zeitlich beschränkten Askese unterworfen: Nicht nur der Verzicht auf bestimmte Speisen wurde gefordert, sondern auch eine zehntätige Enthaltsamkeit von allen sexuellen Genüssen. Nicht nur Tibull stöhnte, daß sich ihm seine geliebte Delia wegen der Göttin verweigere.[10] Properz zürnte Isis, die ihm nun schon »zehn lange Nächte« Cynthia geraubt habe. Und er konnte nicht umhin zu fragen, weshalb die grausame Isis überhaupt nach Rom gekommen war. »Hast du genug nicht an Ägyptens bräunlichen Kindern? Was doch so fern des Wegs bist du gekommen nach Rom? Oder was nützt es dir denn, wenn einsam schlafen die Mädchen?«[11] Etwas gelassener betrachtete Ovid die ganze Sache. Er rät den Frauen sogar, sich dem Geliebten des öfteren zu versagen und dafür die Nilgöttin als Grund anzugeben. Denn so werde, meint er, der Geliebte nur um so feuriger werden.

Zweifellos lassen sich Wechselwirkungen zwischen der Bedeutung sogenannter Muttergottheiten in einer Gesellschaft und der Stellung der Frau im allgemeinen feststellen. Es ist offensichtlich, daß solche Göttinnen stets dort größeren Einfluß erlangten, wo auch die Frau eine gewisse Emanzipation erreicht hatte, der Kult umgekehrt aber auch das Selbstbewußtsein des schwachen Geschlechts stärkte – und wohl deshalb in einem von Männern beherrschten Kulturkreis nicht gern gesehen war. Daß sich Isis im ersten Jahrhundert der neuen Zeitrechnung auch in Rom durchsetzen und wenigstens eine Zeitlang behaupten konnte, kann als eindeutiger Hinweis nicht nur auf das Scheitern aller staatlichen Erneuerungsversuche im religiös-sittlichen Bereich, sondern auch auf ein Erstarken des Bewußtseins aller Römerinnen gewertet werden. Spekulation indes muß bleiben, ob die römische Frau mit Hilfe der Isisreligion jemals die Gleichberechtigung der Geschlechter erreicht hätte. Denn eine andere Glaubensströmung, die ebenfalls aus dem Osten kam, überzog Rom und hätte dort eigentlich sehr willkommen sein müssen, da sie die Frau wieder auf

Heim und Herd verwies. Doch war anfangs gerade das Gegenteil der Fall.

Es ist viel darüber gerätselt worden, weshalb ausgerechnet das Christentum, eine spröde, weitgehend jüdischen Traditionen verpflichtete und in ihrer Sinnen- und Lebensfeindlichkeit dem Stoizismus angelehnte Lehre, im Laufe der folgenden Jahrhunderte alle angestammten Religionen im Römischen Reich verdrängen und schließlich zur alleinigen Staatsreligion aufsteigen konnte.

Es ist im Grunde erstaunlich, daß auch diese neue Lehre, deren Mittelpunkt keineswegs eine Muttergottheit, sondern eine Dreiheit männlicher Gestalten von höchst patriarchalischem Charakter war, zunächst vor allem Frauen ansprach, wenn diese vielleicht von Natur aus auch neugieriger und leichtgläubiger sind als ihre männlichen Artgenossen. (Wenn man ihnen hin und wieder eine tiefere Religiosität als Männern nachsagt, mag auch das zutreffen. Doch kann dieser Wesenszug kaum nur an ihrer naturverbundenen Veranlagung liegen. Zu allen Zeiten hat in einer von Männern beherrschten Gesellschaft die Religion für Frauen eine Art »Ersatzpolitik« dargestellt und vielen die einzige Möglichkeit geboten, über Haus und Kindererziehung hinaus in der Öffentlichkeit – freilich nur mittelbaren – Einfluß auszuüben. So könnte das, was vordergründig als tiefere Gläubigkeit erscheint, auch nur eine über Generationen erworbene Gewohnheit sein.)

Wenn sich je eine Weltanschauung für die gesellschaftliche Stellung der Frau nachteilig auswirkte, ja, sie zur Preisgabe selbst bescheidener Errungenschaften zwang, war es das Christentum, das alle weiblichen Emanzipationsbemühungen für nahezu zweitausend Jahre erstickte. »Jede Philosophie, die auf eine Transzendierung des Diesseits abzielt«, meint hierzu die amerikanische Frauenrechtlerin Marilyn French, »strotzt unweigerlich von Verachtung für alles Naturverbundene: für Blut, Körperabsonderungen, körperliche, und vor allem sexuelle Bedürfnisse und, damit einhergehend, für jene, die mit solcherlei Dingen identifiziert oder in Zusammenhang gebracht werden – die Frauen . . .«[12)]

Und dennoch hingen gerade sie der neuen Lehre so stark an, daß diese von der Plebs in Rom etwas geringschätzig »Religion der Frauen« genannt wurde. Daß sie gerade auf Frauen einen derartigen Reiz ausübte, dürfte verschiedene Ursachen gehabt haben.

Zunächst war das Christentum die erste Weltanschauung, die mit der doppelten Moral der Männer hart ins Gericht ging. Wer sich nicht imstande fühlte, überhaupt allen fleischlichen Genüssen auf Dauer zu entsagen (was natürlich am erstrebenswertesten war), konnte, um der Unzucht vorzubeugen, eine Ehe eingehen, die aber bedingungslos und für beide Partner unauflösbar war. Hierin brach das Sittengesetz der Urchristen nicht nur abrupt mit der jüdischen Tradition, die die Scheidung von Seiten des Mannes zuließ, sondern unterschied sich auch wesentlich von römischen Moralvorstellungen, welche die Ehe zunehmend als eine Art Gesellschaftsspiel betrachtet hatten. Männer und Frauen waren gleicherweise verpflichtet, bis zu ihrer Verehelichung keusch zu leben. Sie durften ihren Geschlechtstrieb auch nicht insgeheim in Freudenhäusern oder bei Konkubinen ausleben, wie es jedem Juden im Talmud gestattet war und bei den Römern ohnehin seit Jahrhunderten Sitte und Brauch entsprach.

Die Gleichberechtigung im sexuell-sittlichen Bereich war aber die einzige, die der neue Glaube den Frauen bot. Und es steht kaum zu vermuten, daß sie eingeführt wurde, um jene als menschliche Wesen aufzuwerten oder gar vor der Willkür des Ehemannes zu schützen. Viel eher scheint sie nur Ausfluß jener betonten Sinnenfeindlichkeit zu sein, die das Christentum von fast allen anderen orientalischen Mysterienreligionen unterschied. Noch heute gilt der christlichen Kirche der jungfräuliche Mensch als besonders wertvoll und für die ewige Seligkeit geradezu prädestiniert, hatte doch schon der Apostel Paulus seine Abscheu vor der Fleischeslust offen bekannt. In seinem berühmten Brief an die lebensfrohen Korinther meinte er, es stünde einem Mann gut an, keine Frau zu berühren. Denn nur der Ledige sorge sich darum, dem Herrn zu gefallen. Den Verheirateten interessierten zwangsläufig mehr die Dinge der Welt.

Er hatte darüber hinaus verkündet, daß der neue Glaube keinen Unterschied kenne zwischen Angehörigen verschiedener Nationalität, verschiedener Stände oder verschiedenen Geschlechts. »... da ihr einer seid in Christo.«[13] Hatte auch Jesus versprochen, er werde selbst die Frau führen, um sie männlich zu machen, so daß auch sie ein lebendiger Geist gleich den Männern sei, wollten seine Nachfolger davon nichts mehr wissen. Gott stünde über

Christus, lehrte vielmehr Paulus, dieser über den Menschen und der Mann schließlich über der Frau, die Gott als dessen Gehilfin geschaffen und ihr damit eine untergeordnete Rolle zugewiesen habe. Sie sollte »sittlich, keusch, häuslich und ihrem Mann stets gehorsam sein«[14], eine Forderung, die sich aus dem Mund eines Cato kaum anders angehört hätte.

Von Lebzeiten des Religionsstifters Jesus an hatten Frauen die Kirche aufbauen und dort aktiv mitwirken dürfen, hatte ihnen diese »ein Betätigungsfeld für ihre Energien« gegeben, »wie ihnen sonst kaum eines offenstand«.[15] Wiederum waren es Paulus und sein Frauenhaß, die dem Abhilfe schafften, indem sie den Frauen verboten, vor der Gemeinde zu predigen, und sie anhielten, während des Gottesdienstes das Haupt bedeckt zu halten, um die Blicke der Männer nicht auf sich zu ziehen. Die Frau wurde alsbald mit Sündhaftigkeit assoziiert und als teuflische Versucherin gebrandmarkt. Hatte nicht einst auch Eva den Adam vom Pfad der Tugend weggelockt und die Menschheit damit um den Genuß des Paradieses gebracht? »Der Mann aber soll das Haupt nicht bedekken«, so wieder der Apostel, »sintemal er ist Gottes Bild und Ehre, die Frau aber ist des Mannes Ehre. Und der Mann ist nicht geschaffen um des Weibes willen, sondern das Weib, um des Mannes willen ...«

Es ist erstaunlich, daß eine derartige Zurücksetzung durch einen Glauben, der den Anspruch erhob, die Welt von Grund auf zu erneuern, von den Frauen stillschweigend und demütig hingenommen wurde. Dies ist eigentlich nur durch die soziale Stellung jener Frauen zu erklären, die dem Christentum als erste anhingen. Sie, deren diesseitige Existenz kaum zu hoffen gab und die im übrigen Erniedrigung und Abhängigkeit gewohnt waren, fühlten sich nun auserwählt und geachtet: Welche andere Religion hatte ihnen zuvor Erlösung von allen irdischen Qualen verheißen, die Aussicht auf Gottes Reich und ewiges Leben gegeben? Und doch wanderten Frauen, je stärker sich orthodoxe Dogmen etablierten, scharenweise zu Sekten ab, die ihnen weiterhin die Möglichkeit zu öffentlichen Auftritten boten. Die populärste von ihnen waren die Gnostiker, auch sie keineswegs frei von Frauenhaß, aber doch bereit, in ihrer Theologie auch Frauen einen freilich bescheidenen Platz einzuräumen. Als selbst dies den orthodoxen Theologen zu weit ging, erklärten sie die Gnostiker kurzerhand zu Häretikern. Eine unrühmliche Rolle spielte dabei Tertullian, der die Tätigkeit der Frauen bei den Gnostikern scharf verurteilte. So schnell »verkehrte sich die neue Freudenbotschaft in die alten patriarchalischen Knechtungsmittel.«[16)]

Was den Frauen, vor allem, wenn sie einer gehobenen Gesellschaftsschicht angehörten, sehr zustatten kam, wenn sie sich fürs Christentum entschieden, war die Möglichkeit, ihr Leben eigenverantwortlich in die Hand zu nehmen, das heißt, sich nicht in die Abhängigkeit eines Ehemannes zu begeben. Der freiwillige Verzicht auf Ehe und Mutterschaft, den es weder im Judentum noch in der griechisch-römischen Kultur je gegeben hatte, war ein Novum, das bei konservativen Römern Verwirrung stiftete. Die Frau der Antike befreite es nicht nur von der oft schweren Last häuslicher Arbeit und Kindererziehung. Es enthob sie auch der Gefahr, einem völlig fremden Menschen ausgeliefert zu werden, einem oft um vieles älteren Mann, den sie sich nicht ausgesucht hatte und dessen Umarmung ihr wie eine Vergewaltigung vorkam, die sie aber dennoch über sich ergehen lassen mußte, weil es eine archaische Sitte verlangte. So verschworen sich unzählige Frauen dem Zölibat, verbargen sich »hinter Klostermauern«, um wenigstens ein gewisses Maß an Freiheit zu erlangen.

Frauen nahmen das Martyrium auf sich, ja suchten es geradezu, bot es ihnen doch nicht nur ein Forum, ihren Glauben zu bekunden. Wie nirgendwo sonst konnten sie sich in der Arena, auf den Scheiterhaufen oder in der Löwengrube als unerschrockene, den Männern ebenbürtige Partnerinnen erweisen.

Wann das Christentum in den oberen Ständen Roms Einlaß fand, ist nicht bekannt. Spärlich nur sind hierzu die Berichte der antiken Autoren. Viele von ihnen dürften zudem »etlichen Irrtümern und Verwechslungen« (Carcopino) erlegen sein, da noch in fortgeschrittener Kaiserzeit das Christentum vielfach für eine jüdische Sekte gehalten wurde.

Schon Tacitus erwähnt eine gewisse Pomponia Graecina, Gattin des Konsuls Aulus Plautius, der 43 n. Chr. die Briten besiegt hatte. Die Frau war wegen ihres Trübsinns und ihrer Trauerkleidung verdächtig, einem fremden »Aberglauben« anzuhängen. In dem Jahr, da ihr Gatte Britannien erobert hatte, war allerdings auch ihre beste Feundin Julia, eine Enkelin des Kaisers Tiberius, »durch Messalinas Hinterlist« ermordet worden, und es ist durchaus denkbar, daß sie dieses schreckliche Erlebnis in solch tiefe Depressionen gestürzt hatte. Vierzehn Jahre nach dem tragischen Verlust wurde sie der Zugehörigkeit »zu einer verbrecherischen, fremden Religion« angeklagt und traditionsgemäß ihrem Gatten zur Verurteilung übergeben. Dieser wiederum gab sie ihrer Familie weiter, die an ihr jedoch keine Schuld entdeckte. So lebte sie noch weitere sechsundzwanzig Jahre ihrer Melancholie. Wenn sie Tacitus auch nicht direkt bezichtigt, Christin gewesen zu sein, so lassen doch mehrere Anzeichen den Schluß zu, daß dem so war.[17)]

Sueton und Cassius Dio berichten, daß Kaiser Domitian etliche seiner Zeitgenossen wegen ihres »Atheismus«, das heißt, ihrer Weigerung, den römischen Staatsgöttern ihre Verehrung auf die vorgeschriebene Weise zu bekunden, verfolgen ließ. Zu ihnen gehörten einige seiner nächsten Verwandten, darunter Flavia Domitilla und deren Mann, Flavius Clemens, Konsul des Jahres 95 und selbst ein Vetter des Kaisers.[20)]

Flavia Domitilla war übrigens eine der ersten Märtyrerinnen, die die neue Kirche für sich beanspruchte, wobei ihre hohe gesellschaftliche Stellung sicherlich als Vorteil angesehen wurde. Wenn wir der Überlieferung des Eusebios, die freilich erst dem vierten Jahrhundert entstammt, glauben dürfen, war sie eine Christin, die leidenschaftlich für ihren Glauben eintrat und ein langes Martyrium auf sich nahm. Noch heute gehören die Domitilla-Katakomben, in beschaulicher Gartenlandschaft abseits des Großstadttrubels gelegen, zu den meistbesuchten Roms. Einst soll jene Verwandte des Kaisers ihren Freigelassenen diesen Ort vor den Toren Roms zur Bestattung zugewiesen haben, wo sie selbst ein ausgedehntes Landgut besaß. Doch ist es fraglich, ob es sich nicht nur um eine zufällige Namensgleichheit handelt oder die berühmte Römerin von den geprüften Christen kurzerhand vereinnahmt wurde.

Zuverlässigen Boden betreten wir erst hundert Jahre später, als das Christentum allmählich auch am Kaiserhof Einzug hielt. Vor allem Commodus' Geliebte Marcia soll sich viel mit den Christen beschäftigt und ihnen auch geholfen haben, was sicherlich nicht allzu gefährlich war, da aus jener Zeit keine Christenverfolgung bekannt ist. Am Hofe Diocletians, unter dem noch einmal eine grausame Verfolgung stattfand, durften die Frauen allenfalls heimlich mit den Anhängern der neuen Lehre sympathisieren. Doch erließ schon im Jahre 311 Galerius auf Betreiben seiner Gattin ein Toleranzedikt, das das Christentum als gesetzliche Religion anerkannte. Helena, die Mutter Constantins, gehörte schließlich zu den beflissensten Dienerinnen des neuen Glaubens. Sie hatte sogar das Felsengrab Jesu besucht und der Legende nach sein Kreuz wiederentdeckt.

Sicherlich war es erfreulich, daß die römische Staatsführung nach Jahrhunderten heftigen Sträubens endlich bereit war, auch dieser Religion die gleiche Duldung entgegenzubringen, die sie seit jeher allen fremdländischen Kulten erwiesen hatte. Und der Anteil der Frauen, der den leidgeprüften Christen letztlich zum Sieg verholfen hatte, war keineswegs gering. Der Undank allerdings, den sie für ihr Engagement ernteten, spottet jeder Beschreibung. Selten hatte sich bis dahin eine Religion frauenfeindlicher gezeigt, und es drängt sich fast der Verdacht auf, das späte Römertum, das den Keim des Verfalls längst in sich trug, hat auch aus diesem Grund die neue Lehre schließlich als die allein seligmachende anerkannt, sicherte sie doch die vermeintlich natürliche, nach christlicher Vorstellung aber auf jeden Fall von der Schöpfung gewollte Vorherrschaft des starken Geschlechts.

14.
DIENERINNEN DER VENUS UND DES CUPIDO

VON LEICHTEN MÄDCHEN UND PROSTITUIERTEN – SKLAVINNEN UND KONKUBINEN

Viele normale Bürgerinnen mag es neben den in den zahllosen Berichten beschriebenen exzentrischen Frauen gegeben haben, die sich geduldig in ihr Schicksal fügten, die an der Seite ihrer Männer schwer arbeiteten, um den Familienunterhalt sicherzustellen und über die es sich ob ihrer Durchschnittlichkeit für ihre schreibenden Zeitgenossen nicht lohnte, auch nur ein Wort zu verlieren! Frauen »arbeiteten in Gertreidemühlen und als Schlachterinnen oder handelten auf der Straße mit Kleidern. Die Fischerinnen verkauften abends ihren Fang in der Stadt. Tuchwalker und Weber rekrutierten sich gleichermaßen aus Männern wie aus Frauen. Freigelassene Frauen handelten mit exotischen Waren wie Purpur und Parfum. Sie verkauften Bohnen oder Nägel, betrieben Handelsfirmen und Arztpraxen. Sie besaßen Ziegeleien und Steinmetzwerkstätten, bauten Häuser und Wasserleitungen...«[1] Man stelle sich das alte Rom mit seinen engen, verwinkelten Gassen vor. Scharen von arbeitenden Frauen drängten sich dort, robuste, kräftige, mitten im Leben stehende Weiber, die schwätzten und scherzten und deren Lachen und Lärmen die Stadt erfüllte. Der Kampf ums tägliche Brot ließ ihnen keine Zeit, sich über Religion und Philosophie, über gewährte oder vorenthaltene Rechte den Kopf zu zerbrechen. Mochten ihnen althergebrachte Gesetze eine Gleichstellung mit ihren männlichen Artgenossen versagen, was spielte es im rauhen Alltag für eine Rolle? Die Wirklichkeit fragte nicht danach: Not, Armut, Krankheit, der nie endende Kampf ums Überleben ließen sie zu ebenbürtigen Partnerinnen ihrer Män-

Seltene Szenen aus dem Arbeitsalltag: Römische Wäscherei,

ner aufsteigen, die zupackten, wo es nötig, und verzichteten, wo es geboten war.

Es gab indessen bedauernswertere Mitglieder der strengen römischen Ständegesellschaft, Menschen, die in keiner Statistik auftauchen, so daß bis heute über ihre Zahl nur Vermutungen angestellt werden können. Gemeint ist das Heer der Unfreien, die zum bloßen Inventar degradiert waren. Und wiederum waren es unter ihnen die Frauen, denen oft ein trauriges Los bestimmt war, weil die »Bandbreite der den Sklavinnen aufgetragenen Arbeiten ... sehr viel schmaler als die ihrer männlichen Standesgenossen« war.[2] Das lag auch daran, daß sie meist eine beschränktere Ausbildung als die Männer gleichen Schicksals hatten, deren Fähigkeiten als Gelehrte, Historiker, Ärzte und Lehrer hochgeschätzt waren.

Wer aufmerksam durch die Ruinen des aus der Asche des Ve-

nach einem Wandbild um 60 n. Chr. (Historia-Photo)

suv wiedererstandenen Pompeji wandert, wird in der Masse der konservierten und zur Besichtigung freigegebenen Häuser auch auf zwielichtige Einrichtungen stoßen, die in ihrer Häufigkeit auf die Moral dieser Stadt ein ganz bezeichnendes Licht werfen. Insgesamt hat man sieben Lupanare entdeckt, doch kann nicht ausgeschlossen werden, daß sich unter dem Teil der Stadt, der noch seiner Auferstehung harrt, weitere derartige Etablissements verbergen.

Die Prostitution war im Römischen Reich weit verbreitet, und dank der Aufmerksamkeit der antiken Autoren sind wir über das Dirnenwesen gut unterrichtet. Es wäre indes für das alte Rom zuviel der Ehre, würde man wie so vieles andere auch die freie Liebe als griechisches Importgut betrachten. Sie war vielmehr »allgemein anerkannte Sitte, und Rom hatte nicht nötig zu warten, bis sie von Griechenland her eingeführt worden war.«[3] Üblich war es freilich nur für die männliche Jugend, die Dienste der Damen des horizontalen Gewerbes in Anspruch zu nehmen, um Erfahrungen zu sammeln, was keineswegs als unschicklich galt. Selbst Cicero fand nichts dabei, den jungen Caelius für diesen Schritt öffentlich in Schutz zu nehmen: »Sollte aber jemand meinen, der Jugend seien auch Liebeleien mit feilen Dirnen verboten, so hat er strenge Ansichten. Er entfernt sich damit nicht nur von den freien Grundsätzen der heutigen Zeit, sondern auch von den Gepflogenheiten und Zugeständnissen der Vorfahren. Wann ist so etwas nicht geschehen? Wann ist es je getadelt worden?«[4)] Auch der ältere Seneca äußerte sich zur weitverbreiteten Prostitution: »Er hat nichts Schlechtes getan. Er liebt eine Dirne. Das kommt bei einem jungen Mann vor...«[5)] Und selbst der ältere Cato zeigte für solche Liebschaften größtes Verständnis. Als er einmal vom Forum zurückkam, fiel ihm ein junger Mann auf, der gerade aus einem der Freudenhäuser kam, die sich in der Nähe des Platzes befanden. Aus Scham, von dem strengen Zensor gerade in diesem Moment erkannt zu werden, verdeckte der Jüngling sein Gesicht. Doch überraschenderweise rief ihm der Alte aufmunternd zu: »Recht so, mein Junge. Du tust gut daran, dich nicht an anständigen Frauen zu vergreifen.« Am nächsten Morgen kam der Jüngling erneut aus diesem Haus, diesmal stolz erhobenen Hauptes, da ihn Cato tags zuvor nicht getadelt hatte. Doch diesmal sagte der Zensor: »Als ich dich gestern gelobt habe, weil du zu diesen Weibern gehst, habe ich nicht gemeint, daß du bei ihnen wohnen sollst.«[6)]

Auf einem in Kampanien gefundenen, heute in Paris zu besichtigenden Basrelief hat sich inschriftlich die wohl seltsamste »Hotelrechnung« erhalten, die die alte Welt überliefert hat. »Ein Gast: Frau Wirtin, die Rechnung! – Du hattest für einen Sextarius Wein; für das Brot: ein As; für die Pollenta: zwei Asse – Stimmt – Für das Mädchen: acht Asse – Stimmt auch – Futter für das Maultier: zwei Asse. – Seufzer des Gastes: An diesem Vieh werde ich noch ugrunde gehen.« Was sicherlich die belustigende Hinterlassenschaft eines Witzboldes ist, belegt auf der anderen Seite doch deutlich, wieviel zur vollkommenen Bedienung eines Mannes erforderlich war.

Gewöhnlich gehörten die Prostituierten nicht dem römischen

7. Lea
2. Sp..

Bürgerstand an, sondern kamen aus der Masse der Sklavinnen, waren Freigelassene oder Kinder von solchen. »Nackt stand sie da am Strand zur Begutachtung durch den Käufer. Alle Teile ihres Körpers wurden besichtigt und betastet. Wollt ihr das Ergebnis des Verkaufs wissen? Die Seeräuber haben sie geschont, um sie dem Kuppler zu verkaufen. Der Kuppler aber hat sie erworben, um sie zur Prostituierten zu machen.«[7] Es ist eine ganz alltägliche Szene, die der ältere Seneca hier schildert, und doch bezeichnend für die Moral der alten Welt, ein Schicksal stellvertretend für unzählige im damaligen Rom. Interessante Einzelheiten erzählt auch Martial: Ein Auktionator bot eine junge Sklavin an. Um die Kauflust zu steigern »zog er, allen zu zeigen, daß sie keusch sei, sie, die mit den Händen sich sträubte, an sich. Und er küßte sie zwei-, drei- und viermal« mit dem Ergebnis, daß der einzige Interessent sein Angebot zurückzog.[8]

Griechenland und der griechische Orient stellten das größte Kontingent an weiblicher Ware, vor allem auch, weil deren Frauen oft über eine gewisse Bildung verfügten und neben ihren körperlichen Reizen auch geistige Vorzüge besaßen. Es gab Flöten- und Leierspielerinnen, Tänzerinnen und sogar gelehrte Frauen, die »doctae puellae«, deren Wissen und Weisheit auch manchen prominenten Römer in ihren Bann schlug. Bisweilen ließen sich auch römische Bürgersfrauen bei den Aedilen in die Liste der Prostituierten eintragen. Die einen, um ungestraft ihren zügellosen Begierden nachgehen zu können, andere aus existentieller Not. Und es kam nicht nur vor, daß mancher Ehemann mit dieser Art Gelderwerb seiner besseren Hälfte einverstanden war, er verdiente bisweilen sogar kräftig mit. Nur Frauen gehobenen Standes war es seit 19 n. Chr. durch einen Senatsbeschluß untersagt, sich als Liebesdienerin registrieren zu lassen. Dennoch soll sich den alten Quellen zufolge einst die ranghöchste Dame des Reiches in einem Lupanar verdungen haben: Kaiserin Messalina, deren unersättlicher Liebesgier weder ihre zahllosen Liebhaber noch ihr Ehemann, der von Jugend an durch eine Lähmung behinderte Claudius, genügen konnten. Verkleidet gab sie sich in einem Bordell als Prostituierte dem Meistbietenden hin. Und sie galt sogar als die betriebsamste Hure der Stadt...

Auffallend mußten sie sich herrichten, die Liebesdienerinnen der Antike, und ihr Aufzug hob sie schon von weitem aus der Masse ihrer Geschlechtsgenossinnen hervor: Das Make-up dick aufgetragen, die Haare flatternd im Wind, ihren Körpoer in eine Toga oder eine kurze Tunika gehüllt, das Kennzeichen der Ehebrecherin. Natürlich war alles in den grellsten Farben gehalten. So verunsicherten sie die Männerwelt und unterschieden sich deutlich von der stolagewandeten, erhabenen Frau. In den Bordellen erwarteten sie ihre Liebhaber gar »in freiester Tracht, halb oder ganz nackt« (Blümler), stehend oder sitzend vor den Türen ihrer meist engen Kammern, von denen jede jedoch eine eigene hatte. Über der Eingangstür war ein Holztäfelchen mit dem Namen der Besitzerin des Zimmers befestigt. Hatte eine Dirne Besuch, wurde an die Tür noch »occupata« geschrieben. Die dunklen, stickigen Häuser wiesen keinerlei Komfort auf und hatten kaum hygienische Einrichtungen. Ein schmutziger Abtritt vielleicht auf dem Flur, ein enges steinernes Bett, das gewöhnlich fast die ganze Zelle füllte, für den Freier allerdings mit einer Matratze belegt wurde. Es handelte sich um schmierige Einrichtungen, erfüllt von den Ausdünstungen gieriger, ungepflegter Leiber, geschwärzt vom Ruß zahlreicher Öllampen, die Luft geruchsschwanger von Unrat und Unsauberkeit. Hatte der Gast das Honorar entrichtet, was offensichtlich gleich beim Eintritt zu geschehen hatte, wurde er in das Innere einer Kammer und zu dem dort aufgestellten Steinbett geführt. Dann konnte er seine Lust austoben, wobei obszöne farbige Wandmalereien diese noch steigern sollten. So sah der Arbeitsplatz der meisten unfreien Prostituierten aus. Nur wenige Edeldirnen hatten in den mondänen Badeorten an der kampanischen Küste und in den Palästen der Reichen Roms ein wenig Anteil am Luxus der vornehmen Welt, freilich nur, solange sie jung und anziehend waren.

Überwiegend waren es Männer der untersten Schichten, die sich in den Durchschnittsbordellen das wohlfeile Vergnügen leisteten, Soldaten, Matrosen, Freigelassene und Sklaven. Doch war es auch für einen Jüngling aus gutem Hause keine Schande, bei der »prostibula« zur Schule zu gehen und sexuelle Erfahrungen zu sammeln. Ja, mancher Kaiser scheute sich nicht, in solchen Häusern sein Vergnügen zu suchen. So ließ etwa Nero jedesmal, wenn er auf dem Tiber nach Ostia fuhr oder den Golf von Baiae entlangsegelte, an den Küsten und Ufern in gewissen Abständen Schankbuden mit Bordellbetrieb aufstellen, wobei freilich »vornehme Damen die Wirtin machten und ihn bald da, bald dort einluden...«[9)]

Zwischen zwei und achtzehn Assen lagen die Honorare, die die Mädchen verlangten. Aber es gab natürlich auch Prostituierte, die nur um ein Vielfaches zu haben waren. In einem etwas boshaften Epigramm Martials mindert eine einst stadtbegehrte Hetäre ihren Preis mit den Jahren: Von 20000 Sesterzen geht sie auf die Hälfte herunter und wirft sich schließlich sogar für 100 Quadrantes weg.[10)]

Kaiser Caligula war der erste in der römischen Führungsschicht, der die Rentabilität dieser Art von Broterwerb erkannte und als ordentliches Gewerbe betrachtete. Jedenfalls setzte er für die Dirnen eine Einkommenssteuer fest, »pro Tag den Gewinn aus einem Beischlaf,... wobei zu diesem Gesetz ein Artikel hinzugefügt wurde, der auch frühere Dirnen und Kuppler, ja sogar jetzt verheiratete Personen dieser Vorschrift unterwarf.«[11)] Da sich die Besteuerung der Prostitution als sehr ergiebig erwies, richtete der Kaiser bald selbst in seinem Palast auf dem Palatin ein Bordell ein, »wo in mehreren abgetrennten und der Würde des Ortes entsprechend eingerichteten Kammern vornehme verheiratete Frauen und freigeborene Knaben sich prostituieren mußten. Dann schickte er einen Nomenklator auf alle Märkte und in alle Basiliken, um junge und alte Männer zur Befriedigung ihrer Lust aufzufordern...«[12)]

Viele Dirnen hatten eine umfassende Bildung erworben, vor allem Kenntnisse in Literatur und Musik, waren interessiert und begabt, was sie angenehm von der anständigen, dafür aber etwas langweiligen Matrone unterschied. Es gab sogar welche, die sich selbst in der Poesie versuchten. Properz' hochgebildete Cynthia gehörte zu ihnen. Öfter hingegen selbst Mittelpunkt der schönsten Liebeselegien, war Treue keine ihrer Kardinaltugenden. Die alten Dichter wußten im wahrsten Sinne des Wortes ein Lied davon zu singen: Tibulls Delia und Nemesis, Lycoris, die Geliebte des Cornelius Gallus, die auf eine stattliche Reihe abgelegter Liebhaber blickte, und auch Cynthia, die Properz mehr peinigte als glücklich machte: Sie alle waren habsüchtig und schnell bereit, ihrem Liebsten den Rücken zu kehren, sobald sich nur ein mit irdischen Gütern Gesegneterer gefunden hatte. Und dennoch war die römische Männerwelt diesen Frauen verfallen und verhalf ihnen mit ihren Werken zu bleibendem Ruhm. Den leichten Mädchen widmete Ovid das dritte Buch seiner »ars amatoria«, nicht ohne wiederholt zu betonen, daß seine Lektüre keineswegs für die stolagewandete Römerin tauge und sie besser die Finger davon lasse. Viele gute Ratschläge hatte er darin für die Damen der römischen Halbwelt parat. Denn nicht nur die Sinneslust des Mannes sollte befriedigt werden. (Dabei hätte das antike Schönheitsideal kaum den strengen Blicken neuzeitlicher Kritiker standgehalten. Nicht die gertenschlanke, hochwüchsige, jugendliche Schönheit entsprach der Idealvorstellung des anspruchsvollen Römers vom anderen Geschlecht, sondern die eher reife Frucht, die die erste Jugend bereits überschritten hatte, über einen weißen Teint und etwas fülligere Formen verfügte und überhaupt der wohlproportionierten Juno glich. Auf ein zurückhaltendes, männlichen Schutz suchendes Wesen legte er keinen Wert. Herrisch mußte die begehrenswerte Frau auftreten und von einem gesunden Selbstbewußtsein getragen sein, launisch durfte sie sein, in zorniger Leidenschaft alle Grenzen überschreiten, mußte sich aber auch in der Liebe verströmen.)

Lange vor Juvenal (»sit mens sana in corpore sano«) fordert Ovid, daß einem schönen Körper auch ein wacher Geist innewohne. »Wo sie auch sei, sie strebe mit Ernst danach zu gefallen. Sie sei mit all ihrer Kraft Reiz zu entfalten bedacht.«[13] Auch literarisch und künstlerisch gebildet soll sie sein, und zweifellos schimmert hier das Bildungsideal bestimmter griechischer Hetären durch. Sooft als möglich solle sie sich in der Öffentlichkeit zeigen, empfiehlt Ovid weiter. Denn schließlich wisse man nie, wo sich ein Mann aufgabeln ließe, und meist finde man ihn gerade dort, wo man ihn am wenigsten vermute.

Die Schönen erhalten schließlich Ratschläge, die nicht eben von Solidarität des Dichters mit seinen männlichen Leidensgenossen künden: wie man einen Liebhaber wegen einer anderen Verabredung geschickt versetzen und seiner Überwachung entgehen, welcher Ausflüchte man sich bedienen könne, sei man einmal nicht zu Hause angetroffen worden. Die religiöse Pflicht oder die kranke Freundin leisteten noch immer gute Dienste. Schließlich sei auch nichts dabei, einen allzu aufdringlichen Verehrer mit Schlafmitteln vorübergehend außer Gefecht zu setzen. Ebenso dürfe frau sich auch vergewissern, ob es irgendwelche Rivalinnen gäbe. Doch könne übertriebene Eifersucht das Leben vergällen. Jede, die dazu neige, solle das Schicksal von Cephalus und Procris warnen:

Der eifersüchtigen Procris kommt zu Ohren, daß ihr Gatte nach der Jagd stets nach Aura (der kühlenden Luft) zu rufen pflegt. Da sie eine Nebenbuhlerin wittert, folgt sie Cephalus heimlich in den Wald. Sie erkennt ihren Irrtum und will sich dem Gatten erleichtert in die Arme werfen, als sie von seinem Speer tödlich getroffen wird. Er hat sie versehentlich für ein aus den Büschen hervorbrechendes Wild gehalten ...[14)]

Die Lektüre all dieser guten Empfehlungen läßt fast vermuten, ihr Verfasser sei einer der größten Weiberhelden im alten Rom gewesen, doch ist gerade das Gegenteil der Fall. Er war ein gesetzter Mann, als er seine »Liebeskunst« vorlegte, ein besonnener Mensch, der sich anschickte, seine dritte und letzte Ehe einzugehen, die von beiderseitiger Achtung und Treue getragen sein sollte. In der Verbannung, die ihn bald danach wie ein Blitzstrahl aus heiterem Himmel traf und für die der erzürnte Kaiser die »ars amatoria« zum Anlaß nahm, dachte er täglich an seine in Rom zurückgebliebene Fabia und beklagte bitter sein Los, das ihm nicht vergönnt hatte, ihr ergrautes Haar noch einmal zu küssen.

Trotz aller Bewunderung waren die Schönen Roms bedauernswerte Geschöpfe, da ihnen zumeist ein leeres und einsames Alter bevorstand. Denn nach den Ehegesetzen des Augustus kam für einen Römer die Heirat einer Prostituierten nicht in Frage, wobei dieser Begriff sehr weit ausgelegt wurde. Die Straßennutte gehörte ebenso dazu wie die Edeldirne. Selbst das Gewerbe der Schauspielerin galt als anrüchig, weshalb es auch einem Senator untersagt war, eine Frau dieses Berufsstandes zu ehelichen.

Mangel an Frauen indes, die ihre körperlichen Vorzüge zu Geld machten, hat es nie gegeben, und die Häufigkeit, mit der man ihnen in den Straßen Roms wie auch in allen anderen Städten des Imperiums begegnete, verrät, daß für ihre Dienste allezeit ein großer Bedarf bestand. Das hat sicherlich nicht nur an der naiveren Bedeutung gelegen, die der antike Mensch der Sexualität entgegenbrachte, an seiner geringen Bereitschaft, natürliche Triebe, das letzte Tierische im Menschen, zu unterdrücken, sondern auch am Männerüberschuß, der für das alte Rom verbürgt ist. Die augusteischen Ehegesetze mochten jeden freigeborenen Römer zur Ehe verpflichten, Frauen zum Heiraten konnten auch sie nicht aus dem Boden stampfen. So trugen zweifellos die freien Liebesdienerinnen, all diese exotischen Schmetterlinge und halbseidenen Nachtvögel, dazu bei, die Moral zu stützen, und Catos Lob für den jungen Aristokraten, der sich in seiner Not an die Damen des horizontalen Gewerbes wandte und sich nicht an anständigen (sprich verheirateten) Frauen vergriff, war kaum nur Redensart.

Wenn die Prostituierten gewöhnlich auch der untersten Klasse angehörten, waren sie doch nicht ganz schutzlos der Gewalttätigkeit brutaler Liebhaber ausgeliefert. Ein kurulischer Aedil namens Aulus Hostilius Mancius verklagte einmal die Kurtisane Manilia auf Schadensersatz. Er war vor ihrem Haus am Kopf von einem Stein getroffen worden, der aus dem ersten Stock auf ihn herabgeschleudert worden war. Die von dem Wurfgeschoß verursachte Wunde war noch zu sehen. Manilia ihrerseits rief den Volkstribunen an: Eines Abends sei der Aedil angetrunken blumenbekränzt vor ihrem Haus gestanden und habe Einlaß begehrt. Da ihm dieser verweigert worden sei, habe er versucht, gewaltsam einzudringen. Hiergegen habe sie sich verteidigt. Der Volkstribun gab Manilia recht. Sie hatte in Notwehr gehandelt. Er legte sein Veto ein, und Mancius' Klage mußte abgewiesen werden.

Bei den locker fröhlichen Sitten, die die Gassen der Städte des Altertums erfüllten, erstaunt angesichts der mangelnden Gesundheitsvorsorge und der schlechten hygienischen Verhältnisse die Tatsache, daß die alte Welt von Geschlechtskrankheiten weitgehend verschont blieb. Nur in einem Brief des jüngeren Plinius wird einmal ein Ehepaar erwähnt, das sich wegen einer seltsamen Erkrankung das Leben nahm. Die überlieferten Symptome deuten auf eine Syphilis hin. Ansonsten aber findet sich nirgends ein Hinweis auf derartige Leiden, so daß man annehmen darf, daß sie zwar hin und wieder auftraten, aber nicht sehr weit verbreitet gewesen sein können.

Ist dieses Kapitel vorwiegend all jenen Frauen gewidmet, die keineswegs auf der Sonnenseite des Lebens standen (wenn dies mitunter auch den Anschein hatte), so bliebe noch ein Blick auf jene Unfreien, die zwar nicht zur öffentlichen Prostitution gezwungen waren, um ihren Lebensunterhalt zu bestreiten, aber dennoch oft ein kaum besseres Los erwischt hatten. Schicksalergeben, wie es die meisten Menschen der alten Welt waren, mochten sie noch hinnehmen, wenn sie als kostenlose Arbeitskräfte den Reichen Roms halfen, ihr Vermögen zu mehren. Aber es stand für eine hübsche Sklavin außer Frage, daß sie auch das Bett ihres Herrn zu teilen hatte, wenn ihm danach war, und sie konnte noch von Glück reden, wenn sie seine Zuneigung mit keiner anderen teilen mußte. Gewöhnlich »sonnten« sich gleich viele Mädchen in dieser Gunst, so etwa im kaiserlichen Haushalt des Augustus, der zeitlebens für jugendliche Schönheit eine Schwäche gehabt haben soll, wogegen übrigens seine kluge Livia nichts einzuwenden hatte. Glaubt man den alten Quellen, so führte sie ihm sogar selbst verschiedene Bettgenossinnen zu. Von der verständnisvollen Messalina, vordergründig ebenfalls um das sexuelle Wohlergehen des kaiserlichen Gemahls besorgt, wird Ähnliches berichtet. Auch die Witwe des älteren Scipio Africanus, Tertia Aemilia, hat nach dem Tod ihres Mannes dessen Lieblingsmätresse nicht nur freigelassen, sondern ihr noch einen Freigelassenen verschafft, der sie zur Frau nahm.

Im übrigen aber waren die wenigsten Römer einfühlsam genug, auch in ihren Sklaven und Sklavinnen wenigstens insoweit Menschen zu sehen, daß sie ihnen bescheidene sexuelle Freiheiten einräumten. In älterer Zeit stellte Cato hier eine rühmliche Ausnahme dar, wobei er freilich nicht ganz selbstlos war. Er hatte nämlich erkannt, daß gewisse Zugeständnisse das Wohlergehen derer, die sich für ihn aufzuopfern hatten, durchaus steigern konnten, was letztlich wiederum ihm selbst zugute kam. Also errichtete er auf seinen Gütern Sklavenbordelle und gestattete vielen sogar, zu heiraten, wodurch natürlich keine gesetzlich gültigen Ehen zustande kamen. Diese als »contubernia« bezeichneten Beziehungen hatten immerhin den Vorteil, daß die Kinder, die aus ihnen hervorgingen, wieder Sklaven waren und automatisch Eigentum des Herrn ihrer Eltern wurden. Dennoch dürfte sich der Alltag einer solchen Sklavenfamilie kaum von dem anderer unterschieden haben.

Eine vor Roms strengen Gesetzen anerkannte Ehe mit einem

römischen Vollbürger einzugehen, war einer Sklavin allenfalls dann möglich, wenn sie freigelassen worden war. Aber selbst die Stellung der Freigelassenen blieb in einer von Standesdünkeln durchsetzten Welt schwierig. Aus diesem Grund zogen viele ungleiche Paare das Konkubinat vor, die Partnerschaft, die zunächst nur toleriert, später aber anerkannt wurde. Nur die aus ihr hervorgegangenen Kinder galten nie als legitim, selbst wenn die Eltern nach deren Geburt die Ehe schlossen. In konstantinischer Zeit wurden sie »natürliche Kinder« genannt.

Doch bot das Konkubinat all jenen, denen eine Eheschließung gesetzlich verboten war, die Möglichkeit, als Mann und Frau auf Dauer zusammenzuleben, und entwickelte sich zu einer immer häufiger gewählten Beziehungsform. Da es sich äußerlich von der rechtmäßigen Ehe kaum unterschied, erfreute es sich bald großer Beliebtheit. Es hielt schließlich schon im ersten Jahrhhundert christlicher Zeitrechnung Einzug im Kaiserhaus, als sich Vespasian nach dem Tod seiner Gattin Antonia Caenis zur Lebensgefährtin nahm. Er hatte eine gute Wahl getroffen. Die kluge Frau hielt sich in politischen Dingen zurück, häufte dafür aber hinter den Kulissen einen märchenhaften Reichtum an und sicherte sich auch eine stattliche Anhängerschaft. Weniger begünstigt war im zweiten Jahrhundert der verwitwete Antoninus Pius. Er soll Einflüsterungen seiner Geliebten Galeria Lysistrate, einer Freigelassenen seiner Frau, sehr zugänglich gewesen sein, was ihm den Tadel seiner Kritiker einbrachte. Antoninus Pius weigerte sich, eine zweite Ehe einzugehen. »Aus einer neuen ehelichen Verbindung wären womöglich Kinder hervorgegangen, und das hätte leicht zu Verwirrungen und Mißverständnissen in der Thronfolge führen können.«[15] Marc Aurel gab nach dem Tod seiner Gattin vor, seiner Kinderschar keine Stiefmutter aufzwingen zu wollen, und begnügte sich ebenfalls mit einer Konkubine. Schon sein Großvater Annius Verus hatte es einst so gehalten. In seinen »Selbstbetrachtungen« dankte der reife Marc Aurel den Göttern, »daß ich nicht lange meine Erziehung bei der Geliebten meines Großvaters erhielt...«[16] Erstaunlicherweise heiratete, ganz in der Tradition seiner Vorfahren, auch der jung verwitwetete Commodus nicht mehr, obwohl aus seiner Ehe mit Bruttia Crispina keine Kinder hervorgegangen waren. Seine Geliebte wurde Marcia, die uns im vorhergehenden Kapitel als Sympathisantin der Christen schon begegnet ist. Sie leistete ihm eine Zeitlang gute Dienste; »dann aber leistete sie der Welt einen guten Dienst, indem sie ihn aus dem Weg räumte.«[17)]

Constantin, dem die Geschichte das seltene Prädikat »der Große« verlieh, war schließlich selbst die Frucht einer solchen von der Sitte gebilligten Beziehung. »Stabularia« war seine Mutter Helena gewesen, eine Herbergswirtin nur, als sie sein Vater Constantius Chlorus kennenlernte. Da ihm als einem hohen römischen Offizier die Heirat mit einer Fremden verwehrt war, lebte er mit ihr im Konkubinat. Als er jedoch 289 n. Chr. zum Prätorianerpräfekten befördert wurde, verließ er Lebensgefährtin und Sohn, der gerade vier Jahre alt war. Er heiratete Theodora, die Stieftochter Kaiser Maximians. Sein Sohn Constantin, dem die außereheliche Geburt keinerlei Nachteile brachte, lebte vor seiner Heirat ebenfalls mit einer Konkubine zusammen. Als er Kaiser war, vergalt er seiner Mutter alle Demütigungen durch seine besondere Fürsorge, bis sie sich schließlich zur mächtigsten Frau des Imperiums entwikkelte. Doch darf man nicht vergessen, daß sich Rom damals schon lange im Fallen befand. In seiner klassischen Zeit wäre es weder einem illegitim Geborenen möglich gewesen, die höchste Stellung im Staate zu erringen, noch hätte sich eine Frau aus einfachsten Kreisen eine derartige Machtposition schaffen können. Im beginnenden vierten Jahrhundert zählten die überkommenen Standesregeln nicht mehr viel.

Kap. 15

15.
DIE FRAU IM SPIEGEL DER POESIE

KURTISANEN – LESBIA – DELIA – CYNTHIA – MARTIAL – JUVENAL

Die differenzierten Kenntnisse über die buntschillernde Welt der römischen Kurtisanen verdanken wir den zahlreichen Dichtern, die mit unermüdlichem Eifer das Liebesleben ihrer Zeit in Verse gossen, wobei sich die Sitten der jeweiligen Epochen in der dichterischen Phantasie unverzerrt widerspiegeln. Lange bevor die römische Literatur in der Elegiendichtung ihren Höhepunkt erreicht hatte, waren Kurtisanen Protagonistinnen der freilich noch griechisch inspirierten Komödie, wurden sie als männermordende, Ränke schmiedende, habgierige Ungeheuer dargestellt.

»Wenn sie in der Öffentlichkeit sind«[1)], gibt Properz zu bedenken, könne man sich nicht Edleres, Gepflegteres und Eleganteres vorstellen. Schnell gingen allerdings jedem die Augen auf, der Gelegenheit habe, sie zu beobachten, wenn sie allein zu Hause seien: schlampig seien sie dann und elend. Sie benähmen sich schlecht und seien gefräßig, so daß jedem potentiellen Liebhaber sogleich der Appetit vergehe. Vorausblickende Väter ergreifen deshalb gerne Vorsichtsmaßnahmen: Gerät ein Jüngling zu sehr unter den Einfluß einer dieser Personen, besteht gar die Gefahr, daß er sein Vermögen zu verschleudern beginnt, schickt man ihn aufs Land. Die den Körper ermüdende Feldarbeit läßt den Liebestollen schnell wieder zur Vernunft kommen. Geheilt kehrt er nach Hause zurück, wird verheiratet, wie es sich gehört, und die Welt ist wieder in Ordnung.

Ähnlich sieht es Valerius Maximus. In alter Zeit, so erzählt er, habe sich einmal ein junger Mann leidenschaftlich in eine Prostituierte verliebt. Sein besorgter Vater ahnte Unglück, wollte aber seinen Sohn durch ein strenges Verbot auch nicht vor den Kopf stoßen. Vordergründig zeigte er deshalb Verständnis für die Begierde des Jungen und erlaubte ihm sogar, die Geliebte zu besuchen. Er bat ihn jedoch inständig, nicht geradewegs dorthin zu gehen, sondern einen Umweg zu machen und zunächst einige Zeit in der Gesellschaft anderer Kurtisanen zu verbringen. Arglos willigte der Sohn ein. Nachdem aber sein körperliches Verlangen gestillt war, hatte er es viel weniger eilig, der Dame seines Herzens zu begegnen. Die Übung wurde wiederholt, bis sein Interesse völlig geschwunden war.[2)]

In der Vorstellung des Plautus, der im frühen zweiten vorchristlichen Jahrhundert schrieb und in dessen Werken sich zweifellos die Sitten seiner Zeit widerspiegeln, ist für wahre Liebe kein Platz. Vergänglich sind dort die Beziehungen, die junge Römer mit jenen Mädchen eingehen. Doch ein Menschenalter später haben sich die Sitten gewandelt. Bei Terenz begegnen wir der Kurtisane als aufrichtiger Gefährtin, zu der der junge Mann durchaus Gefühle echter Zuneigung entwickelt, die oft sogar erwidert werden. In seinem »Eunuchen« stellt er die junge Thais vor, eine lebensvolle, sympathische Gestalt, die auf Rhodos beheimatet war. In noch jugendlichem Alter wurde das ärmlichsten Verhältnissen entstammende Geschöpf von einem durchreisenden Fremden verführt und nach Athen verschleppt. Selbstverständlich war eine Heirat zwischen ihnen wegen des unüberwindlichen Standesunterschiedes nicht möglich. Aber der Verführer, der bald darauf starb, hinterließ der jungen Frau wenigstens ein ansehnliches Vermögen, das ihr eine gewisse Unabhängigkeit sicherte, wenn diese auch nur darin bestand, Kurtisane zu werden. Thais fügte sich in ihr Geschick und entwickelte sich bald zu einer der begehrtesten Hetären Athens, bis sie eines Tages auf dem Umweg über die flüchtige Lust der wahren Liebe begegnete. Zwar war ihr aufgrund ihrer Herkunft auch der Weg zur Ehe mit Phaedria, ihrem jungen Nachbarn, der ebenfalls unsterblich in sie verliebt war, versperrt. Aber nach Überwindung mancher Hindernisse wurde er, dem ihr Gewerbe von Anfang an mißfallen hatten, ihr einziger Liebhaber...

Es ist die Macht der Liebe, die die hemmungslose Hure in eine Frau verwandelt, die sich immerhin am Rande der Tugend bewegt. Im Gegensatz zu Plautus bekennt sich Terenz zu diesem Gefühl, hält es für göttlich und warnt jeden, sich ihm zu verschließen oder es zu hintertreiben, wolle er nicht schuldig werden oder Unglück auf sich ziehen.

Der erste bedeutende Prosaschriftsteller Roms war Cato Censorius, obschon er vorgab, die Schriftstellerei zu verachten. Doch mit Frauen hatte er, außer über sie herzuziehen, wenig im Sinn, und so ist es auch verständlich, daß er ihnen in seinen Werken keinen Platz einräumte.

Die einzige »Frau«, die in den Werken Cäsars und Ciceros eine wirklich bedeutende Rolle spielte, war die »res publica«, die der eine beredsam erhalten, der andere gewaltsam beseitigen wollte. Auch ihre Hinterlassenschaft sagt deshalb wenig über die Beziehungen zwischen den Geschlechtern aus. Aber anders als zur Zeit des Zensors hatte die Dichtung im letzten vorchristlichen Jahrhundert geradezu Hochkonjunktur, ja es scheint fast, als hätten sich in einer Epoche gesellschaftlicher und moralischer Umwandlung zahlreiche Männer von den blutigen Schauplätzen der Politik in die beschauliche Ruhe ihrer Gärten zurückgezogen, um ihr »Blut zu kühlen« (Durant). Die Elegie wurde geboren, jene wehmütig klagende Weise, die vor allem Liebe und Leid besingt.

Titus Lucretius Carus (Lukrez), dessen Lebensgeschichte in ein merkwürdiges Schweigen gehüllt ist, suchte Zuflucht in Natur und Philosophie, mit denen sich sein Werk überwiegend befaßt. Wenn er je verliebt war, muß er mit Frauen schlechte Erfahrungen gemacht haben. Denn er schreibt recht ungalant über sie, schimpft auf die Anziehungskraft der Schönheit und greift die Leidenschaft der Liebe an. Und dennoch kann auch er seine Sehnsucht nach dem Ewig-Weiblichen nicht ganz unterdrücken. In glühend leidenschaftlicher Hymne ruft er Venus an, die er »als Symbol des schöpferischen Luststrebens und der friedlichen Lebensgestaltung auffaßt:

»denn du allein vermagst die Menschen mit ewigem Frieden
zu erfreuen, da ja die wilden Werke des Kampfes
lenkt der waffenmächtige Mars, der oft sich in deinem
Schoß zurücklehnt, besiegt von ewiger Wunde der Liebe...«[3)]

Einer der ersten Vertreter der römischen Elegie, ja der römische Liebesdichter überhaupt, war C. Valerius Catullus, dem seine »Lesbia« zu unsterblichem Ruhm verhalf. Unschwer erkannte nicht nur Apuleius in ihr jene Clodia wieder, Schwester des

Volkstribunen Clodius Pulcher, die ob ihrer Schönheit Roms Männer in Atem hielt. Für den jungen Dichter wurde sie Schicksal. »Clodia war der Dämon seines Lebens, der ihm die ganze Leiter der Empfindungen von der leidenschaftlichen Liebe bis zur bitteren Entsagung erklingen ließ und in ihm die unvergleichlichen Lieder weckte, in denen er die künstlichen und gelehrten Reflexionen seines Umkreises durch die Unmittelbarkeit und Echtheit des inneren Erlebens weit überragte.«[4)]

Als künstlerische Übertreibung darf man sicherlich Horaz' Liste mit den Namen all der lockeren Mädchen ansehen, die er geliebt haben will: Cinara, Pyrrhe, Lydia, Chloe, Phyllis und viele mehr. Die gleichen Damen und Namen hatten schon anderen Dichtern für ihre Verse gedient. Und doch stellte er, der stets ein zurückgezogenes Leben vorzog, fest, daß ihm die »fliehenden Jahre« alles gestohlen hätten, auch die Liebe. Will man aus seiner Hinterlassenschaft nicht gar einen ausgeprägten Hang zum Homoerotischen herauslesen, mindestens aber eine bisexuelle Veranlagung, so war doch die Frau für ihn keineswegs ein Gegenstand der Verehrung, dem man in seinem Werk ein Denkmal setzen mußte. Die tiefe, leidenschafliche Liebe: Horaz hat sie augenscheinlich nicht gekannt. Für ihn brachte »die Jagd auf Frauen« weit mehr »Mühsal und Verdruß als Genuß«[5)], so daß er jedem riet, seine erotischen Veranlagungen lieber mit der leicht zugänglichen, stets verfügbaren und willigen Dirne zu befriedigen. Es sei im übrigen keine Schande, sich des Körpers einer Magd zu erfreuen. Schon Achill und andere Helden Homers hätten es so gehalten. Und man wisse schließlich nie, ob sich hinter der einfachen Sklavin nicht eine Tochter aus altem Königsgeschlecht verberge.

Der alternde Dichter ist dann offensichtlich mehr und mehr Zuschauer des Lebens geworden, ein verbitterter Mann, der sich, selbst bar jeglicher Reaktion auf erotische Reize, allenfalls noch unverhohlen darüber freuen konnte, daß seine einstige Gespielin Lyke nun ein altes Weib war, dessen verschwundene Anziehungskraft »auch die feinsten koischen Gewänder oder Edelsteine nicht mehr herbeizaubern können.«[6)] Da sei es schon besser, meint er, wie Cinare jung zu sterben, statt »eine alte Krähe« zu werden, Asche, die einst Flamme war. Soviel Bitterkeit läßt auf schlechte Erfahrungen mit Frauen schließen, die für ihn exotisch blieben, eine der wirren Erscheinungen des Lebens.

Tibull und Properz hingegen erhoben die Erotik zur Hauptquelle und zum Hauptmotiv ihres künstlerischen Schaffens.

Ähnlich Horaz war auch Tibull Anhänger der doppelgeschlechtlichen Liebe. Sein Schmachten um den schönen, aber launischen Jüngling »Marathus« ist kaum weniger leidenschaftlich als die zarten Gefühle, die er für »Delia« hegt, wer immer sich hinter diesem Namen verbirgt. Vielleicht war es tatsächlich die Freigelassene Plania, wie ein Teil der Wissenschaft vermutet. Daß sie verheiratet war, störte den verliebten Dichter weiter nicht. Denn ihr Mann scheint ein rechter Trottel gewesen zu sein, der sich nur allzu leicht mit unverdünntem Wein außer Gefecht setzen ließ. Delia hatte ihn nur genommen, weil sie sein Reichtum so sehr beeindruckt hatte. Deshalb nahm sie es wohl auch mit der ehelichen Treue nicht allzu genau. Ganz von der Liebe zu ihr erfüllt, hatte sich in Tibull ein großer Wandel vollzogen. Nicht nach Krieg und Beute wollte er fortan trachten, nicht nach Ämtern und dichterischem Ruhm. Spott über jeden, der sich umbringen läßt, wo er doch schöne Frauen verführen könnte! Die Geliebte ganz sein eigen nennen, mit ihr die friedliche Wonne in ländlicher Abgeschiedenheit genießen, das allein ist nun sein Sehnen und Streben. Aber Delia denkt nicht daran, sich einem einzigen hinzugeben. Nicht nur der Ehemann, auch der getäuschte Dichter muß sie mit anderen teilen. Er versucht, seinen Schmerz darüber in Wein zu ertränken und mit neuen Liebschaften zu vergessen. Doch der Wein wird ihm zu Tränen, und die Dirne, die ihn trösten soll, wendet sich mit Grauen. Sie hält ihn für einen Behexten ...

Reumütig kehrt er zu Delia zurück und nimmt sogar in Kauf, daß er ihr nur einer von vielen ist:

»Ich Unglücklicher lehrte sie selbst, wie die Wächter sie täuschen könnte, und nun mehr straft, weh', mich die eigene List.«[7)]

Obwohl Tibull dieser Frau mit Haut und Haaren verfallen ist, erscheint sie doch in einem sehr ungünstigen Licht. Sie ist im Grunde ein besseres Flittchen, das zwar in einer Ehe den äußeren Schein wahrt, aber deswegen keinesfalls bereit ist, auf die zweifelhaften Genüsse des lockeren Lebens zu verzichten. Es ist erstaunlich, daß Tibull, der nach Ovids Urteil einer der bedeutendsten

Liebeselegiker Roms war, derart zum Sklaven seiner Emotionen werden konnte. Sein Freund Horaz riet ihm, er solle sich nicht über eine Frau beklagen, die ihm einen jüngeren vorgezogen habe. Venus beliebe es eben, auf solche Weise mit den Menschen zu scherzen.[8)]

Auch Tibulls neue Geliebte, Nemesis, die er im zweiten Buch seiner Elegiensammlung besingt, brachte ihm kein Glück. Sie war womöglich in noch höherem Grade Hetäre als Delia, auch wenn sie nach einer von Ovid überlieferten Bemerkung am Sterbebett des erst dreißigjährigen Dichters saß. Auch über sie weiß Tibull wenig Erfreuliches zu berichten:

»Wehe mir, ich seh' nur Reiche gefallen den Mädchen!«[9)] Er stellt betrübt fest, daß nicht einmal seine Dichtkunst eine Frau zu fesseln vermag. »Geld nur fordert sie stets mit der geöffneten Hand.«[10)]

Es ist möglich, daß der liebeskranke Mann schließlich an gebrochenem Herzen starb.

Auch Properz' Leben ist nur aus seinen Werken bekannt. Seine Cynthia, die in Wirklichkeit Hostia geheißen haben soll, gehörte sicherlich zu jenen Libertinen, »die in der Freiheit und Sicherheit ihres Auftretens und in der Höhe ihrer Ansprüche einer Römerin von Stand«[11)] nahekamen. Als »dura puella« (hartherziges Mädchen) bezeichnete der Dichter seine Geliebte, die ihm nicht nur Zuneigung, sondern auch Leid brachte und deretwegen er die Hölle aller Leidenschaften durchlitt. Von Treue hielt sie nicht viel. »Stets wog sie der Verehrer Börse nur.«[12)] Als stolzes, zum Herrschen neigendes Weib charakterisiert sie Properz, eine, die nach Laune ihre Gunst verschenkte. Ein Opfer will er sogar der Venus bringen, wenn ihn die Geliebte die ganze Nacht beglückt. Aber er ist natürlich auch eifersüchtig: Wenn sie in den verrufenen Badeort Baiae reist, ja selbst, wenn sie den Tempel besucht, dienen diese Orte doch stets auch dazu, Liebeleien anzuknüpfen. Und doch ist er außerstande, von ihr zu lassen. Denn ihre tiefgründende Bindung erhebt sich über jeden augenblicklichen Zwist, ja, sie scheint geradezu aus der Spannung zu leben. Im Grunde will der Dichter nichts wissen »von der Ruhe und Beständigkeit einer bequemen Liebesverbindung, und das erscheint ihm nicht als befriedigende Form der Treue, was sich ihm als ungefährdeter Besitz darbietet...«[13)] Er wünscht, daß seine Geliebte auch von anderen begehrt wird und selber begehrt. Denn nur in der Auseinandersetzung erneuert sich für ihn die Liebe.

Cynthia war Properz darüber hinaus Muse, aus der er Kraft schöpfte, die sein ganzes Schaffen inspirierte. Aber er ahnte auch, daß sie nicht weniger sein Geschöpf war: »Mein Lieben, Cynthia, lieh dir all die Reize – ich seh' voll Scham dich durch mein Lied berühmt!«[14)]

Mit einer längeren Unterbrechung dauerte sein Verhältnis mit der Kurtisane fünf Jahre. Dann löste er, durch ihre Abenteuer tief verletzt, die unselige Beziehung, die ihn allmählich zum Gespött der Stadt gemacht hatte: »Jüngst beim gemeinsamen Mahl ward ich zum Spotte der Gäste...«[15)] Er flucht dem Weib, dem er ein einsames Alter mit einem von Runzeln entstellten Gesicht wünscht. Dann werde sie sich seiner erinnern.

Aber das Schicksal ließ seinem Fluch keine Zeit. Die Verlassene starb früh, und erst der Toten gelang, was die Lebende tränenreich vergeblich versucht hatte: den Geliebten zurückzugewinnen. Versöhnlich klingt die Elegie, die er nach Cynthias frühem Tod schreibt, mit der er aber gleichzeitig auch sich tröstet und sein eigenes nahes Ende vorausahnt:

»Ewig bist du bei mir. Staub ist vereint mit dem Staube...«[16)]

Was er einst ausgesprochen hat, es hat sich bewahrheitet: »Cynthia prima fuit, Cynthia finis erit« – Cynthia war die erste, Cynthia wird die letzte sein. Der größte römische Liebeslyriker wurde nicht älter als vierzig Jahre.

Wenn die mit der Liebe oft einhergehende Tragik der deutschen Mentalität auch sehr entgegenkommt, so hat sich von Properz doch kaum mehr als der Name erhalten. Ovid aber, der Gefühle gern auf die leichtere Schulter nahm, erfreut sich bis heute uneingeschränkter Beliebtheit. Der Dichter, der in der römischen Halbwelt die Erotik schlechthin verkörperte, scheint selbst ein untadeliges Leben geführt zu haben. Gleich Martial, der einige Jahrzehnte später schrieb, versicherte auch er, daß sich seine Sitten von seinen Werken wesentlich unterschieden: »Züchtig ist mein Leben, scherzhaft meine Muse.«[17)] Es gibt keinen Anlaß, den Versicherungen Ovids nicht zu glauben, wenn man vielleicht auch vermuten könnte, daß nur ein Mensch, der über tief erotische Anlagen verfügt, fähig ist, sie in Kunstwerke umzusetzen, mit denen er nicht nur eigene Triebe überwand, sondern zugleich seine Zeitgenossen ergötzte. Doch ist bei näherer Betrachtung vor allem seine Liebeskunst eine der frauenfeindlichsten Schriften, die je erdacht wurden. Denn es kommt ihrem Verfasser nicht darauf an zu zeigen, wie man die beste Gattin gewinnt und an sich bindet, sondern nur, wie man die amüsanteste Freundin findet und behandeln muß, um ihrer nicht überdrüssig zu werden. »Also handelt es sich hier um gar nichts als um reine Erotik, um die Kunst, das Weib, besser noch des Weibes Körper auf die genußvollste Art und Weise« zu besitzen.[18] Die Frau wird zu einem rein sexuellen Wesen degradiert, einem Geschöpf ohne Herz und Verstand und all ihrer Menschenwürde beraubt. Nicht einmal eine Beschränkung auf ihre biologische Rolle als Werkzeug und Mittel der Fortpflanzung und Arterhaltung, einzig das Genußobjekt des Mannes, auf die Funktion einer Sache reduziert, die man schonend behandeln muß, damit man möglichst lange Freude an ihr hat. Wenn sich Ovid nicht nur aus Gewinnsucht zu einer solchen Deutung des weiblichen Geschlechts hinreißen ließ, können es eigentlich nur unerfüllte Wünsche gewesen sein, denen er erlag.

Titus Livius, der sachlich-kühle Geschichtsschreiber, hatte mit der romantischen Liebe außerhalb der Ehe nichts im Sinn. In seiner frühen Geschichte Roms stellt er die Frau stets als Muster häuslicher Tugend, »hingebungsvoller Pflichterfüllung, Mut und Heldenhaftigkeit«[19] hin.

Valerius Martialis machte sich in seinen Epigrammen mehr über die moralischen Mißstände lustig als über die Frauen und scheint im übrigen am liebsten allein gelebt zu haben. Zwar widmete er zwei Gedichte einer Frau, die er seine Gattin nennt, aber sie sind so anrüchig, daß er diese Dame erfunden haben muß. Die Frauen liefen ihm vermutlich auch nicht gerade nach. Zum einen war er arm und zeitlebens von reichen Gönnern abhängig, was ihn für das weibliche Geschlecht keinesfalls anziehend machte, zum anderen war keine, auch wenn sie sich ihm trotz dieses offensichtlichen Mangels hingegeben hatte, vor seinem beißenden Spott sicher: Die Schilderung der Galla, einer seiner Geliebten, mochte hier allen als Warnung dienen. Mit unverhohlener Offenheit berichtet der Liebhaber, wie sie vor dem Schlafengehen alles ablegt, was an ihr reizvoll erscheint, sogar die Zähne, als seien sie Seidengewänder, bis »hundert Büchsen dein Selbst bergen, während du ruhst«, und man ihr künstlich sogar das Haar ersetze, das ihr fehle. Keine Frau konnte Interesse daran haben, intimste Mängel ihres Körpers einer lüsternen Öffentlichkeit preiszugeben. Doch ging es jenen, die gewagt hatten, sich ihm zu verweigern, noch schlimmer. Über sie »schreibt er mit einer unmenschlichen Rachsucht, und er wirft ihnen seinen epigrammatischen Schmutz mit dem Zartgefühl eines Straßenkehrers an den Kopf.«[20)]

Obszön sind seine Schriften. »Von Schlüpfrigem strotzt jede Zeile bei mir«[21)] prahlt er und hat nicht die geringsten Zweifel, daß trotzdem – oder gerade deshalb – auch hochgeborene Frauen an ihnen Gefallen finden. »Wohl wurde Lukretia rot und legte mein Buch beiseite, als Brutus das Zimmer betrat« räumte er ein. Doch kaum sei er gegangen, lese sie mit Vergnügen weiter...

Wie Ovid bittet auch er, ihm zu glauben, daß sein Leben sauberer sei als seine Phantasie. Der junge Plinius schätzte ihn hoch, und das beweist, daß auch dieser Mann über verborgene Tugenden verfügt haben muß.

Tacitus beschäftigten in seinem umfassenden Geschichtswerk viele hochgestellte Römerinnen. Indirekt warnte aber auch er vor der zügellosen Unmoral seiner Zeit, machte sie für den sich langsam abzeichnenden Verfall des Imperiums verantwortlich und hielt seinen römischen Mitbürgerinnen die Wohlanständigkeit ihrer germanischen Geschlechtsgenossinnen gleich einem Spiegel vor Augen.

Juvenal war schließlich der bissigste römische Kritiker. Die sechste seiner sechzehn in Hexametern gefaßten Satiren ist eine boshafte Beschimpfung von Frau und Ehe: Postumus denkt ans Heiraten. Ist er verrückt? »Überleg es dir gut!« warnt Juvenal. Denn Roms Frauen seien selbstsüchtig, eitel, verschwenderisch und treulos. In der ganzen Stadt gäbe es keine, die es wert sei, geheiratet zu werden. Deshalb: Tue es nicht! Fliehe Rom! Laß' dich in einer italischen Kleinstadt nieder und genieße den Rest deines Lebens in Freiheit!

Der diese sarkastischen Verse schrieb, muß ein verbitterter Mensch gewesen sein. Tatsächlich hatte ihm das Leben übel mitgespielt, wie seine Biographie beweist. Der Sohn eines reichen Freigelassenen aus Aquinum (Latium) war in Rom nicht so schnell vorwärts gekommen, wie es seinen Vorstellungen, seinem Ehrgeiz und seinen zweifellos überragenden Begabungen entsprach. Und so schien es ihm süß, sich auf diese Weise an der römischen Gesellschaft und hier vor allem an den Frauen, die diese ja, wie seit Cato jedermann wußte, beherrschten, für Mißerfolg und ein verpfuschtes Leben zu rächen.

Die Reihe der Literaten, Geschichtsschreiber und Dichter, die sich in ihren Werken auch mit der Frau auseinandersetzten, ließe sich noch beliebig fortführen und kann hier nicht erschöpfend behandelt werden. Schließlich entstammt alles, was über gute und schlechte Römerinnen, über ihre Ansprüche, Begierden und Triebe, über ihre hohe Moral oder ihre Verworfenheit auf uns überkommen ist, der Feder schreibender Männer. Daß dabei auch individuelle Erfahrungen und Gefühle mitspielten und das Bild der Frau verzerrten, liegt auf der Hand. So gestattet uns auch die literarische Überlieferung nicht, ein klares Urteil über die römische Frau zu gewinnen.

»Am Geiste schwach, ausgeschlossen von der Beschäftigung mit ernsteren Dingen, bleibt ihm nichts übrig, als sein ganzes Denken auf die sorgfältigste Wahl des Putzes zu richten...«

Valerius Maximus, (9, 1,3) über das weibliche Geschlecht

16. KLEIDUNG – STOFFE – FARBEN

Vielfach ist in den vorhergehenden Kapiteln schon auf die Kontinuität der Wertvorstellungen in der römischen Gesellschaft hingewiesen worden, und neuzeitliche Wissenschaftler versäumen nicht, Festigkeit und Bestand des Römertums vorwiegend auf sie zurückzuführen. Selbst die Einrichtung, die wir heute »Mode zu nennen pflegen, machte sich... nicht in der Tracht selbst, die immer dieselbe blieb, sondern in der Wahl der Stoffe nach Kostbarkeit und Farben...bemerkbar...«[1)]

Soweit die Historiker zurückblicken können, war Frauen aller Kulturkreise eines gemeinsam: Die Freude, sich auffällig zu kleiden und herzurichten, das heißt, der Natur nachzuhelfen, wo es erforderlich erschien. Zarte Gewänder, kostbares Geschmeide, allerlei Duftwässerchen, die die Sinne betören: Frauen war und ist alles recht, was nicht nur das eigene Selbstbewußtsein stärkt, sondern auch die Männerwelt in seinen Bann zieht. Und die Römerinnen waren in allen Künsten und Geheimnissen der Schönheit vor vielen anderen erfahren.

Freilich sind wir auch hier nur insoweit unterrichtet, als es die Gepflogenheiten der Frauen einer elitären Schicht betrifft, weil nur deren Gewohnheiten von den antiken Autoren aufgezeichnet und deren äußeres Erscheinen von Künstlern in Statuen festgehalten wurden. Die römische Durchschnittsfrau hat bei ihrem täglichen Kampf ums Überleben sicherlich keine Muße gefunden, allzu großen Wert auf Äußerlichkeiten zu legen, und wohl auch nicht über die Mittel verfügt, ihre reichen Geschlechtsgenossinnen bis in Einzelheiten nachzuahmen. Sie konnte der luxuriösen Schönheit jedoch Tag für Tag begegnen: In den belebten Straßen und auf den öffentlichen Plätzen der Stadt, wo sich zwar viele Damen von Welt in der Sänfte tragen ließen, um neugierigen Blicken zu entgehen, andere aber durchaus darauf bedacht waren, zu sehen und gesehen zu werden. Reiche Frauen trugen ihre Schätze in den Theatern und Thermen zur Schau, im Zirkus und bei den öffentlichen Spielen.

Beginnen wir mit den Kleidern, die bekanntlich Leute machen! Junge Mädchen trugen die kurze Toga, die sie, sobald sie der Pubertät entwachsen waren, der Göttin Fortuna weihten. Der Zeitpunkt dieses Opfers fiel meistens mit der Verehelichung zusammen. Danach kleidete sich die Römerin in die »stola«, das Gewand der ehrbaren Frau. Sie war das Staats- und Ehrenkleid der Matrone, das, vergleichbar der Toga des römischen Bürgers, als besonderes Kennzeichen galt. Das bis an die Füße wallende Gewand hatte gewöhnlich Halbärmel und wurde gegürtet getragen. Gürtel aus kostbarem Metall, mit wertvollen Steinen besetzt, konnten sich nur reiche Frauen leisten. Diejenigen niederen Standes begnügten sich mit einer einfachen Schnur oder einem bestickten Band. Charakteristisch für die matronale Stola war ein farbiger Besatz am Saum, der allerdings nur von den Autoren erwähnt wird, in der figürlichen Darstellung hingegen nirgendwo nachgewiesen ist. Er stand als ehrenhafte Auszeichnung vor allem den Müttern zu, die drei und mehr Kinder geboren hatten, wurde später aber auch solchen Frauen ehrenhalber zuerkannt, die niemals Mutter gewesen waren. Die »femina stolata« wurde zu einem auf Inschriften begehrten Ehrentitel. Doch geriet die matronale Stola schon im ersten Jahrhundert christlicher Zeitrechnung mehr und mehr aus der Mode und war im dritten ganz verschwunden. In alter Zeit sollen auch die Matronen eine Toga getragen haben. So jedenfalls berichtete es die spätere Überlieferung. Doch muß diese Sitte schon früh aufgegeben worden sein, denn in der späten Republik und in der Kaiserzeit war dieses Kleidungsstück die Tracht für bescholtene Frauen, für Ehebrecherinnen, Libertinen und Dirnen.

Als Unterkleid diente Frauen wie Männern eine hemdartige, bis zu den Füßen reichende wollene Tunica, die ärmellos oder nur mit kurzen Ärmeln versehen war. Sie wurde später auch aus Baumwolle oder Seide gefertigt. Doch darf man annehmen, daß man in der heißen Jahreszeit auf sie verzichtete. Der von den Männern getragene Lendenschurz, »subligar« genannt, diente den Frauen nur als Badekleid, wenn man eine Bemerkung Martials richtig interpretiert.[2)]

Nach dem Vorbild ihrer griechischen Schwestern trugen auch die Römerinnen ein Busenband, das nicht nur die Funktion des heute gebräuchlichen Büstenhalters erfüllte, sondern auch, vergleichbar einem Korsett, Körperteile einschnürte und einer zu starken Entwicklung der Brust entgegenwirken sollte. Denn die vollbusige Frau entsprach nicht dem gängigen römischen Geschmack, über den der Römer bekanntlich aber nicht streiten wollte. Die »fascia pectoralis« wurde sowohl auf bloßem Leib als auch über der Tunica getragen.

Begab sich die Römerin außer Haus, legte sie noch die »palla« an, ein viereckiges Tuch aus Wolle, das einen Mantel ersetzte. Es wurde kunstvoll um den Körper geschlungen, »indem man es von der linken Schulter über den Rücken nach rechts zog und entweder über die rechte Schulter unter den rechten Arm oder die linke Schulter herabfallen ließ.«[3)] So wird die »palla« in der Literatur beschrieben und durch zahlreiche Bildwerke versinnlicht. Sie konnte schließlich gleich einer Kapuze über den Kopf gezogen werden, wie die Skulpturen des unter Augustus geschaffenen Friedensaltars beweisen. In augusteischer Zeit war es freilich längst gleichgültig, ob eine Frau außerhalb des Hauses das Haupt verhüllte oder nicht. Glaubt man Valerius Maximus, so hatte einst C. Sulpicius Gallus allein die Tatsache, daß sich seine Frau öffentlich barhäuptig gezeigt hatte, als Scheidungsgrund genügt.[4)]

Obwohl es für die verheiratete Frau lange unziemlich war, in der Öffentlichkeit ohne Kopfbedeckung zu erscheinen, blieben in Rom Hut oder Haube unbekannt. Die Frauen bedeckten den Kopf entweder mit dem Zipfel der Palla oder einem schalartig gewickelten viereckigen Kopftuch, der »rica«, die später vornehmlich Priesterinnen trugen.

Handschuhe zog man nur zum Schutz gegen die Kälte an. Zum

Erscheinungsbild einer eleganten Dame gehörten sie nicht. Man kannte ein unserem heutigen Taschentuch verwandtes Schweißtuch (sudorium), das aber nicht zum Naseputzen verwendet werden durfte. Da die Kleider der Römerin keine Taschen hatten, verbarg man das Sudorium im Bausch der Palla. Auch Geld trug die vornehme Dame niemals bei sich. Das verwahrte die sie begleitende Sklavin.

Die Schuhmode schließlich unterschied sich kaum von der der Männer. Sie fiel nur durch größere Zierlichkeit und reichere Ausstattung auf. Im Hause trug die Römerin Sandalen, ging sie aus, schlüpfte sie in festeres Schuhwerk, die »calcei«. Sie waren aus feinstem Leder gefertigt und gewöhnlich vergoldet. Ganz besondere wurden mit Perlen und Edelsteinen besetzt. Hierüber ereiferte sich nicht nur der ältere Plinius, sondern auch der Kirchengelehrte Tertullian, für den »die Eitelkeit reicher Gewandung zur Eitelkeit aller irdischen Freuden« gehörte.[5)]

Über die mitunter umfangreiche Garderobe der Herrin eines vornehmen Hauses wachten eigene Sklaven, die »servi ad vestem« hießen.

In unserer schnellebigen Zeit, in der nichts wandelbarer scheint als die Mode, ist es um so verwunderlicher, daß sich die Römerinnen über Jahrhunderte in ihrer Kleidung treu blieben. Allein nach der auf den Skulpturen dargestellten Kleidermode ließe sich die Entstehung einer Statue kaum sicher datieren. Ein gutes Kleidungsstück konnte ein Leben lang getragen und noch an die Töchter weitervererbt werden, ohne daß es seinen Wert verlor. So wird wohl mancher neuzeitliche Ehemann, der oft beachtliche Summen aufbieten muß, um den ständig neuen Garderobewünschen seiner besseren Hälfte nachzukommen, neidvoll auf seinen römischen Ahnen blicken, wenn auch die Kleidung damals unvergleichlich luxuriöser war. Und tatsächlich glaubte, soweit die Literatur erhalten ist, auch nur ein einziger Römer, Grund zur Klage zu haben: Plautus, der sich in seinem zu Beginn des zweiten vorchristlichen Jahrhunderts entstandenen »Epidicus« über die Kleiderlaunen der Weiber ausläßt:

»... Und vollends die, die neue Namen jedes Jahr
erfinden für die Kleider: Florkleid, Dichtgeweb',
Schneelinnen, safrangelber und geblümter Stoff, ...

dachsfarbig, wachsgelb, wasserblau, mit Stickerei,
und was noch mehr so Possen sind ...«[6)]

Ein offensichtlich hierin erfahrener moderner Historiker meint dazu: »Diese Stelle trifft gewiß die Wahrheit. Denn es ist doch unmöglich, daß die Frauen jahrhundertelang immer das gleiche trugen.«[7)]

Wenn auch die Mode in römischer Zeit selten wechselte, so gab es doch Frauen, deren Kleidung so kostbar war, daß sie noch für die Nachkommen ein beträchtliches Vermögen darstellte. Ein spektakuläres Ereignis des Jahres 169 n. Chr. läßt ahnen, welcher Erlös mit ausgefallenen Kleidern zu erzielen war, vor allem, wenn es sich um die Garderobe einer Kaiserin handelte.

Rom war nach einem neuerlichen verlustreichen Partherkrieg nahezu ausgeblutet. »Längst hielten sich im Staatshaushalt Einnahmen und Ausgaben nicht mehr die Waage ...«[8)] Die öffentlichen Kassen waren erschöpft. Selbst eiserne Reserven hatten die Vorbereitungen für den Markomannenkrieg verschlungen. Da war es Marc Aurel selbst, der jene beispiellose Palastauktion veranstaltete, die sein antiker Biograph gleich zweimal erwähnt. Er ordnete »eine Versteigerung von Prachtstücken aus kaiserlichem Besitz« an »und veräußerte Becher aus Gold, Kristall und Achat sowie kaiserliches Tafelgeschirr und die seidene und golddurchwirkte Garderobe seiner Gemahlin ...«[9)]

Man kann sich leicht vorstellen, daß Kaiserin Faustina der Veräußerung nur schweren Herzens zugestimmt haben wird, zumindest, soweit es ihre Juwelen und ihre kostbaren Kleider betraf. Und sicherlich war die ferne Aussicht, alles wieder zurückerhalten zu können, sobald sich die Lage des Staates gebessert hatte, ein schwacher Trost. Denn niemand, so wurde zugesichert, sollte zur Rückgabe gezwungen werden.

Mochten sich Form und Schnitt der römischen Damenbekleidung auch wenig ändern, Farben, die immer greller, und Stoffe, die immer teurer wurden, sorgten dennoch für Abwechslung im Straßenbild.

Seit urdenklichen Zeiten wird in den südeuropäischen Ländern Schafzucht betrieben, und Schafwolle war über Jahrhunderte auch in Rom das begehrte Material zur Herstellung von Kleiderstoffen. Schon früh hatte man aus Griechenland Schafe edelster Rasse in

Italien importiert, vor allem im Süden, und tatsächlich war noch zur Zeit des Plinius »unter den Wollsorten Italiens die von Apulien am meisten geschätzt.«[10] Aus weißer Schurwolle wurden die Togen gefertigt, aus farbiger oder schwarzer die Mäntel, Umhänge und Staatslivreen für die Sklaven. Wollstoffe feinster Qualität lieferten auch Griechenland und Kleinasien, wo die Schafzucht ebenfalls seit Jahrhunderten blühte. Gröbere kamen aus den mitteleuropäischen Provinzen, besonders aus dem transalpinen Gallien. Dessen Wollprodukte wurden zu schwerer Winterkleidung verarbeitet, deren gewürfelte oder gestreifte Muster charakteristisch waren.

Neben der heimischen Wolle gewann Leinen erst verhältnismäßig spät eine gewisse Bedeutung. Wenn auch niemals genau festgestellt werden konnte, ab wann in Italien selbst Flachs, der in Ägypten und Vorderasien bis in früheste Zeiten nachgewiesen ist, angebaut wurde, so ist doch sicher, daß er nie eine größere Rolle spielte. Leinen wurde anfangs ausschließlich importiert. Weder das Subligar, der Lendenschurz des Mannes, noch die Brustbinde der Frau scheinen je aus diesem Stoff gefertigt worden zu sein. Noch im letzten vorchristlichen Jahrhundert galten linnene Kleider als Kostbarkeit, die sich nur Reiche leisten konnten. Erst in der fortgeschrittenen Kaiserzeit setzte sich das leichte, luftdurchlässige und für das südeuropäische Klima so günstige Material auch im Volke durch. Kaiser Diokletian erließ ein Edikt, das Leinwand »in einer reichen Auswahl von Arten« (Blümner) aufführt. Zu seiner Zeit waren schon im ganzen Reich Leinenwebereien eingerichtet worden. Die heimische Produktion von feinsten bis zu groben Geweben wirkte sich nicht nur günstig auf den Preis aus. Sie deckte auch die stetig steigende Nachfrage.

Der teuerste und deshalb stets nur für bemittelte Römer erschwingliche Stoff blieb die Seide, von der noch im dritten nachchristlichen Jahrhundert ein Pfund den Wert der gleichen Menge Goldes erreichte. Schon der Preis verhinderte, daß sie sich auch im Volk ausbreiten konnte. Sie blieb ein Privileg der hauchdünnen herrschenden Oberschicht.

Der Stoff wurde aus China importiert und kam erst kurz vor der Zeitenwende nach Rom. In Ostasien und Assyrien war Seide damals schon seit Jahrhunderten bekannt, und auch Aristoteles hatte sie dreihundert Jahre zuvor schon erwähnt. Der eher bodenständige Römer der Republik hielt die Feinheit und Durchsichtigkeit dieses Gewebes für unschicklich, was sicherlich auch einer früheren Verbreitung entgegengewirkt hatte. Erst nach dem Untergang des Weströmischen Reiches wurde unter Kaiser Justinian die Kultur des Seidenwurms nach Europa verpflanzt.

In der Kaiserzeit erlangten zwei Seidenarten Bedeutung. Eine gelbliche Florettseide, die aus den Kokons des wilden vorderasiatischen Seidenwurms (bombyx) gewonnen wurde. Sie wurde nicht wie die chinesische abgehaspelt, sondern gekratzt und gesponnen. Ihre Fäden ergaben gewebt einen zartglänzenden, durchscheinenden Stoff, der hauptsächlich zu Frauenkleidern verarbeitet wurde und oft buntgefärbt oder golddurchwirkt war. Wissenschaftler vermuten deshalb wohl zurecht, daß die sogenannten »vestes bombycinae« weniger von anständigen Frauen als von Libertinen getragen wurden. Zweifellos aber waren sie ein Privileg der vermögenden Schichten.

Die zweite Seidenart, die echte chinesische, scheint anfangs auch nur in fertig gewebten Stoffen nach Europa gekommen, später aber auch in Italien hergestellt worden zu sein. Die Römer nannten sie »serisch« nach dem Namen, den der Seidenwurm in Ostasien hatte. Danach wurden auch die Völker, die mit Rom Seidenhandel trieben, »Serer« genannt. Auch dieser Stoff war zart und leicht, zudem oft reich bestickt, dabei aber keineswegs nur das begehrte Material für Frauengewänder. Alle Noblen Roms wußten seine angenehmen Trageeigenschaften und sein luxuriöses Aussehen zu schätzen. So bevorzugte etwa der zu großen Ausschweifungen neigende Kaiser Elagabal (218–223 n. Chr.) seidene Gewänder. Sein nüchterner Vetter Alexander Severus, der ihm auf dem Thron folgte, trug sie hingegen nie.

Es besteht kein Zweifel, daß die Römer auch Baumwollgewebe kannten. Die Griechen hatten von dem in Indien beheimateten Strauch schon lange gehört, als ihnen Alexander der Große genauere Kunde von der exotischen Pflanze brachte. In den europäischen Mittelmeerländern wurde sie niemals heimisch, doch baute man sie in Ägypten an. Erzeugnisse aus Baumwolle sind stets nur als Fertigprodukte nach Europa gelangt.

Eine kaum geringere Rolle als das Material spielten die Farben, die ebenso teuer und erlesen sein konnten. Wollstoffe wurden oft in der Naturfarbe belassen, die von einem milchigen Weiß über bräunliche Töne bis zu Schwarz reichte. Die Farbe der männlichen Toga blieb über Jahrhunderte weiß. Überhaupt hielten sich die Männer mit Farben zurück. Mäntel, Umhänge, sowie jede Art von Reisebekleidung wurde aus praktischen Gründen dunkler gehalten. Die Frauen bevorzugten hingegen bunte, auffallende Farben, wobei es allerdings auch hier Unterschiede gab. Sich allzu grell zu kleiden galt als unschicklich. Wandmalereien im wiedererstandenen Pompeji allerdings beweisen, daß sich schon im ersten Jahrhundert der neuen Zeitrechnung auch ehrbare Matronen gerne in fröhlich bunten Gewändern zeigten.

Zum Einfärben der Stoffe, das stets in deren Rohzustand erfolgte, benutzte man tierische und pflanzliche, seltener auch teure mineralische Farben. Wer sich in Purpur kleidete, bewies erlesenen Geschmack. Denn er galt »von jeher als der prächtigste, aber auch kostbarste Farbstoff«.[11)] Er wurde aus dem Saft der gleichnamigen Schnecke gewonnen und gilt noch heute als Farbe und Privileg der Könige. »Gold und Purpur« hatten schon 195 v. Chr.im Senat eine heftige Debatte ausgelöst, die zur Aufhebung des Oppischen Gesetzes führte, das den Römerinnen in schwerer Zeit das Tragen dieser Luxusgüter verboten hatte.

Als »Purpur« bezeichnete man übrigens eine ganze Farbpalette, die, je nach Qualität und Herkunft des Tieres, von Rot über Violett und Blauschwarz bis zu Schwarz nuancierte. Kaiserliche Färbereien waren überall im Imperium verstreut und sicherten den hohen Bedarf. Die Qualitäten der einzelnen Produkte konnten jedoch sehr unterschiedlich sein. Als beste Farbe galt die phönizische, die auch »tyrisch« genannt wurde. In Tyros hatte sich zuerst ein ganzer Industriezweig auf die Herstellung von Purpur verlegt und der Stadt anhaltenden Wohlstand gesichert. Es gab hier sogar eine kaiserliche Pupurfärberei, die den Fall des westlichen Teils des Imperiums überlebte und bis ins Mittelalter fortbestand.

Kaum weniger begehrt als der echte Purpur war ein leuchtendes Scharlachrot, dessen Lieferant der Kermeswurm war, den die Alten lange Zeit für eine Pflanze hielten. Scharlachrot wurde überwiegend aus Nordafrika eingeführt, weshalb man diese Farbe auch »punisch« nannte.

Roten Farbstoff gewann man aber auch aus Pflanzen: Aus der im Mittelmeerraum und in Vorderasien verbreiteten Färberröte (Krapp), aus Heidelbeeren oder Granatblüten. Gelb wurde mit Safran gefärbt, blau mit Waid. Mit Nußschalen erzielte man braune Töne, mit Galläpfeln schließlich konnte man schwarz färben.

Neben einfarbigen Stoffen, die freilich stets vorherrschend blieben, liebten die Römer gemusterte, die entweder besonders gewebt oder nach der Fertigstellung bunt bestickt wurden. Oft wob man Goldfäden ein oder stellte gleich wertvolle Goldbrokate her. An Stelle von Buntwirkerei oder von Stickereien verwendete man auch Borten und Besätze, um Kleidungsstücke aufzuwerten, und oft gehörten sie sogar zum unverzichtbaren Beiwerk eines Gewandes, da sie den Stand des Trägers auswiesen.

Neben der Fertigstellung am heimischen Webstuhl kamen schon verhältnismäßig früh Berufe auf, die Herstellung, Vertrieb und Erhaltung von Kleidern gewerbsmäßig ausübten: Wollieferanten, Weber, Wäscher, Walker, Gerber, Färber, Schneider, Kürschner und Schuster. Nicht zu vergessen die zahlreichen Seidenhändler, denen ihr Gewerbe zu ansehnlichem Wohlstand verhalf. Die Liste ließe sich beliebig fortführen, da die Römer für jedes Spezialgebiet eines Gewerbes oder Handwerks auch eine besondere Bezeichnung hatten. Allein für den Schuster oder Schuhmacher sind neun Differenzierungen bekannt, je nachdem, worauf er sich besonders verstand.

Daß wir über Kleider, Stoffe und Farben jener weit zurückliegenden Zeit so gut unterrichtet sind, verdanken wir wiederum der Aufmerksamkeit antiker Autoren. Vor allem Ovids »Liebeskunst« beschäftigte sich intensiv mit diesen Attributen weiblicher Schönheit und empfahl den römischen Damen auch hier Vorsicht und Zurückhaltung, um ihren guten Geschmack zu unterstreichen.

Mehr vom wissenschaftlichen Standpunkt aus ließ sich der ältere Plinius in seiner »Naturalis Historia« darüber aus, freilich nicht ohne zu klagen, daß die Freude am Luxus, die so viele Römerinnen an den Tag legten, Roms schwerverdientes Geld unausgesetzt in fremde Länder fließen ließ. Auf mindestens hundert Millionen Sesterzen jährlich schätzte er die Summe, die auf diese Weise der heimischen Wirtschaft entzogen wurde, und stöhnte: »So teuer kommen uns unsere Frauen zu stehen!«[12] Er befand sich damit übrigens in guter Gesellschaft. Auch Tacitus gab vor den versammelten Vätern zu bedenken, wie luxuriös die von Männern und Frauen getragenen Kleider seien, »wodurch ... unser gutes Geld auswärtigen oder feindlichen Völkern zugeführt wird ...«[13]

Und nicht zuletzt ereiferte sich Seneca (und gab dabei zu, daß die Kleidung der Frauen stets nur dazu angetan ist, auf die Männer zu wirken): »Da seh' ich seidene Kleider, ... woran nichts ist, was den Körper oder gar nur die Scham bedecken könnte, womit angetan ein Weib nicht mit gutem Gewissen schwören kann, daß sie nackt sei. Dergleichen läßt man um gewaltige Summen von Völkern herkommen, ... damit unsre Frauen alle Welt nicht weniger sehen lassen, als sie ihren Buhlen im Schlafgemach zeigen ...«[14]

17. SCHÖNHEITSPFLEGE – HAARE – SCHMUCK

Wann immer sich die römische Dame den kritischen Blicken der Öffentlichkeit stellte, war sie darauf bedacht, diesen auch standzuhalten. »Das Aufstehen« mutmaßt ein neuzeitlicher Historiker, müsse demnach »wegen der verwickelten Vorbereitung ... bei den Frauen doch wesentlich mehr Zeit in Anspruch« genommen haben als bei den Männern.[1)] Dies war sicherlich nicht allzu tragisch, da auf die Frauen keine öffentlichen Ämter warteten und sie das Haus eigentlich nur zu vergnüglichen Zwecken verließen. Zudem konnte jede Frau sicher sein, daß sich die zeitliche Investition in ihr Aussehen lohnte.

»Wenn einer eine Frau des Morgens aufstehen sähe«, belustigte sich im zweiten nachchristlichen Jahrhundert der griechische Schriftsteller und Satiriker Lukian, »der hielte sie für häßlicher als ein Tier. Daher halten sich die Weiber (morgens) auch ängstlich verborgen und lassen sich vor keinem Mann blicken. Dann kommen alte Kammerfrauen und ebenso unschöne Zofen heran und bemühen sich um das häßliche Gesicht mit vielerlei Schminken.« Sie »müssen die mannigfaltigsten Mittel anwenden, müssen Wannen und Kannen heranschleppen, Spiegel, Flaschen und Büchsen, wie sie in dieser Vielzahl nicht einmal eine Apotheke besitzt, unzählige Schachteln voll von Lug und Trug, in denen sich die Mittel für das Reinigen der Zähne, das Färben der Wimpern und Augenbrauen stapeln ...«[2)] Auch andere Männer klagten, kein Römer kenne das wahre Gesicht seiner Frau ...

Selbst die Hilfsmittel waren oft kleine Kunstwerke und fast schon erotische Genüsse: Büchsen aus Gold, in denen man die kostbaren Salben aufbewahrte. Fläschchen aus feinstem Glas, die die Duftwässerchen, Öle und Essenzen aufnahmen, silberne und kupferne Spiegel, Kästchen aus Holz, mit wertvollen Intarsien geschmückt, Töpfchen aus zart schimmerndem Alabaster.

Mochten sich auch in Roms Blütezeit noch sittenstrenge Römer über den Aufwand wundern, den besonders Frauen mit ihrem Körper trieben, und immer wieder auf die einfachen Sitten der Ahnen und die angeblich soviel tugendhafteren Germaninnen verweisen, keiner Römerin, die über die nötige Zeit und die nötigen Mittel verfügte, wäre es in den Sinn gekommen, sich, was ihre Wirkung nach außen betraf, auf eine launische Natur zu verlassen. Im Grunde freute sich auch jeder Mann über die zahlreichen gepflegten Schönen, die tagtäglich die Straßen der Stadt bevölkerten und die Männerherzen verunsicherten. Nur Moralisten wie Seneca oder Tacitus sahen in der weiblichen Gefallsucht eine Entartungserscheinung. (Juvenal behauptete, der Ehemann, der nachts neben »der stark parfümierten Creme, die seine Frau auf das Gesicht auftrug, oder der Packung aus Brotteig, mit der sie sich die Wangen pflasterte,«[3] schlafe, sei der eigentlich Leidtragende dieser Art von Körperpflege.) Sie scheinen jedoch in der Minderheit gewesen zu sein. Dies änderte sich freilich mit dem Erstarken des Christentums, das alle Bemühungen, der Natur ein wenig nachzuhelfen, als Versuch, Gott ins Handwerk zu pfuschen, verdammte. Der christliche Schriftsteller Tertullian, der eine ganze Abhandlung über die weibliche Körperpflege verfaßte (de cultu feminarum), hetzte gegen die Verwendung von Schminke, die nach seiner Meinung nur dem Ehebruch Vorschub leistete.

»Cura dabit faciem« stellte hingegen der weltoffene Ovid fest: Sorgfältige Pflege erst macht das Gesicht zum Gesicht, das heißt zu etwas, was des Ansehens würdig ist.[4] Er nennt eine Reihe von Rezepten, die einen interessanten Einblick in die kosmetische Industrie gewähren. Aus Eiern, Honig, Getreideprodukten und gemahlenen Hülsenfrüchten wurden Cremes und Salben gerührt. Auch zahlreiche andere Stellen in der Literatur verraten, womit die Römerin Haut und Haar geschmeidig hielt, welchen Saft sie trinken mußte, um den natürlichen Glanz ihrer Augen zu erhöhen, womit sie Gesicht und Arme puderte, damit die Haut jenen vornehmen Schimmer erhielt, der an Alabaster erinnerte, und welche Düfte schließlich geeignet waren, natürliche Körpergerüche zu vertreiben. Den Luxus eines täglichen Vollbades in der Milch von 500 Eselinnen, den sich Neros exzentrische Gattin

Poppaea leistete, um ihr jugendliches Aussehen zu bewahren, dürfte allerdings für die wenigsten erschwinglich gewesen sein.

Es war für eine Römerin von Stand nicht allzu schwierig, sich dem geliebten Mann erst in der gewohnten Maske zu zeigen. Bei Ausgrabungen in Herculaneum und in Pompeji haben sich »cubicula« (Schlafzimmer) mit zwei Betten höchst selten gefunden. Zudem dürften diese zu einem Hotel oder einer Pension gehört haben. Auch die literarische Überlieferung bezeugt, daß sich Eheleute allenfalls in den unteren Ständen ein Schlafzimmer teilten. In den vornehmen Häusern wurde hingegen Wert auf getrenntes Schlafen gelegt, das nicht nur eine gewisse Intimität und Unabhängigkeit gewährleistete, sondern auch größte Rücksichtnahme auf die Gewohnheiten und Vorlieben des Partners erlaubte. Was dem wahren Aristokraten recht war, war dem Emporkömmling billig. Hierzu erzählt der Satiriker Petronius die erbauliche Geschichte des Freigelassenen Trimalchio, der zwar die Vornehmen Roms bis in Einzelheiten nachzuahmen, ja zu übertrumpfen sucht, dem es aber trotz aller Anstrengungen nicht gelingt, sich über seinen trivialen Charakter zu erheben. Anläßlich des Essens, zu dem er viele Honoratioren Roms geladen hat, zeigt er auch das prächtige Haus, das er sich soeben erbauen ließ und das nun endgültig alle Standesunterschiede verwischen soll. »Hier ist mein Schlafzimmer«, bedeutet er den Gästen, »und dort seht ihr das jener Schlange,« womit er auf seine Frau, die fette Fortunata, weist. Doch bald verrät er ungewollt selbst, daß in Wirklichkeit eines dieser Zimmer, das seinige, unbewohnt bleibt. Unflätig äußert er sich nämlich »über gewisse Verdauungsphänomene, indem er nicht zögert, seine Schlaflosigkeit eben jenen Detonationen zuzuschreiben, die seine gewichtige Ehehälfte an seiner Seite von sich gibt«[5)]: »Rides, Fortunata, quae soles me nocte desomnem facere – du lachst, Fortunata, wo doch gerade du es bist, die mich nachts nicht schlafen läßt.«

Der wirkliche Adel hielt sich hingegen strikt an die Trennung. Der jüngere Plinius genoß beispielsweise die Einsamkeit seines Zimmers, wenn er des Morgens erwachte. Niemand störte ihn in seinen Gedanken, und er nutzte die Zeit manchmal sogar zum Dichten, wußte er doch seine geliebte Calpurnia wohlbehütet in ihren Gemächern ...

Stand dem Mann nach Liebe, verfügte er sich in die Zimmer der Angebeteten, was ohne vorherige Anmeldung wohl kaum möglich war. So war jede Frau vor unliebsamen Überraschungen sicher und konnte sich stets sorgfältig zurechtmachen, um ihrem Partner im besten Licht zu erscheinen.

Die Schlafgewohnheiten der alten Römer waren recht seltsam. Männer wie Frauen behielten im Bett die Unterkleider an, Frauen zudem Büstenhalter, Lendenschurz oder Mieder, gelegentlich auch eine oder mehrere Tuniken, manchmal sogar einen Mantel zum Schutz gegen die Kälte, denn Schlafräume waren im allgemeinen nicht beheizbar. Die Morgentoilette ging dann sehr rasch vonstatten. Man schlüpfte in Sandalen und streifte das Hausgewand über. Die eigentliche und sehr sorgfältige Körperpflege begann erst mit dem Baden, das sich in Rom mit den Jahrhunderten zu einem wahren Kult entwickelte, wenn man auch nicht wie in Ägypten damit übertrieb. Gehörte dort in vornehmen Kreisen dreimaliges Baden am Tag zum guten Ton, so begnügte man sich in Rom mit dem täglichen Vollbad, wofür man allerdings oft Stunden benötigte.

In alter Zeit hatte dem von schwerer körperlicher Arbeit verschwitzten und erschöpften Römer eine Abkühlung in den Fluten des Tibers genügt, und Seneca wußte aus alten Aufzeichnungen, daß sich Roms Altvordere täglich Arme und Beine nur wuschen, wenn diese schmutzig waren. Ins Bad stiegen sie hingegen nur jeden achten Tag: »Wie sie gerochen haben, wollt ihr wissen? Nach Waffendienst haben sie gerochen, nach Arbeit und Tüchtigkeit.« Selbst Cato Censorius und Scipio Africanus hätten sich, so Seneca, ihrer einfachen Lebensweise entsprechend, noch mit bescheidenen Badezimmern begnügt. Dies habe sich aber in spätrepublikanischen Tagen geändert, als nicht nur jeder wohlhabende Haushalt über einen eigenen Baderaum verfügte, sondern auch öffentliche Badeanstalten, die berühmten Thermen, wie Pilze aus dem Boden schossen, von findigen Unternehmern ersonnen, um Gewinn daraus zu ziehen, bald aber schon ein unverzichtbares Mittel wider die Langeweile und einer der Garanten für die Zufriedenheit der Massen. Schon 33 v. Chr. soll es in Rom mehr als 170 private Badehäuser gegeben haben, die für einen geringen Obulus, gewöhnlich nicht mehr als ein Viertel As (Frauen das Doppelte), von jedem benutzt werden konnten. Als diese öffentlichen Thermen dann immer größer und prächtiger wurden, gingen auch vornehme Römer dort ihrem Badevergnügen nach, denn das Baden mit Freunden und angenehmen Gesprächtspartnern war kurzweiliger als das einsame Plätschern in der heimischen Wanne, wenn diese auch noch so kostbar war.

Der Brief Senecas, in dem er sich auch über die Badegewohnheiten der Altvorderen ausläßt, vermittelt vielleicht eine Vorstellung, wie das Privatbad eines vornehmen römischen Haushalts ausgesehen hat: »Ich schreibe diese Zeilen aus der Villa des Scipio...« beginnt er und bewundert die Bescheidenheit des größten römischen Heerführers, die er mit den Ansprüchen seiner Zeit vergleicht. »Es war mir ein großer Genuß, die Sitten Scipios gegen die unsrigen abzuwägen... Wer wollte heute noch so baden?« Von kostbaren Metallscheiben müßten jetzt die Wände erglänzen oder mit alexandrinischem oder numidischem Marmor verkleidet sein, die Decken gewölbt und mit Glas getäfelt, überall Teiche, die den verschwitzten Körper aufnehmen, aus Silber die Hähne, denen das Wasser entströmt. Statuen, Säulen, nicht tragend, sondern nur zur Zierde, Unmengen von Wasser, das sich sprudelnd über Stufen ergießt, mitunter so heiß, daß es für eines Verbrechens überführte Sklaven eine Strafe bedeutete, so baden zu müssen, riesige Tafelscheiben, die den Tag ins Zimmer ließen...[6) Einen noch üppigeren Eindruck hatte Martial gewonnen. »Wenn du nicht in Etruscus' Thermen gebadet hast, Oppianus, so stirbst du ungebadet.« Aus grünem Marmor seien dort die Wände, Steine aus Libyen und Phrygien habe man verbaut. »Länger weilt dort das Licht« schwärmte er. »Von keinem anderen Ort mag sich zögernder der Tag entfernen...«[7)]

Auch Frauen suchten gern die öffentlichen Bäder auf, von denen ihnen anfangs einige sogar reserviert waren, wovon wiederum etliche nur Dirnen benutzten. Überwiegend waren es Frauen der unteren Schichten, die sich zum Baden außer Hauses begaben. In den Bädern wurden sie allerdings gern von Männern aufgesucht, die nach einer wohlfeilen Geliebten Ausschau hielten. Doch schon zu Zeiten des älteren Plinius war das gemeinsame Baden von Männern und Frauen üblich geworden, wobei nur Frauen eine Art Lendenschurz, das bereits erwähnte Subligar, trugen, Männer hingegen völlig nackt badeten. Es muß zu unerwünschten Belästigungen gekommen sein. Jedenfalls sah sich Kaiser Hadrian gezwungen, die Badezeiten für Frauen auf die Vormittage, die für die Männer auf die Nachmittagsstunden zu legen.

Die Frauen der gehobenen Schicht hingegen verfügten über Thermen in den eigenen vier Wänden. Nur die besonders kecken gingen auch in öffentliche Badeanstalten, ganz mutige wagten sich sogar dorthin, wenn Männer badeten. Sich mit ihnen gemeinsam zu zeigen, galt allerdings zu allen Zeiten als wenig schicklich.

Der Kaiserbiograph Sueton berichtet, sogar Augustus' Mutter Atia habe, solange sie kinderlos war, gerne die öffentlichen Bäder aufgesucht. Eines Tages jedoch habe sich auf ihrem Körper ein Mal in Form einer Schlange gebildet, so daß sie fortan auf diese liebe Gewohnheit verzichten mußte. (Angeblich hatte sich ihr anläßlich einer feierlichen Zeremonie zu Ehren Apollos im Tempel der Gott in Schlangengestalt genähert. Neun Monate nach diesem Ereignis aber sei Augustus geboren und deshalb als Apollos Sohn angesehen worden. Zweifellos wollte der antike Biograph damit auf die Auserwähltheit des »göttlichen Augustus« hinweisen).

Zahlreiche Schriftsteller der »galanten Zeit« mahnten die Römer beiderlei Geschlechts, keinen »Bocksgeruch« aufkommen zu lassen, wobei Ovid gleich hinzufügt, für Frauen erübrige sich eigentlich ein solcher Rat, da man sich schließlich nicht unter Barbaren befände.[8)] Teils vor, teils nach dem Bad wurde der Körper mit wohlriechenden Salben und Ölen eingerieben, die meist mit pflanzlichen Duftstoffen versetzt waren. Dies sollte den erotischen Reiz des gepflegten Körpers noch erhöhen. Aus dem gleichen Grund salbte man sich vor den Gastmählern, benutzte auch Essenzen zur Verschönerung von Kopf und Haaren. Auf alten ägyptischen Wandbildern sind Darstellungen von Frauen zu sehen, die während eines Festgelages sogenannte »Salbkegel« auf dem Kopf tragen, Gebilde aus Talg und Duftstoffen, die sich durch die Körperwärme langsam auflösten und dann über Gesicht und Haare auf den Körper tropften, wobei sie alle Wohlgerüche des Orients verströmten. Vielleicht aber handelt es sich auch nur um symbolische Darstellungen, und man wollte damit bekunden, daß die Frauen, ehe sie sich in Gesellschaft begaben, alle Regeln der Körperpflege beachtet hatten.

In Rom hat man diesen altägyptischen Brauch offensichtlich nicht übernommen. Hier gab es zahlreiche, oft penetrant riechende Parfüms, vornehmlich arabischer Herkunft, mit denen man Körpergerüche vertrieb. Eines war nach Neros Gattin Poppaea benannt und überlebte ob seiner Beliebtheit sogar deren Fall.

Vielfältig waren die Mittelchen, die eine Frau auf Gesicht, Hände, Haare und Körper auftrug. Zur Zahnpflege verwendete sie nach dem Beispiel Messalinas Hornmehl, gelegentlich auch Urin, was aus einigen Literaturstellen hervorgeht.[9)] Manchmal spülte man aber den Mund auch nur mit klarem Wasser aus. Gegen üblen Mundgeruch lutschte man parfümierte Pastillen, die von eigenen Händlern, den »pastillarii«, vertrieben wurden.

Als Grundlage für das perfekte Make-up diente eine aus dem Fett der Schafwolle gewonnene Creme, die offensichtlich schon abends aufgetragen wurde, damit sie über Nacht einwirken konnte. Stirn und Arme wurden mit Kalk oder Bleiweiß gepudert. Weinhefe ließ blasse Lippen erstrahlen. Rouge, ebenfalls aus der roten Weinhefe gewonnen, belebte bleiche Wangen. Für Lidschatten und Lidstrich verwendete die raffinierte Frau eine schwarze Tinktur, deren Grundstoff Asche bildete.

Doch wären die kostbarste Kleidung und die kunstvollste Schminke vergeblich gewesen, hätte sie nicht der natürliche Schmuck der Frau gekrönt, kräftiges, leuchtendes Haar, das die Römer besonders liebten. »Beraubt das Haupt des schönsten Mädchens ihres Haares, ihr raubt zugleich mit dem Gesicht auch ihre Liebenswürdigkeit... Was kann bezaubernder sein als ein Haar von schöner Farbe und blendendem Glanz?... Die Würde des Haares ist so groß, daß, geht eine Schöne auch noch so geschmückt mit Gold, Stoff, Edelsteinen und allem übrigen Staate und hat nicht für die Zierlichkeit ihrer Haare gesorgt, sie deswegen allein von niemand für geschmückt gehalten wird...« heißt es im Roman des Apuleius.[10)]

Es gab unzählige Öle und Pomaden, mit denen die römischen Frauen ihr Haar tränkten, um es geschmeidig zu machen oder zu kräuseln, um das Ergrauen zu verzögern und das Wachstum zu fördern. Besonders Plinius liefert eine Menge von Rezepten. Er kennt sogar Mittel gegen das Ausfallen von Haaren, Augenbrauen und Wimpern. Dabei verrät er auch, wie man seine natürliche Haarfarbe verschönern kann.

Selten wurden den Römern von der Natur helle, goldblonde Haare geschenkt, die auf die damaligen Südländer offensichtlich die gleiche Anziehungskraft ausübten wie auf ihre neuzeitlichen Artgenossen. Poppaeas Haar war rotblond, ob echt oder nachgeholfen, ist nicht bekannt. Doch faszinierte es ihren Gatten so sehr, daß er in einem Gedicht ihre »bernsteinfarbenen« Haare pries. Viele Frauen nahmen Zuflucht zum Färben, was als durchaus legitim galt, hatten doch schon ihre Schwestern in der römischen Frühzeit zu diesem Trick gegriffen, um ihre Männer zu erfreuen. Es waren vorwiegend die von Ovid erwähnten »germanischen Säfte«, die zum Färben oder Bleichen dienten, eine »sapo« genannte Mischung aus Fett und Pflanzenasche, die auch »spuma«, Schaum, hieß. Da das goldblonde Kopfhaar der Germanin als besonders verführerisch galt, bevorzugte man diesen Ton, entschied sich aber auch für dunkelbraun oder schwarz, oft mit einem Schimmer ins Rötliche, der eine temperamentvolle Trägerin verhieß.

Manche Substanzen, zu denen die Frauen in ihrer Eitelkeit griffen, waren für Haar und Kopfhaut gefährlich, verdarben die Haarstruktur und führten sogar zu Haarausfall. Augustus gab seiner Tochter Julia ob ihres häufigen Haarefärbens zu bedenken, ob sie dereinst lieber fahl oder lieber kahl sein wollte. Auch andere Männer legten eher Wert auf Natürlichkeit. Properz tadelte Cynthia, daß sie in der Wahl ihrer Haarfarbe allerlei Barbaren nachzuahmen versuche. Dies aber sei für eine echte Römerin nicht nur entehrend, es trage auch keineswegs zu ihrer Verschönerung bei.[11)]

Es muß tatsächlich Tinkturen gegeben haben, die, auf die Haut aufgetragen, zu heftigen Reaktionen, Rötungen und Schwellungen, führten. Einem Bericht Plutarchs zufolge soll eine gewisse Epponia mit Hilfe solcher Mittel sogar zwei Schwangerschaften überzeugend verborgen haben.[12)] Ihr Gatte war Iulius Sabinus aus dem gallischen Stamm der Ligonen, der keinen geringeren als Cäsar zu seinen Ahnen zählte. Dieser Gallier nun beteiligte sich am Aufstand des Batavers Civilis im Jahre 69 n. Chr. Als sich jener ein Jahr später einem Verwandten Kaiser Vespasians unterwarf, flüchtete Sabinus in sein Landhaus, steckte es in Brand und ließ verbreiten, er sei in den Flammen umgekommen. In Wirklichkeit verbarg er sich jedoch im Keller, wovon nur wenige Getreue und seine Gattin Epponia wußten. Heimlich besuchte sie ihn in seinem dunklen Verlies, was nicht ohne Folgen blieb. Die Frau wurde schwanger, hätte aber, um ihren Zustand glaubwürdig erklären zu können, ihren Gatten verraten müssen. Denn sie pflegte mit ihren Freundinnen nackt zu baden und wollte auch, um keinerlei Verdacht zu erregen, auf diese Gewohnheit nach dem Unglück nicht verzichten. Also bestrich sie ihren Körper, den Bauch ausgenommen, mit einer Tinktur, die die Frauen auch zum Haarefärben verwendeten und die die Eigenschaft hatte, das Fleisch wie bei Wassersucht aufzuschwemmen. Und angeblich ließen sich die anderen Frauen täuschen. Zweifel sind indes angebracht, da Epponia nicht nur gleich zwei Schwangerschaften auf diese Weise verborgen haben will, sondern wohl auch schlecht bei jedem Bad vorgeben konnte, sie färbe sich gerade das Haar. Allerdings beruft sich Plutarch auf eine zuverlässige Quelle. Es waren Söhne, denen die tapfere Frau das Leben schenkte und die von ihrem Vater wahrscheinlich in dem unterirdischen Versteck aufgezogen wurden. Neun Jahre soll dieses unwürdige Leben gedauert haben, ehe Sabinus und Epponia entdeckt, nach Rom gebracht und dort auf grausame Weise hingerichtet wurden. Auch Tacitus berichtet in seinen Historien davon.[13)] Die beiden Knaben aber blieben am Leben. Als Plutarch Jahre später Delphi besuchte, begegnete er einem von ihnen, der längst zum reifen Mann herangewachsen war und ihm die leidvolle Geschichte seiner Familie in allen Einzelheiten erzählte.

Nicht nur auf Fülle, Glanz und Farbe des Haares wurde größter Wert gelegt. Mannigfach waren auch die Frisuren in der römischen Damenwelt, die stets einem schnellen Modewandel unterworfen waren.

In der römischen Frühzeit gehörten gestylte Frisuren zu den Verführungskünsten der Buhlerin. Die anständige Frau kämmte ihr Haar nach griechischer Art zurück und faßte es im Nacken zu einem Knoten zusammen, der mit Nadeln oder Binden befestigt wurde. Nach einer aus Etrurien überkommenen, auf römischen Statuen allerdings nicht nachweisbaren Sitte bauschte die »mater familias« ihr Haar auch turmartig zum »tutulus« auf, der mit einer zweifachen Binde festgehalten wurde. Bänder im Haar, die sogenannten »vittae«, trugen zu allen Zeiten auch die Vestalinnen, die am allgemeinen Modewechsel nicht teilnehmen durften, da Eitelkeit mit der Würde ihres Amtes nicht vereinbar war. (Schon 420 v. Chr. hatte die Vestalin Postumia die ganze Strenge des Gesetzes erfahren. Sie hatte sich nicht nur ob ihres freien Geistes verdächtig gemacht, sondern auch Mißfallen erregt, weil sie ihre weiblichen Reize ein wenig zu offen zur Schau gestellt hatte, war angeklagt, jedoch nicht für schuldig befunden worden. Dennoch mußte sie sich sagen lassen, einer Priesterin der Vesta stünde es besser an, sich anständig als extravagant zu kleiden.[14)]) Wollbinden, oft kunstvoll bestickt oder mit Perlen und Edelsteinen geschmückt, kamen übrigens nie ganz aus der Mode, blieben aber stets das besondere Kennzeichen der Matronen. Schon gegen Ende der Republik gab es in Rom eine derartige Fülle von Frisuren, daß nicht einmal Ovid sie alle aufzählen konnte. Welche Vielfalt an Frisuren die Zeit hervorbrachte, verraten noch heute die zahlreichen Büsten und Münzbildnisse vornehmer Römerinnen, die die Antikensammlungen der großen Museen bereichern. Mochte es in der römischen Glanzzeit auch noch der schlichte Mittelscheitel sein, an dem die Frauen Gefallen fanden (wobei sie das Haar zurückstrichen und am Hinterkopf entweder zopfartig zusammenfaßten oder lose fallen ließen), kamen daneben kühne Locken auf, die Stirn und Schläfen umrahmten oder neckisch über die Ohren auf die Schultern fielen.

Noch die Damen des julisch-claudischen Kaiserhauses trugen verhältnismäßig einfache Frisuren. Augustus' Schwester Octavia etwa scheitelte ihr Haar in Höhe beider Schläfen, schlug die Mittelpartie zu einer Tolle über der Stirn und führte das Haar zum Hinterkopf, wo es zu einem Knoten geschlungen wurde. Auch Livia Drusilla, die spätere Julia Augusta, ließ sich in dieser wenig vorteilhaften Frisur abbilden. Häufiger aber ist sie mit Mittelscheitel dargestellt, wobei das Haar in großzügigen Wellen nach hinten gelegt ist. Oft schmückte ein schlichtes Diadem ihr Haupt. Ebenso scheint Augustus' Tochter Julia den konservativen Mittelscheitel bevorzugt zu haben. Und selbst die ägyptische Königin, bis heute Inbegriff weiblicher Verführungskunst, ließ sich gerne mit kunstloser Frisur und biederem Dutt porträtieren. Auch die Frisuren der jüngeren Antonia und die der beiden Agrippinen weichen, wie erhaltene Bildnisse bestätigen, kaum von der römischen Idealvorstellung der weiblichen Haartracht ab. Neros Mutter, die jüngere Agrippina, trägt auf einer Büste ihren Kopfschmuck in je fünf über den Schläfen parallel angeordneten Reihen dicker Korkenzieherlocken, und solche fallen auch auf ihre Schultern herab. Um diese Lockenpracht zu schaffen, bedurfte es der Hilfe einer Brennschere. »... eiserne Zangen und Brennscheren, in mäßigem Feuer erhitzt, bändigen gewaltsam das widerstrebende Gewirr der Locken, die mit minutiöser Sorgfalt fast bis zu den Augenbrauen herabgezogen, nur einen schmalen Streifen der Stirn freilassen ...« meldete sich der Dichter Lukian kenntnisreich zu Wort.[15)] Doch hat vielleicht schon Agrippinas Frisur (wie die ihrer Vorgängerin Messalina) die Damen der flavischen Zeit zu den üppigen Haartürmen inspiriert, mit denen diese, sehr zum Spott manchen Mannes, ihren Kopf zierten. Das Haar wurde dabei von Ohr zu Ohr gescheitelt, die vordere Partie stockwerkartig über der Stirn zu einem üppigen Gebilde kleiner Kringel aufgebaut. Das Haar des Hinterkopfes hingegen wurde streng zurückgekämmt, zu Zöpfen geflochten und kranzartig gewunden, was an einen Flechtkorb erinnerte. Ein besonders eindrucksvolles Beispiel ist der Kopf der sogenannten Julia, das faszinierende Porträt einer flavischen Dame, in den Kapitolinischen Museen in Rom. Wenn es sich dabei wirklich um das Bildnis der unglücklichen Tochter des Kaisers Titus handelt, wie einige Wissenschaftler vermuten, kann man ihren Onkel Domitian, der ihr verfallen war, gut verstehen.

Mochte sich auch der Dichter Statius über die »herrliche Krone aus Haar« freuen, Martial amüsierte sich köstlich über »den Globus« auf dem Kopf, und Juvenal verlachte gar die stolze »Andromache«, als welche sich ihre Vorderseite präsentiere. Von hinten aber, schrieb er bissig, gleiche sie doch eher einer Zwergin, und man habe den Eindruck, als handle es sich gar nicht um dieselbe Frau.[16)]

Müsse sich aber eine Frau künstlicher Hilfsmittel oder Perücken bedienen, so wieder Ovid, tue sie gut daran, auf ihrer Schwelle Wachen aufzustellen, um vor unliebsamen Überraschungen sicher zu sein. Jüngst nämlich habe man ihn unverhofft just einer solchen Dame gemeldet. Und: »In der Verwirrung des Schrecks, setzte das Haar sie verkehrt.«[17)]

Bedauerlich war die Stellung der »ornatrix«, der die Schönheit ihrer Herrin oblag. Römische Dame, umgeben von ihren Dienerinnen, bei der Toilette.
(Historia-Photo)

Neben dem germanischen Blondhaar war das pechschwarze der Inderinnen begehrt, und es entstand ein so schwunghafter Handel, daß »die kaiserliche Regierung die capilli Indici in der Liste der zollpflichtigen Waren aufführte«.[18)]

Ob eigenes oder fremdes Haar – bemitleidenswert war in jedem Fall die »ornatrix«, jene Sklavin, deren Geschicklichkeit (nicht nur) die Frisur ihrer Herrin anvertraut war. Wieder sind es Martial und Juvenal, die in ihren Werken auf das Schicksal jener armen Wesen aufmerksam machen, indem sie allerlei traurige Geschichten zum besten geben. Juvenal etwa bedauert Psecas, die mit zerzaustem Haar und entblößtem Oberkörper den Zornausbrüchen ihrer Gebieterin ausgesetzt ist. Diese nämlich will heute für ein Stelldichein besonders schön sein. Fieberhaft plagt sich das junge Geschöpf an der Frisur der Gnädigen. Sitzt aber nur eine Locke zu hoch, wird sie sogleich mit Nadelstichen gepeinigt. Noch schlimmer ergeht es Martials Plecusa, die unter den Schlägen des Spiegels gleich ohnmächtig zusammensinkt.[19)] Ihr ganzes Vergehen besteht darin, daß sie »ein einziges Härchen« nicht richtig legte. Doch werden auch solche Launen und Anfälle eher die Ausnahme gewesen sein.

Die Strapazen und Schmerzen, die im übrigen auch die Herrin in oft endlosen Sitzungen zu erdulden hatte, wenn sie diese auch freiwillig auf sich nahm, waren sicherlich einer der Gründe, daß sich die flavische Haarmode nicht lange hielt. Schon Plotina, Kaiser Trajans untadelige Gemahlin, kehrte zu einfacheren Frisuren zurück. Und auch ihre Nachfolgerinnen, Hadrians wenig geliebte Sabina und die beiden Faustinen, die mit Antoninus Pius und Marc Aurel verheiratet waren, zeigten sich in eher schlichtem Haarschmuck. Sabina griff den längst vergessen geglaubten Mittelscheitel wieder auf und ließ ihr so geteiltes Haar in sanften Wellen nach hinten gleiten. Eine womöglich noch kunstlosere Frisur führte zu Beginn des dritten Jahrhunderts Julia Domna ein. Die glücklose Mutter der Söhne des Septimius Severus legte ihr künstlich gekräuseltes Haar wie eine enganliegende Mütze um Kopf und Nacken. Erst Constantins Mutter Helena verlieh ihrer Frisur wieder eine gewisse Würde. Sie steckte das Haar anmutig über dem Hinterkopf zusammen und schmückte es mit Perlen- und Edelsteinschnüren.

Aber auch die kunstvollste Frisur verlieh einer römischen Schönen nicht den letzten Schliff. Es fehlte der Schmuck, von dem reiche Frauen oft wahre Schätze besaßen und der ihnen erst, wie sie glaubten, ihre unwiderstehliche Anziehungskraft verlieh. Am bescheidensten nahmen sich noch die Fingerringe aus, die sogar Sklavinnen anlegen durften und die Männerhände schmückten, denen sie anfangs nur zum Siegeln gedient hatten.

Es ist nicht überliefert, wann zuerst man in Rom Ringe mit geschliffenen Edelsteinen trug, und ebensowenig, wann das Anlegen von Fingerschmuck Allgemeingut der Frauen aller Schichten wurde. Mit dem wachsenden Einfluß Roms in der mittelmeerischen Welt stieg auch der Import von Gold und Edelsteinen, und es gab Frauen, die oft ein ganzes Vermögen mit sich herumschleppten und damit in der Öffentlichkeit prahlten. Trimalchios Fortunata hielt beispielsweise ihrer Freundin Scintilla die goldenen Spangen von ihren Oberarmen entgegen, streifte auch die Beinringe und das goldene Netz ab, das ihre Haare schmückte. Ihr Gatte sah es, ließ sich die Schätze geben und wog die Spangen in den Händen. Dabei stellte er sachkundig fest, daß ein einziger Reif gut und gerne sechs Pfund oder mehr wog. »Da seht ihr, wie wir armen Ehemänner ausgenommen werden!« jammerte er, verriet aber im gleichen Atemzug, daß er selbst einen Armreifen von zehn Pfund besitze ...[20)]

Armbänder, Halsketten, Ohrgehänge, Spangen und Fibeln gehörten zum Besitz einer Römerin, die auf sich hielt. Reifen, die die Fußgelenke umspannten, füllten nur die Schatullen der Prostituierten. Es galt für eine ehrbare Frau nämlich als unanständig, die Fußknöchel zu schmücken.

Wieder sind es nicht nur die in den Antikensammlungen aufbewahrten Zufallsfunde, die Einblick in die römischen Schatztruhen gewähren. Auch mancher Schriftsteller ließ sich über den Hang vieler Frauen, sich übertrieben zu schmücken, gern mit erhobenem Zeigefinger aus, galt doch diese Manie als eines der ersten und ernsten Anzeichen für Dekadenz und Verfall.

Granate, Saphire, Smaragde, Opale, viele Arten von Edelsteinen wurden geschliffen und, in Gold gefaßt, zu allerlei Schmuckstücken verarbeitet. Nur mit Diamanten konnte man nicht allzu viel anfangen, da man sie noch nicht zu schleifen verstand. Mit ihnen wurden nur Ringe verziert. Perlen waren besonders geschätzt, unter ihnen die blendend weißen. Was sie so beliebt machte, ist ungewiß. Vielleicht war es ihr Preis, der mitunter schwindelerregende Höhen erreichte. Die schönsten Stücke kamen aus dem Indischen Ozean, vom Persichen Golf und den Küsten Arabiens, wo zahllose Perlenfischer beim Tauchen nach den Kostbarkeiten ihr Leben einbüßten. Perlen von besonderer Größe und birnenförmiger Gestalt nannte man »elenchi« (Beweise). Nach Plinius gelüstete sogar dem Pöbel nach diesen Pretiosen, und man habe sie auch den »Liktor der Frau in der Öffentlichkeit« genannt.

Sie wurden vor allem zu Ohrschmuck verarbeitet, für den die Römerinnen eine große Vorliebe hegten, und in dessen Besitz sie einander zu übertreffen suchten. So prahlte beim Gastmahl des Trimalchio jene oben schon genannte Scintilla, dank der Großzügigkeit ihres Gatten besitze sie die schönsten Ohrringe in der Stadt. Ungehalten entgegnete ihr offensichtlich vernünftigerer Mann, er würde, wenn er eine Tochter hätte, dieser die Ohrläppchen abschneiden, um dem Unfug Einhalt zu gebieten.[20)] Auch Seneca konnte mit einer gewissen Berechtigung spotten, Roms Frauen trügen bisweilen »den Gegenwert von zwei bis drei Landgütern am Ohr« und »die Ohren müßten im Lastentragen sehr geübt« sein.[21)] Tatsächlich waren die Ohrläppchen vieler Römerinnen vom Gewicht des Schmucks häßlich deformiert.

Doch nicht nur die Ohren, auch andere weibliche Körperteile gefielen sich im matten Schimmer von Perlen und im Feuer geschliffener Steine. So soll, wie Plinius glaubwürdig überliefert, Lollia Paulina bei einer gewöhnlichen Verlobungsfeier an Kopf, Hals, Armen und Ohren Geschmeide im Wert von vierzig Millionen Sesterzen getragen haben, und das, obwohl sie zu diesem Zeitpunkt noch nicht mit Kaiser Caligula verheiratet war, der Schmuck also einen Teil ihres privaten Vermögens darstellte.

Die leicht verrufene Caecilia Metella, deren monumentales Grabmal noch heute die Via Appia Antica beherrscht, soll einst in ihrem Übermut eine Perle, die mehr als eine Million Sesterzen gekostet hatte, in Essig aufgelöst haben. Cleopatra versuchte sie angeblich noch zu übertrumpfen. Von den Perlen, die sie an ihren Ohren trug, war jede zehn Millionen Sesterzen wert. Sie nahm eine, löste sie ebenfalls in Essig auf und trank das Gemisch in einem Schluck. Auch das überliefert der ältere Plinius in seiner Naturgeschichte. Doch haben wir allen Grund, seiner Zuverlässigkeit zu mißtrauen. Perlen lösen sich nämlich in Essig nicht auf, so daß die beiden Frauen weit schärfere Essenzen verwendet haben müssen. Diese zu trinken, hätte jedoch schwere gesundheitliche Schäden verursacht, was die Ägypterin sicher wußte.[22)]

Der alte Wissenschaftler berichtet an anderer Stelle, Frauen, besonders Freigelassene und Prostituierte, hätten sich auch gerne mit langen, dünnen Goldketten geschmückt, die sie über den Busen bis zu den Hüften herabhängen ließen.[23)] Sicherlich denkt auch Juvenal an diese Mode, wenn er von den »auratae papillae« spricht, »was an sich heißen könnte, daß gewisse Weiber sogar die Geschmacklosigkeit gehabt hätten, den Busen zu vergolden...«[24)]

Auch über den Schmuck ihrer Herrschaft wachten verschiedene Sklaven, die »auri custodes«, die »servi ab ornamentis« oder »ad margeritas«. Letztere waren, wie ihr Name schon sagt, vornehmlich für die Perlen verantwortlich.

Wie für die Herstellung von Kleidung gab es auch für die Fertigung von Schmuckstücken eigene Gewerbezweige mit oft hohem künstlerischem Rang. Die »gemmarii« besorgten den Handel mit Edelsteinen. Das Schleifen und Schneiden lag in den Händen der »gemmarum scalptores«. Gemmen, jene erhabenen, aus Steinen verschiedener Schichten herausziselierten Kunstwerke, durften in keiner guten Schmucksammlung fehlen.

Es gab noch zwei Utensilien, derer sich Frauen in der Öffentlichkeit gerne bedienten: Fächer und Sonnenschirm. Der Fächer war meist aus Pfauenfedern gearbeitet und diente in der südlichen Hitze nicht nur zur Kühlung. Er sollte auch lästige Fliegen vertreiben. Der Sonnenschirm, der empfindliche Haut vor der intensiven Strahlung schützte, glich unserem Regenschirm, dessen Gebrauch die Römer allerdings nicht kannten. Es handelte sich um ein rundes, mit Stoff bezogenes Stabgestell. Sonnenschirme waren meistens bunt, nach Ovid auch vergoldet.[25)] Fächer und Schirm wurden den römischen Schönen von einer Sklavin nachgetragen, wenn sich nicht gar ein galanter Begleiter dazu erboten hatte.

So gewappnet, boten sich die Frauen zuversichtlich der Kritik ihrer Freundinnen und dem strengen Urteil der Vorübergehenden dar. Und wer wollte es ihnen verübeln, wenn sie ein Gutteil ihrer Zeit mit derart vergänglichen Dingen zubrachten? Waren sie doch, wie schon zu Beginn des vorigen Kapitels erwähnt, »ausgeschlossen von der Behandlung ernsterer Gegenstände«. Aber nicht, weil sie etwa »schwach am Geist« gewesen wären, wie es ihre männlichen Artgenossen gerne darstellten. Die Männer, von denen im übrigen viele auch nicht frei von Eitelkeit waren, hatten ihnen alles genommen, was ihr Leben hätte sinnvoll gestalten können – außer die Beschäftigung mit Haus und Kindern, die jedoch eine undankbare war und die Frauen mit der Zeit nicht mehr befriedigte.

18.
DAS LEBEN DER RÖMERIN

BILDUNGS- UND BERUFSCHANCEN – KUNST UND KÜCHE

Es ist kaum möglich, den allgemeinen Teil eines Buches über die Stellung der Frau in der römischen Gesellschaft zu beenden, ohne nicht mit wenigstens einigen Worten auf das Leben der Römerin im allgemeinen einzugehen, ihren Alltag zu betrachten und die Entwicklungsmöglichkeiten zu beleuchten, die ihr diese Gesellschaft bot.

War das Neugeborene, ob männlich oder weiblich, erst einmal in den Familienverband aufgenommen, scheint es in der Behandlung der Geschlechter zunächst keine allzu großen Unterschiede gegeben zu haben. Knaben und Mädchen wuchsen gemeinsam auf und wurden mit denselben Spielsachen beschäftigt: Bälle, Kreisel, Reifen, Puppen. Es gab Kugeln, die in Löcher gerollt wurden, was den Kleinen einiges an Geschicklichkeit abforderte. Vielerorts sind die Vertiefungen noch im antiken Straßenpflaster erhalten. Die Kinder vergnügten sich mit Schaukeln, spielten Verstecken oder Strickziehen, unternahmen erste »Reitversuche« auf dem Steckenpferd, spannten Tiere oder einen Freund vor einen kleinen Wagen und ließen sich ziehen. Sie schmusten mit Haustieren, für die die römischen Kinder offensichtlich die gleiche Zuneigung hegten wie die des ausgehenden zwanzigsten Jahrhunderts. Wer aufmerksam Darstellungen spielender Kinder aus der Antike betrachtet, wird erstaunt feststellen, daß sich ihre Spiele und Vorlieben kaum von den heutigen unterschieden. Tatsächlich breitete sich das Kinderspielzeug von Rom über alle Länder der westlichen Welt aus und hat sich in nahezu unveränderter Form bis in unsere Tage erhalten. Die »Puppe« erinnert noch mit ihrem Namen daran: Im Lateinischen heißt sie »puppa«, »pupus« oder »pupilla«.

Auf die unbeschwerte Kindheit folgte – für Jungen und Mädchen gleichermaßen – der erste Unterricht, den in höheren Kreisen ein hauseigener Pädagoge, gewöhnlich ein besonders gebildeter Sklave, in ärmeren Schichten ein Lehrer der Elementarschule (ludus) erteilte. Es wurden Grundkenntnisse in Lesen, Schreiben und Rechnen vermittelt. Nach griechischem Vorbild wurde dabei besonderer Wert auf Grammatik gelegt. Denn der Römer empfand seine Sprache als schwer, fürchtete sich vor falschen Formen und schlechter Aussprache, die ihn offenem Spott aussetzte, da sie stets provinzielle Herkunft verriet. Die Schüler schrieben auf kleinen Holztäfelchen, den »tabellae«, die mit farbigem Wachs überzogen waren. Fehler waren leicht zu verbessern, denn mit dem spachtelförmigen Ende des Griffels konnte man das Geschriebene wieder glätten.

Auch das Rechnen mit den verwirrenden römischen Zahlenzeichen gehörte zum Bildungsgut, dessen Erwerb dem Römer keine geringen Schwierigkeiten bereitete. Der Rechenunterricht wurde deshalb von einem besonders qualifizierten Lehrer, dem »calculator«, erteilt. Er bediente sich der Hilfe eines Rechenstabes mit Steinchen.

Es gab noch keine festen Schulhäuser, der Unterricht fand in kleinen Räumen statt, bei günstiger Witterung auch im Freien. Der Lehrer saß auf einer Art Lehnstuhl, der »cathedra«, umringt von seinen Schülern, die auf Schemeln hockten und ihr Schreibzeug auf den Knien hielten. Es herrschten strenge Zucht und Ordnung. Körperliche Strafen wurden als legitimes und probates Erziehungsmittel betrachtet. Nichts weist darauf hin, daß Mädchen von körperlicher Züchtigung ausgenommen waren.

Mit dem Erwerb der bescheidenen Kenntnisse, die in der Elementarschule vermittelt wurden, waren die Bildungschancen der Durchschnittsrömerin nahezu erschöpft. Das lag nicht nur daran, daß sich in Rom die unterschwellige, aber folgenschwere Überzeugung festgesetzt hatte, »Jungen seien mit größerer Sorgfalt aufzuziehen als Mädchen«[1)], ein Gedanke, der sich in Westeuropa bis weit ins zwanzigste Jahrhundert hinein hielt und sich in anderen Kulturkreisen bis heute hartnäckig behauptet. Mädchen wurden gewöhnlich schon in frühester Jugend »an den Mann gebracht«, so daß man jede höhere Bildung als höchst überflüssig betrachtete.

Wenn es dennoch Römerinnen gab, die nach unserer Kenntnis ihren männlichen Zeitgenossen darin nicht nachstanden, griechische Sprache und Rhetorik beherrschten oder sich mit Literatur, Kunst und Philosophie auseinandersetzten, gehörten sie den privilegierten Ständen an, die auch ihren Frauen den Erwerb gewisser Kenntnisse ermöglichten, vielleicht, um sie besser zu verheiraten. Von Marc Aurels Mutter Domitia Lucilla wissen wir, daß sie fließend griechisch sprach und sich intensiv mit griechischer Literatur beschäftigte. Sie hatte diese Fähigkeiten auf eine fast modern anmutende Weise erworben. Der Athener Gelehrte Herodes Atticus, der das römische Bürgerrecht besaß und dereinst einer der Philosophielehrer ihres begabten Sohnes werden sollte, weilte während ihrer Jugend längere Zeit im Hause ihrer Eltern in Rom, um die dortige Lebensweise zu erkunden. Der Besuch vermittelte nicht nur dem Griechen einen nachhaltigen Eindruck vom Leben in der Hauptstadt, er hatte den angenehmen Begleiteffekt, daß die junge Frau ihre Liebe zu allem Griechischen entdeckte und sie ihrem Sohn weitergeben konnte.

Dennoch hatten auch solch interessierte Frauen keine höhere Schulbildung genossen. Der Prozentsatz an Frauen, die in der unter der Leitung des »grammaticaus« stehenden höheren Schule in griechischer Sprache und Literatur, in Geschichte, Mathematik und Physik unterrichtet wurden, war verschwindend gering. Und natürlich hat man sie schon gar nicht in den Rhetorikschulen angetroffen, die, vergleichbar unseren heutigen Universitäten, den jungen Römer auf seine politische Karriere vorbereiteten. Frauen mußten sich ihre Bildung in oft hartem Selbststudium erwerben, wohl auch mit Hilfe besonders gebildeter Lehrer-Sklaven.

Wirklich gebildete Frauen fand man besonders unter den Prostituierten, die sich gerne umfassende Kenntnisse erwarben, um Männern die Langeweile nicht nur mit körperlichen Reizen zu vertreiben. Die Frau als ebenbürtige Gesprächspartnerin, Frauen, die gelehrte Kreise leiteten, wo sich die bedeutendsten Männer zum Gedankenaustausch trafen, es hat sie gegeben im alten Rom. Ihre berühmteste Vertreterin war sicherlich Cleopatra, die in Cäsars Gärten jenseits des Flusses ein gastfreundliches Haus führte. Glauben wir dem antiken Biographen, entsprach ihr Äußeres keineswegs dem Schönheitsideal der alten Welt. Und auch ihre überkommenen Bildnisse lassen eine Frau von eher durchschnittlicher Erscheinung ahnen. Dennoch ist ihre Anziehungskraft auf Männer überwältigend gewesen. »Solchen Eindruck machten ihr Anblick und ihre Worte, daß sie den kältesten Mann, den ärgsten Feind in ihre Netze zog...« schwärmte noch mehr als zweihundert Jahre nach ihrem Tod der griechische Historiker Dio Cassius.[2)] Und Plutarch beschrieb sie so: »Der nähere Umgang mit ihr hatte einen unwiderstehlichen Reiz, und ihre Gestalt, ihre einnehmende Unterhaltung, ihre feinen Sitten, ihr ganzes Betragen machten immer tiefen Eindruck.«[3)]

Auf die Frauen der führenden Schicht blieb die geistige Emanzipation auch während der Kaiserzeit beschränkt. Doch wäre es ihnen nicht in den Sinn gekommen, erworbenes Wissen und errungene Fähigkeiten auch beruflich zu verwerten. Dies hätte der tradierten römischen Auffassung widersprochen, die eine Frau ins Haus verwies. »Der Musik, der Literatur, den Wissenschaften widmeten sich die großen Damen wie dem Sport: sie füllten ihre Mußestunden aus. Es wäre ihnen unwürdig vorgekommen, wenn sie daraus einen Beruf gemacht hätten...«[4)]

Im allgemeinen war auch die einfache Römerin nur Hausfrau, es sei denn, sie übte Berufe aus, für die Frauen von Natur aus prädestiniert sind. Ammen, Hebammen, Friseusen und Schneiderinnen gehörten dazu. Von einigen Erwerbstätigkeiten waren sie grundsätzlich ausgeschlossen. Beispielsweise wurden ihnen durch die prätorische Rechtsprechung Geld- und Wechselgeschäfte untersagt, die die »argentarii« wahrnahmen. Da »argentarii« aber gleichzeitig auch die Schmuckhändler bezeichnete, sucht man Frauennamen auch in ihrer Liste vergebens. Ebensowenig durften sie für einen anderen vor Gericht auftreten. Hielt sich eine Frau nicht daran, brachte ihr das keineswegs Bewunderung ein. Sie konnte vielmehr von Glück sagen, wenn ihr nicht Haß und Verachtung offen entgegenschlugen. Hatte gar eine Frau die Fechtkunst erlernt und tat sich damit in der Arena hervor, galt das als eines des abschreckendsten Beispiele von weiblicher Emanzipation. Und dennoch hat gerade dieses Schauspiel die Massen angelockt...

Wie sehr dem traditionsbewußten Römer die Berufsausübung von Frauen mißfiel, zeigt, daß die kaiserliche Berufsförderung grundsätzlich nur typischen Männerberufen zugute kam. So förderte Kaiser Trajan die Bäcker, unter denen bis heute kein einziger Frauenname entdeckt werden konnte. Claudius lagen mehr die Schiffer am Herzen. Doch mußte er mangels männlicher Interessenten notgedrungen von den strengen römischen Grundsätzen abweichen und auch an Frauen herantreten, mit wenig Erfolg, wie sich zeigte. Selbst sein Versprechen, einer begüterten unverheirateten oder kinderlosen verheirateten Frau das »ius trium liberorum« zu verleihen, fruchtete wenig. Ließ sich eine Frau dennoch überreden, blieb sie gewöhnlich als Geldgeberin im Hintergrund. Ihre Geschäfte erledigte ein procurator oder ein besonders geschickter Sklave.

Frauen betraten weder als Kundin einen Laden, noch ließen sie sich als Verkäuferin anheuern. Es war der pater familias, der die Einkäufe besorgte, die kaiserlichen Getreidespenden entgegennahm und sich um die häuslichen Vorräte kümmerte. Auch bedient wurde er von einem Mann. Wo immer antike Bildhauer oder Maler Szenen des täglichen Lebens darstellen, fehlen die Frauen. Sie ließen sich als außerhalb des Hauses Tätige nur abbilden, wenn ihre Anwesenheit unumgänglich war: Die Frau, der der Schuhmacher Schuhe anmißt, Frauen, denen der Schneider Maß nimmt. Witwen schließlich, die das Grabmal des verstorbenen Gatten in Auftrag geben. »Auf den Bildern, die uns die Pompejaner von ihren öffentlichen Plätzen hinterlassen haben, wandeln geschmückte Frauen teils allein, teils mit einem Kind... Sie tragen jedoch nichts in der Hand, weder Netz noch Korb. Sorglos spazieren sie als Müßiggängerinnen umher. Wir dürfen daraus schließen«, bemerkt hierzu der Historiker Carcopino, »daß im kaiserlichen Rom Frauen keine Einkäufe tätigten...«[5)]

Niemals achtete der Römer die Führung eines geordneten Haushalts, die intakte Familie und die ihr vorstehende mater familias gering, galten sie doch als Keimzelle des Staates, der in seiner Gesamtheit, der römischen Großfamilie, nur gedeihen konnte, solange die kleine in Ordnung war. Nach altrömischer Sitte wurde deshalb die Tochter des Hauses schon früh auf ihre künftige Verantwortung vorbereitet und zu typisch weiblichen Arbeiten angehalten, vornehmlich zum Spinnen und Weben. Mochte die Römerin von Stand später auch vorwiegend die für die Wollarbeiten abgestellten Sklaven überwachen und nur noch gelegentlich selbst zu Spindel und Schiffchen greifen, um ihre Vornehmheit zu unterstreichen, sie hatte doch die Grundlagen des Handwerks zu beherrschen, um genaue Anweisungen erteilen zu können.

Wert legte man auch auf die musische Ausbildung der Tochter, auf Gesang, Musik und Tanz, was allerdings unter der strengen republikanischen Zucht nicht immer problemlos war. Lange Zeit galten diese Künste als anrüchig und hatten es schwer, sich als Fertigkeiten durchzusetzen, die nicht unbedingt einen wandelbaren Charakter verhießen.

Anders als bei den Griechen war vor allem das Tanzen verpönt, wenn es nicht zu religiösen Zwecken, rituellen Feiern zumal, ausgeübt wurde. Es erschien dem praktisch denkenden Römer unverantwortlich, überschüssige Kräfte derart nutzlos zu vergeuden. »Nur ein Verrückter tanzt in nüchternem Zustand« meinte Cicero.[6)] Und Sallust prägte das geflügelte Wort »graziöser tanzen als es für eine anständige Frau nötig ist.« Er tadelte Sempronia nicht, weil sie tanzen, sondern weil sie gut tanzen konnte.[7)] Dabei war es keineswegs so, daß der Römer Tanzdarbietungen nicht gerne sah. Der erotische Reiz, der von den Drehungen und Wendungen des weiblichen Körpers ausging, verfehlte auch auf ihn nicht seine Wirkung. Aber er verwarf den Sport, sobald er von Frauen der Gesellschaft betrieben wurde. Es ist daher verständlich, wenn es einem römischen Aristokraten mißfiel, daß sich auch seine Kinder in dieser zweifelhaften Kunst übten.

Dennoch protestierte er vergebens. Schon im ausgehenden zweiten Jahrhundert vor der Zeitenwende pflegten Kinder aus gutem Hause Umgang mit Tänzern. Scipio Aemilianus traute seinen Augen nicht, als man ihn in eine Tanzschule führte, wo fünfzig junge Leute lernten, darunter sogar der Sohn eines Mannes, der für ein öffentliches Amt vorgeschlagen war. Sein Entsetzen war um so größer, als ausgerechnet dieser Knabe einen Tanz zum besten gab, »der selbst einem Sklaven, dem ohnehin jeder Sinn für Anstand abgeht, zur Schande gereicht hätte...«[8)] Und, noch schrecklicher, unter den Schülern befanden sich nicht wenige Töchter und Jungfrauen aus gutem Hause...

Doch lockerten die sich wandelnden Sitten bald auch die starren Anschauungen. Im letzten Jahrhundert der Republik wurde das

Tanzen immerhin geduldet, doch scheint es, als hätte der Römer dabei immer noch ein schlechtes Gewissen gehabt. Öffentliches Tanzen galt weiterhin als anstößig, und niemals vergaß man, an die Regeln des Anstands zu erinnern. Zu Zurückhaltung wurde gemahnt, ja, eine junge Frau tat gut daran, nur innerhalb ihres häuslichen Umfeldes zur Freude von Familie und Gästen »das Bein in Reigentänzen zu schwingen«[10], und auch da nur, wenn man sie ausdrücklich darum bat. Horaz lobte Maecenas' Gattin Terentia für ihre zierlichen Tanzschritte, die sie freilich nur in der Gruppe zu Ehren der Göttin Diana vorführte, der Dichter Statius seine Tochter, weil sie beim Tanzen den Anstand nicht verletzte. Hingegen graute es ihnen vor den Jungfrauen, die die »Jonischen Gebärden« nachzuahmen versuchten, Übungen, die offensichtlich darauf ausgelegt waren, die Sinnlichkeit des Zuschauers zu erregen.

Natürlich wandten sich auch die strengen Sittenrichter Juvenal und Martial gegen die erotische Wirkung des Tanzes, wobei sie sogar Berufstänzerinnen angriffen.

»So verführerisch reizt, so zitternd schwingt sie die Hüften,
daß sie sogar Hippolyt hätte zum Sünder gemacht«.[10]

Ein gnädiger Übersetzer hat hier das Wort »masturbator« nur mit »Sünder« widergegeben.

Tatsächlich erfreute sich das Tanzen mit dem Verfall der altväterlichen Werte immer größerer Beliebtheit. Und der Historiker Ammianus Marcellinus hatte in der Mitte des vierten Jahrhunderts allen Grund zur Klage: Selbst die Häuser, die sich einst durch die Liebe zu den ernsten Wissenschaften hervorgetan hatten, strömten jetzt von billigem Zeitvertreib über. Allenthalben Gesang und rauschende Musik. Die Sänger haben den Philosophen verdrängt, den Redner der Lehrer possenhafter Künste. Die Bibliotheken seien für ewig geschlossen... Wegen einer drohenden Hungersnot habe man die Diener der Wissenschaften aus der Stadt vertrieben, obwohl ihre Zahl ohnehin unbedeutend war. 3000 Tänzerinnen und Musikanten und mindestens ebenso vielen Tanzmeistern habe man hingegen zu bleiben gestattet... Frauen, die längst Mütter von drei Kindern sein könnten, zögen die Ehelosigkeit vor, um »mit geübtem Fuß mancherlei Figuren zu drehen...« Es ist ein düsteres Sittengemälde, das der spätantike Schriftsteller da entwirft, das aber rückblickend kaum übertrieben erscheint.[11]

Eine Mündigkeitserklärung, »wie sie bei den Söhnen durch Anlegung der toga virilis stattfand, gab es bei den Mädchen... schon deshalb nicht, weil sie, solange sie unverheiratet im Hause lebten, in der patria potestas des Vaters (resp. Großvaters), verheiratet aber in der manus des Gatten sich befanden, also niemals selbständig im juristischen Sinne wurden...«[12] Die körperliche Reife zog vielmehr auch die für die Ehe nach sich. Symbolisch wurde der Mädchenstand damit beendet, daß die junge Frau ihre Kinderspielsachen den Hausgöttern oder der Venus weihte.

Mit der Heirat wurde das Haus ihres Mannes ihre Welt, sein Atrium ihr Schauplatz. Dort führte sie aber keineswegs, von der Welt abgeschottet, ein Schattendasein, sondern zeigte sich stolz und herrschsüchtig, übte ein strenges Regiment, schalt und wetterte, trieb die Sklaven zur Arbeit an und erzog ihre Kinder in strenger Zucht. Dennoch oder gerade deshalb war sie im Hause die geehrte Meisterin, deren Wünschen sich sogar der Hausherr beugte. »Mea domina« pflegte er sie mindestens in späteren Zeiten zu nennen. Er traf kaum eine für die Familie wichtige Entscheidung, ohne sie nicht zuvor zu Rate zu ziehen. Vom ungezwungenen Umgang, auch mit Männern, war die Römerin nie ausgeschlossen. Es stand ihr frei, Verwandte und Freunde zu empfangen und sie ihrerseits zu besuchen. Sie nahm an den Mahlzeiten teil, begleitete ihren Mann zu Gastmählern, Empfängen und sogar auf Reisen. Es gab Ehefrauen, die bereit waren, ihren Gatten in entlegene Provinzen zu folgen und dafür eine Zeitlang auf die Annehmlichkeiten der Hauptstadt zu verzichten. Dies war übrigens eine der größten Veränderungen im Frauenleben des klassischen Rom. Die Vorschrift, die eine Frau dazu verpflichtete, geduldig zu Hause zu warten, bis ihr Mann aus der Provinz zurückkehrte, hatte sich selbst überholt. Sie mochte sinnvoll gewesen sein, als die Römer noch imperialistische Pläne verfolgten und sich die Männer tatsächlich über Jahre auf Feldzügen befanden. Mit jedem Teil der Welt aber, den Rom seinem Herrschaftsbereich einverleibte, wurde sie fraglicher. Die Tätigkeit hoher römischer Beamter außerhalb Roms erstreckte sich mehr und mehr auf eine ausgeklügelte Provinzialverwaltung mit festem Wohnsitz des Statthalters, und es war nicht einzusehen, weshalb eine Ehefrau diesen nicht mit ihrem Gatten teilen sollte. Schon zu Zeiten der Bürgerkriege hatten viele römische Frauen das Schicksal ihrer verfolgten Männer freiwillig geteilt und damit gezeigt, daß das schwache Geschlecht in extremen Situationen sehr stark sein kann.

Die oft jahrelange Trennung einer Familie zog häufig auch deren Verfall nach sich. Eine junge Frau, die allein in Rom zurückblieb, war nicht nur für einen geschickten Verführer eine attraktive Beute. Sie war auch der Aufmerksamkeit der Öffentlichkeit ganz besonders ausgesetzt. Schnell kam sie ins Gerede, oft natürlich grundlos, wovon der heimkehrende Gatte schwer zu überzeugen war. Viele Ehen zerbrachen, da es nahezu unmöglich war, das einmal gesäte Mißtrauen zu überwinden. So zogen es viele römische Staatsmänner vor, ihre Frauen in die Provinzen mitzunehmen. Deshalb kam es 21 n. Chr. im Senat zu einer Debatte, die von Severus Caecina, dessen Frauenbild stark dem des älteren Cato ähnelte, eingeleitet wurde. Er nämlich beantragte, »es solle keinen Beamten, dem eine Provinz zugefallen war, seine Gattin begleiten dürfen... Nicht schwach allein und Beschwerden nicht gewachsen sei das Geschlecht, sondern, gebe man ihm dazu die Freiheit, grausam, ehrsüchtig, herrschbegierig...«

Zum Anwalt der Frauen hatte sich Valerius Messalinus aufgeschwungen, der seinem Vater Messala an Beredsamkeit nicht nachstand. Er führte alle Argumente ins Feld, die geeignet waren, die bisherige Praxis zu stützen. Was bedürfe schon eine Frau, das die Bundesgenossen oder die Provinzialen unzumutbar belaste? Teile sie doch nur das Leben ihres Mannes, was dem Frieden nicht hinderlich sei! Selbst Caecinas Einwand, Frauen hätten sich hab- und herrschsüchtig zu verschiedenen Vergehen hinreißen lassen, ließ der Verteidiger nicht gelten. Seien nicht viele Staatsdiener selbst Opfer ihrer Begierden geworden? Habe man deshalb darauf verzichtet, welche in die Provinzen zu schicken? Nein, es sei ausschließlich Schuld des Mannes, wenn eine Frau das ihr zugebilligte Maß überschreite. Und wolle man gar die Vergehen weniger alle büßen lassen? Wolle man schließlich, indem man die Frauen zu Hause sich selbst überlasse, sie fremden Listen preisgeben? Es sei doch schon für den anwesenden Gatten schwierig genug, seine Ehe zu behüten. Was aber werde geschehen, wenn eine mehrjährige Trennung die Ehen praktisch auflöse?[13)]

Caecinas Antrag wurde verworfen. Ab dem zweiten Jahrhundert war es üblich, daß Frauen auch den Kaiser auf seinen Reisen in die Provinzen begleiteten. So folgte Plotina ihrem Gatten Trajan in den Osten. Sabina unternahm mit Hadrian eine Kreuzfahrt auf dem Nil. Marc Aurel hatte nach jahrelangem Feldlager seine Frau Faustina zu sich beordert, weil über die Treue der in Rom Zurückgelassenen dort die wildesten Gerüchte umgingen.

Frauen hatten schließlich in Rom ihre eigenen, nur ihnen vorbehaltenen Feste. Und wenn ein Römer besonders großzügig war, gestattete er seiner Frau sogar, Theateraufführungen und den Zirkus zu besuchen. In der Kaiserzeit war das selbstverständlich. Immer aber blieb ihre Hauptaufgabe die Leitung des Hauswesens. Entsprechend ihrem hohen Ansehen innerhalb des Familienverbandes wurde ihr Geburtstag festlich begangen. Aufwendig feierte man auch die Matronalien, das allgemeine Fest der Ehefrau und Mutter an den Kalenden des März.

Es ist bis heute nicht hinreichend geklärt, wie groß der Anteil der Frauen des Hauses an den dort anfallenden Arbeiten war. Doch scheinen sich ihre Pflichten im wesentlichen in Überwachungsaufgaben und Kindererziehung erschöpft zu haben. Wohl nur in den untersten Schichten hatten sie auch all jene Arbeiten zu verrichten, die heute jeder normalen Hausfrau zufallen, kochen etwa, putzen und die Wohnung in Ordnung halten. Das lag vor allem daran, daß sich selbst wenig wohlhabende Familien mindestens einen Sklaven halten konnten. Zudem waren Frauen durch altüberlieferte Gesetze von schweren Hausarbeiten befreit.

Zweifellos aber wird die mater familias in allen Kreisen die Zubereitung der Mahlzeiten und den Speiseplan überwacht haben. Selbst mitgeholfen hat sie vermutlich nicht. Brot wurde in den Bäckereien gekauft. Nur bis etwa zur Mitte des zweiten vorchristlichen Jahrhunderts hatte man es selber gebacken. Dem Küchenpersonal stand gewöhnlich ein »chef de cuisine« vor, der sich auch um die Gastmähler und offiziellen Festessen zu kümmern hatte. Von den Tafelfreuden in Gesellschaft waren Frauen nur in der Frühzeit ausgeschlossen. Noch in den letzten Jahrzehnten der Republik wurde ihnen die Teilnahme auch an offiziellen Diners gestattet.

Neben einem römischen Staatsbankett muten die Festessen, die heutige Politiker beispielsweise zu Ehren eines hohen Gastes geben, eher frugal an. Ein offizielles Essen in Rom bestand aus bis zu dreißig Gängen mit den delikatesten Speisen, die die alte Welt zu bieten hatte. Essen durfte jeder, soviel er wollte und konnte. Anlässe zum Schlemmen gab es genug. So bot zum Beispiel die Amtseinführung eines neuen flamen Martialis Gelegenheit zu üppigem Mahle. 69 v. Chr. etwa nahmen daran neben vier Vestalinnen auch andere Frauen teil, darunter die Gattin des Priesters und deren Mutter. Gespeist wurde stets in den frühen Abendstunden. Bis dahin nahm der Römer nichts Nennenswertes zu sich. Beim »ientaculum«, der ersten Mahlzeit des Tages, und beim »prandium«, einer Art Mittagessen, handelte es sich um kleine kalte Imbisse, die man neben der anfallenden Arbeit einnahm. Wert wurde eigentlich nur auf die Ausrichtung der »cœna« gelegt, des festlichen Abendessens, das in vielen Familien den Tag krönte. Meist handelte es sich dabei um ein vornehmes, delikates Mahl, das sich über Stunden hinziehen konnte. Die üblen Schlemmereien, von denen die antike Literatur immer wieder berichtet, und die oft in noch üblere Orgien ausarteten, dürften Ausnahmen gewesen sein.

Naturgemäß blieben die aufwendigen Diners der späten Republik und der frühen Kaiserzeit auf die reichen Familien beschränkt. Man darf auch nicht der Vorstellung verfallen, als habe man alle Tage Gastmähler in verschwenderischer Fülle veranstaltet. Daß jedoch gewisse »novi homines« die Reichen auch hierin nachzuahmen versuchten, steht zweifelsfrei fest. So waren in Trimalchios Haus üppige Gelage an der Tagesordnung. Und eine Bemerkung des Hausherrn beweist, wie wenig sich seine Gattin in die neue Rolle fügen konnte, die ihr der unverhoffte Reichtum aufgezwungen hatte. Einer Haushälterin gleich eilte sie, die doch eigentlich die »domina« hätte spielen und sich bedienen lassen müssen, mit dem Gesinde hinein und hinaus, trug die Speisen auf und räumte auch noch das Silber ein, ehe sie sich nach Beendigung des Mahles zu den Gästen begab.[14)]

Im Unterschied zu den neuzeitlichen Kulturkreisen der westlichen Welt scheint die Frau bei der Ausgestaltung des Heims nicht mitgewirkt zu haben. Daß die römischen Häuser spärlich möbliert waren, ist spätestens seit den Ausgrabungen in Pompeji und Herculaneum bekannt. Tische, Liegen, Betten, einige Büsten zur Zierde – mehr benötigte auch ein Römer von Stand nicht, um sich in seinen vier Wänden wohlzufühlen, vielleicht, weil er ohnehin die meiste Zeit außer Hauses verbrachte.

Wenig durfte, vom Kostbarsten aber mußte sein, womit, wer auf sich hielt, im Altertum sein Haus ausstattete. Tische aus wertvollen exotischen Hölzern, die Beine aus Elfenbein, kunstvolle Intarsien, Schildpatt, Beschläge aus Gold und aus Silber: Der Phantasie antiker Möbeldesigner und -schreiner waren keine Grenzen gesetzt. Kunden fanden sich alldiemal. Und Geld spielte dabei keine Rolle. Einem Bericht des älteren Plinius zufolge soll selbst der ansonsten so vernünftige Cicero für einen einzigen Tisch eine halbe Million Sesterzen ausgegeben haben.[15)] Kaum wird er hierfür die Zustimmung der strengen Terentia eingeholt haben. Auch Büsten für die Ausstattung seiner Bibliothek schaffte er vermutlich an, ohne sie zuvor zu fragen. Die unsinnige Leidenschaft vieler Römer für exklusive Tischmöbel diente den Frauen oft als Rechtfertigung für ihren eigenen übertriebenen Aufwand für Schmuck. Zu größeren Investitionen in den Haushalt waren sie weniger bereit. Da schien es schon einer besonderen Erwähnung wert, wenn eine Frau, die nicht einmal besonders wohlhabend war, für eine Schöpfkelle mehr als 100000 Sesterzen ausgab.

Die verhältnismäßig unabhängige Stellung innerhalb ihres häuslichen Wirkungskreises einerseits, auf der anderen Seite die zwar hohe Achtung, aber geringe Zuneigung, die der Römer seiner Frau in einer Konvenienzehe entgegenbrachte, ja die nach allgemeiner Anschauung geradezu von ihm erwartet wurde, sie mögen mit dazu beigetragen haben, daß »Sittenlosigkeit und Herrschsucht« (Baumgarten) überhand nahmen, da die Frauen ein übertriebenes, ungesundes Selbstbewußtsein entwickelten. Denn nicht jeder Frau genügten Liebe und Dankbarkeit ihrer Kinder zum vollkommenen Lebensglück. Viele sehnten sich nach Verständnis und hingebungsvoller Zärtlichkeit eines liebenden Partners und wollten sich nicht mit der Bestätigung abfinden, die ihnen ihr Wirken hinter verschlossenen Türen bot, mochte ihre Stellung dort auch noch so unangefochten sein. Sie begehrten auf, brachen aus den ihnen aufgezwungenen Verbindungen aus, suchten neue Inhalte in verbotenen Beziehungen und trugen damit tatsächlich zu einem Verfall der ehelichen Sitten bei, der schließlich auch den gesellschaftlichen und politischen nach sich zog.

Bis in die Neuzeit stehen die »Weiber bei romanischen Völkern... viel selbstherrlicher da als bei den germanischen und sind dort mehr als hier von schweren Arbeiten entbunden«, stellte zu Beginn des zwanzigsten Jahrhunderts der deutsche Althistoriker Georg Grupp in seiner »Kulturgeschichte der römischen Kaiserzeit« fest.[17] Wenn sich diese These aufgrund tiefgreifender Veränderungen vor allem im mitteleuropäischen Raum heute auch nicht mehr in vollem Umfang aufrechterhalten läßt, so blieb doch jene seltsame Mischung aus ehrfürchtiger Scheu und tief empfundener Dankbarkeit, die der Südeuropäer noch immer seiner »mama« entgegenbringt.

Einen befriedigenden Lebenssinn haben Roms Frauen bis zuletzt nicht gefunden, wie sie ja auch bis zuletzt von jeder politischen Verantwortung ausgeschlossen blieben. Keine Religion, keine auch noch so menschenfreundliche Philosophie, nicht einmal der Stoizismus, die beliebteste und verbreitetste unter den Weltanschauungen des klassischen Altertums, haben der Frau je eine andere Rolle als die in Ehe und Mutterschaft begründete zugestanden. Ja selbst die junge Lehre des Christentums, auf das gerade Frauen große Hoffnungen setzten, paßte sich hinsichtlich der vermeintlich einzigen Bestimmung der Frau schnell den antiken Wertmaßstäben an. Die religiös-philosophisch definierte »Einschränkung der weiblichen Bestimmung« (Pomeroy), die eigenartige Zwitterstellung der römischen Frau – strenge Machthaberin innerhalb des Familienverbandes, der man Ehrfurcht erweist, und mitleidig belächelte Vertreterin des schwachen Geschlechts, Mindermensch, schwach durchaus auch am Geiste, da, nach Aristoteles, in ihren intellektuellen Fähigkeiten beschränkt, – diese unseligen Denkmuster haben die Frauenkultur des Abendlandes für zwei Jahrtausende geprägt. Sie »gehören zu den folgenschwersten Hinterlassenschaften, die von der Antike auf uns« überkommen und noch lange nicht überwunden sind.[17]

19. FRAUEN DER SPÄTEN REPUBLIK

CORNELIA – PRAECIA – SERVILIA – PORCIA

Ähnlich wie die legendäre Frühzeit Roms, als das Leben noch frei war vom Neid auf den Ruhm eines anderen, brachte auch die späte Republik eine Reihe überragender Frauengestalten hervor. Ab der Zeit der Scipionen bildete der Einfluß der Frauen auf das gesellschaftliche und politische Leben »einen Aspekt jener weiblichen Emanzipation, die sich bis zum Beginn des Imperiums verstärkte und der römischen Gesellschaft schließlich den bekannten schlechten Ruf eintrug...« Dennoch war die erste Frau des neueren Rom, die »eine bedeutende Rolle in der Geschichte ihrer Zeit spielte, alles andere als eine ausschweifende Person...«[1] Sie galt sogar als eine der tugendhaftesten Vertreterinnen des weiblichen Geschlechts und wurde noch Generationen später allen Frauen immer wieder als großes Vorbild hingestellt. Zweifellos aber gehörte sie auch zu den tragischsten Erscheinungen der römischen Geschichte. Die Rede ist von der unglücklichen Cornelia, Tochter des berühmnten Scipio Africanus, der bei Zama Hannibal besiegt hatte.

Man erzählte, ihre Verlobung mit Tiberius Sempronius Gracchus sei auf einem Herrenessen zustande gekommen, und als Scipio nach Hause eilte, um seiner Frau von dem seltenen Glück zu berichten, das der Tochter durch die bevorstehende Heirat mit dem bedeutenden Sempronier widerfahren war, sei Aemilia sehr zornig geworden. Cornelia, meinte sie selbstbewußt, sei nicht weniger ihre Tochter, und man hätte sie, ehe das Mädchen versprochen wurde, ebenfalls zu Rate ziehen müssen. Wenn auch manche Historiker von der Wahrheit dieser Geschichte nicht überzeugt sind – sie wird in ähnlicher Version über das Verlöbnis der Tochter des Appius Claudius mit dem jüngeren Tiberius Gracchus, also eine Generation später, erzählt –, so wird doch eines ganz deutlich: das geänderte Selbstverständnis der römischen Aristokratin. Sie, die über Jahrzehnte der Politik ihres Mannes stillschweigend zugesehen hatte (und was war das Aushandeln einer günstigen Heirat schließlich anderes als ein politischer Schachzug?), begehrte nun auf und verlangte, in wichtige Entscheidungen einbezogen zu werden.

Es ist nicht bekannt, wann jene Cornelia, die zweite Tochter des ruhmbedeckten Afrikanus, geboren wurde. Folgen wir einer Bemerkung Ciceros, war sie noch jung, als ihr Gatte starb (154 v. Chr.). Die Sage will wissen, daß er ihretwegen sein Leben hingab. Angeblich liebte er sie über die Maßen. Als er nun eines Tages zwei Schlangen beobachtete, die in sein Haus krochen, suchte er bei den Wahrsagern Rat. Man verkündete ihm, seine Frau werde sterben, wenn er das Schlangenweibchen töte. Brächte er hingegen das Männchen um, stünde sein eigener Tod unmittelbar bevor. Tiberius Gracchus brauchte nicht lange zu überlegen. Seine Frau war jung, er aber war alt. Nicht nur, daß er sie liebte. Er achtete auch das Andenken ihres Vaters, des großen Africanus, und wählte den eigenen Tod.

Im ersten nachchristlichen Jahrhundert meinte Valerius Maximus hierzu: »... Daher weiß ich nicht, ob ich Cornelia eher glücklich preisen soll, weil sie einen solchen Mann hatte, oder bemitleiden, weil sie ihn verlor ...«[2)]

Trotzdem müssen die beiden eine ganze Reihe von Jahren glücklich miteinander verheiratet gewesen sein. Denn Cornelia hatte ihrem Mann zwölf Kinder geboren, von denen freilich die meisten ihren Vater nicht überlebten. Geblieben waren wohl nur der älteste Sohn (er hieß nach seinem Vater Tiberius, was auf den Erstgeborenen hindeutet) und Gaius, der jüngste. Daneben eine Tochter, Sempronia.

Die Lebensgeschichte der früh verwitweten Cornelia ist sagenumwoben. Und obwohl sie zu den edelsten Frauengestalten gehörte, die Rom je hervorbrachte, blieb auch sie von Verleumdungen und übler Nachrede nicht verschont.

Berühmt war sie nicht nur durch ihren Vater, dessen Vermächtnis »weiterhin das politische Denken Roms bestimmte und dessen

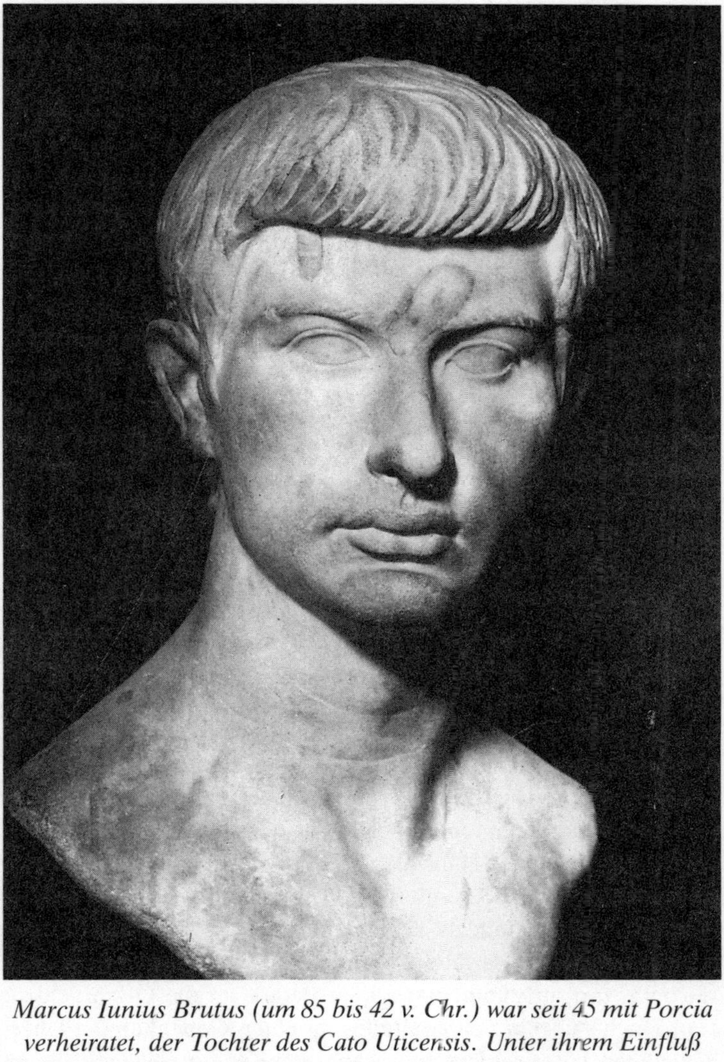

Marcus Iunius Brutus (um 85 bis 42 v. Chr.) war seit 45 mit Porcia verheiratet, der Tochter des Cato Uticensis. Unter ihrem Einfluß schloß er sich der Verschwörung gegen Cäsar an.
(Historia-Photo)

geistiges Erbe über seine Zeit hinaus wirksam bleiben sollte.«[3] Die kultivierte und hochgebildete Frau beeinflußte zweifellos auch das Denken ihrer Söhne, deren Erziehung sie sich nach dem Tod ihres Gatten voll widmete und für die sie die besten Lehrer verpflichtete. Sie hätte erneut heiraten können. Kein Geringerer als der ägyptische König Ptolemaios VIII. Euergetes hielt, nachdem sie Witwe geworden war, um ihre Hand an. Die stolze Römerin aber, der schon das Wort »König« verhaßt war, lehnte entrüstet ab. Zudem war der Ägypter alles andere als ein attraktiver Mann. Seine orientalischen Zeitgenossen hatten ihm den Spitznamen »Physcon«, Schmerbauch, gegeben.

In Rom bildete sich um sie bald der berühmte »Kreis der Scipionen«, eine Gruppe gelehrter Freunde und Verwandter, zu denen die hervorragendsten Köpfe aus Politik, Literatur und Philosophie gehörten. Vor allem die philosophischen und politischen Diskussionen trugen dazu bei, daß sich Cornelias Söhne mehr und mehr von den Interessen ihrer eigenen Klasse lossagten und zu überzeugten Anwälten der einfachen Schichten aufschwangen, Volkstribunen im wahrsten Sinne des Wortes, die für die Idee einer Bodenreform zugunsten verarmter Bauern schließlich ihr Leben hingaben.

»Die Tiere Italiens haben Höhle und Lagerstatt. Aber die Helden, die für Italien kämpfen und sterben, haben nur Anteil an Licht und Luft. Ohne Haus und Hof irren sie mit Weib und Kind durchs Land. Die Feldherrn lügen, wenn sie den Kriegern zurufen, Vätergrab und Heiligtum zu schützen; denn keiner von so vielen Römern besitzt einen Hausaltar oder ein Ahnengrab. Für fremden Luxus und Reichtum kämpfen sie, die Herren der Erde heißen und doch nicht eine Scholle ihr eigen nennen...«[4]

Es war Tiberius, der ältere Sohn, der als erster mit solch bilderreichem, fast alttestamentarischem Pathos an die Öffentlichkeit trat. Doch spiegeln sich zweifellos in seinen Gedanken die Überzeugungen jener leidenschaftlichen Frau wider, die nun einem traurigen Schicksal entgegensah.

Die Hingabe des Semproniers an seine Idee rief alsbald die Gegner dieser Reformen auf den Plan, da sie ihren über Generationen ererbten Familienbesitz bedroht sahen. Es kam zu bürgerkriegsähnlichen Unruhen in der Stadt. Anhänger des Volkstribunen stritten sich mit Parteigängern des Senats. Man warf dem Gracchen vor, er strebe nach der Alleinherrschaft griechischen Vorbilds, der verhaßten Tyrannis. Tiberius Gracchus und dreihundert seiner Getreuen fanden in dem Gemetzel den Tod. Für Cornelia, die die Pläne ihres Ältesten vielleicht nicht immer gebilligt hatte, war damit aber keineswegs das Ende ihres Leidensweges erreicht. Es sollte noch schlimmer kommen.

Unterschwellig gärten die revolutionären Ideen des ersten Gracchen fort. Als zehn Jahre später sein Bruder Gaius von der Quästur in Sardinien nach Rom zurückkehrte, hatte sich in ihm ein Mann gefunden, der sie erneut aufgriff.

»Über die Pläne seines Bruders hinaus versuchte er, auch die Bundesgenossen für seine Bewegung zu gewinnen ...«[5)]

Durch unpopuläre Vorschläge verlor er aber mehr und mehr die Gunst der Massen, und der Senat unterließ nichts, die wachsenden Ressentiments gegen den Volkstribunen zu schüren. Wieder kam es zwischen den wenigen ihm verbliebenen Getreuen und den Anhängern des Senats zu heftigen Auseinandersetzungen. Gracchus zog sich auf den Aventin zurück, wo er sich im Tempel der Diana verschanzte. Dort wurde er bald von seinen Feinden eingeholt. In auswegloser Lage befahl der gescheiterte Idealist einem Sklaven, ihn zu töten. Zweihundertfünfzig seiner Anhänger waren schon gefallen. Etwa dreitausend weitere wurden später ohne Prozeß als Hochverräter hingerichtet. Ein »Freund« trennte Gaius' Kopf vom Rumpf, füllte ihn mit geschmolzenem Blei und brachte ihn dem Senat. Dieser hatte dessen Gewicht in Gold als Belohnung ausgesetzt. Der Leichnam wurde in den Tiber geworfen.

Machtlos hatte Cornelia auch den letzten ihrer Söhne im wüsten Straßenkampf verbluten sehen, und es heißt, der Senat habe der leidgeprüften Mutter verboten, Trauerkleider zu tragen.

Dennoch war ihr Stolz nicht gebrochen. Zwar zog sie sich in ihr Landhaus zurück und weigerte sich fortan, den Boden Roms, den das Blut ihrer Kinder getränkt hatte, zu betreten. Aber sie blieb Mittelpunkt eines erlauchten Kreises von Gelehrten, zu denen nicht nur die besten Köpfe der Stadt gehörten, sondern auch viele griechische Philosophen, die damals nach Italien kamen. Sie »schrieb Briefe in einem so reinen und eleganten Stil, daß man sie als hervorragende Beiträge«[6)] zur römischen Literatur ansah.

Zwei Fragmente aus dieser Hinterlassenschaft sind übrigens die einzige erhaltene Prosa einer römischen Frau.

Doch litt auch Cornelias Ruf unter dem Haß der Aristokraten, den selbst folgende Generationen noch dem Andenken ihrer Söhne entgegenbrachten. Wahrscheinlich tauchte erst einige Jahre später das Gerücht auf, sie habe zusammen mit ihrer Tochter Sempronia ihren Schwiegersohn Scipio Aemilianus vergiftet. Tatsächlich starb jener, der Zerstörer Carthagos, 129 v. Chr. eines plötzlichen Todes. Noch tags zuvor hatte er im Senat das Wort ergriffen und war nach der Sitzung von einer begeisterten Menge nach Hause begleitet worden. Dort fand man ihn am anderen Morgen tot in seinem Bett. Natürlich kam gleich der Verdacht auf, Scipio sei ermordet worden. Doch wagte man nicht, Namen zu nennen. Erst mit der Zeit erinnerte man sich daran, daß er ein strenger Gegner der Reformvorhaben des älteren Bruders seiner Frau gewesen war und dessen Tod 133 v. Chr. mit der Bemerkung kommentiert hatte, so solle jeder sterben, der an Roms Verfassung zu rütteln wage. Dies sei für seine Frau Motiv genug gewesen, ihn zu beseitigen, zumal sie gehofft habe, dadurch den Ideen ihres jüngeren Bruders zum Durchbruch zu verhelfen. Einen anderen Grund sahen viele in der unglücklichen Beziehung der Eheleute. Sempronia war unfruchtbar und ihrem Mann deshalb verhaßt. Offensichtlich aber war er aus finanziellen Gründen nicht in der Lage, sich scheiden zu lassen.

Im übrigen scheinen die bösartigen Gerüchte bald wieder verstummt zu sein. Als nämlich Octavian (Augustus) fast hundert Jahre später zu Ehren seiner Schwester Octavia einen Säulengang errichten ließ, stellte er dort auch eine Statue Cornelias auf, die zuvor den Säulengang ihres Zeitgenossen Metellus Macedonicus geschmückt hatte. Obwohl jener Meteller ein Gegner des Scipio Aemilianus war und sich auch mit den revolutionären Ideen der Gebrüder Gracchi nicht anfreunden konnte, brachte er deren Mutter doch tiefe Bewunderung entgegen. Und noch im beginnenden Imperium galt die geistreiche Frau als leuchtendes Vorbild, war »ihre von Octavian gehegte Statue... wie eine offizielle Anerkennung der Rolle, die man nun von den Frauen in den Kämpfen der Stadt erwartete und die sie dann auch wirklich spielten...«[7)]

Von einer besonders ehrgeizigen Frau weiß Plutarch zu berichten, freilich mit dem ihm eigenen Hang, ein wenig zu übertreiben. Sie hieß Praecia, war klug und soll zu jener Sorte Damen gehört haben, die ihre Gunst stets nur nach streng rationalen Gesichtspunkten vergeben. Ihre Schönheit und ihr Geschick, diese einzusetzen, waren Stadtgespräch und hatten ihr weitreichende Beziehungen verschafft. Gefiel ihr ein Mann, war es nur eine Frage der Zeit, wann er dank ihrer Hilfe seine politischen Ziele erreichte. Dann scheute sie sich nicht, insgeheim und doch für jeden offenkundig in die Geschicke des Staates einzugreifen. Als Cornelius Cethegus, einer ihrer zahlreichen Liebhaber, auf der Höhe seiner Macht angelangt war, geschah in Rom angeblich nichts, das sie nicht zuvor gebilligt hatte.

Einer jener römischen Feldherrn und Staatsmänner, die beschlossen hatten, Praecias Hilfe für das eigene Fortkommen zu nutzen, war Lucius Licinius Lucullus. Schon lange träumte er von militärischem Ruhm. Er sehnte sich nach einem Kommando im Osten, wo Mithridates VI. Eupator Rom seit langem bedrängte. Lucullus' Problem war, daß ihn Cethegus, der augenblicklich das Sagen hatte, nicht mochte. Also begann er, Praecia den Hof zu machen und sie mit Geschenken und Schmeicheleien zu umwerben. Und tatsächlich änderte sich bald Cethegus' Haltung ihm gegenüber. Er erhielt den Oberbefehl im dritten Mithridatischen Krieg und schlug den pontischen König 71 v. Chr.. Allerdings konnte ihm auch Praecia nicht gleich zu seinem verdienten Triumph verhelfen. Erst acht Jahre später feierte er nach Überwindung mancher Intrigen seiner Gegner in der Hauptstadt den militärischen Erfolg. Dann zog er sich in ein üppiges Privatleben zurück, das bis heute seinen Namen bewahrte.

Einige der berühmten oder berüchtigten Frauen, die vor der großen Zeitenwende in Rom wirkten, wurden schon in den vorhergehenden Ausführungen zur Genüge gewürdigt, so daß eine erneute Beschäftigung mit ihnen entbehrlich erscheint. Ciceros Terentia gehörte ebenso zu ihnen wie seine früh verstorbene Tochter Tullia, die er so sehr liebte, daß ihm böse Zungen ein inzestuöses Verhältnis zu ihr unterstellten. Auch von Clodia, die den höchsten Adelskreisen entstammte und doch eine der verrufensten Frauen war, die ihre Zeit hervorgebracht hatte, war schon die

Rede. Doch kann auch bei ihr nicht abschließend geklärt werden, ob sie tatsächlich so schlecht oder nur Opfer von Haß und Verachtung ihrer eigenen Klasse war.

Eine bedeutende Rolle in der untergehenden Republik spielte Servilia, des jüngeren Cato tief verehrte Halbschwester.

Man zählte 690 Jahre seit Gründung der Stadt, als Rom durch Catilinas umstürzlerische Ideen wieder einmal in eine schwere politische Krise geriet. Häufiger als sonst mußte der Senat einberufen werden. In einer jener im Dezember abgehaltenen Sitzungen ging es um das künftige Schicksal der Verschwörer. Cato Uticensis hatte neben Cäsar, seinem damals noch nicht übermächtigen Intimfeind, Platz genommen. Wie so oft vertraten sie auch an diesem Tag völlig gegensätzliche Meinungen. In unerbittlicher Strenge forderte Cato den Kopf der Aufrührer. Cäsar hingegen wollte sie mit seiner später sprichwörtlichen Milde schonen. Es kam zum Streit, der sich noch verschärfte, als Cäsar von draußen eine Botschaft erhielt, die er sofort zu lesen begann. Da sprang Cato zornentbrannt auf, schimpfte ihn einen Verräter, beschuldigte ihn, mit den Verschwörern unter einer Decke zu stecken und forderte ihn auf, laut vorzulesen, was man ihm soeben mitgeteilt habe. Cäsar aber überreichte ihm nur schweigend den Brief. Und auf den ersten Blick erkannte Cato die Handschrift der geliebten Schwester...

Zwei Ehen hatte Servilia bereits hinter sich, als sie 59 v. Chr. fast Cäsars dritte Frau geworden wäre. Es heißt, ihrer beider Leidenschaft sei anfangs so heftig gewesen, daß sie keinen Augenblick der Trennung ertrugen. Über vier Jahre dauerte das Verhältnis nun schon. Da schenkte er ihr während seines Konsulats eine Perle, die sechs Millionen Sesterzen wert war...

Servilia hatte nur einen einzigen Nachteil: Sie war damals schon vierzig Jahre alt, und ihr Geliebter wünschte sich nichts sehnlicher als einen Sohn. Also zog er die Ehe mit der erst zwanzigjährigen, wenn auch ungeliebten Calpurnia vor. Doch änderte das an seiner Zuneigung zu Servilia nichts. Weiterhin kam er in ihr Haus. Und als während der Bürgerkriege die konfiszierten Güter einiger Adliger versteigert wurden, erhielt sie von ihm den Zuschlag zu einem Schleuderpreis. Cicero konnte seine bekannt scharfe Zunge nicht zügeln. Er sprach von »Tertia deducta«, was zunächst heißen konnte, daß ein Drittel des regulären Preises nachgelassen worden war. Es ging damals aber auch das böse Gerücht um, Servilias Bewunderung für den Imperator sei so grenzenlos gewesen, daß sie ihm sogar ihre jüngste Tochter Tertia als Gespielin zugeführt habe. Ciceros vorlaute Bemerkung, die ihn hätte das Leben kosten können, war also durchaus doppelsinnig gemeint.

Servilia hatte auch einen Sohn, Brutus, der als der tugendsamste aller Menschen galt. Er leitete seine Abstammung auf jenen Brutus zurück, der mehr als vier Jahrhunderte zuvor Rom von der Königsherrschaft befreit hatte. Brutus gehörte nicht zu Cäsars Freunden. Ein Gerücht, das sich beharrlich in der Stadt hielt, hatte ihn zum Sohn des Imperators gemacht. Denn zum Zeitpunkt seiner Zeugung, so wollte man wissen, hätte jener zu Servilia eine innige Liebesbeziehung unterhalten. Plutarch meint sogar, der Imperator selbst sei von seiner Vaterschaft überzeugt gewesen. So galt der vornehme Jüngling vielen als Bastard, und vielleicht hat er deswegen den Diktator gehaßt.

Cäsar aber brachte ihm, der im Bürgerkrieg des Jahres 48 v. Chr. sogar gegen ihn gekämpft hatte, alle erdenkliche Großmut entgegen. Er überhäufte ihn mit Ämtern und Ehren und vertraute ihm vorbehaltlos bis zum letzten Atemzug. (»Auch du, mein Sohn?«) Man schreibt dieses uneingeschränkte Wohlwollen vor allem dem günstigen Einfluß Servilias zu.

Undurchsichtig wie vieles in ihrem Leben ist auch ihr Verhältnis zu ihrem Freund geblieben. Wahrscheinlich war die Leidenschaft ihrer jungen Jahre bald einer ruhigeren Freundschaft gewichen. Doch kann man sicherlich nicht davon ausgehen, daß ihre Beziehung von Anfang an platonisch war. Nicht nur emotionale Faktoren, auch politische Motive haben in dieser Verbindung eine Rolle gespielt. Denn Servilia verkörperte im Rom der untergehenden Republik die Tradition Cornelias und all jener Frauen, »deren Macht innerhalb der Stadt sich ebenso nach ihrem persönlichen Einfluß wie nach den Bündnissen bemaß, die sie für ihre Söhne und Töchter bewerkstelligten.«[8] Cäsar glaubte, in der reifen, leidgeprüften Frau – ihren ersten Mann M. Iunius Brutus hatte Pompeius wegen seiner Teilnahme am Aufstand des Lepidus 77 v. Chr. grausam hinrichten lassen – eine verläßliche Verbündete gefunden zu haben, die zudem über weitreichende gesellschaftliche

Beziehungen verfügte. Nichts weist darauf hin, daß er sich in ihr getäuscht hätte. Doch scheint sich ihre Trauer über den verlorenen Geliebten und Freund an den Iden des März in Grenzen gehalten zu haben. Und nach diesem Schicksalsdatum entwickelte sie sich gar zu einer der eifrigsten Helferinnen der Republikaner. Wie tief sie in die politischen Kämpfe verstrickt war, die nach dem Attentat die Hauptstadt erschütterten, geht aus Ciceros Briefwechsel hervor.

Ihre engsten Familienangehörigen waren die Köpfe der Verschwörung, allen voran ihr Sohn Brutus und ihr Schwiegersohn Cassius. In Antium trafen sich die »Tyrannenmörder« in Servilias Haus, begleitet von ihren Frauen. Brutus war mit Porcia, Catos Tochter, verheiratet, einer unerschrockenen, in der Tradition ihrer Ahnen streng konservativen Aristokratin. Auch Cicero und einige andere führende Politiker nahmen an den Gesprächen teil. Es ging um die Bestimmung des Senats, daß Brutus und Cassius durch einen Auftrag im Osten eine Zeitlang vom politischen Geschehen in Rom ferngehalten werden sollten. Trotz der Anwesenheit so vieler gewandter Männer leitete die Gastgeberin die Versammlung. Und als Cicero sich anschickte, eine Rede über verpaßte Gelegenheiten zu halten, qualifizierte sie das barsch als »Unsinn« ab. Für sie, die den höchsten Adelskreisen entstammte, war der große Redner immer ein »homo novus«, ein Emporkömmling, geblieben. Cassius kündigte an, er werde der Aufforderung, Rom zu verlassen, nicht nachkommen. Servilia bestärkte ihn in dieser Absicht. Sie vertraute darauf, ihre Autorität werde ausreichen, daß der Senat den Beschluß widerrufe. Als der neue Caesar aber in unerschütterlichem Sendungsbewußtsein die Bühne des Weltgeschehens betrat, zogen es die Mörder seines Adoptivvaters doch vor, der Hauptstadt den Rücken zu kehren. Wahrscheinlich hätte Servilia nicht einmal im Traum daran gedacht, ihre Verwandten nicht wiederzusehen.

Sie mochte indes geahnt haben, daß die Zukunft für ihre Familie und alle Republikaner nicht rosig aussah. Lepidus, einer ihrer Schwiegersöhne, wechselte 43 v. Chr. das Lager und verband sich mit Antonius. Daraufhin wurde er vom Senat als Verräter zum Staatsfeind erklärt. Servilias Sorge um das Wohl des Staates wurde vorübergehend von der Angst um ihre Tochter und ihre Enkel verdrängt. Sie war tief beunruhigt. Ihre Familie drohte zu verfallen. Rom stand vor der Katastrophe, vor der verhaßten Tyrannenherrschaft. Mehr denn je weilten ihre Gedanken bei Brutus im Osten. Sollte sie ihn nach Rom zurückrufen? Konnte er mit seiner Armee die Republik retten? Gab es überhaupt noch Rettung, wenn der Bazillus der Revolution schon Mitglieder ihrer eigenen Sippe angesteckt hatte? Verzweifelt lud sie wieder Cicero und einige Getreue zu einer Unterredung ein. Aus dem umfangreichen Briefwechsel des Redners mit Brutus wird Servilias unablässige Sorge deutlich. »Ständig denkt sie an Dich«, schrieb er in den Osten. Und man empfindet die vorbehaltlose Bewunderung, die er, der gelehrteste Mann Roms, der ungewöhnlichen Frau entgegenbrachte. »Prudentissima et diligentissima«, äußerst klug und umsichtig, nannte er sie, ein aus seinem Mund selten gehörtes Lob. Doch stand er mit seiner Meinung nicht allein. Auch Antonius, der Sieger von Philippi und ihr politischer Gegner, schätzte sie hoch und sandte ihr die Asche ihres für die Republik gefallenen Sohnes.[9)]

»Hör' mich an, Brutus. Ich bin Catos Tochter. Ich kam nicht in dein Haus, um nur Tisch und Bett mit dir zu teilen, sondern um Freude und Leid mit dir zu tragen.«[10)] Porcia, der von Plutarch diese Worte in den Mund gelegt werden, stand ihrer Schwiegermutter an edlem Sinn kaum nach. Fest und unerschütterlich in ihren Grundsätzen glich sie nicht weniger Cornelia, die damals schon fast Legende war. Ganz Rom horchte auf, als Brutus, ihr Vetter, sich überraschend von seiner ersten Frau Claudia scheiden ließ, um sie zu heiraten.

Lange vor den Iden des März bemerkte sie, daß ihren Mann ein Geheimnis quälte. Da er sich ihr nicht freiwillig anvertrauen wollte, brachte sie sich mit einem Dolch am Unterschenkel eine Verletzung bei, die heftig blutete. Dabei soll sie die oben zitierten Worte gesprochen haben. Sie wollte auf diese rührende Weise demonstrieren, daß er sich auf sie verlassen konnte. Da eröffnete er ihr die Gedanken, die so lange schon in seinem Kopf spukten. Fortan soll die überzeugte Republikanerin zu den treibenden Kräften des Attentats an Cäsar gehört haben.

Als sich Brutus dann einschiffte, um in den Osten zu reisen, begleitete sie ihn bis zur Anlegestelle. Sie hatte sich fest vorgenommen, ihre Tränen zurückzuhalten, um dem geliebten Gatten den Abschied nicht noch zu erschweren. Da fiel ihr Blick zufällig auf ein Bild von Hektor und Andromache, und sie konnte ihren Schmerz nicht länger verbergen. In einem jener seltenen Augenblicke weiblicher Intuition mag sie geahnt haben, daß es kein Wiedersehen gab.

»Hector, doch du bist mir Vater und hehre Mutter,
und auch Bruder, du bist mir der blühende Lagergenosse!«[11)]

Es war Brutus' Freund Acilius, der bei dieser rührenden Szene die Ilias bemühte. Da fiel ihm Brutus ins Wort: »Aber ich könnte nicht zu Porcia sagen:

›Doch du geh' ins Haus und besorg deine eigenen Werke: Webstuhl und Spindel, und befiehl den Dienerinnen ...‹ Denn in diesem Weib schlummert eine männliche Seele.«[12)]

Die brauchte sie auch, als man ihr zwei Jahre später den Tod ihres Mannes meldete. Aufmerksam wurde sie nun von Freunden bewacht. Stahl und Eisen wurden entfernt, denn man fürchtete um ihr Leben. Da nahm sie glühende Kohlen vom Feuer, schluckte sie und starb. Und noch Jahrzehnte später sangen die römischen Dichter ihr Lob: »Auch deine keusche Leidenschaft, Porcia, Tochter des Cato, werden alle Jahrhunderte mit gebührender Bewunderung ehren. Als du erfahren hattest, daß dein Mann Brutus bei Philippi besiegt und getötet worden war, hast du, weil man dir keine Waffe gab, nicht gezögert, glühende Kohlen zu verschlucken; mit weiblichem Mut hast du den mannhaften Tod deines Vaters nachgeahmt. Ich vermute aber, daß deine Tat tapferer war, weil jener auf die übliche, du aber auf eine neue Weise starbst ...«[13)]

20. CÄSARS FRAUEN

CORNELIA – JULIA – POMPEIA – CALPURNIA – CLEOPATRA

Zweifellos waren Cäsar und Pompeius die wichtigsten Akteure in dem Drama, das die Republik und damit einen großen Abschnitt der römischen Geschichte beendete. Beide ähnelten sich aber auch, was ihre Wirkung auf Frauen betraf. Und beiden fiel es schließlich schwer, weiblichen Reizen zu widerstehen. Doch während Pompeius versuchte, seine Leidenschaften zu zügeln und seine Gefühle in mehr oder weniger glücklichen Ehen auszuleben, ließ ihnen Cäsar freien Lauf.

Neben drei rechtmäßigen Ehefrauen und jener bereits erwähnten Servilia blickte der alternde Staatsmann auf eine stattliche Anzahl von Abenteuern zurück, die nicht nur sein privates Leben bereicherten, sondern auch in seiner politischen Laufbahn eine gewisse Rolle spielten. Seinem antiken Biographen zufolge gab er zur Befriedigung seiner Leidenschaften viel Geld aus. Er bevorzugte natürlich Damen der Gesellschaft. Eine ganze Reihe von Frauen, die er angeblich verführte, zählt Sueton auf. Zu ihnen sollen Postumia, die Gattin des Servius Sulpicius, Lollia, Aulus Gabinius' Frau, Tertulla, die mit Marcus Crassus verheiratet war, und sogar Mucia, die Gemahlin des Gnaeus Pompeius, gehört haben. Glaubt man dieser Überlieferung, so schreckte er also nicht einmal vor Verhältnissen mit verheirateten Frauen zurück.[1)] Kein Wunder, daß solch flottes Liebesleben bei vielen seiner Mitbürger Neid erweckte, manche ihn aber auch verachteten! Hatte er wirklich dem Volkstribunen Helvius Cinna aufgetragen, während seiner Abwesenheit im Senat einen Gesetzentwurf einzubringen, der ihm gestattete, so viele Frauen zu heiraten, wie er wollte, um männliche Nachkommen zu zeugen? Vielleicht wollte er durch Legalisierung seiner Beziehungen Vorwürfen entgegenwirken, die gegen seinen Lebenswandel erhoben worden waren. Denn er stand im Ruf, ein Buhle zu sein. Der ältere Curio, 76 v. Chr. Konsul und wie Cato ein Gegner aller Revolutionäre, hatte ihn in einer Rede später sogar »aller Frauen Mann und aller Männer Frau« genannt, womit er zusätzlich auf Cäsars homophile Neigungen anspielte. Daß er es ungestraft konnte, mag als Beweis dafür gelten, wie berechtigt seine Vorwürfe waren.

Eher harmlos hatte sein sexuelles Leben begonnen. Und vielleicht wäre er seiner früh verstorbenen Cornelia, die er als einzige wirklich geliebt zu haben scheint, auch längere Zeit verbunden geblieben, hätte es ein mißgünstiges Geschick nicht anders bestimmt. Schon früh hatte ihn sein Vater mit Cossutia verlobt, einem jungen Mädchen aus dem Ritterstand. Außer ihrem Reichtum hatte jene Cossutia nichts Nennenswertes vorzuweisen. Wahrscheinlich war die Verlobung dem Jüngling aufgezwungen worden. Nachdem sein Vater gestorben war, löste er sie auf und heiratete, gerade sechzehnjährig, Cornelia, die einer berühmten römischen Familie entstammte.

Wie sehr er sie geliebt haben muß, zeigt die unerschütterliche Treue, mit der er zu ihr hielt. Sie machte ihn zum Geächteten und hätte ihn fast sein junges Leben gekostet. Denn Cinna, sein Schwiegervater, der den Interessen der Demokraten gedient hatte, starb, und Sulla kam wieder an die Macht. Mit ihm aber erstarkte erneut die Aristokratie. Die ruhigen Tage der Demokraten waren gezählt. Sie wurden bald den schlimmsten Verfolgungen ausgesetzt. Vor allem sollten einflußreiche Familienbündnisse, die den Reaktionären hätten gefährlich werden können, gesprengt werden.

Auch Cäsar hätte als Neffe des Marius und Schwiegersohn des Cinna auf der Liste der Proskribierten stehen müssen. Doch sucht man ihn dort zunächst vergebens. Wahrscheinlich erschien er den Machthabern zu unbedeutend, als daß man größeres Interesse an ihn hätte verschwenden müssen. Man verlangte von ihm lediglich die Scheidung von der Cinna-Tochter, gewissermaßen als Zeichen der Loyalität mit dem erstarkten alten Regime.

Andere waren ähnlichen Befehlen willig gefolgt. Nicht so Cäsar, der sich offen widersetzte. Sicherlich wußte er, welches Risiko er damit einging. »Zu dieser Zeit war Cäsar nicht der Mann, der mit einem solchen Widerstand ein politisches Bekenntnis verband. Viel

Er betrachtete die Liebe stets als legitimes Mittel der Politik: Gaius Iulius Cäsar, 100 bis 44 v. Chr.
(Historia-Photo)

mehr spricht dafür, daß er aus Liebe zu Cornelia handelte. Jetzt erst schlug der Diktator zu...«[2] Cäsar wurde seines väterlichen Erbes beraubt, die Mitgift seiner Frau wurde eingezogen. Er selbst entging mit knapper Not und List den Häschern, die Sulla auf ihn gehetzt hatte. Schon damals muß ihm sein später sprichwörtliches Glück geholfen haben. Durch Vermittlung seiner einflußreichen Mutter Aurelia, die in den alten Quellen stets hoch gelobt wird, konnte er bald nach Rom zurückkehren. Aurelia, die ihren Sohn entscheidend geprägt und damit wohl die wichtigste Rolle in seinem Leben gespielt hat, hatte vor allem auf die Jugend des Verfolgten gesetzt und an die Milde des Diktators appelliert.

Die traumatischen Erfahrungen des Achtzehnjährigen jedoch, deren Ursache auch in der festen Bindung zu Cornelia lag, hatten Cäsars Wesen und das Verhältnis zu seiner Frau grundlegend verändert. Jetzt, wo Solidarität nicht mehr notwendig war, kehrte der anfangs treue Ehemann eine freizügige Lebensart hervor, wechselte seine Liebschaften und schloß sich der großstädtischen genußsüchtigen Jugend an. Seine Abkehr von Frau und Familie – Cornelia hatte ihm 83 v. Chr. die Tochter Julia geboren, das einzige legitime Kind, das er je haben sollte, – trug trotz der freien römischen Auffassung von Liebe und Treue kaum dazu bei, dem anfänglichen Eheglück Dauer zu verleihen. Doch hielt Cäsar nach außen weiterhin an seiner Frau fest.

Wie sie die zahlreichen Kränkungen ertrug, ist nicht bekannt. Überhaupt weiß man von ihrem Leben wenig. Offensichtlich führte sie es zurückgezogen und widmete sich ganz der Erziehung der Tochter. Doch sicherlich sind die vielen Klatschgeschichten, die bald über ihren Mann umliefen, auch zu ihr vorgedrungen. Und kurz nachdem Cäsar seine verehrte Tante, die Witwe des Marius, zu Grabe getragen hatte, starb 69 v. Chr. auch sie, noch keine dreißig Jahre alt. Woran, ist nicht bekannt.

Fast scheint es, als hätte Cäsar ihr gegenüber Gewissensbisse empfunden. Denn er erwirkte die Sondererlaubnis, Totenprozession und Grabrede halten zu dürfen, die nach altem Herkommen nur würdigen reifen Matronen zustanden. In rührender Gedenkrede gewann er dabei die Herzen des Volkes. Nichts weist aber darauf hin, daß hier von Anfang an politisches Kalkül mitgespielt hätte. Vielmehr sprachen aus seinen Worten tiefe Betroffenheit und das heimliche Eingeständnis einer alten Schuld. Die Wirkung auf die Massen muß überwältigend gewesen sein. Erstmals erkannte der Mann auf der Straße in dem aufsteigenden Stern am römischen Staatshimmel einen humanen und fühlenden Menschen. Der so früh Verstorbenen wurde eine von Zuneigung erfüllte, wenn auch späte Genugtuung zuteil. Die Liebe aber, die er einst für sie empfunden hatte, übertrug er auf die Tochter, von der es heißt, sie habe ihrem Vater nicht nur ähnlich gesehen, sondern auch dessen liebenswerte Eigenschaften geerbt.

Bleiben wir noch eine Weile bei ihr, die für Cäsar eine der wichtigsten Frauen seines Lebens werden sollte! Sie war gerade vierzehn, als ihre Mutter starb, und hatte damit das heiratsfähige Alter erreicht. Tatsächlich verlobte sie der Vater mit einem gewissen Servius Caepio, einem verdienstvollen Gefolgsmann, in dem ein Teil der Wissenschaft M. Iunius Brutus vermutet. Doch als Cäsar 60 v. Chr. mit Pompeius und Crassus das erste Triumvirat schloß, nahm er sein Versprechen zurück und fand den Bräutigam mit vielen guten Worten und einer neuen Braut ab. Seine Tochter aber gab er im Jahr darauf Pompeius zur Frau. Was zunächst als reine Vernunftehe zur Stärkung eines auf wackligen Beinen stehenden Bündnisses gedacht war, entwickelte sich zu einer glücklichen und für Rom äußerst vorteilhaften Beziehung. Denn Pompeius, der den Jahren nach ihr Vater hätte sein können, war sehr bald in seine junge Frau verliebt.

Plutarch rügt ihn, er habe Julias wegen das politische Leben vernachlässigt, sei selten auf dem Forum erschienen und habe dort dem Demagogen Clodius das Feld überlassen. Dafür habe er sich mit seiner jungen Frau auf dem Marsfeld oder auf einem der zahlreichen Landsitze herumgetrieben, die sie in Italien besaßen, ein Verhalten, das nach seiner Meinung eher zu einem Dichter passe als zu einem Mann, der politische Verantwortung trug. Erstaunlicherweise habe Julia den ihr verordneten Gatten auch geliebt, und so habe er sie vor allem ihretwegen möglichst wenig alleine gelassen. Immerhin wurde Pompeius von Clodius als Opfer seiner Leidenschaft verspottet. Das Volk aber bewunderte ihn. Pompeius, so erzählte man erstaunt, sei seiner Frau treu und habe seit seiner Hochzeit keine Abenteuer mehr gehabt.

Ob Julia den alternden Mann, der, was überkommene Bildnisse verraten, von seiner Attraktivität viel eingebüßt hatte, wirklich liebte, steht dahin. Als pflichtbewußte Römerin aber respektierte sie den Wunsch ihres Vaters. Dank ihrer klugen, ausgleichenden Art wurde sie nicht müde, zwischen jenem und dem Gatten zu vermitteln und damit dem Bündnis tatsächlich einen gewissen Bestand zu verleihen. Aber das Glück währte nur kurz. Vier Jahre nach der Hochzeit wurde Julia schwanger. Entgegen anders lautenden Berichten hatte sie ihr Mann doch verlassen, um sich ins politische Gewühl zu stürzen. Auf dem Marsfeld war er in eine blutige Ausschreitung geraten. Blut hatte seine Toga bespritzt, so daß er einen Diener nach Hause schicken mußte, eine saubere zu holen. Zufällig begegnete jener Julia, die sofort das beschmutzte Kleidungsstück erkannte. Daraus und aus den zusammenhanglosen Äußerungen des noch immer verwirrten Mannes schloß sie, Pompeius sei verletzt oder gar getötet worden. Sie verlor die Besinnung und erlitt kurze Zeit später eine Fehlgeburt. Im Jahr darauf erwartete sie erneut ein Kind, gebar eine Tochter, überlebte aber das Wochenbett nicht. Nicht nur Ehemann und Vater, der im gleichen Jahr auch seine Mutter verlor, waren über den frühen Tod tief erschüttert. Mit ihnen trauerte ganz Rom. Und als Pompeius Julias Leichnam zur Bestattung in die Albaner Berge überführen wollte, bemächtigte sich das Volk der sterblichen Überreste der jungen Frau und gab ihr eine Grabstätte auf dem Marsfeld.

Im Bewußtsein Roms blieb Julia lange die Friedensstifterin aus Liebe. Noch als der Dichter Lucan mehr als hundert Jahre später seine »Pharsalia« schrieb, einen Bericht über den Bürgerkrieg zwischen Cäsar und Pompeius, gedachte er mit freundlichen Worten des günstigen Einflusses der Tochter Cäsars, die es verstanden hatte, Rom vor der Katastrophe zu retten, die jetzt nach ihrem Tod unaufhaltsam schien:

»Hätte es ihr das Schicksal vergönnt, länger im Lichte zu wandeln,
sie allein hätte es vermocht, Vater und Gatten zu zähmen
und ihren Händen das Schwert zu entreißen.«[3]

Pompeius tröstete sich rasch. Schon ein Jahr später heiratete er erneut, im Grunde froh darüber, auf das ihm lästig gewordene Bündnis nun keine familiären Rücksichten mehr nehmen zu müssen. Und Cäsar gab sich mehr denn je seinen zweifelhaften Liebesabenteuern hin.

Bald nach Cornelias Tod hatte er Pompeia geheiratet, eine Tochter des Q. Pompeius Rufus und Enkelin Sullas. Zweifellos handelte es sich auch hier um ein reines Zweckbündnis. Denn diese Heirat verschaffte ihm Zutritt zu den höchsten Kreisen Roms, sicherte ihm wertvolle Verbündete und stärkte seinen eigenen politischen Ehrgeiz, mit dem er jetzt an die Öffentlichkeit trat.

Aber auch dieser Verbindung war keine Dauer beschieden. Zwar nahm Cäsar für sich in Anspruch, jede Frau Roms verführen zu dürfen. Als aber Pompeia nur in den Verdacht geriet, den Schmeicheleien des jungen Clodius erlegen zu sein (wobei ihre Schuld niemals erwiesen wurde), und dieser durch seine rechts- und sittenwidrige Teilnahme an den Mysterien der Bona Dea einen Skandal heraufbeschworen hatte, war das für den beleidigten Ehemann Grund genug, sie zu verstoßen.

59 v. Chr. heiratete er ein letztes Mal. Die Auserwählte war Calpurnia, eine Tochter des Calpurnius Piso. Weshalb Cäsar eine Verbindung mit dieser weniger bedeutenden Familie suchte, ist nicht bekannt. Vielleicht gefiel ihm die junge Frau. Piso gehörte fortan zu seinen treuesten Parteigängern. Schon im Jahr nach der Hochzeit belohnte Cäsar seinen Schwiegervater mit dem Konsulat. Dies wiederum rief den Unmut Catos hervor, der sich beklagte, die höchste Macht im Staate werde nun über Frauen vergeben. Als ob das in Rom so ungewöhnlich gewesen wäre!

Cäsar brauchte seine Entscheidung für die Calpurnier übrigens nie zu bereuen. 50 v. Chr. wurde Piso Censor. Er galt als gerechter und gemäßigter Mann, wenn ihm Cicero auch vorwarf, seine Macht zu mißbrauchen, um sich persönlich zu bereichern. Seinen Schwiegersohn verstand er stets mit dem Senat zu versöhnen. Noch vor dem Ausbruch des Bürgerkrieges versuchte er, zwischen ihm und dem Senat zu vermitteln. Doch weigerte er sich beharrlich, für eine der beiden Seiten einzutreten.

Seine Tochter erwies sich als pflichtbewußte Römerin und liebevolle Gattin. Die Seitensprünge ihres Mannes nahm sie scheinbar gelassen hin. Sie hielt fest zu ihm bis zu seinem tragischen Ende an den Iden des März 44 v. Chr. Die Nacht vor seinem Tod verbrachte er bei ihr. Als der Wind plötzlich die Tür des Schlafzimmers aufriß, sah er im Mondlicht, wie sich Calpurnia unruhig hin- und herwarf. Sie hatte, wie sie ihm am Morgen berichtete, sonderbar geträumt: Der Giebel ihres Hauses war eingestürzt und der Gatte in ihrem Schoß ermordet worden. Sie flehte ihn an, nicht zu der anberaumten Senatssitzung zu gehen. Und fast wäre Cäsar den bösen Ahnungen seiner ansonsten so vernunftbegabten Frau erlegen. Aber Brutus' Überredungskunst und Cäsars Stolz waren stärker als ihr weiblicher Instinkt. So nahm das Schicksal seinen verhängnisvollen Lauf...

Ein eigenes Kapitel hat Sueton den »exotischen« Geliebten des

Feldherrn gewidmet. Bei seinen Feldzügen soll er nicht einmal die Frauen seiner Gegner respektiert haben. Seine Soldaten sangen deshalb beim gallischen Triumph die Verse:

»Städter, sperrt die Frauen ein! Den kahlen Buhlen bringen wir.
Gold verhurtest du in Gallien, das du einstens dort gepumpt.»[4)]

Von seinen Mätressen königlichen Geblüts werden nur zwei namentlich genannt: Eunoè, die Gattin des Königs Bogud von Mauretanien, die er mit kostbaren Geschenken verwöhnte, was ihrem Mann vielleicht nicht ganz unangenehm war. Und Cleopatra, die letzte Ptolemäerin, die er sehr geliebt haben soll. Jedenfalls hat gerade Cäsars geheimnisvolle Beziehung zu ihr die Phantasie vieler Buch- und Theaterautoren beflügelt. Die strenge Wissenschaft allerdings hält sich ziemlich bedeckt und die spärlichen Funde zurück. So ist es kaum möglich, die Widersprüche aufzuklären und »dem delikaten Geheimnis wirklich umfassend auf die Spur zu kommen.«[5)]

Verweilen wir erneut bei dieser Frau, die, obgleich Nichtrömerin, einer Römerin an Mut und Entschlossenheit nicht nachstand, was selbst ihre Widersacher zugeben mußten! 69 v. Chr. als zweite Tochter des ägyptischen Königs Ptolemaios XII. Auletes geboren, war sie nach dem Tod ihres Vaters zur Königin ernannt worden und teilte die Regierungsgewalt mit Ptolemaios XIII., der ihr Bruder und nach altägyptischem Recht auch ihr Gatte war. Sie überwarf sich mit den Ratgebern des unmündigen Mitregenten, die in Wahrheit die Herrschaft ausübten, mußte aus Alexandria fliehen und hielt sich in der libyschen Wüste verborgen, wo sie auf eine günstige Gelegenheit zur Rückkehr wartete. Diese näherte sich endlich in der Gestalt Cäsars, der während seines ersten Konsulats ihrem Vater zu einem Schutz- und Freundesbündnis mit der Weltmacht Rom verholfen und Ägypten viel Geld geliehen hatte. Nicht nur als Eintreiber war er in das alte Pharaonenland gekommen. Gemäß dem Testament des verstorbenen Königs wollte er auch zwischen den beiden streitenden Königskindern vermitteln.

Er rief die Geschwister zu sich. Doch Cleopatra wußte, daß es nahezu unmöglich sein würde, ungehindert zu ihm zu gelangen. Der gesamte Palast, in dem auch der Römer sein Quartier aufgeschlagen hatte, war von Günstlingen ihres Bruders umstellt, die ihr alle nach dem Leben trachteten. Da verfiel sie auf eine List. Sie befahl ihrem Diener Appolodoros, einem Sizilianer, sie in eine Decke zu wickeln und als Last auf der Schulter vor den Diktator zu tragen. Cäsar war, so jedenfalls berichtet es Plutarch, von ihrem Mut und ihrem Geist sofort eingenommen. »Und da sie ihn auch sonst tief beeindruckte, söhnte er sie mit ihrem Bruder aus.«[6)]

War es wirklich so, daß sie, die vollendete Verführerin, dem römischen Machthaber sofort den Kopf verdrehte, so daß er nur noch Gefangener seiner Liebe war? Wir wissen es nicht. Fest steht immerhin, daß er sich auf das Abenteuer einließ, dabei allerdings nie die Interessen Roms aus den Augen verlor.

Die Versöhnung gestaltete sich übrigens schwieriger, als es die knappen Bemerkungen Plutarchs vermuten lassen. Und zweifellos ging Cleopatra als Bevorzugte aus dem Schiedsspruch des Römers hervor. Sie zog in den Teil des Palastes, den auch Cäsar bewohnte. Ihm gelang es, mit ihrer Hilfe Roms Einfluß in Ägypten zu stärken. Aber Ptolemaios' Ratgeber steckten nicht zurück. Nach einem mißlungenen Attentatsversuch – man hatte Cäsar durch Gift beseitigen wollen – wurde der junge König mitsamt seiner Anhängerschaft entmachtet. Heftige Kämpfe danach brachten die Römer in arge Bedrängnis, doch behielten sie letztlich die Oberhand. Ptolemaios ertrank in den Fluten des Nils. An seine Stelle trat ein jüngerer Bruder der Königin, der neben ihr als Ptolemaios XIV. regierte. Ob Cäsar je davon träumte, an ihrer Seite selbst über das alte Pharaonenland zu herrschen, ist ungewiß. Vorbei waren die Zeiten, als er lieber in jedem Dorf der Erste als in Rom nur der Zweite sein wollte. Ihm stand seit einiger Zeit der Sinn nur noch danach, auf dem heimischen Kapitol die Alleinherrschaft auszuüben. Und nach Pompeius' gewaltsamem Tod standen für ihn die Zeichen nicht schlecht. Was hätte ihm da ein Königtum in einem so fernen Reich genutzt! Und doch muß er Ägyptens Bedeutung für Rom erkannt haben: Wer immer dieses Land beherrschte, kontrollierte nicht nur einen Großteil der römischen Getreideeinfuhr. Er besaß auch den Schlüssel zum Orient...

Zweifellos aber genoß er all die Ehrungen, die ihm entgegengebracht wurden, als er mit der jungen Königin eine Kreuzfahrt auf dem Nil unternahm. Die Reise dauerte mehrere Wochen und führte das hohe Paar durch die Hauptstadt Memphis, nach Theben mit seinen monumentalen Tempelanlagen, vorbei an der Totenstadt, wo die alten Pharaonen in ihren prunkvollen Gräbern ruhten, und endete bei der Insel Elephantine. Und hätte das Heer sich nicht geweigert, weiterzuziehen, wäre man vielleicht sogar bis nach Äthiopien gelangt. Cleopatra war nun unangefochtene Königin, über der Cäsar, der mächtigste Mann seiner Zeit, schützend die Hand hielt.

Welcher Art aber war nun die Beziehung, die den römischen Machthaber an die bis dahin eher unbedeutende Frau band? Man machte es sich sicher zu einfach, sähe man Cäsars Verhältnis zu ihr nur als politischen Trick, Ägypten als reiche Kornkammer und Tor zum Osten unlösbar mit dem Schicksal Roms zu verknüpfen. Andererseits kann Cäsar aber auch nicht vor Liebe blind gewesen sein, wie es von den Literaten zu allen Zeiten zu gerne dargestellt wurde. Wer wollte es ihm, der die Liebe auch stets als legitimes Mittel der Politik eingesetzt hatte, aber verübeln, daß er von der mehr als dreißig Jahre jüngeren Frau fasziniert war! »Sie war in griechischer Geschichte, Literatur und Philosophie gebildet ... sie verband die geistige Regsamkeit einer Aspasia mit der verführerischen Ungezwungenheit einer vollständig hemmungslosen Frau ... Zu diesen Qualitäten kam eine orientalische Sinnlichkeit, eine ungestüme Brutalität, die Leiden und Tod um sich breitete, und ein politischer Ehrgeiz, der von imperialistischer Ausdehnung träumte und kein Gesetz außer dem des Erfolges anerkannte. Hätte nicht das unbändige Blut der späteren Ptolemäer in ihren Adern gerollt, so hätte sie sicher ihr Ziel erreicht, Königin eines geeinten Mittelmeerreiches zu werden. Sie erkannte, daß Ägypten nicht mehr von Rom unabhängig zu sein vermochte, und sah nicht ein, warum nicht sie der herrschende Teil in einer Verbindung der beiden sein sollte ...«[7)]

Sie war also keineswegs die gekrönte Hure, als die sie Plinius in Nachahmung der augusteischen Propaganda beschimpfte, nicht das durch Ausschweifung verbrauchte Weib, das Properz in ihr sah, und auch keine Venus, die ihre Beute umklammert, wie der Grieche Dio Cassius vermutete, mochten viele Römer in dieser Beziehung auch einen Skandal wittern oder sie gar als entwürdigende Zeitverschwendung abtun. »Non humilis mulier«, kein gemeines Weib, mußte nach ihrem Tod der Dichter Horaz trotz aller Vorbehalte zugeben. Für Cäsar war sie zudem die letzte Erbin

Alexanders, ihr Reich das einzig verbliebene noch halbwegs selbständige Königreich der alten Kulturwelt. Viele seiner Nachfolger eiferten diesem Alexander nach, der im Bewußtsein der Griechen und Römer längst zum legendären Helden, zum Mythos, aufgerückt war, und träumten davon, Ost und West unter ihrer Herrschaft zu vereinen. Es ist denkbar, daß schon Cäsar ähnliche Träume spann, wenn er an ihre Verwirklichung, die überhaupt nur mit Cleopatra möglich gewesen wäre, auch kaum geglaubt haben kann.

So standen sich in der Ägypterin und dem Römer zwei gleichwertige, in ihrem politischen Streben und Ehrgeiz auch gleichartige Partner gegenüber, die ihre eigenen Ziele bei aller Zuneigung nie aus den Augen verloren. Und gerade das gab ihrer Beziehung die unvergleichliche Spannung. Es spricht für deren Intensität, daß Cäsar entgegen früheren Absichten fast neun Monate lang in Ägypten blieb, obwohl sich eine ganze Reihe von Feinden gegen ihn zusammenrottete und man auch in Rom auf seine Rückkehr wartete. Vielleicht aber wollte er nach jahrelangen Feldzügen auch nur ein wenig ausruhen. Mit seinen 53 Jahren war er schließlich kein junger Mann mehr. So dehnte er die Gelage mit der Königin oft bis zum Morgengrauen aus und genoß auch sonst das Leben, dessen angenehme Seiten ihm das Schicksal bislang vorenthalten hatte.

47 v. Chr. gebar Cleopatra einen Sohn, den sie Cäsarion nannte. Ob Cäsar tatsächlich der Vater war, wie Plutarch überlieferte und Cicero behauptete, steht dahin. Einigen griechischen Schriftstellern zufolge soll ihm der Junge in Aussehen und Gang sehr geähnelt haben. Marcus Antonius bestätigte vor dem Senat, Cäsar habe den Sohn der Königin als sein Kind anerkannt. Und offensichtlich war auch Octavian Augustus nach dem Sieg bei Aktium von Cäsars Vaterschaft überzeugt. Denn er ließ den erst Siebzehnjährigen als möglichen Konkurrenten im Jahre 30 töten. Heftig wurde damals über Cäsarions Abstammung gestritten, die nicht einmal eine Rolle spielte. Als illegitimer Nachkomme hätte er in Rom ohnehin nie Ansprüche erheben können.

Es ist auch nicht erstaunlich, daß Cäsar die ägyptische Königin zu sich nach Rom rief. Freilich wird er nicht vor Sehnsucht krank gewesen sein. Aber in seinem Leben »spielte die eigentümliche

Mischung aus Liebe und Politik eine wichtige Rolle, und vieles spricht dafür, daß beide Anteile dieser Mischung in Ägypten eine besondere Intensität«[9)] gewonnen hatten. Willig folgte die junge Frau der Einladung in die Hauptstadt, wo sie in Cäsars Gärten jenseits des Tibers ein gastfreundliches Haus führte. Auch der Diktator selbst gehörte dort zu ihren bevorzugten Besuchern.

Es war durchaus üblich, daß verbündete Herrscher eine Zeitlang am »Nabel der Welt« weilten, um ihre Treue zu Rom zu bekunden. Wenn böse Zungen behaupteten, Cäsar habe seine Geliebte nur deshalb in seine Nähe geholt, um während ihrer Abwesenheit das herrenlose Land noch stärker nach römischen Vorstellungen zu prägen und von Rom abhängig zu machen, entsprach das sicherlich nur halb der Wahrheit. Es mag sein, daß er nicht allzu viel Zeit für sie aufbringen konnte, war er doch gerade in den beiden letzten Jahren seines Lebens ganz mit der Verwirklichung seiner eigenen Pläne beschäftigt. Trotzdem dürfte Cleopatra in Rom nicht nur als vornehme Geisel gehalten worden sein. Schadenfrohen Römern zum Trotz bekundete nämlich Roms erster Mann seine Liebe zu ihr, indem er im soeben erstellten Tempel seiner Stammutter, der Venus Genetrix, auch ein goldenes Standbild der ägyptischen Königin aufstellen ließ. Dennoch kam das Gerücht auf, sie hielte sich für Cäsars mangelnde Fürsorge an anderen Römern schadlos. Schon damals soll es ihr gelungen sein, Cäsars Freund Marc Anton in ihre exotischen Netze zu verstrikken...

Unmittelbar nach der Ermordung ihres großen Gönners kehrte Cleopatra in ihr Königreich zurück. Sie entledigte sich ihres Brudergemahls. Als Mutter eines Sohnes war sie nicht mehr zur Ehe verpflichtet. Dann setzte sie ihren Sohn als Ptolemaios XV. neben sich auf den Thron und hielt von nun an die Macht allein in ihren Händen.

21.
LIEBESREIGEN – DIE EHEN DES POMPEIUS MAGNUS

ANTISTIA – AEMILIA – MUCIA – JULIA – CORNELIA

Betrachtet man aufmerksam die überkommenen Bildnisse des Pompeius Magnus, kann man sich nur schwer vorstellen, wie denn ein Mann mit solch aufgedunsenem und zugleich welkem Gesicht die Frauenherzen im Sturm erobern konnte. Doch stehen die Beschreibungen seiner Biographen in krassem Gegensatz zu den Darstellungen der Bildenden Kunst, so daß sich zwangsläufig die Vermutung aufdrängt, als handle es sich bei seinen zahlreichen Büsten, die heute die Museen aller Welt schmücken, ausschließlich um Altersbildnisse, und der reife Pompeius habe viel von seiner jugendlichen Anziehungskraft eingebüßt. Daß ihm auch im Alter noch die Liebe begegnete, steht indes zweifelsfrei fest.

Anders als sein späterer Widersacher Cäsar hatte Pompeius seine Jugend stürmisch begonnen, in Leidenschaft entbrannt zu der Kurtisane Flora, die sich rühmte, sie habe nach jedem Besuch bei ihm die Male seiner Zähne an ihrem Körper getragen. Flora jedoch wurde trotz aller Begierde an Geminius abgetreten, Pompeius' Freund, der sich heftig in sie verliebt hatte. Daß sie der Verlust krank machte, bedeutete nichts. Als Unfreie hatte sie sich zu fügen.

Von da an scheint Pompeius schöne Frauen nur noch mit distanzierter Höflichkeit behandelt zu haben. Von außerehelichen Liebeshändeln ist wenig bekannt. Er fühlte sich wohl seinem Ruf verpflichtet und bemühte sich schon deshalb, seine triebhafte Natur zu beherrschen.

Seine erste Ehe schloß er in jungen Jahren mit Antistia, deren Vater an einem Bündnis mit dem jugendlichen Aufsteiger gelegen war. Doch als Sulla aus den Wirren der ersten beiden Jahrzehnte des letzten Jahrhunderts vor der Zeitenwende als Sieger hervorgegangen war, suchte auch er die Nähe des begabten Jünglings, der in einem Alter, das ihn noch von jeder politischen Verantwortung ausschloß, von seinen Soldaten den Ehrennamen »Magnus«, der Große, erhalten hatte. Sullas damalige Frau hieß Metella und entstammte einer der bedeutendsten Familien der Stadt. Aus einer früheren Ehe hatte sie eine Tochter, Aemilia, die bereits verheiratet war und gerade von ihrem Mann ein Kind erwartete. Um Pompeius fester an sich zu binden, zwang ihn Sulla, sich von Antistia scheiden zu lassen und Aemilia zu heiraten, die man ebenfalls von ihrem Mann trennte. Die Hochzeit mit der schwangeren Braut, die angeblich nur widerwillig zugestimmt hatte, war ein Skandal. Aber Sulla, der selbst sechsmal verheiratet war, bedeuteten Ehe und Treue nichts. Seine offensichtlich sensiblere Stieftochter hingegen überlebte die Aufregungen nicht. Sie starb im Kindbett, nur wenige Wochen, nachdem sie in das Haus ihres neuen Gatten eingezogen war.

Mag Pompeius seine ersten beiden Frauen auch mehr aus Gründen der Staatsräson begehrt haben, seine dritte Gattin Mucia soll er über alles geliebt haben. Es ist nicht bekannt, wie und wann er zu ihr kam, doch wird auch hier sein politischer Ehrgeiz keine geringe Rolle gespielt haben. Denn auch Mucia gehörte zum einflußreichen Clan der Meteller, deren Gunst für einen aufstrebenden Staatsmann unverzichtbar war. Im Grunde war Pompeius ein Sohn des Feldlagers und für das bürgerliche Leben wenig geschaffen. Lange schon hatte er sich das Oberkommando in einem bedeutenden Krieg gewünscht, doch als man ihn endlich mit der Ausrottung der Seeräuber betraute, konnte er sich nicht so recht freuen. Zum erstenmal in seinem Leben sehnte er sich nach Ruhe und ungestörtem Eheglück. »Wäre ich doch ein unbekannter Mann«, seufzte er. »Könnte ich doch das ewige Kriegführen beenden und mit meiner Frau in Frieden auf dem Lande leben.«[1] Doch alles Klagen half nichts. Im Orient erwartete ihn eine der größten Herausforderungen seines Lebens. Seine Frau blieb indes alleine in Rom zurück. Das junge, lebenslustige Geschöpf dachte aber nicht daran, Pompeius treu zu bleiben. Cäsar war als ihr Liebhaber im Gespräch. Wahrscheinlich aber betrog sie ihn auch mit anderen Männern. Solange er im Osten weilte, weigerte sich Pompeius hartnäckig, den Gerüchten zu glauben. Doch als er nach Rom zurückgekehrt war, erkundigte er sich genauer – und reichte die Scheidung ein. Man sagt, er habe Mucia nicht wiedersehen wollen und ihren Verführer als »Aegisthos« beschimpft. Seine Entscheidung wurde übrigens öffentlich begrüßt. Denn ganz Rom war über das Verhalten dieser Frau empört.

Obwohl die Gesetze für die Bestrafung des Ehebruchs immer noch bestanden, verzichtete Pompeius darauf, die Treulose anzuklagen. Wahrscheinlich respektierte er in ihr trotz allem die Mutter seiner drei Söhne, darunter Sextus Pompeius, der ähnlich tragisch enden sollte wie sein berühmterer Vater. Mucia heiratete in zweiter Ehe M. Aemilius Scaurus, der behauptete, nun mit Pompeius verwandt zu sein, eine Auffassung, die jener natürlich nicht teilte. Mucia schenkte auch ihrem zweiten Mann einen Sohn. Sollte sie je so verderbt gewesen sein, wie es der Klatsch glauben machen wollte, muß sie einen inneren Wandel vollzogen haben, der auch den Römern nicht verborgen blieb. Sie überlebte Pompeius viele Jahre. Und als einer ihrer Söhne, sich auf den klangvollen väterlichen Namen berufend, als »Seekönig« das Mittelmeer verunsicherte und damit den Unmut von Antonius und Octavian heraufbeschwor, war sie es, Mucia, deren diplomatisches Geschick eine wenigstens kurze Aussöhnung bewirkte. Octavian vergaß ihre Bemühungen nie. Aemilius Scaurus, ihr Sohn aus zweiter Ehe, hatte zu den wenigen gehört, die Antonius bis zum bitteren Ende treu blieben. Aus der Sicht der Sieger freilich hatte er in der Schlacht von Aktium auf der falschen Seite gekämpft. Er geriet in Gefangenschaft Octavians, der ihn in dankbarer Erinnerung an die Verdienste seiner Mutter begnadigte.

Gleich nach der herben Enttäuschung, die ihm seine dritte Frau zugefügt hatte, versuchte Pompeius erneut sein Glück. Er bemühte sich nun, Anschluß an Cato zu finden, vor allem, um mit dessen Hilfe die eigene Stellung im Senat zu festigen. So hielt er um die Hand einer Nichte Catos an. Eine andere von dessen Verwandten begehrte er für seinen Sohn. Nur die Frauen aus der Familie des strengen Republikaners fühlten sich geschmeichelt. Ehefrau und Stiefschwester Servilia sonnten sich bereits im Glanz eines Bündnisses mit dem Mann, der schon zu Lebzeiten das seltene Prädikat »der Große« trug. Cato aber lehnte ab. Er hatte

Pompeius' Hintergedanken durchschaut. Zu groß dünkte ihm die Gefahr, die von diesem ehrgeizigen Menschen für den Bestand der Republik ausging. Überhaupt zog er es vor, politisch unabhängig zu bleiben. Gekränkt zog sich Pompeius zurück und hielt nach anderen Bündnissen Ausschau.

Schon 59 v. Chr. ging er seine vierte Ehe ein, diesmal mit Cäsars Tochter Julia. Von ihrer fruchtbaren Beziehung wurde schon im vorhergehenden Kapitel ausführlich berichtet. Nur ein Jahr trauerte er um sie, die ihm der Tod in der Blüte ihrer Jahre entrissen hatte. Dann tröstete er sich mit Cornelia, der Tochter des Metellus Scipio, die zur vornehmsten Aristokratie gehörte. Obwohl angeblich eine Liebesheirat, war auch diesmal Pompeius nicht von jedem politischen Hintergedanken frei.

Bis heute sehen Historiker in jener Frau eine der tragischsten Gestalten der späten Republik. Sie war bereits verwitwet, als man sie 52 v. Chr. Pompeius zur Ehe gab. Ihren ersten Mann P. Crassus hatte sie im Jahr zuvor bei Carrhae verloren, wo die Parther auch ihren Schwiegervater, den berühmten M. Licinius Crassus, besiegt und auf gräßliche Weise getötet hatten. Zum Trauern aber ließ man ihr keine Zeit. Die Staatsräson verlangte ein weiteres Opfer, die Ehe mit Pompeius Magnus. Die leidgeprüfte Frau konnte nicht ahnen, daß diese Beziehung noch tragischer enden sollte als die erste. Nur vier Jahre gemeinsamen Lebens waren den Eheleuten vergönnt, zwei davon wurden durch den Bürgerkrieg getrübt. Dann schlug das Schicksal erneut erbarmunslos zu.

Der alternde Staatsmann hoffte, die Sympathien, die der Senat dem jungen, begabten und charmanten Crassus entgegengebracht hatte, würden sich automatisch auf ihn, dessen Nachfolger, übertragen. Nach Julias Tod hatte er sich mehr und mehr von seinem einstigen Schwiegervater Cäsar gelöst und wieder der alten Senatspartei angeschlossen. Sicherlich hätte es unter den einflußreichen Familien Roms auch andere, nicht weniger vorteilhafte Verbindungen gegeben. Und so kann Cornelias Herkunft nicht der einzige Grund gewesen sein, daß sie die Auserwählte war. Plutarch zufolge verfügte sie jedoch über hervorragende Eigenschaften auch charakterlicher Art, die für Pompeius' Wahl wohl ausschlaggebend waren. Neben ihrer Jugend und ihren körperlichen Reizen ragte ihr Geist heraus. Sie war hoch gebildet, verstand sich auf

Literatur, Mathematik und Musik. »Auch konnte sie philosophischen Unterhaltungen mit Sachverstand folgen.«[2] Angenehm fiel auf, daß sie trotz ihrer vielfachen Gaben von jeder Überheblichkeit, »die jungen Mädchen, die sich wissenschaftlich beschäftigen, ja so oft anhaftet«, frei geblieben war. Pompeius hätte sich also keine bessere Partnerin wünschen können.

Vor allem die Jugend der Braut hatte wieder bösen Lästerzungen Vorschub geleistet. Man war der Meinung, die Ehe mit Cornelia hätte wohl eher Pompeius' Sohn als ihm selbst angestanden. Doch spricht vieles dafür, daß er Cornelia wirklich liebte und auch sie diese Zuneigung erwiderte. Die politischen Ereignisse jedoch verhinderten, daß sich das Glück, das er mit Julia genossen hatte, wiederholte.

Nur zwei Jahre nach der Hochzeit brach der Bürgerkrieg aus, der 48 v. Chr. bei Pharsalos mit der Niederlage des Pompeius endete. Vielleicht durch das Verhalten von Mucia, seiner dritten Lebensgefährtin, gewarnt, hatte Pompeius Cornelia mit übers Meer genommen. Sie wartete auf ihn in Mytilene, während er an der illyrischen Front kämpfte. Nach dem Sieg der cäsarianischen Truppen flüchtete er sich zu seiner Frau, die ihm zum Hafen entgegeneilte. Sie hatte schon von seinem Unglück gehört, und eine fixe Idee hatte sich in ihrem schönen Kopf festgesetzt: Sie allein war schuld an der Katastrophe, die auch über ihren zweiten Mann hereingebrochen war. Denn sie war dazu verflucht, jedem Mann nur Unglück zu bringen. Pompeius tröstete sie, so gut er es vermochte: Noch sei nicht alles verloren. Noch gäbe es Hoffnung, zumal die Senatsflotte unversehrt sei. Er heuchelte ihr eine Zukunft vor, an die er selbst nicht mehr glaubte. Er war entschlossen, beim parthischen König Zuflucht zu suchen. Aber durfte er seine Frau, eine Römerin aus vornehmsten Kreisen, den Nachstellungen und Demütigungen aussetzen, die sie an diesem orientalischen Hof sicherlich erwarteten? Er verwarf den Plan schneller, als er ihn gefaßt hatte, und wandte sich Ägypten zu. Dort allerdings wurde er gleich nach der Landung vor den Augen seiner geliebten Frau heimtükkisch ermordet.

So war Cornelia indirekt doch sein Schicksal geworden.

22.
DIE FRAUEN MARC ANTONS

ANTONIA – CYTHERIS – FULVIA – OCTAVIA

Nicht weniger als Pompeius Magnus fühlte sich Marc Anton zu Frauen hingezogen, wenn er auch in seiner Jugend überwiegend homophilen Neigungen gehuldigt haben soll. Auch er war dreimal, rechnet man die nach römischem Recht freilich nicht gültige Ehe mit Cleopatra hinzu, gar viermal in festen Händen und stand auch sonst, was seine Weibergeschichten betraf, anderen adligen Zeitgenossen nicht nach. Schon in jungen Jahren soll er sich mit Fadia eingelassen haben, der Tochter eines Freigelassenen. Öfter beschimpft Cicero seinen Gegner in den Philippiken ob dieser nicht standesgemäßen Wahl, nennt Fadia eine seiner unwürdige Frau und wirft Marc Anton vor, mit ihr sogar Kinder gezeugt zu haben. Andere Quellen wissen von dieser Nachkommenschaft allerdings nichts.

Er sollte jedoch bald sehr viel weniger Grund haben, seinen Gegner in den Schmutz zu ziehen. Antonius heiratete nämlich, nunmehr völlig standesgemäß, seine Cousine Antonia, eine Tochter seines Onkels M. Antonius Hybrida. Glücklich wurde diese Ehe aber nicht. Zweifellos trug vor allem das Verhalten des liebestollen Ehemannes zum endgültigen Zerwürfnis bei. Denn seine Neigung zu Frauen und ausschweifendem Leben war trotz der Heirat ungebrochen. Als sich seine Frau allerdings ähnliche Rechte herausnahm, reagierte er gekränkt. Dolabella, ein stadtbekannter Frauenheld, dem auch Ciceros besonnene Tochter Tullia auf den Leim gegangen war, verführte sie – für Marc Anton Grund genug, ihr den Scheidebrief zu schicken.

Ihm selbst hatte es seit einiger Zeit die Schauspielerin Volumnia Cytheris angetan, eine Beziehung, die jeden tradtitionsbewußten Römer schockierte. Sie gab Cicero erneut Grund, die Lebensweise seines Widersachers öffentlich anzuprangern. Antonius hatte an Einfluß in und um Rom stark gewonnen und pflegte mit großem Gefolge durch Italien zu ziehen. Er saß dabei im bequemen Reisewagen, »dem Liktoren mit Rutenbündeln voranschritten. In ihrer Mitte trug man eine Sänfte mit offenen Vorhängen, in der eine Schauspielerin ruhte... Am Ende des Zuges folgte schließlich die Mutter des Antonius, welche die Mätresse ihres schamlosen Sohnes begleitete, als sei diese ihre Schwiegertochter...«[1] Und als Antonius nach dem Sieg bei Pharsalos wieder italischen Boden betrat, war Cytheris eigens aus Rom herbeigeeilt: »Du warst noch nicht recht angekommen«, warf ihm Cicero vor, »und schon hattest du dich wieder dieser billigen Schauspielerin an den Hals geworfen. Nicht einer unter deinen Soldaten, der sie nicht in Brundisium gesehen hätte, dem nicht bewußt geworden wäre, daß sie diese lange Reise nur unternommen hatte, um dich zu beglückwünschen, keiner, der nicht enttäuscht gewesen wäre, daß er so spät erst erkannte, von welchem Wüstling er befehligt worden war.«[2] Ciceros Irrtum ist verzeihlich. Als Staatsmann, der nie an der Spitze eines Heeres gestanden hatte, mangelte es ihm im Umgang mit Soldaten an Erfahrung. Weder Cäsars noch Antonius' Männer neideten ihnen den Erfolg bei Frauen. Nicht nur im Krieg identifizierten sie sich mit ihrem Feldherrn. Seine Siege gaben sie als die eigenen aus. Das Schlachtfeld spielte dabei keine Rolle. Allenfalls rissen sie, wenn es einer ihrer Führer übertrieb, ihre Zoten darüber.

Dennoch! Antonius war kein unbeschriebenes Blatt. Auch Plutarch war der Auffassung, daß sein Ruf schwer unter der Art und Weise litt, mit der er vor allem den Frauen anderer begegnete[3].

Seltsamerweise sollte auch der so sittenstrenge Cicero Cytheris einmal begegnen, einer Person, die sich in schamlosen Pantomimen zur Schau stellte und deren Ruf mehr als fragwürdig war. Er berichtete selbst darüber.[4] Es war im Jahr 46 anläßlich eines Festbanketts, zu dem Antonius auch den beredten Republikaner eingeladen hatte. Die Schauspielerin nahm damals den Ehrenplatz zur Rechten des Gastgebers ein. Cicero war schockiert. Er »hatte nicht gewußt, daß es sich um eine Geselligkeit dieser Art handelte.«[5]

Auch nach der Trennung von Antonia blieb der sinnenfreudige

Römer nicht lange allein. Er war jetzt 37 Jahre alt und hatte nach römischer Vorstellung seine beste Zeit hinter sich. Da beschloß er, das ausschweifende Leben zu beenden und sich erneut zu verehelichen.

Er kannte Fulvia schon einige Jahre, denn sie war noch als Gattin des Tribuns Clodius seine Geliebte gewesen. Bei ihrer Eheschließung mit Antonius war sie bereits zweimal verwitwet: Ihr erster Mann Clodius war 52 gewaltsam ums Leben gekommen. Und Curio, Antonius' und Clodius' Freund, den sie bald darauf geheiratet hatte, hatte der numidische König Juba 49 in Afrika besiegt und getötet.

Leidenschaftlich waren die Gefühle, die Antonius seiner neuen Frau entgegebrachte. Was ihn an ihr so fesselte, ist schwer zu sagen. Denn Fulvia soll weder von attraktivem Äußeren gewesen sein noch über liebenswerte Eigenschaften verfügt haben. Sie gehörte nicht einmal dem Hochadel an. Ihre Bildnisse zeigen ein schiefes Gesicht mit hartem Profil, die Lippen schmal, Augen, die tief in den Höhlen liegen. Der Hals ist lang und dürr. Ihre Züge entsprachen offensichtlich so wenig der römischen Idealvorstellung der begehrenswerten Frau, daß der Historiker Velleius Paterculus etwas boshaft behauptete, an ihr sei nichts Weibliches außer ihrem Körper gewesen.[6] Glauben wir den überlieferten Berichten der antiken Geschichtsschreiber, war sie auch von wenig gewinnendem Wesen. Hart und unerbittlich habe sich diese Frau gezeigt, der es nicht gegeben war, sich um »Wollespinnen und Haushaltsführung« zu kümmern. Ihr Ehrgeiz, so Plutarch, habe darin bestanden, hochgestellte Männer zu beherrschen. Antonius etwa habe »sie darauf vorbereitet, den Befehlen einer Frau zu gehorchen«[7], doch damit freilich mehr Cleopatra als sich selbst gedient. Denn als Antonius sich mit der Ägypterin einließ, sei er schon zahm und weiblichen Wünschen gefügig gewesen... Doch sind es ja bekanntlich die Sieger, die die Geschichte schreiben. Und Fulvia gehörte zweifellos zu den Besiegten.

Sie kam aus der kleinen Stadt Tusculum südöstlich von Rom. Ihr Vater war Fulvius Bambalio, der nach seinem Spitznamen nicht nur stotterte, sondern in Ciceros Augen auch ein dummer und verächtlicher Mensch war. Ihr Großvater mütterlicherseits stand im Ruf, ein wenig verrückt zu sein, da er unter anderem von der Ro-

Einer der größten Draufgänger der römischen Geschichte: Marc Anton, der 30 v. Chr. in Ägypten Selbstmord beging.
(Historia-Photo)

stra Geld unters Volk geworfen hatte. Vielleicht hatte die Enkelin von den immerhin merkwürdigen Anlagen des Ahnen geerbt. Ausgeprägt sei ihr Hang zu Gewalt und Grausamkeit gewesen. Machtbesessenheit wird ihr nachgesagt. Als verkappter Mann erscheint sie, was vielleicht ihre besondere Anziehungskraft auf ihre männlichen Reizen keineswegs abgeneigten Zeitgenossen erklärt.

Schon Clodius soll bei seinen Gewalttaten gern auf ihren Rat gehört haben. Als er 52 v. Chr. ermordet wurde, gebärdete sie sich angeblich wie eine Wahnsinnige. Ihr Verhalten soll sogar dazu beigetragen haben, daß die Stimmung in Rom gegen Clodius' Mörder umschlug und Milo als Verantwortlicher der Bluttat ins Exil geschickt wurde.

Auch Curio, Fulvias zweiten Mann, beflügelte großer Ehrgeiz. Schon als Frau des Clodius war Fulvia die Geliebte des Antonius geworden, und mancher wunderte sich, daß sie nicht ihn zum Mann nahm. Wahrscheinlich war er bei ihrer Eheschließung mit Curio gar nicht in Rom. Seltsam blieb die Sache immerhin. Auch Curio und Marc Anton hatten einst eine verbotene Liebe für einander empfunden. Doch Curios Vater, der unter der Verirrung seines Sohnes sehr litt, hatte die Freunde getrennt, um dem Klatsch in der Stadt den Wind aus den Segeln zu nehmen. Den jungen Curio hatte die Trennung tief getroffen. Lange drohte er, ins Exil zu gehen, weil er sich mit dem Verlust nicht abfinden wollte. Aber er besann sich und heiratete Fulvia, die, nachdem sie die Geliebte des einen Freundes gewesen war, nun die Frau des anderen wurde.

Erst mit Fulvias drittem Ehemann begann ihre eigentliche politische Karriere. Es gelang ihr, in Marc Anton eine anhaltende Leidenschaft zu entfachen, die ihn sogar mit seiner Mätresse Cytheris brechen ließ. Ob Cäsar, bei dem Antonius wegen seines ausschweifenden Lebenswandels in Ungnade gefallen war, bei diesem Bruch nachhalf, ist nicht hinreichend gesichert. Möglicherweise ist er der Stifter der Verbindung zwischen Antonius und Fulvia gewesen. Doch spricht vieles dafür, daß es für beide Seiten eine Liebesheirat war.

Sowohl Cicero als auch Plutarch überliefern eine Geschichte, die Antonius' heftige Gefühle für Fulvia belegt. Er hatte Rom verlassen, um sich zu Cäsar nach Spanien zu begeben. Unterwegs erreichte ihn das Gerücht, der Freund sei tot. Er kehrte um und reiste eilends nach Rom zurück. Er näherte sich der Stadt aber nur auf wenige Kilometer und stieg in einer Herberge ab, die beim »Roten Felsen« nördlich von Rom an der Via Flaminia lag. Am Abend – er hatte reichlich getrunken – bestieg er als Sklave verkleidet mit verhülltem Haupt erneut seinen Reisewagen und eilte nach Hause.

Sein Türsteher erkennt ihn nicht. »Was willst du?« herrscht er ihn an. »Ich habe einen Brief von Antonius.« Sofort wird er bei der Hausherrin vorgelassen. Er übergibt ihr ein Schreiben, das sie mit zitternden Fingern öffnet. Es ist die leidenschaftliche Liebeserklärung ihres Gatten, der ihr schwört, mit Cytheris gebrochen zu haben und nun nur noch ihr zu gehören. Fulvia bricht vor dem Fremden in Tränen aus. Da kann sich der empfindsame Mann nicht länger beherrschen. Er enthüllt sein Haupt, wirft sich seiner Frau in die Arme und bedeckt sie mit Küssen.[8)]

Diese Szene, an deren Authentizität selbst die strenge Wissenschaft nicht zweifelt, zeigt uns eine sehr gefühlsbetonte Fulvia und beweist, daß sie nicht so kalt gewesen sein kann, wie es ihre Kritiker sahen. Sie war schon ihrem ersten Gatten eine verläßliche Gefährtin und ihren Kindern stets eine gute Mutter gewesen. (Von Clodius hatte sie Sohn und Tochter, von Curio einen Sohn. Antonius gebar sie zwei Söhne.) Für Marc Anton, der sie verriet, sollte sie Ehre, Gesundheit und schließlich ihr Leben aufs Spiel setzen.

Doch der Beginn dieser Ehe paßt gut zu dem Eindruck, den die romantische Szene von Antonius' unverhoffter Rückkehr vermittelt. Sie stand ihrem Mann treu zur Seite, als sich nach Cäsars Tod in Rom die Ereignisse überstürzten und Antonius das Erbe des Diktators zu retten versuchte. Sie war zugegen, als ihr Gatte, dem strengen römischen Militärstrafrecht folgend, dreihundert Rädelsführer einer Meuterei hinrichten ließ. Es machte ihr nichts aus, daß das Blut der Getöteten ihre Kleidung bespritzte. Sie beteiligte sich »mit einem zu ihrem Geschlecht so gar nicht passenden Eifer«[9)] an den Schlächtereien unter den Proskribierten, ließ viele ihrer persönlichen Feinde auf die Todeslisten setzen und scheute sich nicht, sich am Vermögen der Geächteten zu breichern. Sie scheffelte, so wieder Cicero, »für sich mehr Glück als für ihre Männer und ersteigerte Provinzen und Königreiche.«[10)] Ciceros Polemik ist wie so oft übertrieben. Sie wollte nur ihren Mann nicht im Stich lassen, wenn er seinen Pflichten als römischer Staatsmann nachkam. Wer vermag zu behaupten, sie hätte in jenen unruhigen Zeiten kein Mitleid mit den Opfern empfunden, wer, sie hätte etwaige Gefühlsregungen tapfer unterdrückt? Sie verdarb es sich beispielsweise mit der vornehmen Damenwelt, als die Triumvirn eine Vermögensschätzung aller wohlhabenden Römerinnen angeordnet hatten, der eine Sonderabgabe folgen sollte. Hilfesuchend und laut jammernd hatten sich Roms reiche Frauen an Gattinnen, Schwestern und Mütter der Triumvirn gewandt, und bei Antonius' Mutter und Octavians Schwester großes Verständnis gefunden. Allein Fulvia wies ihnen die Tür. Hatten diese Frauen etwa protestiert, als man ihre Männer und Söhne zur Schlachtbank führte? Erst jetzt, da ihr Besitz gefährdet war, setzten sie sich zur Wehr.

Dennoch steht fest, daß Fulvia kaum weniger geldgierig als ihre Artgenossinnen war.

Neben dem Haus, das sie mit ihrem neuen Gatten teilte, wohnte der Senator Caelius Rufus in einer schönen Villa. Fulvia hatte schon lange ein Auge auf den stattlichen Besitz geworfen, doch hatte der Nachbar ihr Kaufansinnen stets abgelehnt. Als die Proskriptionslisten erstellt wurden, bekam er Angst und bot Fulvia sein Haus ganz freiwillig an. Sie aber zog es vor, ihn auf die Liste der Geächteten zu setzen. Als man Antonius das blutverschmierte Haupt des Rufus brachte, sagte er: »Ich kenne diesen Mann nicht« und schickte die Mörder damit zu seiner Frau. Diese ließ die makabre Trophäe an der Tür des Hauses anbringen, das man ihr unvorsichtigerweise so lange vorenthalten hatte.[11)]

Auch Ciceros gewaltsamen Tod kostete sie aus. Bevor sein abgeschlagenes Haupt weggebracht wurde, hob sie es auf die Knie, beschimpfte und bespuckte es, zog die Zunge heraus und durchbohrte sie mit Haarnadeln.[12)] Was hatte der böse Redner ihr und ihrem Antonius nicht alles angetan! Haß und Rachegelüste gingen bei ihr weit über den Tod des Gegners hinaus.

Ihren größten, doch auch letzten Auftritt hatte sie im Perusinischen Krieg. Nach dem Sieg von Philippi über die Mörder Cäsars teilten die Triumvirn das Reich unter sich auf. Marc Anton erhielt den Osten und reiste ab, um in diesem Teil der Welt Ordnung zu schaffen. Fulvia blieb mit ihren Kindern in Rom zurück. Schon damals muß sie gespürt haben, daß der junge Octavian nun alles daransetzen würde, seine Herrschaft in Italien auf Kosten seines Mitstreiters zu festigen und diesen schließlich ganz aus dem Bündnis zu drängen. Um diesen Plan zu vereiteln oder wenigstens zu erschweren, scheute sie fortan kein Mittel. Es war ihr ein leichtes, ihren Schwager Lucius Antonius von der Lauterkeit ihrer Absichten zu überzeugen. In ihm, dem designierten Konsul das Jahres 41, der wie sie ehrgeizig war und vielleicht eine Chance witterte, aus dem Schatten seines berühmten Bruders zu treten, fand sie, was sie in ihrem Mann mehr und mehr verlor: einen verläßlichen Verbündeten. Gemeinsam zettelten sie einen Krieg an, der mit der Eroberung und Zerstörung der alten Etruskerstadt Perusia unrühmlich enden sollte.

Schon die Historiker der Antike sahen die Motive in dem von Fulvia heraufbeschworenen Konflikt nicht nur in der Stellvertretung ihres abwesenden Gatten. Gerüchte waren nach Rom gedrungen, hatten sich dort in Windeseile verbreitet. Kaum hatte Marc Anton der Stadt den Rücken gekehrt, waren alle Schwüre, die er Fulvia gegeben hatte, vergessen und sein sinnenfreudiges Leben wurde wieder aufgenommen. Im Orient nämlich war er Cleopatra begegnet, und seine vielleicht schon zu Lebzeiten seines Freundes Cäsar begründete Leidenschaft zu ihr war erneut entflammt. Fulvia hoffte wohl, den Pflichtvergessenen durch ihr Engagement nach Rom und in ihre Arme zurückholen zu können. Es kam nur darauf an, ihn von seiner Unentbehrlichkeit zu Hause zu überzeugen. Der Befriedigung eigener Machtgier und Rettung ihrer Liebe willen nahm sie also in Kauf, ganz Italien mit Krieg zu überziehen. Und ihr Schwager war geradezu Wachs in ihren Händen...

Sie unterließ nichts, gegen Octavian zu intrigieren. Verärgert zerriß jener daraufhin das einzige Band, das ihn mit ihr zusammenhielt: Zur Festigung des Triumvirats hatte Antonius seine Stieftochter Clodia, Fulvias Kind aus erster Ehe, Octavian zur Frau gegeben. Der verstieß nun das Mädchen, wobei er versicherte, daß sie unberührt sei. Es war ein Affront besonderer Art. Er hätte kaum deutlicher zeigen können, daß er von Anfang an beabsichtigt hatte, die aus politischen Gründen geschlossene Ehe bald wieder zu lösen.

Wirtschaftliche Schwierigkeiten beschleunigten den Konflikt zwischen Octavian und Lucius Antonius. Der Konsul wurde nicht müde, das Volk gegen den Triumvirn aufzuhetzen. Fulvia hatte sich in Praeneste südöstlich von Rom niedergelassen und dorthin einflußreiche Senatoren und Ritter gerufen, die Kriegsrat hielten. Das Wort führte die Frau. Sie trat dabei auf, wie man es in Rom noch nicht gesehen hatte: Mit dem Schwert gegürtet, hielt sie nach Feldherrenart Ansprache an die Truppen und gab ihren Soldaten das Losungswort bekannt. An Entschlossenheit und Mut stand sie keinem Mann nach. Hatte sie noch etwas zu verlieren? Ihre Ehre war längst dahin. Ganz Rom sprach nur verächtlich von der »Feuerwanze«, wozu neben ihrem roten Haar auch ihr unweibliches Auftreten beigetragen hatte. Das Verhältnis ihres Mannes mit der Ägypterin pfiffen mittlerweile die Spatzen von den Dächern. Wenn überhaupt, konnte er nur durch Unruhen in Italien zur Heimkehr bewegt werden. Es kam ihr deshalb darauf an, Haß und Zwietracht zu schüren.

Das Unternehmen ging für Lucius Antonius und die todesmutige Frau tragisch aus. Der Konsul wurde in Perusia eingeschlossen. Zu Beginn des Jahres 40 mußte er sich, von Hunger und Kälte ausgezehrt, den Truppen Octavians ergeben. Perusia büßte seine Treue zu Marc Antons Bruder bitter. Fulvia floh, begleitet von Munatius Plancus, einem Freund ihres Mannes, mit ihren Kindern nach Griechenland. Sie hatte mit ihrer verzweifelten Aktion Antonius einen schlechten Dienst erwiesen. Von den Unruhen in Italien hatte er wahrscheinlich erst durch einen Brief erfahren, den sie ihm in den Osten geschickt hatte. Ihre Schilderung der Lage hatte ihn veranlaßt, seine Pläne umzuwerfen und eilends die Heimreise anzutreten.

Er traf seine Frau in Athen, wo er kurz rastete. Er war erzürnt darüber, daß sie durch ihr unbesonnenes Verhalten zwischen ihm und seinem Bündnispartner nahezu unüberwindbare Barrieren aufgetürmt und damit seinen Traum zerstört hatte, sich als Nachfolger Cäsars im Orient eine Machtbasis zu schaffen, deren Mittelpunkt Ägypten mit seiner Königin war. Nicht der leidenschaftliche Liebhaber, der sich einst bei Nacht und Nebel bei ihr eingeschlichen hatte, um ihre Gefühle auf die Probe zu stellen, stand ihr nun gegenüber. Es war ein Fremder, der ihr Vorwürfe machte und sie dann sofort verließ, um für sich zu retten, was noch zu retten war. In diesem Augenblick wußte sie, daß sie alles verloren hatte.

Die anscheinend unbesiegbare Frau verkraftete die doppelte Demütigung nicht. Sie hatte mit dem Entzug von Antonius' Liebe nicht nur eine persönliche Niederlage erlitten. Sie war auch politisch gescheitert. Eine nicht näher bezeichnete Krankheit befiel sie, der sie keinerlei Widerstandskraft entgegenzusetzen hatte. Sie überließ sich ganz ihrem Leiden, dem sie bald in Sikyon erlag.

Angeblich kam ihr Tod Antonius nicht ungelegen. Seine Versöhnungsgespräche mit Octavian hatten sich schwieriger als erwartet gestaltet, und die Nachricht vom Ableben der bösen Intrigantin, der man alle Schuld an dem Unglück zuschob, beschleunigte Octavians Bereitschaft zum Einlenken. Der verwitwete Antonius heiratete Octavia, Octavians ebenso schöne wie tugendhafte Schwester. Von der »Feuerwanze« sprach bald niemand mehr. Dennoch blieb sie eine ungewöhnliche Erscheinung in der von Männern beherrschten römischen Welt, mutig und engagiert. Bis heute hat sich allerdings niemand zu dem Versuch bereit gefunden, ein objektives Bild ihrer Persönlichkeit zu zeichnen.

23.
DAS ENDE EINER KÖNIGIN – CLEOPATRA

Auch Marc Antons Ehe mit Octavia wurde aus dynastischen Gründen geschlossen, wie sie schon an den »griechischen Königshöfen als Unterpfand politischer Vereinbarungen«[1] üblich gewesen waren. Wenn diesem Zweckbündnis dennoch für eine Zeitlang die gegenseitige Achtung der Partner nicht fehlte, war das vor allem Octavias Verdienst, die unter den Frauen der untergehenden Republik sicher die ungewöhnlichste war. Hätte sie jedoch geahnt, daß ihr zweiter Mann schicksalhaft an die äyptische Königin gefesselt bleiben sollte, hätte sie sich vielleicht weniger bereitwillig als Opferlamm der Staatsräson schlachten lassen.

Vor wenigen Monaten erst war ihr erster Mann, M. Claudius Marcellus, von dem sie drei Kinder hatte, gestorben. So wichtig erschien die Festigung des zwischen Antonius und Octavian ausgehandelten »Waffenstillstands«, daß der Senat für Octavia die gesetzliche Bestimmung aufhob, die einer Witwe die Wiederheirat erst nach Ablauf von zehn Monaten nach dem Tod ihres Mannes gestattete. Im Herbst des Jahres 40 fand in Rom die Hochzeit statt, die »trotz der vorangegangenen Bürgerkriege oder gerade ihretwegen ... mit allem erdenklichen Aufwand gefeiert«[2] wurde. Nur Cleopatra mißfiel diese Heirat. Die römische Welt sah in ihr den Beginn eines neuen Zeitalters, das die Periode der schrecklichen Bürgerkriege endlich überwunden hatte.

Antonius konnte zufrieden sein. Seine junge Frau – wahrscheinlich war sie sogar etwas jünger als Cleopatra – stand in dem Ruf, ebenso intelligent wie tugendhaft zu sein. Sie sollte sich dieses Rufs stets würdig erweisen. Noch als Antonius sie der Königin wegen verstoßen hatte, bewahrte sie ihm unerschütterlich die Treue. Nach seinem Tod nahm sie sich nicht nur der Kinder an, die er von Fulvia hatte. Sie erzog auch seine mit Cleopatra gezeugten Nachkommen. Dies vor allem brachte ihr die Bewunderung vieler Römer ein. Auch ihre außergewöhnliche Schönheit wußten die Künstler des Altertums zu schätzen. Sie ist nicht nur durch schriftliche Zeugnisse belegt. Überkommene Büsten zeigen eine Frau mit ebenmäßig feinen Gesichtszügen, die zudem große Natürlichkeit ausdrücken. Octavia galt als Verehrerin des Schriftstellers Vitruv. Auch hatte sie sich dem literarischen Kreis angeschlossen, der sich um Maecenas, einen intimen Freund ihres Bruders, gebildet hatte. Jener etruskische Intellektuelle, der zu den einflußreichsten Persönlichkeiten seiner Zeit gehörte, – Octavian folgte noch als Kaiser gerne seinem Rat – lobte Octavias schönes volles Haar. Offensichtlich wollte er dadurch Cleopatra herabsetzen, die hier von der Natur weniger begünstigt war.

Die sanfte Frau schien für die neue Rolle, die man ihr mit dieser Ehe zugedacht hatte, wie geschaffen. Mehr noch als ihre früh verstorbene Tante Julia, Cäsars vielgeliebte Tochter, verstand sie es, auf die beiden Führer Roms (von Lepidus, dem dritten im Bunde, sprach bald niemand mehr) mäßigend einzuwirken und so ein gewisses politisches Gleichgewicht herzustellen, das freilich nicht lange hielt. Schon 39 schenkte sie ihrem Mann eine Tochter, die ältere Antonia. Auch das zweite Kind war ein Mädchen, Antonia minor, die von ihrer Mutter die Sanftheit geerbt haben soll. Die Geburt von Töchtern mag in der von Männern beherrschten römischen Welt für den Vater keine geringe Enttäuschung gewesen sein, wäre doch nur ein Sohn als Erbe cäsarianischer Führer und damit zur späteren Herrschaft berufen gewesen. Gegen seine gesetzmäßigen Ansprüche hätte nicht einmal der julische Onkel, dessen dritte Ehe mit Livia kinderlos blieb, gerechtfertigte Einwände erheben können. So aber war das Ende von Antonius' Einfluß auf die alte Welt abzusehen. Es ist denkbar, daß auch diese Aussicht das anfangs gute Verhältnis der Eheleute allmählich trübte.

Dennoch: Die ersten beiden Ehejahre gehörten für den römischen Lebemann zu den schönsten seines turbulenten Lebens. Er reiste mit seiner jungen Frau nach Athen, wo er erstmals die Freuden einer friedlichen Häuslichkeit und die geistigen Zerstreuungen, die Athen als führende Universitätsstadt bot, genoß. Er ließ sich von den begeisterten Hellenen als Gemahl der Stadtgöttin Athene feiern. Und sicherlich hat ihm die Verehrung, die man ihm allseits entgegenbrachte, sehr geschmeichelt. Denn der einst mit Dionysos verglichene Römer hatte an Schönheit manches eingebüßt. Die edle Octavia liebte ihn trotzdem. Und alles spricht dafür, daß ihre Zuneigung zu dem neuen Gemahl aufrichtig war und nicht einem besonderen Pflichtbewußtsein entsprang. Das unverhoffte Glück ließ ihn sogar, wie es schien, die Schwüre vergessen, die er der ägyptischen Königin noch vor kurzem gegeben hatte. Erst 37, als Octavian ihn wegen Schwierigkeiten in Italien um eine weitere Unterredung bat, bahnte sich allmählich der Bruch an.

Octavia begleitete ihren Mann zu den Verhandlungen mit ihrem Bruder, und tatsächlich gelang es ihr, eine erneute Verständigung herbeizuführen. Ihr Einfluß auf die Verhandlungspartner muß erheblich gewesen sein. Denn beide Seiten bedachten sie mit ungewöhnlich großzügigen Geschenken. Der Bruder gab ihr 1000 Soldaten, der Ehemann 20 Schnellruderer. Sie aber stellte die militanten Gaben jeweils der Gegenseite zur Verfügung. Sie war keine Fulvia. Als eine auf Ausgleich und Versöhnung bedachte Frau hatte sie dafür keinerlei Verwendung.

Bald nach diesem Treffen im Süden Italiens kehrte Antonius nach Griechenland zurück. Von dort begab er sich nach Syrien. Und einmal dem europäischen Einfluß entronnen, zog ihn der rauschende Orient wieder in seinen Bann. Er wurde der Tugendhaftigkeit Octavias überdrüssig. Alles, war ihn an das verhaßte Bündnis mit ihrem Bruder erinnerte, vergiftete seine Gedanken. Er wollte wieder frei sein, frei für die ägyptische Königin, die nun sein Schicksal erfüllen sollte.

Octavia, die ihm vorausschauend bis Kerkyra (Korfu) gefolgt war, wies er an, sich mit ihren Kindern und Stiefkindern auf die Heimreise und unter den Schutz ihres Bruders zu begeben. Sie war trotzdem überrascht, als sie ein Jahr später die Nachricht erhielt, ihr Mann habe sich mit Cleopatra nach ägyptischem Ritus vermählt. Doch maß sie offensichtlich dieser Ehe keine große Bedeutung zu. Die Juristen hatten ihr versichert, sie sei nach den römischen Gesetzen unwirksam. So versuchte sie 35 v. Chr. noch einmal ihr Glück und reiste in der Hoffnung, Antonius umstimmen und an seine Pflicht als Römer erinnern zu können, wieder in den Osten. Ihr Mann war gerade mit seinem so lange geplanten und immer wieder verschobenen Feldzug gegen die Parther kläg-

Sie war nicht eigentlich schön. Aber ihre geistige Regsamkeit schlug Cäsar und Marc Anton in ihren Bann.
Cleopatra. Berlin, Staatliche Sammlung Preußischer Kulturbesitz.
(Bildarchiv Preußischer Kulturbesitz)

lich gescheitert. Und sie brachte Truppen und Gold mit, die ihn trösten und mit ihr versöhnen sollten. Doch entweder kapitulierte Cäsars stolzer General vor der Großmut dieser Frau. Oder er war schon so sehr in den Netzen der »orientalischen Circe«, wie man Cleopatra jetzt übrall nannte, gefangen, daß es kein Zurück mehr gab. In einem Brief bat er Octavia, ihm Geld und Soldaten zu lassen, selbst aber wieder nach Rom zurückzukehren. Drei Jahre später schickte er ihr den Scheidebrief und wies sie aus dem Haus, das sie in Rom gemeinsam bewohnt hatten.

Die mehrfache Demütigung hätte die tugendhafte Frau, die ihren Mann wohl noch immer liebte, schweigend ertragen. Ihr Bruder aber fand sich nicht damit ab. Er nahm Antonius' Verhalten gegenüber der geliebten Schwester zum Anlaß, ihn in der öffentlichen Meinung verächtlich zu machen. Und sicherlich kam das Mitleid vieler Römer mit der verstoßenen Octavia seinen Absichten sehr entgegen, bis schließlich die Stimmung ganz gegen Antonius umschlug.

Cleopatra hielt ihn gefangen, die nach Cäsars gewaltsamem Tod in ihr Königreich am Nil zurückgekehrt war. Glauben wir der antiken Überlieferung, so hatte Antonius zu ihr schon vor seiner Hochzeit mit Octavia eine feste Beziehung unterhalten, so daß sein Abstecher in die römische Ehewirklichkeit mehr einer Episode gleicht. Noch zur Zeit Appians im beginnenden zweiten Jahrhundert der neuen Zeitrechnung erzählte man, Antonius und Cleopatra seien sich schon 55 v. Chr. in Alexandria begegnet, er als strahlender junger Offizier, sie als dreizehnjährige Prinzessin.[3)] Doch habe diese Begegnung keine Spuren hinterlassen.

Nachdem Antonius nach der Schlacht bei Philippi gegen die Mörder Cäsars der Osten zugefallen war, hatte er sich zur Bestandsaufnahme rasch in diesen Teil des Reiches begeben, der zudem sein festes Lager im Krieg gegen die Parther, Roms Erbfeinde, werden sollte. Um auch das Verhalten der ägyptischen Königin in diesem Konflikt abwägen zu können, bat er sie, sich im kilikischen Tarsos, wo er sich gerade aufhielt, zu einer Aussprache einzufinden. Das Königreich Ägypten war zwar nicht wie andere Monarchien des Ostens ein römischer Vasallenstaat, aber durch verschiedene Schutz- und Treuebündnisse dennoch von Rom abhängig.

Antonius sandte den Legaten Dellius, der seinen Herrn und dessen Schwäche für attraktive Frauen genau kannte. Dellius verschwieg der Königin nicht, daß er sich kaum vorstellen könnte, Antonius werde ihren Reizen gegenüber gleichgültig bleiben. Es ist denkbar, daß die Aussicht, nach Cäsar nun auch dessen Freund in ihren Bann zu ziehen, Cleopatras Entschluß, nach Tarsos aufzubrechen, beschleunigte. »Sie traf daher ihre Vorbereitungen mit der ganzen Raffinesse einer Frau, die in Dingen der Verführung schon einige Erfahrung besaß... In diesem Sinne benutzte sie für die Reise nach Kilikien ein prunkvoll ausgestattetes Schiff, wie es sich für die Beherrscherin des mächtigsten Reiches des Orients gehörte: Die Segel waren mit Purpur gefärbt, das hochgeschweifte Heck, die aplustra, mit Gold beschlagen, die Langruder mit Silber verziert. Sie führte zahlreiche Geschenke und eine stattliche Geldsumme mit sich, die sie dem Triumvir als Zeichen ihres guten Willens übergeben wollte...«[4] Sie hatte vor allem den eigenen Auftritt sorgfältig inszeniert. Ihr Traumschiff segelte ruhig den Kydnos hinauf, den kleinen Küstenfluß, an dem das alte Tarsos ein wenig landeinwärts lag. Rhythmisch bewegten sich die Ruder im Takt der Musik von Zimbeln und Schalmeien. Räuchergefäße verströmten betörende Düfte. Die Königin selbst ruhte als Liebesgöttin verkleidet auf dem Verdeck unter einem goldenen Baldachin. Knaben flankierten ihr Lager und fächelten ihr Luft zu. Die schönsten ihrer Dienerinnen machten sich an Tauen und Rudern zu schaffen. Es sah aus, als steuerten sie das Schiff. Das seltsame Schauspiel zog eine Menge Menschen an. Und es dauerte nicht lange, da hatte sich die Kunde verbreitet, Aphrodite selbst sei vom Himmel herabgestiegen, um sich zum Wohle Asiens mit Dionysos zu vermählen.

Antonius sandte der Königin eine Einladung zum Abendessen. Doch sie ließ ihn wissen, sie zöge es vor, ihn zunächst bei sich zu empfangen. Galant nahm der Römer den Vorschlag an. Von der verschwenderischen orientalischen Pracht des Festes überwältigt, das Cleopatra für ihn ausgerichtet hatte, berauscht vom köstlichen Wein, vor allem aber von den unzähligen Fackeln geblendet, die alles in ein unwirkliches, märchenhaftes Licht tauchten, verlor Cäsars sinnlicher Freund schon am ersten Abend die Fassung.

Es ist nicht bekannt, wie sehr Plutarch, als er den farbenprächtigen Bericht über das erste folgenschwere Treffen von Antonius und Cleopatra schrieb, seiner Phantasie erlag. Zweifellos aber war sein Bild der ägyptischen Königin von der augusteischen Propaganda geprägt. Sie degradierte die exotische Frau zur nichtswürdigen Verführerin, zur bösen Zauberin, die einen an sich ehrbaren und unschuldigen Römer durch allerlei raffinierte Künste in ihren Fesseln hielt.

Diese einfache Sicht der Dinge tut nicht nur Antonius, der zweifellos zu den hervorragendsten Staatsmännern seiner Zeit gehörte, bitter unrecht. Sie verzerrt auch das Bild der reifen Frau, der der Römer in Tarsos begegnete, als sie schon über eine langjährige Regierungserfahrung verfügte. Cleopatra war keineswegs die königliche Kurtisane, als die sie Augustus' Schreiberlinge ganz bewußt hinstellten. Sie zeigte sich vielmehr als umsichtige Regentin, die die Interessen ihres Landes, nämlich diesem möglichst lange eine gewisse Unabhängigkeit von der aufstrebenden Weltmacht Rom zu sichern, nie aus den Augen verlor. Und gleich seinem Freund und Vorgänger Cäsar vergaß auch Antonius nicht, daß er Römer war – trotz aller Liebesschwüre, die er der Königin gegeben haben mag.

Ihre herrscherlichen Fähigkeiten hatte sie jüngst erst während zweier Hungersnöte bewiesen, die das Land ohne ernsthafte Unruhen überwunden hatte. Sie hatte sich mit den Mördern Cäsars arrangiert und dabei für Ägypten bestmögliche Ergebnisse erzielt. Wer konnte es ihr verdenken, wenn sie auch jetzt versuchte, mit allen verfügbaren Mitteln Schaden von ihrem Land abzuwenden? Eine billige Kokotte war sie sicherlich nicht. Selbst Plutarch rühmte ihre geistige Gewandtheit. Sie war zu klug, sich ausschließlich auf ihre weiblichen – und vergänglichen – Reize zu verlassen. Neben dem Griechischen und dem Lateinischen beherrschte sie mehrere Sprachen. Das ermöglichte ihr, sich stets persönlich und unmittelbar über alles zu informieren, was innerhalb oder außerhalb der Grenzen ihres Reiches geschah. Kaum ein römischer Staatsmann und schon gar keine Römerin konnte sich auf vergleichbare Fertigkeiten verlassen. Man kann Antonius keinen Vorwurf machen, wenn er der Faszination dieser Frau, von der ihn nicht einmal Verständigungsschwierigkeiten trennten, binnen kurzem erlag.

Am Tag nach dem ersten Treffen nahm sie seine Gegeneinladung an. Aber sein soldatisch einfaches Mahl konnte sich mit dem Aufwand nicht messen, mit dem sie ihn tags zuvor verwöhnt hatte. So begann Antonius, über seine bescheidenen Möglichkeiten zu spotten, und sie ging intelligent darauf ein.

Dennoch: Antonius hatte sie zu einer Arbeitssitzung geladen, und trotz allen Vergnügens vergaß er den Zweck ihres Besuches nicht. Er machte ihr Vorhaltungen, daß sie sich den Forderungen der Mörder Cäsars allzu bereitwillig gebeugt habe. Ihre Verteidigung, in der sie die einzelnen Anschuldigungen Punkt für Punkt widerlegte, überzeugte auch den stolzen General. Es gelang ihr sogar, seine Verwirrung auszunutzen. Mit Antonius' Hilfe befreite sie sich von ihrer Schwester Arsinoë, die nach Thronstreitigkeiten im Artemis-Tempel von Ephesos Zuflucht gefunden hatte. Sie wurde ihrem Exil entrissen und hingerichtet. Einen Betrüger, der sich als Cleopatras Bruder und erster Gemahl ausgegeben hatte, ereilte das gleiche Schicksal. Nach Beseitigung dieser beiden Rivalen kehrte sie zufrieden an den Nil zurück.

Antonius folgte ihr nicht sofort, sondern bemühte sich, zunächst die Dinge in Ordnung zu bringen, die Rom unmittelbar betrafen. Das vor allem wertet die strenge Historie als Beweis dafür, daß er ihr nicht blind verfallen war. Doch der Winter des Jahres 41/40 war noch nicht angebrochen, als auch er sich auf den Weg nach Alexandria machte...

Ihrer leidenschaftlichen Beziehung entsprossen zunächst Zwillinge, Alexander Helios und Cleopatra Selene, die die tüchtige Ptolemäerin gebar, nachdem ihr Liebhaber nach Italien entschwunden war. Nach seiner Rückkehr beeilte er sich, die Vaterschaft anzuerkennen. Ein weiteres Kind, Philadelphus, bot Anlaß für Antonius' Heirat mit der Erbin des großen Alexander. Als Hochzeitsgeschenk erhielt sie das wiedererrichtete Ptolemäerreich. Den Kindern vermachte der großzügige Römer einen Teil der östlichen Provinzen und ernannte sie zu Königen. Cäsarion, den unglücklichen Ableger Cäsars, stellte er bewußt als leiblichen Sohn des Diktators heraus und verlieh dem Mitregenten Cleopatras den Titel »König der Könige«. Er konnte nicht ahnen, daß er weder dem armen Jungen noch dessen Mutter damit einen Gefallen erwies.

In Rom verfolgte man argwöhnisch die Landverteilung, die

zwar nicht verfassungswidrig war, aber dennoch Anlaß zur Sorge gab. Stimmte es etwa doch, daß die exotische Zauberin den ehrbaren Antonius verhext hatte?

Richtig ist, daß er längst von der »Königin der Könige«, wie er sie nannte, abhängig war. Weniger als Liebessklave oder beherrscht von ihrem zweifellos überlegenen Intellekt, sondern als Realpolitiker, dem es darauf ankam, für sich und für Rom die reichen Quellen des Nillandes zu sichern, um eine wirksame Rückendeckung für den Partherfeldzug zu erhalten. Denn noch immer galt Ägypten als »Bindeglied in der Kette der Königreiche, die im Norden bis nach Pontus und im Westen nach Thrakien reichten...«[5)]

Westrom freilich galt Cleopatra als Wurzel allen innenpolitischen Übels. Man verbreitete eifrig, sie wolle sich zur Herrscherin über das gesamte Imperium aufschwingen und verfolge seit den Tagen, da sie als Cäsars Geliebte in den Gärten jenseits des Flusses residiert hatte, kein anderes Ziel als dieses: Kaiserin zu werden über die stolze Roma, um die gesamte zivilisierte Welt ihrem ererbten Ptolemäerreich einzuverleiben. Schon gebrauche sie die bedenkliche Schwurformel: »So wahr ich bald auf dem Kapitol zu Gericht sitzen werde«...

Briefe gingen zwischen der westlichen und der östlichen Reichshälfte hin und her, Briefe, die das Zerwürfnis der beiden großen Dynasten Octavian und Antonius endgültig besiegelten. Und es ist nicht zu verkennen, daß auch hier wieder ganz in der römischen Tradition eine Frau als Mittel der Politik mißbraucht wurde. Ein Vorwand nur war Cleopatra in dem Machtkampf, der sich nun zwischen den beiden Männern zuspitzte, eine großartige Lüge, auf die sich bequem ein erhabener und feierlicher Krieg der Ideen stützen ließ. »Warum,« wollte Antonius von seinem Gegner wissen, »hast Du Dich mir gegenüber so verändert? Weil ich bei der Königin schlafe? Sie ist meine Frau. Ist sie's erst jetzt oder nicht schon seit neun Jahren? Und Du, schläfst du nur bei Drusilla? Wahrscheinlich ist es doch so, daß Du, wenn Du diesen Brief liest, bei Tertulla oder Terentilla oder Rufilla oder Silvia Titisenia oder bei allen zusammen geschlafen hast. Kommt es denn darauf an, wo und mit wem man seine Lust befriedigt?«[6)]

Gerüchte drangen nach Rom. Die Mär etwa, Antonius habe der

Geliebten die gesamte Biblioktthek von Pergamon, ungefähr 200000 Bände, zu Füßen gelegt (was im Grunde nicht mehr als recht und billig gewesen wäre, nachdem Cleopatras Bücherbestände in Alexandria nach Cäsars Ankunft in Flammen aufgegangen waren). Von dem Liebessklaven war da die Rede, der sogar eine Gerichtssitzung während eines hervorragenden Plädoyers verlassen habe, um die Geliebte, die sich gerade in einer Sänfte vorbeitragen ließ, zu begrüßen. Oder von dem ergebenen Diener, der seiner Herrin die Füße massierte, weil ihr das so großes Vergnügen bereitete. Doch die Empörung erreichte den Gipfel, als Octavian öffentlich verkünden ließ, sein Gegner habe testamentarisch verfügt, an Cleopatras Seite in Ägypten begraben zu werden.

Die Feindseligkeiten führten schließlich zur Schlacht von Aktium, in der Antonius eine vernichtende Niederlage erlitt. Nach einem zunächst mißlungenen Selbstmordversuch war es Cleopatra, die sich seiner erbarmte. In der Aussichtslosigkeit ihrer beider Lage zeigte die letzte Vertreterin einer großen hellenischen Epoche noch einmal wahrhaft königliche Größe. Alle ihre Bemühungen, das Königtum im alten Land am Nil für sich und ihre Kinder zu retten, waren fehlgeschlagen. Es kam jetzt nur noch darauf an, »ihr Leben möglichst teuer und ehrenvoll zu verkaufen.«[7]

Sie hatte sich schon vor langem ein Grabmal errichten lassen, eine sichere Festung, in die sie sich nun mit ihren Dienerinnen zurückzog. Dorthin holte sie auch den sterbenden Geliebten. Als sie den blutüberströmten Körper sah – Antonius hatte sich das Schwert in den Unterleib gestoßen – zerriß sie ihre Kleider, zerkratzte sich die Brüste, beschmierte ihr Gesicht mit dem Blut des Antonius und nannte ihn ihren Gemahl, ihren Herrn und König. Als er gestorben war, versuchte sie ein letztes Mal ihr Glück.

Es kam zu Verhandlungen mit dem Sieger Octavian, auch zu einem persönlichen Treffen. Doch die erfahrene Verführerin merkte bald, daß es ihr nicht gelingen würde, nach Cäsar und dessen Freund nun auch den »Sohn« an sich zu fesseln. Er war von ganz anderer Wesensart, ein nüchterner Italiker, der Bruder einer um ihretwegen verstoßenen Schwester. Da half auch das Trauergewand nichts, das sie sich angelegt hatte, nichts das verführerische Untergewand und das aufgelöste Haar. Tränen versagten ihre Wirkung ebenso wie ein Kniefall, mit dem sie vergeblich an sein

Mitleid appellierte. Er schob ihr die Schuld an diesem Krieg zu und widerlegte mit eiskalter Vernunft jedes Wort, mit dem sie sich zu rechtfertigen suchte. Und sie begriff sehr rasch: Sie hatte das tödliche Spiel verloren.

Aber sie verachtete es, als letzte ihres Stammes im Elendsgang den Triumph in Rom zu verschönern. Sie erinnerte sich ihrer Schwester Arsinoë, die Cäsar dort einst mitgeführt hatte. Welch ein erbärmliches Schicksal!

So badete sie, frühstückte noch einmal in altgewohnter Pracht und ließ sich ein goldenes Gewand anlegen. Dann brachte ein Bauer einen Korb mit Feigen. Ungehindert passierte er die römischen Wachen, die vor dem Grabmal aufgestellt waren.

Die Erbin Alexanders starb vermutlich am Biß der Uräusschlange, die wohl unter den Früchten verborgen gelegen hatte. Noch im Tod triumphierte sie über ihre Bezwinger. Denn sie starb als Pharaonin mit dem Anspruch auf Unsterblichkeit, die ihr der Biß des Tieres nach dem Glauben der Alten verlieh. Man fand sie auf goldenem Lager, in königlicher Pracht und Herrlichkeit.

Die 39jährige Königin hatte mit ihrem Freitod für alle Beteiligten die günstigste Lösung gefunden. Selbst das glorreiche Ende der Schlacht bei Aktium verblaßte vor dem mutigen Tod dieser Frau, dem »fatale monstrum«, wie sie der römische Pöbel in Nachahmung seiner Führer genannt hatte. »Nunc est bibendum« freute sich Horaz.[8)] Und Octavian gestand ihr ein königliches Begräbnis und die Ehre eines gemeinsamen Grabes mit Antonius zu.

Über Jahrhunderte hat die noch im Tode stolze Königin Künstler und Poeten in hohem Maße inspiriert. Bis auf den heutigen Tag geistert sie in unserer Phantasie als wahre Siegerin jener welthistorischen Epoche, eine Erbin, die sich wie nur wenige eines großen Ahnen, des legendären Alexander, würdig erwies.

24.
DIE FRAUEN AM HOF DES ERSTEN RÖMISCHEN KAISERS

OCTAVIA – SCRIBONIA – LIVIA

Nur wenige Jahre nach dem gewaltsamen Tod ihres zweiten Gatten hätte Octavia die glücklichste aller Frauen sein können. Nichts hatte ihr Bruder, der seit einigen Jahren die Geschicke des noch immer wachsenden Reiches alleine lenkte, unversucht gelassen, der Gedemütigten das Leben zu verschönern, an dessen Verhängnis er, wie er wußte, nicht ganz schuldlos war. Sein Neffe Marcellus, Octavias vielgeliebter Sohn, hatte sich zu einem prächtigen jungen Mann entwickelt und im Herzen des Onkels einen festen Platz erobert.

Da Octavians Ehe mit Livia zum allgemeinen Bedauern unfruchtbar geblieben war und seine Gesundheit zudem stets zu wünschen übrigließ, hatte er vor längerer Zeit schon beschlossen, einen Nachfolger im Prinzipat zu bestimmen.

Zwei junge Männer seiner engsten Verwandtschaft standen als Ehemänner seiner Tochter und damit als Nachfolger zur Wahl. Der eine war Tiberius, der Erstgeborene seiner Gattin Livia aus deren Ehe mit Tiberius Claudius Nero, einem Mann aus höchsten aristokratischen Kreisen. Der andere eben jener Marcellus, der gleich ihm dem julischen Geschlecht angehörte.

Er entschied sich für den Neffen, der die liebenswerten Eigenschaften seiner Mutter geerbt hatte. Glücklicherweise war Tiberius der Tochter des Agrippa versprochen, Vipsania Agrippina, und diese Tatsache konnte als Ausrede gebraucht werden.

Marcellus heiratete also Julia, die Tochter des Kaisers aus dessen Ehe mit Scribonia, von der später noch ausführlich die Rede sein soll. Octavia wurde damit auch die Mutter des Thronprätenten denten. Für eine Weile schien sie das Schicksal wirklich für alle Widerwärtigkeiten zu entschädigen, die ihr im Laufe ihres Lebens zugestoßen waren.

Doch hatte Octavians gefühlsbetonte Entscheidung den Ehrgeiz Livias außer acht gelassen, die ihren Sohn zurückgesetzt sah. Als der junge Marcellus nur kurze Zeit später nach einer Heilbehandlung tot zusammenbrach – die gleiche Kur hatte zuvor seinen siechen Onkel geheilt –, regte sich alsbald der Verdacht, Livia habe bei diesem Unglück die Hände im Spiel gehabt. Als böse Intrigantin und Giftmischerin wird sie deshalb von Tacitus geschmäht, und Zweifel an ihrer Unschuld waren damals wie heute schwer auszuräumen, beonders wenn man bedenkt, daß in der Folgezeit noch vier weitere Hoffnungsträger ihres Mannes in jugendlicher Blüte auf mysteriöse Weise ums Leben kamen, bis schließlich tatsächlich nur noch Tiberius als Nachfolger übrigblieb. Für Octavia war der Verlust ihres Sohnes ein Schlag, von dem sie sich nicht mehr erholte. Vergil, der erste Dichter am Hofe ihres Bruders, war aufgerufen, den Schmerz der Mutter im wohlklingende Verse zu fassen:

»Zeigen nur wird ihn der Welt das Schicksal,
wird nicht länger dem Lichte ihn gönnen.
Roms Söhne deuchten euch zu mächtig, ihr Götter,
bliebe solch ein Geschenk sein eigen ...«[1)]

Man sagt, der leidgeprüften Frau schwanden beim Vortrag dieser wenigen Zeilen die Sinne ...

Sie lebte fortan noch zurückgezogener ganz ihrer eigenen und der angenommenen Nachkommenschaft. Nie mehr hat sie das Trauergewand abgelegt. Nach Seneca wollte sie »kein Bild von Marcellus besitzen und keine Erwähnung seiner in ihrer Gegenwart dulden. Livia aber haßte sie am meisten, weil auf sie übergegangen schien das ihr verheißene Glück.«[2)]

Ihr trauriges Leben endete 11 v. Chr. Ihr Bruder, der ihr stets verbunden geblieben war, zögerte nicht, sie als erste Frau im augusteischen Familienmausoleum am Tiberufer zu bestatten. Ihr Ruf ist unangetastet bis auf den heutigen Tag. Noch immer gilt sie als Wunder an Tugend in der sich damals schon abzeichnenden Sittenlosigkeit der alten Welt. Keine einzige Stimme der Kritik hat sich je gegen sie erhoben, so daß man sie tatsächlich für eine der untadeligsten Frauen halten kann, von denen die Überlieferung weiß.

Weniger Glück als mit der tugendsamen Schwester hatte Augustus allerdings mit allen anderen weiblichen Gestalten, die sich in seiner Umgebung tummelten. Zu ihrer aller Entschuldigung muß jedoch gesagt werden, daß sie in nahezu unzumutbarer und selbst das tradierte römische Rollenbild der Frau weit überschreitender Weise für politische Zwecke mißbraucht wurden.

Es begann mit Scribonia, die Octavian 40 v. Chr. heiratete. Sie war eine reife Frau, die bereits zwei Ehen hinter sich und mehrere Kinder geboren hatte. (Eine ihrer Töchter war Cornelia, deren frühen Tod später der Dichter Horaz in einer der schönsten Elegien der Weltliteratur besang.) Auch nach ihrer dritten Heirat sah sie bald Mutterfreuden entgegen. Viele von Octavians Freunden hofften damals auf einen Sohn. Die Sehnsucht der Menschheit nach dem Knaben, der »ein goldenes Zeitalter heraufführen« werde, drückte sich in Vergils Versen aus: »Iam nova progenies caelo demittitur alto -schon steigt ein neuer Erbe vom Himmel herab.«[3] Aber der heiß ersehnte Nachwuchs im Julischen Haus war nur eine Tochter. Römischem Recht entsprechend hieß sie Julia nach der Familie, in die sie hineingeboren wurde. Wie sein Adoptivvater hatte auch Octavian Augustus nur dieses eine Kind. Vielleicht wäre sein Verhältnis zu Scribonia beständiger geblieben, hätte sie ihm den begehrten Erben geschenkt. So aber verliebte er sich noch während seiner Ehe in Livia Drusilla. Scribonia, die er nun »mit allen Mitteln loszuwerden versuchte, warf er Launenhaftigkeit und unsittlichen Lebenswandel« vor[4], der freilich nur darin bestand, daß sie sich weigerte, seine zahlreichen Liebesaffären widerspruchslos hinzunehmen. Kaum hatte sie ihm die Tochter Julia geboren, schickte er ihr den Scheidebrief. Er begründete diesen selbst für einen abgebrühten Römer ungewöhnlichen Schritt damit, er könne ihren ausschweifenden Charakter nicht mehr ertragen. Was er seinen Zeitgenossen aber dann zumutete, war ein Skandal, für den es kaum vergleichbare Vorbilder gab.

Er begann, mit Claudius Tiberius Nero um dessen Gattin, eben jene Livia Drusilla, in die er sich so heftig verliebt hatte, zu feilschen. Auch das wäre so ungewöhnlich nicht gewesen, hätte nicht Livia von ihrem Mann gerade das zweite Kind erwartet, dessen Geburt bevorstand. Das Schicksal hatte der jugendlichen Schönen

Als Fortsetzung des Hauses des Augustus bewohnte seine Gattin das sogenannte »Haus der Livia«. Die Gemälde stammen aus der Zeit um 20 v. Chr. und sind heute stark verblaßt. Rom, Palatin, »Casa di Livia«, Raum I (Historia-Photo)

schon übel mitgespielt. 58 v. Chr. geboren, hatte sie fünfzehnjährig ihren Vetter Tiberius geheiratet, der gleich ihr zur claudischen Gens und damit zu den angesehensten Familien Roms gehörte. (Einer ihrer Vorfahren war der berühmte Appius Claudius, dessen Name noch heute mit der antiken Via Appia unsterblich verbunden ist.) Als Angehöriger des Hochadels und Gegner Octavians hatte ihr Mann 40 v. Chr. auf der Liste der Proskribierten gestanden und war auf abenteuerlichen Wegen vor den Häschern der Tyrannen zunächst zu Sextus Pompeius nach Sizilien, dann zu Marc Anton nach Griechenland geflohen. 39 v. Chr. kehrte die Familie – Tiberius und Livia hatten bereits einen Sohn – nach Rom zurück. Hier verliebte sich Octavian in die attraktive Frau. Seine jugendlich ungestüme Leidenschaft wollte nicht einmal warten, bis sie das Kind ausgetragen hatte. Und vermutlich hatte Tiberius den Octavian zur Verfügung stehenden Druckmitteln nichts entgegenzusetzen, so daß er in die Scheidung einwilligte. Man versprach ihm allerdings, das Kind sofort nach der Geburt zurückgegeben. Er führte sogar selbst die junge Braut in das Haus des neuen Bräutigams.

Die Hochzeit fand im Januar des Jahres 38 statt, nachdem Octavian die Zustimmung der obersten Priester eingeholt hatte. (Wahrscheinlich hätte er auch ohne ihren Segen gehandelt, wie er handeln wollte. Aber auf diese Weise blieb wenigstens der Schein gewahrt.) Drei Monate später gebar Livia ihren zweiten Sohn, Nero Claudius Drusus, der auch gleich seinem Vater übergeben wurde. »Wer Glück hat, bekommt auch noch ein Dreimonatskind« spottete der Pöbel Roms.

Es kann der jungen Frau kaum angenehm gewesen sein, ihren ersten Mann, mit dem sie, keine fünf Jahre verheiratet, Verfolgung und Exil geteilt hatte, wegen der Launen eines dahergelaufenen Jünglings zu verlassen. Sie hatte zudem allen Grund, diesen Menschen zu hassen. Denn auch ihr Vater, der bei Philippi auf Seiten der Republikaner gekämpft hatte, gehörte zu seinen Opfern. Er hatte sich nach der Niederlage seiner Partei ins Schwert gestürzt. Als gute Römerin aber ans Gehorchen gewöhnt, fügte sie sich in ihr Geschick. Tiberius Claudius Nero starb übrigens nur wenige Jahre später. Die ständige Sorge um seine junge Familie und die Nöte von Krieg und Vertreibung hatten an seiner

Gesundheit gezehrt. Auch der unehrenhafte Verlust seiner Frau dürfte zu seinem raschen Ende beigetragen haben. Nach seinem Tod kamen die beiden Söhne in das Haus ihres Stiefvaters.

Livia aber bemühte sich, ihrem Gatten eine gute Gefährtin zu sein. Sie wurde mehr als das. Als sie entgegen allen gesellschaftlichen Spielregeln in sein Haus geführt worden war, konnte niemand die Rolle ahnen, die sie für Roms Zukunft spielen sollte. Die antiken Quellen berichten übereinstimmend von einer ungewöhnlich klugen Frau, die sich stets der Tatsache bewußt blieb, der staatstragenden Schicht der alten römischen Ordnung zu entstammen. Gleichzeitig aber spürte sie den neuen Wind, der in Rom aufkam. So war sie auch darauf bedacht, die revolutionären Ideen, die ihr alleinherrschender Gatte verkörperte, mit den tradierten Vorstellungen des römischen Adels zu versöhnen. Octavian wußte, was er ihr schuldig war, und gestand ihr in allen politischen Dingen ein umfassendes Mitspracherecht zu, von dem sie auch eifrig Gebrauch machte.

Ihre traditionswidrige Einmischung in Roms politische Angelegenheiten erregte freilich auch den Unmut mancher Zeitgenossen. Sie zeichneten deshalb ein düsteres Bild der Kaisergattin, die über ein halbes Jahrhundert lang die Geschicke von Stadt und Reich mitbestimmte. Bei Tacitus, der sich noch hundert Jahre nach ihrer Einführung mit der Monarchie nicht abfinden wollte, erscheint sie als böse Stiefmutter, die alles daran gesetzt habe, ihren eigenen Sohn auf den begehrten Thron zu heben. Augustus selbst hat sich nie über sie beklagt, im Gegenteil. Er »bewahrte ihr bis zum Ende die größte Hochachtung« bemerkt der Biograph. Und noch auf dem Sterbebett habe er sich nach über 50 Jahren gemeinsamen Lebens von ihr mit den Worten verabschiedet: »Lebe wohl, und gedenke stets unserer glücklichen Ehe!« Sie selbst aber äußerte, nach dem Rezept ihres beständigen Eheglücks befragt, sie habe selbst stets in Zucht und Ehren gelebt und alles getan, was ihrem Mann genehm war. Sie habe nicht über seine Liebschaften gezankt, sondern sei wie nichtsahnend darüber hinweggegangen.[5)]

Augustus wußte ihre Zurückhaltung bei seinen Affären durchaus zu schätzen und bezeugte ihr öffentlich alle Ehren. Selten waren einer Frau ähnliche zuerkannt worden. Und obwohl sie nach damaligem Verständnis einen offensichtlichen Mangel hatte – die

Ehe war trotz aller Anstrengungen nach einer Fehlgeburt kinderlos geblieben – nahm sie in seinem Herzen einen Platz ein, den sie nur mit seiner Lieblingsschwester Octavia teilte. Als erste Frau erhielt sie die Auszeichnung, mit ihrem Gatten gemeinsam im Concordia-Tempel zu speisen. Ihr wurde, gleichzeitig mit Octavia, die »sacrosanctitas« verliehen, die Unverletzlichkeit, die bewirkte, daß alle persönlichen Beleidigungen gegen sie als Majestätsverbrechen geahndet wurden. Auch wurde sie von den gesetzlichen Bestimmungen der Vormundschaft befreit. Bald ließ ihr Octavian Statuen errichten und benannte Gebäude zu ihren Ehren. Er war sich stets bewußt, daß sie »neben Schönheit und Anmut feine weibliche Sitte mit Majestät verband. Ihrem Einfluß ist wohl mit Recht die größte Wandlung im Leben Octavians vom brutalen Triumvirn zum fürsorglichen und Verzeihung übenden Princeps zugeschrieben worden.«[6)] Dabei hatte sie es mit diesem Mann keineswegs leicht. Selbst die besten Freunde leugneten seine ständigen Seitensprünge nicht, wenn sie diese auch staatspolitisch zu erklären suchten: Nur über das Bett ihrer Frauen habe er die Geheimnisse von Staatsfeinden erfahren. Es war ein schwaches Argument und kaum geeignet, Octavians angeborene Lust an der Abwechslung zu entschuldigen. Was sollte Livia davon halten, daß ihr Mann auch ein Verhältnis zur Gattin seines besten Freundes Maecenas, der leidenschaftlichen Terentia, unterhielt? Was, daß er, von Verlangen überwältigt, während eines Festgelages »die Frau eines Konsuls unter den Augen ihres Gatten aus dem Speisesaal ins Schlafzimmer geführt und mit roten Ohren und in Unordnung geratenem Haar wieder zur Gesellschaft zurückgebracht« hat?[7)] Seine übertriebene Sinnlichkeit stumpfte auch im Alter nicht ab. Da soll ihm Livia sogar selbst die jungen Mädchen zugeführt haben, an denen er dem antiken Biographen zufolge bis zu seinem Tod größten Gefallen fand.

Mindestens aus Livias Sicht kann diese Ehe kaum so glücklich gewesen sein, wie es Augustus auf dem Sterbebett verlauten ließ. Wer könnte also dieser Frau verübeln, daß sie sich als Ersatz für entgangene Lebensfreude eine Stellung am Hof ihres Gatten zu sichern suchte, die sie bald unentbehrlich machte? Daneben arbeitete sie mit allen Mitteln der ehrbaren Matrone am Aufstieg ihrer Gens. Sie bot ihre ganze Geschicklichkeit auf, um ihrer eigenen

Sippe, den düsteren Claudiern, die Macht zuzuschanzen. Ihr Urenkel Caligula, der spätere Kaiser, der bei ihr einen Teil seiner Erziehung genoß, nannte sie deshalb einen »Odysseus im Weiberrock«, wenig respektvoll, aber durchaus treffend, und ein um so erstaunlicheres Urteil, wenn man bedenkt, daß er sie nur als steinalte Frau kannte, aber selbst da ihr politischer Wille noch ungebrochen war.

Sie brauchte Jahrzehnte, um das Imperium den Händen der Julier zu entreißen und den Claudiern zu übertragen, eben jenem nicht einmal von ihr besonders geliebten Tiberius, der im Grunde seines Herzens immer Republikaner geblieben war. Sie war sich dabei stets der Tatsache bewußt, daß diese Machtverschiebung nur über Augustus erreicht werden konnte. Also pflegte sie den oft kranken und sich noch öfter krank wähnenden Mann mit aufopferungsvoller Hingabe und beugte sich seinen Launen. Sie, die »in ihrer Schönheit der Venus und in ihrem Wesen der Juno« glich, wie Ovid bewundernd bemerkte[8)], hielt sich auffallend zurück und bewegte doch alle Fäden in ihrer Hand. So sehr vertraute Augustus schließlich auf ihren Rat, daß er die Themen für Gespräche mit ihr stets schriftlich festhielt, um nichts Unbedachtes oder Falsches zu sagen.

Sie gab sich häuslich und zeigte für kulturelle Dinge und große Gelehrsamkeit wenig Sinn. Sie beaufsichtigte ihre Dienerschaft beim Spinnen und Weben, griff sogar selbst zu Rocken und Schiffchen, denn sie wußte, wie sehr ihr Mann die altrömischen weiblichen Tugenden schätzte. Prunk und Luxus lagen ihr fern. Zu Hause und in der Öffentlichkeit zeigte sie sich nur als schlichte, auf ihre Würde bedachte Römerin. Sie neigte zu Milde und rettete damit manchem Zeitgenossen das Leben. Als sie einmal zufällig nackten, betrunkenen Männern begegnete und diese wegen des besonderen ihr gewährten Frauenschutzes dem Henker verfallen gewesen wären, setzte sie sich für die Unvorsichtigen ein. Keusche Frauen, meinte sie, könnten doch solche Leute nur wie Statuen betrachten. Auch ein Enkel des großen Pompeius, Cn. Cornelius Cinna, verdankte ihr sein Leben. Er war als Verschwörer entlarvt worden, und Augustus haderte lange, ob er ihn schonen oder hinrichten lassen sollte. Livias Fürsprache stimmte den Kaiser schließlich milde. Ja, er schenkte dem reuigen Verräter Vertrauen und ernannte ihn im nächsten Jahr sogar zum Konsul.

Nicht nur die Ehefrau, auch die Mutter durchlitt alle Höhen und Tiefen eines turbulenten Lebens. Die ersten Jahrzehnte verliefen noch harmonisch. Ihre beiden Söhne hatten sich zu hoffnungsvollen jungen Männern entwickelt, und der jüngere, Drusus, war nach dem Tod des geliebten Neffen Marcellus sogar zum Liebling des Stiefvaters aufgestiegen. War es vielleicht wahr, was einige vorlaute Zungen behaupteten? Entstammte dieser Jüngling womöglich einem ehebrecherischen Verhältnis, das seine Mutter einst zu Octavian unterhalten hatte? Sein ganzes freundliches Wesen unterschied sich derart von der düsteren Claudierart, daß man geneigt ist, jenem Gerücht zu glauben. Wenn Drusus tatsächlich auch Augustus' Sohn war, wußten die Eltern ihr Geheimnis gut zu bewahren, mußte allerdings auch der Schicksalsschlag, der sie im Jahr 9 v. Chr. erreilte, einen düsteren Schatten auf ihr Leben geworfen haben.

Es geschah während eines Erkundungszuges nach Germanien, der ihn bis an die Ufer der Elbe führte, daß Livias jüngerer Sohn vom Pferd stürzte, sich einen komplizierten Schenkelbruch zuzog und langsam dahinsiechte. Nach 30 Tagen starb er, erst 30jährig, wohl an Wundbrand, wie die neuere Forschung vermutet. Stadt und Reich waren über den Verlust untröstlich. Auch die Mutter, die wie ihr Mann diesen freundlichen Sohn mehr liebte als ihren verschlossenen Erstgeborenen, war natürlich tief betroffen. Aber sie ließ es sich nicht anmerken. Mit Hilfe des Philosophen Areios gelang es ihr, ihren Schmerz zu besiegen. Anders als einst Octavia, die Livia für ihre Gefühlsausbrüche beim Tode des Marcellus verachtet hatte, bewahrte sie eine bemerkenswerte Fassung. Gemeinsam mit ihrem kaiserlichen Gemahl reiste sie ihrem Sohn Tiberius entgegen, der die Leiche des Bruders nach Rom geleitete. Und – ebenfalls anders als ihre Schwägerin – sprach sie gern und oft von dem Toten und kümmerte sich um seine Hinterbliebenen. Die Witwe Antonia zog in das Haus der Schwiegermutter, und es ist nicht bekannt, daß das gute Einvernehmen der beiden Frauen je getrübt worden wäre. Livia nahm sich auch ihrer verwaisten Enkel an. Selbst Claudius, von dem die eigene Mutter sagte, die Natur habe ihn nur begonnen, nicht vollendet, fand bei ihr viel Verständnis. Vermutlich erkannte sie, daß er keineswegs der einfältige Tropf war, für den ihn alle hielten.

Octavian Augustus (hier als Pontifex Maximus, eines der letzten Porträts des Kaisers) hatte mit seinen Frauen wenig Glück. Rom, Museo Nazionale Romano.
(Historia-Photo)

Der plötzliche Verlust des geliebten Sohnes leitete eine Reihe weiterer schwerster Prüfungen ein, deren Mittelpunkt nun ihr Erstgeborener war. Schon 12 v. Chr. war Augustus' Freund Agrippa, der seit einigen Jahren auch sein Schwiegersohn gewesen war, überraschend einem Fieber erlegen. Die nun schon zum zweitenmal verwitwete Julia aber durfte den Ehegesetzen ihres strengen Vaters folgend nicht lange alleine bleiben. Er zwang sie bald zu einer dritten Ehe, diesmal mit Tiberius, den man von seiner geliebten Vipsania Agrippina, die wiederum schwanger war, gewaltsam getrennt hatte. Tiberius überwand den Verlust dieser Frau nie. Als er ihr später einmal zufällig begegnete, folgte er ihr mit so sehnsüchtigen Blicken, daß man beschloß, sie nie mehr zusammentreffen zu lassen.[9)] Nicht nur für ihn entwickelte sich die Verbindung mit der sinnenfrohen Kaisertochter zur Katastrophe. Das Unglück überschattete bald das ganze Kaiserhaus. Wenn die meisten Historiker auch die Auffassung vertreten, Livia treffe am Zustandekommen dieser Ehe keine Schuld, so ist doch auch nicht bekannt, daß sie sich den Plänen ihres Mannes widersetzt hätte. Zweifellos rückte ihr Sohn durch die Heirat mit der einzigen Tochter des Kaisers dem Thron wieder ein Stückchen näher, und das konnte ihr keineswegs unangenehm sein.

Anfangs gaben sich beide Partner Mühe. Tatsächlich schien es ihnen zu gelingen, sich wenigstens zu arrangieren. Ein Sohn wurde geboren, und vielleicht hätte das ungleiche Paar eher zueinandergefunden, wäre dieses Kind am Leben geblieben. Aber es starb schon wenige Monate nach der Geburt, was die lebenslustige Julierin zum Anlaß nahm, sich von dem ihr erneut verordneten Gatten zu lösen. Sie kehrte zu ihrem freien, wahrscheinlich sogar ausschweifenden Leben, das ihrem Naturell so sehr entgegenkam, zurück. Tiberius' häufige Abwesenheit als oberster Feldherr Roms begünstigte ihren Freiheitsdrang. Aber es war nicht Julias Benehmen allein. Ihre Söhne aus der Ehe mit Agrippa, Gaius und Lucius, wuchsen heran und wurden vom kaiserlichen Großvater maßlos verwöhnt. Zwangsläufig mußte sich dem Stiefsohn der Verdacht aufdrängen, daß er im augusteischen Nachfolgesystem nur die Rolle eines Platzhalters spielte. 6 v. Chr. faßte er deshalb den Entschluß, freiwillig in die Verbannung nach Rhodos zu gehen. Jeder versuchte verzweifelt, ihn von seiner Unentbehrlichkeit in Rom zu überzeugen. Doch Tiberius drohte, sich durch Nahrungsenthaltung umzubringen, wenn man ihn nicht ziehen ließe. Also willigte Augustus schließlich schweren Herzens ein.

Von all diesen Aufregungen blieb Livia natürlich nicht unberührt. Ihre Vermittlungsversuche zwischen Gatten und Sohn blieben aber ohne Erfolg. Auch als Tiberius nach Jahren das untätige Leben und die Einsamkeit satt hatte und die Rückkehr nach Hause anstrebte – seine leichtsinnige Gattin war inzwischen von ihrem erzürnten Vater verbannt worden – , war es wiederum sie, die seine Gesuche eifrig unterstützte. Der gekränkte Stiefvater ließ sich aber lange Zeit, den verlorenen Sohn zu begnadigen. Als er sich endlich dazu aufraffte, erteilte er ihm gleichzeitig die Auflage, sich in Rom von der Politik völlig fernzuhalten – ein schwerer Schlag, auch für sie, die Mutter, die ihren Einfluß schwinden sah. Doch sollte sich ihrer beider Lage bald ändern.

In rasanter Folge starben die jugendlichen Prinzen Lucius und Gaius, die sich Augustus als Nachfolger vorgestellt und entsprechend erzogen hatte: Lucius 2 n. Chr. auf dem Weg nach Spanien in Massilia. Gaius knapp zwei Jahre später infolge einer Verwundung auf einem Feldzug im Osten. Noch im selben Jahr adoptierte Augustus zähneknirschend den ungeliebten Claudier, der als einziger fähiger Mann seiner Umgebung am Leben geblieben war. Livia war, wie man weiß, nicht unbeteiligt an dessen Wahl.

Selten lenkt eine Reihe solch unglücklicher Zufälle den Verdacht nicht auf diejenigen, die sie begünstigen. So kam auch bald das Gerücht auf, Livia hätte beim Tod der beiden Enkel ihres Mannes, die ihrem eigenen Sohn so hindernd im Wege standen, die Hände im Spiel gehabt. Hartnäckig hielt sich dieser Verdacht. Ob sie jedoch tatsächlich die intrigante Giftmischerin war, die Tacitus in ihr sah, ist niemals erwiesen worden. Zu ihren Gunsten wird immer wieder angeführt, die Enkel des Kaisers seien schließlich fern von Rom ums Leben gekommen. Doch wer vermag nach 2000 Jahren noch zu entscheiden, wie weit ihre Fäden reichten und wie bestechlich Vertraute aus der Umgebung der jungen Prinzen waren? Ebensowenig wie ihre Schuld wird ihre Unschuld jemals zu beweisen sein.

Auch in Zukunft ließ Livias Interesse an den Staatsgeschäften nicht nach. Eine letzte Bedrohung für die Stellung ihres Sohnes stellte noch Agrippa dar, der letzte Sproß ihrer Stieftochter Julia, der erst nach dem Tode seines Vaters das Licht der Welt erblickt hatte und daher Postumus genannt wurde. Gleichzeitig mit Tiberius hatte Augustus auch ihn an Sohnes Statt angenommen, doch schon drei Jahre nach der Adoption aus nicht näher bekannten Gründen verstoßen und verbannt. In vielen alten Quellen wird jener Nachgeborene als labiler Charakter geschildert, der dazu nicht voll zurechnungsfähig und sittlich minderwertig gewesen sei. Einem angeblichen Geheimbefehl seines Vorgängers folgend, ließ Tiberius den ungeliebten Nachkommen deshalb sofort nach Augustus' Tod beseitigen.

Wiederum ist es Tacitus, der die Dinge ganz anders sieht. Es sei, so behauptet er, zwischen Großvater und Enkel eine Versöhnung zustandegekommen und sogar an eine Begnadigung gedacht worden. Doch Augustus starb, und Tiberius und Livia hätten, »jener aus Furcht, diese aus stiefmütterlichem Haß, des verdächtigen und verhaßten Jünglings Ermordung beschleunigt.«[10] Auch hier wird nach so langer Zeit kaum noch zu klären sein, ob der Nachfolger tatsächlich eigenmächtig handelte, um einen unliebsamen Rivalen aus dem Weg zu räumen.

14 n. Chr. erfuhr Livia noch einmal eine einzigartige Erhöhung mit dem Tod ihres Gatten. Augustus hatte sie testamentarisch in die Familie der Julier adoptiert und ihr den Titel Augusta verliehen. »Bis dahin«, bemerkt der Althistoriker Kornemann, »hatte Augustus seinen höchsten Titel mit keinem anderen geteilt, ihn vielmehr als das höchste Reservat des regierenden Princeps betrachtet. Diese Verleihung war nicht nur eine letzte, für Tiberius kaum noch tragbare Belastung, sondern sie hat auch eine Reihe der Augustae im Römerreich eröffnet und hat in diesem männlichsten aller Völker für ein Weiberregiment das Tor weit aufgemacht...«[11] Der greise Staatslenker hätte am Ende seines Lebens dieser Frau seine Wertschätzung und Dankbarkeit kaum deutlicher zeigen können.

Den mimosenhaft empfindlichen Tiberius kränkte die Verfügung indes tief. Wieder sah er, der, solange Augustus gelebt, stets in dessen Schatten gestanden hatte, eine Art Wächter über sich, zudem die eigene Mutter, deren Herrschsucht nach dem Tode des Gatten ein neues Betätigungsfeld suchte. Unklug handelte auch der Senat, als er über die neue Augusta eine Flut von Ehrungen ergoß. Häufig war nun von der Julia Augusta die Rede, der Gattin, die als »Tochter« des Julischen Hauses die verstoßene leibliche Tochter ersetzte. Als Priesterin wachte sie über den Kult des »Divus Augustus«. In den von ihr eingerichteten »Ludi Palatini«, einem dreitätigen, alljährlich stattfindenden Volksfest, sorgte sie dafür, das Andenken ihres verstorbenen Mannes wachzuhalten. Von Neid aber sei Tiberius geplagt worden, meldet wieder Tacitus, denn er habe die Erhöhung eines Weibes als eigene Erniedrigung empfunden. Wiederholt habe er deshalb die Senatoren ermahnt, in Ehrenbezeugungen für eine Frau Maß zu halten.

Livias Machtstreben und das Ansehen, das sie als wahre Nachfolgerin des ersten Princeps bei Senat und Volk genoß, führten schließlich zum Bruch zwischen Mutter und Sohn. Livia zog sich auf ihren Landsitz zurück, in die »Villa ad Gallinas«, die einige Kilometer nördlich von Rom an der Via Flaminia lag. Das Gut hatte der Kaiserin vermutlich schon vor ihrer Eheschließung mit Augustus gehört. Seinen Namen verdankte es einem seltsamen Ereignis: Als Livia kurz nach der Hochzeit dieses Gut besuchte, »trug ein vorbeifliegender Adler in seinen Klauen ein weißes Huhn, das einen kleinen Lorbeerzweig in seinem Schnabel hielt, und ließ es so, wie er es geraubt hatte, in ihren Schoß fallen. Livia befahl, das Huhn aufzuziehen und das Reis zu pflanzen. Das Huhn bekam so viele Küchlein, daß noch heute jene Villa «Zu den Hennen» heißt...«[12)]

Im Jahr 22 hat Livia einen letzten Vorstoß zur Erhaltung ihrer Mitregentschaft gewagt, indem sie auf einer Inschrift des Divus Augustus vor den Namen ihres Sohnes ihren eigenen setzen ließ. Als die alte Dame kurze Zeit später schwer erkrankte, war es der Senat, der für ihre Genesung Gelübde ablegte, wenn auch der Sohn an ihr Krankenlager geeilt sein soll. Seit diesem Jahr wurde sie auch auf Münzen verherrlicht: als Iustitia, als Heilsbringerin, als Allegorie der Frömmigkeit, die an das gute Verhältnis zu ihrem Gatten erinnern sollte.

Angewidert zog sich Tiberius 26 n. Chr. auf Capri zurück, wo er bis zu seinem Lebensende blieb. Er hat seine Mutter nur einmal wiedergesehen, für wenige Stunden, wie man weiß. Sie starb 29 n. Chr. während seiner Abwesenheit von Rom im gesegneten

Alter von 86 Jahren, von denen sie über 60 in den Dienst des Staates gestellt hatte. Der verbitterte Sohn, der mehr als andere unter ihr gelitten hatte, ließ die Ausstellung ihres Leichnams im Tempel, wie dies Augustus einst für Octavia angeordnet hatte, nicht zu und versagte ihr auch die bei den Römern übliche Leichenrede, die man längst auch Frauen hielt. Nur gegen eine Bestattung im Familienmausoleum am Tiber hatte er nichts einzuwenden. Auch ihre Vergöttlichung konnte gegen seinen Willen nicht durchgesetzt werden.

Erst 42 n. Chr. wurden ihr durch ihren Enkel Claudius göttliche Ehren zuteil, nicht, weil jener seine Großmutter besonders geliebt hätte, sondern, weil er sich »damit selbst einen Schimmer göttlicher Legitimität verschaffen« wollte.[13)] Jetzt erst wurde ihr Standbild neben dem ihres Mannes im Augustustempel auf dem Palatin aufgestellt.

Noch heute erinnert ihr Haus auf jenem Hügel, der zweite Wohnsitz der Kaiserin, an die Frau, die zwei Generationen lang die Geschicke der Welt entscheidend mitprägte. Seine Wandmalereien sind weltberühmt, weniger wegen ihrer künstlerischen Qualität als wegen ihres guten Erhaltungszustands: Hermes, Argus, Jo, auch Polyphem, der Riese, und die Nymphe Galatea, Polyphems schöne Geliebte. Für Augenblicke lüftet die Geschichte ihren Schleier und läßt uns einen Blick hinter die Kulissen werfen, und Jahrhunderte erwachen zu neuem Leben...

25.
JULIA UND IHRE TÖCHTER

»Er nannte sie nur seine drei Eiterbeulen oder seine drei Krebsgeschwüre ...«[1)]

Es waren seine nächsten Angehörigen, die Roms erster Kaiser derart beschimpfte, Julia, seine Tochter, Julia, seine Enkelin und Agrippa Postumus, der in diesem Zusammenhang nicht näher interessiert.

Ein wohlerzogenes Mädchen war die ältere Julia, der die ganze Zuneigung des Vaters gehörte. Vielleicht hätte er niemals Grund gehabt, sich über sie zu beklagen, wäre aus seiner Ehe mit Livia der ersehnte Sohn hervorgegangen, der die Nachfolge im Prinzipat hätte antreten können. Aber die Götter hatten diesem Bund, der auf so skandalöse Weise zustandegekommen war, ihren Segen verweigert. Da faßte Augustus eines Tages den für das Kaiserhaus verhängnisvollen Entschluß, seine Tochter als Mittel zum Zweck zu benutzen. Sie sollte die Söhne gebären, die dem Kaiser und seiner Gattin versagt geblieben waren. Selten wurde ein Mensch von einem ihm nahestehenden Menschen derart schamlos mißbraucht. So drängt sich leicht der Verdacht auf, daß Julias später ausschweifendes Verhalten die Reaktion auf diese väterliche »Fürsorge« war, süße Rache für ein geraubtes Leben.

Äußerst altmodisch war sie in der strengen Tradition der römischen Familie erzogen worden, hatte Spinnen und Weben gelernt, daneben aber auch die feine Erziehung der vornehmen Frauen ihrer Zeit genossen. Ein strenges Elternpaar wachte über ihre jungfräuliche Tugend. Die knapp 15jährige vermählte man ihrem Vetter Marcellus. Die Wahl ihres Vaters kann ihr kaum unangenehm gewesen sein, denn der Bräutigam verfügte, wie schon früher erwähnt, über ein freundliches Wesen. Tiberius hingegen, der zweite »Bewerber«, galt als wenig zugänglich und finster. Ihr Vater hatte übrigens an der Hochzeitsfeier nicht teilgenommen, wohl, um Vorwürfen seiner Frau auszuweichen, die verständlicherweise ihren Sohn an Marcellus' Stelle bevorzugt hätte.

Nach Marcellus'plötzlichem Tod fand sich ein neuer Gatte in Agrippa, Augustus' treuem Gefährten und Wegbegleiter, der bei Julias erster Hochzeit den Brautvater vertreten hatte. Zwar war er mit der jüngeren Marcella, einer Tochter Octavias, verheiratet, doch war die Zustimmung aller Beteiligten zur Auflösung dieser Ehe bald erteilt. Marcella wurde mit einem zwanzig Jahre jüngeren Mann, dem attraktiven Iullus Antonius, »abgefunden«, der ein Sohn des Marcus Antonius war. Sicherlich war sie damit mehr als entschädigt, denn Agrippa hätte den Jahren nach ihr Vater sein können. Octavia, der Vielgeprüften, dürfte die Wahl dieses Mannes eine gewisse Genugtuung bereitet haben, denn wieder waren Tiberius übergangen und Livias Ambitionen gedämpft worden. Glauben wir einem Gelehrten, versuchte die Gattin des Kaisers verzweifelt, diese Ehe ihrer Stieftochter zu vereiteln. Sie hätte angeblich lieber C. Proculeius als nächsten Schwiegersohn des Kaisers gesehen, den Stiefbruder von Terentia, der Gattin von Augustus' bestem Freund Maecenas. Jener Proculeius war nämlich ein unbedeutender Mann, dem zudem jeglicher Ehrgeiz fehlte. Obwohl auch er zu den obersten Kreisen Roms und dem engsten Freundeskreis des Princeps gehörte, hatte er noch nicht einmal einen Sitz im Senat, auf den er auch gar keinen Wert legte. Er bevorzugte ein zurückgezogenes Leben auf einem seiner Landgüter. Kinder aus einer Ehe zwischen ihm und der Kaisertochter hätten also den Ansprüchen von Livias Sohn nicht gefährlich werden können.

»Mach ihn zu deinem Schwiegersohn oder bring ihn um!« hat der Überlieferung zufolge Maecenas seinem Freund geraten. Nur auf den ersten Blick mutet dieser Ratschlag ein wenig makaber an. Bei näherer Betrachtung aber entdeckt man darin ein Gutteil von Maecenas' vielgerühmter Diplomatie.

Tatsächlich hatte sich M. Vipsanius Agrippa durch sein überragendes Feldherrntalent eine Machtbasis geschaffen, die den jüdischen Geschichtsschreiber Flavius Josephus an eine »Doppelherrschaft« erinnerte, zumal der Vipsanier im Osten die nahezu unumschränkte Statthalterschaft ausübte, vergleichbar der Regentschaft Marc Antons. Augustus blieb also fast nichts anderes übrig, als den unentbehrlichen Freund, der sich allmählich zu einem gefährlichen Widerpart entwickelte, verwandtschaftlich an seine

Im oberen Feld der »Gemma Augustea« ist die Familie des ersten römischen Kaisers dargestellt. Wien, Kunsthistorisches Museum. (Historia-Photo)

Person zu binden. Es wäre sogar denkbar, daß jener, der sich schon seinerzeit durch die Wahl des Marcellus zurückgesetzt gefühlt hatte, einen gewissen Druck auf den Princeps ausübte.

Wie auch immer. Die Hochzeit wurde 21 v. Chr. mit großer Pracht gefeiert. Es ist bezeichnend, daß Roms erster Mann auch diesmal den Feierlichkeiten fernblieb. Wieder fürchtete er den Zorn seiner Frau. Geschäfte, ließ er wissen, hielten ihn in Sizilien zurück.

Die Ehe erfüllte bald ihren Zweck. Schon 19 v. Chr. wurde der erste Sohn geboren, Gaius. Zwei Jahre später folgte Lucius. Der kaiserliche Großvater war überglücklich und beeilte sich, die beiden Enkel an Sohnes Statt anzunehmen. Zwei weitere Kinder waren Mädchen: Julia, ebenso schön und nicht weniger leichtsinnig als ihre Mutter. Und Agrippina, die vom Glück auch nicht gerade verfolgt war. Agrippa (Postumus) wurde erst nach dem Tod des Vaters geboren.

Ob Julias zweite Ehe glücklich war, steht dahin. Die heißblütige junge Römerin scheint schon damals das der römischen Öffentlichkeit zumutbare Maß an Lasterhaftigkeit überschritten zu haben. Der freilich nicht immer zuverlässige Sueton deutet an, sie habe schon während ihrer Ehe mit Agrippa ein Auge auf Tiberius geworfen, was diesen sehr gekränkt habe, denn er hatte inzwischen Vipsania Agrippina geheiratet, die er liebte. Bedenkt man Julias spätere Abneigung gerade gegen diesen Mann, möchte man an Suetons Worten zweifeln.

Auch in der berüchtigten Sentenzsammlung des Macrobius finden sich Anekdoten über die sinnenfrohe Kaisertochter. Mögen sie in Einzelheiten auch nicht ganz historischer Wahrheit entsprechen, zeichnen sie doch in ihrer Tendenz ein vorzügliches Bild der Julia, wie es sich nach dem Tode ihres zweiten Gatten und während ihrer Ehe mit Tiberius darstellt. Harmlos mutet noch an, wenn sie dem besorgten Vater, der sich über ihren öffentlichen Auftritt inmitten einer Schar junger Verehrer ärgert, schlagfertig erwidert, auch diese Leute würden einst zusammen mit ihr Greise sein. Ermahnte er sie, sich an seiner Bescheidenheit ein Beispiel zu nehmen, wußte sie sogleich zu antworten, er vergesse, daß er Caesar sei. Sie jedoch sei sich ihrer Würde als Caesars Tochter stets eingedenk. Gerade ihr Lebenswandel wurde von der Öffentlichkeit neugierig verfolgt. Wie es komme, wollte man wissen, daß ihre Kinder alle Agrippa ähnelten. Hierauf soll sie bemerkt haben: »Numquam nisi nave plena tollo vectorem – ich pflege nur dann einen Steuermann aufzunehmen, wenn das Schiff schon beladen ist.«[2] »Ich habe zwei Töchter, die mir schwer zu schaffen machten«, seufzte der geplagte Vater, »die res publica und die Julia.«

Er hätte gut daran getan, seine lebenslustige Tochter nach Agrippas Tod nicht erneut auf dem Altar der Staatsräson zu opfern. Möglicherweise hätte ein weniger verschlossener Mann, zudem selbst gewählt, ihr wallendes Blut eher gekühlt als der verbitterte Tiberius, mit dem sie nun geradewegs in die Katastrophe stolperte. Wie konnte sie mit dem altaristokratischen Claudier leben, der selbst dem Herzen ihres Vaters so fernstand? Nur zwei Jahre lang vermochte sie den Schein einer Ehe zu wahren, die von

Anfang an von Haß und Bitternis getrübt war. Es waren allzu gegensätzliche Welten, die da tagtäglich aufeinanderprallten: Ihre epikureische Lebensart und die stoisch-trockene Weltanschauung des ihr verordneten Gatten: Sie fanden trotz anfänglicher Bemühungen nicht zueinander.

Bald kehrte deshalb die schöne, reiche Julierin zu ihren früheren Lebensgewohnheiten zurück. In zorniger Ohnmacht ließ Tiberius sie gewähren. Nach dem Gesetz hätte er sie den Gerichten überstellen müssen. Aber er wollte sich, ihrem Vater und vielleicht auch ihr die Schande ersparen. Ihr Verhalten förderte nur seinen Entschluß, Rom den Rücken zu kehren.

Während man in der Hauptstadt über den Einsiedler spottete, der im verlassenen Rhodos der Philosophie und Astrologie, bösen Zungen zufolge auch manchen geheimen Lastern nachging, vergnügte sich das ihm angetraute Weib ohne Scham. Die wildesten Gerüchte gingen bald in der Stadt um. Noch zwei Menschenalter später berichtete der Philosoph Seneca von den Lustbarkeiten der Kaisertochter. »Scharen von Liebhabern wurden bei ihr eingeführt. Nachts unternahmen sie in fröhlichen, angetrunkenen Gruppen Streifzüge durch die Stadt. Sogar das Forum, die Rostra, von der aus ihr Vater feierlich die Gesetze über den Ehebruch bekannt gemacht hatte, wählte die Tochter für ihre Entgleisungen. Tägliche Zusammenkünfte bei den Satyrn fanden statt. Vom Ehebruch zur gewerbsmäßigen Prostitution gekommen, maßte sie sich das Recht an, in der Umarmung eines unbekannten Liebhabers alles auszuprobieren.«[3)]

Caligula, der Nachfolger des Tiberius, behauptete sogar, Augustus selbst habe zu seiner Tochter inzestuöse Beziehungen unterhalten. Dies weist darauf hin, welche Blüten der Klatsch getrieben hatte.

Anfangs ließ Augustus gegenüber der launischen Tochter noch Nachsicht walten, wertete ihre Auswüchse allenfalls als Übertretungen eines verhätschelten Kindes, wenn dieses auch längst eine reife Frau war. Als sich aber Julias Skandale öffentlich ausweiteten, konnte er nicht mehr darüber hinwegsehen. Auch Tiberius hatte Freunde, und schon drohten sie, selbst die Gerichte zu bemühen, da der abwesende Ehemann dazu nicht in der Lage und der Vater offensichtlich zum Einschreiten nicht bereit war. In diesem Augenblick schlug Augustus mit dem ganzen Zorn des Vaters, der seine Familie zusammenbrechen und seine Ehre beschmutzt, des Staatsmannes, der seine Gesetze untergraben und sein Lebenswerk bedroht sieht, 2 v. Chr. erbarmungslos zu. Nach seinen eigenen Erlassen, der bereits früher besprochenen Sittenreform, war er verpflichtet, die Fehltritte seiner Tochter anzuklagen...

Eine Zeitlang trug er sich sogar mit dem Gedanken, Julia hinrichten zu lassen. Aber nachdem der erste Zorn verraucht war, wählte er die Verbannung. Er schrieb dem Senat einen langen Brief, in dem er Julias Verfehlungen zugab und sich zu ihrer Schuld bekannte. Ein Quästor mußte ihn vor der Versammlung der ehrwürdigen Väter vorlesen. Der empörte Princeps war dazu nicht in der Lage. Es heißt, er habe daraufhin aus Scham lange die Öffentlichkeit gemieden.

Er bewunderte Julias Freigelassene Phoebe, die sich erhängte, um nicht gegen ihre Herrin aussagen zu müssen. Er hätte, wie er betroffen bemerkte, lieber Phoebes als Julias Vater sein mögen...

Im Namen des abwesenden Ehemannes erhielt Julia von ihm den Scheidebrief. Sie wurde gleichzeitig auf die Insel Pandateria verbannt, ein kahles Felseneiland fern der kampanischen Küste. Dort hatte sie Gelegenheit, über ihr verlorenes Leben nachzudenken. Der Genuß des Weines wurde ihr untersagt. Sie hatte jeglichen Luxus zu meiden. Kein männliches Wesen, nicht einmal ein Freigelassener, durfte sich ihr ohne besondere Erlaubnis des Kaisers nähern. War der Zutritt eines Mannes zu ihren Gemächern aber unvermeidlich, ließ sich Augustus zuvor über Alter, Größe, Gesichtsfarbe, besondere körperliche Kennzeichen oder Narben genauestens unterrichten.

Gleichzeitig wurden auch Julias Liebhaber aus der Stadt entfernt. Iullus Antonius wurde zum Selbstmord gezwungen. Vor allem diese Tatsache legt die Vermutung nahe, daß der Kaiser hinter dem Betragen seiner Tochter eine Verschwörung witterte. Doch teilte der Antonier Julias Gunst mit einer Reihe von anderen hochstehenden Römern. Der Geschichtsschreiber Velleius Paterculus hat sie aufgelistet. Unter ihnen befinden sich so berühmte Namen wie Appius Claudius Pulcher, Sempronius Gracchus und Cornelius Scipio. So ist es nicht verwunderlich, wenn ihr Vater vielleicht

Ein »Familienalbum« besonderer Art: Darstellung einer feierlichen Prozession von Würdenträgern und Mitgliedern des Kaiserhauses auf dem Friedensaltar des Augustus, 13 bis 9 v. Chr. Rom, Via Ripetta/Ponte Cavour. (Historia-Photo)

weniger glaubte, daß sie mit all diesen Männern ihre Sinne befriedigen wolle, als vielmehr einen Umsturz plane, der ihn vom Thron stoßen sollte. Ehrgeizig war Julia zweifellos. Denn als Gattin des Agrippa hatte sie gleich einer Königin des Ostens geherrscht. Was aber hatte ihr das Leben an Tiberius' Seite beschert?

Doch kehren wir zu ihrem Verhältnis mit Iullus Antonius zurück! Schon früh hatte Augustus den Sohn seines einstigen Widersachers mit Prätur und Konsulat ausgezeichnet, fast, als hätte er ihm gegenüber ein schlechtes Gewissen gehabt. Der Antonier aber mag sich der Bedeutung seines Vaters erinnert haben. Bei einem etwas günstigeren Verlauf der Geschichte hätte jetzt er Caesar sein können. Die verbitterte Julia aber könnte an Rache für ein gestohlenes Leben gedacht haben. So ist es nicht unwahrscheinlich, daß sie beide verräterische Pläne schmiedeten und mit dem Gedanken spielten, den Princeps zu stürzen, um sich selbst das zu nehmen, was ihnen das Schicksal vorenthalten hatte.

Alles hatte die unglückliche Frau in Rom zurücklassen müssen, Bekannte, Freunde und ihre fünf Kinder. Nur ihre Mutter Scribonia teilte freiwillig ihr schweres Los. Aber in den Gesprächen mit ihr, einer damals schon alten Frau, der das Leben heftig zugesetzt hatte, wird die Gefangene kaum Trost gefunden haben.

Anfangs setzte sich ganz Rom für sie ein. Selbst Tiberius soll sich bei ihrem Vater dafür verwendet haben, Julias Strafe zu mildern. Der strenge Vater aber ließ die Römer wissen, eher werde sich Feuer mit Wasser verbinden, als daß er nachgäbe. Als das Volk aber daraufhin viele Feuerbrände in den Tiber warf, konnte er sich dem allgemeinen Wunsch nicht mehr verschließen. Fünf Jahre nach dem harten Urteilsspruch gestattete er ihr, auf das italische Festland nach Rhegium (gegenüber Messina) umzuziehen. Sie starb 14 n. Chr., kurz nach ihrem Vater. Ihre drei Söhne hatte sie überlebt. Tacitus macht übrigens Tiberius für ihren frühen Tod verantwortlich: »Zur Herrschaft gelangt, richtete er die Verbannte, Ehrlose und nach des Agrippa Postumus Ermordung aller Hoffnung Beraubte durch Mangel und langsames Verkümmern zugrunde, wähnend, die Länge der Verbannung werde in Dunkelheit hüllen den Mord.«[4)]

Julias Bild schwankt im Urteil der Geschichte. Bei Sueton und dem Griechen Cassius Dio fällt es nicht ungünstig aus. Velleius Paterculus hingegen beschreibt sie sehr negativ. Als intimer Freund des Tiberius konnte er kein Interesse daran haben, gerade diese Frau in einem günstigen Licht erscheinen zu lassen. Doch hält sie keiner der antiken Historiker für unschuldig an ihrem Los. Niemand klagt die Rücksichtslosigkeit ihres Vaters an, der in kaum zu überbietendem Egoismus das Leben seiner Tochter zerstört hatte. Erst die neueste Zeit beklagt sie als Opfer einer unheilvollen Familienpolitik, die auf die Gefühle des Menschen keinerlei Rücksicht nahm. Augustus benutzte sie als Schachfigur, die er beliebig hin- und herschob, als Dame des Spiels, die fallen mußte, damit der König überleben konnte.

Konnte er aber ahnen, daß sie ihm in Rom ein Pfand zurückgelassen hatte, das ihm bald noch größeren Kummer bereiten sollte? Es war ihre Tochter gleichen Namens, ebenso schön und liebeshungrig und womöglich noch ein wenig zügelloser als die Mutter. Daß die jüngere Julia ebenfalls aus den gesellschaftlichen Fugen geriet, gehört zu den Tragödien, die Augustus' ausgehende Lebensjahre überschatteten. »Die Tochter lebte ganz der Moral der Mutter nach, als ob sie entschlossen wäre, die Liebeskünste der Verse ihres Freundes Ovid am praktischen Beispiel vorzuführen.«[5)]

Doch auch hier kann nicht ausgeschlossen werden, daß Julias Lebenswandel nur als Vorwand herhalten mußte. Denn die Hintergründe, die 8 n. Chr. zu ihrer Verbannung auf die Insel Trimerus an der apulischen Küste führten, liegen im dunkeln. Viele Geschichtsschreiber lassen auch diesmal an eine Verschwörung denken, deren Haupt der adelsstolze Lucius Aemilius Paullus, Julias Gatte, gewesen sein soll. Gleichzeitig mit der Enkelin des Kaisers wurde auch der Dichter Ovid verbannt. Aus vagen Äußerungen des Künstlers, der sein Schicksal einem »Irrtum« zuschrieb und durchblicken ließ, er sei unfreiwillig Zeuge einer unschicklichen Szene geworden, schließen Wissenschaftler, der Dichter sei als wirklicher oder vermeintlicher Mitwisser in einen Skandal um das lasterhafte Leben des Mädchens aus dem Kaiserhaus verwickelt gewesen und habe Rom aus diesem Grund für immer verlassen müssen. Was wirklich geschehen ist, wird nie mehr zu ergründen sein.

Beiden aber, Mutter wie Tochter, blieb die kaiserliche Gnade über den Tod hinaus versagt. Zwar scheint Augustus ihnen gewisse Beträge aus seinem Vermögen zugedacht zu haben, aber er verbot, sie nach ihrem Ableben im Familiengrab zu bestatten. Nicht einmal den Toten sollte die Rückkehr in die Heimat gestattet sein. So weit reichten seine Furcht und sein Haß.

Die jüngere Julia starb nach zwanzigjähriger Verbannung, während der sie von Livia unterstützt wurde, die »nachdem sie durch ihre heimlichen Intrigen die Kinder aus der ersten Ehe vom Gipfel ihres Glücks verdrängt hatte, in ihrem Untergang Mitleid für sie zeigte.«[7)] So jedenfalls hat es Tacitus aufgeschrieben.

Tragisch endete auch Julias zweite Tochter, Vipsania Agrippina maior. Sie wurde 14 v. Chr. geboren und heiratete 5 n. Chr. Germanicus, den beliebten Sohn des Drusus. In nur vierzehnjähriger Ehe gebar sie ihrem Mann neun Kinder, von denen allerdings nur sechs ihren Vater überlebten: neben drei Söhnen – unter ihnen Caligula, der künftige Kaiser –, drei Töchter, Julia Drusilla, Julia Agrippina (minor) und Julia Livilla.

Die ältere Agrippina wird als herrische Frau geschildert, deren Wesen sich noch verfinsterte, als ihr Mann, der Enkel der Livia Augusta, 19 n. Chr. in Syrien ermordet wurde. Die Witwe nahm kein Blatt vor den Mund: Plancina, behauptete sie offen, eine Freundin Livias, habe auf deren und des Kaisers Geheiß den allseits beliebten Germanicus vergiftet. Der Vorwurf ist nicht ganz von der Hand zu weisen, denn es ist denkbar, daß der wenig geschätzte Tiberius auf den glänzenden Sohn seines Bruders, der den Charme des Vaters noch übertraf, eifersüchtig war. Daß auch Agrippina selbst den Römern nicht unlieb war, zeigte die Begeisterung, mit der man ihr bei der Trauerfeier ihres Mannes zujubelte. »Des Vaterlands Zierde« wurde sie genannt, »einziges Muster alter Sitte.«[8] Und man flehte zu den Göttern, sie und ihre Kinder vor den Nachstellungen der ihnen Übelwollenden zu schützen. Es ist nur allzu verständlich, daß Tiberius solche Treuebekundungen nicht gerne vernahm. Künftig jedenfalls achtete die Witwe noch stärker auf ihre und ihrer sechs Kinder Sicherheit.

So weigerte sie sich ostentativ, an der Tafel des Kaisers von den ihr angebotenen Früchten zu kosten. Und als sie sich einmal ganz offenmütig bei Tiberius beklagte, »faßte er sie bei der Hand und antwortete ihr mit dem griechischen Vers: Wenn du nicht herrschst, mein Töchterchen, glaubst du dann, dir geschähe Unrecht?«[9] Bald aber würdigte er sie überhaupt keines Wortes mehr. Gefährlich hätte sie ihm nicht werden können. Ihre Gegenwart und ihre ständigen Klagen aber wurden ihm allmählich lästig. So verbannte er sie auf die Insel Pandateria, auf der schon ihre Mutter gefangengehalten worden war. Mutig setzte sie sich ihrer Verhaftung zur Wehr, beschimpfte den Tyrannen und kämpfte mit einem Offizier, wobei sie ein Auge verlor. Sie war ihres Lebens überdrüssig geworden. Sie konnte das bescheidene Los nicht ertragen und wollte nicht geduldig auf den Tod warten. Also weigerte sie sich, Nahrung aufzunehmen, bis Tiberius befahl, sie ihr gewaltsam in den Mund zu stopfen. Aber sie harrte dennoch aus und wurde am 18. Oktober 33 erlöst. Noch im Tode verfolgte sie der nachtragende Tyrann mit den übelsten Anschuldigungen und stellte im Senat den Antrag, ihren Geburtstag zu den Unglückstagen im römischen Kalender zu rechnen. Auch verweigerte er ihrer Asche einen Platz im Familienmausoleum in Rom.

Nicht die ehrgeizige, herrschsüchtige Frau war es, die Tiberius um seinen Thron brachte, sondern ihr jüngster Sohn Gaius, genannt Caligula, das Stiefelchen. Man unterstellte ihm, den Tod des Kaisers beschleunigt zu haben, um dessen Nachfolge anzutreten. Eine seiner ersten Amtshandlungen war, die sterblichen Überreste seiner Mutter nach Hause zu holen. So wurde der mutigen Frau, deren Leben vom Haß gegen den Tyrannen zerfressen war, doch noch eine späte Genugtuung zuteil.

All die Intrigen, Unglücke und Gewalttaten am Hof des Augustus hatte die jüngere Antonia überlebt. Doch sollte auch sie tragisch enden. Sie hatte seit dem Tod ihres Gatten Drusus im Hause ihrer Schwiegermutter, der Livia Augusta, gelebt, und als diese 29 n. Chr. starb, nahm sie sich ihres Enkels Caligula und ihrer Enkelin Livia Drusilla an, die bisher unter der Obhut der Kaiserin aufgewachsen waren. 31 n. Chr. mischte sie sich kurz in die Politik, indem sie Tiberius die Verschwörung des Seianus entdeckte.

Der zu Amt und Würden gelangte Caligula wollte ihr den Titel Augusta verleihen. Doch sie lehnte bescheiden ab. Wahrscheinlich hatte sie ihren »göttlichen« Enkel durchschaut. Vordergründig nur war seine Achtung für sie. In Wirklichkeit war er der ständigen Ermahnungen überdrüssig, mit denen sie mäßigend auf ihn einzuwirken suchte. Am 1. Mai 37, nur sechs Wochen nach seinem Regierungsantritt, zwang er sie zum Selbstmord.

Mit ihr starb die letzte der bedeutenden Frauen des Kaiserhauses, die noch in jenen märchenhaft fern anmutenden Tagen der Republik geboren worden war. Sie war eine der wenigen überlebenden nahen Verwandten des ersten Princeps, dessen Stamm trotz all seiner Bemühungen, die Dynastie zu erhalten, bald ganz erlöschen sollte.

»Sie verkleidete sich und gab sich als Prostituierte in einem Lupanar ... dem Meistbietenden hin. Sie galt als betriebsamste Hure« der Stadt.[1)]

26. DIE LIEBESABENTEUER DER VALERIA MESSALINA

Die verzwickten verwandtschaftlichen Beziehungen und die zahlreichen Ehen, die die familiären Bande zusätzlich sichern sollten, wodurch diese noch verworrener wurden, brachten endlich einen Typus Frauen hervor, deren Stammbaum sich stets auf Antonius oder Agrippa oder gleich auf alle beide zurückführen ließ. Ihre charakterlichen Anlagen waren damit gleichsam vorprogrammiert, denn selten hatten sich nur die günstigen Eigenschaften ihrer Ahnen auf diese Frauen vererbt: Sie hatten mit den matronalen Tugenden wenig im Sinn. Mit ihrer ausgeprägten Herrschsucht wurden sie vielmehr zu einer zunehmenden Belastung für das Prinzipat.

Dennoch machten ihrer aller Schicksale deutlich, daß sich im Bewußtsein der Frauen einer gewissen Schicht ein tiefgreifender Wandel vollzogen hatte: Schweigend hatten sie noch zu Zeiten der republikanischen Oligarchie die männliche Dominanz toleriert. Nun aber mochten sie nicht mehr einsehen, daß die Herrschaft eines Einzigen, zudem noch mit ihnen verwandten, nicht auch ihre Sache war. Die Regierung von Livia und Augustus hatte beispielhaft gezeigt, daß sich ein vernünftiger Einfluß für den Staat nicht unbedingt schädlich auswirken mußte, den Regierenden im Gegenteil in hohem Maße anregen und so der Allgemeinheit zu großem Nutzen gereichen konnte. Das mäßigende Einwirken auf politische Entscheidungen vor allem galt als weibliche Domäne.

Die der Livia Augusta folgenden »Herrscherinnen« übersahen dabei allerdings etwas ganz Wesentliches: Sie besaßen nicht deren

Format. So ist es nicht verwunderlich, daß nach Livias Tod alle herrschsüchtigen Frauen scheiterten und damit auch den Untergang des julisch-claudischen Geschlechts beschleunigten, das nur zwei Generationen zuvor zur Rettung des Staates so vielversprechend angetreten war.

Zu den letzten Frauen dieser weitverzweigten Sippe gehörten die Töchter der unglücklichen Vipsania Agrippina. Unter dem Prinzipat ihres Bruders Caligula (37–41 n. Chr.), der zunehmend dem berüchtigten Cäsarenwahn verfiel, wurden ihnen beispiellose Ehren zuteil.

Augustus hatte sich einst heftig gewehrt, Livia offiziell an seiner Göttlichkeit teilhaben zu lassen, und ihr klugerweise erst testamentarisch den Titel Augusta verliehen. Und auch Tiberius hatte sich zeitlebens gesträubt, eine Frau besonders auszuzeichnen, wohl weniger aus der Verbitterung, die er nach der Enttäuschung mit Julia für das weibliche Geschlecht empfand, als aus staatsmännischer Besonnenheit. Sein Nachfolger Caligula aber übte solch kluge Zurückhaltung nicht. Er ließ sich unkontrolliert von Emotionen treiben, die in der Politik bekanntlich die schlechtesten Ratgeber sind und stets die Mißbilligung der Geschichte hervorrufen.

Offensichtlich war der junge Mann in seine Schwestern vernarrt. Nicht nur ließ er – vom Senat abgesegnet – die drei Frauen in die für ihn ausgesprochenen Heilswünsche einbeziehen. Münzen erschienen, die sie den alten Staatsgöttinnen Securitas, Fortuna und Concordia gleichstellten. Bei den Spielen wies er ihnen Ehrenplätze zu. »Ich werde mich und meine Kinder nicht lieber halten als Gaius und seine Schwestern« wurde die ab Jahresbeginn 38 verbindliche Eidesformel.

Zu allen dreien soll er blutschänderische Beziehungen unterhalten haben, wobei er seine Gunst allerdings nicht gleichmäßig verteilte. Livia Drusilla liebte er besonders leidenschaftlich. Schon als Knabe soll er ihr verfallen gewesen sein. Sueton zufolge behandelte er gerade sie in der Öffentlichkeit wie seine legitime Gattin und setzte sie sogar als Erbin und Nachfolgerin ein.[2)] Als sie schon in jungen Jahren starb, ordnete er Staatstrauer an. Den Untröstlichen hielt es nicht länger in Rom. Ziellos durchirrte er Süditalien, gelangte bis Syracus, kehrte aber bald wieder zurück, da er auch dort keine Ruhe fand. Bart und Haupthaar ließ er ungeschoren – ein sichtbares Zeichen seiner Trauer. Und nie mehr legte er vor Volk oder Heer »einen Eid ab, ohne bei der Göttlichkeit der Drusilla zu schwören«. Dieser erstaunlich anmutende Bericht ist offensichtlich keine Erfindung des antiken Biographen. Es sind tatsächlich Pläne des Gaius bekannt, »Drusilla in Nachahmung der ptolemäischen Geschwisterehe zu heiraten.«[3] Ihr früher Tod ersparte dem Kaiserhaus die Schande vor der gesamten zivilisierten Welt.

Ein Jahr später fielen die beiden überlebenden Schwestern beim Bruder in Ungnade. Ihr Schwager M. Aemilius Lepidus, der mit Drusilla verheiratet gewesen war (wenn ihm der lüsterne Kaiser das »Spielzeug« auch gleich nach der Hochzeit wieder weggenommen hatte), wurde des Hochverrats überführt und hingerichtet. Die beiden Frauen, offensichtlich auch mit Gaius' Regentschaft, die längst die übelsten Entartungserscheinungen zeigte, unzufrieden, beschuldigte man der Mitwisserschaft und verbannte sie auf die Pontischen Inseln. Agrippina mußte außerdem die Asche ihres Schwagers an ihrem Busen nach Rom tragen. Man sagte ihr nach, zu ihm ein ehebrecherisches Verhältnis unterhalten zu haben. Tief gedemütigt verlor sie in dieser Zeit auch noch ihren Gatten Cn. Domitius Ahenobarbus, einen Urenkel Marc Antons.

Der Verlust ihres Mannes war sicherlich noch am leichtesten zu verschmerzen, denn Ahenobarbus soll der brutalste und verworfenste Mensch seiner Zeit gewesen sein. Aber er hatte seinem erst dreijährigen Sohn Nero testamentarisch ein Drittel seines immensen Vermögens vermacht, daneben aber auch den Kaiser bedacht, der jetzt, nach dem Fall der Mutter, das gesamte Erbe einzog. So hatte Agrippina nicht nur ihre Freiheit, sondern auch ihr gesamtes Vermögen verloren. Ihre Lage schien hoffnungslos.

Da fiel nur kurze Zeit später der launische Gaius einer Palastverschwörung zum Opfer. Claudius gelangte überraschend auf den Thron, und das Blatt wendete sich wieder zugunsten der Schwestern, die die Nichten des neuen Kaisers waren. Sie durften nach Rom zurückkehren, und Agrippina erhielt auch ihr Vermögen zurück. Schon damals soll sie versucht haben, sich ihrem Onkel zu nähern. Aber ihre Zeit war noch nicht gekommen. Messalina, die Claudius ein oder zwei Jahre vor seiner Thronbesteigung geheiratet hatte, hütete eifersüchtig die Stellung, die ihr so unverhofft zugefallen war. Sie hatte ihren schönen jungen Leib schließlich keinem Kaiser hingegeben, sondern einem Trottel, über den sich am Hof des Gaius jedermann ungestraft lustig machen durfte und der zudem zwei gescheiterte Ehen hinter sich hatte. So schien ihr das kürzlich erlangte Glück als gerechter Ausgleich für die früher erlittene Schmach.

Angeblich haßte sie die Nichten ihres Mannes. Weniger vorsichtig als die kluge Agrippina versuchte Julia Livilla bald, Claudius zu verführen und Messalina zu beseitigen, um deren Stelle einzunehmen. Sie führte lange Gespräche mit dem alternden Herrscher, von dem es heißt, er habe der Anziehungekraft einer Frau nie lange widerstanden. Da schlug Messalina zu.

Sie ließ die lästige Nebenbuhlerin anklagen, ihren Mann vergiftet und ein Verhältnis zum Philosophen Seneca unterhalten zu haben. Erneut wurde Livilla verbannt und 43 n. Chr. auf Veranlassung des Kaisers, den Messalina von Livillas Schuld überzeugt hatte, hingerichtet.[4)]

Auch Valeria Messalina gehörte dem unseligen Clan der Julier-Nachkommenschaft an, und man ist geneigt, für ihre perversen Anlagen wenigstens zum Teil ihre Abstammung verantwortlich zu machen. Väterlicher- wie mütterlicherseits war sie eine Urenkelin Octavias, doch hatte sich keine der günstigen Eigenschaften der Ahnin auf sie vererbt. Als lasziv, grausam und herrschsüchtig wird sie geschildert, dazu getrieben von hemmungsloser Leidenschaft, einem fast krankhaften sexuellen Verlangen, dem sie stets nachgab, so daß sie noch heute als die Verkörperung der vollkommenen Amoral gilt.

Sobald im kaiserlichen Haus auf dem Palatin die Lichter erloschen und der Kaiser eingeschlafen war, stahl sie sich – so jedenfalls weiß es Juvenal zu berichten – im Schutze der Nacht davon, von einer einzigen Dienerin begleitet. »Eine blonde Perücke bedeckte ihr schwarzes Haar; so betrat sie das Bordell, das durch einen alten Lumpenvorhang warmgehalten wurde: eine leere Zelle war für sie reserviert. Dort stellte sie sich nackt auf, die Brustwarzen vergoldet, unter dem falschen Namen Lysisca, und zeigte dar den Leib ... Liebreich empfing sie die Hereinkommenden, verlangte Geld und ließ sich rücklings hingestreckt von vielen durchziehen. Wenn dann der Bordellwirt die Mädchen nach Hause schickte, schloß sie womöglich als letzte ihr Kämmerchen, noch immer heiß von der Brunst ihrer Scheide, und ging fort, zwar ganz matt, doch nimmer satt nach Männern. Mit verschmuddelten Backen und schmutzig vom Ruß der Lampe trug sie den Gestank des Bordells ins kaiserliche Bett.«[5] Wenn es auch zweifelhaft erscheint, daß die verwöhnte Frau den Luxus ihres kaiserlichen Palastes freiwillig mit dem Schmutz eines billigen Lupanars tauschte, so verbürgen doch auch andere Historiker, daß sie von einer sexuellen Triebhaftigkeit besessen war, die man bislang nicht einmal in Rom gekannt hatte. Cassius Dio berichtet, sie habe im Palast ein Freudenhaus unterhalten und zahlreiche Damen aus den höchsten Gesellschaftskreisen dort zum Dienst verpflichtet, wobei deren Ehemänner als Kuppler fungieren mußten.

Immer neue Liebesspiele dachte sie sich aus, und vielleicht ist es gerade ihre Erfindungsgabe, die sie auch heute noch so faszinierend erscheinen läßt.

Zweifel an der Überlieferung sind indes auch hier angebracht. Denn die uns als so verderbt Beschriebene war keine zwanzig Jahre alt, als sie, von den Dämonen des Fleisches gehetzt, die abscheulichsten Verbrechen begangen haben soll.

Als blutjunges Ding von dreizehn oder vierzehn Jahren hatte man sie Claudius vermählt, der damals schon auf die fünfzig zuging. Ihm gebar sie zwei Kinder, Octavia und Britannicus, und es verwundert, daß bei dem ihr nachgesagten Lebenswandel niemand an der Vaterschaft des Kaisers zweifelte. Sie liebte leidenschaftlich, wenn auch niemals sehr ausdauernd. Und sie scheute weder Mittel noch Wege, all diejenigen, die sich ihren Wünschen widersetzten oder deren sie überdrüssig geworden war, zu vernichten. Gelegentlich wurden ihre Opfer auch vom Kaiser selbst angehalten, ihr zu Willen zu sein, so der Schauspieler Mnester, den anfangs ihre großen, goldbemalten Brüste abgestoßen hatten.

Sie soll sich aber nicht nur in tausenderlei Ausschweifungen ergangen, sondern auch den Tod zahlreicher hochgestellter Römer verschuldet haben, um Haß- und Rachegefühle, Eifersucht oder Habgier zu befriedigen. Auch hier sind die meisten Berichte allerdings mit Vorsicht zu genießen, denn die unerfahrene Messalina dürfte kaum zu all den Verbrechen fähig gewesen sein, deren man sie bezichtigte. Wahrscheinlich hatte sich um die Frau des Kaisers ein Klüngel von Intriganten, vornehmlich Freigelassenen, gebildet, die zum einen ihre Unerfahrenheit, zum anderen ihren zweifellos überragenden Einfluß auf Claudius geschickt nutzten. Denn trotz aller Laster – oder sollte man glauben, gerade ihretwegen? – liebte der alte Mann die junge Frau, die ihm zwei Kinder geboren und sein welkendes Herz mit Vaterstolz erfüllt hatte.

Eines der scheußlichsten Verbrechen, an denen Messalina zumindest eine Mitschuld traf, war die Beseitigung des Valerius Asiaticus, über die Tacitus am Anfang des elften Buches seiner Annalen berichtet. Die verschmähte Liebe der Kaiserin, scheint es, und auch ihre Habgier brachten den edlen Römer zu Fall.

Sein größtes Pech war, daß er die schönsten Gärten Roms besaß, die einst von Lucullus angelegt, von ihm aber zu einem der prächtigsten Wohnsitze der Stadt ausgeschmückt worden waren. Kurzerhand ließ die Kaiserin Asiaticus als Verführer der verheirateten Poppaea Sabina anklagen. So entledigte sie sich ganz nebenbei auch einer großen Rivalin. Denn Poppaea Sabina galt als schönste Frau Roms, und das, obwohl sie nicht mehr die jüngste war.[6] Auch weitere Beschuldigungen gegen Asiaticus waren schnell zur Hand. Er wurde der Teilnahme an der Verschwörung gegen Claudius' Vorgänger Gaius bezichtigt. Es hieß sogar, er sei der Anstifter des Mordes gewesen und habe obendrein mit der Tat noch öffentlich geprahlt. Vergessen war die Dankbarkeit, die man dem Königsmörder anfangs entgegengebracht hatte, und auch die Tatsache, daß sein Mut nicht nur Rom von der Herrschaft eines Wahnsinnigen befreit, sondern auch dem jetzigen Kaiser den Thron gesichert hatte.

Sicherlich war Asiaticus kein unbeschriebenes Blatt und keineswegs so unschuldig, wie ihn Tacitus darstellt. Daß er schließlich auch bei Claudius selbst in Ungnade fiel, hatte aber einen tieferen Grund und war nicht allein das Werk der Schamlosigkeit und Habgier einer unberechenbaren Frau. Wahrscheinlich fürchtete der Kaiser in ihm den heimlichen Vertreter jener republikanischen Oberschicht, die sich immer noch bemühte, die alten Verhältnisse und die Privilegien ihres Standes wiederherzustellen. Immerhin soll Claudius während des Verhörs zeitweise zu einem Freispruch geneigt haben, und selbst Messalina konnte, als der Angeklagte sich zu verteidigen begann, die Tränen nicht zurückhalten. Das könnte darauf hinweisen, daß ihr Charakter noch nicht völlig verdorben war. Doch überwand sie bald alle Gefühlsregungen und erreichte schließlich ihr Ziel. Poppaea Sabina wurde zum Selbstmord gezwungen, was sicherlich Messalinas größter Triumph war. Auch ihrem angeblichen Liebhaber gewährte man die Gnade, die Todesart selbst wählen zu können. Als hierauf einige zum Hungertod rieten, lehnte er dankend ab. Er bedauerte aber sein Schicksal und klagte, es wäre gewiß ehrenhafter gewesen, »durch des Tiberius List oder des Gaius Caesar Ungestüm« zu fallen als durch Weibertücke.[7] Dann badete er, speiste heiteren Sinnes und öffnete sich die Adern. Seine große Widersacherin aber nahm von seinen herrlichen Gärten Besitz, nicht ahnend, daß auch die Tage ihres Genusses gezählt waren.

»Ohne den Beistand der kaiserlichen Freigelassenen« mutmaßt der englische Althistoriker Dacre Balsdon, »hätte sie sich nicht auf der triumphalen Höhe ihres Fiebertaumels halten können... Wieviel Claudius selbst von ihrem Treiben wußte, bleibt ein Geheimnis.«[8]

Daß ihm alles entging, ist indessen unwahrscheinlich. Eben jene Freigelassenen, die sich jahrelang Messalinas bedient hatten, um eigene Ziele zu verfolgen, werden dafür gesorgt haben, den Kaiser auf dem laufenden zu halten. Denn die unersättliche Frau war ihnen allmählich gefährlich, weil zu mächtig, geworden. Schon machten sie sich Gedanken, wie sie sich ihrer entledigen könnten.

Es traf sich gut, daß sich Messalina gerade in ein neues Abenteuer stürzte. Sie hatte sich heftig in einen jungen Mann verliebt, C. Silius, der nach Tacitus der schönste unter den Römern war.[9] Er verfügte über beneidenswerte Eigenschaften, war gewandt und redebegabt, dazu noch von vornehmer Herkunft. Seine Familie hatte in nur einem halben Jahrhundert dem Staat fünf Konsuln gestellt, und auch er selbst sollte dank der Fürsprache der Kaiserin 48 n. Chr. die noch immer begehrte Würde erhalten. Verheiratet mit der Patrizierin Junia Silana, hätte er eine ohnehin glänzende Karriere vor sich gehabt, doch witterte er in Messalinas blinder Leidenschaft möglicherweise die Chance, auf der Leiter des Erfolges ganz nach oben zu steigen. Wahrscheinlich war er sich auch der Tatsache bewußt, daß es für ihn keine Wahl gab. Noch immer hatte es die launische Frau verstanden, den, der es wagte, sich ihrem Verlangen zu verschließen, unschädlich zu machen.

Warum also sollte Silius nicht zugreifen, wo ihm das Schicksal ohnehin keinen Ausweg ließ? Claudius war ein alter Mann jenseits der fünfzig. Mußte man geduldig das Ende seiner Tage abwarten? War nicht er, C. Silius, als desingierter Konsul eine der wichtigsten Persönlichkeiten der Stadt? Und hatte er nicht in Rom eine treue Anhängerschaft, die seine Thronbesteigung begrüßen würde? Er ließ sich auf Messalinas Befehl von seiner vornehmen Gattin scheiden und bot der Geliebten an, er sei bereit, nunmehr völlig ungebunden, sein Verhältnis zu ihr zu legitimieren, sobald auch sie frei sei.

Messalina stimmte seinen Plänen zu. Es mußte eine seltsame Veränderung in ihr vorgegangen sein. Sie, die bislang jede Bindung sorgfältig vermieden und sich jedes Liebhabers bald wieder entledigt hatte, um die Qualitäten anderer zu erproben, hatte sich offensichtlich das erste Mal in ihrem Leben richtig verliebt. Doch ihr noch immer funktionierender weiblicher Instinkt warnte sie: Hatte Silius etwa vor, sie als williges Werkzeug zur Befriedigung seines Ehrgeizes zu mißbrauchen, um sich hernach, am Ziel seiner Wünsche angelangt, von der Ehebrecherin zu distanzieren? Von einer Beseitigung ihres rechtmäßigen Gatten wollte sie daher noch nichts wissen. Nur eines interessierte sie: Würde ihr Liebhaber sie heiraten?

Tacitus hält Messalina für die treibende Kraft der unseligen Beziehung. Sie habe, nachdem sie Junia Silana aus der Ehe gedrängt hatte, den Jüngling mit kostbarsten Geschenken und hohen Belohnungen überhäuft, bis er beschlossen habe, sich ihr nicht länger zu widersetzen, sondern zu genießen, was ihm die Gegenwart bot, die Zukunft aber geduldig abzuwarten. »Niemals heimlich, sondern mit großem Gefolge besuchte sie sein Haus, hängte sich an ihn, wenn er ausging, verwöhnte ihn mit Reichtum und Ehren. Zuletzt sah man, als wäre die Herrschaft schon auf ihn übergegangen, Sklaven, Freigelassene und das ganze Gepränge des Fürsten bei dem Ehebrecher.«[11)]

Es fand sogar eine richtige Hochzeit statt, bei welcher alle traditionellen Riten beachtet wurden. Die Wahrsager wurden befragt. Man brachte die vorgeschriebenen Opfer dar. Es wurde ein Ehekontrakt aufgesetzt, der Bestimmungen über die Mitgift der »Braut« enthielt. Und nach der Zeremonie zogen sich die Neuvermählten zurück, um nach altem Brauch die Nacht miteinander zu verbringen. Was aber besonders anrüchig war: Das ganze spielte sich gewissermaßen hinter dem Rücken des Kaisers ab, der sich zu Opferhandlungen nach Ostia begeben hatte.

Schon den Alten, an gewisse Perversitäten ihrer Führungsschicht durchaus gewöhnt, schien diese Heirat so unglaublich, daß sie Anlaß zu den wildesten Spekulationen gab. »Ich bin mir wohl bewußt«, meldet sich wieder Tacitus, »es klingt wie ein Märchen, daß irgendjemand, vor allem ein designierter Konsul, in einer Stadt, die alles weiß und nichts verschweigt, gewagt hat, mit der Frau des Princeps an einem vorbestimmten Tag unter Zuziehung von Zeugen zusammenzukommen, um mit ihr die Ehe zu schließen... Dennoch ist nichts von dem erfunden, um etwas Wundersames zu berichten. Ich gebe nur wieder, was von älteren Leuten gehört und niedergeschrieben worden ist.«[12)]

Andere freilich betrachteten das merkwürdige Ereignis viel nüchterner. So will Sueton gehört haben (wobei er allerdings an der Wahrscheinlichkeit dessen, was ihm da zu Ohren gekommen war, zweifelt), Claudius habe selbst den Ehevertrag unterzeichnet, um eine ihm nach gewissen Vorzeichen drohende Gefahr abzuwenden und auf jemand anderen zu übertragen.»[13)] So konnte er beruhigt nach Ostia fahren.

Cassius Dio geht sogar noch einen Schritt weiter. Da die Zeremonie jeder rechtlichen Grundlage entbehrte – schließlich war Messalina verheiratet – vermutet er dahinter nicht mehr als eine Farce. Die launische Frau habe die Absicht gehabt, mit jedem Mann, mit dem sie geschlafen hatte, einen Ehevertrag zu schließen.

Entsetzen hatte indes das Kaiserhaus gepackt. Jeder, der eine gewisse Stellung innehatte, fürchtete um deren Bestand, wenn Claudius entthront würde. Wohl vermochte man die Schande zu ertragen, die ein Schauspieler, der das Bett der Kaiserin teilte, dem Staate machte, denn dem Leben des Kaisers drohte dadurch keine Gefahr. Ließ sich aber ein Mann von Adel auf ein derart gefährliches Abenteuer ein, sah die Sache schon anders aus. Silius war jung, er war schön. Es gab kaum eine Eigenschaft, die er dem vergreisenden Claudius nicht voraushatte. Viele hätten ihn verständlicherweise gerne an Stelle des dümmlichen Greises gesehen. Also war schnelles Handeln geboten.

Narcissus, einer der kaiserlichen Freigelassenen, übernahm es, seinem ihm blind vertrauenden Herrn die Augen zu öffnen. Claudius nämlich scheint das neuerliche Abenteuer seiner Frau nicht mehr bedeutet zu haben als ihre früheren Affären, von denen jedermann wußte. So hatte er sich in Ostia ganz seinen religiösen Pflichten hingegeben. Narcissus wußte, wie sehr der Kaiser dem jugendlichen Charme dieser Frau verfallen war, und daß es ihr ein leichtes sein würde, ihn von ihrer »Unschuld« zu überzeugen. Er mußte also trotz aller Eile behutsam vorgehen, um nicht am Ende selbst auf der Strecke zu bleiben. Vor allem durfte Messalina nichts von seinen Unternehmungen erfahren. Er hätte gewiß leichteres Spiel gehabt, wäre der Plan, den Kaiser zu ermorden, an die Öffentlichkeit gelangt. Doch die beiden Verliebten wußten, sofern sie mit solchen Gedanken überhaupt je gespielt hatten, ihr Geheimnis sorgsam zu hüten. So blieb als Anhaltspunkt nur die skandalöse Hochzeit, die Messalina vor den Augen aller Welt mit ihrem Liebhaber gefeiert hatte.

Narcissus weihte Calpurnia und Cleopatra, die beiden Lieblingsmätressen des Kaisers, in seine Pläne ein. Nicht nur mit reichen Geschenken bewog er sie zum Mitmachen, er bedeutete ihnen auch, ihr Einfluß werde um so größer sein, sei Messalina erst einmal ausgeschaltet.

So warf sich Calpurnia Claudius zu Füßen: »Messalina hat Silius geheiratet« schluchzte sie, und schon trat Cleopatra hinzu, um ihr beizupflichten. Dann wurde Narcissus gerufen. Auch er konnte nur bestätigen, was die beiden Frauen gesagt hatten. »Das ehebrecherische Verhältnis will ich ihr nicht vorwerfen« begann er unter vielerlei Entschuldigungen. Silius möge sich der vielen Dinge ruhig erfreuen, die ihm Messalina geschenkt habe. Aber die Frau solle er zurückgeben. »Weißt du nicht, daß du ein geschiedener Mann bist? Das Volk, der Senat und die Armee waren Zeugen von Silius' Vermählung. Handelst du nicht schnell, ist Messalinas neuer Mann Herr über Rom.«[14] Dann schleppte er den zweifelnden Greis zum Lager der Prätorianer. Sie behaupteten, im Jahr zuvor die Senatoren unter Silius' Führung daran gehindert zu haben, die Republik wiederherzustellen. Aus Treue zu ihm, dem Kaiser, hätten sie so gehandelt und weil sie in ihm den Bruder des Germanicus verehrten, dessen Andenken noch immer lebendig war. Claudius fiel aus allen Wolken. »Bin ich noch Kaiser? Hat Silius schon die Herrschaft übernommen?« wollte er immer wieder wissen.

Messalina genoß inzwischen ihr junges Glück. Es war Herbst. Die Weinlese hatte gerade begonnen. Da gab es im kaiserlichen Haus ein großes Fest. Der Wein floß in Strömen. Keltern und Bottiche waren mit Trauben und Most gefüllt. Überall fröhliche Menschen: Frauen, als Bacchantinnen verkleidet, nur mit einem knappen Pantherfell bedeckt, gaben sich ausgelassenen Tänzen zu Ehren des Dionysos hin. Messalina flog mit flatternden Haaren umher, von Silius begleitet, der als Bacchus verkleidet und mit Efeu bekränzt war. Messalinas Arzt Vettius Valens kletterte übermütig auf einen Baum. »Was sieht du dort oben?« wollte die ausgelassene Menge wissen. »Ein schweres Unwetter zieht von Ostia auf« antwortete er. Er hatte sich nicht getäuscht. Doch erst im Rückblick der Ereignisse nahmen seiner Worte den Charakter einer schicksalhaften Prophezeiung an.

Gerade hatte nämlich Claudius eine Sänfte bestiegen, um sich nach Rom zurückzubegeben. Von Narcissus überredet, hatte er beschlossen, sich mit der leidigen Angelegenheit auseinanderzusetzen. Aber er wirkte eher bekümmert als zornig. Auch habe er gezweifelt, heißt es, ob er mehr das Verhalten seiner Frau anklagen oder seiner jungen Kinder wegen an Versöhnung denken solle. Der Freigelassene wußte wohl, auf welch schwachen Beinen sein Plan stand, und daß nicht jeder einflußreiche Berater des Kaisers seine »Empörung« über Messalina teilte. So verschaffte er sich listig einen Platz im kaiserlichen Reisewagen, damit Claudius nicht, von zweifelhaften Ratgebern belehrt, seinen Sinn ändere.

Trotz der allgemeinen Aufregung, die in Rom herrschte, als dort die Nachricht eingetroffen war, Claudius nähere sich wutentbrannt der Stadt, verlor Messalina nicht die Fassung. Sie war noch immer von ihrer Macht über den alternden Mann überzeugt, der nach einem Gespräch unter vier Augen und einer gemeinsam verbrachten Nacht schon wieder bereit sein würde, einzulenken, worin sie sich sicherlich nicht täuschte. Aber eine derartige Unterredung, die ihr Leben hätte retten können, kam nicht zustande. Die junge Frau hatte in ihrem Leichtsinn nicht damit gerechnet, daß Narcissus alles daransetzen würde, ein Zusammentreffen zu verhindern, um dann sofort ihre Hinrichtung zu betreiben, ohne den Kaiser auch nur zu fragen.

Messalina zog ihrem Mann entgegen, begleitet von nur wenigen Getreuen. Fast alle Freundinnen hatten sie in ihrem Unglück verlassen. Sie schickte auch nach ihren Kindern, die sich dem Vater in die Arme werfen sollten. Schließlich suchte sie noch die Hilfe der alten Vibidia, Priesterin der Vesta, die beim Kaiser für sie um Milde bitten sollte. Dann bestieg sie ein schmutziges Fuhrwerk, mit dem man üblicherweise Gartenabfälle beförderte – ein anderes Gefährt hatte sich in der Eile nicht auftreiben lassen. So wäre Claudius fast seine Kinder begegnet, und auch ein Wiedersehen mit der Ehebrecherin hätte ihn vermutlich besänftigt. Aber Narcissus ließ die Kinder abfangen und fortschaffen. Und Messalina, die sich der Sänfte ihres Gatten laut jammernd näherte, wurde von ihren Anklägern niedergeschrien. Der Freigelassene lenkte des Kaisers Blicke geschickt von der Bittstellerin ab und reichte ihm Dokumente, die ihre Schuld bestätigten. Nur die Vestalin ließ sich nicht so leicht abwimmeln. Keinesfalls, forderte sie, dürfe der Kaiser seine Gemahlin hinrichten lassen, ohne ihr nicht Gelegenheit zu geben, sich gegen alle Vorwürfe zu verteidigen. Aber auch sie konnte Narcissus schließlich beruhigen. Claudius werde seine Frau schon anhören. Sie selbst aber möge sich um das kümmern, was ihres Amtes sei...

So traf der Zug endlich in Rom ein, wo man zuerst das Haus des Ehebrechers aufsuchte. Als der Kaiser dort die vielen Schätze aus seinem Palast sah, geriet er in Wut. Silius, der auf dem Forum scheinbar unbefangen seinen Geschäften nachgegangen war, um seine Angst zu verbergen, wurde verhaftet und vor das Tribunal geschleppt. Er verzichete darauf, sich zu verteidigen. Alles, worum er bat, war ein schneller Tod.

Mit ihm verfielen auch andere Verschwörer dem Henker. Es fand eine regelrechte Säuberung des Senats statt. Wer sich mit Messalina eingelassen hatte, büßte sein Leben ein. Das Strafgericht traf die aktivsten Vertreter der Senatspartei, die durch die harten Urteile getroffen werden sollte. Die Angst der Senatoren war so groß, daß sie »dem Narcissus die Ehrenzeichen der Quästur anboten und damit ihre Niederlage bestätigten.«[15] Nur der Schauspieler Mnester flehte um Gnade. Nicht aus Geld- oder Machtgier habe er sich der Kaiserin ergeben, sondern weil Claudius selbst es von ihm verlangt habe. Dieser ließ sich rühren. Doch waren seine Freigelassenen nicht einverstanden. Verbrecher sei Verbrecher. Ob er aus freien Stücken oder unter Zwang mitgemacht habe, spiele keine Rolle. So wurde auch er ein Jahr nach Messalinas Tod hingerichtet.

Die große Übeltäterin hatte sich nach ihrem mißglückten Rettungsversuch endgültig in die Lucullischen Gärten zurückgezogen. Noch immer weigerte sie sich einzusehen, daß ihre Lage hoffnungslos war. Ihre Mutter Domitia Lepida war zu ihr gestoßen. Mochte sie mit der exzentrischen Tochter auch nie auf gutem Fuß gestanden haben, empfand sie jetzt doch, nachdem diese in Ungnade gefallen war, Mitleid. Früher als Messalina selbst hatte sie begriffen, daß deren Leben verwirkt war.

Jetzt half auch die Bittschrift nicht mehr, zu der sich jene gerade aufraffte. Dumpf hörte man in der Ferne schon Soldaten marschieren. Lepida redete ihrer Tochter gut zu, den Mördern zuvorzukommen und wenigstens auf ehrenvolle Weise zu sterben. Aber »ihre von Leidenschaft verdorbene Seele hegte nicht mehr das geringste Ehrgefühl.« Schon wurden die Tore aufgebrochen, und vor ihr stand schweigend der Tribun. Jetzt erst wurde sie sich der Aussichtslosigkeit ihrer Lage bewußt. Sie griff nach dem Dolch. Aber ihre Hand zitterte, so daß sie ihn vergeblich an Hals und Brust ansetzte. Da nahm ihr der Mann die Arbeit ab...

»Hätte nicht Narcissus ihre Hinrichtung beschleunigt,« mutmaßt wieder Tacitus, »so würde sich der Spieß gewendet und das Verderben ihre Ankläger getroffen haben.« Als nämlich im heimischen Palast bei einem zeitig eingenommenen Mahl der Zorn des Kaisers verflog und der Wein sein übriges dazu tat, befahl er, »die Unglückliche« aufzusuchen und ihr auszurichten, daß sie sich anderntags zu ihrer Verteidigung einfinden solle. Es stand also zu befürchten, daß Claudius' Liebe zu ihr wieder erwachen und die Freuden der Nacht seinen Sinn ändern könnten. Deshalb stürzte »Narcissus hinaus und befahl den Centurionen und dem Tribun im Namen des Kaisers, Messalina sofort hinzurichten.«[16]

Claudius saß noch immer beim Essen, als ihn die Nachricht vom Tod seiner Frau erreichte. Man sagte ihm nicht, ob sie von eigener oder fremder Hand gefallen war, und es schien ihn auch nicht zu interessieren. Er fuhr ruhig mit dem Tafeln fort. Nur tags darauf gab er zerstreut seiner Verwunderung darüber Ausdruck, daß die Kaiserin nicht bei Tisch erschienen sei. (Einige Historiker beziehen seine Frage allerdings auf Poppaea Sabina, die auf Messalinas Wunsch zum Selbstmord getrieben worden war. Als Claudius diese bei einem von ihm gegebenen Essen vermißte, fragte er ihren Gatten Scipio, warum er sie nicht mitgebracht habe. Geistesgegenwärtig erwiderte dieser, er bedaure, aber seine Frau sei gestorben.) Keinerlei Gefühlsregung ließ Claudius erkennen: Weder teilte er die Freude der Freigelassenen, die die unliebsame Frau nun endlich los waren, noch tröstete er die Kinder, die über den Verlust der Mutter trauerten. Er hatte schon begonnen, Messalina zu vergessen. Und der Senat half ihm dabei. Sie war der »damnatio memoriae« verfallen. Ihr Name wurde aus allen Inschriften getilgt. Von allen öffentlichen Plätzen wurden ihre Standbilder entfernt.

Claudius aber trat vor seine Soldaten: »Da ich mit meinen Ehen kein Glück habe, will ich künftig ehelos bleiben«, versprach er. »Sollte ich das nicht einhalten, werde ich nichts dagegen haben, wenn ihr mich mit eigener Hand tötet.«[17)]

Er hätte gut daran getan, sich an diesen Vorsatz zu halten.

27.
DIE VERBRECHEN DER JULIA AGRIPPINA

Als Nero Claudius Caesar Augustus Germanicus den nackten Leichnam sah, bemerkte er: »Ich habe nicht gewußt, daß ich eine so schöne Mutter hatte.«[1] Schon diese von dem griechischen Historiker Cassius Dio verbürgte Überlieferung beweist, daß der junge Kaiser kaum den Verführungskünsten dieser sexuell abartigen Frau erlegen sein kann. Tatsächlich soll sich Agrippina, so jedenfalls berichten es verschiedene alte Quellen, oft am hellichten Tag und entsprechend hergerichtet, dem Sohn genähert, ihn vor den Augen aller leidenschaftlich geküßt und liebkost haben, um ihn ihren Absichten gefügig zu machen. Doch sollten ihre Vorstöße keineswegs dazu dienen, ihre ausschweifende Phantasie zu befriedigen. Vielmehr wollte sie die Gewalt über ihren Sohn und damit ihre eigene Macht nicht verlieren, die neuerdings durch den Einfluß anderer Frauen aufs stärkste gefährdet waren. Doch darüber jetzt schon berichten, hieße der Zeit voraneilen.

Vor allem eine im Liciniergrab an der Porta Pia in Rom gefundene Porträtbüste weist die jüngere Agrippina in der Tat als eine Frau von außerordentlicher Schönheit aus, und es ist nicht verwunderlich, daß sich der greise Onkel bald in sie verliebte.

Schnell hatte Claudius sein den Prätorianern gegebenes Versprechen vergessen, denn es hatte sich herausgestellt, daß er, lüstern bis ins Alter, ohne eheliche Bettgenossin nicht leben konnte. Erneut trug er sich also mit Heiratsgedanken. Mehrere »Bräute« standen zur Wahl. Die eine war Paetina, mit der er bereits einmal verheiratet gewesen war, dann Lollia Paulina, einst die Frau des Gaius Caesar (Caligula) und wegen ihres Reichtums eine der besten Partien der Stadt. Aber nur »die Verführungskünste der Agrippina, der Tochter seines Bruders Germanicus, die ihn ungeniert küssen durfte ..., vermochten seine Sinnlichkeit ... zu reizen.«[2] Das Verhältnis zu ihr hatte allerdings einen Makel: Sie war seine Nichte, und Ehen zwischen so nahen Verwandten galten bislang als Inzest. Also stiftete Claudius einige Senatoren an, in der nächsten Sitzung den Antrag zu stellen, man müsse den Kaiser nicht nur zwingen, erneut zu heiraten, sondern sich gerade mit dieser Frau zu verbinden, da das für den Staat von größtem Nutzen sei. Auch allen anderen Leuten solle man künftig solche Ehen gestatten. Schon anderntags wurde im Kaiserhaus Hochzeit gehalten, doch fanden sich nur zwei Paare, die diesem Beispiel folgen wollten. Übrigens war Agrippinas zweiter Gemahl, mit dem sie sich bis zum Sturz Messalinas die Zeit vertrieben hatte, unterdessen gestorben, wobei sie, wie man behauptete, mit Gift nachgeholfen hatte, nachdem sie sich zur Erbin seines riesigen Vermögens hatte einsetzen lassen. Bei ihren Bemühungen, Kaiserin zu werden, hatte sie M. Antonius Pallas unterstützt, ein Freigelassener, der nicht nur der allmächtige »Finanzminister« des Kaisers, sondern auch Agrippinas – wahrscheinlich einziger – Liebhaber war.

Mit Agrippina gelangte eine zweite Livia an die Macht, der noch entgegenkam, daß ihr Mann, anders als seinerzeit Augustus, leicht zu beherrschen war. So verfolgte sie bald eigene politische Ziele, wandte sich vor allem der Senatspartei zu. Sie rief Seneca aus der Verbannung zurück (man hatte ihn 41 n. Chr. wegen angeblichen Ehebruchs mit ihrer Schwester Julia Livilla aus Rom entfernt), vertraute ihm die Erziehung ihres Sohnes Nero an und ließ beim Senat durchblicken, daß sie dem Reich einst einen Kaiser verschaffen werde, der die senatorischen Privilegien stärker achten würde. Da sie der Auffassung war, zuviel Philosophie sei für einen jungen Kaiser schädlich, durfte Seneca ihren Sohn nur in Rhetorik unterrichten. Alles, was sie nun tat, geschah einzig zu dem Zweck, ihrem nichtswürdigen Nero den Thron zu sichern (und dabei selbst die Macht zu behalten). Schon Neros Vater Gnaeus Domitius Ahenobarbus soll anläßlich der Glückwünsche zu dessen Geburt bemerkt haben: »Unmöglich kann von mir und der ein gutes Früchtchen kommen!«[3] Und Agrippina war einst, als sie die Astrologen über Nero befragt hatte, gewarnt worden: »Nero wird Kaiser sein und seine Mutter umbringen.« Darauf soll sie erwidert haben: »Mag er mich töten, wenn er nur herrscht.«[4]

Daß ihr Einfluß auf die Regierungsgeschäfte zunächst ein günstiger war, steht zweifelsfrei fest. Prozesse, Skandale, sogar Selbstmorde aus politischen Gründen gingen merklich zurück. Ihre Hauptsorge aber blieb, Nero zum Kaiser zu machen. Durch seine frühe Verlobung mit Claudius' Tochter Octavia versuchte sie, ihn dem kaiserlichen Gatten noch stärker zu verbinden. Wie erleichtert muß sie gewesen sein, als sich Claudius schon 50 n. Chr. entschloß, Nero an Sohnes Statt anzunehmen, ungeachtet der Tatsache, daß er von Messalina einen eigenen Sohn, Britannicus, hatte! Man hatte den alternden Kaiser glauben gemacht, der immerhin schon zwölfjährige Nero werde dereinst dem drei Jahre jüngeren Britannicus hilfreich zur Seite stehen. Und hatte nicht auch Augustus seinen Stiefsohn adoptiert? Octavia allerdings mußte, um die unter Adoptivkindern verbotene Geschwisterehe zu vermeiden, in eine andere Familie aufgenommen werden. Drei Jahre später fand die Hochzeit statt.

Die Adoption Neros, der damit zum ältesten Sohn des Princeps aufgerückt war, brachte seiner Mutter den Titel »Augusta« ein. Sie war, nach Livia, damit die zweite Frau der römischen Geschichte, die diesen Ehrennamen trug, die erste sogar, der er schon zu Lebzeiten ihres Mannes verliehen worden war. Hatte man jene stets nur als mütterlich-göttliche Idealgestalt abgebildet, erschien Agrippina auf den Münzprägungen als durchaus selbstbewußtes menschliches Wesen. Als erste Frau wurde sie mit Schleier und Diadem dargestellt. Auf vergoldetem Wagen durfte sie hinauf zum Kapitol fahren, ein Privileg, das bisher nur Priestern und Götterstatuen zugekommen war. Hatten ihre Vorgängerinnen bei öffentlichen Spielen noch mit einem Platz unter den Vestalinnen Vorlieb nehmen müssen, war es ihr gestattet, neben Claudius und oft gleichberechtigt mit ihm auf erhöhtem Platz zu sitzen. Das galt auch bei Empfängen für ausländische Fürsten oder Gesandte. »Umgewandelt war von nun an der Staat«, stellt Tacitus fest, »und alles war einer Frau hörig, die nicht mutwillig wie Messalina mit Rom ihr Spiel trieb. Stark und gleichsam männlich war die Knechtschaft. Nach außen hin gab sie sich streng, häufig auch hochmütig; in ihrem Privatleben aber verstieß sie nur dann gegen Sitte und Moral, wenn es dem Erhalt ihrer Herrschaft diente.«[5] Sie umgab sich mit den fähigsten Leuten, benutzte diese schamlos, um sie

Als sie die Astrologen bei Neros Geburt warnten: »Er wird Kaiser sein und seine Mutter umbringen« soll sie erwidert haben: »Mag er mich töten, wenn er nur herrscht.«
Julia Agrippina die Jüngere (15 bis 59 n. Chr.).
Rom, Kapitolinisches Museum.
(Historia-Photo)

hernach nicht weniger schamlos zu verachten. Seneca gehörte zu ihnen, auch Burrus, der Militärtribun, der schon unter Tiberius gedient hatte und nun zum Prätorianerpräfekten ernannt wurde.

Die Thronbesteigung Agrippinas hätte sich, da sie mit kraftvoller Hand regierte und wieder Ordnung und Sparsamkeit in den kaiserlichen Haushalt einführte, für Stadt und Land segensreich auswirken können, wäre nicht auch sie ihrer Habgier und ihrer Rachsucht erlegen.

Die erste Feindin, deren sie sich zu entledigen suchte, war Domitia Lepida, Messalinas Mutter, die auch die Tante (Schwester des Vaters) ihres Sohnes war. Ihr wurde der Vorwurf gemacht, der Frau des Kaisers durch Zauberformeln nachgestellt zu haben. Der wahre Grund für Agrippinas Haß war freilich ihr Buhlen um die Gunst des Neffen, der bei dieser Tante einen Teil seiner Kindheit verbracht hatte. »Lepida fesselte durch Schmeicheleien und Geschenke des Jünglings Herz.«[6] Die strenge Mutter hingegen trat mit brutalen Drohungen auf. Eifersüchtig geworden, beschloß sie, die lästige Verwandte zu beseitigen.

Auch Lollia Paulina ließ sie hinrichten. Ihr ganzes »Verbrechen« bestand darin, daß sie einst mit Agrippina um die Ehe mit dem Fürsten gewetteifert hatte. Agrippina ging bei ihren Anschuldigungen so geschickt vor, daß selbst Claudius, der sich noch vor wenigen Jahren fast für Lollia entschieden hätte, bald von ihrer »Schuld« überzeugt war. Er nannte ihre Anschläge verderblich für den Staat. Man müsse ihr die Mittel zum Verbrechen nehmen. Deshalb befahl er, ihre Güter in Italien einzuziehen. Doch hätte die Verbannte auch mit den ihr verbliebenen fünf Millionen Sesterzen einen beschaulichen Lebensabend verbringen können, hätte ihr die Kaiserin nicht auch nach dem Leben getrachtet. Selbst ihrer Asche verwehrte man die Heimkehr nach Rom. Erst 59 n. Chr. – Agrippinas Macht war längst gebrochen – durfte sie nach Hause geholt werden.

Weit glimpflicher kam Calpurnia davon, ebenfalls eine Frau aus erlauchten Kreisen, die wenigstens ihr Leben behielt. Ihre Schuld war in Agrippinas Augen allerdings auch viel geringer. In einem unbedachten Augenblick hatte Claudius Calpurnias Schönheit gerühmt, feststellend nur, nicht aus sinnlicher Lust, weshalb auch der Zorn seiner Frau nicht bis zum äußersten ging.

So artete Agrippinas Herrschaft, die sich so vielversprechend angelassen hatte, zu einem Schreckensregiment aus. In der dreizehnjährigen Regierung des Claudius wurden 35 Senatoren und 300 Ritter zum Tode verurteilt, und sicherlich waren die wenigsten dieser Hinrichtungen durch Verschwörungen oder andere Verbrechen gerechtfertigt. »Nero behauptete später, er habe alle Aufzeichnungen des Claudius durchgesehen und aus ihnen ersehen, daß keine einzige Verfolgung auf Befehl des Kaisers unternommen worden war.«[7)]

Gewiß, nicht alle diese Verbrechen waren Agrippina anzulasten, viele edle Bürger Roms waren schon Messalina zum Opfer gefallen. Weit größere Freiheiten aber als Messalina gestand der Kaiser seiner letzten Gemahlin zu. Er war nicht nur älter geworden. Seine angeschlagene Gesundheit, ständige Überarbeitung, unmäßige Eß- und Trinklust und nicht zuletzt sein aktives Liebesleben hatten ihn vor der Zeit geschwächt. Zudem war Agrippina ihrer Vorgängerin an Klugheit weit überlegen. Konnte er sich im übrigen über sie beklagen? Sie gab sich, vielleicht durch Messalinas Schicksal gewarnt, sehr tugendsam. Wenn sie Liebhaber hatte, verstand sie es, ihre Verhältnisse geheimzuhalten. Warum also sollte er sie nicht gewähren lassen? So hielt schließlich sie die Zügel fester in der Hand als ihr Mann, »der bei seiner ausgesprochenen Vorliebe für alle das Rechtswesen betreffenden Fragen immer mehr die Funktion des kaiserlichen Prätors ausübte.«[8)]

Um so erstaunlicher ist es, daß er noch einen letzten verzweifelten Versuch unternahm, Agrippinas Macht zu brechen und ihre Pläne mit Nero zu vereiteln. Er setzte Britannicus als Erben und Nachfolger ein, nicht ahnend, daß er dem armen Jungen damit das Todesurteil verkündet hatte.

Längst hatte nämlich Agrippina beschlossen, sich auch ihres müden, überflüssigen Mannes zu entledigen. Unvorsichtigerweise hatte dieser vor einiger Zeit, wenn auch in völliger Trunkenheit, geäußert, es sei wohl sein Schicksal, die Schandtaten seiner Frauen zu ertragen und eines Tages zu bestrafen. Angeblich fürchtete Agrippina diese Äußerung sehr und wollte ihm zuvorkommen.

Sie kannte seine Vorliebe für Pilze und ließ ihm eines Abends ein Pilzgericht vorsetzen, das die Giftmischerin Locusta zubereitet hatte. Da es nicht gleich die erhoffte Wirkung zeigte, half eine vergiftete Feder nach, die dem Kaiser in den Hals geführt wurde, angeblich, um seinen Magen zu erleichtern. Zwölf Stunden dauerte der Todeskampf des 63jährigen Herrschers. Er starb am 13. Oktober des Jahres 54, ohne daß er das Bewußtsein wiedererlangt hatte. Bald wurde er auf Beschluß des Senats zum Gott erklärt. Und Nero, der sich, das Recht des leiblichen Sohnes und den letzten Willen des Adoptivvaters mißachtend, gleich des Thrones bemächtigte, bemerkte, Pilze müßten eine Götterspeise sein, da sie Claudius zum Gott befördert hätten...

Ob sich alles tatsächlich so zugetragen hat, steht freilich nicht zweifelsfrei fest. Von Kind an war Claudius ja krank gewesen, und es ist durchaus möglich, daß er im Alter von 63 Jahren seiner gesundheitlichen Schwäche erlag. Die Römer waren jedoch vom Giftmord fest überzeugt, und Tacitus zögerte nicht, sich der allgemeinen Ansicht anzuschließen. Sollte Agrippina diesmal tatsächlich keine Schuld getroffen haben, so zeigt die öffentliche Meinung doch, was man ihr zutraute. Betrachtet man all ihre anderen Verbrechen, weshalb sollte sie gerade vor dem Gattenmord zurückgeschreckt sein?

Als »ein Abweichen von der früh eingeschlagenen Richtung« beurteilt der Althistoriker Kornemann Claudius' letzte Regierungsjahre. »Der Principat ist nach dem elenden Zwischenspiel des Germanicus-Sohnes zum erstenmal in die Hände einer Frau von dem Format der Agrippina geraten... Von Gaius (Caligula) schon einmal beschworen, ist der Geist der hellenistischen Monarchie durch seine Schwester Agrippina abermals lebendig geworden und hat in Gestalt ihres Sohnes Nero den Römern das Schandregiment eines zweiten jugendlichen Staatszerstörers beschert. Der junge Mann war in allem ein Sohn seiner Mutter, der nur fortzusetzen brauchte, was diese angebahnt hatte...«[9)]

Die Lage Roms nach dem Tod des Augustus schien sich nun zu wiederholen: Der an die Spitze der Staatsführung gelangte Adoptivsohn, daneben die Mutter, deren Einfluß allerdings, da der jetzige Herrscher ein 17jähriger Jüngling war, Wachs in den Händen einer dominierenden Frau, ein ganz anderes Gewicht bekam als seinerzeit der der Livia. Die Münzprägung vor allem (»Mutter des Augustus«) beweist, daß Agrippina mit der Thronbesteigung Neros die eigentliche Regentin Roms geworden war. Und genau wie damals war auch jetzt ein leiblicher Erbe vorhanden, der dem Throninhaber hätte gefährlich werden können.

Nun duldete die römische Gesellschaft zwar seit langem, daß Frauen auf die Politik der Männer einwirkten, verwehrte ihnen aber immer noch beharrlich, in der Öffentlichkeit in Erscheinung zu treten. Wäre es ausschließlich nach Agrippina gegangen, hätte sich auch das geändert. Als eines Tages einer Gesandtschaft aus Armenien eine Audienz beim Kaiser gewährt wurde, schickte sie sich an, sich neben ihren Sohn zu setzen. Die Zuschauer hielten den Atem an. »Agrippina näherte sich dem Tribunal, und niemand wagte, sie aufzuhalten, als Seneca geistesgegenwärtig Nero einen Wink gab, daß er seiner Mutter entgegengehen müsse. Die Sitzung wurde aufgehoben, der Skandal vermieden, aber dieser Zwischenfall war das Vorspiel einer langen Krise. Agrippina begriff, daß sie noch längst nicht gewonnen hatte ...«[10]

Vor allem aber begriff sie, daß nicht der Sohn ihr eigentlicher Widerpart war. Mit dem unreifen, von ihr selbst geformten »Früchtchen« hätte sie keine Schwierigkeiten gehabt. Sie hatte es aber mit denen zu tun, die hinter ihm standen, mit Männern von gesundem Menschenverstand, keinen Freigelassenen diesmal, sondern ernsten Leuten, die den höchsten Kreisen der Stadt, Senat und Ritterschaft, entstammten. Es waren Seneca und Burrus, Lehrer und Beschützer des jungen Kaisers, die sich daranmachten, die Regierung zu übernehmen, während Augustus und Augusta ihre Kräfte langsam im Familienzwist aufrieben.

Ihr anfangs inniges Verhältnis – noch kurz zuvor hatte Nero von der »optima mater«, der besten Mutter, gesprochen – lockerte sich schnell, um schließlich in völlige Entfremdung überzugehen.

Eines der ersten Opfer des auftrumpfenden jungen Nero wurde der legitime Nachfolger Britannicus, dessen bloße Gegenwart ihm ein Dorn im Auge war. Agrippina traf an seiner Ermordung keine unmittelbare Schuld. Wäre es nach ihr gegangen, hätte der ungeliebte Stiefsohn noch lange leben können, galt er ihr doch als Garant ihrer eigenen Herrschaft. Sie, die Königsmacherin, hatte, um ihren Einfluß bangend, schon des öfteren angedroht, sie werde ihren widerspenstigen Sohn ebenso schnell stürzen wie sie ihn erhoben habe und den Stiefbruder als wahren Erben auf den Thron setzen. Zweifellos hat diese Drohung Britannicus' Ende beschleunigt. Ausführlich schildert Sueton, wie Nero den Unglücklichen – angeblich aus Eifersucht auf dessen schöne Stimme – vergiftete und bei strömendem Regen ohne jede Feierlichkeit beisetzen ließ.[11] Der Giftmord, von Nero übrigens als epileptischer Anfall mit tödlichem Ausgang »betrauert«, ist zwar nicht erwiesen. Doch starb der Rivale zu einem so günstigen Zeitpunkt, daß nur Narren an einen Zufall glauben konnten.

Das endgültige Zerwürfnis zwischen Mutter und Sohn leitete Neros Verhältnis zur Freigelassenen Acte ein, wobei Seneca diese Liebelei und damit den Prozeß der Abnabelung seines Schülers eifrig unterstützte.

Vordergründig schwang sich Agrippina zur Beschützerin der bequemen, da völlig unpolitischen Octavia auf, der lediglich der Rang der kaiserlichen Gemahlin belassen wurde. Die Machtprobe eskalierte, als Nero androhte, Acte zu heiraten, auf den Thron zu verzichten und sich als Privatmann nach Rhodos zurückzuziehen.

Zu dieser Zeit, so berichten mehrere alte Quellen, habe sich die Mutter mit dem Gedanken getragen, sich ihrem Sohn hinzugeben. Wie er darauf reagiert hätte, ist schwer zu sagen. Hätte er der starken, erotisch anziehenden Frau lange widerstehen können? Einige Historiker behaupten sogar, die Initiative zum Inzest sei von ihm ausgegangen. Doch blieb das Verbrechen beiden erspart, weil Seneca eingriff. Er veranlaßte Acte, die den wenig ansehnlichen jungen Herrscher offenbar wirklich liebte, diesem mitzuteilen, die Blutschande sei schon in aller Munde, da Agrippina öffentlich damit prahle. Die Truppen aber seien nicht länger bereit, einem solchen Oberbefehlshaber zu gehorchen.

Um der ständigen Versuchung zu entgehen, sah Nero seine Mutter deshalb am liebsten weit weg von Rom, auf ihren Gütern in Tusculum oder Antium oder doch in ihren Gärten, wo sie für ihn keine unmittelbare Gefahr darstellte. Mit der Zeit aber wurde ihm immer deutlicher, daß er sich schnellstmöglich dieser Frau entledigen müsse, hatte sie ihm nun den Thron verschafft oder nicht.

Eine günstige Gelegenheit, Agrippina als Hochverräterin hinrichten zu lassen, bot die Anzeige zweier Frauen. Doch erwiesen sich ihre Anschuldigungen als unhaltbar. Junia Silana und Domitia, die Schwester von Domitia Lepida,versuchten, Nero einzureden, »die Mutter habe den Rubellius Rufus (Plautus), einen

Urenkel des Tiberius, zu ihrem vierten Gatten ausersehen und beabsichtige, mit ihm dem Reich einen neuen Princeps zu geben.«[12)] Nero, der übermäßig dem Wein zugesprochen hatte, als man ihm diese Nachricht überbrachte, wollte schon den Befehl zur sofortigen Hinrichtung seiner Mutter geben. Aber der gemäßigte Burrus hinderte ihn daran, indem er ihn davon überzeugte, Agrippina müsse zunächst Gelegenheit gegeben werden, sich gegen die ungeheuren Vorwürfe zu verteidigen. Er und Seneca wurden also am nächsten Tag losgeschickt, die Augusta anzuhören. Ihre Reaktion zeigt eine auch angesichts des Todes besonnene Frau: »Es trete jemand auf«, forderte sie energisch, »der mich beschuldigen kann, die Cohorten in der Stadt aufgewiegelt, die Treue der Provinzen zum Wanken gebracht oder Sklaven und Freigelassene zum Verbrechen bestochen zu haben! Und sollte Plautus oder sonst wer die Staatsführung übernehmen und Gericht halten, fehlte es dann vielleicht an Anklägern, die mir nicht nur unbedachte Worte vorhielten, sondern eben jene Verbrechen, von denen mich nur mein Sohn freisprechen kann?«[13)]

Nero, von den leidenschaftlichen Worten seiner Mutter überzeugt, verbannte daraufhin Junia Silana aus Rom. Als er ihr 59 n. Chr. gestattete, zurückzukehren, starb sie unterwegs in Tarent eines -damals selten gewordenen- natürlichen Todes, wie man weiß. Sie hatte nicht mehr erfahren, daß auch Agrippina tot war. Domitia hingegen gelang es fürs erste, dem kaiserlichen Zorn zu entkommen. Vier Jahre später jedoch ließ sie Nero auf qualvolle Weise umbringen. »Als er die wegen einer hartnäckigen Verstopfung Bettlägerige besuchte, ... befahl (er) den Ärzten, die Kranke fester zu purgieren. Ohne ihren Tod abzuwarten, setzte er sich in Besitz ihrer Güter und unterschlug ihr Testament, damit ihm ja nichts entgehe ...«[14)]

Wie aber sollte Agrippina nun beseitigt weren? Etwa durch Gift an der Tafel des Sohnes? Sicherlich hätte dort ein wie zufällig erscheinender Tod Verdacht erregt, zumal man sich an Britannicus' Ende erinnert hätte. War die vorsichtige Frau im übrigen nicht gegen jeden Giftanschlag gefeit? Soweit Nero wußte, hatte sie ihren Körper seit Jahren durch die Einnahme von Gegengiften immunisiert. Ein Versuch wäre also wenig erfolgversprechend gewesen. Kam der kalte Stahl in Frage? Würde sich aber überhaupt jemand finden, der zur Ausführung des Attentats bereit wäre? Schon wollte Nero an seinem Plan verzweifeln.

Da war nämlich Poppaea Sabina, die es sich in den Kopf gesetzt hatte, selbst Kaiserin zu werden. Seit längerer Zeit war Nero unsterblich in die rotblonde Schönheit verliebt und hätte sie auch gerne neben sich auf dem Thron gesehen. Beide wußten aber, daß, solange Agrippina lebte, an eine Scheidung von Octavia nicht zu denken war. »Ein Mündel« nannte Poppaea den Kaiser deshalb oft scherzhaft, einen Knaben, der nicht nur keine Herrschaft, nein, der nicht einmal ein wenig Freiheit besäße. »Warum heiratest du mich nicht?« wollte sie wissen. »Mißfällt dir etwa meine Gestalt oder der Ruhm meiner Ahnen?... Oder liegt es daran, daß deine Mutter nur eine Schwiegertochter zu ertragen vermag, die gegen ihren Sohn arbeitet?« Wenn dem so sei, nun, dann möge er sie doch wieder Otho zurückgeben, der schließlich ihr rechtmäßiger Mann sei. Lieber wolle sie weit weg von Rom leben, wo sie »des Imperators Schmach doch nur zu hören« bekäme, sie aber nicht Tag für Tag mitansehen müsse. Alle ihre Vorwürfe wußte sie durch Tränen geschickt zu untermauern, und es trat keiner gegen ihre Hetze auf, weil ja alle wünschten, daß Agrippinas Macht endlich gebrochen würde, und niemand glaubte, Neros Haß gegen die Mutter werde sich bis zum Mord steigern.[15)]

Für ihn wurde schließlich der Freigelassene Anicetus zum Retter in der Not. Er, Flottenbefehlshaber von Misenum, heckte nämlich einen teuflischen Plan aus. Er schlug vor, Agrippina auf hoher See zu ermorden. Dort, meinte er, sei keine Art Unfall unmöglich, und niemand käme je auf den Gedanken, einem Verbrechen zuzuschreiben, was die Naturgewalten verschuldet hatten. Danach könne Nero ja der Verstorbenen einen Tempel und Altäre weihen und auch auf andere Weise seine Sohnesliebe bekunden, so daß auf ihn keinerlei Verdacht fiele. Er schlug vor, ein Schiff zu bauen, das durch eine künstliche Vorrichtung mitten auf dem Meer auseinanderbräche und die Nichtsahnende in die Tiefe zöge.[16)]

Der Vorschlag gefiel dem Kaiser. Es traf sich gut, daß er sich gerade in diesen Tagen nach Baiae begeben mußte, um dort das Fest der Quinquatria zu Ehren Minervas zu begehen. Dorthin lockte er auch die Mutter. Wieder einmal bot er sein ganzes schauspielerisches Talent auf. Eine Versöhnung schwebe ihm vor, ließ er sie wissen. Er habe nämlich eingesehen, man müsse sich den Zornesausbrüchen seiner Eltern beugen. Er warb so süß, damit es »Agrippina mit der Frauen für Angenehmes eigenen Leichtgläubigkeit aufnähme«.[17] Und tatsächlich überwand sie ihr anfängliches Mißtrauen und reiste dem Sohn nach. Der empfing sie mit ausgesuchter Höflichkeit, ging ihr bis zur Anlegestelle entgegen, umarmte sie und führte sie nach Bauli, einem feudalen Landsitz, der an der Bucht von Baiae lag. Eines der Schiffe, die dort ankerten, fiel durch seine prächtige Ausstattung auf. Auch das sollte den Eindruck erwecken, als diene es der Ehre der Mutter. Denn sie war es gewohnt, in einem Dreiruderer unter dem Kommando von Flottensoldaten zu reisen. Dann wurde sie von Nero zum Abendessen eingeladen.

Sie soll übrigens gezögert haben, dieser Einladung zu folgen. Es hatte sich nämlich ein Spitzel gefunden, der sie vor dem geplanten Attentat warnte. Da sie nicht wußte, was sie davon halten sollte, ließ sie sich vorsichtshalber in einer Sänfte nach Baiae tragen. Doch wurden dort durch den herzlichen Empfang ihre Bedenken schnell zerstreut. Geschickt verwickelte sie der Sohn in Gespräche, teils kindlich heitere, teils ernsthafte, als handle es sich um Themen der hohen Politik. So zog sich das Gastmahl in die Länge. Der Mord sollte nämlich im Schutze der Nacht ausgeführt werden. Als sie hereingebrochen war und Agrippina aufbrach, hing Nero mit zärtlichem Blick an ihren Augen und an ihrem Busen. Spielte er nur seine Rolle bis zum bitteren Ende? Oder ging ihm der Gedanke doch nahe, daß er die einst geliebte Mutter heute zum letztenmal sah? Selbst Tacitus fand darauf keine Antwort.

Die Götter jedenfalls waren dem geplanten Muttermord noch nicht gewogen. Als wollten sie das Verbrechen enthüllen, hatten sie der frühen Jahreszeit – das Fest der Minerva fand im März statt – eine sternenklare Nacht beschert. Mit nur wenigen Vertrauten, darunter Crepereius Gallus und Acerronia, bestieg die Augusta die Barke, die lautlos in eine gespenstisch ruhige See stach. Freude herrschte an Bord. Die Freundin hatte sich über die Füße der ruhenden Kaiserin gebeugt und schwärmte von der geglückten Versöhnung. Crepereius stand in der Nähe des Steuerruders.

Das Schiff hatte erst eine kurze Strecke zurückgelegt, als auf ein verabredetes Zeichen hin das mit Blei beschwerte Verdeck krachend einstürzte und Crepereius unter sich begrub. Er war sofort tot. Agrippina und Acerronia wurden wie durch ein Wunder von den Seiten des Ruhebetts geschützt und erlitten nur leichte Verletzungen, zumal das Schiff nicht wie geplant auseinanderbrach. Offensichtlich waren nicht alle Matrosen in das Komplott eingeweiht worden, so daß eine große Verwirrung entstand. Denen, die verzweifelt versuchten, das Schiff doch noch zum Kentern zu bringen, indem sie sich alle auf eine Seite legten, stemmten sich die Ahnungslosen entgegen und konnten immerhin bewirken, daß es langsamer sank. »Helft mir!« rief Acerronia. »Ich bin die Mutter des Kaisers.« Und sofort wurde sie mit Rudern und allen vorhandenen »Schiffswaffen« erschlagen. Agrippina aber schwieg und lenkte so die Aufmerksamkeit von sich ab. Trotz einer Verletzung an der Schulter gelang es ihr, ans Ufer zu schwimmen. Kurz vor der Küste wurde sie von herbeieilenden Kähnen aufgefischt. Man brachte sie zum Lukriner See und von dort in ihr Landhaus. Fürs erste war sie davongekommen.

Wie mag der äußerst klugen Frau zumute gewesen sein, als sie erkannte, daß sie einem plumpen Schauspiel aufgesessen war? Ein Schiffsunglück in unmittelbarer Nähe der Küste bei völliger Windstille und ohne daß Felsen oder andere Schiffe beteiligt gewesen wären! Selbst Dümmere hätten da kaum an Zufall geglaubt. Ein windiger Trick nur war die Einladung gewesen, hohle Attrappe die Ehren, mit denen man sie noch vor wenigen Stunden überhäuft, heuchlerisch die Versöhnung, zu der sich ihr Sohn herabgelassen hatte. Erschlagen lagen ihre Freunde Crepereius und Acerronia, ihre eigene Wunde schmerzte. Und doch! Wäre es klug zu zeigen, daß man die Situation durchschaute? Agrippina haderte mit sich, gelangte aber bald zu der Überzeugung, daß sie sich vor weiteren Anschlägen am besten schützen könnte, wenn sie die Nichtsahnende spielte. Also schickte sie ihren Freigelassenen Agerinus zu Nero, um ihm auszurichten, daß sie dank der Gnade der Götter dem Tode entronnen sei. Er solle aber trotz des Schreckens, in den ihn ihr Unfall versetzt habe, seinen Besuch bei ihr verschieben. Denn sie bedürfe jetzt dringend der Ruhe. Dann verband sie ihre Wunde und stärkte sich mit einem Heilmittel, ständig darauf bedacht, ihre Angst zu verbergen.

Schneller als Agerinus beim Kaiser eintraf, hatte diesen die

Nachricht erreicht, daß seine Mutter mit einer leichten Verletzung davongekommen war. Er kannte sie gut. Sie konnte keinen Augenblick daran zweifeln, wem dieser Unfall zuzuschreiben war. Und er geriet außer sich vor Angst. »Gleich wird sie kommen und sich furchtbar rächen« jammerte er. »Sie wird ihre Sklaven bewaffnen, die Soldaten aufhetzen oder sich direkt an Senat und Volk wenden. Den Schiffbruch, die Verwundung und die Ermordung ihrer Freunde wird sie mir vorwerfen. Wo aber finde ich Hilfe, wenn nicht Seneca und Burrus einen Ausweg wissen?«

Er ließ seine Erzieher rufen, von denen man nicht weiß, ob sie in seinen mörderischen Plan eingeweiht worden waren. Beide standen eine Zeitlang schweigend. War es ratsam, seiner Mutter zuvorzukommen? Seneca brach zuerst das Schweigen und wollte von Burrus wissen, ob man den Soldaten die Ermordung Agrippinas befehlen könne. Der gab zu bedenken, daß es sich bei ihr immerhin um eine Tochter des beliebten Germanicus handle und die Prätorianer deshalb kaum ihre Hand gegen sie erheben würden. »Möge doch Anicetus vollenden, was er zugesagt hat«, schlug er vor. Und tatsächlich fand sich dieser bereit, den Mord auszuführen. »Erst mit dem heutigen Tag wird mir die Herrschaft wirklich gegeben«, flötete Nero, »und dieses große Geschenk verdanke ich einem Freigelassenen. Mach dich gleich auf den Weg und nimm Leute mit, die bereit sind, auszuführen, was man ihnen befiehlt!«[18)] Dann meldete man ihm Agerinus, der inzwischen mit der Botschaft Agrippinas eingetroffen war.

Was folgte, war der vielleicht übelste Teil jener Schmierenkomödie, mit der der 22jährige Kaiser die Welt zu narren versuchte.

Agerinus trat vor ihn, um seinen Auftrag auszuführen. Da warf ihm Nero ein Schwert zwischen die Füße und befahl, ihn zu fesseln, als habe man ihn bei einem Verbrechen auf frischer Tat ertappt. Später wollte er dann öffentlich verkünden, seine Mutter habe einen feigen Mörder gedungen, ihr Plan sei jedoch vereitelt worden, und aus Scham darüber habe sie sich das Leben genommen.

Inzwischen hatte sich die Kunde von Agrippinas Unfall herumgesprochen. Von überall her strömten Leute herbei, bestiegen die Hafendämme, kletterten in Kähne, wateten ins Meer. Überall Klagen, Geschrei und Stimmengewirr, Fragen, die keiner beantworten kann. Eine riesige Menschenmenge bevölkert den von Fackeln erleuchteten Strand. Und als allmählich durchsickert, daß Agrippina gerettet ist, macht man sich auf zu ihrem Landhaus, um ihr Glück zu wünschen. Schnell zerstreut sich jedoch die Menge, als man dort der vielen bewaffneten Soldaten ansichtig wird. Sie haben das Haus umstellt. Anicetus selbst bricht das Tor auf, reißt die Sklaven hinweg, die sich ihm wehrend entgegenstellen, dringt bis zur Tür des Schlafgemachs vor, wo er nur noch wenig Widerstand findet. Fast alle Diener sind aus Angst schon davongelaufen.

Schwaches Licht dringt dem Mörder entgegen. Die Augusta ist allein, beschützt von einer einzigen Dienerin, unruhig, weil noch niemand von Nero gekommen ist, auch der Freigelassene nicht. Gespannt erscheint ihr die Atmosphäre. Wäre alles gut gegangen, wie anders müßte die Stimmung sein! Was soll der Lärm, der unversehens in ihre Einsamkeit bricht? Was hat die Dienerin vor, die sich eilig entfernt? »Auch du verläßt mich?« ruft sie der Treulosen nach. Dann dreht sie sich um und vor ihr steht Anicetus, begleitet von zwei weiteren Männern.

Doch Agrippina fürchtet sich nicht. »Wenn du gekommen bist, um mich zu besuchen, dann melde, ich habe mich erholt. Bist du aber gekommen, um mich zu töten, dann weigere ich mich zu glauben, mein Sohn habe den Muttermord befohlen.«

Unbeeindruckt von ihrem Mut umstellen die drei Männer ihr Ruhebett. Es ist einer der Begleiter, der ihr zuerst mit einem Knüppel auf den Kopf schlägt. Da streckt sie dem anderen, der schon sein Schwert gezückt hat, ihren Schoß entgegen und ermuntert ihn: »Triff den Leib, der einst Nero getragen hat!« Doch zäh wie im Leben erweist sie sich auch im Sterben. Es bedarf vieler Hiebe, ehe sie tot ist.

Noch in derselben Nacht wird ihr Leichnam auf einem Speisesofa verbrannt. Ob Nero seine tote Mutter tatsächlich betrachtet und »ihres Körpers Wohlgestalt gelobt« hat – darüber streiten bis heute die Gelehrten.

Solange Nero herrschte, wurde ihrer Asche kein standesgemäßes Grab zuteil. Fürsorgliche Diener bestatteten sie an der Straße nach Misenum neben einem Landhaus Julius Cäsars, »welches sehr hoch gelegen, auf die darunterliegenden Meeresbuchten hinabschaut.«[19]

Der junge Kaiser aber fand die ganze Nacht keine Ruhe. Er erwartete den nächsten Morgen, als werde ihm dann sein eigenes Todesurteil gebracht. Erst jetzt wurde er sich der Schwere seines Verbrechens bewußt. Doch die Glückwünsche seiner Prätorianer richteten ihn wieder auf. Nun spielte er den trauernden Sohn, der den Tod der Mutter beweint und das eigene Überleben bedauert. »Weil sich jedoch nicht so wie die Gesichter der Menschen das Aussehen einer Landschaft verändert,« so wieder Tacitus, »und weil ihn der Anblick des Meeres und der Küste bedrückte, manche sogar behaupteten, man höre Trompetenschlag von den nahen Bergen und Wehklagen vom Grabhügel der Mutter, ging er fort nach Neapel.«[20)]

Weg vom Tatort vollendete er das blutige Werk. Er schrieb an den Senat, man habe Agerinus, den Vertrauten seiner Mutter, als potentiellen Mörder entlarvt. Sie jedoch habe für das Verbrechen, das sie angestiftet, mit dem Leben bezahlt. Er fügte ein langes Sündenregister der Ermordeten an. Ihr Tod, meinte er abschließend, sei also für Rom ein großes Glück. Und tatsächlich bereiteten ihm die versammelten Väter, willfährig wie immer, einen triumphalen Empfang, als er Monate später die Rückkehr wagte. Und man wurde nicht müde, das Andenken Agrippinas zu verdammen.

Neros Mutter ist eine der wenigen Frauen der alten Welt, die nicht nur in die Literatur eingingen. Sie hat auch selbst geschrieben. Die von Roms Giftmischerinnen vielleicht skrupelloseste vermochte nicht nur mit präparierten Gerichten zu vergiften. In ihren »Denkwürdigkeiten«, die leider verlorengingen, schilderte sie Szenen aus ihrem Leben, berichtete aber auch über das Schicksal von Familienangehörigen. So soll das überwiegend negative Bild ihrer Urgroßmutter Livia vor allem auf sie zurückgehen.

Schlimmer noch als die Mutter erwies sich der herrschende Sohn. Unkontrolliert von der strengen Agrippina, ließ er jetzt seinen sinnlichen Begierden freien Lauf, beeinträchtigt allenfalls von Gewissensbissen, die hin und wieder seine schmutzige Seele heimsuchten. Er, ein Orest der Kaiserzeit, gestand oft, »daß er vom Geist seiner Mutter und den Geißeln und brennenden Fackeln der Furien umgetrieben werde.«[21)] Einmal soll er sogar versucht haben, durch ein von Magiern vollzogenes Opfer Agrippinas Geist heraufzubeschwören und zu versöhnen. Später schreckte er davor zurück, sich in die Eleusinischen Mysterien einweihen zu lassen. Ein Heroldsruf hatte nämlich alle Unfrommen und Verbrecher aufgefordert, sich von den religiösen Zeremonien fernzuhalten. So hatte er es zwar geschafft, sich des Einflusses der lebenden Mutter zu entziehen. Sich der toten zu entledigen, versagte aber seine Kraft.

Anders als den Anstifter plagten den Vollstrecker der bösen Tat keinerlei Gewissensbisse. Zwar wurde Anicetus, dessen Anblick Nero als ständigen Vorwurf betrachtete, nach Sardinien verwiesen, wo er »ein nicht dürftiges Exil«[22] verlebte. Doch starb er dort unbehelligt eines natürlichen Todes.

Zuvor jedoch hatte ihm der römische Kaiser noch einmal Gelegenheit gegeben, seine Treue zu beweisen. Es ging um Octavia, die lästige Ehefrau, von der anschließend die Rede sein soll.

28.
NERO UND DIE FRAUEN
OCTAVIA – POPPAEA SABINA – STATILIA – ACTE

Rom im Jahr 814 nach Gründung der Stadt. Seit drei Jahren ruht Agrippinas Asche in dem Grabhügel über der Bucht von Baiae in einer Landschaft, die zu den schönsten Europas gehört. Nero, skrupelloser noch als die Mutter, hat endültig die Herrschaft angetreten, die sich für Rom allmählich zum Alptraum entwickelt.

Erneut wird Pandateria, unseliges Eiland an der kampanischen Küste und seit Generationen Kerker für unliebsame Frauen des Kaiserhauses, Schauplatz einer menschlichen Tragödie. Denn der römische Kaiser hat eine der scheußlichsten Intrigen seiner daran ohnehin nicht armen Regierungszeit inszeniert.

Zweiundzwanzig Jahre war Octavia jung, als man sie auf die verlassene Insel verschleppte, aber sie hätte sich wohl auch mit der Einsamkeit arrangiert, war doch ihr ganzes Leben eine einzige Kette von Unglücksfällen gewesen. Selten hatte ein unbarmherziges Geschick einen so jungen Menschen mit ähnlichem Leid konfrontiert, und es erstaunt, daß sie dennoch am Leben hing. Andere hatten vor ihr die öden Felsen bewohnt, Julia, verbannt von ihrem Vater, Agrippina (maior) von Tiberius. Keine andere Verbannte aber hatte die Römer zu größerem Mitleid gerührt. Denn Octavias Vorgängerinnen »hatten an der Kraft der Jahre eine Stütze; sie hatten manches Frohe erlebt und milderten die Bitterkeit der Gegenwart durch die Erinnerung an eine glücklichere Vergangenheit.«[1] Worauf aber konnte sie zurückblicken?

Wie soll sich ein Kind entwickeln, dem man im Alter von sieben Jahren gewaltsam die Mutter entreißt, auch wenn diese eine stadtbekannte Hure ist? Was kann man von einem Menschen erwarten, der von der Wiege an als Spielball fremder Interessen mißbraucht wird? Man glaubt den Biographen gern, die Octavia, Claudius'

40 n. Chr. geborene Tochter, als kalt und gefühllos beschreiben; zwar sei sie streng tugendsam gewesen, dabei aber bar jeglicher Freude an ihrem zugegeben trostlosen Geschick...

Im Alter von nur einem Jahr hatte sie ein rücksichtsloser Vater L. Silanus verlobt, einem gutaussehenden jungen Mann, der als Ur-Urenkel des Augustus weitläufig mit ihr verwandt war. Als sich nach dem Sturz Messalinas die ehrgeizige Agrippina des Kaisers und des Thrones bemächtigt hatte, gehörte zu ihren ersten Amtshandlungen, den Verlobten der Stieftochter, der ihren Plänen mit Nero hindernd im Wege stand, zu stürzen. Er habe, so ihr an den Haaren herbeigezogener Vorwurf, den nicht einmal der einfältige Claudius glaubte, mit seiner Schwester Junia Calvina Blutschande getrieben. Seine Karriere als Prätor war damit jäh beendet. An dem Tage, da Claudius und Agrippina Hochzeit hielten, kam er ihren Absichten zuvor und nahm sich selbst das Leben. Octavia aber wurde eilends mit ihrem Stiefbruder Nero verlobt. Daß sie all diese Vorgänge begriffen hätte, steht kaum zu vermuten. Denn sie war erst neun Jahre alt.

Früher als andere hatte jedoch das vielgeprüfte Mädchen gelernt, Gefühle zu verbergen, und eine Maske trug sie auch, solange sie mit Nero verheiratet war. Was oberflächlich als Gefühlskälte ausgelegt wurde, kann also durchaus auch eine Schutzvorkehrung gewesen sein.

Daß man in Rom munkelte, ihr Vater sei einem Giftanschlag seiner Frau, ihr Bruder einem solchen ihres Gatten erlegen, dürfte auch ihr zu Ohren gekommen sein. Auch daß der »leidenschaftliche« Nero sie, die Leidenschaftslose, haßte, war offenes Geheimnis in der Stadt. Seine Geliebte Acte konnte ihr zwar kaum gefährlich werden; anders sah die Sache allerdings aus, als er der ehrgeizigen Poppaea Sabina begegnete, die außer über Schönheit auch über einen scharfen Verstand verfügte, so daß ihr der Kaiser sieben Jahre lang verfallen war. Mit ihrem Aufstieg vollendete sich der Leidensweg der unglücklichen jungen Frau.

Agrippina hatte sich, freilich mehr aus Eigennutz, gern als Beschützerin der betrogenen Schwiegertochter aufgespielt. Solange sie lebte, war deshalb auch deren Leben vor ungerechten Nachstellungen einigermaßen geschützt. Aber auch das änderte sich schnell nach Agrippinas Fall. Vom mütterlichen Einfluß befreit, unterjochte sich Nero ganz dem Poppaea Sabinas, die es sich in den Kopf gesetzt hatte, die lästige Rivalin zu beseitigen, um selbst deren Platz einzunehmen.

Richtig war, daß Octavia ihrem Mann nicht den Sohn geboren hatte, nach dem er sich als regierender Herrscher verständlicherweise sehnte. Doch genügte ihm der Vorwurf der Unfruchtbarkeit nicht, sie zu verstoßen. Er wollte auch ihr Ansehen in den Schmutz ziehen und bezichtigte sie deshalb ehebrecherischer Beziehungen zu dem alexandrinischen Flötenspieler Eucaerus. Die Sklavinnen ihres Haushalts wurden peinlich befragt. Tatsächlich ließen sich einige unter der Folter ein Schuldgeständnis abpressen. Die meisten aber verteidigten standhaft die Unschuld ihrer Herrin. Eine soll sogar dem Offizier, der das hochnotpeinliche Verhör leitete, entgegengeschleudert haben, Octavias Geschlechtsteile seien reiner als sein Mund. Daraufhin ließ Nero die falschen Beschuldigungen fallen, schickte Octavia aber trotzdem den Scheidebrief und fand sie für die von ihr eingebrachte Mitgift mit dem eingezogenen Vermögen Hingerichteter ab. Zwölf Tage nach der skandalösen Trennung heiratete Roms Kaiser seine Favoritin. Dieser aber blieb Octavias bloße Existenz ein Dorn im Auge.

Es dauerte deshalb nicht lange, bis sie erneut zu sticheln begann. Da verbannte man die Unglückliche nach Kampanien und stellte sie dort unter militärische Bewachung. Allerdings hatte Nero nicht mit der römischen Plebs gerechnet, bei der Claudius' Tochter, anders als die hochmütige Poppaea, große Sympathie genoß. Es waren zunächst nur wenige Stimmen, die sich für Octavia erhoben, aber ihre Zahl wuchs, bis ein Volksaufstand drohte. Die Menge bestreute ihre Standbilder mit Blumen, während sie die Poppaeas stürzte. Einige ganz Verwegene drangen sogar bis zum Palast vor und erfüllten ihn mit »Getümmel und Geschrei«, so daß Nero, zu Tode erschreckt, seine Prätorianer auf sie hetzte. Aus Angst vor dem aufgebrachten Volk, keineswegs aus Reue über die Freveltat, ließ er Octavia nach Rom zurückholen.

Aber wieder hatte er sich verrechnet. Seine jetzige Frau, in ihrer Furcht noch grausamer als in ihrem Haß, warf sich ihm zu Füßen: Nicht um ihre Ehe wolle sie streiten, wenngleich ihr diese lieber sei als ihr Leben. Aber gerade dieses sei bedroht durch Octavias Sympathisanten, die das Volk aufwiegelten und im Frieden wagten,

Zeitlebens strebte Nero (römischer Kaiser von 54 bis 68 n. Chr.) nach olympischem Lorbeer. Doch ging er als eines der größten Scheusale, da je über die Menschheit herrschte, in die Geschichtsbücher ein. Er hatte Bruder, Mutter und Gattin auf dem Gewissen.
(Historia-Photo)

was kaum im Kriege geschehe. Wolle denn das Römervolk lieber, daß der Nachwuchs eines ägyptischen Flötenspielers zur Herrschaft gelange als ein echter Sprößling der Caesaren, wie sie ihn Rom geben werde? Durch ihre Rede erschreckt und entflammt zugleich, ließ Nero den erfinderischen Anicetus holen, der seit der Ermordung der Mutter bei ihm als wandelnder Vorwurf in geringer Gunst stand: Noch einmal könne er sich dem Kaiser erkenntlich zeigen und diesmal bedürfe es nicht einmal der Gewalt. Nichts anderes werde von ihm verlangt, als öffentlich einen Ehebruch mit Octavia zu bekunden. Nero ließ ihm keine Wahl: Große Belohnungen und ein anmutig zurückgezogenes Leben versprach er ihm. Sollte er sich aber weigern, drohte er ihm mit dem Tode.

Anicetus, ein tumber Befehlsempfänger, tat mehr, als man von ihm erwartet hatte. So konnte Nero dem Senat nicht nur von einem schändlichen Ehebruch berichten. Er erklärte auch ungeniert, Octavia habe versucht, durch Bestechung den Befehlshaber der Flotte zu gewinnen. Er warf ihr sogar vor (wobei er ihre vor kurzem noch bemängelte Unfruchtbarkeit vergaß), »im Schuldbewußtsein ihrer Lüste eine Leibesfrucht abgetrieben« zu haben.[2] Diese Vorwürfe, von Anicetus öffentlich bezeugt, reichten aus, die Kaisertochter endültig in die Verbannung zu schicken, eben auf jene gottverlassene Insel, die schon einige ihrer Vorgängerinnen beherbergt hatte. Doch sollte ihre Schuld noch immer nicht gebüßt sein.

Erst wenige Tage waren vergangen, als sie die Aufforderung erhielt, sich das Leben zu nehmen. Aber sie weigerte sich und meinte, sie könne ja kaum noch gefährlich werden. Längst sei sie schon Witwe, Neros Schwester nur noch. Sie erinnerte ihre gemeinsamen Vorfahren und rief Agrippinas Namen an. Doch die Schwiegermutter konnte ihr nicht mehr helfen.

Man fesselte die Widerspenstige, und öffnete ihr an allen Gliedern die Adern. Da aber das Blut zu langsam floß, mußte der Dampf eines heißen Bades nachhelfen, in dem Octavia vermutlich erstickte. Ihr abgeschnittenes Haupt wurde Poppaea gebracht, die es mit Genugtuung betrachtete, nicht ahnend, daß Roms unsterbliche Götter auch ihr Verderben, den Fluch der bösen Tat, längst beschlossen hatten...

Mit Bekanntwerden von Octavias Tod änderte sich schlagartig die Stimmung in der Stadt. Diejenigen, die noch vor kurzem für sie auf die Straße gegangen waren, dankten jetzt den Göttern, als hätte man nicht eine harmlose, um ihr Leben zitternde Frau ermordet, sondern Rom aus den Klauen einer gefährlichen Aufwieglerin befreit.

Die glücklose Octavia wurde als eine der wenigen Frauen Roms Protagonistin einer Tragödie der Kaiserzeit, der einzigen mit historischem Inhalt. Zwar ist diese unter dem Namen Senecas überliefert, doch kann seine Urheberschaft zuverlässig ausgeschlossen werden. Das Drama mit dem Titel »Octavia« ist erst nach Neros Tod entstanden, da Agrippinas Geist aus der Unterwelt steigt und den Tod ihres Sohnes ganz genau vorhersagt. (Seneca wurde aber schon 65, drei Jahre vor Neros Tod, zum Selbstmord gezwungen.) Dargestellt ist die Verstoßung der Claudius-Tochter durch ihren Adoptivbruder und Gatten Nero, der sich auch durch die Ermahnungen seines Lehrers nicht umstimmen läßt, die Heirat des Kaisers mit Poppaea Sabina und Octavias Verbannung. In vieler Hinsicht erinnert das Stück an die griechische Tragödie, ohne freilich deren Niveau zu erreichen. Eher flach plätschert die Handlung dahin, trotz aller Dramatik und Tragik des Geschehens bisweilen sogar komisch wirkend. Nur Nero wird gelegentlich gut getroffen, er vielleicht als der tragischste von allen, der mächtigste Mann der Welt hilflos ausgeliefert den düsteren Mächten der Angst und der Finsternis.

War es Poppaeas größere Zahl an Jahren, war es ihre zweifellos überlegene Erfahrung, die den Inhaber des römischen Thrones so lange zu ihrem leidenschaftlichen Diener machte? Vermutlich im Jahr 31 geboren, war sie sechs Jahre älter als er. Sie war schön und intelligent, dabei besessen von einem hemmungslosen Ehrgeiz und von einer Gewissenlosigkeit, die selbst das abgebrühte Rom bei einer Frau ihres Alters bisher noch nicht kennengelernt hatte. Doch ist es denkbar, daß sie dadurch nur ihre geringe Herkunft verdecken wollte. »Dieses Weib« beschreibt Tacitus die jüngere Poppaea, »besaß alles andere als Tugendhaftigkeit. Ihre Mutter, die die Frauen ihrer Zeit an Schönheit übertraf, hatte ihr gleichsam Reichtum und Ansehen vererbt... Ihre Rede war freundlich, ihr Geist nicht ungebildet. Nur nach außen trug sie Sittsamkeit zur Schau. In Wirklichkeit war ihr Lebenswandel locker. Wenn sie ausging, so mit halbverschleiertem Gesicht, um die neugierigen Blicke nicht zu befriedigen... Wo es ihr zum Vorteil gereichte, befriedigte sie ihre Sinnlichkeit...«[3]

Ihr einziger Ahne, der in den Annalen eine gewisse Rolle spielte, war ihr Großvater C. Poppaeus Sabinus, Konsul des Jahres 9 n. Chr. Ihr Vater war nur ein einfacher Ritter gewesen und vermutlich schon vor ihrer Geburt ums Leben gekommen. Das versetzte ihre Mutter in die glückliche Lage, ihr den Namen des Vaters ersparen und sie statt dessen nach dem Großvater nennen zu können. Doch half auch das nicht viel.

Das eben heiratsfähige Mädchen wurde mit Rufrius Crispinus vermählt, dem Prätorianerpräfekten, der 47 die Verhaftung des Valerius Asiaticus leitete. Eine bessere Partie hatte sich für sie nicht finden lassen. Der Sturz des stolzen Valeriers hatte auch ihre Mutter ins Verderben gezogen. Man hatte sie, die angebliche Geliebte des Asiaticus, zum Selbstmord gezwungen. Doch dürfte die jüngere Poppaea von ihrem Tod kaum berührt worden sein, denn sie lebte bereits seit einigen Jahren im Haus ihres Gatten, der allerdings 51 n. Chr. seines Postens enthoben wurde. Die folgenden Jahre flossen langweilig dahin. Anders als die Mutter bewegte sich die Tochter nicht in den höchsten Kreisen, lernte deshalb auch keine interessanten Leute kennen und hatte vor allem keine Gelegenheit, mit Nero Kontakt zu bekommen. Dennoch begegnete ihr 58 das große Glück in Gestalt des jungen Senators M. Salvius Otho, der sich Hals über Kopf in sie verliebte. Sie ließ sich also von ihrem biederen Rittersmann scheiden und heiratete ihn, der ihr bald Zugang zum Kaiserhaus verschaffte.

Es ist ungewiß, ob Otho, der nach Neros Fall für kurze Zeit selbst Inhaber des Thrones werden sollte, aus Liebe unvorsichtig geworden war oder Nero ganz bewußt für seine Gattin zu entflammen suchte, um über die Frau seine Macht zu stärken. Jedenfalls pries er sie vor dem Fürsten oft in den höchsten Tönen. Es dauerte auch nicht lange, bis der Kaiser neugierig wurde und befahl, ihm die schöne Unbekannte, der er bislang noch nicht begegnet war, vorzustellen.

Vom ersten Augenblick an versuchte die listige Frau, den Jüngling einzuwickeln, spielte die Leidenschaftliche, die Stolze, verwies, wenn Nero zudringlich wurde, geschickt auf ihre Ehe, lobte ihren Gatten und seine Lebensweise, die unerreicht sei. »Großartig an Geist und Bildung« nannte sie ihn. Er hingegen, Nero, erschiene ihr durch den Beischlaf einer Magd niedrig und gering ... [4)]

Das ließ sich Roms Kaiser, der schlauen Poppaea sofort verfallen, nicht zweimal sagen. Eilig wurde der lästige Otho entfernt. Obwohl er bisher nur die Quästur bekleidet hatte und der Kaiser von seinen Fähigkeiten keineswegs überzeugt war, wurde er zum

Statthalter der entlegenen Provinz Lusitanien ernannt Es heißt, er habe niemals aufgehört, seine Frau zu lieben. Als er Jahre später selbst für einige Monate auf dem Thron saß, ließ er sogar ihre Standbilder, die nach dem Tod Neros gestürzt worden waren, wieder aufstellen.

Es blieben Neros Frauen, die einer Verbindung mit ihr im Wege standen. Acte, die Freigelassene, seine Gattin Octavia und, als gefährlichste von allen, Agrippina, die Mutter, die Poppaea ob ihrer geringen Herkunft verachtete.

Doch auch nachdem die Mutter beseitigt war, konnte er sich lange nicht entschließen, seine Geliebte zu heiraten, die ihm deswegen heftige Vorwürfe machte. Möglicherweise konnte auch er sich mit ihrer niedrigen Abstammung nicht abfinden. Weniger überzeugend ist die Ansicht mancher Historiker, er habe sichergehen wollen, daß sie Kinder bekam. Denn sie hatte schon ihrem ersten Gatten einen Sohn geboren.[5] Als Poppaea 62 n. Chr. schwanger war, warf er alle Bedenken über Bord.

Das Kind, ein Mädchen, kam zu Beginn des Jahres 63 zur Welt und wurde Claudia genannt. Der Senat feierte pflichtschuldig das frohe Ereignis und ehrte Mutter und Tochter mit dem Titel »Augusta«. Auch wurde der Fruchtbarkeitsgöttin ein Tempel versprochen. Doch die kleine Augusta zog es vor, die Welt schon nach vier Monaten wieder zu verlassen, und ihr Vater kannte in seinem Schmerz kein Maß.

Erst zwei Jahre später sah Poppaea wieder Mutterfreuden entgegen. 60 n. Chr. hatte Nero Wettspiele für Musik, gymnastische Übungen und Wagenrennen, die »Neronia«, gegründet, die alle fünf Jahre stattfinden sollten. Jetzt, 65 n. Chr., war es wieder soweit. Nero, der selbst an derartigen Wettkämpfen teilzunehmen pflegte (wobei er selbstverständlich immer als Sieger hervorgehen mußte), kehrte erst spät nach Hause zurück, wo ihn Poppaea, die wegen Übelkeit das Bett hütete, mit heftigen Vorwürfen empfing. Jähzorn überkam ihn. In einem Anfall von Wut versetzte er der schwangeren Frau einen Fußtritt, so daß sie, mit seinem »göttlichen Samen« im Leib, eine Fehlgeburt erlitt und kurz darauf an deren Folgen starb. Wieder war er untröstlich. Entgegen jedem Brauch ließ er den schönen Leichnam nicht nach Römersitte verbrennen, sondern mit Spezereien einbalsamieren und im Grabmal der Julier beisetzen. Dem Volk gab er ein üppiges Leichenbegängnis und erklomm selbst die Rednertribüne, um Poppaeas Schönheit und Tugenden zu preisen.

Sie scheint jedoch nicht nur auf Äußerlichkeiten Wert gelegt zu haben. Für eine Frau der Antike hatte sie erstaunlich männliche Intressen. So soll sie sich neben der üblichen Beschäftigung mit der Astrologie für die jüdische Religion begeistert haben, wenn man auch ihren »Beitritt zum Judentum« für ein Gerücht halten kann. 64 n. Chr. traf sie mit dem jüdischen Geschichtsschreiber Josephus Flavius zusammen, der sich nach ihrem Tod sehr günstig über sie äußerte. Kein Wunder! Hatte sie doch ihren ganzen Einfluß eingesetzt, daß Juden, die man in Rom gefangenhielt, in ihre Heimat zurückkehren durften. Ob sie es allerdings auch war, die Nero auf den Gedanken brachte, den Brand Roms den Christen in die Schuhe zu schieben, steht dahin.

Obwohl Poppaea nicht alt wurde, konnte sie doch zeitlebens glücklich gepriesen werden. Eine unergründliche Vorsehung hatte sie nicht nur mit vielfachen Gaben bedacht, sondern ihr jeden Wunsch gleichsam von den Augen abgelesen. Sie, die recht unbedeutenden Verhältnissen entstammte, hatte es durch zähe Beharrlichkeit verstanden, zur ersten Dame des Reiches aufzusteigen. Und jetzt, da sie tot war, erinnerte man sich besonders eines ihrer Aussprüche: Sie wolle gerne sterben, bevor sie ihre Anziehungskraft verloren hätte. Roms gnädige Götter hatten ihr auch diesen Wunsch erfüllt.

Ihr früher Tod war ein Unglücksfall, denn Nero hatte keineswegs beabsichtigt, die von ihm über alles geliebte Frau zu töten. Seine Trauer wird man deshalb als echt bezeichnen dürfen. Er war jetzt nur noch von einem Gedanken besessen: Er wollte sie wieder zum Leben erwecken. Da begegnete er eines Tages einem jungen Mann namens Sporus, der Poppaea so ähnlich sah, daß Nero ihn für ihre Wiedergeburt hielt. Nachdem er sich überzeugt hatte, daß Sporus ein Mann war, befahl er, ihn in ein weibliches Wesen zu verwandeln. Er ließ den Unglücklichen kastrieren, im roten Brautschleier und in feierlichem Hochzeitszug unter großem Geleit in seinen Palast führen und behandelte ihn dort wie seine Gattin. Ohne große Verwunderung betrachtete Rom diesen erneuten Exzess der Majestät. Man war an derartige Perversitäten längst gewöhnt. Ein Witz nur machte bald die Runde: Wäre es, so fragte man sich, für die Menschheit nicht besser gewesen, hätte auch Neros Vater Domitius nur eine solche »Frau« gehabt?[7)]

Dennoch trug sich der römische Kaiser bald wieder mit echten Heiratsgedanken. Er hatte auf Claudia Antonia ein Auge geworfen, die Tochter aus einer früheren Ehe seines Adoptivvaters Claudius, die seine Werbung jedoch ablehnte. Antonia hatte bereits zwei Ehen hinter sich. Beide Männer konnten ihre Abstammung auf ruhmreiche Geschlechter der späten Republik zurückführen, der erste auf Pompeius (Magnus), der zweite auf den Diktator Sulla. Sechs Jahre nur war Antonia mit Pompeius verheiratet gewesen, als ihr Mann von Claudius, der die Ehe gestiftet hatte, als politisch gefährlicher Rivale entlarvt und hingerichtet wurde. Dann fand sie Trost bei dem lethargischen Faustus Cornelius Sulla Felix, dem sie einen Sohn gebar. Auch dieser zweite Gatte sah einem wechselvollen Schicksal entgegen. Dem zunächst steilen Aufstieg – 52 bekleidete er das Konsulat – folgte der abrupte Fall. Noch 55 war er nach einer falschen Anklage mit dem Leben davongekommen, wurde aber schon drei Jahre später nach Massilia verbannt und dort auf Neros Befehl enthauptet. Antonia war damit zum zweitenmal auf tragische Weise Witwe geworden, und man kann es ihr kaum verübeln, daß sie keine Lust verspürte, sich ausgerechnet mit dem Mann zu verbinden, der diesen Zustand herbeigeführt hatte. Andere freilich wollten wissen, sie sei mit Piso, dem Haupt einer Verschwörung gegen Nero, liiert gewesen, und dieser habe sogar beabsichtigt, sich von seiner Frau zu trennen, um sie heiraten zu können, ein Gerücht, dem Tacitus allerdings keinen Glauben schenkte. Ihre Ablehnung verletzte Neros Eitelkeit tief. Um sich für die erlittene Schmach zu rächen, suchte er deshalb nach einem Vorwand, sie anzuklagen und aus dem Weg zu räumen. Er fand ihn in einer »Verschwörung«, die sie angeblich gegen ihn angezettelt hatte.

Seine dritte und letzte Gemahlin wurde Statilia Messalina, die auf ruhmreiche Ahnen zurückblickte. Gleich zweimal hatte ihr Urgroßvater das Konsulat bekleidet und einen Triumph gefeiert. Als Nero sie 65. n. Chr. als potentielle Nachfolgerin Poppaeas entdeckte, war sie noch mit Atticus Vestinus verheiratet, der einst einer der engsten Vertrauten des Kaisers gewesen war. Neros

Freundschaft war allerdings vor längerer Zeit schon abgekühlt, da er die intellektuelle Überlegenheit des Atticus fürchtete. Jener hatte Nero oft mit beißendem Witz verspottet, und die Rechnung für sein ungebührliches Betragen wurde ihm jetzt präsentiert. Ähnlich wie Octavia ließ der Kaiser den einstigen Freund noch während dessen Amtszeit als Konsul ermorden: Man öffnete ihm an allen Gliedern die Adern und ertränkte ihn in warmem Wasser. Schweigend soll er sein Los ertragen haben, noch im Tod über den Herrscher triumphierend.

Auch Statilia sollte ihre neue Stellung nicht lange genießen. Nach einer ausgedehnten Reise durch Griechenland, wo ihr die Attribute der Göttlichkeit zuerkannt wurden, ereilte 68 n. Chr. ihren kaiserlichen Gatten das Geschick. Sie überlebte jedoch seinen Fall. Otho, der für 95 Tage den Thron der Cäsaren bestieg, begehrte die Witwe zur Frau. Doch kam seinen Absichten der Tod zuvor. Noch unter den flavischen Kaisern wird sie in den alten Schriften erwähnt. Dann verlieren sich ihre Spuren.

Von allen Frauen, die in Neros Leben eine Rolle gespielt hatten, hatte ihn neben Statilia nur Acte überlebt, die Freigelassene, da ihr Tod ohne Bedeutung war. Sie, die ihn einst in die Liebeskunst eingeweiht und ihn wahrscheinlich als einzige wirklich geliebt hatte, war jetzt aufgerufen, ihm einen letzten Dienst zu erweisen. Nachdem er am Ende seines Lebens von allen Freunden und Feinden verlassen worden war, nahm sie sich seiner sterblichen Überreste an. So hat mit dem Andenken ihres dem Wahn verfallenen Herrn auch das ihre die Stürme der Zeiten überdauert.

Mit Nero starb das julisch-claudische Kaiserhaus aus. Eine einzige Frau, in deren Adern noch julisches Blut floß, hatte Nero überlebt, Junia Calvina, und es entbehrt nicht einer gewissen Ironie, daß ihr einst das gleiche Schicksal zuteil geworden war wie ihrer Großmutter, der jüngeren Julia, und deren gleichnamiger Mutter. Man hatte sie inzestuöser Beziehungen zu ihrem Bruder Silanus, dem ersten Verlobten von Octavia, bezichtigt, und verbannt. Nach Agrippinas Tod allerdings durfte sie nach Rom zurückkehren. Ob es ihr Genugtuung bereitete, die julische Dynastie, die ihren jungen Bruder unschuldig in den Tod getrieben und sie selbst so vieler Jahre ihres Lebens beraubt hatte, untergehen zu sehen? Jedenfalls scheint sie noch manche Jahre unbehelligt gelebt zu haben. Denn als Kaiser Vespasian 79 n. Chr. den Tod nahen fühlte und als böses Vorzeichen auch noch die Türen des Augustus-Mausoleums aufsprangen, bemerkte er scherzend, sicherlich hätten sie sich für Junia Calvina geöffnet, die die letzte aus der Familie des Augustus war.[8)]

29. DIE FRAUEN DER FLAVIER UND DIE DER ERSTEN ADOPTIVKAISER

BERENIKE – DOMITIA – JULIA – PLOTINA – SABINA

Vespasian, 9 n. Chr. im Sabinerland geboren, war ein einfacher Mann, Sohn eines gewöhnlichen Zollpächters. Aber er war so recht ein Mensch nach dem Geschmack des Volkes, und Rom brauchte sich dieses Kaisers keineswegs zu schämen. Er selbst machte aus seiner wenig rühmlichen Herkunft nie einen Hehl. Im Gegenteil. Er war stolz auf seine Familie, stolz vor allem auf seine Mutter Vespasia Polla, eine energische Frau, die ihren ganzen Ehrgeiz einsetzte, um ihre Söhne zu außergewöhnlichen Leistungen und hohen Staatskarrieren anzuspornen.

Erzogen wurde er auf dem Landgut seiner Großmutter Tertulla, der er bis zum letzten Atemzug dankbar gedachte. Er kehrte oft an die Stätte seiner Kindheit zurück, und noch als Kaiser trank er an Feiertagen stets aus einem silbernen Becher auf Tertullas Wohl. Auch sorgte er dafür, daß ihr Haus als Museum erhalten blieb.

Mit Vespasian hielten die altväterlichen bürgerlichen Tugenden Einzug auf dem Palatin. Er war ein Mann von grundanständiger Wesensart mit unverrückbaren Prinzipien, einem ausgeprägten Hang zu Sparsamkeit und Tugendhaftigkeit, kurz ein Bürger im Kaisergewande. Mit ihm gelangte der erste Offizier auf den Thron der Caesaren, und niemand konnte voraussehen, daß das Militär künftig bei dessen Besetzung ein erhebliches Mitspracherecht ausüben sollte.

Er war schon verwitwet, als er die Regierung übernahm, und er hütete sich davor, an diesem Zustand etwas zu ändern. Seine Frau Flavia Domitia, früher Geliebte eines Ritters, hatte ihm drei Kinder geboren, Titus, Domitianus und Domitia. Doch auch die Tochter war schon gestorben, als er den Thron bestieg. Nach dem Tod seiner Frau begnügte er sich mit den Diensten einer Konkubine namens Antonia Caenis, die einst Schreiberin bei Antonia (minor) gewesen war. Offensichtlich handelte es sich bei ihr um eine sehr vernünftige Frau. Daß sie bei Vespasians Nachfolge die Blüte ihrer Jahre bereits überschritten hatte, scheint ihn wenig gestört zu haben. Denn er bewahrte ihr bis zu ihrem Tod 75 n. Chr. die Treue. Erst danach sah er sich nach anderen Frauen um, von denen er sich dann allerdings mehrere gleichzeitig hielt.

Wer wollte daran zweifeln, daß die kluge Caenis fast die Stellung einer rechtmäßigen Gattin einnahm?[1] Wenn sie auch seine Politik beeinflußte, tat sie das doch keineswegs zum Schaden des Reiches und dabei so geschickt, daß nichts davon an die Öffentlichkeit drang. Sie war es, die die Staatskasse wieder füllte. »Von allen Seiten« weiß Cassius Dio zu berichten, »brachte man ihr ansehnliche Geschenke. Für Geld konnte man von ihr alles bekommen: Ämter, Befehlshaberstellen, Priesterwürden, mitunter sogar günstige Anworten des Kaisers...«[2] Da sich auch Caenis' Nachfolgerinnen in politischen Dingen nach außen hin zurückhielten, bestand für Rom kein Anlaß zur Sorge.

Das änderte sich, als sein älterer Sohn Titus an die Regierung kam. Anders als sein Vater zeigte dieser Flaviersproß große Empfänglichkeit für das schwache Geschlecht. Fast wäre sogar eine übel beleumdete Ausländerin seine Gemahlin und Kaiserin geworden, hätte nicht das Volk dagegen so heftig protestiert.

Als sein Vater die Herrscherwürde erlangte, hatte Titus bereits zwei Ehen hinter sich: Seine erste Frau Arrecina Tertulla war gestorben, von der zweiten, Marcia Furnilla, hatte er sich getrennt. Der großen Leidenschaft seines Lebens aber war er in Judäa begegnet. Sie hieß Berenike und war die verrufene Schwester des Judenkönigs Agrippa II. Dieser »Cleopatra im Kleinformat«, wie sie der Althistoriker Mommsen wohl treffend nannte, war er ob ihrer weltberühmten, ungewöhnlichen Schönheit verfallen. Doch war sie nicht weniger reich und klug als schön.

Die um 28 n. Chr. geborene Tochter des jüdischen Königs Herodes Agrippa I. war dreimal verheiratet gewesen, unter anderem mit ihrem Onkel Herodes, dem König von Chalkis, von dem sie zwei Söhne hatte. Was man ihr vor allem vorwarf, war die inzestuöse Geschwisterehe, in der sie seit langem mit ihrem Bruder lebte. Als Vespasian in ihrem Land eintraf, versuchte Berenike nicht nur, ihn mit großartigen Geschenken für sich zu gewinnen. (Angeblich soll sie ihm sogar zum Thron verholfen haben.) Sie begann auch, seinen Sohn einzuwickeln, obwohl sie nach römischem Verständnis einen erheblichen Schönheitsfehler hatte: Sie war dreizehn Jahre älter als er, nämlich eine reife Frau von 41 Jahren. Aber das störte Titus nicht. Denn mochte ihre märchenhafte Schönheit auch allmählich verblassen, ihrer Anziehungskraft tat dies keinen Abbruch, blieben ihr doch Klugheit und Reichtum, die noch kaum ein Römer an einer Frau verachtet hatte.

Um das Jahr 75 n. Chr. sah man sie zum erstenmal in Rom. Vespasian, stolz auf den Sieg seines Sohnes über die aufständischen Juden, war dennoch bekümmert. Wenn Titus schon die hübsche jüdische Prinzessin nach Rom mitgebracht hatte, warum um alles in der Welt wollte er sie unbedingt heiraten? Er selbst hatte sich nach dem Tod seiner Frau nie wieder mit Heiratsgedanken getragen, und rückblickend war er überzeugt, daß das gut war. Auch der Senat fürchtete nach einer Messalina, Agrippina und Poppaea ein erneutes »Weiberregiment«. Als Vespasian ihm vorschlug, die Thronfolge zu regeln, damit nach seinem Tod nicht anarchistische Verhältnisse einträten, war er einverstanden, machte aber zur Bedingung, daß der Kaiser nur den »Besten der Besten« wähle. Da meinte dieser, er wisse keinen besseren als seinen Sohn.

Aber vor allem die Philosophen wetterten gegen dessen Mesalliance, und auch das Volk bekundete offen sein Mißfallen. Um seine Nachfolge nicht zu gefährden, schickte Titus die Geliebte schweren Herzens in ihre Heimat zurück. Noch einmal soll sie in Rom erschienen sein, nachdem Titus den Thron bestiegen hatte. Aber auch als Kaiser fand er nicht den Mut, sich zu ihr zu bekennen. Über ihr weiteres Schicksal hüllen sich die alten Quellen in Schweigen. Das freilich ist nicht verwunderlich. Denn dem neuen Kaiser waren nur zwei glücklose Regierungsjahre vergönnt. Dann raffte ihn ein böswilliges Schicksal hinweg. Doch war es ihm durch seine vorbildliche Sittsamkeit gelungen, die Zuneigung aller Men-

Vibia Sabina (um 85 bis 136 n. Chr.) war die ungeliebte Frau Kaiser Hadrians. Öfter klagte ihr Mann, er würde sich von ihr trennen, wenn er nicht Kaiser wäre und ein Beispiel geben müsse. Ostia Antica, Museo Ostiense. (Foto: Guido Schall)

schen zu gewinnen. »Das habe ich nicht verdient«, klagte er, den Tod ahnend, »daß ich jetzt schon sterben muß. Es gibt nichts, was ich mir vorwerfen müßte, ausgenommen vielleicht das eine.«[3)]

Noch heute rätseln die Gelehrten, was Titus denn zu bereuen gehabt hätte, und einige meinen, er habe an unerlaubte Beziehungen gedacht, die er zu seiner Schwägerin Domitia, der Frau seines Bruders, unterhalten habe. Dem steht allerdings entgegen, »daß Domitia heilige Eide leistete, solche Beziehungen hätten nie bestanden. Sueton argumentiert sehr findig, Domitia hätte so etwas niemals bestritten, wenn es wahr gewesen wäre. Denn mit ihren Ausschweifungen zu prahlen, machte ihr das größte Vergnügen...«[4)]

Jene Domita war die Tochter des berühmten Feldherrn Corbulo, der zu Neros Opfern gehört hatte. Sie war mit L. Lamia Aelianus verheiratet, als Domitian sie diesem 70 n. Chr. ausspannte, zu seiner Geliebten und später zu seiner Ehefrau machte. Mit seiner Thronbesteigung erhielt sie den Titel »Augusta«, doch sie dankte ihrem Mann den Aufstieg schlecht. Kaum in ihren Schwager, sicherlich aber in den Tänzer Paris war sie so leidenschaftlich verliebt, daß es Paris das Leben kostete. Sie selbst wurde aus Rom verbannt. Keine zwei Jahre später jedoch holte sie Domitian wieder heim. Er hatte sich nicht nur in Sehnsucht nach ihr verzehrt. Auch das Volk hatte demonstrativ ihre Begnadigung gefordert, diesmal offensichtlich mit mehr Nachdruck als seinerzeit die von Neros unglücklicher Frau Octavia. Einige Jahre später erwartete sie von Domitian ihr zweites Kind. Ein Sohn war bereits in frühem Kindesalter verstorben. Danach erst scheint sie eine gewisse Größe erlangt zu haben. Denn sie war selbst in die Palastverschwörung verwickelt, der 96 n. Chr. ihr grausamer Mann zum Opfer fiel. Die Götter haben ihr diesen Mut mit einem langen Leben gedankt. Mehr als vierzig Jahre überlebte sie Domitian, und einer ihrer Freigelassenen errichtete ihr in Gabii dankbar einen Tempel.

Der verhaßte Domitian fand im Tod eine einzige Getreue, seine Amme Phyllis, die sich seiner sterblichen Überreste erbarmte. In ihrer Villa an der Latinischen Straße erwies sie ihm die letzten Ehren und brachte seine Asche heimlich in den Tempel des Flavischen Geschlechts, wo sie sie mit der von (Flavia) Julia, der Tochter des Titus, die sie ebenfalls aufgezogen hatte, mischte.

Schon im Leben sollen sich Onkel und Nichte sehr nahe gestanden haben. Ob Julia diese Beziehung freiwillig eingegangen war, steht dahin. Sie war die Tochter des Titus, eine anmutige junge Frau, wie noch heute die erhaltenen Büsten verraten. Schon in jungen Jahren war sie mit ihrem Vetter vermählt worden, Flavius Sabinus, Konsul des Jahres 82, der mit Domitian gleichermaßen verwandt war. Zu Lebzeiten ihres Vaters hatte man sie mit dem Titel »Augusta« geehrt. Obwohl ihr Mann durch die Willkür Domitians sein Leben eingebüßt hatte, lebte Julia offen mit dem Onkel zusammen, der sich jedoch nicht entschließen konnte, sich von seiner untreuen Domitia zu trennen und seine Nichte zur rechtmäßigen Kaiserin zu machen. Das Verhältnis dauerte nicht lange, da Julia plötzlich eines mysteriösen Todes starb. Es wurde gemunkelt, sie sei schwanger gewesen, und Domitian habe sie zur Abtreibung gezwungen, deren Folgen sie nicht überstand. Juvenal und der jüngere Plinius berichten davon.[5] Ob an dem Gerücht Wahres ist, ist nicht bekannt. Die Trauer ihres Onkels scheint jedenfalls echt gewesen zu sein. Denn einige Jahre später wurde sie offiziell zur »diva Iulia Augusta« erhöht.

Domitians Nachfolger Nerva, ein Mann aus den Reihen des Senats, war alt, ehe- und kinderlos, als er den Thron der Caesaren bestieg, und es ist nicht auszuschließen, daß man ihn gerade deswegen für so geeignet hielt, das Reich in sicheren Händen zu halten. Unter ihm ist keine Frau bekannt, die für Rom auch nur eine geringe Rolle gespielt hätte. Doch als mit Nervas Nachfolger Trajan erneut ein Provinzialer zu Macht und Würden kam, gelangte auch wieder eine Frau an die Spitze der Staatsführung, die in vieler Hinsicht mit Livia Augusta vergleichbar war, wenn sie glücklicherweise auch deren intrigantes Wesen nicht besaß.

Pompeia Plotina, Trajans energische Gattin, war eine der gelehrtesten Frauen im alten Rom. Sie entstammte einer für provinzielle Verhältnisse sehr vornehmen Familie. »Noch heute verraten erhaltene Bildnisse fast klassische Schönheit: Ein schmales Gesicht über einem schlanken Hals, Stirn und Nasenlinie klar gewinkelt, der Nasenrücken lang und gerade. Dazu eine Haartracht, wie sie damals die Mode allen Frauen von Welt vorschrieb: ein hoher, über die Stirn kräftig gerundeter Haarbausch wurde rückwärts von einem Diadem zusammengehalten ...«[6] Übereinstimmend loben die alten Quellen ihre moralische Integrität. Wiederum hielt die Tugend Einzug auf dem Palatin. »Möge ich dieses Haus einst so frei von Schuld verlassen, wie ich es jetzt betrete.«[7] wünschte sich Roms neue Kaiserin, als sie 98 n. Chr. den Palast betrat, der fortan ihr Wohnsitz sein sollte. Die unsterblichen Götter haben ihr den frommen Wunsch gerne erfüllt. Cassius Dio meinte, sie habe während der ganzen Regierungszeit ihres Mannes ein untadeliges Leben geführt. Plinius nannte sie gar eine »sanctissima femina«. In einem breitangelegten Panegyrikos auf Trajan war er auch für dessen Gemahlin des Lobes voll. »Es hat dem Ansehen so vieler hochgestellter Persönlichkeiten geschadet, eine Ehe unüberlegt geschlossen oder aus falscher Rücksichtnahme fortgesetzt zu haben... Man konnte sie als Staatsbürger nicht für voll halten, weil sie es in ihrer Ehe nicht waren. Deine Gattin hingegen trägt zu Deinem Ansehen und Deinem Ruhm bei. Größere Reinheit und Sittenstrenge kann man sich nicht vorstellen. Selbst wenn sich der Pontifex Maximus eine Frau wählen müßte, würde er nicht auch sie nehmen oder doch wenigstens eine, die ihr gleichkäme? Aber wo fände man eine wie sie?«[8]

Doch verfügte Plotina nicht nur über einen untadeligen Charakter. Sie besaß auch einen politischen Weitblick, um den sie mancher Mann beneidete. Zudem war sie Trajan an Klugheit weit überlegen. Er mag ein hervorragender Feldherr gewesen sein. Ein fähiger Staatsmann war er sicherlich nicht. Wenn sich unter ihm und seinen Nachfolgern das Reich dennoch zu höchster Blüte entwickelte, war das vor allem ihr Verdienst, Frucht eines unbeugsamen Willens, in dem sie allerdings wieder ihrem biederen Gatten glich. Ihrer Entschlußkraft verdankte zudem Hadrian die Krone.

Plotinas Ehe mit Trajan war kinderlos geblieben, und wahrscheinlich hing sie deshalb so sehr an dem Verwandten ihres Mannes, an Publius Aelius Hadrianus, der seit seinem zehnten Lebensjahr dessen Mündel war. Vielleicht haben aber auch Hadrians geistige Fähigkeiten die gebildete Frau beeindruckt. In der Auseinandersetzung mit ihrem beträchtlich älteren Mann, der zudem nur dem Kriege lebte, wird sie kaum Befriedigung gefunden haben. Ihr wacher Geist fühlte sich viel eher Hadrian, der ihre philosophischen Neigungen teilte, verbunden. Dabei handelte es sich sicherlich um eine platonische Freundschaft, wenn sie vom römischen Klatsch auch anders gedeutet wurde.

Von Anfang an setzte Plotina alles daran, ihren »Liebling«, von dessen herrscherlichen Fähigkeiten der Kaiser keineswegs überzeugt war, zu fördern. Um ihn noch fester an den kaiserlichen Verwandten zu binden, stiftete Plotina eine Ehe, die rückblickend manches Rätsel aufgibt und von ihrem Mann auch nur widerwillig gebilligt wurde. Der 24jährige wurde mit Trajans Großnichte, der Enkelin seiner Schwester, verheiratet. Sie hieß Vibia Sabina und war in jeder Hinsicht das Gegenteil der intelligenten Kaiserin.

Um die verwandtschaftlichen Verhältnisse zu erhellen, ist es nötig, etwas weiter auszuholen. Mit dem Kaiserpaar war auch Trajans Schwester Marciana, mit Plotina an Tugendhaftigkeit durchaus zu vergleichen, in den Palast eingezogen. Auch in ihrer Stellung bei Hofe stand sie der Gattin nicht nach, ohne daß diese Tatsache deren Eifersucht entfacht hätte. Beide Frauen lebten in völliger Eintracht, ja in freundschaftlichem Verhältnis unter demselben Dach. Beiden wurde 105 n. Chr. vom Senat der Ehrentitel »Augusta« verliehen, was ein Novum in der römischen Geschichte darstellte. Bisher waren nur Frau oder Tochter eines Kaisers auf diese Weise geehrt worden. Schließlich erhielten beide Frauen 112 n. Chr. das Recht der eigenen Münzprägung. Marciana sollte diesen Vorzug allerdings nicht mehr lange genießen dürfen, da sie bald darauf starb.

Neben Plotina hatte Plinius in seiner Lobeshymne auch Marciana mit Schmeicheleien überhäuft. Er bewunderte vor allem ihre Bescheidenheit und Aufrichtigkeit, die ihn an ihren kaiserlichen Bruder erinnerten. Auch lobte er die Eintracht, in der sie mit ihrer Schwägerin zusammenlebte.

Marciana hatte eine Tochter, Matidia, die Trajan nicht weniger schätzte. Sie war mit einem gewissen L. Vibius Sabinus verheiratet, über den nichs Näheres bekannt ist. Er war früh verstorben und hatte Matidia als trauernde Witwe zurückgelassen, die sich nicht wieder verheiratete, sondern ganz der Erinnerung an ihren Mann lebte. Der Ehe waren zwei Töchter entsprossen, Vibia Matidia und Vibia Sabina, die jüngere, die Hadrians Frau wurde.

Der junge Mann zeigte sich von Plotinas Wahl wenig entzückt. Dabei hätte es ihn wohl kaum gestört, daß er das Mädchen nicht liebte. Ehen aufgrund gegenseitiger Zuneigung waren auch zu seiner Zeit noch immer die Ausnahme. Doch konnte er Sabina keineswegs als ebenbürtige Partnerin betrachten. Aber er wußte auch, wie unklug es gewesen wäre, sich den Plänen seiner kaiserlichen Freundin zu widersetzen. So willigte er endlich ein. Es war die vielleicht unklügste Entscheidung, die er je für sein privates Leben getroffen hatte.

Aber nicht nur er wurde dieser Verbindung niemals froh. Auch Sabina war von Anfang an so unzufrieden, vielleicht nicht ohne Schuld ihres Mannes, daß sie diesen allmählich zu hassen begann. Hadrians Glück wiederum war ihre Schwäche. Sie war zu unbedeutend, als daß ihr Haß ihm wirklich hätte gefährlich werden können.

Trotzdem war sie keineswegs eine Frau ohne Reize. In der zweiten Hälfte der achtziger Jahre geboren, zählte sie kaum fünfzehn Jahre, als man sie mit Hadrian vermählte. Ihre Züge auf den erhaltenen Bildnissen sind ernst, fast traurig. Griechische Inschriften nennen sie schön, vergleichen sie sogar mit der Demeter-Tochter Kore. Freilich mag in diesen Schmeicheleien ein wenig Diplomatie stecken. Sie hatte schmale Lippen, schlitzförmige Augen, eine schlanke Nase und hohle, leicht eingefallene Wangen. Alle ihre Bildnisse zeigen einen elenden, kummervollen Ausdruck und lassen ein unglückliches Schicksal ahnen.

Sie muß sehr bald erkannt haben, daß es zwecklos gewesen wäre, gegen ihren willensstarken Mann offen zu opponieren. Also brüstete sie sich damit, sie werde »diesem Ungeheuer« niemals Kinder gebären. Im übrigen aber wahrte sie wenigstens nach außen hin den Schein, begleitete ihren Mann auf mancher Reise und zog sich, so oft es ihre Stellung als erste Dame des Reiches erlaubte, zu ihren privaten Interessen zurück, vornehmlich zu Modedingen oder der Haartracht jener Zeit. So hatte Hadrian eigentlich keinen Grund, sie nicht zu dulden. Später, als er Kaiser war, beklagte er sich gelegentlich über ihre Launen und äußerte wiederholt, er würde sich von ihr trennen, wenn er nicht Kaiser wäre und ein Beispiel geben müsse.

Warum die kluge Plotina für ihren Schützling gerade diese Frau wählte, wird wohl immer ein Rätsel bleiben. War sie in den schönen Jüngling vielleicht doch ein wenig verliebt? Ahnte sie, daß die wenig intelligente Großnichte ihres Gatten für sie keine wirkliche Konkurrentin darstellte? Wollte sie sich gar den bleibenden Ruhm sichern, die einzige bedeutende Frau in Hadrians Leben gewesen zu sein? Wer kann das nach so langer Zeit noch klären?

Es dauerte weitere siebzehn Jahre, ehe sie Gelegenheit erhielt, ihrem Günstling wieder einen Dienst zu erweisen, diesmal einen, der nicht nur ihm, sondern dem ganzen Imperium zu größtem Nutzen gereichen sollte.

Man schrieb das Jahr 113 christlicher Zeitrechnung, das damals freilich noch nicht so genannt wurde, da die alten Götter noch herrschten. Kaiser Trajan, mit seinen sechzig Jahren nach damaligem Verständnis ein alter Mann, hatte es sich nach mehrjähriger Pause noch einmal in den Kopf gesetzt, Roms Einfluß in der alten Welt zu mehren. Er hatte gehofft, an seine früheren Erfolge anknüpfen zu können und in einem Anfall von Größenwahn, seine eigenen Kräfte überschätzend, beschlossen, gegen die Parther zu ziehen. Seit den Tagen Marc Antons über eineinhalb Jahrhunderte zuvor hatte kein römischer Heerführer Ähnliches mehr gewagt. Doch gaben anfängliche Erfolge dem alternden Mann recht.

Mühsam wälzte sich der Heereszug durch die östlichen Provinzen. »Entlang der ganzen Route waren Standbilder mit pflichtschuldiger Loyalität errichtet an allen Orten, wo man Station machte – Standbilder für Trajan und Standbilder für Plotina.«[9] Seit Vespasian hatte sich kein Staatsoberhaupt in den Reichsteilen, die östlich von Griechenland lagen, sehen lassen, und so ist es verständlich, daß man die kaiserliche Hofgesellschaft, der neben den Damen auch Hadrian angehörte, überall freudig begrüßte, brachte sie doch ein wenig Abwechslung in den ansonsten eher tristen Alltag. In Syrien ließ Trajan die Damen zurück. Seinen Verwandten Hadrian ernannte er zum Statthalter der Provinz, der damals als Schlüssel zu Asien eine besondere Bedeutung zukam. Er selbst aber stürmte in einem Siegeszug, der die alte Welt allenfalls an den Alexanders des Großen erinnerte, vorwärts, immer entfernteren Zielen, immer größeren Abenteuern entgegen. Der letzte Krieg Trajans war ein großartiger Feldzug, der den Kaiser und seine Legionäre bis an die Wasser des Persischen Golfes brachte.

Doch allmählich wendete sich das Blatt. Was noch vor kurzem

so glückhaft begonnen hatte, schlug bald ins Gegenteil um. Hinter dem unermüdlichen Eroberer bäumte sich der Aufstand, fielen die unterworfenen Länder reihenweise wieder von Rom ab. Trajans staatsmännische Schwäche hatte die leicht errungenen Siege nicht zu nutzen verstanden. Wie im Rausch war er vorwärts gestürmt, die großen Entfernungen und die geographischen und klimatischen Besonderheiten jener Gegend mißachtend. Eines Tages erkannte der ehrwürdige Greis jedoch seine Grenzen und kehrte enttäuscht, zermürbt und krank nach Antiochia zurück, der Hauptstadt Syriens, wo Hadrian als Statthalter waltete. Ihm vertraute er den Oberbefehl über die Truppen an, ernannte ihn zum »Legatus expeditionis Parthicae« und machte sich selbst auf den Heimweg nach Rom, das er aber nicht wiedersehen sollte. Plotina, Matidia und der Gardepräfekt Atticus begleiteten ihn. Ebenfalls im Gefolge befand sich M. Ulpius Phaedimus, Trajans Kammerdiener, der gleichzeitig die Stellung eines Vertrauten innehatte.

Im syrischen Hafen Seleukia schiffte sich der römische Kaiser ein. Aber er kam nicht weit. Schon bald darauf brach er zusammen, und man mußte ihn an Land bringen. Er starb am 8. August 117. So weit reicht das gesicherte geschichtliche Wissen. Was sich aber in den letzten Tagen, Stunden und Minuten im Sterbezimmer des Kaisers abspielte, wird wohl immer ein Geheimnis bleiben. Fest steht, daß Plotina, was auch immer geschah, ihre Hand im Spiel hatte.

Ihr mag am Sterbebett ihres Mannes bewußt geworden sein, daß nun das künftige Schicksal Roms von ihrer Entschlossenheit abhing. In all den Jahren, in denen sich Hadrian im Gefolge seines Onkels befunden hatte, hatte dieser keinerlei Anstalten gemacht, das Mündel zu adoptieren oder der Welt einen anderen annehmbaren Nachfolger zu präsentieren. Denn er hatte sich stets geweigert, an ein nahes Ende seines Lebens zu glauben, er ignorierte den Tod bis zum Schluß. Hat nun tatsächlich die vorausschauende Kaiserin die Initiative ergriffen und an Stelle ihres von Wassersucht und Schlaganfall geschwächten Mannes die Adoption ausgesprochen, um die zivilisierte Welt vor einem Chaos zu bewahren? Hatte sie sich gar erdreistet, mit nachgestellter Stimme im Zimmer ihres bereits verstorbenen Gatten Hadrian zum Nachfolger zu ernennen, ohne daß freilich der Tod des Kaisers draußen schon bekannt gewesen wäre? Hatte sie einen anderen dazu ermächtigt? Jedenfalls war sie es, die die Adoptionsurkunde unterzeichnete und einen gleichlautenden Brief an den Senat. Aber vielleicht konnte Trajan aufgrund seines schlechten Gesundheitszustands tatsächlich nicht mehr schreiben und hatte seine Frau damit beauftragt. Die Wahrheit wird wohl nie mehr zu ergründen sein.

Freilich geben die Ereignisse am Hof in Selinus während der nächsten Tage zu denken. Am 12. August starb dort Phaedimus, der erst 28 Jahre alt und nach wissenschaftlicher Kenntnis kerngesund war. Die Todesursache ist nie bekannt geworden. Wußte er vielleicht etwas, das für einen Kammerdiener nicht bestimmt war? Hatte man ihn, möglicherweise sogar auf Befehl der Kaiserin, aus dem Weg geräumt? Offensichtlich stellte selbst der Tote noch eine Bedrohung dar, denn erst elf Jahre nach dem mysteriösen Todesfall wurde einem seiner Freunde erlaubt, Phaedimus' Asche nach Rom zu holen. Es ist nicht verwunderlich, daß diese Geheimniskrämerei Anlaß zu allerlei Gerüchten gab.

Wenn Plotina eine Betrügerin war, was ihr schon im Altertum vielfach unterstellt wurde, muß man ihr doch zugute halten, daß sie nicht aus Eigennutz handelte. Mit hellseherischem Weitblick hat diese ungewöhnliche Frau durch ihr unerschrockenes Handeln der römischen Welt noch einmal eine Epoche größten Wohlstands beschert. »Wenn man aufgefordert würde,« meinte gar der englische Althistoriker Edward Gibbon, »diejenige Epoche der Weltgeschichte anzugeben, in der die menschliche Gesellschaft sich in dem blühendsten und glücklichsten Zustand befand, so müßte man ohne zu zögern die Zeit von Domitians Tod bis zu Commodus' Antritt der Regierung nennen.«[10] Das aber war nicht zuletzt Plotinas Verdienst.

Der von ihr favorisierte Hadrian erwies sich als verantwortungsbewußter und umsichtiger Herrscher. Und mit der Adoption seiner beiden Nachfolger garantierte er dem Reich zwei weitere Generationen innerer Stabilität. Seiner großen Gönnerin blieb er zeitlebens verbunden. Niemals, versichert der antike Biograph, habe er ihr eine Bitte abgeschlagen, zumal ihre Anträge stets bescheiden gewesen seien und sie zudem nie etwas für sich verlangt habe. Etwa ein Jahr vor ihrem Tod schrieb sie Hadrian drei Briefe, zwei in lateinischer, einen in griechischer Sprache. »Die Philosophenschule der Epikureer in Athen lag der Kaiserin sehr am Herzen. Es war dort Gesetz, daß zum Leiter der Schule stets nur ein römischer Bürger gewählt werden durfte. Plotina bat nun den Kaiser, diese Bestimmung aufzuheben und dem jeweiligen Rektor zu gestatten, selbst Vorkehrungen für die Nachfolge zu treffen und dabei unter den fähigsten Kandidaten, Römern oder Nichtrömern, frei wählen zu dürfen. Hadrian kam der Bitte bereitwillig nach. Und so konnte Plotina sogleich ihren Freunden erfreut mitteilen, daß ihr lange gehegter Wunsch in Erfüllung gegangen sei. Sie vergaß nicht, den Kaiser in diesem Brief zu loben und ihm zu danken. Und sie appellierte an die Verantwortlichen, das in sie gesetzte Vertrauen zu rechtfertigen und sich bei der Wahl nur durch das Gemeinwohl und nicht durch private Interessen leiten zu lassen...«[11)]

Plotina starb 122 n. Chr., als sich Hadrian auf seiner ersten großen Reichsreise befand. Die Todesnachricht, die ihn wie ein Schicksalsschlag traf, erreichte ihn in Nîmes, wo Plotina geboren war. Die einzige Frau, der er jemals nahegestanden hatte, war von ihm gegangen. Seine Betroffenheit war tief. Neun Tage lang kleidete er sich in Schwarz. Er verfaßte Gedenkhymnen für sie, der er »das Imperium verdankte«[12)], ließ sie vergöttlichen und ihr einen Tempel errichten, ein wunderbares Werk, wie der Biograph betont.

Matidia, die einst mit Plotina die Asche Trajans von Selinus nach Rom gebracht hatte, war dieser schon 119 n. Chr. vorangegangen. Im Gegensatz zu seiner launischen Frau scheint Hadrian seine Schwiegermutter geschätzt zu haben. Er hatte ihr selbst die Leichenrede gehalten, hatte auch sie schon konsekrieren und ihr ein Heiligtum errichten lassen, das sich gleich neben der Basilika ihrer ebenfalls vergöttlichten Mutter befand. Ihr Andenken war zudem in Gladiatorenspielen geehrt worden, durch die Verteilung von Gewürzen und durch eine Sondermünze, auf der Matidia, zu den Göttern erhoben, in einem Tempel zwischen zwei Siegesstatuen sitzt.

Wenn sich Hadrian aus Frauen auch nicht viel machte, muß man ihm doch zugute halten, daß er jederzeit für sie eintrat. Über seine Mutter Domitia Paulina aus Cadiz ist wenig bekannt. Ihre gleichnamige Tochter mag ähnlich ihrem Bruder ein stilles, vielleicht sogar schwermütiges Mädchen gewesen sein. Man hatte sie mit einem über dreißig Jahre älteren Mann namens L. Iulius Servianus vermählt, der seinem jugendlichen, glänzend begabten Schwager zeitlebens wenig gewogen war. Aus dieser Ehe war eine Tochter Julia hervorgegangen, deren Ehe wiederum um 118 n. Chr. ein Enkel, Fuscus, entsproß. Die Beziehungen der beiden Familien zueinander waren äußerst kühl. Dennoch hatte der Kaiser 134 n. Chr. – seine Schwester Domitia Paulina war längst tot – den Alten zum drittenmal mit dem Konsulat ausgezeichnet, was sicherlich auf eine gewisse Bevorzugung schließen läßt. Zwei Jahre später allerdings ließ Hadrian wohl in einem Anflug geistiger Umnachtung den über 90jährigen Greis und mit ihm den erst 18jährigen Enkel hinrichten. Er hatte beide Männer des Hochverrats bezichtigt. Ob sich Servianus für sich oder doch für den jugendlichen Fuscus tatsächlich Hoffnungen auf die Krone gemacht hatte, ist nicht bekannt.

So wenig Hadrian mit seiner Frau zufrieden sein konnte, die sich weder für ihn noch für das Reich interessierte, ja überhaupt keine geistigen Interessen zeigte, so sehr war er dennoch darauf bedacht, daß man ihr als Kaiserin den nötigen Respekt erwies. Ihm selbst war 128 n. Chr. der Titel »pater patriae« verliehen worden. Gleichzeitig hatte man Sabina mit der Auszeichnung »Augusta« geehrt. Als sich der kaiserliche Privatsekretär C. Suetonius Tranquillus, dessen lebendig geschriebene Biographien der ersten zwölf Kaiser Roms noch heute faszinieren, und der Gardepräfekt Septicius Clarus der Kaiserin gegenüber zu große Freiheiten herausnahmen, wurden sie ihrer Ämter enthoben.

Dennoch ließen sich, als Sabina 136 n. Chr. die Augen schloß, Gerüchte nicht unterdrücken, Hadrian habe bei ihrem Tod mit Gift nachgeholfen. Doch warum hätte er sich, da er ihre Launen nun schon über dreißig Jahre ertragen hatte, ausgerechnet jetzt ihrer entledigen sollen, da das natürliche Ende ohnehin abzusehen war? Gegen einen Giftmord spricht auch die Tatsache ihrer Vergöttlichung. Bis zum heutigen Tag hat sich ein eindrucksvolles Relief davon erhalten. Es befindet sich in der Antikensammlung auf dem römischen Kapitol: Vor einem brennenden Scheiterhaufen schwebt ein fackeltragendes Flügelwesen, in dem man die »aeternitas« zu erkennen glaubt. Ein weiblicher »Engel« trägt Sabina zum Himmel empor. Hadrian, rechts im Vordergrund sitzend, beobachtet die Szene und weist mit erhobenem Zeigefinger auf die entschwindende Gemahlin.

Es existiert ein weiteres »Familienbild«, das Hadrian, Sabina und Antinoos, Hadrians »Ersatzsohn«, in friedlicher Eintracht zeigt und erkennen läßt, daß Sabina gegen die Beziehung ihres Gatten zu dem schönen jungen Bithynier keinerlei Einwände erhob.

Als das Kaiserpaar 130 n. Chr. eine große Ägyptenreise unternahm, war auch der göttliche Knabe mit von der Partie. Hadrian liebte den Jungen innig, was böse Zungen zu der Bemerkung veranlaßte, er unterhielte zu ihm eine Liebesbeziehung. Aber man machte es sich sicher zu einfach, sähe man in diesem Verhältnis nichts weiter als eine homoerotische Bettgeschichte. Antinoos bedeutete dem alternden Mann mehr als ein billiger Lustknabe: Verkörperung der eigenen Jugend und Idealvorstellung von dem, was ihm die Natur in der legitimen Verbindung mit Sabina versagt hatte.

Wie auch immer. Der »Jüngling mit dem schönen Antlitz«, wie ihn die Inschrift eines Obelisken auf dem Pincio in Rom nennt, ertrank am 30. Oktober 130 n. Chr. vor den Augen des Kaisers im Nil, und es heißt, dessen ohnehin melancholischer Grundzug habe sich danach noch stärker ausgeprägt. Trotz des Unglücks aber setzte man die Reise fort. Drei Wochen später, am 21. November, befand sich die Hofgesellschaft am Ziel ihres Unternehmens, in der alten Reichshauptstadt Theben.

»Während Hadrians stets wissensdurstiger Geist nach dem Kennenlernen der ägyptischen Altertümer lechzte, waren seine gefühlsarme Gemahlin und Balbilla, ihre schrullige Hofdame, sensationslüstern: Es gab nämlich (und gibt sie noch heute) westlich von Theben an der Straße, die zum Tal der Könige führt, zwei kolossale monolithische Sitzfiguren des Pharaos Amenophis III. Mit einer Höhe von 19,50 Metern flankierten die hünenhaften Sandsteinkönige einst den Eingang seines längst verschwundenen Totentempels, dazu ausersehen, das Reich der ewigen Ruhe zu bewachen.

Schon von Herodot erwähnt, wurden die beiden Statuen zu einem Anziehungspunkt besonderer Art. Sie »sangen« nämlich.

Nicht immer, sondern nur, wenn die Sonne seit etwa zwei Stunden aufgegangen war. Dann aber gab die nördlichere der beiden Figuren ein Geräusch von sich, das an das Klingen einer gespannten Harfensaite erinnerte. »Memnonsäulen« hießen sie bei den alten Griechen. »Wenn die Mutter Eos über den Horizont stieg, seufzte und klagte ihr Sohn Memnon«, der Äthiopierfürst und einstige Bundesgenosse der Trojaner. Er war im Zweikampf gegen Achill gefallen und hatte vom Göttervater Zeus auf Drängen seiner Mutter die Unsterblichkeit erhalten. Ihn sahen die Griechen in den beiden Kolossen. Sein Wehklagen verursachte einen »Ton, der nicht menschlich war und dennoch zu Herzen aller ging, die ihn hörten. Strabo und Pausanias berichteten darüber.«[13)]

An jenem 21. November nun warteten auch Hadrian und seine Damen auf die Klage des Memnon. »Sie wurden belohnt mit einem Tönen, das sie ergriff wie nichts zuvor.«[14)] Balbilla hielt das erfreuliche Geschehen in einigen kleinen Versen fest, die sie am Fuß der Figur einritzte. In schmeichlerischer Übertriebenheit berichtet sie darin von einer dreimaligen Begrüßung des Gottes für den Kaiser, von denen eine gar schon vor Sonnenaufgang erfolgt sei. Da sich das Klingen zu diesem Zeitpunkt mit keiner anderen Überlieferung deckt, muß es Balbilla erfunden haben, um dem Kaiser zu gefallen. Daß die eitle Hofdame Hadrian bewunderte, ist verständlich. Jedoch wird sie bei ihm kaum ähnliche Reaktionen erweckt haben. Sie war zu oberflächlich, als daß sie ihn wirklich beeindrucken konnte, weit entfernt von der tiefsinnigen Plotina. Man wird also annehmen dürfen, daß es sich bei ihr um eine Begleiterin der Kaiserin handelte.

Doch wenn Balbillas Verse auch keineswegs zu den herausragenden literarischen Hinterlassenschaften der Antike gehören, handelt es sich immerhin um eines der spärlichen Zeugnisse der geistigen Beschäftigung einer Frau.

30. ANNIA GALERIA FAUSTINA – EIN LEBEN FÜR DIE LUST?

»Den Göttern danke ich, daß ich eine Gattin von gefälligem, hingebendem und einfachem Charakter erhielt...« bemerkte der alternde Marc Aurel in seinen »Selbstbetrachtungen«, jener seltsamen Biographie seiner Seele, die der Wissenschaft noch heute manches Rätsel aufgibt.[1)] Was nützt aber der Versuch eines verzweifelten Mannes, postum die Ehre einer Frau zu retten, wenn sich sein subjektiver Eindruck in nichts mit anderen alten Quellen deckt, die der jüngeren Faustina allesamt einen ausschweifenden Lebenswandel vorwerfen, ja ein Verhalten, das sich ganz und gar nicht mit der Würde einer Kaiserin verträgt und auch von ihrem Mann als schändlich empfunden worden sein muß? Möglicherweise hatte Marc Aurels Gattin das »leichte Blut« von ihrer gleichnamigen Mutter geerbt, von Annia Galeria Faustina der Älteren.

Zwischen 112 und 115 n. Chr. hatte diese den reichen T. Aurelius Boionius Arrius Antoninus geheiratet, einen Mann aus Adelskreisen, der der Nachwelt als Antoninus Pius in Erinnerung blieb. Er war es, den Kaiser Hadrian zu Beginn des Jahres 138 n. Chr., schon vom Tode gezeichnet, zum Nachfolger bestimmte, und es heißt, die Aussicht, künftig die römische Kaiserkrone zu tragen, sei ihm ein verhaßtes Glück gewesen. Nicht so seiner Frau, die sich über den unverhofften Aufstieg freute. »Dummes Weib,« soll er sie daraufhin angeherrscht haben. »Nun haben wir auch das noch verloren, was wir vorher hatten.«[2)] Er meinte damit sicherlich nicht nur die materiellen Güter, die er mit seiner Thronbesteigung dem Fiskus einverleibte, da er, wie er betonte, als Kaiser ohnehin kein Privatvermögen mehr brauche.

Mit einer für einen todgeweihten Mann erstaunlichen Verstandesschärfe hatte Hadrian für eine weitere Generation vorgesorgt. Seinem unmittelbaren Nachfolger, dessen beide Söhne jung verstorben waren, hatte er zur Auflage gemacht, seinerseits den jungen Marcus Annius Verus, den späteren Marc Aurel, zu adoptieren und gleichberechtigt daneben den Sohn dessen, der zunächst als Nachfolger im Prinzipat vorgesehen, jedoch bald nach seiner Adoption verstorben war. Er hieß Lucius Ceionius Commodus Verus und stand als Mitregent der Jahre 161 bis 169 n. Chr. vielleicht zu unrecht ganz im Schatten Marc Aurels.

Für beide Jünglinge – Lucius Verus war ein zarter Knabe von gerade sieben Jahren – hatte der sterbende Kaiser auch die passenden Bräute ausgesucht: Ceionia Fabia für den siebzehnjährigen Marc Aurel. Lucius Verus aber sollte Antoninus Pius' eigene Tochter heiraten, eben jene Annia Galeria Faustina, von der eingangs schon die Rede war. Doch es kam anders, als es sich Hadrian gewünscht hatte.

Die Asche auf dem Scheiterhaufen war noch nicht verglüht, da ließ der neue Kaiser durch seine Gattin Faustina Marcus ausforschen, ob er nicht die Verlobung mit Ceionia Fabia lösen und sich an ihrer Stelle mit Faustina verbinden wolle. Jener erbat sich Bedenkzeit. »Weshalb er zögerte, verrät die antike Lebensbeschreibung nicht. Faustina war noch ein Kind. An den Vollzug einer Ehe mit ihr war allenfalls in Jahren zu denken. Wahrscheinlich war Ceionia Fabia älter als die nunmehr vorgesehene Braut, so daß Marcus nicht so lange hätte warten müssen. Er besaß nämlich – was für einen jungen Römer seiner Zeit sehr ungewöhnlich war – noch keinerlei Erfahrungen auf sexuellem Gebiet. Auch das bekannte er frei, als er an der Schwelle des Todes auf sein bewegtes Leben zurückblickte . . .«[2)]

Endlich aber entschloß er sich doch, den Wunsch seines kaiserlichen Adoptivvaters zu respektieren. Er löste sich von der ihm verordneten Braut, die mit einem jungen Mann namens Plautius Quintillus abgefunden wurde. Dieser war ebenfalls Angehöriger der Nobilität und sollte 159 n. Chr. das Konsulat bekleiden. Es ist nicht bekannt, wie die junge Frau die Veränderung ihrer Zukunftsaussichten aufnahm. Vielleicht hatte sie sich tatsächlich schon Hoffnungen gemacht, an Marc Aurels Seite dereinst zur Kaiserin aufzusteigen. Doch wäre offener Widerstand zwecklos gewesen, da Verlobungen keinen bindenden Charakter hatten. Wahrscheinlich fügte sie sich gehorsam in ihr Geschick und räumte widerspruchslos ihren Platz für die Tochter des Kaisers.

Die Verlobung der jüngeren Faustina mußte ebenfalls gelöst werden. Ohnehin paßte sie schlecht zu dem ihr verordneten Bräutigam, der wahrscheinlich sogar jünger war als sie. Nur für Lucius Verus, den zweiten Adoptivsohn, fand sich vorläufig kein angemessener Ersatz.

Inzwischen genoß die ältere Faustina an der Seite ihres kaiserlichen Gatten die neue Stellung als erste Dame des Reiches. Bald nach der Thronbesteigung hatte ihr der Senat den Titel »Augusta« angetragen, eine ganz besondere Auszeichnung, auf die ihre Vorgängerin Sabina mehr als zehn Jahre gewartet hatte. Auch erhielt sie das Recht der eigenen Münzprägung. Doch war es ihr nicht vergönnt, ihre neue Würde lange zu genießen. Schon in Antoninus Pius' drittem Regierungsjahr starb sie. Als einziges ihrer vier Kinder hatte die jüngere Faustina überlebt.

Der römische Klatsch sagte ihr wenig Gutes nach. Zwar lobte man allgemein ihre Schönheit, stieß sich aber an ihrer mangelnden Treue. Stillschweigend ging der weise Monarch über das Gerede hinweg und ehrte ihr Andenken, wie kaum das einer ihrer Vorgängerinnen geehrt worden war. In Faustinas Namen und zu ihrem Gedächtnis wurde ein Fonds zur Unterstützung und Ausbildung armer Mädchen gegründet. Zirkusspiele sollten an sie ebenso erinnern wie Standbilder aus Gold und aus Silber. Die Tote wurde unter die Götter Roms erhoben, während an der Nordseite des Forums einer der schönsten Tempel der sich neigenden Römerzeit entstand. Noch heute trägt sein Architrav aus weißem Marmor die Inschrift: DIVAE FAUSTINAE EX S(enatus) C(onsulto). Faustina erhielt auch Eigenpriesterinnen, und Konsekrationsmünzen zeigen die Verstorbene, die ein Adler auf ausladenden Schwingen in himmlische Sphären entführt. Nur den Vorschlag des Senats, die Monate September und Oktober in Antoninus und Faustinus umzubenennen, lehnte der Kaiser ab.

Antoninus heiratete nicht mehr, sondern begnügte sich fortan mit einer Lebensgefährtin, einer Freigelassenen seiner Frau namens Galeria Lysistrate. Er scheint jedoch auf eine weitere Eheschließung nicht nur aus Achtung der verstorbenen Augusta gegenüber verzichtet zu haben. Der hochgewachsene und gutaussehende Mann war zwar kein Jüngling mehr. Dennoch dürfte er gewesen sein, was wir heute einen Mann in den besten Jahren nen-

Zeugnis einer großen Liebe: Tempel der vergöttlichten Annia Galeria Faustina d. Ä. († 141 n. Chr.) Noch heute trägt der Architrav die Inschrift: DIVAE FAUSTINAE EX S(enatus) C(onsulto). Rom, Forum Romanum. (Foto: Guido Schall)

nen würden. Aus einer neuen ehelichen Verbindung wären womöglich Kinder hervorgegangen, und das hätte leicht zu Verwirrungen und Mißverständnissen in der Thronfolge führen können. Er war nicht nur durch die Anordnungen Hadrians gebunden. Er fühlte sich längst nicht weniger seinem von den Göttern gesandten Sohn Marc Aurel verpflichtet. Schon zu seinen Gunsten und im Interesse der Staatsräson empfahl es sich, alle privaten Belange zurückzustellen.

Im April des Jahres 145 n. Chr. endete für Marc Aurel die Zeit des langen Wartens. Er durfte endlich seine Faustina heiraten, das Mädchen, das »so gehorsam, so zärtlich, so schlicht« war.[1)] Als leibliche Tochter seines Adoptivvaters war sie rechtlich seine Schwester. Es war deshalb die Entlassung eines der beiden aus der väterlichen Gewalt erforderlich. Wen Antoninus seiner Eigenverantwortung überließ, damit den gesetzlichen Bestimmungen Genüge geschehe, wird in den alten Quellen nicht erwähnt. Überhaupt ist von der Hochzeit wenig bekannt. Die antike Lebensbeschreibung begnügt sich mit dem knappen Hinweis, der Kaiser habe das Fest auf das prächtigste ausgerichtet. Faustina war sein einzig überlebendes Kind, das er verständlicherweise sehr liebte. Der Tod hatte in den Reihen seiner leiblichen Angehörigen reiche Ernte gehalten und schließlich nur noch diese Tochter zur Freude seines Alters übriggelassen. In einem Brief an seinen Freund und Berater Fronto, der auch ein Lehrer Marc Aurels war, äußerte der Kaiser einmal, er zöge ein Leben mit seiner Tochter auf Gyara, einer einsamen Insel in der Ägäis, auf die man gelegentlich Verbannte schickte, einem solchen im Kaiserpalast ohne sie vor. Zu der Vaterliebe gesellte sich die Tatsache, daß Faustina den designierten Thronfolger heiratete. Es bedarf also keiner allzu großen Phantasie sich vorzustellen, daß die Hochzeit des hohen Paares ein Fest wurde, wie es Rom lange nicht gesehen hatte.

Damit auch Außenstehende kräftig mitfeiern konnten, erhielten die Soldaten ein Geldgeschenk. Und schließlich verkündeten Münzen mit den Porträts des jungen Paares allen Reichsbewohnern von der Vermählung des Kronprinzen mit Faustina, der Tochter des Kaisers, die nun bald Augusta werden sollte.

Eigenartigerweise erwähnte Marcus in den zahlreichen Briefen an seinen Freund und Lehrer Fronto seine junge Gemahlin nur selten. Von der Hochzeitsfeier ist überhaupt nie die Rede. Doch möglicherweise ist die entsprechende Korrespondenz verlorengegangen, denn es ist kaum anzunehmen, daß Marcus ausgerechnet dieses wohl wichtigste Ereignis in seinem Privatleben überging.

Aus einem Brief, der bald nach der Hochzeit verfaßt wurde, erfahren wir nur, daß Faustina krank geworden war. Woran sie litt, wird aber nicht erwähnt. Sie hatte hohes Fieber, das wohl längere Zeit anhielt. Doch war sie, wie der junge Gatte bemerkte, ein geduldiger und folgsamer Patient. Man fürchtete allerdings, sie könne nun keine Kinder mehr bekommen, denn erst zweieinhalb Jahre nach der Hochzeit, Ende November 147 n. Chr., kam das erste Kind zur Welt, eine Tochter, die nach der Mutter die wohlklingenden Namen Annia Galeria Faustina erhielt. Alle Befürchtungen erwiesen sich mit der Zeit als unbegründet. Die Ehe entwickelte sich erstaunlich fruchtbar, wenn sie auch sonst kaum glücklich genannt werden konnte. Die Wissenschaft geht von mindestens elf Schwangerschaften mit über einem Dutzend Kindern aus, wobei einige Geschwister Zwillinge waren. Gesichert ist die Zahl der Nachkommen nicht. Und ob Roms weisester Herrscher der Vater aller Kinder der Faustina war, steht ebenfalls dahin. Der römische Klatsch jedenfalls wollte wissen, daß zumindest Nachfolger Commodus, der einzig überlebende Sohn, einem Abenteuer seiner Mutter mit einem Gladiatoren entstammte ...

Die glückliche Geburt hatte allen Römern gezeigt, daß die Gattin des Thronerben nicht unfruchtbar war. Am ersten Dezember wurde ihr deshalb der Titel »Augusta« verliehen. Ein wenig enttäuscht war man allerdings, als im Mai 149 wieder »nur« ein Mädchen das Licht der Welt erblickte, Annia Aurelia Galeria Lucilla, die später den Mitregenten Lucius Verus heiraten sollte. Der Kindersegen strömte in den fünfziger Jahren fort. Als endlich der ersehnte Sohn und potentielle Thronerbe geboren wurde, freute sich mit dem Kaiserhaus das ganze Imperium. Selbst die Synode des Dionysostempels in Smyrna übersandte Glückwünsche. Aber die Freude war übereilt, denn der Knabe starb schon bald nach der Geburt. Überhaupt sollte, wie schon im Hause seines Vorgängers, der Tod auch in dem Marc Aurels umgehen. Nur wenigen aus der großen Kinderschar war ein längeres Leben beschieden. Und über die früh Verstorbenen ist wenig bekannt.

Immerhin war die Fruchtbarkeit des Kaiserpaares beispiellos in der gesamten Geschichte Roms. Es war nur recht und billig, die Leistung der Kaiserin in der Münzprägung entsprechend zu würdigen, »Fecunditas Augustae«. Eine dieser Münzen zeigt Faustina inmitten ihrer Kinderschar.

Unter Antoninus Pius, der viel lieber als Privatmann das beschauliche Landleben auf seinem Gut in Loricum genossen hätte, erfreute sich das Reich einer einzigartigen Stabilität. Die Grenzen waren ruhig wie nie zuvor. Der seßhafteste aller römischen Caesaren hatte nicht nur an ausgedehnten Bildungsreisen kein Interesse. Er war auch nicht gezwungen, Rom aus politischen Gründen zu verlassen, denn dessen äußere Feinde verhielten sich friedlich. Auch der Nachfolger Marc Aurel hätte ein Leben in ländlicher Abgeschiedenheit dem aufreibenden Herrschertum vorgezogen. Aber seine Zeit war nicht mehr danach. Er hatte kaum den verhaßten Thron bestiegen, als sein beschauliches Glück jäh zu Ende ging. Feinde bedrohten die Reichsgrenzen allenthalben und zwangen den friedliebendsten aller römischen Kaiser, die Beschäftigungen, die seiner zarten Gesundheit und seiner empfindsamen Seele am meisten entsprachen, die Liebe und die Philosophie, aufzugeben, um sich nur noch der Sicherheit des Reiches zu widmen.

Immer wieder mußte er Rom oft für Jahre verlassen, um die Grenzen zu sichern, um Feinde zu verjagen und bereits verloren Geglaubtes zurückzuerobern. Seine Gattin Faustina blieb indessen mit ihren Kindern allein. Was sie in diesen schweren Zeiten durchmachte, mag die Inschrift auf einem Kameo zeigen, die ein glücklicher Zufall der Nachwelt erhielt: »Salvo Commodo felix Faustina« – weil Commodus wieder gesund ist, freut sich Faustina. Der Thronerbe, der einzig überlebende Sohn des Kaiserpaares, war schwer erkrankt. Als er jedoch nach langem Siechtum wieder genas, fiel der verzweifelten Frau ein Stein vom Herzen.

Es muß um das Jahr 173 n. Chr. gewesen sein, als Marc Aurel Gerüchte über den Lebenswandel seiner Frau zu Ohren kamen. Wieder einmal hielt er sich im Norden des Reiches auf, wo germanische Stämme, allen voran Markomannen und Quaden, die Grenzen verunsicherten. Da ließ er Faustina kurzerhand zu sich kommen. »Er hatte die Gattin auch bei sich im Felde, weshalb er ihr den Titel 'Lagermutter' (mater castrorum) verlieh,«[4] bemerkte hierzu sein antiker Biograph. Die Kaiserin soll übrigens ihre kleine Tochter, die erst dreijährige Vibia Aurelia Sabina, an die Front mitgebracht haben.

Für die verwöhnte Kaisertochter und -gattin bedeutete der Aufenthalt im hohen Norden gewiß ein unvorstellbares Opfer. Es war ganz und gar ungewöhnlich, daß eine derart hochrangige Frau das harte Lagerleben ihres Mannes teilte und zudem ein Kleinkind den Gefahren des Krieges, eines ungewohnten Klimas und der damals grassierenden Pest aussetzte. Was hatte ihren Mann bewogen, sie und die Kleine aus der Sicherheit ihres stadtrömischen Palastes an die Grenze zum rauhen Barbarenland zu holen?

Sehnsucht, sagen die einen. Mehrere Jahre lang hatten sich die Eheleute nicht gesehen, und es wäre nur allzu verständlich, wenn Marcus den Wunsch gehabt hätte, seine Frau bei sich zu haben und vor allem seine kleine Tochter endlich kennenzulernen. Nicht weniger glaubwürdig aber erscheinen all jene, die behaupten, der Kaiser habe Faustina in seine Nähe beordert, um unliebsamen, zum Teil sogar gehässigen Gerüchten, die über sie in Rom umliefen, entgegenzuwirken.

War sie tatsächlich so schlecht wie ihr Ruf? Niemand kann es mit Bestimmtheit sagen. Die antiken Historiker, zeitgenössisch oder auch nicht, erwähnen übereinstimmend den labilen Charakter der Kaiserin, mögen auch ihre Geschichten gewisse Schwächen aufweisen. Es ist zudem eine Binsenweisheit, daß Klatsch niemals grundlos entsteht. Vielleicht geht der Schreiber der Historia Augusta in seiner Überlieferung aber zu weit, wenn er das Gerücht aufgreift, die Kaiserin habe sich ihre Partner unter Schiffsleuten und Gladiatoren gesucht. Er war auch sonst bemüht, mit pikanten Anekdoten seinen blassen Berichten Farbe zu verleihen, um einen größeren Leserkreis anzusprechen. Möglicherweise wollte er mit diesem Hinweis sogar den von ihm überaus verehrten Marcus von dem Makel reinwaschen, einen Sohn wie Commodus gezeugt zu haben. Unvorstellbar wäre es aber in der Tat nicht, hätte sich die noch junge, lebenslustige Kaiserin während der jahrelangen Abwesenheit ihres Gatten für ihre sexuellen Bedürfnisse etwas Abwechslung gesucht. Wer könnte es der Frau Faustina verübeln, hätte sie, rechtlich an die fleischgewordene Philosophie gekettet, die Zeit des Wartens auf diese Weise verkürzt? Der Kaiserin Faustina allerdings hätte ein Benehmen, das über jeden Zweifel erhaben gewesen wäre, besser angestanden. »Er war nachsichtig«, wundert sich Cassius Dio über Marc Aurel, »gegen andere und besonders gegen seine Gemahlin, indem er ihren Vergehen nicht nachforschte noch sie bestrafte.«[5] Auch er, der anerkannte Historiker, war demnach von Faustinas Lasterhaftigkeit überzeugt.

Mit dem Hinweis auf ihren Kinderreichtum versuchen heute viele Historiker die in der Antike erhobenen Vorwürfe zu entkräften, mit der Tatsache der unerschütterlichen Liebe ihres Gatten und den »hohen Ehren, die er ihr nach ihrem Tode zuteil werden ließ.«[6] Doch bestätigen die zahlreichen Schwangerschaften nicht unbedingt auch eheliche Treue. Man erinnere sich hier der liebestollen Augustus-Tochter Julia, die auch nur dann einen Passagier aufzunehmen pflegte, »wenn das Schiff schon beladen« war. Selbst Marc Aurels betontes Vertrauen vermag den Ruf seiner Gattin kaum reinzuwaschen. Was hätte ein Mann, auf dem ständig aller Augen ruhten, auch Klügeres tun können, als die Extravaganzen seiner Frau mit Schweigen zu übergehen, wollte er sich nicht zum Gespött einer sensationsgeilen Öffentlichkeit machen? Als man ihm den Rat gab, sich doch endlich von seiner treulosen Gattin zu trennen, gab er seinen Kritikern lediglich zu bedenken, daß er in diesem Falle ja auch die Mitgift zurückzahlen müsse. Er meinte damit das Kaisertum.

Und schließlich sind auch die zahlreichen postumen Ehrungen, will man sie nicht gar nur als lange geübten Brauch oder besonderen Ausdruck der »piestas«, jener fast heiligen Scheu des Römers vor dem Tod und den Toten, betrachten, kaum geeignet, Faustinas schlechtem Ruf entgegenzuwirken. Sie mögen sogar ein letzter, verzweifelter Versuch Marc Aurels gewesen sein, sich selbst und alle anderen über den wahren Charakter der Kaiserin zu täuschen. So liefern gerade sie am allerwenigsten den Beweis, Faustinas Moral sei tadellos und über jeden Zweifel erhaben gewesen.

Ein drittes Motiv des Kaisers, seine Frau möglichst rasch wiederzusehen, ist schließlich nicht weniger überzeugend. Es war im Jahr 174, als Faustina, die sich um die Gesundheit ihres Gatten angeblich sorgte, an Avidius Cassius schrieb, den hervorragenden Statthalter des Ostens. Ob sie sich selbst, wollte sie von ihm wissen, um die Herrschaft bewerben solle, falls ihrem Mann etwas zustoße. Der Brief enthielt eine versteckte Liebeserklärung an den Syrer. Sie wolle ihn heiraten, bekräftigte sie, sobald sie Witwe geworden sei.

So unglaublich ein solches Angebot klingt, viele Frauen der Antike kamen auf die ausgefallensten Ideen, wenn es um den Erhalt ihrer Stellung ging. Sicherlich bestand, was Marc Aurels Gesundheitszustand betraf, kein akuter Anlaß zur Sorge. Zeitlebens war der Kaiser schon krank gewesen, war wohl auch ein wenig Hypochonder, und seine Umwelt hatte sich an seine diversen Leiden längst gewöhnt. Gerüchte, daß es ihm schlecht gehe, müssen aber tatsächlich umgegangen sein. Möglicherweise trug er sich zu dieser Zeit sogar mit Selbstmordgedanken. Jedenfalls läßt die Reaktion des Avidius Cassius, der bis dahin ein treuer Begleiter des Kaisers gewesen war, darauf schließen, daß auch er mit dessen baldigem Ableben rechnete. Das Gerücht einer drohenden Verschwörung mag schließlich bis an die Nordfront gedrungen sein. Vielleicht wollte Marc Aurel einem Sturz vorbeugen, indem er Faustina zu sich holte und sie damit jeder Möglichkeit beraubte, konspirative Kontakte zu pflegen. Was ihn letztlich wirklich bewog, seine Frau den Unbilden des Frontlebens auszusetzen, bleibt ein Geheimnis, dessen Schleier die Geschichte wohl nie mehr lüften wird.

Der Aufstand war längst niedergeschlagen, als sich der römische Kaiser dennoch entschloß, den östlichen Reichsteilen einen Besuch abzustatten. Ägypten, das ebenfalls in die Unruhen verwikkelt war, hatte er schon gesehen. Sein Weg führte ihn nun über Antiochia, die Hauptstadt Syriens, in Richtung Kilikien. Da starb unterwegs im Dorf Halala am Fuße des Taurusgebirges plötzlich Faustina an einer schweren Erkrankung, wie es offiziell hieß. Die sechsundvierzigjährige Kaiserin hatte schon seit längerem an Gicht gelitten. Dennoch bleiben die Umstände ihres Todes mysteriös. Sie habe Selbstmord begangen, munkelten die einen, um sich dem Strafgericht ihres Gatten wegen der Verständigung mit dem syrischen Aufwiegler zu entziehen. Andere wiederum wollten wissen, der Kaiser selbst habe das Ende seiner untreuen Gattin mit Gift beschleunigt. Doch klingen alle Gerüchte wenig überzeugend. Was hätte ein Selbstmord jetzt noch für einen Sinn gehabt, da die Korrespondenz mit Avidius Cassius schon mehr als ein Jahr zurücklag? Und warum hätte Marcus sich ausgerechnet jetzt dieser Frau entledigen sollen, war ihr Lebenswandel doch schon seit so vielen Jahren in aller Munde? Der Tod einer Sechsundvierzigjährigen war im Altertum keineswegs ungewöhnlich. Faustina hatte zudem keinerlei Aussicht auf ein langes Leben. Schon ihre Mutter war verhältnismäßig jung gestorben. Und sie selbst hatte mindestens ein Dutzend Kinder geboren, von denen sie die meisten ohnehin überlebt hatte. Die zahlreichen Schwangerschaften, die Strapazen eines ungewohnten Lagerlebens und nicht zuletzt die beschwerliche Reise durch die östlichen Provinzen müssen ihrer Gesundheit schwer zugesetzt haben.

Was auch immer ihren plötzlichen Tod ausgelöst hat: Der verwitwete Kaiser war eifrig darauf bedacht, sie bei ihren Zeitgenossen und im Urteil einer womöglich noch kritischeren Nachwelt in angenehmer Erinnerung zu halten. Bedenkt man den Klatsch, der Faustinas Ruf anhing, so erscheint Marcus' Bemühen fast wie der Versuch einer postumen Ehrenrettung. Doch ließ ihr auch der heimische Senat alle Ehren zuteil werden, die seit Generationen Angehörigen des Kaiserhauses zustanden. So wurde das kleine Taurusdorf, in dem die Kaiserin gestorben war, zur Kolonie erhoben und in »Faustinopolis« umbenannt. Münzen sollten ihr Andenken bewahren. Sie wurde auch vergöttlicht und in einem Tempel verehrt. »Mit mehr Recht als Agrippina bestätigte der Senat der Toten, da sie als Lebende im Feldlager gewirkt hatte, den Ehrentitel »Mutter der Feldlager«; ihr Bild zog in die Fahnenheiligtümer der Heere ein.«[7)] Marcus, der Dio zufolge über den Tod seiner langjährigen Lebensgefährtin trotz allem tief betrübt war, freute sich über die Ehren, die man ihr angedeihen ließ. Er selbst stiftete ihr in Halala einen Tempel. Und schließlich gründete er eine neue Gruppe von weiblicher Faustinajugend, die »novae puellae Faustinianae«, die erneut zur Stiftung für arme Mädchen aufrief.

Wie sein Vorgänger, Adoptiv- und Schwiegervater Antoninus heiratete auch Marc Aurel nicht mehr. Den beiden Faustinen freundlich gesonnene Historiker sehen darin einen Tribut dieser Männer an ihre Frauen. Man könnte aber ebenso gut daran denken, daß sie beide von einer Ehe genug hatten und eine zweite legitime Verbindung scheuten.

An potentiellen Bräuten fehlte es freilich nicht. So soll angeblich sogar Ceionia Fabia, die einst auf Hadrians Wunsch mit Marcus verlobt worden war, alles daran gesetzt haben, auf ihre alten Tage doch noch Augusta zu werden. Aber Marc Aurel lehnte dankend ab und begnügte sich nach bewährtem Vorbild mit einer Konkubine. Er wolle seiner Kinderschar keine Stiefmutter aufzwingen, entschuldigte er sich diplomatisch.

Vier verheiratete Töchter, unter ihnen Annia Lucilla, waren Marc Aurel neben dem Sohn Commodus geblieben, der nur wenige Jahre später den Thron bestieg und die Welt das Fürchten lehrte. Mehrere alte Geschichts- und Geschichtenschreiber vermuten deshalb, der verruchte Jüngling sei in Wahrheit die Frucht eines Ehebruchs der Kaiserin mit einem Gladiatoren gewesen. Denn unmöglich, könne ein Mensch wie Marc Aurel einen solchen Sohn gezeugt haben. Der antike Biograph erzählt hierzu eine höchst pikante Geschichte:

»... eines Tages sei Faustina beim Anblick vorbeimarschierender Gladiatoren zu einem von ihnen in Liebe entbrannt; da sie sich in lange anhaltendem Kummer verzehrte, habe sie ihrem Mann diese Leidenschaft eingestanden. Marc Aurel habe den Fall den Chaldäern vorgelegt; deren Rat sei es gewesen, den Gladiator zu töten; dann möge Faustina den Unterleib in dessen Blute baden und sich in diesem Zustand zu ihrem Gatten legen. Als dies geschehen war, sei zwar der Liebesbann gebrochen gewesen, aber auch ein Commdous geboren worden, ein Gladiator, kein Fürst, ...[8])

Wie auch immer. Commodus selbst war stolz auf das Gerücht, er sei gar nicht seines kaiserlichen Vaters Sohn, sondern das Produkt eines Seitensprungs seiner in dieser Hinsicht gewiß nicht zimperlichen Mutter.

Neben ihr haben drei weitere Frauen in seinem Leben eine Rolle gespielt. Die erste war Annia Lucilla, seine Schwester, die sich als Frau des Mitregenten Verus einige Jahre mit ihrer Mutter die Stellung der ersten Dame des Reiches geteilt hatte. Als ihr Mann 169 n. Chr. wohl an den Folgen eines Schlaganfalls starb, war ihr komfortables Leben jäh beendet. Da Verus bei seinem Tod erst 38 Jahre alt war, blieben Gerüchte natürlich nicht aus. Da hieß es, er habe mit seiner Schwiegermutter Faustina (nach damaligem Recht) Blutschande getrieben, und die Kaiserin habe ihm ein vergiftetes Austerngericht gereicht, weil er das Verhältnis seiner Gattin verraten habe. Andere wieder wollten genau wissen, er sei einem Mordanschlag der eigenen Frau zum Opfer gefallen: Schon lange nämlich sei Lucilla auf die einflußreiche Stellung Fabias, der Schwester des Gatten, eifersüchtig gewesen. Tatsächlich scheint sich der jüngere Mitkaiser mit seiner Schwester außergewöhnlich gut verstanden zu haben. Es ging sogar das Gerede, das Geschwisterpaar habe gemeinsam einen Plan zur Beseitigung des Marcus geschmiedet, damit Lucius alleine herrschen könne. Doch sucht man auf Seiten Lucillas vergebens nach dem Motiv einer solchen Eifersuchtstat. Es wäre für sie zweifellos vorteilhafter gewesen, sie hätte sich an Fabia gerächt, anstatt den Gatten, der ihr ihre Stellung als zweite Kaiserin des Reiches überhaupt erst sicherte, zu beseitigen. Hatte vielleicht Faustina veranlaßt, ihren Schwiegersohn aus dem Weg zu räumen, weil sie seinem geplanten Anschlag auf ihren Gatten auf die Schliche gekommen war? Wie der noch junge Mitkaiser tatsächlich zu Tode kam, wird wohl nie mehr zu klären sein.

Der untröstlichen Witwe und ihrer kleinen Tochter blieb indessen nicht lange Zeit, sich an ihren neuen Stand zu gewöhnen. In geradezu unanständiger Eile nötigte sie ihr Vater, sich erneut zu verheiraten, wobei er selbst den Gatten wählte. Die attraktive Augusta wäre für jeden beliebigen Abenteurer ein Lockvogel gewesen, eine fette Beute, über die man selbst die Herrschaft hätte anstreben können. Noch vor Ablauf der Trauerzeit verpaßte ihr der strenge Vater deshalb einen neuen Ehemann, der ganz und gar nicht den verwöhnten Geschmack der Tochter traf. Es handelte sich um Claudius Pompeianus, den schon bejahrten Sohn eines römischen Ritters. Vielleicht hätte sich die junge Frau noch an den Gedanken gewöhnt, mit einem Mann verheiratet zu werden, der den Jahren nach ihr Vater hätte sein können. Was hingegen ihre besondere Abneigung erregte, war seine unrühmliche Herkunft. Er entstammte einer einflußlosen Ritterfamilie, die in Antiochia beheimatet war. Sein Vater hatte noch nicht einmal einen Senatssitz erworben, obschon es längst nicht mehr unmöglich war, die einst starren Standesschranken zu durchbrechen. Natürlich konnte auch er selbst keine Würden aufweisen. Erst später machte ihn sein Schwiegervater zweimal zum Konsul.

Die Tochter protestierte also heftig gegen den gesellschaftlichen

Abstieg, der ihr da verordnet wurde. Welten trennten ihren ersten Gatten, einen geschulten Redner, Philosophen und »Freund der Kultur«, wie ihn einst ein Bewunderer genannt hatte, von diesem Barbaren, der für sie ein Fremder war. Auch Mutter Faustina meldete Bedenken an. Aber der Vater hatte entschieden. Er war fest entschlossen, den ergebenen Kriegsmann an sei Haus zu ketten. Kaum ein Mann edlerer Herkunft hätte sich nach seiner Heirat mit einer Augusta von der Entwicklung hochtrabender Herrschaftspläne abhalten lassen. Bei einem Mann aus Pompeianus' Milieu hingegen schien die Gefahr eines Griffes nach den Sternen gering.

Tatsächlich wurde nicht ihr Mann, sondern die ehrgeizige Lucilla nach der Heirat eine Gefahr für das Reich. Als ihr Vater gestorben war und der unfähige Bruder den Thron bestiegen hatte, begann sie bald, gegen ihn zu intrigieren. Sie konnte es nicht ertragen, mit ihrem ehrgeizlosen, alten und dazu noch sehbehinderten Mann zurückgezogen auf dem Lande zu leben, während ihre Schwägerin Bruttia Crispina im Zentrum der Welt die gesellschaftliche Stellung einnahm, die einst sie innegehabt hatte. So veranlaßte sie ihren Vetter, Ummidius Quadratus, Pläne zur Beseitigung ihres Bruders zu schmieden. Zum Attentäter wurde Claudius Pompeianus Quintianus auserkoren, der ein Verwandter ihres zweiten Mannes war. Der Jüngling stellte sich jedoch äußerst ungeschickt an. Mit blanker Waffe trat er vor Commodus, wollte aber, ehe er zustieß, seinem Herzen Luft machen: »Das schickt dir der Senat« schrie er dem Kaiser entgegen. Mühelos wurde er überwunden und seiner Strafe zugeführt. Seine Schwester aber ließ Commodus auf die Insel Capri bringen und dort später hinrichten.[9)]

Auch Bruttia Crispina, seiner Gattin, entledigte er sich bald. Nach bewährtem Rezept bezichtigte er sie des Ehebruchs, verbannte auch sie auf Capri, um sie später ebenfalls umbringen zu lassen.

Obwohl Commodus noch jung war, ging er keine neue Ehe mehr ein. Er nahm Marcia, die zuvor die Konkubine des ebenfalls hingerichteten Quadratus gewesen war, zur Lebensgefährtin, und ihr Einfluß auf ihn scheint nicht ungünstig gewesen zu sein. Doch blieb der intelligenten und unerschrockenen Frau nicht lange verborgen, daß Commodus ein dem Wahn verfallener Tyrann und es deshalb erste Bürgerpflicht war, die Welt von diesem Ungeheuer zu befreien.

Der Jahreswechsel 192/93 n. Chr. stand an. Es war althergebrachter Brauch, daß der Kaiser alljährlich die Feier des Neujahrsfestes beging und sich purpurgewandet dem Volk zeigte. In einer launischen Anwandlung hatte es sich Commodus in den Kopf gesetzt, mit diesem alten Herkommen zu brechen. Nicht als Kaiser, sondern als Gladiator wollte er vor die Römer treten. Vergeblich versuchten Marcia, der Prätorianerpräfekt Q. Aemilius Laetus und der Aufseher der kaiserlichen Schlafgemächer, der Ägypter Eclectus, die ihn schon vor mancher Torheit bewahrt hatten, ihn auch von diesem anstößigen Vorhaben abzubringen. Commodus aber bestand darauf, die Nacht nicht im Palast, sondern in der Kaserne der Gladiatoren zu verbringen. Über seine »Mitarbeiter« verärgert, zog er sich zur Mittagsruhe in seine Gemächer zurück – und verfaßte dort sein eigenes Todesurteil.

Er stellte nämlich auf einer Schreibtafel eine Liste aller Personen auf, die er noch in dieser Nacht hinrichten lassen wollte. Die Tafel legte er unvorsichtigerweise auf sein Ruhebett, nicht ahnend, daß sie in fremde Hände geraten sollte. Dann begab er sich zu den Bädern. Sein Lieblingssklave aber, ein kleiner Junge, kam in das kaiserliche Schlafzimmer, nahm die Tafel als willkommenes Spielzeug an sich und trug sie hinaus ins Freie. Ein glücklicher Zufall wollte es, daß er Marcia begegnete, die die Handschrift des Kaisers sofort erkannte. Zu ihrem großen Entsetzen las sie auf der Liste der Todeskandidaten nicht nur ihren eigenen Namen. Auch ihre Freunde Laetus und Eclectus hatten nach Commodus' Ansicht ihr Leben verwirkt, daneben zahlreiche ehrwürdige Senatoren und Freunde des weisen Marc Aurel, die sich nicht hatten entschließen können, die Launen des neuen Kaisers mitzutragen und sein schmähliches Benehmen zu billigen.

Sogleich eilte die tapfere Frau zu ihren Vertrauten. Gemeinsam beschlossen sie, Commodus zuvorzukommen und ihn noch am selben Abend umzubringen. Als er von den Bädern in den Wohntrakt des Palastes zurückgekehrt war, reichte ihm Marcia wie üblich einen Becher Wein, den sie jedoch mit starkem Gift vermischt hatte. Commodus begab sich zur Ruhe und fiel bald in tiefen Schlaf, wachte aber plötzlich auf, da ihm übel war. Fürchtend, er werde sich übergeben und das Gift wieder ausspucken, überredeten die drei Attentäter Narcissus, einen kräftigen jungen Mann, den Kaiser zu erdrosseln. Dann begaben sie sich in die Obhut des angesehenen Publius Helvius Pertinax, der als tüchtiger Heerführer schon unter Marc Aurel großes Ansehen genossen hatte. Ihm erzählten sie, was vorgefallen war, und baten ihn, die Regierung zu übernehmen. Anders als den meisten Attentätern geschah ihnen vorläufig nichts. Als jedoch der neue Kaiser nach nur dreimonatiger Herrschaft einer wilden Soldateska zum Opfer fiel, war auch ihr Schicksal besiegelt. Alle drei wurden von Pertinax' Nachfolger Didius Julianus hingerichtet.

Noch lange ist vor allem die mutige Marcia bei ihren Zeitgenossen in angenehmer Erinnerung geblieben. Auch Cassius Dio hat sie erwähnt, meint sogar, sie habe sich der Christen angenommen und diesen durch ihren mildernden Einfluß auf Commodus manchen Dienst erwiesen. Tatsächlich ist für die Zeit von Marc Aurels Nachfolger in den alten Quellen keine größere Christenverfolgung erwähnt, während doch für das Prinzipat des Philosophenkaisers die grausamsten Verfolgungen der römischen Geschichte verbürgt sind.

31. DAS HOROSKOP DER JULIA DOMNA

Spätestens mit dem Ende von Commodus' Herrschaft neigte sich die klassische Welt ihrem Untergang zu. Die Kaiser des ersten Jahrhunderts hatte noch Rom oder doch Italien gestellt. Und auch im zweiten gelangten nur edle Römer, alle mit der westlichen Zivilisation, mit Philosophie, Geschichte und griechischer Sprache vertraut, an die Spitze der Staatsführung. Das änderte sich allerdings schlagartig, als nach dem Mord an Helvius Pertinax und der unrühmlichen Herrschaft des Didius Iulianus auch andere Heerführer Anspruch auf den Thron erhoben. Aus den Wirren nach Iulianus' Tod ging Septimius Severus als Sieger hervor, ein Mann aus Leptis Magna in Afrika, der als finsterer Mensch beschrieben wird, zudem als einer, der »keinerlei innere Bindung an die nationalrömischen Grundlagen des Staates«[1] mehr besaß. Nur noch dem Namen nach war er Römer, wenn auch seiner Familie schon vor langem das Bürgerrecht verliehen worden war. Unter ihm entwickelte sich das römische Kaisertum zur sturen Militärmonarchie.

Severus hatte seine Schwester mit nach Rom gebracht, mußte sie aber bald wieder nach Hause schicken: Ihr Latein war so mangelhaft, daß sie ihn auf Schritt und Tritt blamierte. Auch er selbst war nicht gerade von sprühender Intelligenz. Doch immerhin gelang es ihm während einer achtzehnjährigen Herrschaft, den äußeren Zusammenhalt des Imperiums noch einmal vorübergehend zu sichern, den »nötigen inneren Rückhalt«[2] freilich, der allein den Bestand eines Weltreiches gewährleistet, konnte auch er ihm nicht mehr geben. »Laboremus – an die Arbeit!« gehörte immerhin zu seinen beliebtesten Redewendungen.

Seine große Leidenschaft war die Astrologie, und er unternahm kaum einen wichtigen Schritt, ohne nicht zuvor die Sterne zu befragen. Als seine erste Frau früh gestorben war und er sich mit dem

Gedanken einer Wiederverheiratung trug, ließ er sich deshalb die Horoskope heiratsfähiger Mädchen zeigen. Es war im Jahr 185 n. Chr. In Rom herrschte seit fünf Jahren der junge Kaiser Commodus, und er selbst hielt sich gerade als dessen Statthalter in der Provinz Gallia Lugdunensis auf. Man brachte ihm die Daten einer Syrerin, an die er sich sogar erinnern konnte. Sie hieß Julia Domna, und ihr Vater, ein Mann aus vornehmstem Geschlecht, war Priester im Tempel des Sonnengottes Baal in Emessa, das er, Severus, einst als Befehlshaber der vierten Legion besucht hatte. Dem Mädchen war schon an der Wiege gesungen worden, dereinst die Frau eines Herrschers zu werden. Da die Sterne auch Severus die künftige Herrscherwürde vorausgesagt hatten, schien Julia Domna für ihn die richtige Braut zu sein. Dankbar für dieses Geschenk der Astrologie, ließ er das Mädchen nach Lyon holen. Dort wurde ein Jahr später Caracalla geboren. 189 n. Chr. erblickte sein Bruder Geta in Rom das Licht der Welt.

Julia Domna war mit ihrem rundlichen Gesicht nicht gerade eine Schönheit. Doch verfügte sie über großen Mut und hohe Intelligenz, und bald war ihr günstiger Einfluß auf den eher unbedarften Kaiser im ganzen Reich zu spüren. Eine Plotina ähnlich dominante Persönlichkeit, wenn auch nicht ganz so diplomatisch, wurde sie mit einer Fülle von Ehrentiteln überhäuft, zum Teil völlig neuartigen. Neben der Auszeichnung der bereits bekannten »Lagermutter«, mit der schon die jüngere Faustina geehrt worden war, nannte man sie »Mutter des Augustus, des Heeres, des Landes, ja des ganzen Reiches«. Ihre zahlreichen Titel wurden auf Münzen verewigt und in den entlegensten Reichsteilen bekannt. Niemals zuvor war eine Augusta populärer gewesen. Hatten ihr die Sterne aber auch vorausgesagt, wie vergänglich ihr Glück war?

Da war C. Fulvius Plautianus, Befehlshaber der Leibgarde und nebst dem Kaiser mächtigster Mann im Staat, habgierig und ehrgeizig, dazu noch ein Frauenfeind, wie er im Buche stand. Seine eigene Gattin hielt er wie eine Gefangene in ihren Gemächern. Hundert Römer adliger Herkunft ließ er in seinem Hause entmannen: Seine Tochter Plautilla sollte als Erzieher und Diener nur Eunuchen um sich haben. Später verheiratete der Kaiser das Mädchen mit seinem älteren Sohn Caracalla.

Plautianus genoß das Leben in vollen Zügen, vertrieb sich die

Zeit mit Freudenmädchen und ließ eine Unzahl von Frauen im Amphitheater kämpfen. Das einfältige Volk jubelte ihm zu, errichtete ihm Standbilder und verehrte ihn gleich einem Gott. Auch Severus war von ihm völlig eingenommen. Er liebe diesen Menschen so sehr, pflegte er zu sagen, daß er wünsche, Plautianus möge ihn überleben.

Es ist nicht verwunderlich, daß es einem solchen Mann nicht gefallen konnte, wenn neben ihm ein anderer Mensch die Bewunderung der Massen genoß, überhaupt wenn dieser Mensch eine Frau war. Er begann, Julia Domna bei ihrem Mann anzuschwärzen. Er steigerte kühn seine Vorwürfe, klagte sie sogar des Ehebruchs an, wohl wissend, wie riskant ein solcher Vorwurf, der einem Hochverrat gleichkam, war. Erst einmal war er von einem Fremden gegen die Frau eines regierenden Princeps erhoben worden, gegen die unglückliche Octavia, damals allerdings von deren Gatten Nero selbst angestiftet und deshalb von vornherein mit der Gewißheit auf Erfolg. Plautianus versuchte jedenfalls alles, »die Wahrheit« ans Licht zu bringen. Er befahl Untersuchungen und ließ vornehme Damen foltern, um ihnen ein Geständnis von Julias Schuld zu entlocken. Es ist nicht bekannt, ob die Sache vor Gericht gelangte, doch war die Macht der Augusta fürs erste gebrochen. Daß sie jenen ruchlosen Menschen ebenso haßte wie ihr Sohn dessen Tochter Plautilla, wird sie kaum als Trost empfunden haben.

Trost hingegen boten ihr zweifellos Literatur und Philosophie, Wissenschaften, in denen sie nun ein neues Betätigungsfeld fand. Sie scharte Schriftsteller um sich, unter ihnen den berühmten Geschichtsschreiber Cassius Dio. Sie gründete einen Salon. Schon lange hatte Rom keine ähnlich gebildete Frau mehr gesehen, und Philostratos, der Philosoph, der ihr als Sekretär diente, nannte sie »Julia, die Philosophin«. Auf ihren Wunsch veröffentlichte er die Biographie des Apollonios von Tyana, einer schillernden Persönlichkeit, halb Zauberer, halb Weiser, der ein Jahrhundert zuvor gelebt hatte. Wie die Kaiserin stammte auch ihr Sekretär aus dem Osten des Reiches. Seine Familie war in Lemnos beheimatet und dorthin kehrte er nach 217 n. Chr. zurück.

Julia Domna vereinigte in ihrem Wesen westliche Kultur und östliche Mentalität. »Im privaten Leben muß sie einen starken, gebieterischen Charakter gezeigt haben und dennoch tief durchdrungen gewesen sein von jenem gläubigen, typisch östlichen Mystizismus, der in ihrem dank philosophischer Bildung rationalen Denken sein Gegengewicht fand. Die Bezeichnung «Philosophin» war wohl keineswegs ein leeres oder unverdientes Kompliment...«[3]

Es muß ihr große Genugtuung bereitet haben, als einige Jahre nach dem Schwinden ihrer eigenen auch die Macht ihres großen Widersachers ins Wanken geriet. Schon lange hatte Plautianus eine Stellung im Staate inne, die der des Kaisers kaum nachstand. Severus' Bruder Geta beschuldigte ihn eines Tages des Hochverrats und sagte noch auf dem Sterbebett gegen ihn aus. Er habe geplant, den Kaiser und dessen Erstgeborenen zu ermorden. Als sich Plautianus deswegen zu einer Audienz bei Severus einfand, wo ihm Gelegenheit gegeben werden sollte, sich zu verteidigen, wurde er von einem Diener erschlagen. Dem Getöteten wurden einige Barthaare ausgerupft und Julia und Plautilla gebracht, die gerade beisammen saßen. Noch ahnte keine, was geschehen war. Als Julia die ausgerissenen Haare erblickte, strahlte sie vor Freude. Plautilla hingegen konnte ihre Tränen nicht zurückhalten.[4] Sie überlebte den Sturz ihres Vaters nur wenige Jahre, die sie zudem in Angst und Schrecken verbrachte. Caracalla hatte sich von ihr scheiden lassen und sie, zusammen mit ihrem Bruder Plautius, auf die Insel Lipara verbannt, wo er beide später ermorden ließ.

Nach der Beseitigung des Plautianus gelang es Julia Domna, ihren Einfluß auf Septimius Severus zurückzugewinnen. Schon im Jahr 204 hatte sie, als erste Kaiserin überhaupt, den öffentlichen Spielen zur Jahrhundertfeier des Imperiums beigewohnt. Plautianus' Stern muß damals schon im Sinken gewesen sein. Jetzt begleitete sie ihren Gatten sogar auf seinen Feldzügen und war auch mit von der Partie, als er sich 208 n. Chr. nach Britannien begab.

Während ihres Aufenthalts im hohen Norden nutzte sie die Gelegenheit, sich mit den Sitten und Bräuchen der dortigen Volksstämme vertraut zu machen. Dabei fiel ihr vor allem die Promiskuität der Caledonierinnen, der heutigen Schottinnen, auf, die sie offen rügte. Da meinte eine der Frauen, die sie deswegen zur Rede gestellt hatte, scharfsinnig: »Besser als ihr Römerinnen befriedigen wir die Triebe der Natur. Denn wir verkehren offen mit den

Besten. Ihr aber treibt Ehebruch im geheimen mit den Schlechtesten.«[5)]

Was der Mutter Julia Domna den größten Kummer bereitete, war der abgrundtiefe Haß, der ihre Söhne Caracalla und Geta entzweite. Mochten die römischen Münzen jener Zeit auch eindringlich die »concordia« beschwören, die Eintracht und das gute Einvernehmen, nicht einmal dem Vater kann verborgen geblieben sein, wie es um seinen Familienfrieden in Wirklichkeit stand. Während jenes Feldzugs in Britannien, auf den ihn auch seine Söhne begleiteten, ahnte er den nahen Tod und drängte seine Kinder, sich auszusöhnen und die Regierungsarbeit in seinem Sinne fortzuführen. Aber keiner von beiden fühlte sich dem letzten väterlichen Willen verpflichtet. Zwar brachten sie gemeinsam Severus' Asche heim nach Rom. Doch dort beschlossen sie, das Reich aufzuteilen und je eine Hälfte zu regieren...

Es hat den Anschein, als sei Geta bei den Soldaten beliebter gewesen als der düstere Caracalla. Vielleicht erinnerte der jüngere Sohn eher an den Vater, der bei den Truppen äußerst beliebt gewesen war. Zweifellos steigerte Getas größere Popularität noch seines Bruders Haß. Beide saßen sie nun in Rom, hatten den kaiserlichen Palast in zwei Hälften geteilt und alle Verbindungstüren zwischen beiden Teilen hermetisch abgeriegelt und mit Wachen besetzt. Nur in Gegenwart ihrer Mutter trafen die Söhne gelegentlich zusammen, stets von Leibwächtern umringt. In der Öffentlichkeit sah man sie gemeinsam so gut wie nie. Alle Vermittllungsversuche der verzweifelten Mutter scheiterten.

Sie weinte unaufhörlich. Noch immer war sie ob ihrer Klugheit eine begehrenswerte Frau. Hatte sie auch Umgang mit Philosophen und Literaten und wohl auch etwas Abwechslung mit einigen Liebhabern, so war sie doch Mutter genug geblieben, um unter dem Zwist in ihrem Hause zu leiden.

Es war Caracalla, der 212 n. Chr. ein überraschendes Angebot machte. Er sei der Ältere, ließ er sie wissen, und es sei jetzt an der Zeit, seinem Bruder die Hand zu reichen. Vermittlerin und Zeugin ihrer Aussöhnung solle keine geringere als sie sein, Julia Domna, ihrer beider Mutter, und sie möge doch Geta zu sich rufen.

Zum verabredeten Zeitpunkt fand sich Severus' jüngerer Sohn

tatsächlich bei ihr ein. Gutgläubig hatte er diesmal seine Wachen zu Hause gelassen, wie es ausgemacht war. Caracalla aber erschien nicht. An seiner Stelle schickte er einige Centurionen, die Geta, der sich bei ihrem Anblick in den Schoß seiner Mutter flüchtete, erstachen. Die Kaiserin war fassungslos. Sie hatte noch versucht, ihren Kleinen mit den Armen zu schützen und war dabei selbst verletzt worden. Sterbend hatte der Sohn mit seinem Blut das Gewand über ihrer Brust getränkt.[6)] Jetzt lag er zusammengebrochen auf ihren Knien, noch keine dreiundzwanzig Jahre alt, und schon begann man in Roms Gassen zu flüstern: »Weißt du es schon? Geta ist in den Schoß, der ihn geboren hat, zurückgekehrt.«[7)]

Von Caracallas schändlichem Plan und dem drohenen Attentat auf ihren Zweitgeborenen war die Augusta völlig überrascht worden. Doch als sie das Wüten seines Mörders sah, wurde ihr mit einem Mal bewußt, daß auch ihr Leben bedroht war. Heimlich ließ sie ihr Sohn beobachten, Tag und Nacht. Er hatte ihr verboten zu weinen, sie mußte lachen. Jedes ihrer Worte, jede Bewegung jede Geste wurde peinlich registriert. Sebst wenn sich die Farbe ihres Gesichtes änderte, wollte er das genau wissen. Sie hütete sich deshalb davor, ihre Trauer offen zur Schau zu stellen. Sie verbarg ihren Schmerz, ja sie gab sich den Anschein, als billige sie Caracallas schnöde Tat. Cornificia, eine von Marc Aurels Töchtern, stattete ihr einen Kondolenzbesuch ab, Grund genug für den Tyrannen, sie hinrichten zu lassen. Ihres weisen Vaters würdig, sah die mutige Frau gelassenen Auges dem Tod entgegen: »Seele, mit einem Leichnam befrachtet«, zitierte sie den Philosophen, »befreie dich und beweise der Welt, auch wenn sie es nicht erfahren will, daß du Marc Aurels Tochter bist!«[8)]

Die alternde Kaiserin wurde ihres Lebens nicht mehr froh. Zwar fand sie vorübergehend wieder ein wenig Geschmack an der Macht. Es kam sogar eine vorsichtige Annäherung zwischen ihr und ihrem Sohn zustande. Ähnlich einem Commodus, sah Caracalla nämlich seine eigentliche Aufgabe in Gladiatorenspielen und Wagenrennen und vernachlässigte ihretwegen seine Herrscherpflichten. Seine Mutter, aufs höchste besorgt, wurde nicht müde, ihn an seine Verantwortung zu erinnern. Es gab eine Zeit – Augustus und Augusta hielten sich gerade im Osten auf – da vertraute er ihr sogar die Beantwortung aller Bittschriften an, die an ihn gerichtet waren. Und ihr Wort wog so schwer wie das seine.

So blieb es nicht aus, daß sich der römische Mob bald über die guten Beziehungen aufhielt, die zwischen Mutter und Sohn bestanden, ja man witterte, ein wenig phantasielos, gar einen Inzest, zumal Caracalla, der nach der Ermordung seiner Frau nicht wieder geheiratet hatte, auch ohne Konkubine lebte. Bei allem, was Julia Domna widerfahren war, wird man indes kaum annehmen können, daß an diesem Gerücht Wahres war. Vielleicht war Caracalla sogar impotent, wie man ebenfalls hörte.

Zudem schienen die Beziehungen nur für einen Außenstehenden so ungetrübt. Der Kaiser war weit davon entfernt, die wohlgemeinten Ratschläge seiner Mutter zu befolgen, hatte sich aber gleichwohl angewöhnt, die wichtigsten Entscheidungen ihr zu überlassen, um mehr Zeit für seine Interessen zu haben. So führte sie bald die Korrespondenz mit dem gesamten Weltreich, beantwortete die Staatspost in lateinischer oder griechischer Sprache, empfing Würdenträger und Gesandte und fand dennoch Muße, sich philosophischen Betrachtungen hinzugeben. Stets aber mußte sie auf der Hut sein. Niemand konnte dem jähzornigen jungen Mann trauen, der da auf dem römischen Thron saß, bis auch seine Stunde gekommen war.

Er hielt gerade in Antiochia Hof, der Heimat seiner Mutter, als ein Ägypter namens Serapis, der die Kunst des Hellsehens beherrschte, voraussagte, Macrinus, Vertreter des Kaisers in Rom, werde bald Herrscher sein. Man ließ den Mann in Ketten legen und berichtete schriftlich Caracalla davon, zumal auch im Angesicht des Todes der Ägypter seinen Worten keine andere Wendung geben konnte. Unglücklicherweise las der junge Kaiser den Brief nicht, weil er wieder einmal mit Wichtigerem beschäftigt war. Er schickte ihn ungeöffnet nach Rom, wo er jenem Macrinus, dem dort die Erledigung verschiedener Aufgaben oblag, in die Hände fiel. Dieser zögerte nicht, einen unzufriedenen Soldaten zu beauftragen, den Kaiser zu ermorden.

Caracalla befand sich auf einer Pilgerfahrt von Edessa nach Carrhae, als sich ihm dieser Mensch unter einem Vorwand näherte und ihm den Dolch ins Herz stieß. Jetzt durfte Julia Domna endlich weinen. Sie hatte nun nicht nur beide Söhne verloren, sondern auch den Rang der Kaiserin.

Sie befand sich noch in Antiochia, als man ihr die Todesnachricht brachte. Schon in ihrer ersten Verzweiflung dachte sie daran, sich das Leben zu nehmen. Zwar hatte sie diesen Sohn, der ihr soviel Leid zugefügt hatte, nie sonderlich geliebt. Aber er hatte ihr doch erst jene Stellung als erste Dame des Reiches gesichert, die sie mit seinem Tod verlor. Als sich jedoch Macrinus, der Caracalla tatsächlich auf dem Thron ablöste, sehr entgegenkommend zeigte, ihr in manchen Briefen die Ehrenwachen und andere Abzeichen ihrer Würde zu belassen versprach, kehrten ihre Lebensgeister für kurze Zeit wieder. Doch hatte es bald nicht nur für den Nachfolger, sondern für das ganze Reich den Anschein, als wolle die ehrgeizige Frau die ganze Macht an sich reißen. Da stellte Macrinus seine wohlwollende Korrespondenz ein und befahl ihr, Antiochien so schnell als möglich zu verlassen. Damit aber war ihr Lebensmut endgültig gebrochen. Außerstande, von ihrem vergangenen Ruhm zu zehren, von dem allenthalben noch Inschriften und Münzen kündeten, nahm sie sich selbst das Leben, ganz in der Tradition all jener bewundernswerten Römerinnen, die nie gezögert hatten, ihr Leben freiwillig zu beenden, sobald es ihnen wertlos erschienen war.

Julia Domna gilt bis heute als eine der letzten großen Frauen des Altertums.

Die Sterne hatten bei ihrer Geburt nicht gelogen. Sie hatten ihr einen Herrscher als Mann, jedoch kein glückliches Leben verheißen. Man zweifelt allerdings kaum daran, daß sie ebensogut wie oder sogar besser als mancher Mann die Geschicke ihrer Völker hätte lenken können. Die Zeit war aber noch nicht danach.

Was bliebe noch zu berichten? Von den beiden Nichten der Julia Domna, Töchter ihrer Schwester Julia Maesa, die selbst lange in Rom gelebt hatte? Sie hießen Julia Soaemias und Julia Mamaea und hatten je einen Sohn, die eine einen nichtswürdigen, die andere einen tüchtigen, der dennoch das Opfer einer unzufriedenen Soldateska werden sollte.

Soaemias' Sohn, Varius Avitus, war schon als Kind auffallend schön. Bei Caracallas Tod gerade vierzehnjährig, diente er wie einst sein Urgroßvater im Tempel des Sonnengottes Elagabal, ein feenhafter Priesterknabe, dem niemand vorausgesagt hätte, daß er in Kürze die Herrscherwürde erlangen sollte. Sein Vetter war vier Jahre jünger als er, und auch er sollte, Spielball einer launischen Vorsehung, in wenigen Jahren den Thron der Caesaren besteigen.

Ihren schicksalhaften Aufstieg verdankten die beiden Jünglinge dem Ehrgeiz ihrer Mütter und vor allem ihrer Großmutter Julia Maesa, die, ähnlich ihrer kaiserlichen Schwester, eine kluge und strebsame Frau war. Macrinus, dem neuen Kaiser, erschien sie so gefährlich, daß er ihr befahl, Rom auf der Stelle zu verlassen und sich mitsamt ihrer Habe in ihre syrische Heimat zu begeben. Obwohl Maesa zu den wohlhabendsten und angesehensten Familien ihres Ortes gehörte und über ausgedehnte Ländereien verfügte, erschienen ihr ihre heimischen Verhältnisse gemessen an dem Prunk, den sie in Rom kennengelernt hatte, armselig und gering. Ihr war, als liefe das Leben an ihr vorbei, und sie beschloß, kein Mittel zu scheuen, um diesen erbärmlichen Zustand zu ändern, ja sich eine Stellung zu verschaffen, die ihre vor kurzem noch in Rom gehaltene weit übertraf.

Schnell geriet Macrinus' Stern ins Sinken, und seine Popularität bei den Truppen schwand. Da verbreitete Maesa das Gerücht, ihr märchenhafter Enkel sei gar kein ehelicher Sohn des unbedeutenden Syrers Varius Avitus, der glücklicherweise schon verstorben war, sondern die Frucht eines Ehebruchs ihrer Tochter mit Caracalla. Und Soaemias, selbst gierig nach der Kaiserkrone, bestätigte das Gerücht, unbekümmert um ihren guten Ruf.

Deftige Geldgeschenke der Großmutter bewogen die Soldaten tatsächlich, Macrinus ihre Gunst zu entziehen und den Knaben zum Kaiser zu proklamieren. Macrinus wollte dem Gerücht zunächst nicht glauben. Sein Prätorianerpräfekt wurde ausgeschickt, den lästigen Jungen zu töten, fiel diesem Auftrag allerdings selbst zum Opfer. Erst jetzt erkannte Roms neuer Kaiser, wie ernst die Lage war. Die Waffen sollten entscheiden, konnten sie doch nichts anderes als eine Niederlage Elagabals – unter diesem exotischen Namen seines Gottes sollte der junge Mann der Nachwelt in Erinnerung bleiben – herbeiführen.

Unerwarteterweise aber verteidigte der Jüngling seine Stellung standhaft. Man sah ihn hoch zu Roß viele Feinde töten, die einzig rühmliche Tat seines zugegeben nicht besonders langen Lebens. Als sein Heer dennoch zu unterliegen drohte, waren es seine Frauen, Mutter und Großmutter, die mutig in das Geschehen eingriffen, indem sie von dem Wagen sprangen, von dem aus sie die Schlacht beobachtet hatten, und die Truppen beschworen, auszuharren. Macrinus wurde getötet. Mit ihm starb sein erst neunjähriger Sohn. Ohne die übliche Bestätigung durch den Senat abzuwarten, nannte sich der anmaßende Syrer sogleich »Imperator«. Dann machte sich der Jüngling auf den langen Weg nach Rom, begleitet von seinen Königsmacherinnen und auch von seiner Tante Mamaea, die sich geweigert hatte, in Syrien zu bleiben, und auch vorausschauend ihren Sohn mitführte.

Es war ein seltsamer Zug, der sich da auf den Straßen des Reiches in westlicher Richtung bewegte, gespenstisch fast mit dem neuen Kaiserlein an der Spitze, das, in seidene Gewänder gehüllt, mit Halsketten und Armspangen geschmückt, auf dem Kopf eine elfenbeinbesetzte Mitra, einen schmucklosen schwarzen Stein verehrte. Seine Großmutter, seine Mutter und Gannys, ihr Liebhaber, denen die Verwunderung der die Straßen säumenden Menschen nicht entging, versuchten, auf Elagabal einzuwirken, seinen orientalischen Gepflogenheiten zu entsagen und sich in einen passablen Römer zu verwandeln. Denn kaum, so vermutete die erfahrene Maesa richtig, werde das eher nüchterne Römervolk einen derartigen Mummenschanz dulden. Doch alle Ermahnungen fruchteten nichts. Der exzentrische Jüngling hatte längst einen eigenen Willen entwickelt. Die in Rom übliche Wolle, ließ er seine Erzieher wissen, sei für ihn ein zu gemeiner Stoff, und man werde sich an seine seidenen Hüllen schon gewöhnen. So hatte sich die kaiserliche Hofgesellschaft schon Feinde gemacht, noch ehe die Hauptstadt erreicht war. Und als man dort den fremdartigen Jüngling mit seiner auffallenden Kleidung und seinem an einen Geisteskranken erinnernden Gehabe sah, lehnte man ihn sofort ab und nannte ihn verächtlich den »Assyrer«. Sollte eine derart abstoßende Erscheinung der Kaiser aller Römer sein?

Die Abneigung steigerte sich noch, als sich der Asiate trotz seiner Jugend zu einem Tyrannen schlimmster Prägung entwickelte. Im Vertrauen auf seine gottähnliche Stellung nicht nur als Priester des Elagabal, der ihm nach Rom gefolgt war, sondern auch als oberster Priester Roms entledigte er sich seiner ersten Gattin und heiratete eine Vestalin namens Aquilia Severa, ein Sakrileg, das in Rom ohne vergleichbare Vorbilder war. Angesichts der Entrüstung, die er damit ausgelöst hatte, entschuldigte er sich mit der Bemerkung, er hätte es nur getan, um als höchster Priester mit ihr, der Priesterin, gottähnliche Nachkommen zu zeugen. Seine Ausflüchte halfen ihm nichts. Cassius Dio, der Geschichtsschreiber, wünschte ihm, dafür auf dem Forum zu Tode gegeißelt zu werden, wie es Brauch der Vorfahren gewesen war.[9)]

Bei allem aber, was man dem Jüngling vorwerfen konnte, Undankbarkeit gehörte nicht dazu. Mit Achtung und Ergebenheit begegnete er den Frauen, die ihm zu dieser schwindelerregenden Höhe verholfen hatten. Mutter und Großmutter erhielten den Titel »Augusta«, Maesa wurde darüber hinaus als »Mutter des Heeres und des Senats«, Soaemias als »Mutter des Heeres« gepriesen. Sie war es auch, der eine Ehre zuteil wurde, die zwar viele ehrgeizige Frauen aus den Kaiserhäusern erstrebt hatten, der aber bisher noch keine für würdig befunden worden war: Sie durfte gleich nach dem Machtantritt ihres Sohnes an einer Senatssitzung teilnehmen und sollte dort sogar einen Beschluß mitunterzeichnen, so als wäre sie ein ordentliches Mitglied der »Versammlung der ehrwürdigen Väter«.

Doch irrte, wer darin die Zeichen einer neuen Zeit erblickte. Die traditionswidrige Aufnahme einer Frau in das ausschließlich von Männern besetzte Gremium sollte keineswegs auch Frauen die hierarchische Ämterlaufbahn eröffnen. Sie war eher ein deutlicher Hinweis auf den beginnenden Verfall.

Auch der Frauensenat, den der junge Herrscher einrichtete und der sich auf dem Quirinal traf, blieb eine Episode. Entsprungen der unerklärlichen Laune eines unreifen Jünglings, ihm vielleicht sogar von der machtbesessenen Großmutter eingeredet, stellte diese seltsame Körperschaft keinen Augenblick lang eine Konkurrenz für die seit Jahrhunderten etablierte Einrichtung der Männer dar. Lediglich mit Belanglosigkeiten befaßt, die sich in unwichtigen Fragen der Etikette erschöpften (welche Frau hat welcher den Vortritt zu gewähren, wer darf welches Gewand tragen, wem steht ein Pferd, ein Packesel, wem eine Sänfte zu? – alles natürlich nur, soweit es die Frauen betraf), wurde das »Weiberparlament« schon nach Elagabals Tod wieder aufgelöst, spukte als Idee allerdings auch danach noch in einigen Köpfen herum und wurde zuweilen auch kurzfristig wiederbelebt. Irgendeinen Einfluß auf den Lauf der Geschichte hatte es aber nicht.

Unterdessen traten bei dem sechzehnjährigen Jungen immer stärker homosexuelle Neigungen zutage, die vor allem seiner klugen Großmutter nicht verborgen blieben. Auch entging ihr nicht, daß ihr mädchenhafter Enkel weder der Regierungsverantwortung gewachsen noch hierfür besonders tauglich war. Mag auch vieles von dem, was die alten Historiker und Biographen überliefern, ihrer lebhaften Phantasie entsprungen sein, einiges ist bestimmt auch wahr oder zeigt doch, was man dem Exoten an Perversitäten zutraute. So habe er es beispielsweise besonders geliebt, sich in ein Weib zu verwandeln. Er ließ sich die Barthaare ausrupfen, die Augenlider mit Bleiweiß schminken und seinen Haarschopf mit einem Netz zähmen. Besorgt tadelte Maesa sein Treiben. Aber ihre wohlgemeinten Ermahnungen fruchteten nichts. Resignierend erkannte sie, daß aus diesem Menschen wohl niemals ein fähiger Herrscher zu machen war.

Glücklicherweise aber gab es noch ihren anderen Enkel, Mamaeas Sohn Bassianus, in seinem Wesen das krasse Gegenteil des ausschweifenden Elagabal. Erneut mußte der bereits bewährte Trick herhalten, um aus dem Unbedeutenden einen Kaisersohn zu machen. Ebensowenig wie Soaemias, so ließ die tüchtige Großmutter verbreiten, sei auch ihre zweite Tochter ein Muster ehelicher Tugend gewesen. Auch sie habe sich nämlich mit Caracalla eingelassen, und auch ihr Verhältnis sei nicht ohne Folgen geblieben. So sei auch dieser Enkel nicht seines unrühmlichen Vaters Sohn, sondern die Frucht eines Ehebruchs, kein Bassianus also, sondern nicht weniger als sein Vetter berechtigt, die Krone zu tragen. Schon jubelte das Volk dem aufgehenden Sternchen zu. Aber es dauerte noch eine Zeit, bis man auch den widerspenstigen Elagabal von den Vorteilen einer Adoption seines Vetters überzeugt hatte.

Man mußte wieder zu einer List greifen, da dem jungen Kaiser keineswegs entgangen war, welcher Beliebtheit sich der Jüngling in der Öffentlichkeit erfreute. Man stellte ihm in Aussicht, daß er sich um so intensiver um seine eigenen Interessen kümmern könnte, überließe er das zeitraubende Regieren erst einem anderen. Endlich willigte er ein und machte aus dem zwölfjährigen Bassianus einen M. Aurelius Alexander, wobei er ein wenig belustigt feststellte, er habe offensichtlich einen recht großen Sohn bekommen.

Die Freude blieb nicht lange ungetrübt. Schon bald hatte Elagabal die wahre Absicht seiner Verwandten durchschaut. Eifersucht begann ihn zu quälen, und er setzte nun alles daran, sich von diesem aufgezwungenen »Sohn« wieder zu befreien. Aber dessen Beschützerinnen – Mutter und Großmutter -waren auf der Hut. Niemals durfte der Mitregent etwas essen, was ihm vom Kaiser vorgesetzt worden war. Als Elagabal schließlich nur eineinhalb Jahre später zusammem mit seiner Mutter von Soldaten erschlagen wurde, trat Alexander Severus, ein Knabe von dreizehneinhalb Jahren, die Nachfolge an. Nicht nur die ehrgeizige Großmutter war endlich am Ziel ihrer Wünsche angelangt. Mutter Mamaea erhielt sogleich den Titel »Augusta«. Und beide übten an Stelle des unmündigen Kindes die Herrschaft aus, so daß er eigentlich nur dem Namen und äußeren Schein nach Träger der kaiserlichen Würde war.

Man muß den beiden Frauen zugestehen, daß sie ihr Amt verantwortungsvoll verwalteten. Den Sonnengott schickten sie in seine syrische Heimat zurück. Mamaea wandte sich dem Christentum zu. Sie soll sich so sehr dafür interessiert haben, daß sie der Mönch Zonaras trotz ihrer auffallenden negativen Eigenschaften, ihrer Habsucht und ihres Ehrgeizes, ein »Musterbeispiel an Frömmigkeit« nannte.[10)] Daß sie Christin war, kann indes nur als Wunschvorstellung einiger ihrer Zeitgenossen angesehen werden. Immerhin aber hatte sie ihren Sohn zu religiöser Toleranz erzogen, und die Christen hatten unter seiner Regierung nichts zu befürchten. In seiner Hauskapelle betete der Kindkaiser nicht nur zu seinen vergöttlichten Vorgängern. Auch eine Statue des Christengottes war dort zu finden.

Ein Beraterstab, eine Art Kronrat, wurde ins Leben gerufen. Ihm fiel die Aufgabe zu, dem unerfahrenen Herrscher beizustehen. Als Julia Maesa bald nach Alexanders Thronbesteigung den Tod nahen fühlte, konnte sie trotz zahlreicher Enttäuschungen und Rückschläge auf ein erfülltes Leben zurückblicken. Geduldig wartete sie, bis sich ihr Schicksal vollendet hatte. Wenn die alten Quellen nicht irren, starb sie eines natürlichen Todes. Die ihr nicht unähnliche Schwester hatte sich das Leben genommen. Eine ihrer Töchter war von Mörderhand gefallen. Der anderen stand ein ähnliches Schicksal bevor.

Es war nun an Mamaea, zusammen mit Alexanders Vormund Ulpian, einem hervorragenden Rechtsgelehrten, die Richtlinien der Politik zu bestimmen. Sie regierte mit der einer klugen Frau eigenen Zurückhaltung und überließ die Früchte ihres Wirkens neidlos dem Sohn. Geschickt hielt sie die Fäden in der Hand. Und dennoch kann man ihr einen Vorwurf nicht ersparen. Sie war als Mutter zu egoistisch. Sie gönnte ihrem heranwachsenden Sohn nicht die Freuden einer partnerschaftlichen Beziehung. Nur sie allein wollte ihn prägen, sie allein als Frau in seinem Leben eine Rolle spielen. Ihr beiderseitiges Verhältnis blieb deshalb nur solange ungetrübt, als Alexander noch Kind und tatsächlich auf sie angewiesen war. Aber mit zunehmendem Alter begann er unter dieser Abhängigkeit zu leiden. Es gab keine Entscheidung, nicht einmal die unbedeutendste, in der die strenge Mutter nicht mitgemischt hätte. Seine Enttäuschung war zudem groß, als er gewahr wurde, daß ihr Leben keineswegs untadelig war. Wie alle Frauen aus ihrer Familie raffte auch sie irdische Güter zusammen und scheute sich nicht, dabei über Leichen zu gehen. Sprach er sie darauf an, flüchtete sie sich in allerlei Ausreden, hielt ihm gar vor, sie täte das alles nur seinetwegen, denn man wisse ja nie, wie lange man den Truppen trauen könne, sie nicht vielmehr einmal mit Geld bestechen müsse. Da begehrte der Sohn zum erstenmal in seinem Leben auf. Gegen den Willen der Mutter nahm er sich eine Frau, für die er liebend eintrat, als Mamaea gegen sie zu intrigieren begann. So sehr war ihre Macht schon im Schwinden, daß sie ihren Sohn nicht daran hindern konnte, der lästigen Rivalin den Titel »Augusta« zu verleihen. Nun mobilisierte Mamaea ihre letzten Reserven. Alexander Severus war noch keine zwei Jahre verheiratet, da hatte sie es tatsächlich geschafft. Der Schwiegervater des Kaisers wurde hingerichtet, die junge Kaiserin nach Afrika verbannt. Wieder hatte sich der Sohn dem Willen der Mutter gebeugt. Es sollte so bleiben bis an ihrer beider tragisches Ende. Der Kaiser ging noch eine oder zwei neue Ehen ein, man darf annehmen, mit unbedeutenden Frauen, da die Mutter keine Einwände mehr erhob, aber auch nie mehr von seiner Seite wich.

Nach dem Scheitern seiner ersten Beziehung stürzte sich Alexander Severus in die Regierungsarbeit. Er hatte sich das Ziel gesteckt, »die zersetzende Vorherrschaft der Armee zu brechen und den alten Ruf von Senat und Adel wiederherzustellen.«[11)] Er versuchte, die alten Werte wiederzubeleben, das Volk zu größerer Sittlichkeit anzuhalten und dem ganzen Reich zu einem wirtschaftlichen Aufschwung zu verhelfen. Einigen schien es, als sei der gottesfürchtige Marc Aurel auf den Thron zurückgekehrt.

Aber seinen Reformbemühungen war allenfalls flüchtiger Erfolg beschieden. Wie schon unter Marc Aurel hatte seine vermeintliche Schwäche Reichsfeinde angelockt und ermuntert, in römisches Gebiet einzufallen. Kühn erhoben die Parther Anspruch auf Syrien und Kleinasien. Mit einer für einen Mann seiner Jugend erstaunlichen Weisheit mahnte der römische Kaiser, ein jeder möge sich mit dem begnügen, was er besitze. Es kam dennoch zum Krieg. Mamaea begleitete ihren Sohn auf seinem Feldzug in den Osten. Und sie war ebenfalls mit dabei, als er sein Heer nur kurze Zeit später nach Mainz führen mußte. Im Norden hatten nämlich Markomannen und Alemannen die Reichsgrenzen überschritten. Es war für beide eine Reise ohne Wiederkehr.

Längst hatte sich Mamaea durch ihre Habgier bei den Truppen unbeliebt gemacht. Die Ressentiments gegen sie wuchsen, als der Sohn unter ihrem Einfluß mit dem Feind zu verhandeln begann. Aber auch Alexanders Popularität schwand, da er unvorsichtigerweise die Soldaten des Ostens, seiner Heimat, bevorzugte. Schon hatte die unzufriedene pannonische Legion ihren Befehlshaber G. Iulius Maximinus zum neuen Imperator ausgerufen. Seine Soldaten drangen in Alexanders Feldherrnzelt ein und erschlugen ihn, seine Mutter und seine Freunde. Die Geschichte war fortgeschritten. Man schrieb das Jahr 235 christlicher Zeitrechnung.

32.
DIE FROMME HELENA UND ANDERE FRAUEN AM HOF CONSTANTINS

Alexanders Herrschaft entbehrte, auch wenn ihm die für einen Herrscher früher übliche rühmliche Herkunft fehlte, trotz des sichtlichen Verfalls aller Dinge nicht einer gewissen Legitimität, da ihn ein hohes Verantwortungsbewußtsein trug. Seine kluge Zurückhaltung und die weise Umsicht seiner überragenden Mutter hatten dem Reich in schweren Zeiten noch einmal den Anschein von Sicherheit gegeben. Zudem sollte seine Regierungszeit für ein halbes Jahrhundert die längste sein. In den fünfzig Jahren nach seinem Tod saßen nicht weniger als vierzig Männer auf dem begehrten Thron, viele von ihnen nur für wenige Tage. Es handelte sich meist um traurige Gestalten, Marionetten, die von den Soldaten willkürlich ein- und abgesetzt und sogar erschlagen wurden, sobald sich nur jemand gefunden hatte, der ihnen höheren Sold oder größere Geschenke versprach. Von den meisten hat die Geschichte nicht mehr als den Namen bewahrt. Rom befand sich im dritten Jahrhundert christlicher Zeitrechnung in unaufhaltsamem Niedergang, und es versteht sich fast von selbst, daß eine solche Zeit an überragenden Männern arm war und schon gar keine Frauen hervorbrachte, die auch nur einer Erwähnung wert wären.

Das änderte sich erst wieder, als es Kaiser Diokletian gelang, den Verfall vorübergehend aufzuhalten. Mit seinem Regierungsantritt 284 n. Chr. kehrte für einige Jahrzehnte Ruhe ein, eine trügerische freilich, da er einen Mitkaiser und zwei Caesaren einsetzte, um Teile der Regierungsverantwortung zu delegieren. Sein sicher gut gemeintes Beispiel setzte einen schlechten Präzedenzfall, der später tatsächlich zur Reichsteilung führte und den Verfall, der damit eigentlich aufgehalten werden sollte, eher beschleunigte.

Diokletians Freund Maximian herrschte in Mailand. Constantius Chlorus Caesar erhielt Gallien und Britannien. Galerius Caesar schließlich wurde an die Donau geschickt. Alle Erwählten entstammten, wie Diokletian selbst, bescheidenen Verhältnissen, was im übrigen kaum noch jemanden störte. Sie hatten sich durch Fleiß und Ausdauer um den Staat verdient gemacht und dafür hohe Stellungen und Auszeichnungen erhalten. Um auch die Caesaren in die Kaiserfamilie einzubinden – die beiden Augusti nannten sich offiziell schon lange »Brüder« – wurde wieder einmal die römische Tradition bemüht. Galerius, der vom Viehhirten zum bewährten Truppenführer aufgestiegen war, trennte sich von seiner Frau und erhielt Valeria, Diokletians einzige Tochter, zur Gattin. Es handelte sich hier wohl sogar um eine Liebesheirat, wie sich noch zeigen wird. Der Prätorianerpräfekt Constantius Chlorus heiratete Theodora, die Stieftochter Maximians. Auch er mußte sich zuvor aus einer bereits bestehenden Verbindung lösen: Er verließ Helena, seine Lebengefährtin, die letzte bedeutende Frau des klassischen Altertums.

Als Constantin, der später Kaiser werden und von der Geschichte mit dem seltenden Prädikat »der Große« geschmückt werden sollte, geboren wurde, lebte sein Vater Constantius Chlorus schon mehrere Jahre mit der nur wenig jüngeren Helena zusammen. Als »stabularia«, als Herbergswirtin, hatte er sie kennengelernt, als er sich auf einer Inspektionsreise im Osten befand. Möglicherweise hatte sie das Gewerbe von ihrem Vater geerbt. Ihre Herkunft ist jedoch sagenumwoben. Manche hielten sie für eine Königstochter aus Britannien und stützten ihre Vermutung auf die Bemerkung eines Lobredners, der Helena, als sie längst zu Ehren gekommen war, für eine Britannierin hielt. Andere lagen wahrscheinlich richtiger, wenn sie die fromme Schöne in Bithynien oder Dalmatien ansiedelten und als Tochter eines Schankwirts ausgaben. Da dem hohen römischen Offizier die Heirat einer Barbarin, zumal so niederer Abstammung, untersagt war, nahm er sie als Konkubine, was keineswegs als ehrenrührig galt, seitdem sich sogar Kaiser dieser unverbindlichen Form des Zusammenlebens bedient hatten. Auf öffentlichen Inschriften wurde sie später gern als »divi Constantii coniunx« verehrt, als Gattin des vergöttlichten Constantius, aus naheliegenden Gründen, wie sich denken läßt. Aus der »stabularia« war nicht nur die erlauchte und hochgeehrte

Mutter eines Kaisers geworden. Sie hatte sich auch zur mächtigen Schutzpatronin der christlichen Kirche entwickelt, und dieser waren alle Konkubinen suspekt...

Helena war eine schöne, zierliche Frau mit klassischen Zügen, das Gesicht länglich und zart, die Nase leicht gebogen, die Augen klug blickend, kurz, eine anmutige Erscheinung, die Constantius sicher ungern verließ. Aber die Ehe mit Theodora, aus der drei Söhne und drei Töchter hervorgingen, war der Preis für seinen beruflichen und gesellschaftlichen Aufstieg. 293 n. Chr. wurde er zum Caesar ernannt. Er richtete seine Residenz in Trier ein, wo er auch mit seiner Frau und den Kindern in der »villa urbana« wohnte.

Es ist nicht bekannt, wie die schöne Helena die Trennung aufnahm. Da es sich bei ihr jedoch um eine energische, unerschrokkene Frau handelte, wird sie den Schicksalsschlag wohl mit Fassung getragen haben. Was blieb ihr auch anderes übrig? Einen rechtlich durchsetzbaren Anspruch auf ein weiteres Zusammenleben mit Constantius gab es nicht. Die Biographie ihres Sohnes beweist, daß sie nun alles daransetzte, ihn, den unehelichen Erstgeborenen, zum rechtmäßigen Nachfolger seines Vaters zu machen. Ein wohlmeinendes Schicksal kam ihr dabei entgegen und entschädigte sie für alle Demütigungen, die man ihr zugefügt hatte. Doch war auch Constantins Vater an dessen Aufstieg nicht ganz unbeteiligt, wie man gerechterweise zugeben muß. Er sorgte nicht nur für eine angemessene Erziehung des Jungen, sondern eröffnete schon dem Knaben eine vielversprechende Laufbahn und brachte ihn an den Hof Diokletians in Nikomedia, wo er wie ein kaiserlicher Prinz aufgezogen wurde. Der alte Kaiser kümmerte sich selbst um seine militärische Ausbildung und schickte schon den Siebzehnjährigen zum Kriegsdienst an die Donau.

Überraschenderweise zog sich Diokletian im Jahr 302 auf seinen Landsitz nach Spalatum, dem heutigen Split, zurück, um sich für den Rest seines Lebens dem Anbau von Kohl zu widmen. Es gelang ihm auch, seinen »Bruder« Maximian zum Abdanken zu überreden. Neue Augusti wurden die beiden Caesaren Constantius und Galerius, denen als Unterkaiser Maximin Daia, Neffe und Adoptivsohn des Galerius, und ein gewisser Severus beistehen sollten.

Nur ein Jahr später starb Constantius Chlorus in Eboracum (York), wo er einen Aufstand unzufriedener Britannier erfolgreich niedergeschlagen hatte. Sogleich wurde sein Sohn Constantin von den Truppen zum Nachfolger ausgerufen. Damit war auch eine entscheidende Wende in Helenas Leben eingetreten. Denn unmittelbar nach seinem Regierungsantritt holte sie der Sohn an seinen Hof und blieb ihr zeitlebens innig verbunden.

Schon um 300 war der jugendliche Constantin mit Fausta, der damals wohl erst dreijährigen Tochter Kaiser Maximians, verlobt worden, und jetzt fand die Hochzeit statt. Wie Jahre zuvor schon sein Vater mußte auch er sich von seiner Konkubine trennen, einer unbedeutenden Frau, von der er allerdings einen prächtigen Sohn, Crispus, hatte. Die kaiserliche Hofgesellschaft feierte in Arelate (Arles). Man darf annehmen, daß die Braut, die im übrigen in einer erhaltenen Lobrede kaum erwähnt wird, dieses Fest am wenigsten interessierte, denn sie war erst neun oder zehn Jahre alt. Sie hatte also noch nicht einmal das für Mädchen zum Heiraten noch immer gesetzlich vorgeschriebene Mindestalter erreicht. Aber weder der Brautvater noch der Bräutigam kümmerten sich darum, war es doch seit jeher ein Privileg der Könige gewesen, sich über derlei Vorschriften hinwegzusetzen.

Drei Söhne wurden dem Kaiserpaar geboren, dem Namen nach alle dem Vater zum Verwechseln ähnlich: Constantin (II), Constantius und Constans.

Über Constantins unvorhergesehenen Aufstieg war einer wenig erfreut: Galerius, der sich nicht entschließen konnte, den Jüngling als legitimen Nachfolger seines erfahrenen Vaters und gleichberechtigten Augustus anzuerkennen. Allenfalls die Stellung eines Caesar, eines Unterkaisers, räumte er ihm ein. Aber Maximian, der sich auch nach seinem unfreiwilligen Rückzug ins Privatleben gern in die Regierungsgeschäfte einmischte, förderte den Schwiegersohn nach Kräften, so daß an dessen Aufstieg bald nur noch ein Narr zweifelte. Es kam hinzu, daß Galerius krank wurde und dem Ende seines Lebens entgegensah.

Seine Liebesehe mit Valeria war bis zuletzt kinderlos geblieben, doch tröstete sich die edle Frau, indem sie versuchte, Galerius' unehelichem Sohn Candidianus eine gute Mutter zu sein.

308 n. Chr. hatte ihr Mann, der sein Ende nahen fühlte, einen gewissen Licinius zum Mitkaiser ernannt. Seiner Obhut empfahl er Frau und Sohn, ehe er 311 n. Chr. die Augen schloß. Für Valeria war damit der traurigste Abschnitt ihres Lebens angebrochen, das, folgt man dem englischen Althistoriker Edward Gibbon, »einen einzigartigen Stoff für eine Tragödie abgeben würde«.[1]

Hätte Kaiser Diokletian, der Valeria als sein einziges eheliches Kind von Herzen liebte, je geahnt, welcher Leidensweg seiner Tochter bevorstand, als er sie Galerius zur Frau gab, er hätte sie gewiß in seiner Obhut behalten. Mit der höchsten Auszeichnung, die ein Kaiser zu vergeben hatte, hatte er diese Frau geehrt, mit der Würde einer regierenden Augusta. »Sacratissima ac piissima Augusta materque castrorum« war sie daraufhin genannt worden. Und dennoch hatte der besorgte Vater nicht verhindern können, daß ihr unsagbares Leid widerfuhr. Denn die Zügel der Regierung waren seinen Händen entglitten und, müde geworden, griff der Altkaiser nach seinem endgültigen Rückzug an die dalmatinische Küste nie wieder in die Regierungsgeschäfte ein.

Wie auch ihre nicht weniger edle Mutter Prisca hat Valeria mit dem Christentum sympathisiert. Dies kann ihrem Mann, der einer fanatischen Heidenfamilie entstammte, kaum gefallen haben. Im Jahr 303 hatte er seinen Schwiegervater mit großer Mühe überredet, einem Edikt zuzustimmen, das die Christenverfolgung legalisierte. »Geplant war eine Ausrottung auf kaltem Wege, nach dem Willen Diokletians ohne Blutvergießen, während Galerius von vornherein für die Opferverweigerer den Feuertod forderte. Jedoch gleich nach der Verkündung des Edikts begann das Unheil und steigerte sich bald zu einem nicht mehr kontrollierbaren Blutrausch ...«[2]

Nach einem Palastbrand, den man den Christen in die Schuhe schob, wurden neben der gesamten Dienerschaft auch alle Mitglieder des Hofes zum Kultopfer gezwungen, durch das Beschuldigte nach altem Brauch ihrem »Irrglauben« abschwören, ihre Loyalität zu Staat und Kaiser bekunden und einen Freispruch erwirken konnten. Auch Prisca und Valeria mußten sich den vorgeschriebenen Riten unterziehen, um nicht der Hinrichtung durch Schwert oder Feuer zu verfallen. Doch scheint es Valeria im Laufe ihres Lebens gelungen zu sein, den Gatten milder zu stimmen. Immer wieder flehte sie ihn an, er möge doch mit dem unbesiegbaren Gott der Christen endlich Frieden schließen. Schon vom Tode gezeichnet, widerrief Galerius 311 n. Chr. schließlich den Erlaß, der die Verfolgung von Christen für zulässig erachtete, und ersetzte ihn duch ein Toleranzedikt, das das Christentum als gesetzliche Religion anerkannte und die Christen um ihre Gebete bat. Für Galerius kam diese Menschenfreundlichkeit zu spät. Den Christen sicherte sie allerdings ruhigere Zeiten. Und auch Valeria mag den Sinneswandel ihres Gatten begrüßt haben. Man glaubt den alten Historikern aber gern, wenn sie diesen Augenblick für den letzten glücklichen in ihrem Leben halten, das fortan nur noch von Unglück und Verfolgung überschattet war.

Schon dem Sterben ihres schwerkranken Mannes hilflos zusehen zu müssen, war sicherlich mehr, als ein gewöhnlicher Mensch ertragen kann. Der Kirchenschreiber Laktanz »überliefert genau den Krankheitsverlauf, der sich über ein ganzes Jahr erstreckte. Ausgehend von einem bösartigen Geschwür im Bereich der Genitalien zersetzte der Krebs in einem schauerlichen Prozeß die innersten Eingeweide und zerfraß einzelne Körperteile. Die Heilkunst der Ärzte versagte wie die Anrufung der Götter. Unter Qualen starb Galerius an einem der ersten Maitage 311.

Die ins Detail gehende minutiöse Schilderung des Laktanz ist nicht frei von der Genugtuung über das Strafgericht Gottes, das den Christenverfolger Galerius ›mit einem unheilbaren Schlag traf‹«.[3)]

Entgegen dem ausdrücklichen Wunsch ihres Mannes aber begab sich die Witwe nicht unter den Schutz des Licinius, dem sie offensichtlich mißtraute, sondern suchte Zuflucht bei Maximin Daia, der seit 305 Caesar war. Sie hatte damit die sicherlich unklügste Entscheidung ihres Lebens getroffen. Denn der Caesar war nicht nur augenblicklich in Leidenschaft zu ihr entbrannt (obwohl sie noch nicht einmal die Trauerkleider abgelegt hatte), sondern rechnete sich auch gute Chancen aus, mit ihrer, der Augusta, Hilfe selbst die höchste Stellung im Staate zu erringen. So bat er um ihre Hand und versicherte, sich von seiner Frau zu trennen und sie zu heiraten. Aber Valeria, der jede Verstellung fremd war, lehnte empört ab. Solange die Asche ihres Mannes noch warm sei, ließ sie den Lüstling wissen, könne sie nicht an eine Wiederverheiratung denken. Auch hielte sie es für ungeheuerlich, daß er seine treue Gattin verstoßen wolle. Zweifellos würde er sie im Laufe der Zeit ebenso behandeln, sobald er ihrer überdrüssig geworden wäre.[4]

Maximins Rache war grausam. Valeria wurde zusammen mit ihrer Mutter in das finsterste Syrien verbannt. Viele ihrer Freunde wurden auf gräßlichste Weise hingerichtet. Angeblich erhob Diokletian von seinem Ruhesitz aus Protest gegen die Behandlung von Frau und Tochter, aber sein Wort hatte kein Gewicht mehr. Und zu einem Eingreifen konnte sich der der Welt überdrüssige Greis nicht entschließen. Doch sollte sich das Schicksal der beiden Frauen noch verdüstern, als Maximins Heer 313 bei Byzanz geschlagen wurde und ihn selbst auf der Flucht der Tod ereilte. Nun rächte sich auch Valerias Mißtrauen gegen Licinius bitter. Sie mußte, wiederum zusammen mit Prisca, ihren Verbannungsort fluchtartig verlassen. In erbärmlicher Verkleidung zogen Mutter und Tochter, die beide einst Kaiserinnen gewesen waren, im Ostteil des Reiches von Ort zu Ort, vielleicht in der Hoffnung, auf irgendwelchen Wegen zu Diokletian zu gelangen. Sie waren schon fünfzehn Monate umhergeirrt, als man sie in Thessalonike erkannte. Da ließ sie Licinius ergreifen und vor versammeltem Volk hinrichten. Ihre Leichen warf man ins Meer.

Als »grausames unbegreifliches Mordgericht«[5] bezeichnet der neuzeitliche Historiker Eberhard Horst das Schicksal, das Licinius' gekränkte Eitelkeit und seine Machtgier über die letzten Angehörigen seiner Wohltäter Diokletian und Galerius verhängt hatten. Zuvor hatte er schon Candidianus, den nichtehelichen Sohn des Galerius, beseitigen lassen. Und auch Constantin versuchte er, erfolglos, zu vernichten. Am schlimmsten aber mag es Diokletian selbst getroffen haben, daß er dem sinnlosen Sterben seiner geliebten Tochter zusehen mußte, zur Ohnmacht verdammt, wo doch vor gar nicht allzu langer Zeit die ganze Welt vor ihm gezittert hatte.

Sehr im Gegensatz zu den unglücklichen Frauen aus dem Hause Diokletians sah die schöne Helena einem glücklichen und »nach absoluten Maßstäben gemessen«[6] auch befriedigenden Leben entgegen. Die Thronbesteigung Constantins und seine Bevorzugung gegenüber den ehelichen Söhnen seines Vaters mag sie mit

Genugtuung erfüllt haben. Als ihr Sohn, zum Kaiser ausgerufen, gleich seinem Vorgänger seine Residenz in Trier aufschlug, gehörte es zu ihren ersten Amtshandlungen, Theodora und deren Söhne aus Trier zu verbannen und nach dem gallischen Tolosa (Toulouse) zu schicken, wo sich ihre Spuren verlieren. Nicht, daß sich ein solches Verhalten mit den Pflichten einer Christin vertragen hätte. Doch anders als Theodora gehörte Helena damals noch der altrömischen Religion an, und erst mit Constantins eigener Hinwendung zum Christentum wurde auch sie zur »großen Dienerin Gottes«.[7)] Fortan nahm Helena die Stellung der ersten Dame des Trierer Hofes ein. Der Sohn adelte sie, ernannte sie zur »nobilissima femina«. Er wußte wohl, daß die frühere Gastwirtin mit Anmut und Würde die Residenz bereicherte und den repräsentativen Pflichten einer Augusta wie keine andere Frau gewachsen war. Sie fungierte als Sachwalterin ihres Sohnes, als er sich im Frühsommer des Jahres 312 mit seinem Heer nach Rom begab. Aus ihrer Trierer Zeit erhaltene Bildnisse zeigen eine elegante Erscheinung mit perlengeschmückter Frisur, die später sogar das Diadem als Zeichen ihrer Herrscherwürde tragen durfte. Sie erhielt das Recht eigener Münzprägung und die Verfügungsgewalt über den kaiserlichen Schatz. Constantins Vertrauen in die Fähigkeiten seiner Mutter schien grenzenlos.

Vor allem aber widmete sie sich mit Hingabe der Erziehung ihres Enkels Crispus, der am Hof von Trier die uneingeschränkte Zuneigung des Erstgeborenen genoß. Sowohl äußerlich als auch dem Charakter nach ähnelte er stark seinem Vater.

Bis zum Jahr 322 hielt sich Helena in Trier auf. »Mit einem Kranz von Legenden suchten vor allem Autoren des Mittelalters Helenas Trierer Zeit nahezukommen, um so mehr, als zeitgenössische verläßliche Quellen fehlen. Eine dieser frommen Überlieferungen spricht vom ›Haus der heiligen Helena‹.«[8)] Gemeint ist sicherlich der Trierer Dom, dessen älteste Teile auf eine Schenkung der Kaisermutter zurückgehen sollen. Mag das auch schon zu Helenas Nachruhm gehören und in mancher Hinsicht phantastisch ausgeschmückt sein, es zeigt doch, wie sehr diese Frau noch Jahrhunderte nach ihrem Tod die Gemüter bewegte und wie hoch die Achtung war, die man ihr allezeit entgegenbrachte.

Helenas Freigebigkeit kannte keine Grenzen. Nachdem sie zum

Christentum konvertiert war, förderte sie den Kirchenbau nach Kräften. Sie unterstützte ihre Freunde und die Soldaten ihres Sohnes, trug viel zum Ausbau der neuen Reichshauptstadt Constantinopel bei und wurde bald als große Wohltäterin verehrt. Im hohen Alter von sechsundsiebzig Jahren unternahm sie eine Reise nach Palästina. Sie habe dort, heißt es bei Eusebius, »Gott den schuldigen Tribut erweisen«[9] und für ihren Sohn und ihre Enkel beten wollen. Auch im Osten zeigte sie sich überaus großzügig. Sie bedachte Gemeinden und Einzelpersonen, verteilte Geschenke an nackte und hilflose Arme, befreite Gefangene aus Verliesen und Bergwerken und begnadigte Verbannte. Mit kaiserlicher Pracht trat sie gewöhnlich auf, doch konnte man sie auch als einfach gekleidete Frau beobachten, die sich unerschrocken unters Volk mischte, so daß niemand in ihr die erste Dame des Reiches vermutet hätte. Höhepunkt und Ziel ihrer Reise war Jerusalem, wo sie Gelegenheit hatte, die Arbeiten am Bau der Grabeskirche zu verfolgen. Auch die Stadt, in der ihr Gott gelitten hatte und gestorben war, verwöhnte sie mit Geschenken. Sie gründete Kirchen und verteilte Spenden. Sie konnte nicht ahnen, daß ihre Stiftungen von Eusebius als »zentrale Orte der christlichen Geschichte zu kirchlich geweihten Pilgerstätten«[10] aufsteigen würden, daß noch mehr als eineinhalb Jahrtausende später fromme Menschen, ihren Spuren folgend, versuchen würden, einen Hauch jenes Gottes zu erhaschen, der die alte Welt aus den Angeln hob.

Es blieb nicht aus, daß sich auch um diese Reise bald Legenden rankten, die den Bericht des Eusebius ausschmücken. Es hieß, Helena habe mit Hilfe des Jerusalemer Bischofs Makarius drei Kreuze gefunden. Eine todgeweihte Frau habe diese berührt und sei von einem auf wunderbare Weise geheilt worden. Ein Stück dieses, des in Helenas Augen echten Kreuzes ihres Herrn, habe die fromme Pilgerin dem Sohn übersandt, der es in sein Standbild in Constantinopel einsetzen ließ. Erstaunlicherweise ist diese Legende nicht im leicht entflammbaren Osten entstanden, sondern im eher nüchternen Westen, im ausgehenden vierten Jahrhundert eifrig verbreitet von Ambrosius, dem Bischof von Mailand. Möglicherweise hatte er, der Sohn des gallischen Präfekten, in seiner Kindheit von Helenas Pilgerreise gehört, und die Erzählungen hatten sich in seiner Erinnerung zu eigener Realität verdichtet. Er war es übrigens auch, der von dem juwelenbesetzten, mit Nägeln vom Kreuz Christi bestückten Diadem berichtete, das Helena ebenfalls ihrem Sohn übersandt haben soll.

Noch heute gibt ihre Reise in den Osten der Wissenschaft manches Rätsel auf. Was veranlaßte eine hochbetagte Frau, sich den Strapazen und Gefahren eines solchen Abenteuers auszusetzen, wenn man auch annehmen darf, daß der Kaiserin alle Annehmlichkeiten der Zeit zur Verfügung standen? Besonders die Andeutung des Eusebius, sie habe »Gott den schuldigen Tribut erweisen« wollen, gibt zu der Vermutung Anlaß, Helena habe die Beschwernisse dieses Unternehmens auf sich genommen, um eine Schuld zu sühnen.

Ihren Reisevorbereitungen war in der Tat eine Tragödie im Kaiserhaus vorangegangen, und undurchsichtig ist bis heute die Rolle, die Helena darin spielte, geblieben. Niemand vermag mit Bestimmtheit zu sagen, was Constantin, dessen Herrschaft seltsamerweise mit zunehmender Hinwendung zum Christentum entartete, veranlaßte, seinen geliebten Erstgeborenen hinrichten zu lassen. War es wirklich so, daß sich seine Frau, Fausta, in den schönen Jüngling verliebt und, da ihr Werben auf taube Ohren gestoßen war und sie sich in ihrer weiblichen Eitelkeit verletzt fühlte, einen teuflischen Plan ersonnen hatte? Hatte sie ihrem strengen Gatten, der es mit der eigenen ehelichen Treue freilich nie so genau nahm, tatsächlich vorzugaukeln vermocht, der Junge habe ihr Gewalt antun wollen? Oder hatte die Gemahlin des Kaisers angesichts der offensichtlichen Bevorzugung des Crispus diesen verleumdet, um ihren eigenen Söhnen dessen Platz zu sichern? War dem blutigen Strafgericht vielleicht wirklich ein Ehebruch vorangegangen, da nach dem Sohn auch die Gattin, dessen Stiefmutter, dem kaiserlichen Zorn verfiel? Die historische Wahrheit wird wohl nie mehr zu ergründen sein. Niemals wird man mehr erfahren, was den ansonsten eher besonnenen Kaiser diesmal die Fassung verlieren und Crispus zu Pola in Dalmatien vergiften ließ, ohne daß ihm Gelegenheit gegeben worden war, den wahren Tatbestand aufzuklären. Als »dunkelste aller Maßnahmen, dunkel in jedem Sinn« bezeichnet ein neuzeitlicher Historiker[11)] Constantins Beseitigung seiner nächsten Angehörigen, und die Tatsache, daß auch Fausta ihr Leben verlor, legt am ehesten die Vermutung nahe, daß die beiden Unglücklichen des Ehebruchs überführt worden waren. Denn unmittelbar nach der Familientragödie – man schrieb das Jahr 326 – erneuerte und verschärfte der Kaiser die augusteischen Ehegesetze. Er erschwerte die Ehescheidung, die fortan nur noch bei einer schweren Verfehlung des Partners möglich sein sollte. Wohl angesichts der eigenen schlechten Erfahrungen verbot er jedem verheirateten Mann, sich neben seiner rechtmäßigen Gattin eine Konkubine zu halten. Am weitesten aber reichte ein Gesetz, das im Falle des vollendeten Ehebruchs für Mann und Frau die Todesstrafe vorsah. Damit rückte Constantin eindeutig von den tradierten römischen Wertvorstellungen ab, die bislang nur die untreue Frau mit dem Tode bestraft, den Mann hingegen weitgehend ungeschoren gelassen hatten. Doch bezeugte man dem Kaiser sicherlich zuviel der Ehre, wollte man ihm unterstellen, er habe mit dieser Verordnung die Stellung der Frau aufwerten und sie der des Mannes annähern wollen. Man hatte die altrömischen Gesetze ja im Laufe der Jahrhunderte auch gegen Frauen immer lascher gehandhabt, so daß Constantins Strenge eher einem Rückschlag in der römischen Frauenbewegung gleicht. Wahrscheinlich verfolgte er den Zweck, von seinem grausamen, bisher unüblich gewesenen Wüten gegen Familienmitglieder abzulenken, ja seine Härte nachträglich zu rechtfertigen.

Ob sich Crispus nun schuldig gemacht hatte oder nur das Opfer eines Betrugs geworden war: Helena, dem geliebten Enkel eng verbunden, ruhte nicht eher, als bis sie ihren Sohn überredet hatte, auch Fausta, die in jedem Falle schuldig war, zur Verantwortung zu ziehen. So wurde auch die junge Kaiserin auf gräßliche Weise umgebracht. Man ließ sie in den Palastthermen ein Schwitzbad nehmen, wobei man sie zu Tode brühte. Nur zwei Jahre zuvor hatte ihr der stolze Gatte den Titel »Augusta« verliehen...

Einige der alten Geschichtsschreiber sehen in Constantins Gewissensbissen einen Grund zu seiner Bekehrung zum Christentum. Nach dem zweifachen Mord sei er bald von Gewissensqualen heimgesucht worden. Er habe deshalb bei den alten Göttern Entsühnung gesucht, deren Priester ihn jedoch abgewiesen hätten. Daraufhin habe er sich an einen christlichen Bischof gewandt, der ihn angeblich von der Blutschuld freigesprochen habe.

Nach allem, was geschehen war, verwundert es kaum, daß Helena den Wunsch verspürte, Abstand zu gewinnen und beim Gott der Christen, dem auch sie sich seit einigen Jahren verstärkt zugewendet hatte, um Vergebung ihrer und ihres Sohnes Schuld zu bitten. Ihre Reise war ein voller Erfolg. Geduldig hatte ihr der neue Gott sein Ohr geneigt, ihre Opfergaben gnädig angenommen. Sie überlebte die Strapazen noch einige Jahre. Als sie sich fast achtzigjährig außerhalb Roms befand, fühlte sie den Tod nahen. Da vermachte sie ihr immer noch beträchtliches Vermögen ihrem Sohn und den Enkeln. Einen guten Teil ihres »reichlich zugemessenen Lebens« (Eusebius) hatte sie mit Constantin an der Spitze des Staates gestanden, sie, der die Teilhabe am Kaisertum ihres »Gatten« versagt geblieben war, hatte wie keine andere Frau zuvor Verantwortung getragen, war in beispielloser Weise geehrt und erhöht worden. Constantin, in dessen Armen sie verschieden war, überführte ihren Leichnam nach Rom, wo er im kaiserlichen Mausoleum bei der Kirche der Märtyrer Petrus und Marcellinus seine letzte Bleibe fand. Noch heute bereichert ihr prächtiger Sarkophag aus dunkelrotem glänzendem Porphyr die Antikensammlung der Museen des Vatikan. Er zeigt in erhabenem Relief kämpfende römische Reiter und bezwungene Barbaren. Die Wissenschaft vermutet, er sei ursprünglich für Constantin selbst gefertigt worden, da das kriegerische Motiv schlecht zu einer Frau passe. Doch habe sich der Sohn nicht gescheut, ihn seiner Mutter zur Verfügung zu stellen, verdankte er ihr doch ein Gutteil seines Ruhmes. Eine einzigartige Ehre wurde zudem der Toten zuteil: »Die Kirche im Osten wie im Westen legitimierte die einstige «stabularia», die Herbergswirtin, indem sie Helena, ihre Frömmigkeit und ihre Wohltaten würdigend, unter die Heiligen einreihte.«[12)]

Schon damals stand und noch immer steht eine andere Frau der kaiserlichen Familie in Helenas Schatten, eine Frau, die die alten Quellen kaum erwähnen: Eutropia, nicht weniger edel und viel früher schon gläubige Christin als jene. Die Gattin von Diokletians »Bruder« Maximian gehörte nicht zu den vom Schicksal begünstigten Menschen. Zwei Töchter hatte die schöne Syrerin geboren, die gleich ihr die höchste Stellung einnehmen, beide jedoch tragisch enden sollten: Theodora, Constantius Chlorus' Gattin, wurde auf Betreiben Helenas vom kaiserlichen Hof verbannt, als Constantin den Thron bestiegen hatte. Eutropias jüngere Tochter

Fausta hatte deren kaiserlicher Gemahl hinrichten lassen, wobei ebenfalls jene »stabularia« die Hände im Spiel gehabt hatte. Unaufgeklärt war zudem der gewaltsame Tod ihres Mannes Maximian geblieben. Ihr Sohn Maxentius war im Kampf gegen Constantin vor den Toren Roms gefallen. Sicherlich, nicht für alle diese furchtbaren Schicksalsschläge war der gegenwärtige Kaiser unmittelbar verantwortlich zu machen. Dennoch wird ihm Eutropia mit gewissen Vorbehalten begegnet sein, wenn sie sich auch nach außen hin um den Anschein eines guten Einvernehmens bemühte. Wohl nicht gleichzeitig mit Helena, sondern erst einige Zeit später brach auch Eutropia zu einer Wallfahrt in den Osten auf, um an den geheiligten Stätten zu opfern und zu beten und von ihrem Schmerz um die verlorene Tochter zu genesen. Was die fromme Pilgerin jedoch im Süden Palästinas vorfand, erfüllte sie mit Entsetzen: Der Ort, an dem Urvater Abraham einst sein Zelt aufgeschlagen und seinen Altar errichtet hatte, war von den Heiden besetzt worden. Götzenbilder hatten dort den Christengott verdrängt, die heilige Stätte war von fremden Göttern entweiht. Empört berichtete Eutropia ihrem Schwiegersohn davon, der Bischof Makarius und andere Bischöfe energisch anwies, die Götzenbilder zu verbrennen und den Abraham heiligen Ort der Christenheit zurückzugeben. Er dankte seiner frommen Schwiegermutter für die große Wohltat, die sie ihm durch ihre Aufmerksamkeit erwiesen habe.

Ihr Verhältnis blieb dennoch gespannt. Es ist nicht einmal gesichert, ob Eutropia je an seinen Hof zurückkehrte oder ihren Lebensabend vielleicht in ihrer syrischen Heimat verbrachte, was wohl wahrscheinlicher ist. War es ihr, der Gattin eines Kaisers und Mutter zweier Kaiserinnen, zumutbar, mit jener »stabularia« unter einem Dach zu wohnen, die alles darangesetzt hatte, ihr Familienglück zu zerstören?

Doch Genaues weiß man nicht. Anders als bei Helena, die durch ihre einflußreiche Stellung das Christentum stärkte, hüllen sich die alten Kirchenväter über sie weitgehend in Schweigen. Dürftig nur sind die Auskünfte der wiederum von Männern verfaßten Geschichtsbücher über sie, die ihrer Rivalin an Frömmigkeit sicherlich nicht nachstand, jedoch bei weitem nicht so geachtet war.

Konnte Theodora, die ihre heranwachsenden Kinder am Hofe von Trier im christlichen Glauben erzog und das bürgerfreundliche Verhalten ihres Gatten förderte, konnte Valeria, die das Toleranzedikt ihres todkranken Gatten befürwortete, konnte Eutropia, die eine Wiederkehr der alten Götter zu verhindern suchte, konnte schließlich Helena, die dem Christentum als Staatsreligion den Boden bereitete, konnte auch nur eine von ihnen ahnen, welch frauenfeindlicher Religion sie zum Durchbruch verhalf? Wenn die Jahrhunderte nach dem Fall Roms keine überragende Frauengestalt mehr hervorbrachten, so liegt das im wesentlichen an der christlichen Tradition, die wie keine andere hinsichtlich der Frauen die alten römischen Vätersitten wiederbelebte und vielleicht auch deshalb bei den Römern so beliebt wurde.

Zahlreiche Frauen hatten die neue Religion durch Mut und selbstlosen Einsatz und oft unter Lebensgefahr gefördert, waren dafür von den Kirchenhistorikern gelobt oder vergessen und von den Männern geduldet worden, solange der Kampf dieser neuen Religion um Anerkennung währte. Doch sobald sie eine Macht im Staate geworden war, wurde den Frauen »jede partnerschaftliche Beteiligung« (French) erneut verwehrt. Die Frauenbewegung ging einem im wahrsten Sinne des Wortes finsteren Mittelalter entgegen. Für Jahrhunderte geriet in Vergessenheit, was Frauen in fast ebensovielen Jahrhunderten unter Aufbietung unendlicher Geduld an bescheidenen Fortschritten errungen hatten. Und erst jetzt, an der Schwelle des dritten Jahrtausends, scheint sich eine vorsichtige Wende abzuzeichnen, freilich nur, soweit es die Frauen westlicher Zivilisationen betrifft.

BIBLIOGRAPHIE

Bachofen, Religion und antike Symbole, Reclam Verlag o. J.
Baumgarten, Fritz u. a., Die hellenistisch-römische Kultur o. J.
Birt, Theodor, Das Kulturleben der Griechen und Römer, Verlag Quelle/Meyer, Leipzig o. J.
Balsdon, Dacre, Die Frau in der römischen Antike, dtv 1989
Blümner, Hugo, Die römischen Privataltertümer, München 1911
Burck, Erich, Die Frau in der griechisch-römischen Antike, Heimeran Verlag München, 1969
Carcopino, Jerome, Leben und Kultur in der Kaiserzeit, Reclam Verlag Stuttgart, 1982
Chamoux, Francois, Marcus Antonius, Casimir Katz Verlag Gernsbach, 1989
Ceram, C. W., Götter, Gräber und Gelehrte. Rowohlt Verlag Hamburg, 1949
Durant, Will und Ariel, Kulturgeschichte der Menschheit, Ullstein Verlag Berlin, 1981
Finke, Heinrich, Die Frau im Mittelalter, Verlag Kösel München, 1913
French, Marylin, Jenseits der Macht, Deutscher Bücherbund Stuttgart, 1985
Fuhrmann, Manfred, Cicero und die römische Republik. Artemis Verlag München–Zürich, 1991
Gibbon, Edward, Verfall und Untergang des Römischen Reiches, Greno-Verlag Nördlingen, 1987
Grimal, Pierre, Liebe im alten Rom, Societas-Verlag Frankfurt, 1981
Grupp, Georg, Kulturgeschichte der römischen Kaiserzeit, Verlag Josef Habbel, Regensburg, 1921
Horst, Eberhard, Julius Caesar, Verlag Claassen, Düsseldorf, 1980
Horst, Eberhard, Konstantin der Große, ebenda, 1984
Keil, Richard, Marc Aurel, Wissenschaftliche Buchgesellschaft Darmstadt, 1979
Kiefer, Otto, Kulturgeschichte Roms, Paul Aretz Verlag Berlin, 1933
Knaurs Sittengeschichte der Welt, Deutscher Bücherbund Stuttgart, 1968
Kornemann, Ernst, Große Frauen des Altertums, Dieterich'sche Verlagsbuchhandlung Wiesbaden o. J.
Kraft, H., Constantins religiöse Entwicklung, Tübingen 1955
Lamer, Hans, Die altklassiche Welt. Verlag Teubner Leipzig, 1926
Lissner, Ivar, So lebten die römischen Kaiser, Stuttgart 1969
Meissner, Arno, Altrömisches Kulturleben, Verlag Seemann Leipzig, 1908
Morton, H. V., Rom. Wanderungen durch Vergangenheit und Gegenwart, Verlag Droemer Knaur, München 1981
Nack, Erich/Wägner, Wilhelm, Das römische Weltreich, Verlag Carl Ueberreuther, Wien o. J.
Schall, Ute, Hadrian, Grabert Verlag Tübingen, 1986
Schall, Ute, Augustus, Ergon Verlag Pfungstadt, 1990
Schall, Ute, Marc Aurel, Bechtle Verlag München, 1991
Schirmer, Karl, Bilder aus dem altrömischen Leben, Berlin, 1910

Schuller, Wolfgang, Frauen in der römischen Geschichte. R. Piper, München, 1992
Stützer, Alexander, Das antike Rom, Du Mont Buchverlag Köln, 1979
Syme, Ronald, Die römische Revolution, Goldmann Verlag München o. J.
Urögdi, Georg, Das Leben im alten Rom, Bastei Lübbe Bergisch-Gladbach, 1975
Vittinghoff, Friedrich, Kaiser Augustus, Musterschmidt Verlag Göttingen, 1950
Weber, Carl W., Sklaverei im Altertum, Econ Verlag Düsseldorf, 1981
Weber, Wilhelm, Rom, Herrschertum und Reich im zweiten Jahrhundert, Verlag W. Kohlhammer Stuttgart, 1937

Soweit allgemeine Lexika (etwa RE = Paulys Realencyclopädie der classischen Altertumswissenschaft) benutzt oder zitiert wurden, wurde auf die Angabe verzichtet.

An antiken Quellen wurden berücksichtigt:

Appian, Römische Geschichte
Augustinus, Aurelius, De civitate Dei
Capitolinus, Iulius/Lampridius, Aelius, Historia Augusta in der Übers. von Ernst Hohl, Artemis Verlag Zürich–München
Cassius Dio, Römische Geschichte
Cicero, Marcus Tullius, Werke
Dionysios von Halikarnassos, Antiquitates Romanae
Eusebius, Historia ecclestiastica; Vita Constantini
Flavius Iosephus, Jüdische Altertümer
Gellius, Aulus, Noctes Atticae
Herodian, Kaisergeschichte
Homer, Ilias
Horaz, Quintus Horatius Flaccus, Werke
Iuvenalis, Decimus Iunius, Satiren
Laktanz, Lactantius, L. Caecilius Firmianus, De mortibus persecutorum
Lampridius, Aelius, Vita Commodi
Livius, Titus, Ab urbe condita
Lucan, Marcus Annaeus, Pharsalia
Lukian, Werke
Macrobius, Ambrosius Theodosius, Werke
Marcellinus, Ammianus, Römische Geschichte
Marcus Aurelius, Ton eis heauton (Selbstbetrachtungen) in der Übers. von Albert Wittstock, Stuttgart 1979
Martialis, Marcus Valerius, Epigramme
Maximus, Valerius, Facta et dicta memorabilia
Ovid, Publius Ovidius Naso, Werke
Petronius, Gaius (Arbiter), Satyricon
Plinius d. Ä., Gaius Plinius, Naturalis Historia
Plinius d. J., Gaius Plinius Caecilius Secundus, Epistulae
Plautus, Titus Maccius, Komödien

Plutarch von Chaironeia, Werke
Properz, Propertius Sextus, Elegien
Sallust, Gaius Sallustius Crispus, Werke
Seneca, Lucius Annaeus, d. Ä., Controversiae
Seneca, Lucius Annaeus, Werke
Statius, Publius Papinius Silvae
Suetonius Tranquillus, Leben der Caesaren
Tacitus, Publius Cornelius, Werke
Tibull(us), Albius, Elegien
Velleius Paterculus, Römische Geschichte
Vergil, Publius Vergilius Maro, Werke
Victor, Aurelius, Caesares

ANMERKUNGEN

Einleitung:

1) Plutarch, Cato maior, 8,4

1. Kapitel

1) Vergil, Aeneis VI, 847ff, übers. und herausgegeben von Wilhelm Plankl, Verlag Philipp Reclam, Stuttgart, 1969
2) Durant, Will und Ariel, Kulturgeschichte der Menschheit, Ullstein Verlag Berlin, Bd. 4, 267
3) Aeneis VI, 267
4) Grimal, Pierre, Liebe im alten Rom. Societas Verlag Frankfurt, 1981, S. 19
5) Livius, Ab urbe condita, I,4
6) Livius X, 23

2. Kapitel

1) Nack, Emil/Wägner, Wilhelm, Das römische Weltreich, Verlag Carl Ueberreuter, Wien, S. 101
2) Grimal, a. a. O., S, 24
3) Livius, I, 26
4) Durant, a. a. O., S. 31
5) Kiefer, Otto, Kulturgeschichte Roms, Paul Aretz Verlag Berlin, 1933. S. 14
6) Kiefer, a. a. O., S. 15
7) Livius I, 46,9
8) Burck, Erich, Die Frau in der griechisch-römischen Antike, Heimeran Verlag München, 1969, S. 18
9) Kiefer, a. a. O., S. 15
10) Livius II, 40
11) Balsdon, Dacre, Die Frau in der römischen Antike, dtv-Ausgabe 1989, S. 30
12) Dionysios von Halikarnassos, Antiquitates Romanae, XI, 28ff

3. Kapitel

1) Livius, Epist. 59
2) Gellius, Aulus I, 6,6
3) Pomeroy Sarah B., Frauenleben im klassischen Altertum. Kröner Verlag Stuttgart, 1985, S. 238
4) Grimal, a. a. O., S. 75
5) Plutarch, Numa 26, 1,3
6) Macrobius, Komenmtar zum Traum des Scipio I,6,71
7) Kiefer, a. a. O., S. 27
8) Plutarch, Tiberius Gracchus 4,19
9) Plinius, Epist. I,14,8
10) Plutarch, Sulla 35,5
11) Juvenal, Satiren VI,25 ff
12) Gellius, X,10

4. Kapitel

1) Blümner, Hugo, Die römischen Privataltertümer, München 1911, S. 342 ff
2) Grimal, a. a. O., S. 63
3) Carcopino, Jerome, Leben und Kultur in der Kaiserzeit, Reclam Verlag Stuttgart, 1986, S. 128/29
4) Livius, XXXIV, 2 ff
5) Blümner, a. a. O., S. 352
6) Carcopino, a. a. O., S. 127
7) Kiefer, a.a. O., S. 25 mit weiteren Nachweisen

5. Kapitel

1) Seneca, De beneficiis III, 16,2
2) Dionysios II, 25
3) Gellius IV,3 (vgl. Kiefer, S. 34; andere schreiben »Carvilius«, so Balsdon)
4) Grimal a. a. O., S. 67, Plutarch, Romulus 22
5) Grimal a. a. O., S. 68 mit weiteren Nachweisen
6) Juvenal VI, 300
7) Juvenal VI, 430 ff
8) Grimal, a. a. O., S. 81
9) Seneca, De matrimonio 84 ff
10) Gellius X, 23
11) Digesta XLVIII, 5,15
12) Dio Cassius, Römische Geschichte, LVIII 2,5
13) Valerius Maximus, Facta et dicta memorabilia VI, 71
14) Plautus, Men. 787 ff
15) Schall, Ute, Hadrian, Ein Kaiser für den Frieden, Grabert Verlag Tübingen 1986, S. 433/34
16) Juvenal VI, 142 ff

17) Fuhrmann, Manfred, Cicero und die römische Republik, Artemis Verlag München und Zürich 1989, S. 219
18) Seneca, Epist. 114,3
19) Gellius I,17,4
20) Plutarch, Aemilius Paullus 5,2ff

6. Kapitel

1) Grupp, Georg, Kulturgeschichte der römischen Kaiserzeit, Verlag Josef Habbel, Regensburg 1921, S. 110
2) Carcopino, a. a. O., S. 147
3) Horaz, Od. 24,19
4) Juvenal VI, 142ff
5) Plautus, Menander I,1,74
6) Gellius XVII, 6
7) Livius XXXIV, 2–4
8) Valerius Maximus IX, 1,3
9) Martial V,6
10) Velleius Paterculus II,1

7. Kapitel

1) Juvenal VI, 291ff
2) Properz, Elegien II, 620ff
3) Seneca ad Helviam, XVI,3; Epist. mor. 97,1
4) Ovid, med. fac. 10
5) Juvenal VI, 282ff
6) Grupp, a.a.o., S. 117
7) Schuller, Wolfgang, Frauen in der römischen Geschichte. R. Piper, München 1992, S. 54 mit Hinweis auf Cicero an Atticus, 2,91; 2,12,2; 2,14,1; 2,25,5; 2,23,3
8) Durant, a. a. O., S. 156
9) Sallust, Cat. XXIV, 3ff
10) Plinius, Epist. IV,19
11) Plinius, Epist. I, 16,6
12) Juvenal VI 243ff
13) Carcopino, a. a. O., S. 139
14) Juvenal VI 246ff
15) Durant, a. a. O., S. 400

8. Kapitel

1) Cicero, Ad Atticum V,1,37
2) Ders., a. a. O. VI,3,8
3) Ders., a. a. O. XIV, 13,5
4) Petronius 42, Gellius I,6
5) Grimal, a. a. O., S. 136
6) Seneca, fr. XIII, 61 (vgl. Kiefer, a. a. O., S. 39)
7) Schall, Ute, Augustus. Kaiser-Rächer-Komödiant. Ergon Verlag Pfungstadt, 1990, S. 262
8) Kiefer, a. a. O., S. 39
9) Schall, Augustus, a. a. O., S. 264
10) Sueton, Octavian 34
11) Dio Cassius LI, 1 ff
12) Tacitus, Annalen III, 25
13) Properz II, 7,13
14) Seneca, fr. III,28

9. Kapitel

1) Tacitus, Germania 19
2) Plutarch, Moralia 258
3) Sueton, Octavian 65
4) Gibbon, Eward, Verfall und Unterang des Römischen Reiches, Greno-Verlag, Nördlingen 1987, S. 76
5) Grupp, a. a. O., S. 124 mit weiteren Nachweisen
6) Plinius, Epist. II, 20
7) Martial X,61
8) Pomeroy, a. a. O., S. 254
9) Plinius, Historia naturalis XXIX, 85
10) Juvenal VI, 595
11) Ovid, amores
12) De amore prolis VII, pag 936
13) Tacitus, Germania 19
14) Epist. VIII, 10 ff
15) Ton eis heauton (Selbstbetrachtungen) X, 34 i. d. Übers. von Albert Wittstock, Verlag Philipp Reclam jun., Stuttgart 1979
16) Sueton, Octavian 94
17) Schall, Ute, Marc Aurel. Der Philosoph auf dem Caesarenthron, Bechtle Verlag München, 1991. S. 219
18) Sueton, Caesar 82
19) Durant, a. a. O., S. 219
20) Tacitus, Annalen XV, 72
21) Tacitus, Redner 28/29

10. Kapitel

1) Velleius Paterculus II, 67
2) Kiefer, a. a. O., S. 59 mit weiteren Nachweisen
3) Appian IV, 37 ff
4) Tacitus, Annalen XV, 71; 5) XV, 63; 6) XV, 63–65 i. d. Übers. von Grimal, a. a. O., S. 221
7) Grimal, a. a. O. S. 220/228
8) Tacitus, Annalen XVI, 11; 9) VI, 35
10) Plinius, Epist. III, 16
11) Tacitus, Annalen XVI, 34
12) Sueton, Caesar 6
13) Kiefer, a. a. O., S. 31
14) Pomeroy, a. a. O., S. 280
15) Grimal, a. a. O., S. 89
16) Seneca, de matrimonio 72–77

11. Kapitel

1) Cicero, ad familiares XIV, 4
2) Durant, a. a. O., S. 194
3) Juvenal VI, 306 ff
4) Pomeroy, a. a. O., S. 324
5) u. 6) Kiefer, a. a. O., S. 112 mit weiteren Nachweisen,
7) Ders., S. 107
8) Augustinus, De civitate Dei VI, 9
9) Kiefer, a. a. O., S. 109
10) Grimal, a. a. O., S. 42
11) Augustinus, De civitate Dei VII, 21

12. Kapitel

1) Kiefer, a. a. O., S. 116 mit weiteren Nachweisen
2) Livius XXXIX, 15, 6
3) Grimal, a. a. O., S. 39
4) Pomeroy. a. a. O., S. 325
5) Livius, XXIX, 10
6) Morton, H. V., Rom. Wanderungen durch Vergangenheit und Gegenwart, Verlag Droemr Knaur, München, 1981, S. 89
7) Pomeroy, a. a. O., S. 333
8) Stützer, Alexander, Das antike Rom, Du Mont Buchverlag Köln, 1979, S. 55/56; Plutarch, Numa 10
9) Plinius, Epist. IV, 11
10) Balsdon, a. a. O., S. 267
11) Morton, a. a. O., S. 93
12) Grimal, a. a. O., S, 38

13. Kapitel

1) Pomeroy, a. a. O., S. 335
2) Stützer, a. a. O., S. 275
3) Pomeroy, a. a. O., S. 336
4) Lukrez, De rerum natura
5) Schall, Hadrian, a. a. O., S. 363/64
6) Ovid, ars amatoria I, 76 in der Übers. v. Kiefer, a. a. O., S. 126
7) Bachofen, Religion und antike Symbole, Reclam Verlag, Bd. II
8) Pomeroy, a. a. O., S. 351
9) Josephus Flavius, Jüd. Altertümer, XVIII, 65 ff; Sueton, Tiberius 36; Tacitus, Annalen II, 85
10) Tibull I,3, 23 ff
11) Properz, II, 33 in der Übers. von Kiefer, a. a. O., S. 129
12) French, Marilyn, Jenseits der Macht, Deutscher Bücherbund Stuttart, 1985, S. 239
13) Galater 3,28
14) Titus 2,5
15) French, a. a. O., S. 241; 16) Dies., a. a. O., S. 244
17) Tacitus, Annalen X 14, 32
18) Sueton, Domitian 15

14. Kapitel

1) French, a. a. O., S. 234/35
2) Pomeroy, a. a. O., S. 295
3) Kiefer, a. a. O., S. 59
4) Cicero, pro Caelio 48–50
5) Seneca maior, controv. II, 12
6) Prophyrio, Horaz. Kommentar zu Satiren I,2,31
7) Weber, Carl W., Sklaverei im Altertum, Econ Verlag Düsseldorf, 1981, S. 323 mit weiteren Hinweisen
8) Martial VI, 66
9) Sueton, Nero 27
10) Martial X, 7,5
11) Sueton, Caligula 40; 12) Ders., ebenda 41
13) Ovid, ars amatoria III, 423 ff in der Übers. von Burck, a. a. O., S. 104
14) ars amatoria III, 686–746
15) Schall, Marc Aurel, a. a. O., S. 117
16) Marc Aurel, Selbstbetrachtungen, I, 17
17) Balsdon, a. a. O., S. 258

15. Kapitel

1) Properz, Elegien II, 14
2) Valerius Maximus VI, 7, 1
3) Lukrez, Welt aus Atomen, I, 1 ff in der Übers. v. Durant, a. a. O., S. 170
4) Nack/Wägner, a. a. O., S. 197
5) Horaz, Satiren I, 2
6) Kiefer, a. a. O., S. 198; 7) Ders. a. a. O., S. 201
8) Horaz, Oden I, 3
9) Tibull, Elegie II 3,51; 10) ebenda II, 4
11) Burck, a. a. O., S. 83
12) Properz II, 16
13) Burck, a. a. O., S. 87
14) Properz III, 24; 15) ebenda III, 25; 16) ebenda IV, 7
17) Ovid, Trist. II, 354
18) Kiefer, a. a. O., S. 223
19) French, a. a. O., S. 232
20) Durant, a. a. O. S. 346; Epigr. IX, 37
21) Epigr. III, 69

16. Kapitel

1) Meissner, Arno, Altrömisches Kulturleben, Verlag E. A. Seemann, Leipzig 1908, S. 271
2) Martial III, 87,4
3) Blümner, a. a. O., S. 235
4) Valerius Maximus, VI, 3,10
5) Plinius IX, 114; Tertullian, De cult. fem. I, 7; Baldsdon a. a. O., S. 282
6) und 7) Balsdon, a. a. O., S. 280 mit weiteren Nachweisen
8) Schall, Marc Aurel, a. a. O., S. 288
9) Iulius Capitolinus, Historia Augusta, Vita Marci XVII, 4
10) Blümner, a. a. O., S. 237
11) Ders., a. a. O., S. 238
12) Historia naturalis IX, 106 – XII, 84
13) Tacitus, Annalen III, 53
14) Seneca, de benef. VII, 9

17. Kapitel

1) Carcopino, a. a. O., S. 239
2) Lukian, amores 39 ff
3) Balsdon, a. a. O., S. 290
4) Ovid, ars amatoria III, 105
5) Carcopino, a. a. O., S. 233; Petronius, Satyricon 472
6) Seneca, Epist. 86
7) Martial VI, 42; Ürögdi, Georg, Das Leben im alten Rom, Bastei Lübbe, Bergisch Gladbach 1973, S. 251

8) Ovid, ars amatoria III, 139ff
9) Strabo III, 164
10) Kiefer, a.a.O., S. 150ff
11) Properz II, 18
12) Moralia 771B
13) Tacitus, Historien V, 67
14) Livius IV, 44, 11ff
15) Lukian, amores, 39ff; Kiefer, a.a.O., S. 161
16) Statius Silvae I, 2,15; Martial II, 66,1; Juvenal VI, 502ff
17) Ovid, ars amatoria 242ff in der Übers. v. Balsdon, a.a.O., S. 286
18) Carcopino. a.a.O., S. 236 mit weiteren Nachw.
19) Martial III, 66; Juvenal VI, 486ff
20) Petronius 67
21) De benef. VII, 9
22) Plinius IX, 117
23) Ders. XXIII, 40
24) Juvenal VI, 122; Kiefer, a.a.O., S. 150
25) Ovid, fasti II, 311

18. Kapitel

1) Pomeroy, a.a.O., S. 308
2) Dio Cassius, Röm. Geschichte XLII, 4,2
3) Plutarch, Marcus Antonius 23, 3
4) Carcopino, a.a.O., S. 255
5) Ders. S. 258
6) pro Murena 13
7) Catilina XXV, 2
8) Macrobius, Noctes Atticae III, 14
9) Horaz, Oden II, 12,17
10) Juvenal XIV, 203; Kiefer a.a.O., S. 165
11) Ammianus Marcellinus XIV, 6
12) Blümner, a.a.O., S. 343
13) Tacitus, Annalen III, 33ff
14) Petronius 37
15) Plinius, Historia naturalis XXXVII, 29
16) Grupp, a.a.O., S. 108
17) Pomeroy, a.a.O., S. 363

19. Kapitel

1) Grimal, a.a.O., S. 168
2) Valerius Maximus IV, 6
3) Grimal, a.a.O., S. 169
4) Nack/Wägner, a.a.O., S. 122
5) Schall, Augustus, a.a.O., S. 38

6) Durant, a. a. O., S. 133
7) Grimal, a. a. O., S. 172
8) Ders., S. 203
9) Fuhrmann, a. a. O., S. 234
10) Plutarch, Brutus XIII, 3
11) Homer, Ilias VI, 429f
12) ebenda, 490f; Plutarch, Brutus XXIII, 2
13) Valerius Maximus IV, 6,5

20. Kapitel

1) 1) Sueton, Caesar 50
2) Horst, Eberhard, Julius Caesar, Verlag classen, Düsseldorf, 1980, S. 50
3) Lucan, Pharsalia I, 114ff
4) Sueton, Caesar 51
5) Horst, a. a. O., S. 41
6) Plutarch, Caesar 49
7) Durant, a. a. O., S. 210
8) Horst, a. a. O., S. 284

21. Kapitel

1) Dio Cass., XXX, 5–6
2) Plutarch, Pompeius LV, 1–2

22. Kapitel

1) Chamoux, Francois, Marcus Antonius, Casimir Katz Verlag Gernsbach, 1989, S. 62f mit weiteren Nachw.
2) Philippica II, 61
3) Plutarch, Antonius 10
4) Cicero, Ad fam. IX, 26
5) Balsdon, a.a.O, S. 58 mit weiteren Nachw.
6) Velleius Paterculus II, 74,3
7) Plutarch, Antonius 10
8) Philippicae II, 36; Plutarch, Antonius 13
9) Chamoux, a. a. O., S. 174
10) Philippicae V, 2
11) Appian IV, 29
12) Ders. IV, 19,20

23. Kapitel

1) Chamoux, a. a. O., S. 255
2) Schall, Augustus, a. a. O., S. 114
3) Appian V,8; Plutarch, Antonius 3
4) Chamoux, a. a. O., S. 234
5) Syme, Ronald, Die römische Revolution, Goldmann Verlag München, S. 242
6) Sueton, Augustus 69
7) Vittinghoff, Friedrich, Kaiser Augustus, Musterschmidt-Verlag Göttingen, 1950, S. 42
8) Horaz, Oden XXXVII, 29 ff

24. Kapitel

1) Vergil, Aeneis VI, 868 ff
2) Seneca, Cons. ad Marciam II, 4 ff
3) Vergil, Bucolica IV, 7
4) Sueton, Augustus 62
5) Dio Cassius LVIII, 2,5
6) Kornemann, Ernst, Große Frauen des Altertums, Dieterich'sche Verlagsbuchhandlung Wiesbaden, S. 184
7) Sueton, Augustus 69
8) Ovid, Ex Ponto, III, 1,117
9) Sueton, Tiberius 7,3
10) Tacitus, Annalen I, 6
11) Kornemann, a. a. O., S. 204
12) Sueton, Galba 1
13) Kornemann, a. a. O., S. 217

25. Kapitel

1) Sueton, Augustus 65
2) Schall, Augustus, a. a. O., S. 274 mit weiteren Nachw.
3) Seneca, De benef. VI, 32,1 in der Übers. v. Grimal, a. a. O., S. 239
4) Tacitus, Annalen I, 33
5) Durant, a. a. O., S. 258
6) Seneca, De clem. I, 9,5,10
7) Tacitus, Annalen IV, 71,5 in der Übers. v. Grimal, a. a. O., S. 241
8) Ebenda III, 4
9) Sueton, Tiberius 53

26. Kapitel

1) Knaurs Sittengeschichte der Welt, Von Rom bis zum Rokoko, Dt. Bücherbund Stuttgart, 1968, S. 28
2) Sueton, Caligula 24
3) Kornemann, a. a. O. S. 225
4) Sueton, Claudius 29; Tacitus, Annalen XIII, 32
5) Juvenal, Satiren VI, 114–122
6) Tacitus, Annalen XIII, 45; 7) XI, 3
8) Balsdon, a. a. O., S. 114
9) Tacitus, Annalen XI, 12,2
10) Juvenal, X, 329–45
11) Tacitus, Annalen XI, 12; 12) Ders. XI, 27
13) Sueton, Claudius 29
14) Tacitus, Annalen XI, 30
15) Grimal, a. a. O., S. 253
16) Tacitus, Annalen X, 37
17) Sueton, Claudius 26

27. Kapitel

1) Dio Cassius LXII, 14
2) Sueton, Claudius 26
3) Dio Cassius LXI, 2
4) Tacitus, Annalen XIV, 9; 5) XII, 7; 6) XII, 64
7) Durant 4, 302
8) Kornemann, a. a. O., S. 233
9) Ders., a. a. O., S. 236/37
10) Grimal, a. a. O., S. 254
11) Sueton, Nero 33
12) Kornemann, a. a. O., S. 243
13) Tacitus, Annalen XIII, 21
14) Sueton, Nero 37,4
15) Tacitus, Annalen XIV, 1;
16) XIV, 3;
17) XIV, 4;
18) XIV, 7;
19) XIV, 9;
20) XIV, 10
21) Sueton, Nero 34,4

28. Kapitel

1) und 2) Tacitus, Annalen XIV, 63; 3) XIII, 45; 4) XIII, 46; 5) XIII, 45;
6) Juvenal VI, 4, 62
7) Sueton, Nero 28
8) Ders., Vespasian 23

29. Kapitel

1) Sueton, Vepasian 3
2) Dio Cassius, LXVI, 14
3) Sueton, Titus 10
4) Lissner, Ivar, So lebten die römischen Kaiser, Deutscher Bücherbund Stuttgart, 1969, S. 197
5) Juvenal II, 29–33; Plinius, Epist. IV, 11,6
6) Schall, Hadrian, a. a. O., S. 87
7) Cassius Dio LXVIII, 5,5
8) Plinius, Epist. IX, 28,1
9) Balsdon, a. a. O., S. 152
10) Gibbon, Edward, Verfall und Untergang des Römischen Reiches, Greno Verlag Nördlingen 1987, S. 76
11) Schall, Hadrian, a. a. O., S. 231/32
12) Cassius Dio LXIX, 10,3
13) Schall, Hadrian, a. a. O., S. 386/87
14) Ceram, C. W., Götter, Gräber und Gelehrte, Rowohlt Verlag Hamburg, 1949, S. 139

30. Kapitel

1) Marc Aurel, Selbstbetrachtungen, I, 17
2) Iulius Capitolinus, Vita Antonini Pii 48, 8
3) Schall, Marc Aurel, a. a. O., S. 97/98
4) Iulius Capitolinus, Vita Marci 26, 8
5) Dio Cassius, LXX, 343
6) Balsdon, a. a. O., S. 163
7) Weber, Wilhelm, Rom, Herrschertum und Reich im zweiten Jahrhundert, Verlag W. Kohlhammer, Stuttgart-Berlin 1937, S. 328
8) Balsdon, a. a. O., S. 163; Vita Marci 19, 1–7
9) Aelius Lampridius, Vita Commodi, 4

31. Kapitel

1) und 2) Keil, Richard, Marc Aurel, Wissenschaftliche Buchgesellschaft Darmstadt 1979, S. 58; Schall, Marc Aurel, a. a. O., S. 454
3) Balsdon, a.a.O, S. 170, 328
4) Dio Cassius LXXI;I 4,4; 5) Ders. LXXVI 16,5
6) Herodian, Kaisergeschichte 3,4
7) Lissner, a. a. O., S. 280
8) Dio Cassius LXXVI. 16,6; 9) Ders. LXXIX 9,3
10) Eusebius, Hist. eccles. VI, 21,3ff
11) Durant, a.a.O, Bd 5, S. 191

32. Kapitel

1) Gibbon, a. a. O., I, XIV
2) Horst, Eberhard, Konstantin der Große, Verlag claassen, Düsseldorf 1984, S. 68
3) Ders., a. a. O., S. 130; Laktanz, De mortibus persecutorum
4) Laktanz, 39ff
5) Horst, Konstanin der Große, a. a. O., S. 195
6) Baldson, a. a. O., S. 188
7) Eusebius, Vita Constantini I, 17,2
8) Horst, Konstantin der Große, a. a. O., S. 102ff
9) Eusebius, Vita Constantini III, 41–45
10) Horst, Konstantin der Große, a. a. O., S. 258 mit weiteren Nachweisen
11) Kraft, H., Constantins religiöse Entwicklung, Beiträge zur historischen Theologie, Tübingen 1955, S. 128
12) Horst, Konstantin der Große, a. a. O., S. 261

Biographien bei Droste

Ingelore M. Winter

Katharina von Bora

Ein Leben mit Luther

Mit Briefen an die »liebe Herrin«

180 Seiten mit zahlreichen Abbildungen,

Efalin mit Schutzumschlag

ISBN 3 7700 0882 0

Ingelore M. Winter

Mein geliebter Bismarck

Der Reichskanzler und die Fürstin Johanna

Ein Lebensbild. Mit unveröffentlichten Briefen

290 Seiten mit zahlreichen Abbildungen,

Efalin mit Schutzumschlag

ISBN 3 7700 0752 2

Ingelore M. Winter

Goethes Charlotte von Stein

Die Geschichte einer großen Liebe

erzählt nach seinen Briefen und Tagebüchern

190 Seiten mit zahlr. Abb.,

Efalin mit Schutzumschlag

ISBN 3 7700 0972 X

Curt Riess

Die Frau mit den Hundert Gesichtern

Requim für Heidemarie Hatheyer

380 Seiten mit 54 Abbildungen,

Efalin mit Schutzumschlag

ISBN 3 7700 0955 X